全国船舶工业职业教育教学指导委员会推荐教材
交通运输类"十四五"创新教材
船舶与海洋工程高职系列教材

船舶电站组建与调试

主　编　王高阳
副主编　徐蓝青　邓　颖
　　　　赵澄澄　潘　欢
主　审　吕金华

哈爾濱工程大學出版社
Harbin Engineering University Press

内容简介

本书是国家级“双高计划”船舶工程技术专业群建设的标志性成果，立足于新时代船舶工业智能化、绿色化转型需求，以培养船舶电气领域高素质技术技能人才为核心，以企业真实的船舶电站案例项目为载体，以船舶电站设计组建、调试运维工作流程为依据，编制了11个项目。从认识船舶电站项目任务开始，依次开展船舶电源设计组建、船舶配电装置设计组建、船舶电网设计组建、船舶电站保护设置等船舶电站组建项目任务。接着，对组建完成的船舶电站进行发电机组并车操作、频率及有功功率调整操作、电压及无功功率调整操作，完成系泊和航行试验等调试项目任务。最后，结合绿色智能船舶发展趋势，开展智能船舶自动化电站应用、新能源船舶电站应用的项目综合实践。

本书对接船舶电站相关的岗位核心能力要求，设置了“学习者角色选择-岗位能力分析-学习计划制定”情境化学习路径，学习者可根据目标岗位选择岗位角色，根据所列岗位能力需求，有针对性地制定学习计划，团队分角色完成项目任务。同时，本书在“智慧职教”“学银在线”平台上配套有在线课程，提供微课、动画、电子课件、习题等，可结合本书的项目工单、图册等开展线上线下混合式学习。

本书可作为高职和职业本科船舶电气工程技术、船舶动力工程技术、船舶电气电子技术等专业本、专科学生的教材，也可作为船舶设计、船舶电气设备制造、船舶建造和修造、船舶管理等企业和从业人员的培训教材和参考用书。

图书在版编目(CIP)数据

船舶电站组建与调试 / 王高阳主编. -- 哈尔滨 :
哈尔滨工程大学出版社, 2023. 11
ISBN 978-7-5661-4176-7
Ⅰ. ①船… Ⅱ. ①王… Ⅲ. ①船用电站-教材 Ⅳ.
①U665. 12
中国国家版本馆 CIP 数据核字(2023)第 222674 号

船舶电站组建与调试
CHUANBO DIANZHAN ZUJIAN YU TIAOSHI

选题策划 史大伟
责任编辑 刘海霞 唐欢欢
封面设计 李海波

出版发行 哈尔滨工程大学出版社
社　　址 哈尔滨市南岗区南通大街 145 号
邮政编码 150001
电　　话 0451-82519989
经　　销 新华书店
印　　刷 哈尔滨市海德利商务印刷有限公司
开　　本 787 mm×1 092 mm　1/16
印　　张 32. 75
字　　数 856 千字
版　　次 2023 年 11 月第 1 版
印　　次 2023 年 11 月第 1 次印刷
书　　号 ISBN 978-7-5661-4176-7
定　　价 98. 00 元
http://www. hrbeupress. com
E-mail:heupress@ hrbeu. edu. cn

前　言

随着国际海洋环境保护政策的不断深化和自动化、智能控制技术的不断发展，全球船舶工业正在经历“绿色化”与“智能化”的革命性转型，船舶电站作为船舶的“动力心脏”，是这场变革主要的聚焦点之一。电力推进船舶、新能源动力船舶、智能船舶的不断迭代，对船舶从业人员的专业素养提出了更高的要求。

本书是国家级“双高计划”船舶工程技术专业群建设的标志性成果，立足于新时代船舶工业智能化、绿色化转型需求，紧密对接国际海事组织（IMO）节能减排战略与中国“海洋强国”战略目标。以培养船舶电气领域高素质技术技能人才为核心，以职业教育“产教融合、项目驱动”理念为引领，构建“岗位-能力-任务”三位一体的内容体系，为船舶电站设计组建、调试与运维操作提供系统化学习路径。

本书的主要特色如下：

1. 岗位能力精准映射

围绕船舶设计院电气技术员、船舶建造厂技术员、船舶电气设备厂技术员、船舶电子电气员等船舶电站相关的岗位核心能力要求，设置了“学习者角色选择-岗位能力分析-学习计划制定”情境化学习路径。学习者可根据目标岗位选择岗位角色，根据所列岗位能力需求，有针对性地制定学习计划，学习团队分角色完成项目任务。

2. 项目任务源于企业案例

依托武汉船舶职业技术学院与中国船舶集团有限公司、招商局重工集团公司联合开展的现场工程师项目、现代学徒制项目、订单式培养项目等，武汉船舶职业技术学院牵头成立的湖北省船舶行业产教融合共同体项目和武汉船舶职业技术学院定向培养军士项目，将企业真实的船舶电站案例和设计组建、调试运维流程进行教学化改造，按典型工作流程编制了11个学习项目，29个工作任务，并引入船舶电站典型图册和任务工单，供学习者沉浸式进行项目实战训练。

3. 融入绿色智能船舶新技术

设置智能船舶电站应用专题项目，对远程监测、区域集成与功能集成、数据分析与共享、故障诊断等智能化应用技术进行学习。设置新能源船舶电站应用专题项目，分纯电池动力电力推进船舶、柴电混合动力船舶、燃料电池船舶等绿色船舶技术模块进行学习。同时，内容还涵盖船舶综合电力系统（IPS）、直流组网技术、船舶电力系统保护等前沿技术。

4. 资源动态升级助力混合式教学

本书在"智慧职教""学银在线"上提供配套在线课程,包含大量微课视频、动画、习题、课件等数字资源,师生可结合本书提供的任务工单、附录图册等,开展线上线下混合式教学。本书将针对行业发展及工艺技术革新持续更新线上课程,并不断优化项目教学内容。

全书11个项目分为4个模块。船舶电站认知模块包含项目1,主要对船舶电力系统组成、功能和基本参数进行认知。船舶电站设计组建模块包含项目2至项目5,分别对船舶电站各组成部分(电源、配电装置、电网)及系统保护进行设计组建。船舶电站调试模块包含项目6至项目9,主要对船舶电站并车、电压和频率调整、功率合理分配、系泊和航行试验等进行操作训练。船舶电站应用模块包含项目10至项目11,选取典型的智能船舶电站和新能源船舶电站进行综合应用训练。

本书由校企"双元"团队联合开发,武汉船舶职业技术学院王高阳担任主编,武汉船舶职业技术学院徐蓝青、邓颖、潘欢及招商局重工(江苏)有限公司赵澄澄担任副主编,参与编写的有中国船舶集团第六〇五院刘峰、中国船舶集团第七一九研究所戴晶、武汉海王机电工程技术有限公司周冬冬等。其中,王高阳负责全书整体规划并编写项目1至项目5,徐蓝青和王高阳编写项目6至项目8,赵澄澄和潘欢编写项目9,邓颖和王高阳编写项目10至项目11。此外,武汉船舶职业技术学院郑智、冯常奇、祝福、陈双全、周民、赵磊、徐鑫等老师在本书编写过程中也给予了大力支持,在此表示诚挚的感谢。感谢武汉船舶职业技术学院对本书出版给予的资助。

由于编者水平有限,书中难免存在不足之处,敬请广大读者对本书提出宝贵意见和建议。

编　者

2023年11月

二维码索引

名称	图形	页码	名称	图形	页码
自动准同步并车控制		292	船舶电网无功的自动补偿		354
船舶发电机组并车操作过程(实拍)		292	电气系泊试验及航行试验大纲		399
频率调整机理及指标要求		307	自动电站的功能及组成		404
调速器工作原理和调速特性		307	功率管理系统(PMS)的控制流程		404
频率调整方法		307	柴油发电机自动控制		428
并联运行发电机组间的有功功率的转移与分配		318	船舶发电机组启动操作		428
同步发电机电压及无功功率调整的原理及目的		335	PPU 的功能及使用		444
相复励恒压装置		335	PPU+PLC 控制型自动电站案例		444
自动调压装置(AVR)		335	新能源船舶电力推进的种类及应用场景		462
并联运行发电机之间的无功率分配		354	纯电池电力推进船舶电站的应用		483

名称	图形	页码	名称	图形	页码
混合动力推进船舶电站应用		495	混合动力推进模式(动画二)		495
混合动力推进模式(动画一)		495			

目　录

项目 1

初识船舶电站

学习情境设置

(1)选择学习者角色

□船舶设计院电气专业技术人员

□船舶建造厂电气专业技术人员

□船舶电气自动化设备制造技术人员

□船舶船体、轮机等其他非电专业技术人员

□船舶电子电气员

□其他______________________

(2)分析学习者角色的岗位能力要求

船舶设计院、建造厂电气专业技术人员:应了解船舶电力系统的基本组成、特征,了解电力系统基本参数的种类及选择方法。

船舶电气自动化设备制造技术人员:设备的应用对象是船舶,因此相关技术人员必须了解船舶电力系统基本特征、参数,以及船舶电气设备的使用环境与要求。

船舶船体、轮机等其他非电专业技术人员:船舶设计建造是一个多学科协作的过程,船、机、电三大专业既分工不同,又相互紧密联系,共同完成船舶总体功能实现的目标。船舶船体、轮机等其他非电专业技术人员务必要了解船舶电气专业的基本常识。

船舶电子电气员:主要侧重于船舶电子电气设备的操作与维护,掌握船舶电气基本常识也是其必备的基本功。

(3)制定学习计划

掌握船舶电力系统组成及特征;

掌握船舶电气设备的使用环境及要求;

掌握船舶电力系统基本参数的种类及选择方法;

了解船舶电力系统应遵循的相关规范和标准。

项目介绍

根据船舶设计院和建造厂电气专业实习生、船舶电气自动化设备制造技术人员、船舶船体、轮机等其他非电专业技术人员、实习船舶电子电气员等岗位对船舶电气系统认知的要求，结合企业的岗前培训实践，发现从《船舶电气说明书》入手是达成船舶电气系统认知目标最有效、最便捷的手段。

因此，本项目以某实船《船舶电气说明书》为切入点，首先通过学习“读取船舶电力系统组成、特征及基本参数”，掌握船舶电力系统基本组成、特征及基本参数等知识点。然后，通过对某船舶设计任务书的分析，完成为该船“选择船舶电力系统基本参数”这一任务，从而掌握船舶电力系统基本参数选择方法，为船舶电站的组建奠定基础。

学习要求

● 阅读给定的《船舶电气说明书》中描述的各类电力负载，通过信息查找、文献检索与阅读，以及信息选取与整合，熟悉相关电气设备的用途，培养信息获取和评价的基本信息素养。

● 在完成“船舶电力系统基本参数选择”工作任务中，沉浸式体会作为船舶设计师担负的使命责任，按工作要求对参数选择方案进行反复对比、论证与优化，追求精益求精的匠人精神，树立“匠心筑梦，兴船报国”的理想信念。

● 课前利用微课视频学习知识点进行测试，课中在老师引导下分组完成工作任务，针对难点问题进行讨论，课后完成任务总结。培养自主学习能力，提高自身可持续发展能力。

船舶电气说明书

知识图谱

- 初识船舶电站
  - 船舶电力系统组成
    - 发电
      - 主电源
      - 大应急电源
      - 小应急电源
    - 配电
    - 输电
    - 用电
  - 船舶电站与船舶电力系统之间的关系
    - 发电、配电、输电、用电
  - 船舶电力系统的特征
  - 船舶电力系统的基本参数
    - 选择原则
    - 电压
      - 电压等级的选择
      - 发电机额定电源的选择
      - 变压器额定电压的选择
      - 用电设备额定电压的选择
    - 额定频率
      - 50 Hz
      - 60 Hz
    - 电制
      - 交流电制
      - 直流电制
      - 交直流混合电制：共直流母线+交流负载
    - 线制
      - 直流线制
      - 交流单相
      - 交流三相
        - 三线绝缘系统特点
        - 中性点接地的四线系统特点
        - 以船体作为中性线回路的三线系统特点
  - 船舶电力系统基本参数的指标要求
    - 参数指标
    - 船舶电力系统可靠性
    - 船舶电力系统生命力

任务1.1 读取船舶电力系统组成、特征及基本参数信息

任务引入

电能具有输送和分配简单经济，又便于调节、控制和测量的特点，是现代化船舶航行和作业的最主要能量来源。我国自主研发的舰船综合电力系统已成功应用于现代化战舰，为电磁弹射系统成功上舰和现代化高能武器的舰载应用提供了重要支撑。舰船综合电力系统已成为名副其实的大国重器，作为船舶技术人员，当你想了解一艘船舶的电力系统基本情况时，最直接的方式就是阅读《船舶电气说明书》。你能通过此文件获取船舶电力系统的部分组成、基本参数和特征信息吗？为弄明白船舶中的电能从何而来，电能又是如何精准、可靠地供给所有的用电设备，并实现海上活动的，我们一起开启本任务吧。

任务描述

船舶电站的作用组成及特征

（1）根据《船舶电气说明书》，整理案例船电力系统各组成部分、基本参数信息等，编制船舶电力系统基本信息卡；

（2）根据《船舶电气说明书》，说明案例船电力系统各组成部分的用途，并以案例船为对象，描述船舶电力系统基本特征及要求。

学习目标

知识目标：

（1）了解船舶电力系统的组成、特征及基本参数种类；

（2）了解船舶电力系统各组成部分的常见设备。

技能目标：

（1）能识读《船舶电气说明书》，读取船舶电力系统基本组成、特征及基本参数等信息；

（2）能说出船舶常见电源装置、配电装置、用电设备的名称和用途。

育人目标：

（1）领悟“舰船综合电力系统”在我国国防现代化建设进程中的重要意义，树立“兴船报国”的理想使命。

（2）在整理案例船信息卡的任务中，体悟“精益、专注”的工匠精神，提升综合职业素养。

知识准备

1. 船舶电力系统的组成

船舶犹如一座海上城市，为了使这座城市能够正常运行，每艘船舶都需要拥有一套独立、完整的电力系统。船舶电力系统和陆地电力系统一样，均由发电部分、配电部分、输电部分和用电部分 4 部分构成，其基本结构如图 1.1.1 所示。

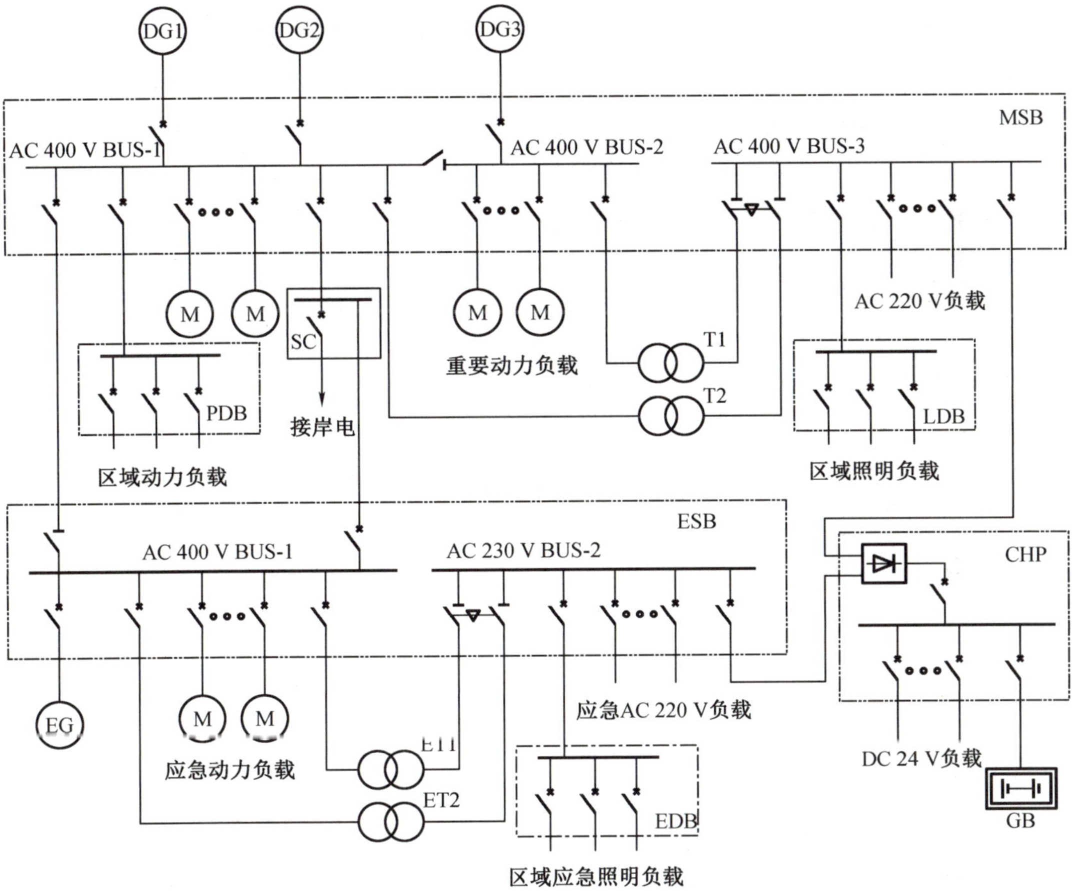

图 1.1.1　船舶电力系统基本结构

注：DG—柴油发电机组；EG—应急发电机组；MSB—主配电板；ESB—应急配电板；PDB—动力分电箱；LDB—照明分电箱；EDB—应急分电箱；CHP—充放电板；SC—岸电箱；GB—蓄电池组；T—变压器；ET—应急变压器；BUS—汇流排（母线）。

发电部分即电源装置，它是将机械能、化学能等其他形式的能源转换为电能的装置。根据用途不同，船舶设有主电源、应急电源和小应急电源 3 种电源。

主电源是指能满足船舶正常运行时各种工况下用电需求的电源装置。应急电源是指当船舶发生海损或火灾、主电源失电时，为保证船舶安全所必须使用的电力负载供电的电源装置。小应急电源是指船舶发生严重事故，主电源和应急电源均失电时，为船舶应急照明、通信导航等设备提供电能的电源装置。

电源装置的类型主要有柴油机发电机组、汽轮机发电机组、轴带发电机组等多种形式的发电机组和蓄电池等。其中，发电机组通常作为船舶主电源和应急电源，而蓄电池常作为小应急电源使用。部分船舶电源装置如图 1.1.2 所示。

(a) 柴油发电机组

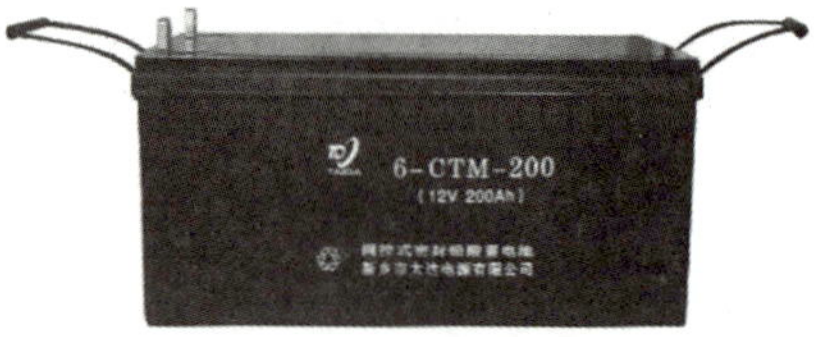

(b) 铅酸蓄电池

(c) 锂离子电池组

(d) 氢燃料电池

图 1.1.2　部分船舶电源装置

此外,随着节能环保要求的不断提高和新能源技术的不断发展,太阳能光伏发电装置、风力发电装置、锂电池、燃料电池、超级电容等发电和储能装置也逐渐作为船舶电源得到了广泛应用,发展出了一批采用纯电池动力推进或混合动力推进的绿色船舶,如图 1.1.3 所示。

(a) 锂电池动力船舶——“东湖号”游船

(b) 柴电混合动力船舶——“沈括号”科考船

(c) 氢燃料电池动力船舶——“三峡氢舟 1 号”

图 1.1.3　新能源动力船舶

配电部分即配电装置，是接受和分配电能的装置，也是对电源、电力网络和负载进行保护、监视、测量和控制的装置。其主要由主开关、连接母线、互感器、测量仪表、保护电器、控制电器、自动化器件和附属设施等组成，如图 1.1.4 所示。根据供电范围和对象的不同，配电装置可分为主配电板、应急配电板、分电箱、充放电板和岸电箱等种类。

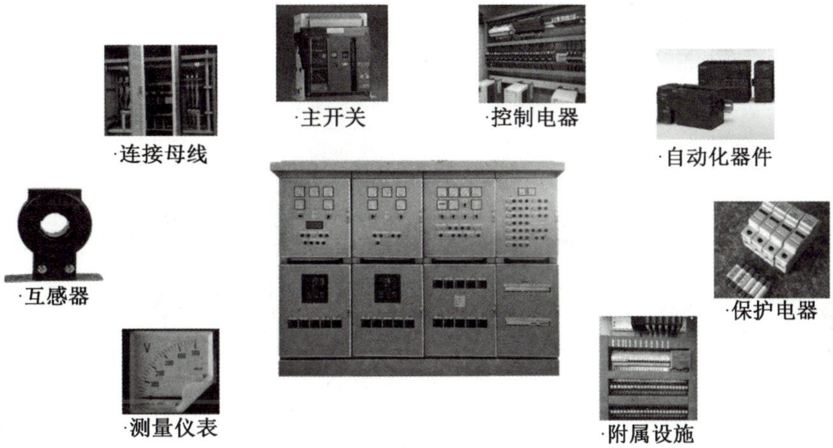

图 1.1.4　船舶配电装置及其主要组成部分

输电部分即船舶电网，是全船输电电缆和电线的总称，起到连接电源和用电负载，将电能传送给全船所有的用电设备的作用。

根据电网运行特点和供电可靠性要求的不同，船舶电网可分为辐射式、环状式、混合式、网状式等结构形式，如图 1.1.5 所示。

按电网所连接的负载性质，船舶电网又分为动力电网、照明电网、应急电网和小应急电网等种类。

用电部分即负载，是将电能转换为其他形式能量的用电设备。船舶电力负载有很多种，主要有动力负载、照明负载、通信导航负载以及生活用电负载等。

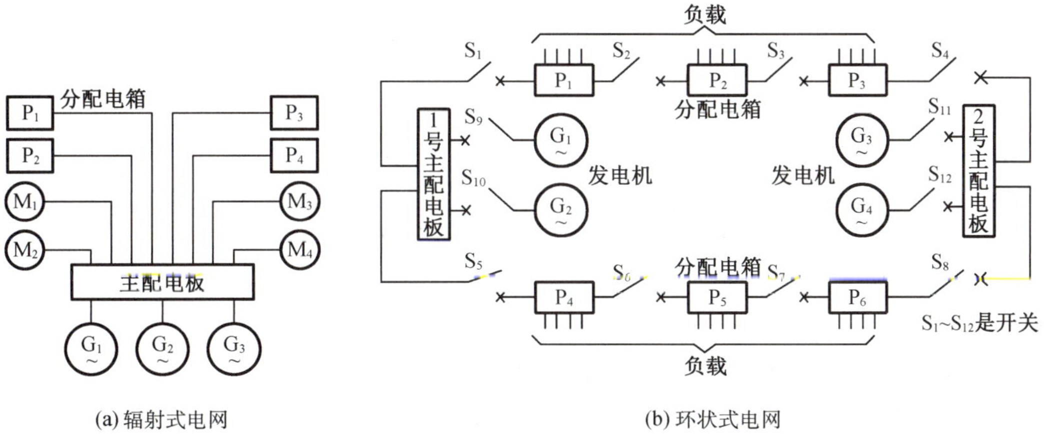

图 1.1.5　常见船舶电网结构形式

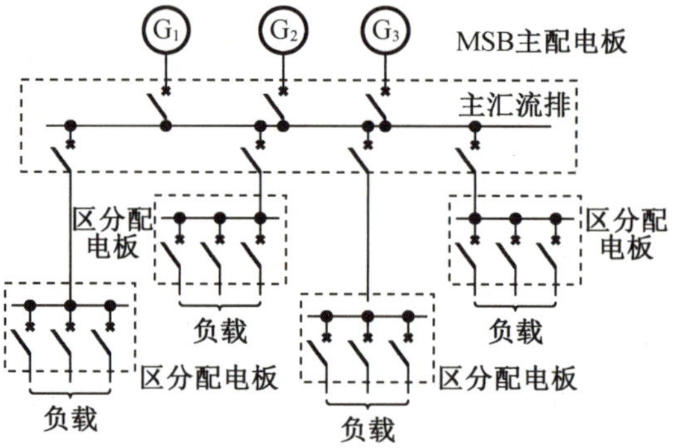

(c) 混合式电网

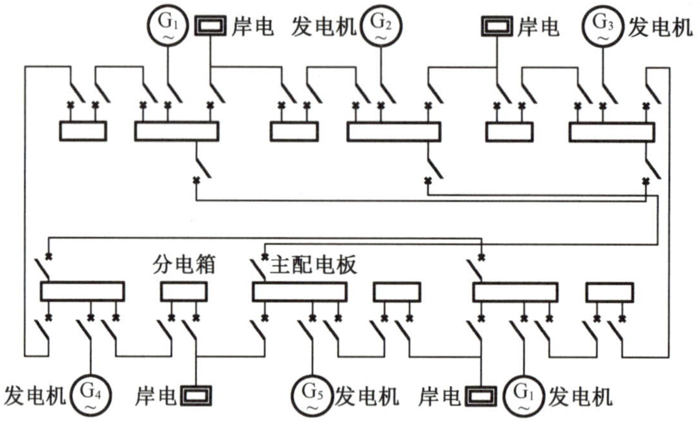

(d) 网状式电网

图 1.1.5(续)

动力负载包括各种机械的电力拖动设备,如:

甲板机械——舵机、锚机、绞缆机、起货机等;

舱室机械——油泵、水泵、空压机、通风机等;

推进装置——推进电机、侧推等电力推进和动力定位装置等。

动力负载是船舶最大的用电负荷,往往占全船总用电量的70%左右。

照明负载相对比较好理解,主要为工作场所和生活舱室安装的各种电气照明灯具及为保障船舶安全航行而使用的航行信号灯具。

通信导航负载包括卫星通信、甚高频(VHF)等外部通信设备,程控电话、广播等内部通信设备,以及电罗经、雷达、全球定位系统(GPS)、电子海图、测深仪等导航设备。

生活用电负载则为洗衣机、电热器、电视机等船员日常使用的生活电器。

此外,工程船、科考船和特种作业船舶中还有一些如A型架、电缆绞车、钻机等特殊的电力负载。

2. 船舶电站与船舶电力系统之间的关系(图 1.1.6)

船舶电站是船舶电力系统中发电、配电和输电部分的总称,它是船舶电力系统的核心,是保障全船供电质量和供电稳定性、可靠性的关键设备。

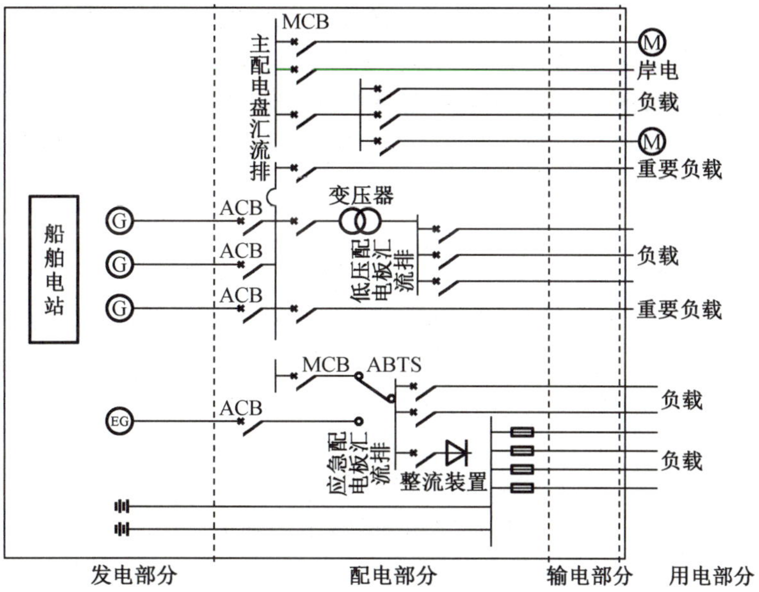

图 1.1.6　船舶电站与船舶电力系统之间的关系

为了加深理解,我们可以把船舶电力系统类比成人体的血液系统,船舶电站就是船舶的骨髓、心脏和血管,在"骨髓——电源"中产生"血液——电能",经过"心脏——配电装置"的控制、分配和转换,通过"血管-电网"将"血液——电能"可靠地送到每一个"器官——用电设备"。

3. 船舶电力系统的特征

众所周知,船舶长期在江河湖海中运行,其工作环境与陆地环境截然不同,因此船舶电力系统与我们所熟知的陆地电力系统也有很大的区别,其主要体现在电源容量、电网规模、保护控制、可靠性及电气设备的使用要求等方面。

(1)电源容量小

陆地电力系统单个电厂装机容量一般为几百万千瓦甚至几千万千瓦的规模,且各发电厂之间互联互通运行,一般可视为无限容量电力系统。船舶电力系统只为本船所有用电设备供电,其电站容量和单机功率都不大,即使大型的远洋船舶、豪华邮轮的电力系统容量也不过几千千瓦。可见,船舶电力系统容量要远小于陆地电力系统,是有限容量电力系统。

(2)电网规模小

因为船舶空间有限,所以电气设备比较集中,船舶电网的空间长度一般不超过 300 m,与陆地数千千米的高压输电线路相比,船舶电网线路显得非常短,且船舶电网采用的电压等级较低,不需要采用高压输电,电能损失小。因此,船舶电网的规模比陆地电网要小得多。

(3)保护控制难度大

在电网保护和控制方面,船舶电站容量较小,而某些设备的单机容量相对于船舶发电机组单机容量却很大,当这些负载启动时,将对船舶电网造成很大的冲击,局部故障或误操作都容易导致全船断电,为电网的保护带来不小的挑战。同时,由于船舶电站相对独立,且容量小,电网电压或频率调节也相对较难。

(4)供电可靠性要求高

由于船舶是一座移动的海上城市,其电力系统是独立的,但任何断电事故都将危及船舶航行安全，所以船舶电力系统比陆地电力系统有更高的供电可靠性要求。

(5) 电气设备使用环境恶劣，性能要求高

使用环境对电气设备的性能和工作寿命有严重的影响，船舶电气设备的工作条件比陆地电气设备恶劣得多。因此，船舶电气设备相较陆地电气设备有更高的性能要求，主要体现在以下几个方面：

★冲击和振动

船舶机械设备正常运行时会产生很大的振动，船舶电气设备必须要能承受船舶正常运行所产生的振动和冲击。由于振动会使电气设备的固定或连接部件松脱，使部件结构损坏或失灵。因此，对这些部件应采取防松脱措施。受振动影响较大的设备要有减振或隔振措施，并且具有坚固的耐振动和抗冲击的机械结构。

★倾斜和摇摆条件

船舶在正常运行时会持续地倾斜和摇摆，这种影响会破坏电器部件的受力平衡，导致设备损坏或出现故障。例如，倾斜和摇摆会使电机转子对轴承产生轴向推力或出现“轴锤现象”，使轴承不能正常润滑而受到损害。因此，要求船舶电气设备在结构、技术条件和安装方式上要能适应这些条件。电气设备应能在表 1.1.1 所列的倾斜和摇摆条件下工作。

表 1.1.1　船舶电气设备适应倾斜和摇摆条件

设备组件	倾斜角/(°)			
	横向		纵向	
	横倾	横摇	纵倾	纵摇
应急电气设备、开关设备、电器及电子设备	22.5	22.5	10	10
上述以外的设备、组件	16	22.5	5	7.5

★环境温度条件

环境温度对电气设备的性能和使用寿命有着直接的影响，船舶电气设备要能够在船舶工作环境温度下正常工作。船舶环境温度一般为 -25 ~ +45 ℃，锅炉舱的电气设备规定为 50 ℃。船舶电气设备适应的环境温度条件见表 1.1.2。

表 1.1.2　船舶电气设备适应的环境温度条件

介质	部位	温度/℃	
		无限航区	除热带以外的有限航区
空气	封闭处所内	0~45	0~40
	温度超过 45 ℃和低于 0 ℃的处所	按该处所温度	按该处所温度
	开敞甲板	-25~45	-25~45
水		32	25

★潮湿、盐雾、油雾和霉菌条件

船舶电气设备在适应船舶使用环境方面，还应能够耐受盐雾、油雾和霉菌的环境条件，

满足相对湿度 95%的耐受要求。

若相对湿度为 95%且凝露,盐雾、油雾和霉菌也比较严重,则在 2~3 周就能使绝缘体长上附着物和膨胀、金属部件生锈腐蚀,导致电气设备的绝缘材料性能下降。油雾和灰尘黏附于电气设备表面可能造成漏电,而且阻隔散热会使设备的温升增加,如果水汽渗入绝缘材料的裂缝和毛细孔中,将会使漏电流增大,导致绝缘电阻的阻值下降。

★船舶电网电压和频率的波动条件

船舶电力系统电能质量的三大衡量指标是电压、频率和波形。船舶电力系统是一个独立的有限电网,其电压和频率均受负载变化的影响,特别是频率的变化与陆地上差别较大。为了适应船舶电力系统电压和频率波动的特点,船舶电气设备必须能在表 1.1.3 的电压和频率波动范围内正常工作。

表 1.1.3 船舶电气设备适应的电压和频率波动范围

设备	参数	稳态/%	瞬态	
			(%)	恢复时间/s
一般交流设备	电压	+6~-10	±20	1.5
	频率	±5	±10	5
由直流发电机供电或经整流器供电的直流设备	电压	±10	—	—
	电压周期性波动	5	—	—
	纹波电压	10	—	—
由蓄电池供电的设备:				
充电期间接于蓄电池者[①]	电压	+30~-25	—	—
充电期间不接于蓄电池者	电压	+20~-25		

注:①应对由充/放电特性决定的不同的电压波动予以考虑,包括充电设备的波纹电压。

★防护要求

为了避免电气设备受到外部固体和液体异物的侵入而发生故障或损坏以及避免对工作人员造成伤害,电气设备一般都应有防护壳罩。电气设备的防护等级采用国际电工委员会(IEC)推荐的国际防护 IP 等级标准。防护标志 IP 后第一位数字表示防护固体异物侵入的等级,第二位数字表示防水液侵入的等级,具体等级标准见表 1.1.4。

船舶电气设备根据安装处所的不同有不同的最低防护等级要求:

只存在与带电部分接触危险的干燥舱室为 IP20 级;

存在滴水和(或)中等机械伤害的机器舱室、控制室和配膳间等处所为 IP22 级,其附具(开关、分电箱等)为 IP44 级;

存在较大水和机械伤害危险的机器处所(如机舱花铁板以下)为 IP34 级,其附具为 IP55 级;

存在较大水和机械伤害危险的压载泵舱、冷藏舱、厨房和洗衣间等处所为 IP44 级,其附具为 IP55 级;

存在喷水、货物粉尘、严重机械伤害、腐蚀性气体的双层底中的轴隧、管隧、干货舱等处所为 IP55 和 IP56 级;

表 1.1.4　电气设备外壳的 IP 防护等级标准

IP 等级		简要说明	定义
第一位数字	0	无防护	没有专门防护
	1	防>50 mm 的固体	人体大面积部分如手(对有意识接触无防护),直径超过 50 mm 的固体
	2	防>12 mm 的固体	手指或类似物,长度不超过 80 mm,直径超过 12 mm 的固体
	3	防>2.5 mm 的固体	直径或厚度大于 2.5 mm 的电线、工具等,直径超过 2.5 mm 的固体
	4	防>1.0 mm 的固体	直径大于 1 mm 的线或片状物,直径超过 1 mm 的固体
	5	防尘	并不防止全部灰尘进入,但进入量不妨碍设备正常运转
	6	尘密	无灰尘进入
第二位数字	0	无防护	没有专门防护
	1	防滴	垂直滴水应无有害影响
	2	15°防滴	设备与垂直线成 15°角时,滴水应无有害影响
	3	防淋水	设备与垂直线成 60°角范围的淋水应无有害影响
	4	防溅	任何方向溅水应无有害影响
	5	防冲水	任何方向冲水应无有害影响
	6	防猛烈海浪	猛烈海浪或强烈冲水时进入机壳水量应无有害影响
	7	防浸水	沉浸在规定压力的水中,经规定的时间后,进入水量应无有害影响
	8	防潜水	能长期潜水,完全密封,进水量不产生有害影响

存在大量水浸入危险的露天甲板为 IP56 级;

存在爆炸危险处所,其外壳除具有合格的防爆功能外,还应参照安装处所有相应的防潮防水等级。

★电气设备的尺寸和质量要求

基于船舶本身环境的限制,应在满足所需电气性能的前提下,尽量选用外形尺寸小的电气设备。在不影响设备性能和强度的前提下,同时还要考虑运输、安装和检修的便利,应尽量选用由轻质材料制成的电气设备。

综上所述,船舶电力系统具有电源容量和电网规模小、电网保护和控制难度大、供电可靠性要求高、电气设备性能要求高的特征。

4. 船舶电力系统基本参数

船舶电力系统的基本参数包括额定电压、额定频率、电制和线制。

船舶电力系统的基本参数决定了船舶电气设备的生产和供应,制约着船舶电站工作的可靠性和电气设备的质量、尺寸、价格等。因此,在船舶电站的设计组建中,首要任务就是确定电力系统的额定电压、额定频率、电制和线制等基本参数。

任务实施

步骤一：通读《船舶电气说明书》

《船舶电气说明书》是船舶设计领域中电气专业的纲领性文件，也是最重要的文件。船舶设计领域的其他专业设计工程师、船舶电子电气员等船舶设计、运营技术人员通过阅读《船舶电气说明书》能了解船舶电气专业的主要系统的基本信息。

船舶设计一般分为方案设计、技术（送审）设计、详细设计、生产设计等阶段，《船舶电气说明书》与《全船电力负荷计算书》《电气设备明细表》《电气设备布置图》《主配电板单线图》等图纸文件是船舶电气设计各个阶段必须编制的图纸文件。随着设计的不断深入，各设计阶段《船舶电气说明书》内容也会根据其他系统的优化、调整有所更改，船舶完工图纸文件中提供的《船舶电气说明书》为最终版本。

通常，《船舶电气说明书》包含总则、电制与线制、电源、配电装置、电缆、电动机及控制装置、照明系统、助航及信号联络设备、监测报警、通信导航系统等部分，详细介绍船舶电气系统各组成部分的配置情况和使用说明。

步骤二：详读《船舶电气说明书》——总则，认识船舶电气设计组建的依据

为了确保船舶安全，船舶的设计、制造及运营必须依据适用的统一标准、规范和法规。采用依据相关规范、法规和标准的规范化船舶电力系统的设计组建，对提高船舶电力系统的设计质量，保证船舶使用的安全性和可靠性都起到很重要的作用。

随着认知的发展和技术的进步，船舶相关规范、法规和标准每隔一段时间都会有所修改和更新，设计人员应注意参照最新的版本。目前，我国在船舶设计、建造和运行方面已逐步形成了一个完整的标准体系，下面分别简单介绍国内外有关船舶电力系统设计方面的规范、法规和标准。

★国内民用船舶规范

我国船舶建造规范是由中国船级社（CCS）制定和发布的，与船舶电力系统有关的现行规范见表1.1.5。

表1.1.5　我国民用船舶规范（部分）

序号	规范名称
1	《钢质内河船舶建造规范》(2016)
2	《内河高速船建造规范》(2022)
3	《游艇入级与建造规范》(2020)
4	《国内航行海船入级规则》(2018)
5	《国内航行海船建造规范》(2025)
6	《钢质海船入级规范》(2025)
7	《海上高速船入级与建造规范》(2022)

注：1. 上述规范名称括号内数字表示该规范发布的版本年号；
2. 相关规范的“修改通报”文件也是规范的一部分。

★船舶专业标准

我国船舶专业标准分为国家标准、部颁标准和企业标准三级。国家标准是由中国国家标准化管理委员会发布的在全国范围内统一使用的标准，部颁标准是由船舶主管部门制定发布的专业范围内的全国性技术标准，而企业标准是企业制定实施的技术标准。与船舶电力系统有关的现行国家标准见表 1.1.6。

表 1.1.6　与船舶电力系统有关的现行国家标准（部分）

序号	代号	标准号	标准名称
1	GB/T	3783—2019	《船用低压电器基本要求》
2	GB/T	4988—2016	《船舶和近海装置用电工产品 额定频率、额定电压和额定电流》
3	GB/T	6994—2006	《船舶电气设备 定义和一般规定》
4	GB/T	7357—2010	《船舶电气设备 系统设计 保护》
5	GB/T	13029. 1—2003	《船舶电气装置低压电力系统用电缆的选择和安装》
6	GB/T	13029. 2—2010	《船用电缆 同轴软电缆的选择和敷设》
7	GB/T	13029. 3—2010	《船用电缆 通信电缆和射频电缆的选择和敷设》
8	GB/T	17755—2010	《船用额定电压为 6 kV（U_m=7.2 kV）至 30 kV（U_m=36 kV）的单芯及三芯挤包实心绝缘电力电缆》

★国内军用船舶规范和标准

我国军用船舶规范和标准即军用舰船标准（GJB），是由中华人民共和国国防科学技术工业委员会批准和发布的。与舰船电力系统有关的现行规范主要有：《船舶电气安全通用要求》《舰船电动交流发电机组通用规范》《舰船通用规范》等。

国家军用标准是对军用产品设备的基本要求，其中舰船建造规范是对军用舰船研究设计、建造的技术要求和规定，除经有关主管部门批准许可外，舰船电力系统的设计不应与规范规定的要求和指标相抵触。

★国内船舶技术法规

国内船舶技术法规主要是指由中华人民共和国海事局制定和发布的船舶设计、建造时必须满足和遵守的船舶技术法规，以确保船舶配置（如船舶航行灯、信号灯、无线电通信装置等）交付后的使用满足海上交通规则的需要。主要的船舶技术法规见表 1.1.7。

表 1.1.7　主要的船舶技术法规

序号	技术法规名称
1	《国内航行海船法定检验技术规则》（2020）
2	《国际航行海船法定检验技术规则》（2014）
3	《内河船舶检验规则》（2024）

表 1.1.7(续)

序号	技术法规名称
4	《沿海小型船舶检验技术规则 》(2016)
5	《海船法定建造检验技术规程》(2011)
6	《国内海洋渔船法定检验技术规则》(2019)
7	《醇燃料动力船舶技术与检验暂行规则》(2023)
8	《氢燃料电池动力船舶技术与检验暂行规则》(2022)
9	《公务船检验规则》(2020)

注:1. 上述规范名称括号内数字表示该规范发布的版本年号;

2. 相关规范的“修改通报”文件也是规范的一部分。

★国际标准

为适应船舶出口的需要,船舶电力系统设计人员还必须了解与船舶电气有关的国际标准。国际标准是由国际标准化组织(ISO)、国际电工委员会(IEC)、国际海事组织(IMO)等国际组织制定的标准,例如国际海事组织制定的《国际海上人命安全公约》和《国际海上避碰规则》等。

在船舶电力方面有参考价值的先进国家标准有:美国国家标准(ANSI)、英国国家标准(BS)、德国国家标准(DIN)、挪威国家标准(NS)、法国标准(NF)、日本国家标准(JIS)等。其中美国国家标准基本上选自著名社团标准,如美国电气与电子工程师协会标准(IEEE)等。这些标准比较简洁,能及时地反映工业社会的要求和动向,内容更详细、具体,具有一定的先进性。

船舶及其设备、系统的入级检验,涉及各船级社的规范。世界主要船级社的代号如下:英国劳氏船级社(LR)、美国船级社(ABS)、法国船级社(BV)、德国劳氏船级社(GL)、挪威船级社(DNV)、日本海事协会(NK)等。

步骤三:读取案例船电力系统基本组成信息,编制信息清单

根据案例船《船舶电气说明书》,按照电力系统 4 大组成部分对电力系统基本信息进行分类和整理,并梳理、复述各组成部分的作用及其相较于陆地电力系统的特征,填写表 1.1.8。

表 1.1.8 案例船电力系统基本组成信息列表

(a) 发电部分

组成部分		配置情况		
大类	分类	设备名称	数量	基本参数
发电部分	主电源			
	应急电源			
	小应急电源			

作用：

特征：

(b) 配电部分

组成部分		配置情况		
大类	分类	设备名称	数量	基本参数
配电部分	主配电板			
	应急配电板			
	岸电箱			
	充放电板			
	分电箱			

作用：

特征：

表 1.1.8(续 1)

(c)输电部分

组成部分		配置情况		
大类	分类	设备名称	数量	基本参数
输电部分	电缆			
	结构和形式：			
作用：				
特征：				

(d)用电部分

组成部分		配置情况		
大类	分类	设备名称	数量	基本参数
用电部分	动力负载			
	照明负载			
	通信导航负载			
	生活用电负载			

表 1.1.8(续 2)

作用：
特征：

步骤四：读取案例船电力系统基本参数，编制基本参数清单

复述船舶电力系统基本参数包含哪些，并根据案例船《船舶电气说明书》，读取、梳理案例船电力系统基本参数，填入表 1.1.9。

表 1.1.9　案例船电力系统基本参数列表

序号	参数名称	参数值

任务评价

任务完成情况评价标准及评分见表 1.1.10，任务总结反思见表 1.1.11。

表 1.1.10　任务评价表

评价类型	赋分	评价指标	分值	得分		
				自评	组评	师评
职业能力	50	完成《船舶电气说明书》识读	10			
		设计规范认知	10			
		电力系统组成部分填写完整、正确	20			
		基本参数填写完整、正确	10			
职业素养	30	操作规范、精益求精	10			
		协作互助、解决问题	10			
		持续改进、优化能力	10			
劳动素养	10	坚持出勤、遵守纪律	5			
		报告完整、工位整洁	5			
思政素养	10	舰船综合电力系统对于国防事业发展的认识	5			
		体悟“精益、专注”的工匠精神	5			

表 1.1.11　总结反思

目标达成：　知识☆☆☆☆☆　技能☆☆☆☆☆　素养☆☆☆☆☆	
学习收获：	教师寄语：
问题反思：	

课后任务

1. 问答与讨论

(1)复述船舶电力系统的组成部分及其定义。

(2)复述船舶电力负载的种类,并分别列举各种类的典型负载。

2. 巩固与提高

根据案例船《船舶电气说明书》中描述的电力系统基本情况,参照图 1.1.1,绘制案例船船舶电力系统基本结构简图(只需表示电力系统各部分之间的连接关系即可)。

任务 1.2　选择船舶电力系统的基本参数及要求

任务引入

通过任务 1.1 的学习,我们知道电力系统基本参数的种类包括额定电压、额定频率、电制和线制。船舶电力系统基本参数决定了电气设备的生产和供应,制约着船舶电站工作的可靠性和电气设备的质量、尺寸、价格等。正确合理地选择电力系统的基本参数可以保证整个电站和电气装置的可靠性、稳定性和经济性。因此,确定一个合理的电力系统基本参数是船舶电力系统设计组建的首要任务和关键环节。那么,如何选择正确合理的电力系统基本参数就是本任务要着重解决的问题。

任务描述

船舶电站基本参数及要求

为响应国家“海洋强国”的战略目标,维护我国海洋权益,本案例船将改装成能执行海洋地质调查任务的综合科考船(图 1.2.1),为此新增一台额定功率为 1 200 kW 的电动钻机。此外,为了提高案例船科学考察作业的综合性能,将案例船的柴油主机推进改成电力推进形式,采用 2 台额定功率为 900 kW 的交流推进电机作为推进主机。改装后需要重新设计电力系统,本任务需完成以下工作。

图 1.2.1　改装后的综合科考船效果图

(1)根据改装要求和任务 1.1 梳理的案例船电力负载的参数信息,为改装后的案例船选择电力系统基本参数;

(2)记录电力系统基本参数选择的过程,说明选择的依据;并将选择方案与改装前案例船《船舶电气说明书》中的电力系统参数进行对比,总结电力系统基本参数选择的方法和技巧。

学习目标

知识目标：

(1)熟知选择船舶电力系统基本参数的基本原则、方法与步骤；
(2)熟知船舶电力系统各基本参数的指标要求。

技能目标：

(1)能根据船舶用电设备的额定功率、额定电压等基本信息，选择电力系统的额定电压、额定频率；
(2)能根据船舶的使用要求、用电设备的供电要求及使用规律等信息，正确选择船舶电力系统的电制和线制。

育人目标：

(1)理解我国发展海洋强国战略的重大意义，建立“海洋强国有我”的信念和责任感；认识船舶电力推进技术在提高船舶节能、环保方面的作用，树立“绿色船舶”理念。
(2)在完成任务过程中，认真对待计算的每个数据，着力培养作为船舶设计工程师须具备的“严谨、求实”的工作作风。

知识准备

1. 船舶电力系统基本参数的选择原则

在选择船舶电力系统的基本参数时应遵循以下基本原则：

①船舶电站基本参数应与本国陆地电力参数或船舶运行须经常停靠的码头的陆地电力参数一致；

②必须保持船舶电站基本参数的统一，电源参数的种类尽量少；

③应与可能协同工作的其他船舶的基本参数一致，以保证船舶之间的相互配合，以及满足在紧急情况下实施救援和相互应急供电的需要。

④保证船舶电力拖动设备及系统的工作可靠性，同时考虑设备的质量、尺寸和价格。

2. 额定电压的选择方法

额定电压是电力系统的重要参数，国际电工委员会推荐的船舶电力系统交流电压等级为：三相交流 110 V、220 V、380 V、440 V、660 V、3 kV/3.3 kV、6 kV/6.6 kV、10 kV/11 kV 等；单相交流 120 V、220 V、240 V。

通常，电压等级为 1 kV 以下的称为低压电力系统，1～11 kV 的称为中压电力系统，11 kV 以上的称为高压电力系统，如图 1.2.2 所示。

(1)电网电压等级(低压、中压、高压)的选择

船舶电力系统的电压等级一般要与陆地电力系统相同，具体选择时须综合考虑船舶电站的总量、单个负载的功率、船舶布置空间及造价等因素。

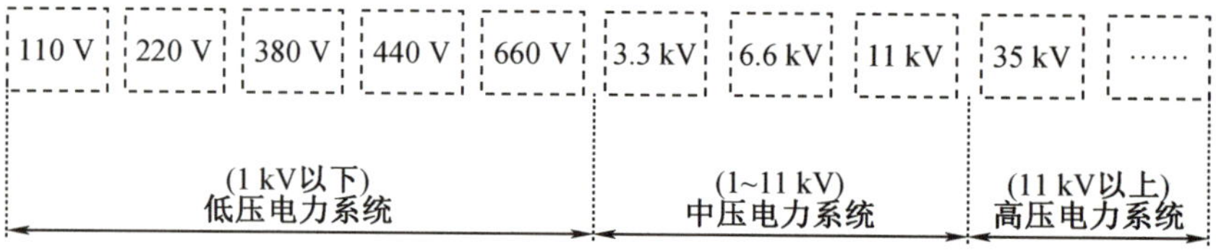

图 1.2.2　常用的船舶电力系统电压等级

目前,全世界范围内的船舶电力系统均以中低压为主。中国船级社(CCS)《钢质海船入级规范》中规定,直流和交流配电系统的最高供电电压应不超过表 1.2.1 的规定。

表 1.2.1　配电系统的最高供电电压

序号	用途	最高电压/V
1	固定安装、连接于固定布线的电力设备	15 000
2	(1)固定安装并连接于固定布线的电力设备、电炊设备和除室内取暖器以外的电热设备; (2)固定安装的电力设备和除室内取暖器以外的电热设备,由于使用上的原因需用软电缆连接者,例如可移动的起重机等; (3)以软电缆与插座连接,运行中不需手握持,并以截面积符合《钢质海船入级规范》要求的连续接地导体接地的可移动设备,例如电焊变压器等	1 000
3	(1)居住舱室内的照明设备、取暖器 (2)向下列设备供电的插座: ①具有双重绝缘的设备; ②以符合《钢质海船入级规范》要求的连续接地导体接地的设备	250
4	人特别容易触电的场所,例如特别狭窄、潮湿处所中的插座: (1)无论是否使用隔离变压器供电; (2)由只供 1 个用电设备的安全隔离变压器供电。这些插座系统的两根导线均应对地绝缘	50 250

由此可见,大多数船舶电力系统电压等级选择与本国陆地电力系统相同的低压电压等级即可。我国目前设计制造的船舶电力系统常用的电网电压等级为交流 380 V,为动力负载供电的动力电网电压等级选择 AC 380 V,为照明、生活设备等负载供电的电网电压等级选择 AC 220 V,为应急照明、应急通信导航设备等负载供电的应急电网电压等级选择 DC 24 V。

但对于电站总容量和单个用电设备功率比较大的大型海洋工程船、海洋平台和大型电力推进船舶来说,其电站容量和推进电机、作业机械等负载功率均为兆瓦级,其电力系统选择低压 AC 380 V 等级就显得不合适。通常,一般会选择较高的低压等级(AC 660 V 等)或中压等级(1~11 kV),具体原因主要有以下几点。

①同功率的电气设备,中压电气设备的质量和尺寸要小于低压电气设备,其额定电流也更小,需要的电缆规格也越小,有利于船舶的总体布置和电缆敷设。这时如果选择低压系统会造成电气设备体积和电缆截面的成倍增大,严重影响船舶总体性能。但是,电压等级越高,设备和系统的绝缘和保护就越复杂,造价就越高。

②随着船舶吨位的不断增大,耗电量也日益增长,这就使得船舶电源的容量不断增大,

系统的故障短路电流也随之增大，而目前低压断路器的最大分断能力不能满足其短路保护的要求，即保护装置的断流容量限制了船舶电力系统容量的增大，而采用中压电力系统可以降低短路电流的绝对值，从而解决这个问题。

③发电机和负荷电动机的单机容量增大，如仍采用低压电力系统，则电气设备的制造将变得愈来愈困难，而且不经济。美国造船工程学会统计发现，450 V 低压发电机的实际单机容量极限为 2 500 kW，超过这个极限时，则推荐采用 2 300 V 及以上的中压。

中国船级社《钢质海船入级规范》规定："船舶电力系统额定电压应不超过 15 kV。但如有特殊需要，经 CCS 同意可以采用更高的电压。"通常，船舶中高压交流电力系统的电压选用 3(3.3)kV、6(6.6)kV、10(11)kV 等级。

(2)发电机额定电压的选择

对于同一额定电压的船舶电力系统，其电源设备、用电设备和变压器的额定电压是有差异的。

由于电力线路允许有±5%的电压偏差，即整个线路允许有 10%的电压损耗，为了使线路的平均电压维持在额定值，线路首端(电源端)的额定电压宜较同级线路额定电压高 5%，线路末端的电压较线路额定电压低 5%。因此，发电机额定电压规定须高于同级电网额定电压的 5%，如对于额定电压为 380 V 的电力系统，发电机组的额定电压则选择为 400 V。

(3)变压器额定电压的选择

对于变压器的额定电压来说，分一次绕组额定电压和二次绕组额定电压。

★变压器一次绕组额定电压：

当变压器与发电机直接相连时，其一次绕组额定电压与发电机额定电压相同，即高于同级电网 5%；

当变压器从电源经过较长距离再连接时，其一次额定电压与电网额定电压相同。

★变压器二次绕组额定电压：

二次绕组的额定电压取决于变压器二次侧供电线路的长短。若线路长，则线路电压降大，这种情况下变压器二次绕组额定电压要高于其连接电网额定电压的 10%，其中 5%为补偿变压器满载运行时绕组本身的电压降，另外 5%为补偿线路的电压降。

若线路短，就不用补偿线路电压降，变压器二次侧额定电压按高于其连接电网额定电压的 5%选择即可。

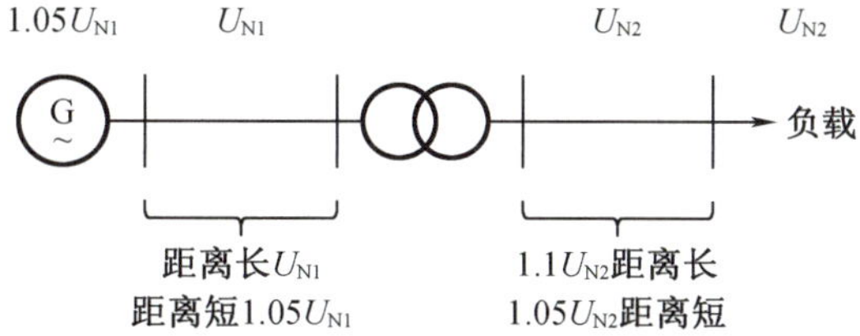

图 1.2.3　变压器额定电压的选择方法

例如，某船舶照明变压器的功能是将 AC 380 V 电压转换成 AC 220 V，由于变压器离发电机组很近，变压器一次侧额定电压选择与发电机额定电压相同，即高于电网额定电压 5%，为 400 V。同时，由任务 1.1 的学习可知，通常船舶电网的规模小、供电线路不长，变压器距负载的距离也较短，二次侧额定电压仅需考虑自身满载运行时的电压降即可，二次侧额定电压选择为同级电网额定电压的 105%,即 230 V。所以,船舶照明变压器的额定电压通常选择为 400 V/230 V。

(4)用电设备额定电压的选择

用电设备的额定电压选择与其所在的同级电网额定电压相同即可。

3. 额定频率的选择方法

目前,在世界范围内船舶交流电力系统现行的额定频率有 50 Hz 和 60 Hz 两种,使用 60 Hz 额定频率能使电机获得较高的同步转速,而使用 50 Hz 额定频率则具有较低的电磁损耗,但这些优劣势在实际应用中没有显著的体现。因此,船舶电力系统额定频率的选择主要取决于各国所在地区电力工业的现行额定频率,以及船舶航行或开展贸易交往的需要。

船舶电力系统额定频率一般选择与本国陆地电网相同的额定频率。我国及欧洲国家船舶的额定频率普遍采用 50 Hz,美国、日本则采用 60 Hz,世界部分国家船舶和陆地电力系统的额定频率情况见表 1.2.2。

表 1.2.2　世界部分国家船舶和陆地电力系统的额定频率

国家	船舶电力系统额定频率/Hz	陆地电力系统频率/Hz
中国	50	50
美国、加拿大	60	60
英国及欧洲大陆国家	50	50
日本	60	50(东京电力公司及以北的东部地区各公司) 60(中部电力公司及以西地区各公司)

4. 电制的选择方法

电制即为电流的种类,船舶电力系统的电制分为直流和交流两种。直流电制与交流电制相比,在多电源并联操作及负载的调速控制等方面具有很强的优势,并且不需要整流装置即可为船舶直流设备供电,但直流电气设备较交流电气设备的体积大、维护困难、成本高。而交流电气设备体积和质量小,结构简单可靠,很适合船舶这样空间和质量受限,又对供电可靠性要求高的场合。现代船舶电力系统多采用交流电制,与直流电制相比,交流电制的优点具体如下:

①交流电制的电源装置采用船用交流同步发电机,配自励恒压装置,没有整流子,工作可靠。如果动力负荷也选用结构简单、没有整流子的三相交流异步电动机,则工作可靠、维护量小,并可直接启动,且启动控制设备简单。

②交流电制的动力网络与照明网络的联系可通过变压器实现,由于变压器初级和次级之间只有磁联系,因此绝缘电阻低的照明网络基本上不影响电力网络。而直流电站的电力网络直接受到照明网络的影响,使绝缘电阻降低,容易发生故障,影响系统的安全性和可靠性。

③交流电气设备在质量、体积、电性能以及操作和维修等方面优势明显。早期的船舶多采用直流电制,交流电制从 20 世纪 30 年代开始在军用船舶上应用,后来逐步推广到民用。由于交流电制具有显著的优越性,20 世纪 50 年代交流电制的采用达到了高潮。我国近几

十年来所建造的船舶除某些小型船舶、特种工程船舶、新能源动力船舶外，几乎所有船舶(包括油轮、客轮、货轮、旅游船、工作船、调查船和军用舰艇等)均采用交流电制。

随着电力推进技术、电力电子技术和储能技术的发展，共直流母线+交流负载的交直流混合电制模式逐渐成为混合动力电力推进船舶、特种工程船舶电力系统电制的新选择。如挖泥船由于其少量工作机构的功率较大，对电力拖动自动控制的要求比较高，适合采用直流电制，而机舱辅机及甲板机械和照明等适合采用交流电制；以新能源电池作为船舶动力源的绿色船舶，电源是直流电制，而所有的动力负载均为交流。此种情况下，采用交直流混合电制模式能将交直流电制进行优势互补，提高船舶电力系统的适应性。某纯电池动力船舶的交直流混合电制电力系统单线图如图 1.2.4 所示，所有电池提供的直流电能均通过 AC/DC 模块转换成统一的 DC 750 V 电能到共直流母线上，再通过 DC/AC 逆变模块将直流电转换成 AC 380 V 电能为负载供电。

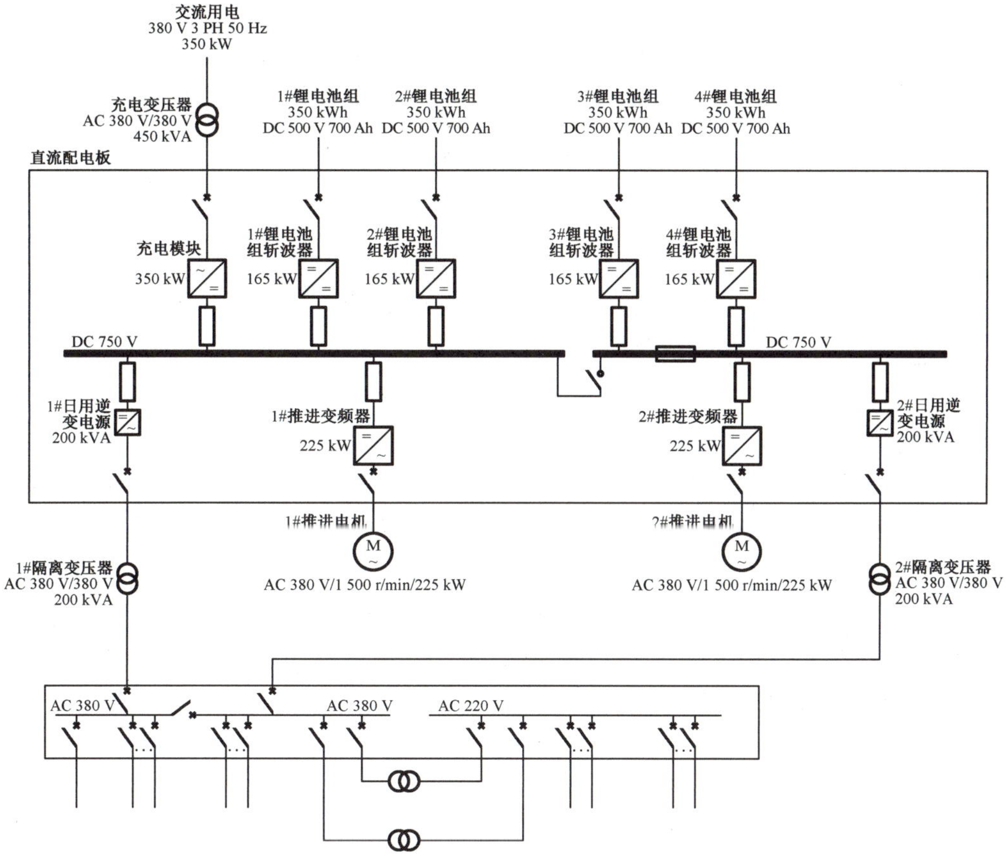

图 1.2.4　某纯电池动力船舶的交直流混合电制电力系统单线图

5. 线制的选择方法

线制是指船舶电力系统的供电方式。中国船级社《钢质海船入级规范》和《国内航行海船建造规范》明确规定了船舶电力系统可采用直流、交流单相和交流三相 3 大类线制。

(1)直流线制

直流线制主要有3种类型:双线绝缘系统——仅由负荷接于其间的两根导线组成的直流系统,如图1.2.5(a)所示;负极接地的双线系统——直流电源的负极直接接地,负载直接接于正极和负极之间,如图1.2.5(b)所示;以船体作为负极回路的单线系统——直流负载就近直接接于正负极之间,如图1.2.5(c)所示。

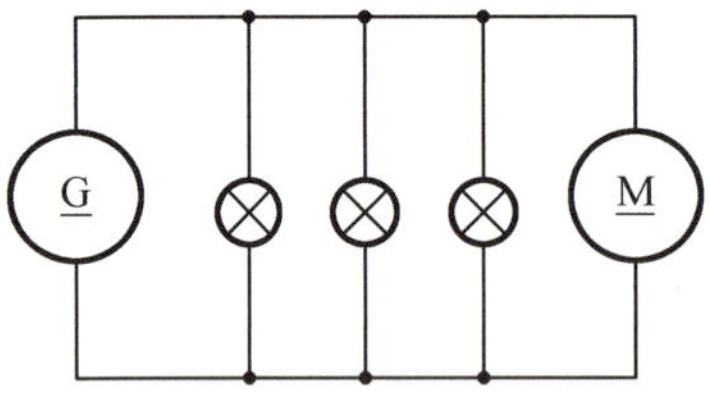

(a)双线绝缘系统

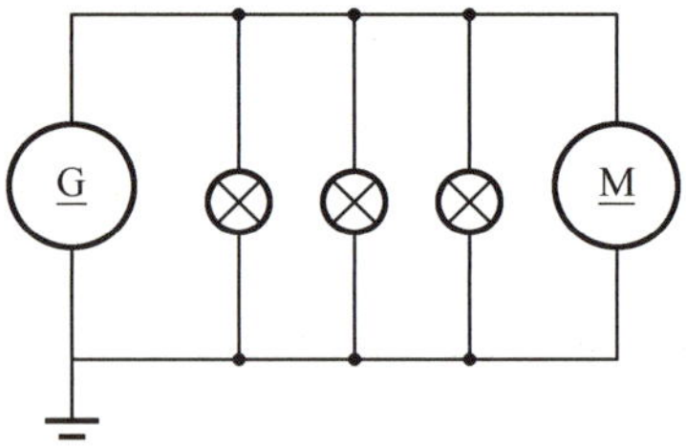

(b)负极接地的双线系统

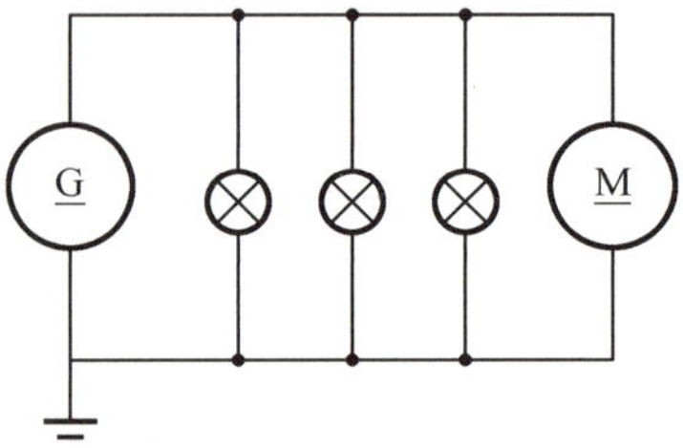

(c)以船体作为负极回路的单线系统

图1.2.5　直流电制电力系统

(2)交流单相线制

交流单相线制与直流线制类似,也分为3种类型:双线绝缘系统——负荷接于火线与零线之间的两根导线所组成的交流单相供电系统;一线接地的双线系统——系统的单相交流零线接地;以船体作为回路的单线系统——系统中的单线交流零线与船体相连,将船体作为公共零线。

(3)交流三相线制

交流三相线制的类型包括:三线绝缘系统、中性点接地的四线系统、以船体作为中性线回路的三线系统,是目前船舶电力系统使用最多的线制。

其中,三线绝缘系统是指由连接于三相电源的3根线组成的系统,且电源中性点不接地,如图1.2.6(a)所示;中性点接地的四线系统是指系统3根导线(火线)连接于电源3根线,第4根导线(零线)连接于电源中性点,且电源中性点接地,如图1.2.6(b)所示;以船体作为中性线回路的三线系统是指由连接于三相电源的3根线组成的系统,且电源中性点和系统相线与船体相接,通过船体构成回路,如图1.2.6(c)所示。

★三线绝缘系统特点

由图1.2.6(a)可知,三线绝缘的AC 220 V照明电源由AC 380 V电网经变压器获得,照明系统与动力系统之间没有直接的电联系,只有磁通的联系,相互间影响小,尤其是易出现绝缘低故障的照明系统对动力系统的影响大为减少。

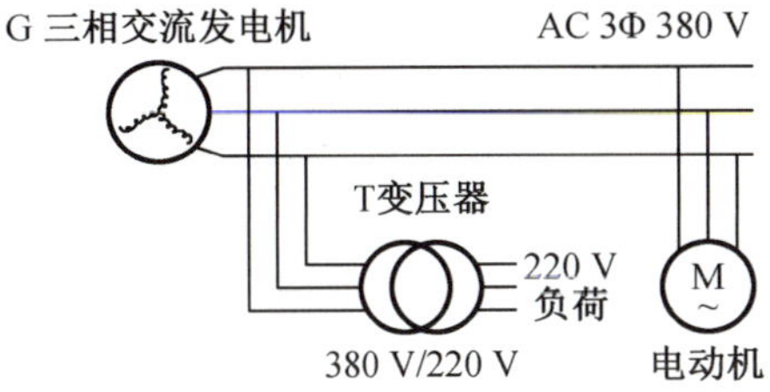

(a) 三线绝缘系统

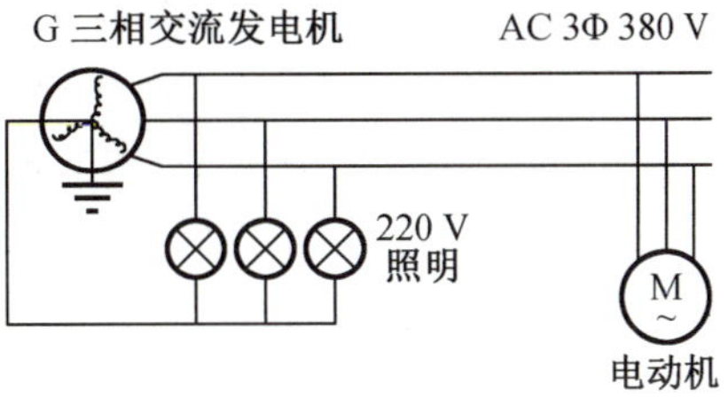

(b) 中性点接地的四线系统

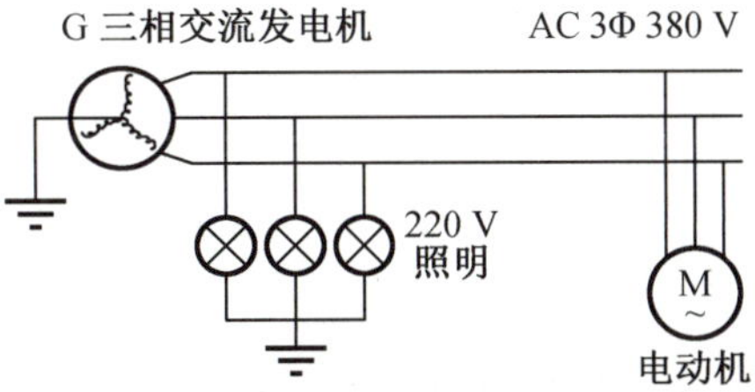

(c) 以船体作为中性线回路的三线系统

图 1.2.6　三相交流线制电力系统

由于系统中性点不接地，当系统发生单相绝缘损坏或接地短路时，一般不会出现过大短路电流而导致系统保护跳闸的现象，电力系统仍然能继续运行一段时间，从而最大限度地保持供电的连续性。具体原因如图 1.2.7 和图 1.2.8 所示，当 A 相发生接地短路时，A 相电压降为零；而非故障相 B 相分别由接地处、大地、对地电容电源 B 相绕组、A 相绕组构成一个回路，此时 B 相电压变成原来的$\sqrt{3}$倍；同理，非故障相 C 相电压也变成原来的$\sqrt{3}$倍。因此，系统单相接地没有影响三相线间电压之间的对称关系，这时系统仍可供电。但必须在短时间内寻找出接地点并排除之，以免长期使非接地相工作在线电压下，造成绝缘损坏。因此，中性点不接地的三线绝缘系统一定要有绝缘监视装置的配合，以保证在出现单相接地或绝缘下降时，能及时地发出警报，通知人员尽早地处理，以防止电力系统演变成破坏性故障或造成人身伤亡。

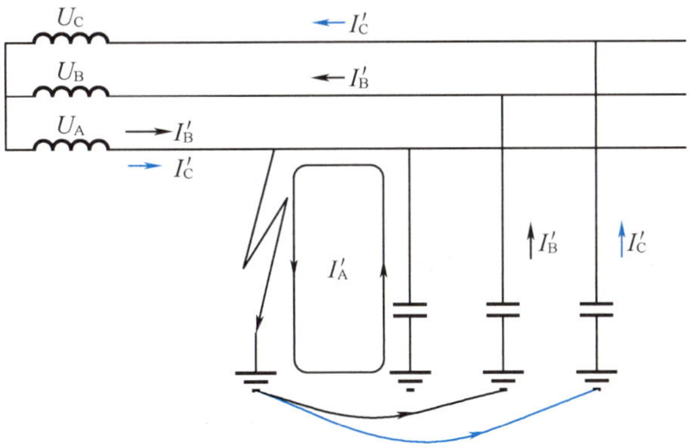

图 1.2.7　三相三线绝缘系统单相接地短路示意图

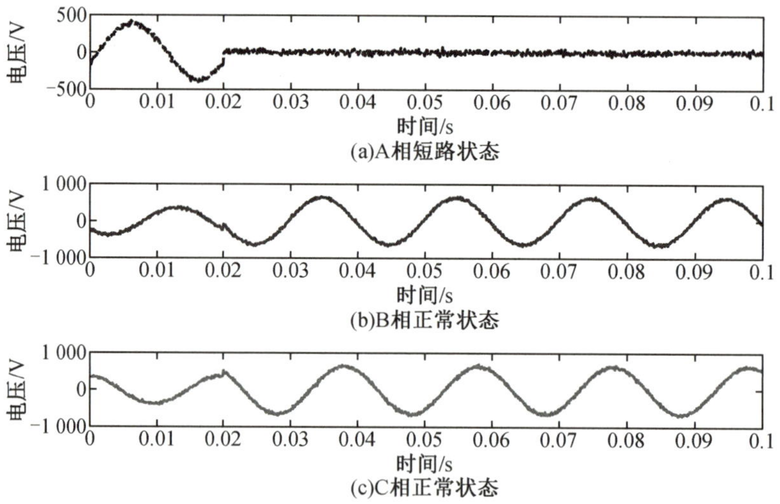

图 1.2.8　三相三线绝缘系统单相接地短路电流

综上所述,三相三线绝缘系统因其安全可靠,可最大限度地保持供电连续性等优势,非常契合船舶电力系统的性能要求,因此船舶电力系统选用三相三线绝缘线制最为广泛。

但是,也应看到三线绝缘系统亦存在两个问题。一方面,随着船舶向大型化、自动化发展,电气设备增多,电网规模扩大,以及防无线电干扰电容的广泛应用,使船舶电力系统的对地电容大为增加,从而就使电网相线与船体之间产生了电气联系,并有可能存在危及人员安全和引起火灾的高电压。特别是对采用高电压和中频电源的船舶更应重视。另一方面,在中性点不接地的绝缘系统中,在故障或合闸瞬间可产生 2~5 倍过电压的冲击,严重危害船舶计算机、电子设备和测量仪表,必须加以防范。

★中性点接地的四线系统特点

中性点接地的四线系统特点是电力和照明两种系统可由同一电源供电,省去了变压器,这对要求设备体积小、质量小的军用舰船是非常重要的。并且,这种系统过电压倍数小、维护方便,不需要经常检查电网的绝缘电阻。但由于接地电阻很小,当单相接地或设备外壳漏电时则会通过零线构成回路,并产生巨大的短路电流,这种大电流可能产生火花,甚至引起火灾。因此,当单相接地时便会形成短路,必须马上切断故障,所以供电的连续性难以得到保证。

同时,在中性点接地的四线系统中,具有较大的中线电流和三次谐波环流,这与三相负载的不对称度及多台并联运行的发电机组的有功负载和无功负载分配的不均匀度有关,因此发电机组要加接均压线,把不均匀度限制在规定范围以内。

现代船舶绝大多数采用交流三线绝缘系统,但也有些船舶使用中性点接地的四线系统,如主要依靠岸电供电的趸船等。三相绝缘系统和中性点接地的四线系统比较见表 1.2.3。

表 1.2.3　三相绝缘系统和中性点接地的四线系统比较

	三线绝缘系统	中性点接地的四线系统
一相接地时的接地电流	有少量对地分布电容电流,并随系统容量和线路的增减而增减	均为三相短路电流或更大

表 1.2.3(续)

	三线绝缘系统	中性点接地的四线系统
一相接地时的后果	系统仍可继续供电	出现单相短路
一相接地时对其他相电压的影响	等于线电压	为相电压
产生电弧接地的可能性	较大	较小
操作过电压	很高	最低
单相接地延续时间	长	最短
单相接地发展到多相短路的可能性	最大	最小
接地故障的排除	困难	方便
绝缘电阻的检测	方便	困难
负载不平衡时中性点位移及负载电压的不对称度	最大	最小
中线电流	无	有(三相负载不平衡时)
发电机并联时的三次谐波环流	无	有
三次谐波环流对通信的干扰	无	有

★以船体作为中性线回路的三线系统特点

在以船体作为回路的交、直流单线系统和以船体作为中性线回路的三线系统中,因为将船体的铁壳作为回路的中性线,节省了大量的电缆、简化了配电装置、减少了配电板和开关的尺寸与质量,从而降低了建造费用。但当导线绝缘损坏时,会造成较大的漏电而引起短路。因此,要求随时检查电网的绝缘情况和接地的良好程度,否则当接地松脱或接触不良时就会产生电弧或局部发热,甚至引起火灾,对人体的危害性也相对变大。

此外,由于单线系统在电气安全防火、抗干扰等方面存在问题,应谨慎采用,目前单线系统也仅用于少数小船上。在使用交流三线或四线系统时,应注意三相负载的平衡。通常在配电末端将用电设备加以组合,以便在正常情况下使各相的负载尽可能平衡在其各自额定负载的 15%以内,从而达到三相负载平衡。

从以上交直流线制类型的分析可知,船舶电力系统线制一般可总体分为中性点对地绝缘和中性点接地两大类。从应用角度看,对于电力系统有较高安全可靠性要求的船舶,应采用中性点对地绝缘线制;对于兼有安全性和经济性要求,且允许单相短路又不会造成严重后果的船舶,可以考虑采用中性点接地线制,但以船体作为电气回路的接地系统应少用或不用。

6. 船舶电力系统基本参数的指标要求

为了保障船舶运行的安全性,船舶电力系统必须满足相关法规的要求,并确保具备一定的可靠性和生命力。

(1)参数指标

中国船级社《钢质海船入级规范》中对船舶电力系统基本参数做出了明确规定:要求一般交流设备的电压波动范围不超过-6%~10%,频率波动范围不超过-10%~10%,由直流发电机供电或经整流器供电的直流设备,电压波动范围为-10%~10%,由蓄电池供电的设备,电压波动范围为+30~-25 V,详见表1.1.3。此外,中国船级社相关规范还明确规定“船舶电网电压的总畸变度THD值应小于5%”,若超出指标,需要配备滤波装置降低电网谐波THD值。

(2)船舶电力系统可靠性

可靠性是指研究对象在规定条件下和规定时间内实现规定功能的能力。船舶电力系统在保障船舶航行安全和船舶功能性方面要有足够的可靠性。这些要求一般可通过提高船舶电力系统的冗余度,提高电气设备质量,提高故障检测的灵敏性和前瞻性,加强管理、减少人为失误,以及将大系统划分为小系统,尽量保障各小系统的相对独立性等方法来实现。

(3)船舶电力系统生命力

军用舰艇,除了考虑可靠性外,还强调生命力。舰船电力系统的生命力是指在战斗或事故中破损时,仍能保证有不间断供电的能力。

为提高电力系统生命力,船舶电力系统通常采用多个电站、环形电网结构的形式。多个电站独立向负载供电,当某电站损坏时,另一电站可承担为损坏电站重要设备供电的任务。

任务实施

步骤一：确定新增设备的额定电压

本次电力系统的改装任务中，首要的矛盾点集中在新增设备是否能延续采用交流 380 V 的额定电压。

1. 假设新增的额定功率 1 200 kW 的电动钻机以及额定功率为 900 kW 的推进电机，均采用额定电压为 AC 380 V，计算其额定电流。

电动钻机额定电流：   推进电机额定电流：

2. 查阅项目 4 中电缆的载流量，大致选择为其供电电缆的截面积规格。

能否选择到合适的电缆？（□能　　　□否）

3. 逐级尝试选择高等级额定电压，再次计算新增设备额定电流，并查阅项目 4 中电缆的载流量，直到能够选择到为其供电电缆的截面积规格。

电动钻机额定电流：   推进电机额定电流：

电动钻机和推进电机供电电缆截面积规格：(　　　　　)mm^2、(　　　　　)mm^2。

4. 选定新增设备额定电压等级为(　　　)V。

步骤二：确定船舶电力系统电压等级

根据全船用电设备的额定电压需要，合理划分和确定船舶电力系统电压等级，并填写表 1.2.4。

表 1.2.4　船舶电力系统电压等级选择情况

序号	电压等级/V	主要供电设备
1		
2		
3		
4		

然后,再确定船舶电力系统主要电力设备的额定电压,并填写表 1.2.5。

表 1.2.5 主要电力设备额定电压

序号	设备名称	电压等级/V	选择理由
1	发电机组		
2	变压器		
3	钻机、推进电机		
4	动力负载		
5	照明负载		

步骤三:选择电力系统额定频率

根据相关规范要求及额定频率选择原则及方法,为本案例船电力系统选择合适的额定频率,并说明具体选择理由。

步骤四:选择电力系统电制

根据相关规范要求及电制选择原则及方法,为本案例船电力系统选择合适的电制,并说明具体选择理由。

步骤五:选择电力系统线制

根据相关规范要求及线制选择原则及方法,为本案例船电力系统选择合适的线制,并说明具体选择理由。

任务评价

任务完成情况评价标准及评分见表 1.2.6,任务总结反思见表 1.2.7。

表 1.2.6　任务评价表

评价类型	赋分	评价指标	分值	得分		
				自评	组评	师评
职业能力	50	额定电压选择正确、理由合理	15			
		额定频率选择正确、理由合理	10			
		电制选择正确、理由合理	10			
		线制选择正确、理由合理	15			
职业素养	30	操作规范、精益求精	10			
		协作互助、解决问题	10			
		持续改进、优化能力	10			
劳动素养	10	坚持出勤、遵守纪律	5			
		报告完整、工位整洁	5			
思政素养	10	建设海洋强国的使命感	5			
		体悟工程师“严谨、求实”的作风	5			

表 1.2.7　总结反思

目标达成：　知识☆☆☆☆☆　技能☆☆☆☆☆　素养☆☆☆☆☆	
学习收获：	教师寄语：
问题反思：	

课后任务

1. 问答与讨论

（1）某船舶电力系统采用三相三线绝缘线制，若船舶电网发生单相接地故障，电力系统是否还能工作？请分析具体原因。

（2）为什么大型海洋工程平台和电力推进船舶一般选用中压电力系统？

2. 巩固与提高

某趸船电力系统采用中性点接地交流三相四线制，若电力系统运行中出现单个相线接地的故障，请绘图分析故障对电力系统的影响。

船舶电站实船案例（实拍）

项目 2

船舶电站的电源选择

学习情境设置

(1)选择学习者角色

□船舶设计院电气专业技术人员

□船舶建造厂电气专业技术人员

□船舶电气自动化设备制造技术人员

□船舶船体、轮机等其他非电专业技术人员

□船舶电子电气员

□其他________________________

(2)分析学习者角色的岗位能力要求

船舶设计院电气专业技术人员:应熟练掌握船舶电源选择方法,能合理为船舶选择合适的发电机组、蓄电池等电源装置,并设计船舶电源在不同工况下的使用方案。

船舶建造厂电气专业技术人员:了解船舶电源选择方法,能读懂船舶电源在不同工况下的使用方案,能理解设计单位选择发电机组、蓄电池等电源装置的意图,并具备对电源选择方案进行分析和质疑的能力。

船舶电气自动化设备制造技术人员:了解柴油发电机组、蓄电池等船舶电源装置的工作特性,能读懂船舶电源在不同工况下的使用方案。

船舶船体、轮机等其他非电专业技术人员:了解船舶电源的分类及用途,了解船舶电源装置的种类及工作特性,能读懂船舶电源在不同工况下的使用方案。

船舶电子电气员:熟知船舶电源的分类及用途,熟知船舶电源装置的种类及工作特性,熟知船舶电源在不同工况下的使用方案。

(3)制定学习计划

了解电源的种类,理解选择船舶电源的目的及意义;

掌握船舶运行工况的划分、船舶电力负载的用途及使用规律;

掌握三类负荷计算法;

掌握《全船电力负荷计算书》的编制方法;

掌握发电机组单机容量及台数的选择方法;

掌握《蓄电池容量校核书》的编制方法,以及蓄电池电源的选择方法。

项目介绍

电源是船舶电站的重要组成部分，船舶电站的组建一般都是从电源的选择开始的。在船舶电力系统中，足够大的电源总容量才能保证船舶电力负载有充足的动力来源，而合理的电源单机数量则能实现船舶电站的经济运行。因此，选择合适的电源对于船舶电站的经济、安全和可靠的运行有着至关重要的作用。

本项目以一型江海直达集装箱船为背景，开展船舶电站的电源选择实践。首先通过分析给定案例船的《船舶电气设计任务书》，明确船舶电力负载的额定功率、额定电压、数量等基本参数。然后，系统认识船舶发电机组的种类，明确船舶运行工况和用电设备的使用规律，通过编制《全船电力负荷计算书》，选定船舶发电机组单机容量及台数。最后，了解蓄电池组的种类，分析案例船蓄电池使用需求，明确需设置的蓄电池组别，通过编制《蓄电池容量校核书》，选定船舶各组蓄电池的规格和数量。

学习要求

• 阅读给定案例船《船舶电气设计任务书》，完成以下任务：

(1)合理划分船舶运行工况，明确船舶用电设备的使用规律，采用三类负荷计算法编制《全船电力负荷计算书》，为案例船选择合适的发电机组配置方案；

(2)合理划分蓄电池组别，编制《蓄电池容量校核书》，为案例船选择合适的蓄电池组配置方案。

• 在完成船舶发电机组和蓄电池组选择的工作任务中，沉浸式体会作为船舶设计师担负的使命和责任，认真仔细地核对计算数据，培养一丝不苟的匠人精神，树立“匠心筑梦，兴船报国”的理想信念。

• 课前利用微课视频学习知识点及进行测试，课中在老师引导下分组完成工作任务，针对难点问题进行讨论，课后完成任务总结。培养自主学习能力，提高自身可持续发展能力。

船舶电气设计任务书

知识图谱

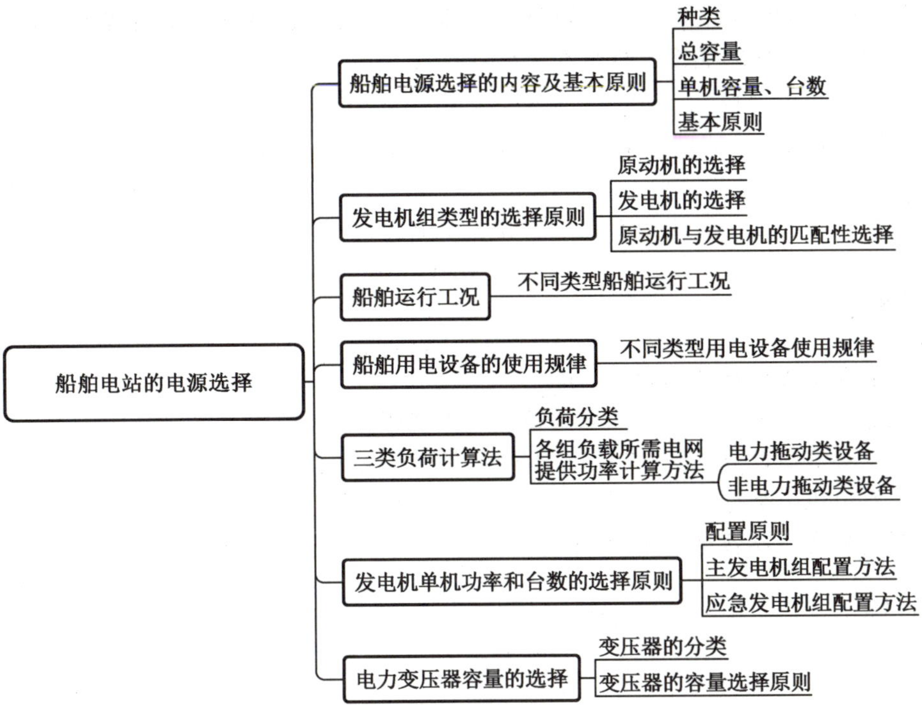

任务 2.1 选择船舶交流发电机组

任务引入

建立多大容量的电站、配备几台发电机组的问题一直是船舶电站设计组建的首要关注点。电源的总容量直接关乎船舶电站是否能够满足全船电力负载的用电需求,而电源单机容量和台数的选择则直接影响船舶运行的安全性和经济性。合理选择船舶电源装置能够使船舶电站在各种工况下都按照最佳运行方式运行,使船舶电站的功能得以充分发挥,保证船舶电力系统始终在安全、可靠、经济、优质的状态下运行。

电源选择的目的及电源种类

船舶运行工况和用电设备认知

船舶交流电源的选择

任务描述

（1）根据《船舶电气设计任务书》，划分船舶运行工况，明确用电设备的数量、额定功率等参数及使用规律，选择船舶发电机组的类型；

（2）采用三类负荷计算法，编制《全船电力负荷计算书》；

（3）根据《全船电力负荷计算书》，选择船舶发电机组的单机容量和台数。

学习目标

知识目标：

（1）理解船舶电源选择的内容及目的；

（2）掌握船舶工况划分方法和用电设备的使用规律；

（3）掌握三类负荷计算法及《全船电力负荷计算书》的编制步骤；

（4）掌握发电机组类型、单机容量及台数的选择原则及方法；

（5）掌握电力变压器容量的选择方法。

技能目标：

（1）根据《船舶电气设计任务书》，合理划分船舶运行工况，采用三类负荷计算法编制《全船电力负荷计算书》；

（2）能根据《全船电力负荷计算书》中负荷统计结果，正确、合理地选择发电机组的类型、单机容量及台数；

（3）能根据《全船电力负荷计算书》中负荷统计结果，正确、合理地选择电力变压器的容量。

育人目标：

（1）领悟货物江海直达联运对促进我国中西部地区经济发展、在实现中华民族伟大复兴征程中的重要意义，增强“兴船报国”的使命感。

（2）在编制《全船电力负荷计算书》的任务中，培养“精益、专注”的工匠精神，提升综合职业素养。

（3）在选择发电机组单机容量和台数的过程中，通过多方案的对比选优，培养辩证思维提高可持续发展能力。

知识准备

1. 船舶电源选择的内容及基本原则

（1）船舶电源选择的主要工作

★选择电源的种类；

★选择电源的总容量；

★选择电源的单机容量及台数。

(2)船舶电源选择的基本原则

设计人员在船舶电源选择的长期实践中,总结出了以下几点基本要求。

★船舶电源容量应该保证满足船舶在各种工况下所有负荷的供电要求,发电机组的台数和容量可根据船舶各工况电力负荷的功率来确定。

★船舶主电源应配置备用发电机组,保证发电机组故障或平时维修保养时的机动性。

★为保证船舶全寿命期间(25~30 年)因增添新设备或现代化改装而增长的电力需要,船舶电源应考虑一定的容量储备,但同时也应尽可能提高船舶电源在各种工况下的利用率。

★合理配置应急电源。应急电源是保证船舶发生海损和火灾时,为救生、消防、通信等重要设备可靠供电的设备。为保证独立完整,应急电网不能公用。同时,应急发电机应具备自启动功能,当正常电网失电后,能立即自行投入运行。

2. 发电机组类型的选择原则

发电机组是由原动机、发电机、公共基座和控制系统组成的,原动机和发电机连接在一起,安装在一个共同的基座上,与控制系统共同构成一套发电机组。

在选择发电机组时,既要对原动机和发电机的类型和参数进行衡量,又需要综合考虑原动机和发电机的匹配性问题。

(1)原动机的选择

原动机一般分为柴油机、蒸汽轮机和燃气轮机等类型。

★柴油机:柴油机是目前船舶上应用最广泛的发电原动机,其启动快,燃烧效率高,运行经济,调速特性均匀,安装、操纵、维护、保养和使用都比较方便,而且没有很多附属设备。柴油发电机组构成实物如图 2. 1. 1 所示。

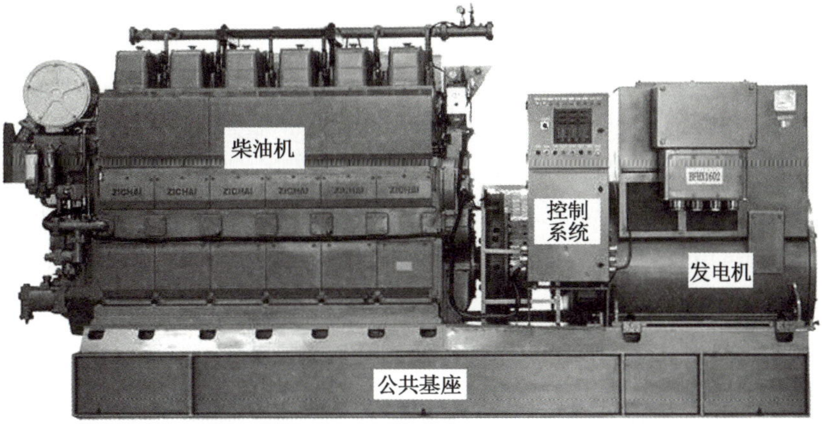

图 2. 1. 1　柴油发电机组构成实物图

柴油机又分高速、中速、低速 3 种,转速为 1 000 r/min 以上的为高速柴油机,300~1 000 r/min 的为中速柴油机,300 r/min 以下的为低速柴油机,柴油发电机组一般选用中高速柴油机。

柴油机的启动方式有气启动和电启动两种,在配置有压缩空气系统的船舶中,我们可以选择气启动方式的柴油机,若没有,我们就必须要选择采用蓄电池启动方式的柴油机。

★蒸汽轮机:蒸汽轮机转速均匀,调速特性好,体积小, 蒸汽利用率高, 由于转速高, 使用中常通过减速齿轮箱与发动机相配合。但蒸汽轮机需要设置包括锅炉在内的蒸汽系统、冷凝器等较多附属设备，其运行及维护方面技术要求高，快速性较差。因此，在蒸汽动力船舶中，蒸汽轮机无疑是最佳的发电原动机，其以船舶的推进动力锅炉作为供气源，能简化机组配置，提高运行的经济性。近年来，利用主柴油机排气的废热，通过废气锅炉产生蒸汽以推动废气汽轮发电机组，也是节能的一种措施。

★燃气轮机：燃气轮机具有质量小、体积小、功率大、启动停车容易等一系列优点。燃气轮机发电机组作为舰艇主动力装置正得到很大的发展，但燃气轮机发电机组需要使用气体燃料，除了在舰艇上得到应用外，在一般商船中尚未被作为主发电机组广泛推广使用。近年来，某些以燃气轮机作为推进主机的 LNG 动力船中燃气轮机发电机组逐步有了一些应用。燃气轮机发电机组外形如图 2.1.2 所示。

图 2.1.2　燃气轮机发电机组外形图

综上可见，我们一般要选择与船舶推进主机相同类型的发电原动机。

随着船舶节能减排要求的不断提高，双燃料发电机组（英文名称：bi-fuel generator sets 或 dual fuel generator sets）逐渐成为一些船舶电源的新选择。双燃料发电机组将柴油和天然气的混合物作为燃料，可以在缺乏天然气的情况下，只使用柴油运行。它拥有柴油发电机组的卓越和可靠的性能，同时也具有天然气发电机组的经济和环保的优点。当机组的负载未达到 30%时，机组是完全由柴油驱动的。而当负载继续增加时，天然气便开始注入并和柴油混合燃烧，随着负载增加，天然气投入的分量会相应地递增。双燃料发电机组外形如图 2.1.3 所示。

图 2.1.3　双燃料（柴油-天然气）发电机组外形图

从船舶营运的经济性出发，为了合理地使用能源，还有一种作为主电源的发电机组——轴带发电机组，其原动机就是推进主机，利用船舶低航速时的主机功率的余量驱动发电机组发电，如图 2.1.4 所示。轴带发电机组主要应用于大型工程船、远洋科考船、海洋工程平台等在低速航行或动力定位时需要进行工程作业的特种用途船。

此外，还有由主机排气驱动的透平发电机，称为废气透平发电机。这类发电机只有在主机运行时才能使用，因此配备此类发电机的船舶还必须设置独立的柴油发电机组。

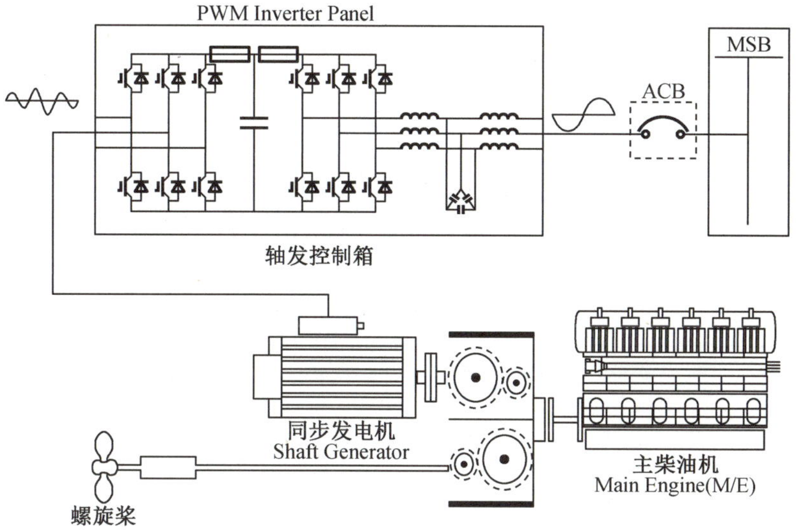

图 2.1.4　轴带发电机组工作示意图

(2) 发电机的选择

发电机的选择主要根据需要从类型、容量、冷却方式、绝缘材料等方面考虑。

★类型：交流船舶电站基于电网电能质量的控制，几乎均采用励磁可控的三相同步电机作为发电机，三相异步发电机组则在混合动力船舶电站的共直流母线系统中有所应用。

★容量：容量是发电机组选择的关键参数，发电机的容量是根据全船电力负荷统计和计算确定的，常见的额定功率有 63 kW、90 kW、100 kW、200 kW 等级别。

★冷却方式：发电机的冷却分为风冷和水冷两种形式。由于主电源一般安装在机舱，且船舶使用环境中的水资源充足，所以，主电源通常选用水冷模式，而应急电源按规范要求安装在船舶水线以上，常选用风冷模式。

此外，由于应急发电机组需要在海损或起火时，为舵机、应急消防泵等应急负载供电，因此应急发电机应具有独立的冷却装置和燃油供给单元，并有满足规则要求的启动装置，在主电源失效时能自动启动和自动连接于应急配电板，尽快承载额定负载，最长启动时间不得超过 45 s。

★绝缘材料：发电机定子绕组的绝缘破坏是发电机的常见故障，因此选择优质的绝缘材料对于提高发电机的可靠性至关重要。船用发电机较理想的绝缘等级是 F 级或不含有机硅树脂的 H 级材料。

(3) 原动机与发电机的匹配性选择

原动机的容量要与发电机的功率相匹配。首先，原动机额定功率须大于发电机额定功率。其次,原动机功率也不能过大或过小,过大会造成原动机功率利用不充分、经济性差,过小又会造成机组的过载能力差,影响使用寿命。

3. 船舶运行工况

如果你站在江边或海边,就会观察到有的船舶在水面上航行,有的船舶停泊在码头或水面上,还有的正在进出港口。船舶在运行过程中会有很多种工作状态,每种工作状态下的船舶电力负载都不尽相同,比如在离靠港时要使用锚机,而航行时就不会用到,所以要合理地选择船舶电源装置,满足船舶各种工况下的用电需求,这就必须先了解船舶的工况种类,并认识和了解各种用电设备的用途及其在各种工况下的工作规律。

定义:船舶运行工况就是指船舶的运行状态,不同类型、不同用途的船舶,其运行工况也是不同的。

(1)民用船舶工况

通过对表 2.2.1 中几种典型的民用船舶运行工况的对比分析,我们可以发现,船舶最基本的工况包括航行工况、进出港工况、停泊工况、应急工况等。

表 2.1.1　几种典型民用船舶工况

工况	货船	客船	趸船	大型邮轮	工程船	科考船
航行工况	√	√		√	√	√
进出港工况	√	√		√	√	√
停泊工况	√	√	√	√	√	√
应急工况	√	√	√	√	√	√
装卸货工况	√					
工程作业工况					√	
科考作业工况						√

航行工况是指船舶正常航行的状态。

进出港工况指的是船舶在港口内低速航行,并进行离靠码头操作的状态,有时根据电力负荷计算需要可将离靠码头状态单独作为一个工况。

停泊工况表示船舶停泊在码头或锚地的状态。

应急工况指的是船舶发生海损或火灾时的状态。

而如货船的装卸货工况、工程船的工程作业工况、科考船的科考作业工况等都是不同用途船舶所特有的工作状态。

(2)军用舰船工况

军用舰船的运行工况的划分是有别于民用船舶的,军用舰船根据其使用属性,工况一般分为战斗状态、起锚防空状态、巡航状态、备战备航状态、停泊状态和应急状态等。

战斗状态——舰船参与战斗活动时的状态,这时所有电气设备全部要投入工作;

起锚防空状态——舰船起锚完毕到主机启动的整个备航阶段,这个阶段同时要进行防空任务,需要使用对空武器;

巡航状态——舰船以经济航速在海上正常航行的状态;

备战备航状态——舰船在编队航行中经济航行且处于备战的状态；

停泊状态和应急状态则与民用船舶比较类似。

4. 船舶用电设备的使用规律

在不同的工况下，船舶或舰船的用电设备投入情况和设备的使用规律是不一样的，全船的用电需求也是不一样的。下面我们就来认识船舶的主要用电设备，并了解其用途和使用规律。

（1）用电设备分类

船舶用电设备数量繁多，分布在船舶的各个部位，为了方便对全船的电力负荷进行统计，我们一般按照用途将用电设备分为电力推进设备、甲板机械、机舱辅机、照明设备、通信导航、助航设备和生活设备等大类。

（2）用电设备种类及使用规律

电力推进设备主要是指直接为船舶推进提供动力的电力设备，包括推进电机、侧推装置、减摇装置及其监控系统等。其中，推进电机是驱动螺旋桨转动的装置，为船舶提供推进动力，是使电力推进船舶能够航行所必需的设备，将在除停泊工况外的各个工况下连续运行；侧推装置主要起帮助船舶调整航行姿态、辅助船舶推进的作用，在进出港工况和需要进行动力定位的作业工况下将连续运行，在航行工况下需要紧急避障或辅助转向时使用；减摇装置主要用于航行工况，其作用是减小船舶横摇、纵摇和升沉幅度，达到稳定船舶航行姿态、提高船员舒适度的目的，在船舶航行工况下使用。电力推进设备实物如图 2.1.5 所示。

(a) 推进电机装置

(b) 减摇陀螺装置

图 2.1.5　电力推进设备实物图

甲板机械是指锚机、系缆绞盘、救生艇吊放装置、折臂吊、克令吊等在甲板上操作和使用的用电设备。其中，锚机和系缆绞盘的用途是在船舶离、靠岸或锚地抛起锚时对船舶进行固定，主要在船舶进出港工况下使用。救生艇吊放装置包括吊艇架、吊杆等，主要用于救生艇、救生筏的收放工作，在应急工况下使用。折臂吊、克令吊等工程吊机，主要用于货物的装卸作业和海上作业时的设备吊放，一般在停泊工况、装卸货工况和海上作业工况下使用。甲板机械设备实物如图 2.1.6 所示。

(a)电动锚机装置　　(b)折臂吊机

图 2.1.6　甲板机械设备实物图

机舱辅机是指安装在机舱内，辅助船舶推进及船内正常运行的用电设备，其种类繁多，主要包括为主机或柴油发电机服务的燃油泵、滑油泵、冷却水泵等；为保障船内正常运行的舱底总用泵，各种淡、海水泵，生活污水处理装置，油污水分离器，空气压缩机及风机、冷水机组、冷藏制冷机等制冷制热装置等，以及用于船舶消防的消防泵、机舱灭火装置等。其中，为主机服务的设备与主机的运行工况一致，在船舶航行、进出港、作业、应急等所有需要主机或柴油发电机的工况下运行，为保障船内正常运行的设备一般工作在船舶运行的所有工况下，用于船舶消防的设备在应急工况下使用。

注意：根据设备的用途和使用规律，某些设备在船舶同一工况下有可能不是持续运行的。例如，燃油泵的作用主要是将燃油舱的燃油输送至柴油机油箱，当柴油机油箱油量不足时才会使用，而充足时是停止使用的；冷水机组的主要作用是制冷，为全船提供冷气，只有气温高时才会使用，而气温低时是不会使用的。

通信、导航及助航设备包括雷达、电罗经、电子海图、航行信号灯等导航设备，卫星通信、无线电通信、广播系统、程控电话、全船网络系统、视频监控系统等外通内通设备，以及雨刮器、旋转视窗、探照灯、测深仪等助航设备，这些设备是船舶运行必需的设备，在船舶所有工况下均要使用。船舶导航设备实物如图 2.1.7 所示。

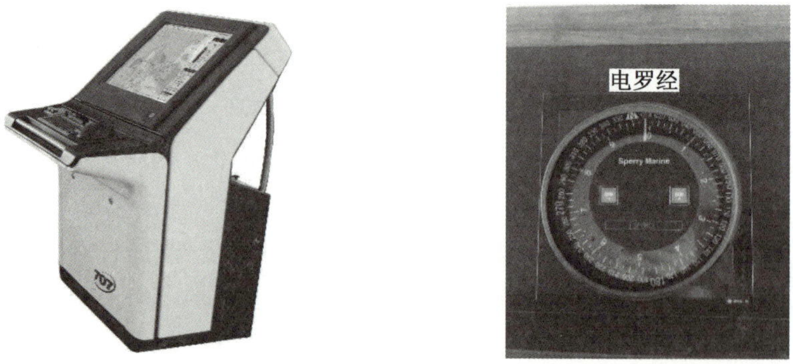

(a)电子海图系统　　(b)电罗经

图 2.1.7　船舶导航设备实物图

照明设备是指为船舶舱室内提供照明的各种灯具。

生活设备是指为保障船员正常生活的用电设备，如洗衣机、电热水器、电灶、消毒柜等，这些设备一般在船舶的各个工况下均会根据船员的生活习惯被有规律地使用。

此外,还有一些专业设备是专门用于船舶作业的,如海洋科考船的多波束、温盐深仪(CTD)、声学多普勒流速剖面仪(ADCP)、A型架、电缆、钢缆绞车等科考设备,地质调查船的地震空压机、电缆收放装置等,挖泥船的挖泥装置等,这些用电设备在电力负荷统计时可单独分为一类。某地质调查船物探系统如图2.1.8所示。

图2.1.8　某地质调查船物探系统

注意:某些设备在船舶不同工况下的使用情况并不是一致的。例如折臂吊机在船舶航行工况下,用于临时吊放甲板重物,而在作业工况下将一直持续使用。

5. 三类负荷计算法

在船舶电站的组建设计中,要确定船舶电站的总容量,选择发电机组的数量和单机功率,首先必须要算出船舶在各种工况下电力负荷所需的总功率。由于电站负荷取决于用电设备的实际使用状况,而这些因素的影响随机性大、动态多变,电力负荷统计计算的方法也有很多种,主要有:

- 三类负荷计算法;
- 需要系数法;
- 概率论法;
- 昼夜航行图表法等。

由于三类负荷计算法具有计算便捷、准确度高的特点,我国船舶电气工程师普遍采取三类负荷计算法进行船舶电力负荷的统计计算。因此,本书主要介绍采用三类负荷计算法进行船舶交流电源的选择。

(1)负荷分类

采用三类负荷法计算全船电力负荷时,需要将各用电设备在某一运行工况下按照使用时间的长短分成Ⅰ、Ⅱ、Ⅲ三类。

★第Ⅰ类负荷——连续使用类负荷

指船舶某一运行状态下连续使用的负荷,如航行工况下的主机冷却水泵、进出港工况下的锚机及各工况下的照明设备等。

★ 第Ⅱ类负荷——短时或重复短时使用类负荷

指某一运行状态下短时或重复短时使用的负荷,如航行工况下的燃油输送泵、滑油泵等。

★ 第Ⅲ类负荷——偶然使用类负荷

指某一运行状态下偶然短时使用的负荷,以及按操作规程可以在电站剑锋负荷时间以外使用的负荷,如航行工况下机舱的车床、钻床、电焊机等机修设备等。

注意:负荷类别的划分与船舶运行工况有关,同一用电设备在不同工况下可能划分为不同的负荷类别。如折臂吊机在航行工况下偶尔用于吊放甲板货物,属于第Ⅲ类负荷,但在作业工况下其需要持续使用,此时应划分为第Ⅰ类负荷。此外,在离靠码头工况下,虽然起锚机的工作时间较短(例如:只有 30 min 左右),但在此过程中起锚机一直在使用,因此起锚机在离靠码头工况下应划分为第Ⅰ类负荷。

(2)各组负载所需电网提供功率计算方法

船舶电力设备从工作原理来看,可分为电力拖动类设备和非电力拖动类设备,在计算时要注意区分。

★电力拖动类设备所需功率计算方法

对于电力拖动类设备,其拖动模式是电动机拖动机械轴,机械轴再拖动生产负荷,如图 2.1.9 所示。

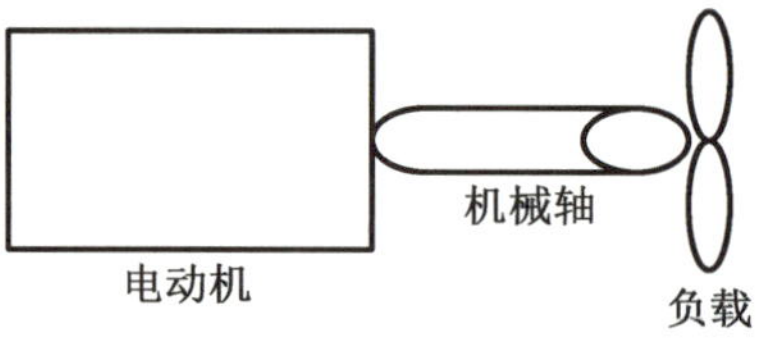

图 2.1.9　电力拖动类负载工作示意图

通常,电动机的额定功率要选择比机械轴上的最大功率大一点的,电动机的额定功率很难被完全利用,为了表征电动机的输出额定功率与机械轴上最大轴功率的差异程度,引入了电动机利用系数 K_1,定义为机械轴上的最大功率 P_M 与电动机额定功率 P_N 的比值。

$$K_1=\frac{P_M}{P_N}\left(=\frac{\text{机械轴上最大功率}}{\text{电动机的额定功率}}\right) \tag{2.1}$$

K_1 的取值一定是小于 1 的,说明所配电动机往往需要选得较大。

同时,当设备处于某一运行状态,生产负荷并非工作在最大负荷状态下,为了反映这种非满负荷工作的程度,引入了机械负荷系数 K_2,定义为机械实际使用功率 P_2 与机械轴上最大功率 P_M 之比。

$$K_2=\frac{P_2}{P_M}\left(=\frac{\text{机械实际使用功率}}{\text{机械轴上最大功率}}\right) \tag{2.2}$$

K_2 的取值一定是不大于 1 的,说明某一状态下机械负荷不一定是满载的。机械负荷系数 K_2 参考值见表 2.1.2。

表 2.1.2　机械负荷系数 K_2 参考值

用电设备	负荷系数	附注	用电设备	负荷系数	附注
主机冷却水泵	0.65~0.9	柴油机船	滑油驳油泵	0.65~1.0	—
主机滑油循环泵	0.65~0.9		淡水泵	0.6~1.0	—
排气涡轮滑油泵	0.7~1.0		卫生水泵	0.8~1.0	—
喷油嘴冷却泵	0.7~1.0		热水循环泵	0.8~1.0	—
辅锅炉给水泵	0.85~1.0		主机盘车机	0.8~1.0	—
辅锅炉燃油泵	0.65~0.9		货油泵	0.65~0.85	—
辅锅炉鼓风机	0.6~0.85		机修设备	0.5~0.7	—
主空气压缩机	0.75~1.0		机舱通风机	0.6~1.0	—
燃油离心分油器	0.65~1.0		泵舱通风机	0.7~0.9	—
滑油离心分油器	0.65~1.0		货舱通风机	0.6~0.8	—
轻柴油输送泵	0.65~1.0		电热器	0.5~0.9	—
重柴油输送泵	0.7~1.0		电灶	1.0	—
主机循环泵	0.7~0.9	汽轮机船	消磁装置	0.35~0.8	—
主凝水泵	0.65~0.75		变流器	0.4~1.0	—
燃油泵	0.75~0.85		充电机	0.6~0.9	—
主机滑油循环泵	0.6~0.9		锚机	0.2~1.0	—
给水泵	0.65~0.7		舵机	0.3~0.65	—
自动燃烧装置	0.8~0.9		起货机	0.3~0.8	—
总空气压缩机	0.8~0.9		绞盘	0.3~0.8	—
总用泵	0.65~0.75	—	绞车	0.8~1.0	—
舱底压载泵	0.8~1.0	—	无线电	0.8~1.0	—
舱底泵、消防泵	0.75~1.0	—	探照灯	0.8~1.0	—
燃油驳运泵	0.75~1.0	—	工作灯、照明	0.6~1.0	—

有时为了计算方便，我们直接将 K_1 和 K_2 的值相乘，表示电动机的负荷情况，定义为电动机的负荷系数 K_3。

$$K_3 = K_1 \cdot K_2 \left(= \frac{\text{机械实际使用功率}}{\text{电动机的额定功率}} \right) \tag{2.3}$$

K_3 的取值一定是小于 1 的，说明通常电动机并没有运行在额定值。

此外，对于同类或同组负荷来说，在某一运行状态下可能并不是同时运行的，为了反映这种因素对电力负荷统计计算的影响，引入同时系数 K_0，定义为该组同时工作的设备数量与该组设备总数之比。

$$K_0 = \frac{m}{n} \left(= \frac{\text{该组同时工作的设备数量}}{\text{该组设备的总数}} \right) \tag{2.4}$$

计算电动机设备需要电网提供的功率时，还要考虑电动机的效率。所以，电力拖动类设备需要电网提供的功率表示为

$$P=\frac{m\cdot K_1\cdot K_2\cdot K_0\cdot P_N}{\eta}=\frac{m\cdot K_3\cdot K_0\cdot P_N}{\eta} \tag{2.5}$$

式中,η——实际效率。

★ 非电力拖动类设备所需功率计算方法

对于非电力拖动类设备来说,不存在拖动关系,统计电力负荷时只需考虑同时系数即可。其所需电网提供的功率表示为

$$P=m\cdot K_0\cdot P_N \tag{2.6}$$

例题 搜集到某船舵机的设备参数为:数量 2 台,正常时一用一备,最大机械轴功率为 13 kW,所配电动机的额定功率为 15 kW,额定转速 710 r/min,额定效率为 85%,额定功率因数为 0.82,机械负荷系数取 0.9,请计算该设备组实际需要从电网吸收的有功功率和视在功率。

电动机利用系数:

$$K_1=\frac{P_M}{P_N}=\frac{13}{15}=0.87$$

机械负荷系数:

$$K_2=0.9$$

电动机的负荷系数:

$$K_3=K_1\cdot K_2=0.87$$

同时系数:

$$K_0=\frac{n}{m}=0.5$$

实际所需有功功率:

$$P=\frac{m\cdot K_1\cdot K_2\cdot K_0\cdot P_N}{\eta}=\frac{m\cdot K_3\cdot K_0\cdot P_N}{\eta}=\frac{2\times0.87\times0.5\times15}{0.85}=15.35\ \text{kW}$$

视在功率:

$$S=\frac{P}{\cos\varphi}=\frac{15.35}{0.82}=18.72\ \text{kW}$$

(3)各工况下的全船电力负荷统计方法

★ 统计各工况下各类负荷总有功功率

分别统计各工况下Ⅰ类负荷、Ⅱ类负荷、Ⅲ类负荷的总有功功率,并填入表格中。

由于船舶某工况下的所有Ⅰ类负荷不可能一直同时工作,因此在统计Ⅰ类负荷的总功率时需要考虑一个总同时系数 $K_{0\text{I}}$。同理,Ⅱ类负荷的总功率也要考虑总同时系数 $K_{0\text{II}}$。根据工程经验,$K_{0\text{I}}$ 的取值范围为 0.8~0.9,一般取 0.85;$K_{0\text{II}}$ 的取值范围为 0.3~0.5,一般取 0.45。Ⅲ类负荷由于是偶然使用的,一般不计入总负荷。

在统计某一工况下的各类负荷总有功功率时只考虑Ⅰ类和Ⅱ类负荷,Ⅲ类负荷用于电站总容量的校核。

某工况下电力负荷总有功功率:

$$\sum P=K_{0\text{I}}\cdot\sum P_{\text{I}}+K_{0\text{II}}\cdot\sum P_{\text{II}} \tag{2.7}$$

将计算的结果录入电力负荷计算表中。

★计算各工况下所需电网提供的有功功率

计算各运行工况下需要发电机提供的总有功功率，必须考虑电网在电能传输过程中的损耗，所以在统计各工况下需要发电机提供的功率时需要计入5%的电网损耗。而短时需要的最大负荷 P_{max} 等于总功率 $P_{总}$+Ⅲ类负荷总功率。

某工况下所需电网提供的总有功功率：

$$P_{总}=1.05\times\sum P=1.05\times\left(K_{0\mathrm{I}}\cdot\sum P_{\mathrm{I}}+K_{0\mathrm{II}}\cdot\sum P_{\mathrm{II}}\right) \tag{2.8}$$

6. 发电机单机功率和台数的选择原则：

(1)船舶电站电源的配置原则：

★船舶电站的电源总容量应能满足各工况下的总功率要求。

★发电机组最佳运行负荷率为80%，一般不低于50%、不高于90%，这样既能高效率经济运行又能有适当的功率裕量。

★除船级社"规范"规定可以只设1台发电机的船舶(如总长小于20 m的内河小型船舶等)外，船舶电站在除应急工况和停泊工况外的任何工况下都必须有备用发电机组，民船的备用机组的容量应等于最大一台机组的容量，军船的备用机组容量应能完全满足战斗状态的用电量。

★应尽可能选择同型号、同容量的发电机组，以减少备品和增加互换性，且利于并联运行。

★发电机组分为主发电机组、应急发电机组、停泊发电机组等。应急发电机的容量由应急工况的计算功率来单独确定，不再设备用机组。停泊发电机组根据具体情况决定是否单独设置，若单独设置，其也无须配备备用机组。主发电机组的容量和台数由其他工况的电力需求决定。

船舶电站电源的单机容量和台数按上述原则选择配置即可，但整个选择的过程是一个不断尝试和验证的迭代过程。

(2)主发电机组配置方法

★单机容量选择：单机容量的选择是根据全船电力负荷计算结果中最小工况(除应急工况外)的负荷需求，以发电机组最佳运行负荷率的80%为原则进行的。根据全船电力负荷统计计算结果，选择主发电机组单机容量的方法如下。

首先，找出除应急工况外的最小负荷工况；然后，按照80%负荷率的原则，计算出单机功率；最后，查阅船用发电机组设备样本资料，选择最接近计算值的发电机额定功率作为初步选择的主发电机组单机功率。

IFC5系列无刷同步发电机的功率列表见表2.1.3。

★机组台数的选择：发电机组台数是根据全船电力负荷计算结果中最大工况(除应急工况外)的负荷需求，按照发电机组最佳运行负荷率的80%，尽可能选择同型号、同容量的发电机组，以及船舶电站在除应急工况和停泊工况外的任何工况下都必须有备用发电机组为原则进行的。选择发电机组台数的具体方法如下：

首先，找出除应急工况外的最大负荷工况；接着，按照发电机组最佳运行负荷率的80%，尽可能选择同型号、同容量的发电机组的原则，根据已初选的单机功率，确定满足此工况供电需求的发电机台数。此外，根据备用机组设置原则确定备用机组台数。

表 2.1.3 IFC5 系列无刷同步发电机的功率列表

型号 IFC5	50 Hz,400 V,cos p=0.8,功率单位 kVA					60 Hz,450 V,cos q=0.8,功率单位 kVA				
	极数					极数				
	4	6	8	10	12	4	6	8	10	12
325	255					305				
354	320	225	160			385	270	195		
356	400	285	200			480	340	240		
404	455	350	250			520	420	300		
406	550	440	310			650	530	370		
454	700	530	390	290	255	830	640	470	350	303
456	840	650	485	365	305	1 010	780	580	435	370
502	980	770	550	475	370	1 180	930	670	570	440
504	1 130	900	640	550	425	1 360	1 080	770	660	510
506	1 220	1030	700	620	485	1 470	1240	840	750	580
562	1 310	1 100	830	690	560	1570	1320	1 000	830	680
564	1 460	1 250	940	790	640	1 750	1 500	1 130	950	770
566	1 680	1 360	1 040	920	740	2 020	1 630	1 250	110	880
632	1 890	1 620	1 240	1 080	840	2 270	1 950	1 490	1 300	1 010
634	2 100	1 800	1 400	1 200	940	2 520	2 160	1 680	1 440	1 130
636	2 360	1 980	1 550			2 760	2 380	1 860		

★方案验证:完成主发电机单机容量和台数的初步方案后,按此配置验证其他工况(除应急工况外)是否能满足供电需求及负荷率是否合理。

(3)应急发电机组配置方法

应急发电机组的选择直接根据应急工况的电力负荷需求,按照 80% 负荷率这一原则进行选择,且不用考虑备用。

例题 某船舶经过电力负荷统计计算,得到各工况所需电网提供的总功率数据,如表 2.1.4 所示,查询发电机组的样本资料后可知,可选的发电机额定功率为 63 kW、75 kW、90 kW、120 kW、150 kW、200 kW、250 kW、300 kW、350 kW 等,请据此为船舶选择合适的发电机单机功率和台数。

单机容量选择:首先,按照最小工况确定单机容量的原则。观察表 2.1.4,此船舶除应急工况外,最小负荷工况为停泊工况,需要 191 kW 的电功率。然后,再根据 80% 负荷率的原则,计算出单机功率需要 238.7 kW。最后,对比提供的发电机组可选功率,初步选择最接近此容量的 250 kW 作为主发电机组单机功率。

机组台数的选择:首先,按照根据最大工况确定机组台数的原则。观察表 2.1.4,此船舶除应急工况外,最大负荷工况为进出港工况,需要 418 kW 的电功率。接着,按照发电机组最佳运行负荷率的 80%,尽可能选择同型号、同容量的发电机组的原则,根据已初选的单机功率为 250 kW 的发电机组，需要 2 台才能满足供电需求，这时核算进出港工况下负荷率为 418/500=83.6%，较接近 80%的目标。

表 2.1.4　某船舶电力负荷计算表（汇总部分）

	工况名称				备注
	停泊	靠离码头	航行	应急	
第Ⅰ类负荷总功率/kW	118.15	401.20	321.12	46.91	
第Ⅱ类负荷总功率/kW	194.74	170.85	175.00	44.61	
第Ⅲ类负荷总功率/kW	118.71	100.01	95.87	15.63	
第Ⅰ类负荷考虑同时系数(0.8)的总功率	94.52	320.96	256.90	37.53	
第Ⅱ类负荷考虑同时系数(0.45)时的总功率	87.63	76.88	78.75	20.07	
第Ⅰ、Ⅱ类负荷总和/kW	182.15	397.85	335.65	57.60	
考虑电网损耗 5%时的总功率/kW	191.74	418.79	353.31	60.63	

此外，根据上述机组备用原则，此工况下还需要配置 1 台 250 kW 的备用机组。这样，初步选定了发电机组的单机功率为 250 kW、台数为 3 台的配置方案。

方案验证：完成主发电机单机容量和台数的初步方案后，按此配置对其他工况进行验证分析。如表 2.1.4，对航行工况进行分析，航行工况总负荷需求为 353 kW，按初选方案，需要使用 2 台 250 kW 发电机组才能满足要求，此时负荷率为 70%，考虑到后续船舶的负荷增加的需求，此方案是可行的。

应急发电机组的选择：应急发电机组直接根据应急工况的电力负荷需求，按照 80%负荷率，且不用考虑备用的原则。观察表 2.1.4，选择 1 台单机功率为 75 kW 的发电机组即可满足应急工况 80%的负荷率要求。将最终确定的配置方案填入电力负荷计算表中，见表 2.1.5。

表 2.1.5　电力负荷计算表（电源配置方案部分）

	工况名称				备注
	停泊	靠离码头	航行	应急	
第Ⅰ类负荷总功率/kW	118.15	401.20	321.12	46.91	
第Ⅱ类负荷总功率/kW	194.74	170.85	175.00	44.61	
第Ⅲ类负荷总功率/kW	118.71	100.01	95.87	15.63	
第Ⅰ类负荷考虑同时系数(0.8)的总功率	94.52	320.96	256.90	37.53	

表 2.1.5(续)

	工况名称				备注
	停泊	靠离码头	航行	应急	
第Ⅱ类负荷考虑同时系数(0.45)时的总功率	87.63	76.88	78.75	20.07	
第Ⅰ、Ⅱ类负荷总和/kW	182.15	397.85	335.65	57.60	
考虑电网损耗5%时的总功率/kW	191.74	418.79	353.31	60.63	
运行发电机台数及功率/n * kW	岸电或1 * 250	2 * 250	2 * 250	1 * 75	
运行发电机负荷率/%	68.48	83.76	70.66	80.84	
备用发电机台数及功率/n * kW	2 * 250	1 * 250	1 * 250		

此外,本配置方案中航行工况负荷率偏低,若为了提高航行工况的负荷率,我们也可以调整配置,选择 4 台 200 kW 的发电机组,航行工况下两用两备,负荷率为 88%,在停泊工况下一用三备,负荷率为 95%,离靠码头时三用一备,负荷率为 70%。当停泊工况与其他工况负荷需求相差过大时,还可单独配置一台停泊发电机组,如电力推进船舶等。

因此,船舶电站发电机组的单机容量和台数的选择方案不是唯一的,需要根据具体情况进行比选取优。

7. 电力变压器容量的选择

船舶电力系统通常采用三相三线绝缘线制,由船舶电力变压器将 AC 380 V 电能转变成 AC 200 V,为船舶照明、船内报警系统、通信导航设备等负载供电。船舶电力变压器可视为这些 AC 220 V 负载的电源,电力变压器的容量必须满足各工况下全船 AC 220 V 负载的用电需求。

为了提高厨房电力设备、潮湿场所日常生活设备、特殊实验仪器设备的用电安全性,以及减少对电网的影响,有些船舶还设置有隔离变压器,将这类设备与主电网进行电气隔离。隔离变压器通常不进行电压变换,原边和副边额定电压相同,只起到电气隔离的作用。此类变压器可视为这些需进行电气隔离负载的电源,其容量也必须满足各工况下需进行电气隔离的负载的全部用电需求。

此外,在船舶电力推进系统中经常会用到整流变压器获得一定的整流直流电压,变压器通常采用三绕组结构,其二次绕组分别接成星形和三角形,变压器阻抗电压较大。电力推进用整流变压器二次电流较大,而电压较低,常做成六相和十二相以获得脉动小的直流电压。同样,此类变压器的容量应满足其供电推进电机的用电需求。

(1)变压器的分类

船用变压器分为浸渍型和树脂浇注型两种,以树脂浇注型应用居多。

浸渍型船用变压器的绕组采用浸渍绝缘漆工艺,其绝缘等级可为 B 级、F 级、H 级。

树脂浇注型船用变压器绕组采用带填料环氧树脂浇注而成,其绝缘等级为 F 级。

变压器的型号说明如下：

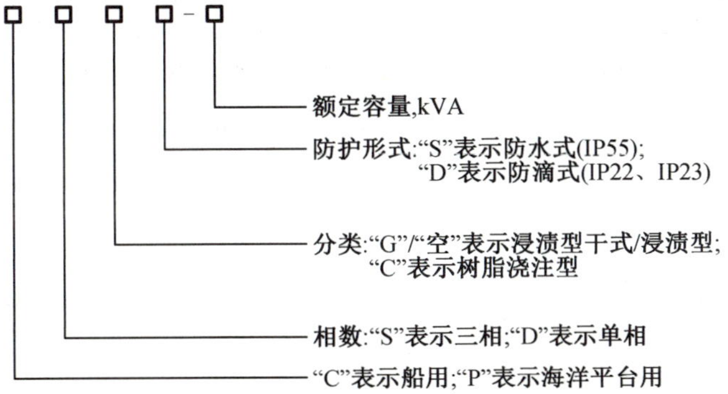

示例：额定容量为 1 600 kVA，树脂浇注型船用三相变压器的型号为：CSCD−1600。

(2)变压器的容量选择原则

变压器的额定容量需满足其供电负载的用电需求，负载的额定功率一般以有功功率 P_N 表示，单位为 kW；而变压器的额定容量以视在功率 S_N 表示，单位为 kVA。

在统计计算变压器供电负载所需功率时，应按式(2.9)将其有功功率转化成视在功率统计。

$$S_N = \sum \frac{k_i P_{Ni}}{\cos \varphi_i} \tag{2.9}$$

式中，k_i 为各类负载的同时系数；P_{Ni} 为各类负载的额定功率；$\cos \varphi_i$ 为各类负载的额定功率因数。

变压器容量的选择原则：

★变压器负荷率为 67% 为最佳。变压器的最佳长期负载率是额定容量的 50%~70%，此时电能损耗最小，最经济、节能。因此，选择变压器容量应考虑负荷率不低于 50%、不高于 80%。

★用作为照明、通信导航等影响航行安全的重要设备供电的电力变压器须采取一用一备的配置模式，单台变压器容量满足所有负载的用电需求，另一台备用。

★除特殊要求外，隔离变压器一般不设置备用。电力推进系统的移相变压器，因其为一对一服务于 1 台推进电机，且功率大，一般也不设置备用。

船用三相变压器的性能参数见表 2.1.6。

表 2.1.6 船用三相变压器的性能参数

<table>
<tr><th rowspan="2">额定容量
/kVA</th><th colspan="2">一次额定电压/V</th><th colspan="2">二次额定电压/V</th><th rowspan="2">联结组
标号</th><th>空载损耗</th><th>负载损耗</th><th>空载电流</th><th>阻抗电压</th></tr>
<tr><th>50 Hz</th><th>60 Hz</th><th>50 Hz</th><th>60 Hz</th><th>/W</th><th>/W</th><th>/%</th><th>/%</th></tr>
<tr><td>3</td><td rowspan="4">400
230</td><td rowspan="4">450</td><td>400</td><td>450</td><td>Yyn0</td><td>80</td><td>105</td><td>14</td><td>3.5</td></tr>
<tr><td>5</td><td>380</td><td>440</td><td>Ddo</td><td>110</td><td>165</td><td>12</td><td>3.5</td></tr>
<tr><td>10</td><td>230</td><td>230</td><td>Dynll</td><td>160</td><td>288</td><td>11</td><td>3.5</td></tr>
<tr><td>16</td><td>115</td><td>115</td><td>Ydll</td><td>210</td><td>370</td><td>10</td><td>3.5</td></tr>
</table>

表 2.1.6(续)

额定容量/kVA	一次额定电压/V		二次额定电压/V		联结组标号	空载损耗/W	负载损耗/W	空载电流/%	阻抗电压/%
	50 Hz	60 Hz	50 Hz	60 Hz					
20	400 230	450	400 380 230 115	450 440 230 115	Yyn0 Ddo Dynll Ydll	230	480	8	3.5
25						250	528	7	3.5
30						280	600	6	3.5
40						290	680	5	3.5
50						300	1 045	4	3.5
63						340	1 250	4	3.5
80	400 230	450	400 380 230 115	450 440 230 115	Yyn0 Ddo Dynll Ydll	420	1 450	3	3.5
100						510	1 840	3	3.5
125						925	2 250	2.5	3.5
160						970	2 500	2.5	3.5

任务实施

步骤一:绘制电力负荷计算表

绘制电力负荷计算表(表2.1.7),表格分为用电设备基本参数和工况参数两大类。用电设备基本参数包括设备名称及型号、额定电压、数量、最大机械轴功率、电动机额定功率、转速、效率、单个设备功率、全组设备功率等。设备基本参数可以通过查阅设备样本资料等方式获取。

同时,须明确船舶运行的工况,将各工况名称依次填入表格,并在每种工况栏内列写机械负荷系数、同时系数、耗电功率、负荷类别等项目。

步骤二:搜集用电设备原始数据

船舶的设计、建造是由总体、船体、舾装、动力、系统、电气、通导等多专业技术人员相互配合、共同完成的。因此,全船的用电设备涉及多个专业,船舶电源要为全船用电设备供电,就必须搜集所有用电设备的原始信息和参数。

通常,为了便于专业间协调,在进行全船电力负荷统计计算之前,需要编制船舶用电设备原始数据信息表,见表2.1.8。与船舶舾装、轮机(动力系统)等专业协调,收集全船用电设备的名称、用途、类别、使用规律,同类负荷数量 m,机械轴最大功率 P_M,以及电动机的额定功率 P_N、额定功率因数 $\cos\varphi$、额定效率 η_N、额定转速 n 等原始数据。

将搜集到的数据,正确地填入表2.1.9用电设备栏中。

步骤三:计算各组负载所需电网提供的功率

按三类负荷计算法对所有用电设备需要电网提供的功率进行计算,并将数据依次录入表格中,见表2.1.9。

步骤四:划分用电设备在各工况下的负荷类别

按照负荷类别划分原则,根据各工况下用电设备的使用规律,分别将全船负荷按使用情况划分为Ⅰ、Ⅱ、Ⅲ三个类别,录入表格,见表2.1.9。

步骤五:统计各工况下的总有功功率

分别统计各工况下Ⅰ类负荷、Ⅱ类负荷、Ⅲ类负荷的总有功功率,并按照式(2.7)和式(2.8),分别计算各工况下所需电网提供的总功率。

将计算的结果录入电力负荷计算表中,样例可参考表2.1.4。至此,完成全船电力负荷统计工作。

步骤六:制定单机容量及台数的配置方案

根据全船电力负荷统计计算结果,按照船舶发电机组单机容量和台数的选择原则和方法,开展案例船发电机组配置方案的设计。

(1)初步选定单机容量

根据全船电力负荷计算结果,选择除应急工况外最小工况,以发电机组最佳运行负荷率80%为原则,查阅发电机样本资料(可参考表2.1.3),初步确定发电机单机容量。

表 2.1.7　电力负荷计算表(三类负荷法)

序号	用电设备									工况名称																备注
					电动机数据			耗电功率		停泊				靠离码头				航行				应急				
	名称及型号	额定电压/V	数量	最大机械轴功率/kW	额定功率/kW	转速/(r/min)	效率/%	单个/kW	全套/kW	机械负荷系数 K	同时使用系数 K_o	耗电功率/kW	负荷类别	机械负荷系数 K	同时使用系数 K_o	耗电功率/kW	负荷类别	机械负荷系数 K	同时使用系数 K_o	耗电功率/kW	负荷类别	机械负荷系数 K	同时使用系数 K_o	耗电功率/kW	负荷类别	

表 2.1.8 用电设备原始数据信息表

序号	设备名称/型号	类别	同类负荷数量	机械轴最大功率 P_M/kW	额定功率 P_N/kW	额定功率因数 $\cos\varphi$	额定效率 η_N	用途	使用规律

除应急工况外最小工况：
所需电网提供功率：
按负荷率80%的原则，计算单机功率：
初步确定发电机单机容量为：

(2)初步选定机组台数

根据全船电力负荷计算结果，选择除应急工况外最大工况。按照发电机组最佳运行负荷率80%，尽可能选择同型号、同容量发电机组的原则，计算需要几台采用初步选定单机容量的发电机，才能满足此工况下的用电需求。

再按照船舶电站在除应急工况和停泊工况外的任何工况下都必须有备用发电机组的原则进行，配置备用发电机。

除应急工况外最大工况：
所需电网提供功率：
按负荷率80%的原则，计算所需提供功率：
确定发电机台数：
考虑备用后，发电机设置台数：

表 2.1.9　电力负荷计算表样表(部分)

序号	用电设备									工况名称																备注
	名称及型号	额定电压/V	数量	最大机械轴功率/kW	电动机数据			耗电功率		停泊				停泊				停泊				停泊				
					额定功率/kW	转速/(r/min)	效率/%	单位/kW	全套/kW	机械负荷系数 K	同时使用系数 K_o	耗电功率/kW	负荷类别	机械负荷系数 K	同时使用系数 K_o	耗电功率/kW	负荷类别	机械负荷系数 K	同时使用系数 K_o	耗电功率/kW	负荷类别	机械负荷系数 K	同时使用系数 K_o	耗电功率/kW	负荷类别	
A	甲板器械																									
1	锚机	380	1		60.00		92	65.22	65.22					0.80	1.00	52.17	Ⅰ									
2	舵机	380	2		22.00		90	24.44	48.89					0.80	0.50	19.56	Ⅰ	0.8	0.5	19.56	Ⅰ	0.80	0.50	19.56	Ⅰ	
3	绞盘	380	2		15.00		86	17.44	34.88					0.80	1.00	27.91	Ⅰ									
4	救生艇吊放装置	380	1		16.80		86	19.53	19.53													0.80	1.00	15.63	Ⅰ	
5	冷藏集装箱	380	18		7.50		85	8.82	158.82	0.80	0.60	76.24	Ⅰ	0.80	1.00	127.06	Ⅰ	0.80	1.00	127.06	Ⅰ					
B	动力机械	380																								
1	主机燃油循环泵	380	2		1.10		77	1.43	2.86	0.80	0.50	1.14	Ⅰ	0.80	0.50	1.14	Ⅰ	0.80	0.50	1.14	Ⅰ	0.80	0.50	1.14	Ⅰ	
2	油渣泵	380	1		1.00		77	1.30	1.30	0.80	1.00	1.04	Ⅱ													
3	主空压机	380	2		5.50		83	6.63	13.25	0.80	1.00	10.60	Ⅱ	0.80	1.00	10.60	Ⅱ	0.80	1.00	10.60	Ⅱ					
4	柴油输送泵	380	2		1.00		77	1.30	2.60	0.80	1.00	2.08	Ⅱ	0.80	1.00	2.08	Ⅱ	0.80	1.00	2.08	Ⅱ	0.80	1.00	2.08	Ⅱ	
5	滑油输送泵	380	1		0.50		75	0.67	0.67	0.80	1.00	0.53	Ⅰ	0.80	1.00	0.53	Ⅰ	0.80	1.00	0.53	Ⅰ	0.80	1.00	0.53	Ⅰ	
C	系统设备																									
1	舱底压载消防总用泵	380	2		45.00		90	50.00	100.00	0.80	0.50	40.00	Ⅱ	0.80	0.50	40.00	Ⅰ	0.80	0.50	40.00	Ⅱ					
2	货船舱底兼应急消防泵	380	1		37.00		90	41.11	41.11	0.80	1.00	32.89	Ⅲ	0.80	1.00	32.89	Ⅲ	0.80	1.00	32.89	Ⅲ	0.80	1.00	32.89	Ⅰ	
3	日用舱底泵	380	1		0.75		75	1.00	1.00	0.80	1.00	0.80	Ⅰ	0.80	1.00	0.80	Ⅰ	0.80	1.00	0.80	Ⅰ					
4	日用淡水泵	380	2		0.50		75	0.67	1.33	0.80	0.50	0.53	Ⅰ	0.80	0.50	0.53	Ⅰ	0.80	0.50	0.53	Ⅰ					
5	冷却海水泵	380	3		15.00		86	17.44	52.33	0.80	0.70	29.30	Ⅰ	0.80	0.70	29.30	Ⅰ	0.80	0.70	29.30	Ⅰ	0.80	0.30	12.56	Ⅰ	
6	冷却淡水泵	380	3		18.50		86	21.51	64.53	0.80	0.70	36.14	Ⅰ	0.80	0.70	36.14	Ⅰ	0.80	0.70	36.14	Ⅰ	0.80	0.30	15.49	Ⅰ	

(3)方案验证

按此配置对其他工况(除应急工况)进行验证分析,并验证是否满足各工况Ⅲ类负荷的使用需求,验证内容如下,见表 2.1.10。

表 2.1.10　验证内容

其他工况名称			
所需电网提供功率			
运行发电机台数			
负荷率			
是否满足供电需求			
是否满足经济性			
是否满足Ⅲ类负荷突加要求			

★是否满足供电需求;

★负荷率是否满足不高于 90%、不低于 50%,并根据实际情况核算经济性;

★核算配置发电机组的总功率是否满足各工况突加Ⅲ类负荷的使用要求。

(4)配置应急发电机组

根据应急工况下全船电力负荷计算结果,按照 80%负荷率的原则选择应急发电机组的单机功率。应急发电机组不用考虑备用,只设置 1 台即可。

应急工况所需电网提供功率: 按负荷率 80%的原则,计算单机功率: 确定应急发电机单机容量为:

步骤七:选择发电机组的类型

根据《船舶电气设计任务书》的要求,按照发电机类型选择的原则,选择本案例船发电机组的类型,并填入表 2.1.11。

表 2.1.11　案例船发电机组类型选择结果

		主发电机	应急发电机
原动机	类型		
	转速(高、中、低)		
	额定功率		
发电机	电机类型		
	绝缘材料等级		
	冷却方式		
	是否具有自启动功能		
		额定功率	
原动机与发电机是否匹配?　　□是　　□否			

步骤八:选择变压器容量

根据《全船电力负荷计算书》中统计的 AC 220 V 负载用电需求,按照变压器容量选择的原则,选择本案例变压器的容量,并填入表 2.1.12。

表 2.1.12 案例船发电机组类型选择结果

变压器用途(名称)	容量/kVA	台数

电力负荷计算表格

任务评价

任务完成情况评价标准及评分见表 2.1.13,任务总结反思见表 2.1.14。

表 2.1.13 任务评价表

评价类型	赋分	评价指标	分值	得分		
				自评	组评	师评
职业能力	50	正确编制电力负荷计算表	5			
		船舶工况划分合理	5			
		各组负载功率计算正确	10			
		负荷类别划分合理	5			
		负荷计算结果准确	10			
		发电机单机功率和台数选择合理	10			
		变压器容量选择合理	5			
职业素养	30	操作规范、精益求精	10			
		协作互助、解决问题	10			
		思辨和持续改进、优化能力	10			
劳动素养	10	坚持出勤、遵守纪律	5			
		报告完整、工位整洁	5			
思政素养	10	体悟交通强国理念,认识自己在实现中华民族伟大复兴征程上的责任	5			
		体悟“精益、专注”的工匠精神	5			

表 2.1.14　总结反思

<table>
<tr><td colspan="2">目标达成：知识☆☆☆☆☆　技能☆☆☆☆☆　素养☆☆☆☆☆</td></tr>
<tr><td>学习收获：</td><td rowspan="2">教师寄语：</td></tr>
<tr><td>问题反思：</td></tr>
</table>

课后任务

1. 问答与讨论

(1)查阅资料，了解典型船舶电力负载的使用规律，并按三类负荷计算法划分其在不同工况下的负荷类别。

(2)若在全船电力负荷统计计算中，发现某用电设备的资料搜集不全，无法得知该设备的机械轴最大功率及实际负载功率，此时电动机利用系数 K_1 和机械负荷系数 K_2 应如何处理？

2. 巩固与提高

根据全船电力负荷计算结果，按发电机单机容量和台数的选择方案，再提出一套船舶电源配置方案，与自己任务中的方案进行对比，详细阐述两个方案的优缺点，并给出结论。

任务 2.2　船舶蓄电池电源的选择

任务引入

船舶电池是除发电机组外的另一类船舶电源装置，在船舶电池的应用中，尤以铅酸蓄电池的使用最为广泛。船舶蓄电池作为可移动的独立电源为船舶柴油机启动、照明、通信和应急设备提供 DC 24 V 电能，也可作为某些重要设备的不间断(UPS)电源。合理地选择船舶蓄电池也是船舶电源组建的重要任务。

任务描述

船舶蓄电池电源的选择

(1)根据《船舶电气设计任务书》，梳理需要使用 DC 24 V 电能的用电设备，按用电设备的性质，划分蓄电池组别；

(2)统计各组别用电设备所需提供的总功率，编制《蓄电池容量校核书》；

(3)根据各组别用电设备所需提供总功率的统计结果，选择蓄电池组的单块容量及数量。

学习目标

知识目标：

(1)掌握船舶电池的种类及应用场景；
(2)了解铅酸蓄电池的工作原理及技术指标；
(3)掌握各组别蓄电池容量的计算方法，以及《蓄电池容量校核书》的编制步骤；
(4)掌握蓄电池组单块容量及数量的选择原则及方法。

技能目标：

(1)根据《船舶电气设计任务书》，合理划分、设置蓄电池组别，编制《蓄电池容量校核书》；

(2)能根据各组别用电设备所需功率统计结果，正确、合理地选择蓄电池组的类型、单块容量及数量。

育人目标：

（1）通过理解、领悟船舶蓄电池作为船舶应急电源对船舶安全发挥的作用，引导学生确立保护人身安全和维护国家安全应具备的底线思维。

（2）在编制《蓄电池容量校核书》的任务中，培养"精益、专注"的工匠精神，提升综合职业素养。

知识准备

1. 船舶电池的应用场景

船用蓄电池一般选用酸性电池和碱性电池两种。酸性（铅酸）蓄电池具有体积小、价格便宜、维护方便等优点；碱性（铁镍、镉镍、锌银、镉银）蓄电池具有体积小、工作电压平稳、可大电流放电、使用寿命长等优点，但价格较高。锌银蓄电池、铅酸蓄电池已大量用于常规潜艇、核潜艇以及鱼雷、水下机器人等各类海洋航行器中。

船舶电池作为可移动的独立电源，可为船舶提供多种用途。长期以来，水面船舶和海洋平台广泛使用铅酸电池作为启动、照明、通信、应急和 UPS 电源等。

★作为小应急电源：主要用于在主电源失电，且大应急电源无法供电的情况下，为全船应急照明和无线电通信、导航等重要设备供电；

★作为 UPS 电源：主要作为机舱巡回监视系统等重要设备和系统的备用控制电源；

★作为启动电源：主要为电启动方式的柴油主机和柴油发电机组提供启动电源；

★作为直流负载的工作电源：为其他直流负载提供电能。

近年来，全电力推进船舶的研究、海洋勘探开发、深海作业等技术领域的飞速发展，对电池提出了许多新的需求，如将电池用于发电、电网供电、应急电源、贮能等。在船舶中，电池与传统的热机相比，除了具有高效、清洁、安静、紧凑等特点外，还可以降低声波、红外、磁场等航迹，并可在舰船各配电区域分散安装，以充分利用舰船内的空间。目前，动力型电池已在特殊舰船上得到应用。

为适应国民经济发展的需要，电池技术也在飞速发展。除了老产品铅酸电池、锌银电池等在不断改进外，氢-镍电池、锂离子电池、燃料电池等新型高性能电池不断涌现。随着电池技术的进步，它必将在船舶与海洋工程领域中得到更加广泛的应用。

2. 船舶电池的主要技术参数

（1）开路电压与工作电压

开路电压是外电路没有电流通过时，正负两电极之间的电位差，一般用 V_{oc} 表示。工作电压又称负荷电压，是外电路有电流通过时，正负两电极之间的电位差，一般用 V_{cc} 表示。当有电流通过时，因电池内部存在极化而产生电压降，故工作电压总是低于开路电压。

（2）容量

电池在一定放电条件下所能给出的电量称为电池的容量，以符号 C 表示。通常在 C 的下角处标明放电时率，如 C_{10} 表明 10 小时率的放电容量；C_1 表明 1 小时率的放电容量，见表 2.2.1 和表 2.2.2。

表 2.2.1 GFM 系列铅酸蓄电池参数一览表

电池型号	额定电压/V	额定容量/Ah			外形尺寸/mm				质量/kg
		C_{10}	C_3	C_1	长	宽	高	总高	
GFM-100	2	100	75	55	101	163	200	207	7.5
GFM-200	2	200	150	110	105	183	359	371	15.5
GFM-300	2	300	225	165	146	183	359	371	22.0
GFM-400	2	400	300	220	186	183	359	371	28.5
GFM-500	2	500	375	275	227	183	359	371	35.0
GFM-600	2	600	450	330	268	183	359	371	42.5
GFM-800	2	800	600	440	169	229	600	612	60.0
GFM-1000	2	1 000	750	550	204	229	600	612	73.0
GFM-1500	2	1 500	1 125	825	291	229	600	612	107.0
GFM-2000	2	2 000	1 500	1 100	382	233	602	614	144.0

表 2.2.2 长海斯达 6-FM 系列铅酸蓄电池参数一览表

电池型号	额定电压/V	额定容量/Ah		外形尺寸/mm				质量/kg
		C_{20}	C_1	长	宽	高	总高	
6-FM6.5	12	6.5	4	150	65	95	100	2.5
6-FM10	12	10	6	150	97	95	100	4.5
6-FM15	12	15	9	180	77	167	170	6.5
6-FM24	12	24	14.4	165	125	177	177	9.5
6-FM38	12	38	22.8	197	165	145	150	16
6-FM50	12	50	30	260	133	203	213	19
6-FM60	12	60	36	260	169	208	228	23
6-FM65	12	65	39	350	466	176	180	23
6-FM80	12	80	48	343	175	210	215	31
6-FM100	12	100	60	402	171	245	245	37
6-FM120	12	120	72	402	171	245	245	40
6-FM200	12	200	120	520	240	218	250	70

蓄电池的容量指的是储存电能的能力,常用的单位为安时(Ah),它等于放电电流 I 与放电时间 t 的乘积,即

$$Q=I\cdot t(\mathrm{Ah}) \tag{2.10}$$

例如,10 小时率放电容量为 200 Ah 的酸性蓄电池能以 20 A 的电流放电 10 h。

电池容量有理论容量、实际容量、额定容量之分,其单位一般用安时(Ah)表示。理论容量是假设活性物质的化学能全部转换为电能,再根据活性物质的质量按照法拉第定律计算求得的电量。实际容量是在一定放电条件下,电池实际输出的电量。额定容量是按国家或

有关部门标准(或合同)规定,在一定放电条件下,电池产品必须保证放出的最低限度的电量。

蓄电池容量系数是衡量蓄电池性能的一个重要指标,其定义为蓄电池实际容量与理论容量的比值。蓄电池容量系数越高,说明蓄电池的实际可用容量越大,性能越好。铅酸蓄电池容量系数见表2.2.3。

表2.2.3　铅酸蓄电池容量系数列表

放电小时数/h	放电终止电压/V	放电容量系数 k
0.5	1.75	0.3
1	1.8	0.42
2	1.8	0.61
3	1.8	0.72
4	1.8	0.79
6	1.8	0.86

蓄电池容量系数受电池实际容量的影响较大,主要与电池正、负极活性物质的数量及利用率有关。活性物质利用率主要受放电制度、电极结构、制造工艺的影响。使用过程中影响实际容量的是放电率、放电制度、终止电压和温度。

放电率:放电率常用时率和倍率表示。电池放电率越高,放电电流越大,放电时间就越短,放出的相应容量就越少。

终止电压:终止电压指电池放电时电压下降到不宜再放电时的最低工作电压。常见免维护铅酸蓄电池10小时率的终止电压(单体)约为1.80 V/只。由于铅酸蓄电池本身的特性,即使放电的终止电压继续降低,电池也不会放出太多的容量,但终止电压过低对电池的损伤极大,尤其当放电达到0 V而又不能及时充电时,将大大缩短电池的寿命。

(3)比能量和比功率

比能量是在一定放电条件下,电池单位质量或单位体积所输出的电能,常称为质量比能(Wh/kg)或体积比能(Wh/L),也称能量密度。比能量有理论比能和实际比能之分。

比功率是在一定放电条件下,在单位时间内,电池单位质量或单位体积所输出的电能,常称为质量比功率(Wh/kg)或体积比功率(Wh/L),也称功率密度。

(4)蓄电池的循环寿命

当蓄电池在一定充电、放电制度下,反复进行充电—放电循环时,蓄电池容量或某种关键性参数会随着循环数增加而降低。循环寿命是蓄电池容量或某种关键性参数下降到规定值之时所耐受的总循环次数。

表2.2.4列出了几种电池的主要性能。

表2.2.4　常见船舶电池的主要性能

电池类型	铅酸电池	锌银电池	镉镍电池	氢-镍电池	锂离子电池
单体工作电压/V	2.0	1.5	1.2	1.2	3.6

表 2.2.4(续)

电池类型	铅酸电池	锌银电池	镉镍电池	氢-镍电池	锂离子电池
质量比能/($Wh \cdot kg^{-1}$)	30~50	100~120	40~50	70~90	120~150
体积比能/($Wh \cdot L^{-1}$)	100~150	180~220	100~150	200~30	300~400
比功率/($W \cdot kg^{-1}$)	150~200	200~350	80~150	≥300	200~300
循环寿命/周	300~800	≥100	≥500	≥500	≥1 000

3. 铅酸蓄电池的工作原理

铅酸蓄电池(图 2.2.1)单体主要由正极板、负极板、硫酸电解液、隔板、电池槽组成。正负极分别焊成极群。正负极浸在一定浓度的硫酸溶液中,隔板将正负极隔开,须具备足够的孔率和孔径,一般为橡胶、塑料、玻璃纤维等电子绝缘体。密封式电池的隔板还必须具有吸酸能力强、可压缩、有利于氧气扩散等功能。硫酸在电池中既传导电流,也参加电池反应,随着放电的进行,硫酸不断减少,同时有水生成,电池中电解液浓度不断降低。反之,在充电时,硫酸不断生成,电解液浓度不断增加。电池槽也应为电绝缘体,要求耐酸、耐温范围宽,机械强度高。

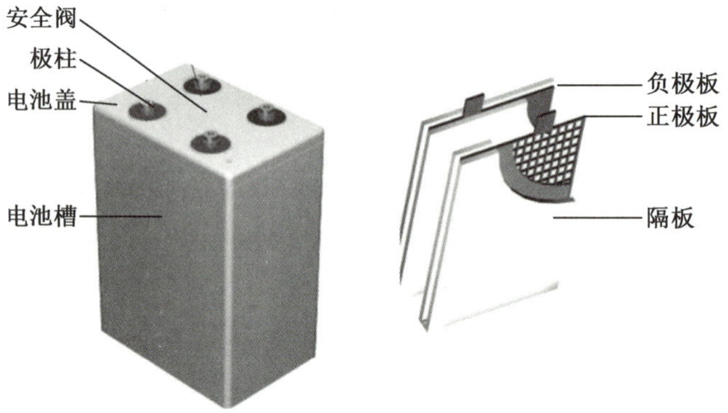

图 2.2.1 铅酸蓄电池结构图

铅酸蓄电池的正极活性物质为 PbO_2,负极活性物质为 Pb,在充放电过程中的化学反应如下:

$$Pb+PbO_2+2H_2SO_4 \underset{充电}{\overset{放电}{\rightleftharpoons}} 2PbSO_4+2H_2O \tag{2.11}$$

普通铅酸蓄电池充电过程中伴随着副反应:

$$2H_2O \longrightarrow 2H_2\uparrow+O_2\uparrow \tag{2.12}$$

该反应使电池中水分逐渐损失,需要不断补充纯水才能保持正常使用。

阀控密封铅酸蓄电池采用贫液设计,选用超细玻璃纤维隔板,在正负极之间预留气体通道,同时选用特殊合金铸造板栅提高负极的析氢过电位,以抑制氢气的析出。而正极产生的氧气顺着通道扩散到负极,使氧气重新复合成水,反应如下:

$$2Pb+O_2 \longrightarrow 2PbO \tag{2.13}$$

$$PbO+H_2SO_4 \longrightarrow PbSO_4+H_2O \tag{2.14}$$

从而使电池起到密封的效果。

4. 船舶蓄电池组的选择原则及方法

船舶蓄电池电源的选择主要包括对蓄电池规格(额定电压、容量)及数量的选择。

(1)额定电压的选择

船用铅酸蓄电池的单体额定电压为2 V,一块蓄电池根据其组合单体数量的不同,其额定电压有2 V、6 V、12 V、24 V等多种规格;同样的,常用的镉镍碱性蓄电池的单体额定电压一般为1.25 V,蓄电池的额定电压也有2.4 V、4.8 V、12 V、24 V等多种规格。

船舶直流电源的电压等级一般为直流24 V,为了减少蓄电池配置数量,目前大多数船舶选择12 V额定电压的酸性蓄电池,在组建直流电源时需要将多个蓄电池串、并联使用。

(2)容量的选择

蓄电池容量的选择需要通过编制蓄电池容量校核书,对每组用电设备的总功率进行统计,按照式(2.15)计算每组蓄电池的总容量Q:

$$Q=\frac{P\cdot t}{U\cdot k} \tag{2.15}$$

式中 P——该组蓄电池组供电设备的总功率;

t——该组蓄电池组供电设备所需的供电时间(应根据设备实际需求或相关规范、法规的规定确定);

U——该组蓄电池组供电设备的额定电压;

k——选用蓄电池的容量系数。

其中,容量系数k的取值与设计需要与蓄电池放电的时间密切相关——放电时间短,容量系数小;放电时间长,容量系数大。

(3)数量的选择

蓄电池的数量是根据电源的额定电压、容量及选择的蓄电池规格综合确定的。

例如,某船舶小应急电源的配置需求为直流24 V、380 Ah,我们可选择4个规格为12 V、200 Ah的铅酸蓄电池,将每2个蓄电池串联成一组,然后再将两组蓄电池并联,构成小应急电源,如图2.2.2所示。

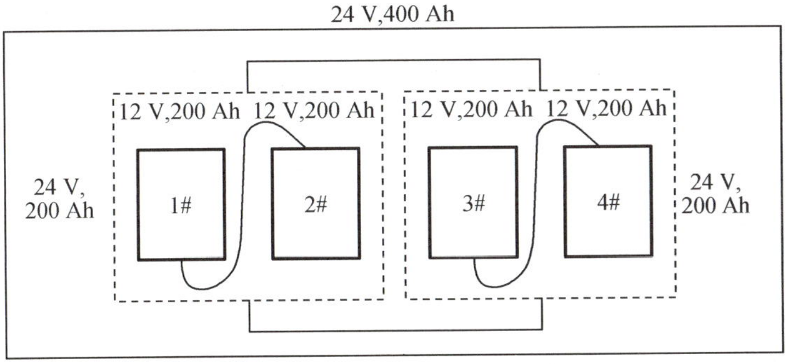

图2.2.2 蓄电池组连接示意图

5. 船舶蓄电池组的使用与维护

(1)初充电

各型铅酸蓄电池在出厂时都规定了灌注的硫酸密度。电池按规定灌酸后进行初充电。

初充电一般用 10 小时率或 20 小时率电流，进行定电流充电。充电中如果液温超过 45 ℃，应减小电流或暂停充电一段时间。

(2)电池在使用过程中的充电方法

电池在使用过程中，应根据电池类型和使用要求，选择不同的充电方法进行充电。

★正常充电，经初充电的电池在使用过程中的充电称正常充电。

★均衡充电，可防止单体电池间的密度、电容量、电压等不均匀现象。均衡充电是用小电流进行 1~3 h 的过充电。

★快速充电，快速充电电流为正常充电电流的两倍，当单体电池电压升到 2.4 V 左右时，应改为正常充电的电流充足即可。

★恒压充电，充电过程保持电源电压恒定，一般控制单体电池电压为 2.5 V。恒压充电可避免过充电，操作简单。

★浮充电，将蓄电池和整流设备并安在负载回路上，只要蓄电池电压低于直流供电外电源，外电源就给蓄电池充电，当停电或整流设备出故障时，启用蓄电池对负荷供电。

船舶上一般采取浮充电方式，将船舶充放电板、蓄电池、负载保持连通，充放电板一边为负载供电，一边为蓄电池充电，以补充蓄电池放电和自放电所消耗的电能，当充放电板失电时，由蓄电池放电为负载供电。船舶蓄电池充放电板原理如图 2.2.3 所示。

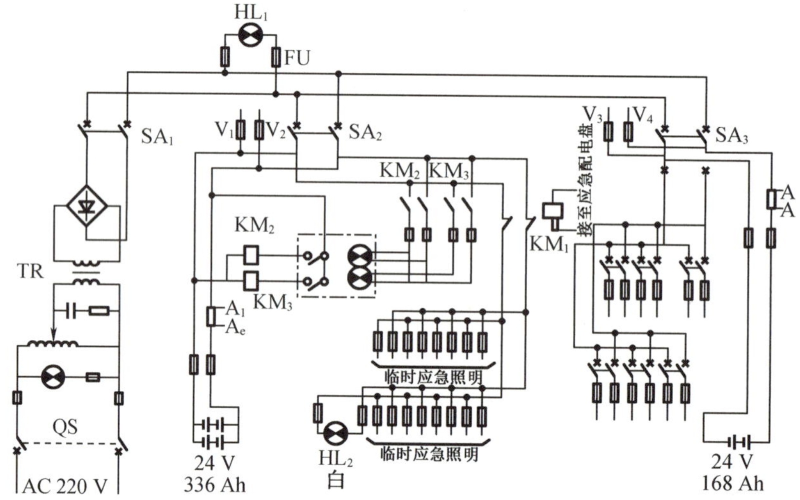

图 2.2.3 船舶蓄电池充放电板原理图

(3)电池维护

为保持电池容量和延长电池寿命，应合理使用和正确维护电池，一般应做到：

★电池应经常处于充足电状态。充电不足的电池应充足电后再使用。使用过程应避免大电流充电、过充电和过放电。

★电池全放电后，应在 24 h 内进行充电。

★必须经常对富液电池加水维护，使电池极板始终在电解液中。

任务实施

步骤一：明确蓄电池电源的应用场景，划分蓄电池组别

1. 回顾船舶蓄电池的一般应用场景，并将其列入下框中。

2. 阅读《船舶电气设计任务书》，分析全船直流电力设备的用电需求。

无线电设备——两路供电，需要专用的蓄电池组； 船舶柴油机和柴油发电机组采用电启动，需要启动蓄电池组； 主推进系统及自动电站的监控，需要配备专用蓄电池组； 船舶小应急电源，需要蓄电池组。

3. 划分蓄电池设置组别

应急蓄电池组——作为船舶小应急电源，在船舶发生火灾或海损等应急情况下为应急负载供电； 无线电设备专用蓄电池组——用作无线电设备的备用电源； 监控蓄电池组——用作主推进系统及自动电站的监控备用电源； 启动蓄电池组——用作柴油机和柴油发电机组启动电源。

步骤二：统计计算各组蓄电池组的用电需求

1. 无线电蓄电池组供电设备用电需求

计算依据：

☆中国船级社的《国内航行海船建造规范》和中华人民共和国海事局的《船舶与海上设施法定检验技术规则》中明确规定：要求本船设置无线电专用电源，并能保证在非应急工况下至少提供 1 h 的备用供电。

☆统计规范规定需要设置备用电源的所有无线电设备功率。

计算过程：

将需要供电的无线电设备功率及其所需的备用供电时间进行列表统计，填入表 2.2.5 中。

根据表 2.2.3，查询蓄电池容量系数，按式(2.15)计算出该组蓄电池需要的供电中容量，并填入表 2.2.5 中。

所需容量计算：

表 2.2.5　无线电蓄电池组供电设备用电需求统计表

序号	用户	消耗功率/W	用电时间/h	蓄电池容量系数 k	需要容量/Ah
1	VHF 无线电话	95	1		
2	NAVTEX 接收机	55	1		
3	MF/HF 电台	350	1		
4	北斗用户终端机	15	1		
5	DGPS	18	1		
	总计				

2. 应急蓄电池组供电设备用电需求

计算依据：

☆中国船级社的《国内航行海船建造规范》和中华人民共和国海事局的《船舶与海上设施法定检验技术规则》中有关特种用途船、近海航区对应急电源供电范围和供电时间的规定。

☆统计规范规定需要应急电源供电的设备功率。

计算过程：

将需要应急电源供电的设备功率及其所需的备用供电时间进行列表统计，填入表 2.2.6 中。

根据表 2.2.3，查询蓄电池容量系数，按公式(2.15)计算出该组蓄电池需要的供电中容量，并填入表 2.2.6 中。

所需容量计算：

表 2.2.6　应急蓄电池组供电设备用电需求统计表

序号	用户	消耗功率/W	用电时间/h	蓄电池容量系数 k	需要容量/Ah
1	应急照明	281	6		
2	数字综合内通系统	350	6		
3	声力电话	20	6		
4	应急车钟	30	6		
5	通用报警系统	60	6		
6	航行信号灯	455	6		
7	白昼信号灯	60	6		
8	探火和失火报警系统	50	6		
9	轮机员报警系统	20	6		

表 2.2.6(续)

序号	用户	消耗功率/W	用电时间/h	蓄电池容量系数 k	需要容量/Ah
10	自动操舵仪	50	6		
11	无线电通信设备	533	6		
	总计				

3. 监控蓄电池组供电设备用电需求

计算依据：

☆中国船级社的《钢质海船入级规范》中对主推进系统及自动电站备用供电设备和供电时间的有关规定。

☆统计规范规定需要监控蓄电池组供电的设备功率。

计算过程：

将需要监控蓄电池组供电的设备功率及其所需的备用供电时间进行列表统计，填入表 2.2.7 中。

根据表 2.2.3，查询蓄电池容量系数，按公式(2.15)计算出该组蓄电池需要的供电中容量，并填入表 2.2.7 中。

所需容量计算：

表 2.2.7　监控蓄电池组供电设备用电需求统计表

序号	用户	消耗功率/W	用电时间/h	蓄电池容量系数 k	需要容量/Ah
1	1 号主机监控及安保系统	170	0.5		
2	2 号主机监控及安保系统	170	0.5		
3	1 号 CPP 遥控系统	240	0.5		
4	2 号 CPP 遥控系统	240	0.5		
5	齿轮箱及 CPP 报警系统	60	0.5		
6	1 号柴油发电机组监控及安保系统	80	0.5		
7	2 号柴油发电机组监控及安保系统	80	0.5		
8	自动电站管理系统	200	0.5		
	总计				

4. 启动蓄电池组供电设备用电需求

计算依据：

☆ 柴油机和柴油发电机组产品手册中对启动蓄电池的容量要求。

计算过程：

因启动蓄电池组是专供柴油机和柴油发电机组启动使用的，且运行时间短、放电量大，故应严格按照柴油机或柴油发电机组的要求来选择配置，一般不在《蓄电池容量校核书》中进行计算。

步骤三：制定各组蓄电池配置方案

根据各组统计计算所需蓄电池提供的供电总容量，按表 2.2.2 所列船舶铅酸蓄电池规格，选择各组蓄电池的规格和数量。

(1)无线电蓄电池组配置方案

(2)应急蓄电池组配置方案

(3)监控蓄电池组配置方案

(4)启动蓄电池组配置方案

步骤四：总结操作要点

在蓄电池电源选择过程中有几项操作要点需要特别注意：

(1)一定要全面、准确地划分蓄电池组类别，不要遗漏或划分过多类别；

(2)一定要注意船舶的种类及航区，选择适用于本船的规范和法规条款，切不可张冠李戴。规范对于不同类型船舶、不同航区船舶所要求的在应急工况下的供电设备、供电时间是不同的。

(3)为了减少配备蓄电池的数量，方便蓄电池组的布置和维护，尽可能选用 12 V 电压等级的蓄电池。

其他操作要点总结：

任务评价

任务完成情况评价标准及评分见表 2.2.8，任务总结反思见表 2.2.9。

表 2.2.8　任务评价表

评价类型	赋分	评价指标	分值	得分		
				自评	组评	师评
职业能力	50	正确列出船舶电池应用场景	5			
		合理划分蓄电池组别	10			
		正确计算各组需要蓄电池提供的容量	20			
		合理选择各组别蓄电池规格和数量	15			
职业素养	30	操作规范、精益求精	10			
		协作互助、解决问题	10			
		思辨和持续改进、优化能力	10			
劳动素养	10	坚持出勤、遵守纪律	5			
		报告完整、工位整洁	5			
思政素养	10	树立人身安全、国家安全底线思维	5			
		体悟“精益、专注”的工匠精神	5			

表 2.2.9　总结反思

<table>
<tr><td colspan="2">目标达成：　知识☆☆☆☆☆　技能☆☆☆☆☆　素养☆☆☆☆☆</td></tr>
<tr><td>学习收获：</td><td rowspan="2">教师寄语：</td></tr>
<tr><td>问题反思：</td></tr>
</table>

课后任务

1. 问答与讨论

(1)复述蓄电池浮充电的工作模式。

(2)在划分蓄电池组别时,能否将船舶应急直流负载与日用直流负载划分为一组,共用一套蓄电池组,为什么?

2. 巩固与提高

根据各组别选择的蓄电池规格和数量方案,进一步绘制蓄电池接线图,构成满足用电需求的蓄电池组。

项目 2 附录文件:

电力负荷计算书

应急蓄电池容量校核书

项目 3

船舶配电装置的设计组建

学习情境设置

(1)选择学习者角色

□船舶设计院电气专业技术人员

□船舶建造厂电气专业技术人员

□船舶电气自动化设备制造技术人员

□船舶船体、轮机等其他非电专业技术人员

□船舶电子电气员

□其他______________________

(2)分析学习者角色的岗位能力要求

船舶设计院电气专业技术人员:应熟练掌握船舶配电装置的组成、功能特点及设计方法,能为船舶电力系统设计合理的配电装置设置方案,并绘制《主配电板单线图》《充放电板单线图》等配电装置总体方案图纸。

船舶建造厂电气专业技术人员:了解船舶配电装置的种类及各类配电装置的作用、组成及使用特点,能读懂《主配电板单线图》《充放电板单线图》等配电装置总体设计方案图纸,以及配电装置原理图、接线图、布置图等施工图纸,并具备对配电装置总体方案和施工方案进行分析和质疑的能力。

船舶电气自动化设备制造技术人员:应熟练掌握船舶配电装置的组成、功能特点及设计方法,能根据设计院设计的《主配电板单线图》《充放电板单线图》等配电装置总体方案图纸,开展主配电板、应急配电板、充放电板、岸电箱等配电装置原理图、接线图、布置图的设计安装及调试。

船舶船体、轮机等其他非电专业技术人员:了解船舶配电装置的种类及各类配电装置的作用、组成及使用特点,能读懂《主配电板单线图》。

船舶电子电气员:熟知船舶配电装置的种类及各类配电装置的作用、组成及使用特点,能读懂《主配电板单线图》《充放电板单线图》等配电装置总体设计方案图纸,以及配电装置原理图、接线图、布置图等施工图纸,能正确操作各类船舶配电装置,并根据图纸进行故障排查和维护保养工作。

____

____

(3)制定学习计划

掌握船舶配电装置的种类及各类船舶配电装置的作用、组成、工作原理和安装位置;

了解船舶电力系统短路的原因、危害及暂态过程,理解 i_{ac} 和 i_p 参数的意义,掌握船舶短路电流计算书的编制方法；

掌握船舶配电装置常用电器选择的一般原则，以及汇流排、断路器、测量仪器的选择方法；

掌握《主配电板单线图》的识读和绘制方法。

项目介绍

船舶配电装置是船舶电站的3大组成部分之一，船舶配电装置是按船舶电力系统主接线的要求，把开关设备、保护电器、测量仪表、母线（汇流排）和必要的辅助设备组合在一起所构成的用来接收、分配和控制电能的一体化装置。合理地设计船舶电站配电装置的配置方案，正确地选择构成配电装置的低压电器，是船舶电站高效、可靠、安全运行的重要保障。

在本项目中，首先学习船舶配电装置的种类、各配电装置的组成、功能和工作原理，对船舶配电装置有比较深入的了解。接着，学习船舶电力系统短路的相关知识，学会《交流短路电流计算书》的编制方法，理解 i_{ac} 和 i_p 等参数的意义，为常用电器的选择奠定基础。然后，学习配电装置中断路器、汇流排、测量电器等常用电器的选择方法，为编制配电装置单线图做准备。最后，学习《主配电板单线图》的识读和编制方法，并完成案例船舶《主配电板单线图》绘制的实践任务。

学习要求

- 阅读给定案例船《船舶电气设计任务书》，完成以下任务：

（1）熟练掌握船舶配电装置的种类及各配电装置的组成、作用和工作原理，为案例船设计合理的配电装置配置方案，明确设置哪些种类的配电装置，并指出其安装位置；

（2）合理选择配电装置断路器、汇流排和测量电器等低压电器，参照样例图完成案例船《主配电板单线图》的绘制。

- 在完成船舶配电装置设置方案设计和《主配电板单线图》绘制的工作任务中，沉浸式体会作为船舶设计师担负的使命、责任，认真仔细地核对计算数据，培养一丝不苟的匠人精神。同时，在任务中了解低压电器领域国产设备的发展情况，明确在实现中华民族伟大复兴征程中的使命担当。

- 课前利用微课视频学习知识点及进行测试，课中在老师引导下分组完成工作任务，针对难点问题进行讨论，课后完成任务总结。培养自主学习能力，提高自身可持续发展能力。

知识图谱

- 配电装置的设计组建
  - 认识配电装置
    - 主配电板
      - 发电机控制屏
      - 并车屏(同步屏)
      - 负载屏
      - 汇流排
    - 应急配电板
      - 应急发电机控制屏
      - 应急负载屏
      - 汇流排
    - 分配电板
      - 分电箱
      - 区域分配电板
    - 充放电板
      - 充电
      - 放电
    - 岸电箱
    - 电工试验板
    - 驾驶室集控板
  - 识读与编制《交流短路电流计算书》
    - 短路的种类、原因、危害
    - 计算短路电流的目的
    - 了解电缆系统短路电流暂态过程
    - 编制短路电流计算书
      - 步骤1：选择计算工况
      - 步骤2：绘制计算简图
      - 步骤3：计算参数搜集
      - 步骤4：短路电流计算
      - 步骤5：核算计算结果
  - 选择配电装置常用电器
    - 配电装置常用电器分类
    - 常用电器选择的基本原则
    - 断路器的选择
      - 分类
      - 组成及结构
      - 断路器的基本参数
      - 断路器的选择方法
    - 汇流排的选择
      - 材料选择
      - 截面积选择
      - 按安全载流量选择汇流排的截面积
      - 按短路情形校验稳定性
    - 测量仪器的选择
      - 精度
      - 互感器
        - 电流互感器
        - 电压互感器
        - 互感器的选择
      - 测量仪表的选择
        - 精度要求
        - 量程要求
        - 刻度要求
  - 识读与编制《主配电板单线图》
    - 作用及组成
      - 作用
      - 组成
    - 识读方法
      - 读图纸基本信息
      - 读单线图
    - 绘制方法
      - 绘制依据
      - 主要工作内容
      - 绘制原则
    - 绘制要点
      - 发电机控制屏绘制要点
      - 负载屏绘制要点
      - 主配电板各屏的排列要点
      - 主配电板布置图设计绘制要点
      - 主配电板外形尺寸的确定要点

任务 3.1 认识配电装置

任务引入

在船舶工业蓬勃发展、海洋运输需求日益增长的时代背景下，船舶配电装置作为船舶电力系统的核心枢纽，其性能优劣直接关乎船舶航行安全与整体运行效能。

万吨巨轮于苍茫大海中稳步航行，其各类设备的稳定运行、系统的高效运转，皆依赖配电装置对电能的精确调度与合理分配。本任务将带领读者系统认识船舶配电装置体系，从主配电板统筹全局的核心作用出发，深入探究应急配电板在突发状况下的电力保障机制、分配电板的电能优化配置方案、充放电板对蓄电池组的智能化管理模式，以及岸电箱实现海陆电力衔接的关键技术。通过剖析各配电装置的内部构造、运行机理及其在船舶电力系统中的协同运作逻辑，助力读者构建完备的专业认知体系。

任务描述

(1)通过对船舶配电装置的种类、技术要求和各类配电装置的作用、组成、工作原理的了解，认识船舶配电装置；

(2)根据案例船《船舶电气设计任务书》，合理配置船舶配电装置的设置方案，明确设置哪些种类的配电装置，并指出其安装位置。

船舶配电装置认知(上)

船舶配电装置认知(下)

学习目标

知识目标：

(1)了解船舶配电装置的种类和功能；

(2)掌握主配电板、应急配电板、分配电板(箱)、充放电板、岸电箱等配电装置的作用、组成、工作原理及其安装位置；

(3)掌握主配电板指示仪表、开关的功能和布置位置。

技能目标：

(1)能对照实物准确说出各类船舶配电装置的名称和英文缩写，讲述各类配电装置的作用、组成和工作原理；

(2)能正确讲述主配电板指示仪表、开关的功能和布置位置；

(3)能根据《船舶电气设计任务书》,合理地设计船舶配电装置设置方案。

育人目标：

在整理、设计案例船配电装置设置方案的任务中,体悟"精益、专注"的工匠精神,提升综合职业素养。

知识准备

1. 船舶配电装置的功能和种类

(1)船舶配电装置的功能

船舶配电装置是按船舶电力系统主接线的要求,把开关设备、保护电器、测量仪表、母线和必要的辅助设备组合在一起所构成的用来接收、分配和控制电能的一体化装置。船舶配电装置的主要功能有：

★收与分配电能　接收船舶发电机输出的电能并按要求对负载分配电能；

★接通和断开电路　当船舶正常运行时,手动或自动接通或切断电源至用电设备间的供电通路,实现对供电电路通断的控制；

★保护电路的安全　电力系统发生故障或处于不正常运行状态时,保护装置动作,切断故障电路或发出报警信号,起到保护电力系统的作用；

★监视电路的状态　测量和显示运行中的各种电气参数,如电压、电流、功率、频率、功率因数、绝缘电阻等对偏离正常工作状态进行信号指示等；

★电源控制与调整　按供配电需求增减发电机台数,并对各发电机组输出功率进行管理分配,对电力系统电压、频率等参数进行调整与控制。

(2)船舶配电装置的种类

船舶配电装置按照用途的不同,分为主配电板、应急配电板、充放电板、区域分配电板、岸电箱、分电箱及电工试验板等多种类型。各类配电装置通过电缆相互连接,是构成全船电力系统的重要组成部分。

★主配电板(main switch board,MSB)

主配电板是用于控制和监视主电站所产生的电能,并向全船电力负载进行分配和控制的组合装置。

★应急配电板(emergency switch board,ESB)

应急配电板是用于控制和监视由应急电源产生的电力,并在船舶应急状况下,对人员和船舶安全所必需的电力负载进行配电的开关设备和控制设备的组合装置。

★充放电板(charging & discharging panel,CHP)

充放电板是用来控制和监视充电电源的工作状态和蓄电池组的充电与放电情况,并将蓄电池所提供的电能分配给船上小应急用电设备的装置。

★分配电板(distribution board,DB)和区域配电板(section board,SB)

分配电板和区域配电板都是开关设备和控制设备的组合装置,属于次级配电板。按用途可分为电力分电箱(power distribution board,PDB)、照明分电箱(lighting distribution board,LDB)、应急电力分电箱(emergency distribution board,EDB)、应急照明分电箱(emergency lighting distribution board,ELDB)、无线电分电箱(radio distribution board,RDB)、助航分电箱(nautical distribution board,NDB)、船内通信分电箱(internal communication distribution board,CDB)等。

★岸电箱(shore connection box,SC)

岸电箱是将岸上电源引入船舶电网的电源控制箱,在船舶停靠码头时使用。

此外,有些船舶中还专门设有:

★电工试验板(test panel,TP)

电工试验板安装于电工间,设有全船各种用电设备所需的电源,供电工检修试验电气设备用。

★驾驶室控制台(wheelhouse console,WHC)

驾驶室控制台用于在驾驶室集中控制某些电气设备,例如探照灯、雾笛、航行灯、信号灯、闪光灯、电铃、广播、声力电话、自动电话、甚高频电话、火警报警、风油切断按钮、遇难报警、总动员按钮、遥控按钮等。

船舶配电装置连接关系如图 3.1.1 所示。

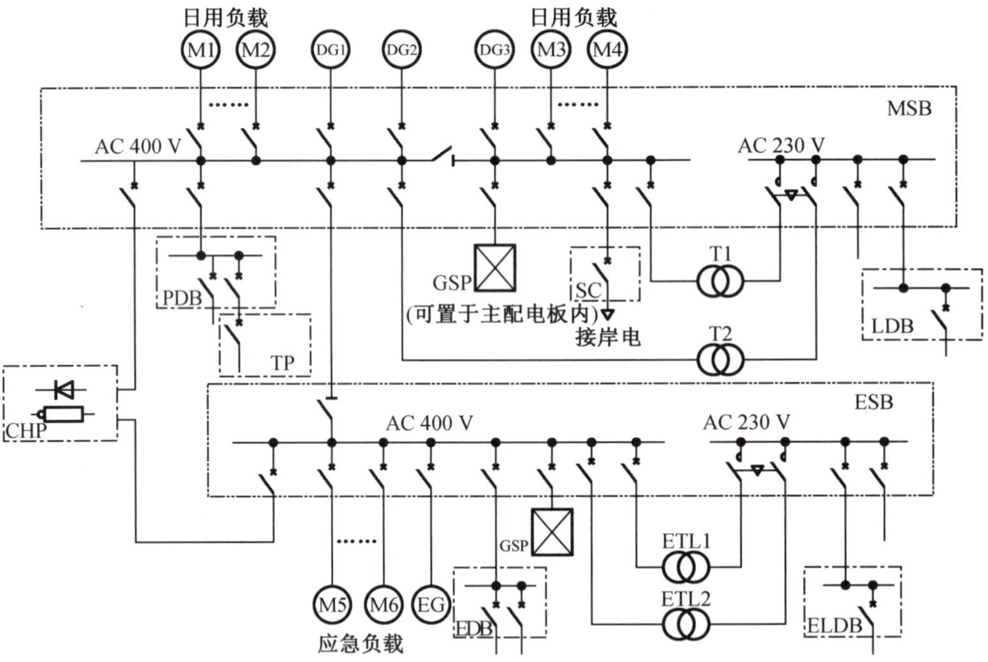

图 3.1.1　船舶配电装置连接关系示意图

2. 主配电板

(1)功能

主配电板是船舶电力系统的中枢,对全船电力系统的发电和配电的操作、控制、保护、测量及监视等功能都集中在主配电板上。主配电板是船舶主电源的控制装置,按实际船舶电力系统的要求,主配电板由多块发电机控制屏、负载屏和并车屏经汇流排进行电气连接而形成一个整体,其屏柜的数量取决于电力系统的形式和规模。所有发电机和负载均接至汇流排(母线)上,主要有以下功能:

★通过手动或自动接通电路,接通主发电机组电源和岸电电源,直接为重要负载供电,为全船其他电力和照明设备进行配电；

★测量和显示主发电机和电网的各个电气参数，如电压、电流、功率因数等，并对电网状态、开关状态以及偏离正常工作状态进行信号显示；

★当电力系统发生故障时，保护装置能按要求动作，切除故障设备或网络，或发出报警信号；

★对主发电机组的输出电压、频率，以及并联运行的各发电机组的有功、无功功率进行调整。

(2)组成

通常，主配电板由发电机控制屏、并车屏、负载屏和汇流排(母线)4 部分组成，一般布置安装在机舱内或与主机操纵台一起安装于机舱集控室中。每一屏的面板上都装有各种必备的开关、控制电器和测量电表，以完成各自任务。主配电板外形如图 3.1.2 所示。

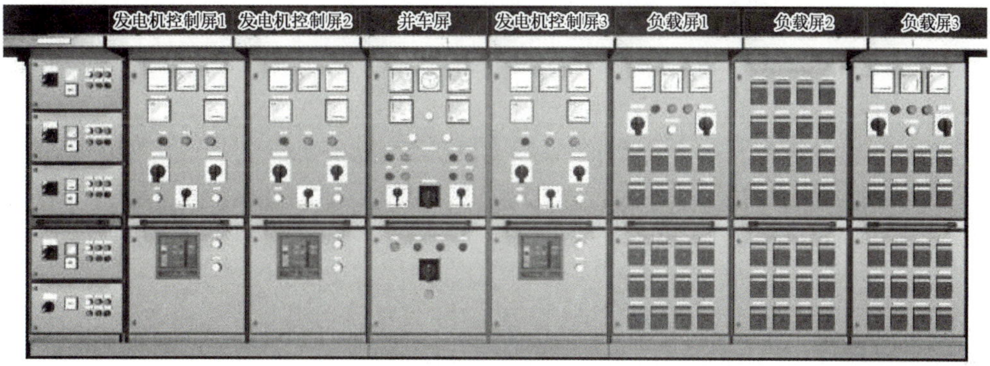

图 3.1.2　主配电板外形示意图

(3)发电机控制屏

发电机控制屏用来控制、调节、监视和保护发电机组。每台发电机组均配有单独的控制屏。发电机控制屏一般包含发电机励磁控制部分、发电机主开关及其指示操控部分、调速旋钮、发电机保护部分、仪用互感器、转换开关及测量仪表等。发电机控制屏外形及组成如图 3.1.3 所示。

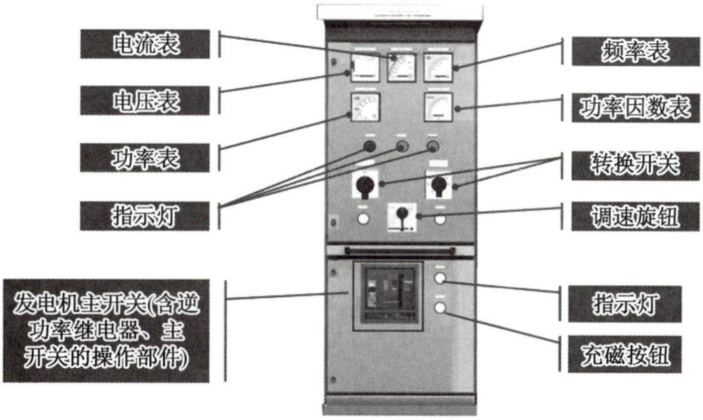

图 3.1.3　发电机控制屏外形及组成示意图

发电机控制屏在结构上常设计成上、中、下3部分，做成门式结构，便于检修。

上部布置电流表、电压表、频率表、功率表、功率因数表、调速旋钮和仪用电压及电流互感器等测量仪表、转换开关和指示灯等，其中，互感器安装在内部，其他显示仪表、转换开关、调速旋钮和指示灯安装在面板上。通过电流表和转换开关可以测量任意一相的负载电流，通过电压表和转换开关可以测量发电机任意二线间的电压。为了测量励磁电流，有的船舶上还有测量励磁电流的电流表。通过测量仪表来测量和监视发电机运行状态、通过调速旋钮调节发电机的频率及并联运行时发电机组间的有功功率分配。

中部布置发电机主开关（含逆功率继电器，面板上装有主开关的操作部件、指示灯和充磁按钮等，其功能是控制发电机向电网供电，对发电机进行短路、过载、逆功率等保护，并具有失压和分励脱扣器以利于配合其他保护与远程遥控。此外，主开关上还应有与应急配电板和岸电连锁的机构，以保证主发电机组不与应急发电机组或岸电同时向电网供电。

下部为发电机的励磁控制部分（自励恒压或自动电压调整器等），自励恒压装置安装于屏体的内部，若空间不够，也可以放在屏外靠近发电机控制屏、便于调整操作和检修的位置。

具体电器元件的功能如下：

发电机控制屏上安装的主要器件如下。

★电流表（A）及转换开关：可分别测量发电机（每台发电机一个）任意一相负载的线电流，通过转换开关进行操作。

★电压表（V）及转换开关：可分别测量发电机和汇流排任意二线间的电压（每台发电机一个），通过转换开关进行操作。

★频率表（Hz）：用于测量发电机的频率（此表指针在不通电时可停留在任一位置）。

★功率表（kW）：用于测量发电机的三相总有功功率。

★功率因数表（cos φ）：用于测量发电机的功率因数。

★励磁电流表：可分别测量各发电机励磁电流。

★无功功率表：用于测量发电机的三相总无功功率。

★原动机调速旋钮：用于调节发电机的频率和并联运行时进行有功负荷转移。开关有“升速”和“降速”两个方向，并能自动复位到中间位置，它实际上是控制调速伺服电动机正反转的开关。

★框架式自动空气开关：发电机主开关通常采用框架式自动空气断路器。其主要用于接通与断开发电机主电路，可对发电机进行过载、短路、失欠压保护。

★发电机主开关的合闸按钮、分闸按钮、充磁按钮和调速开关（按钮）。

（4）并车屏（同步屏）

并车屏通常在有多台发电机同时向电网供电的船舶电站中设置，用于交流发电机组的并联运行、解列等操作。并车屏主要由两个频率表、两个电压表、同步表、同步指示灯、调速开关、合（分）闸按钮、投切顺序选择和转换开关等组成。在半自动电站和自动电站中，主配电板并车屏还设置有自动并车装置（PPU）等。在并车时可以通过并车屏操纵任一台发电机的加速与减速、投入与切除，实现发电机的手动、自动或半自动并车。此外，有时还在并车屏设置汇流排分段隔离开关。并车屏外形及组成如图3.1.4所示。

并车屏中安装的主要器件如下。

★隔离开关：它是将左右两侧母线连通的开关，即母线联络开关。通常母线联络开关不带负荷操作，因此采用隔离开关；当有带负荷操作要求时，须采用断路器。

★整(同)步表及转换开关:通过转换开关指示任一台发电机与电网电压之间的频率差及相位差。

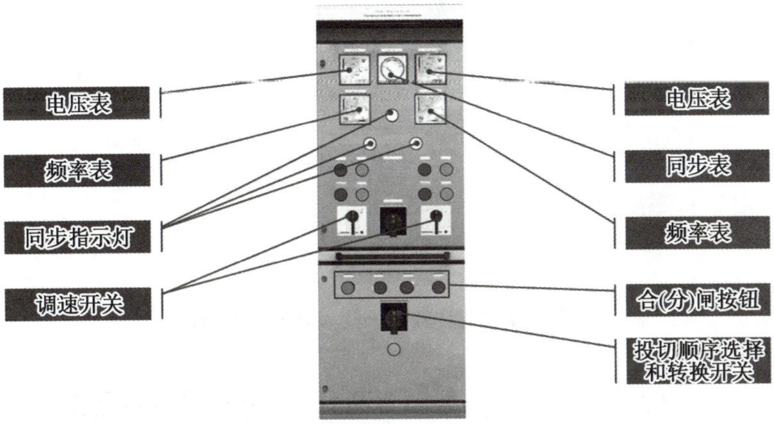

图 3.1.4 并车屏外形及组成示意图

★两个频率表:用于显示电网及待并发电机的频率,有的船舶采用一个组合式整步表。

★两个电压表:用于显示电网及待并发电机的电压,有的船舶采用一个电压表,通过转换开关切换测量。

★同步指示灯:在手动并车时,用于显示并车的电压、频率和相位条件。

★准同步并车装置:在采用准同步并车方式的船舶电站中,设置准同步并车装置。

★互感器:各类仪表及配电电器所测量或获取的发电机电压、电流量均需经过电压互感器和电流互感器,不可直接从母线上测取。

以上电气元件根据并车要求及电力系统特征不同而各异,并不是必须设置的。某些小型船舶主配电板也可不专门设置并车屏,而是将并车操作、指示装置安装在某一发电机控制屏上。

(5)负载屏

负载屏的主要功能是对各馈电线路进行控制、监视和保护,并通过装在负载屏上的馈电开关将电能提供给船上各用电设备或分配电板(分电箱)。负载屏分为动力负载屏和照明负载屏两种类型,动力负载屏为动力负载各回路供电,照明负载屏为照明负载供电,负载屏的数量由负载的数量确定,一般设置3~5屏负载屏。通常负载屏由塑壳式断路器、电压表、电流表、绝缘监视仪(兆欧表)及转换开关等组成。有的负载屏上还可能装有与应急配电板联系的开关(主应板联络开关)及与岸电箱联系的岸电开关。由于照明变压器采用一用一备的模式,在照明负载上的两个变压器副边开关之间要设置机械连锁。

负载屏上的配电开关大多采用塑壳式断路器,对一些大负载或重要负荷可采用框架式断路器,对一些小负载可采用微型断路器。负载屏外形及组成如图3.1.5所示。

(6)汇流排

汇流排又称为母线、母排,是电源与负载的联系桥梁。各发电机发出的电能先送到汇流排上,再由汇流排配送到各负载。汇流排采用铜质材料、表面镀锌,通常安装在配电板的顶部,其规格大小通常需要经过计算和查技术手册确定。汇流排实物如图3.1.6所示。

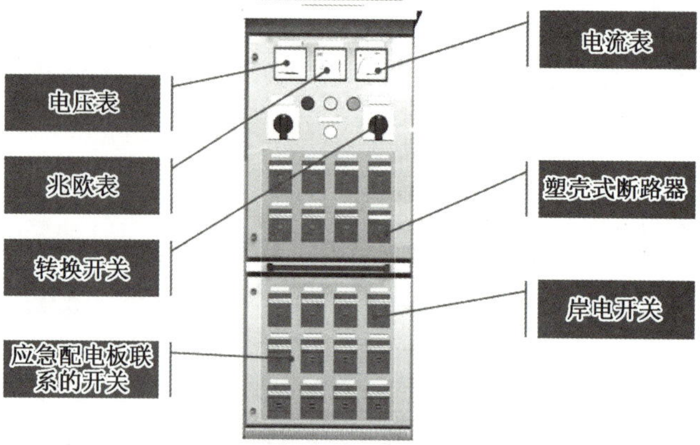

图 3.1.5　负载屏外形及组成示意图

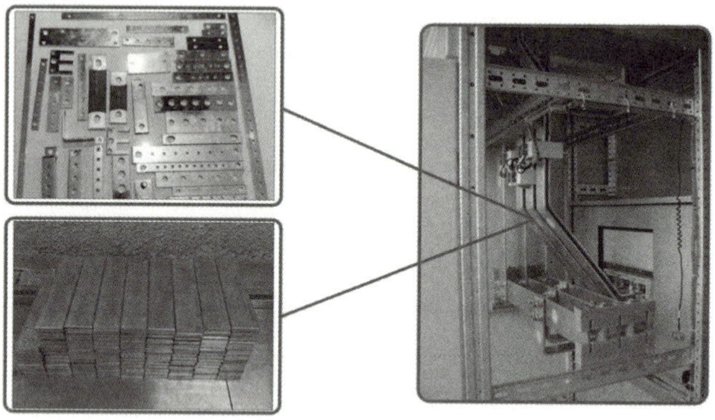

图 3.1.6　汇流排实物图

汇流排的连接关系可由《主配电板单线图》直接反映，从汇流排的连接上能直接反映出全船的供配电状况，如图 3.1.7 所示。如发电机是并联运行，还是单台分区供电的；检修设备时，如何保证重要用户不停电；主发电机与应急发电机、岸电之间的关系；供电范围；配电系统的层次结构等。

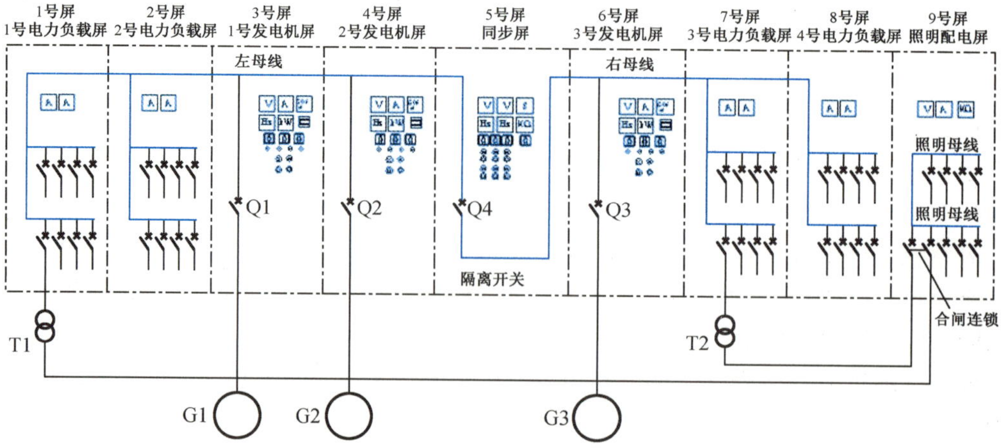

图 3.1.7　主配电板主汇流排走向示意图

3. 应急配电板

(1)功能及组成

应急配电板是用来控制和监视应急发电机工作状态,并在主电源故障、主配电板失电的情况下,将应急发电机发出的电能通过应急电网分配给全船应急负载的装置。应急配电板一般同应急发电机组安装在同一舱室,布置于主甲板以上。

应急配电板由应急发电机控制屏、应急负载屏和汇流排组成。通常,应急发电机只设一台,不需要并联运行。因此,应急配电板一般不设置并车屏,发电机控制屏也无须设置逆功率保护装置。应急配电板外形如图 3.1.8 所示。

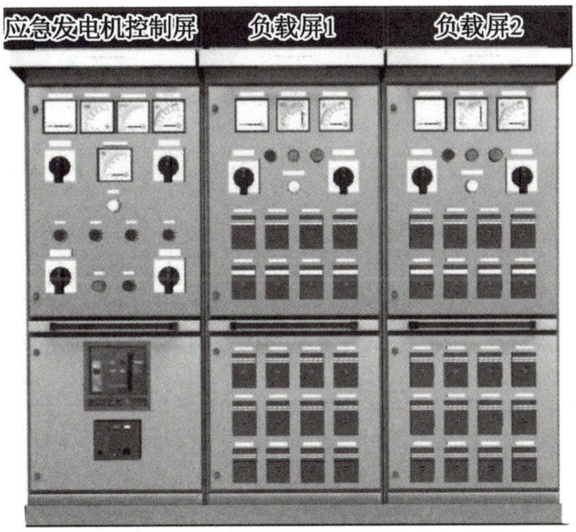

图 3.1.8　应急配电板外形图

(2)应急发电机控制屏

应急发电机控制屏与主配电板发电机控制屏的功能和组成基本相同,包含发电机组的启动控制部分、励磁控制部分、发电机组开关及其指示操纵部分、发电机保护部分、与主配电板之间的连锁部分、仪用互感器及测量仪表等。

(3)应急负载屏

应急负载屏与主配电板负载屏的功能和组成类似,但应急负载屏仅为应急负载供电,对其出线回路进行控制、监视和保护,通过装在负载线路上的馈电开关将电能提供给应急负载或应急分电箱。

负载屏可以是动力和照明合为一屏,也可分成动力屏和照明屏,应急照明负载通过应急照明变压器供电。

(4)连锁关系

应急配电板中应设置以下几个连锁关系:

★应急发电机主开关与主应板联络开关之间要设置连锁,避免出现应急发电机与主发电机同时向电网供电的情况;

★由于两台应急照明变压器也是一备一用关系,因此两台变压器副边开关之间要设置连锁;

★应急发电机主开关与岸电开关之间要设置连锁,避免出现应急发电机与岸电同时向电网供电的情况。

(5)主配电板与应急配电板运行关系(图 3.1.9)

应急发电机组装有自启动装置,控制屏上设有应急电源投入模式(自动/试验)和发电机组控制方式(自动/就地)选择开关。在自动控制模式下,当主电源正常供电时,应急电网由主配电板通过主应板联络开关 EMCB 供电;当主配电板失电时,应急发电机自动启动,待建立起稳定的电压后,EMCB 开关自动断开,应急发电机组主开关 EACB 闭合,应急发电机经应急配电屏向应急电网供电;当主电源恢复后,应急发电机主开关 EACB 自动断开,以免与主电网发生冲突,同时主应板联络开关 EMCB 自动闭合,恢复正常运行状态。

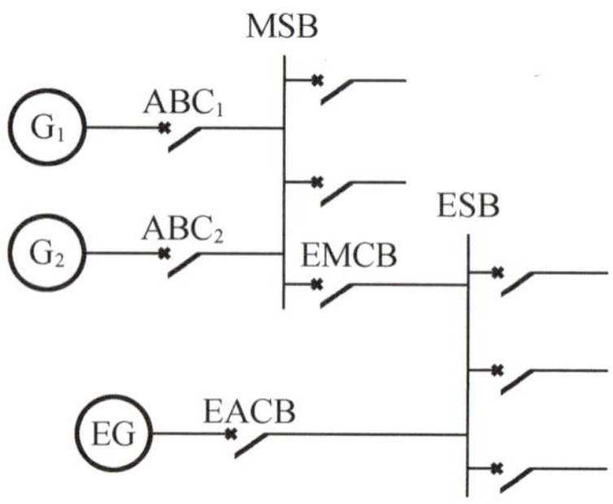

图 3.1.9　主配电板和应急配电板运行关系示意图

4. 分配电板(分电箱)

(1)功能及分类

分配电板、分电箱是将主配电板或应急配电板负载屏输送来的电能再分配给所在区域内的各用电设备的配电装置。按供电规模的大小,我们将对总额定电流不超过 16 A 的同一区域的电气设备进行供电的分配电板,称为分电箱;将对总额定电流大于 16 A 的同一区域的电气设备进行供电的分配电板,称为区域分配电板。而按照供电对象的用途,分配电板又分为动力、照明、无线电、助航通信等多种类型的分配电板。

分配电板、分电箱在功能上与主配电板中的负载屏类似,仅配电设备的容量要小一些,但分配电板、分电箱不设绝缘监视装置。在分配电板、分电箱内一般装有大量的分路馈线开关、电流仪表、指示灯和操作按钮等,并装设有短路保护和过载保护等保护装置。对于电动机类的供电负载,分配电板馈电回路所接的常常为电动机的启动控制箱(含接触器、热继电器、按钮等接触器-继电器控制系统)。

(2)分配电板设置的目的及原则

如图 3.1.10 所示,船舶电力系统设置分配电板,一方面为了减少主配电板上的开关设备和节省电缆;另一方面为了对用电设备能实现分区控制。从主配电板引出的主干电缆,除了必须由主配电板直接供电的一部分比较重要的用电设备和大容量的设备外,其余大量的用电设备均应通过分配电板(箱)进行供电。

分配电箱设置原则如下:

★为便于控制管理,可为船上同一系统或同时投入工作的多个用电设备设置一个分配电箱。

★安装位置相近的各个用电设备往往可单独设置一个分配电箱,尤其对于远离主配电板的非重要用电设备常按此原则考虑。例如,照明系统常按甲板来划分设置照明分配电箱。

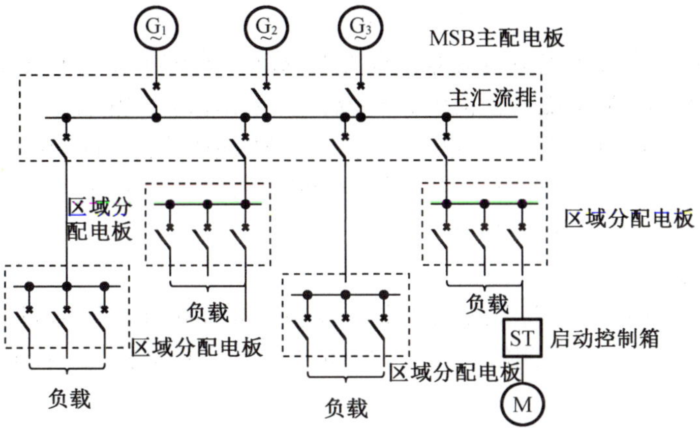

图 3.1.10　含区域分配电板、分电箱的电力系统供电层级示意图

★每一分配电箱的供电点数不宜太多，以防止因该线路故障导致很多设备停电。如规定 220 V 的照明分配电箱每一分路的灯具数（包括风扇、电钻，以及容量不大于 100 W 的小型日用电器、插座等）应不超过 24 个，110 V 的应不超过 14 个，低于 24 V 的应不超过 10 个。

5. 充放电板

充放电板是船舶蓄电池组进行充放电，并对直流负载进行供配电的装置。一般每艘船舶设置一套应急充放电板和一套日用充放电板，分别对船舶应急蓄电池和日用蓄电池进行充放电及对其相应的负载供电，对于有特殊要求的船舶还配备有无线电充放电板等。而对于小型船舶，也可以只设置一套充放电板，对全船所有用途的蓄电池进行充放电，同时满足直流应急负载和正常负载的供电需求。

充放电板主要设置有电源开关、熔断器、指示灯、电压表、电流表以及充放电转换开关等。作为船舶小应急电源，充放电板上还设有能在主电网失电情况下自动接通应急负载的控制电路。充放电板通常分为充电和放电两个部分，其工作原理如图 3.1.11 所示。

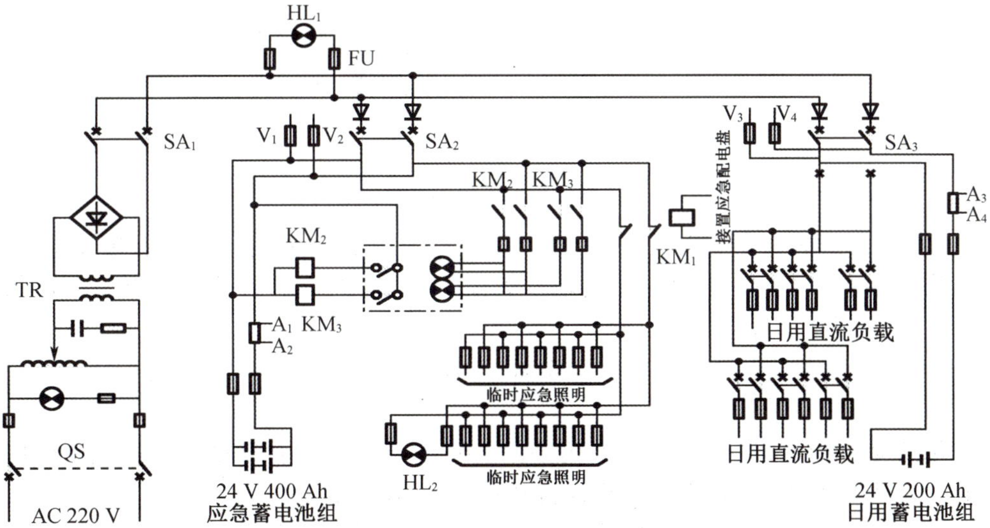

图 3.1.11　充放电板原理图

(1)充电部分

正常运行时,闭合开关电流电源 QS、直流电源总开关 SA1 和充电支路开关 SA2、SA3,来自主配电板的 AC 220 V 电能经整流装置整流转换为 DC 24 V 电能,同时为两组蓄电池进行浮充电,同时还为船舶日用直流负载供电,每一负载回路均设有分路开关和熔断器。

在每一个充电回路应设有防止逆流的逆电流继电器或二极管,电源回路中还应设置熔断器,以及监视充放电的电压表和电流表。

(2)放电部分

蓄电池作为船舶小应急电源或无线电等设备的备用电源,当主电网、应急电网都失电时,接触器 KM_1 线圈失电,常闭触头闭合,自动接通由蓄电池供电的控制电路,蓄电池放电直接向小应急用电设备供电。

应急照明设备每一配电回路中均设有熔断器做短路保护用,但不设分路开关,所有回路均由接触器 KM_1 触头进行总控。

6. 岸电箱

船舶在码头停泊或进坞检修时,一般都不会开启发电机组,这时就需要通过岸电箱将岸上的电源接入船舶电网,将岸上的电能送到主配电板和应急配电板内,再向下进行分配,为船舶负载供电。对于直流电力系统,岸电箱应有岸电极性保护功能;对于交流电力系统来说,岸电箱要有相序检测保护功能。船舶电网在接入岸电时,必须保证岸电相序与船电相序相一致,否则电动机将反转,其他与相序有关的设备也会不正常运行。岸电箱外形如图 3. 1. 12 所示。

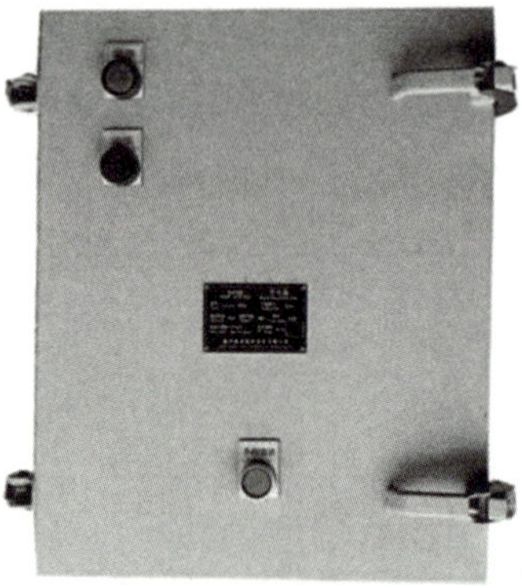

图 3. 1. 12　岸电箱外形图

岸电箱通常安装在主甲板以上露天的位置,并且应能满足接岸电时的各项要求。

★岸电箱内应设有岸电接线柱、自动开关或开关加熔断器。在岸电箱与主配电板上应有岸电指示灯,以指示外来电缆是否有电。

★若岸电为中性点接地的交流三相系统,应设有一接地接线柱,以便将船体接至岸上的接地装置或岸上电网的零点。

★应有检测岸电极性(直流船)或相序(交流船)和缺相保护功能。三相交流岸电箱应设置用于监视岸电相序的相序检测装置、相序指示灯来指示相序。

★可设置手动或自动相序转换的装置,用于在逆序时的相序转换。

岸电相序通常由相序指示器或相序指示灯来指示,相序指示灯的工作原理如图 3. 1. 13

所示，通过灯泡的亮度确定三相电源的相序。

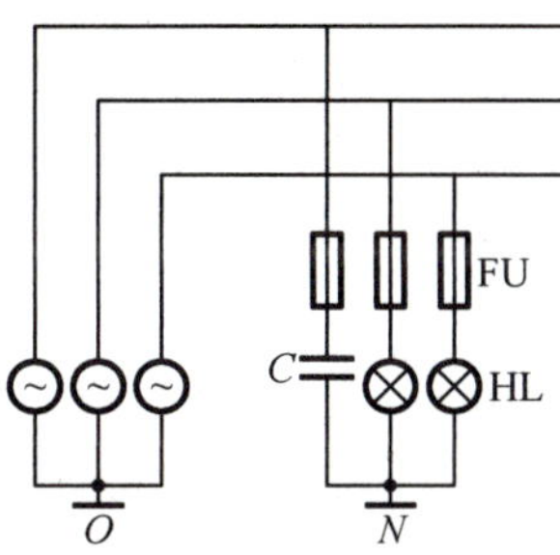

(a) 电路图

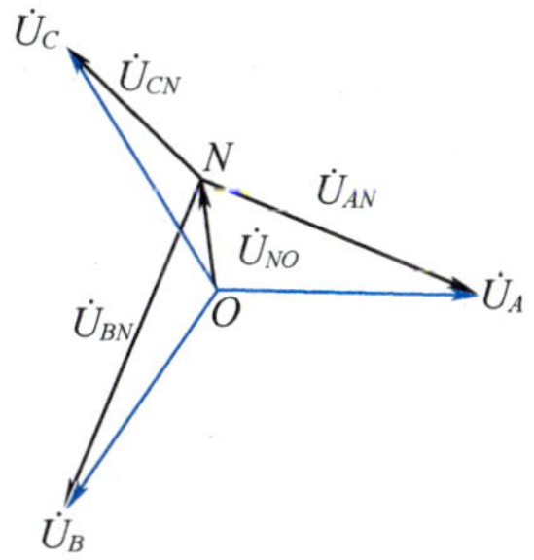

(b) 向量图

图 3.1.13 相序指示灯的工作原理图

设三相对称电源为星形接法，中性点为 O，相电压为

$$U_A=\sin(\omega t)$$
$$U_B=\sin(\omega t-120°)$$
$$U_C=\sin(\omega t+120°) \tag{3.1}$$

相序指示器一相接电容，另两相接指示灯，且电容 C 与指示灯电阻 R 值相等，负载不对称，造成中性点偏移至 N 点。

设 $\dot{U}_A$ 为参考正弦量：

$$\dot{U}_A=U\angle 0°\ \text{V}，则\dot{U}_B=U\angle -120°\ \text{V}，\dot{U}_C=U\angle +120°\ \text{V}$$

中性点的位移电压：

$$\dot{U}_{NO}=\text{j}\omega C\frac{\text{j}\omega\dot{U}_A+\frac{1}{R}\dot{U}_B+\frac{1}{R}\dot{U}_C}{\text{j}\omega C+\frac{1}{R}+\frac{1}{R}}=\frac{\text{j}U\angle 0°+U\angle -120°+U\angle +120°}{\text{j}+2}=0.62\angle 108.44°$$

各相负载的相电压：

$$\dot{U}_{BN}=\dot{U}_B-\dot{U}_{NO}=U\angle -120°-0.62\angle 108.44°=1.5\angle 254.4°U\Rightarrow\dot{U}_{BN}=1.5U$$

$$\dot{U}_{CN}=\dot{U}_C-\dot{U}_{NO}=0.4\angle 138.4°\Rightarrow\dot{U}_{CN}=0.4U$$

由此可见，如果电容为 A 相，则灯泡亮的为 B 相，暗的为 C 相。

此外，在交流船舶接岸电操作时，要特别注意以下操作要点。

★检查岸电电力系统参数（电制、电压和频率）是否与本船电网参数一致。若电制、频率相同，仅电压不同，可通过调压器将岸电电压变换成与本船电压相等后，再接至船上电网。

★检查岸电相序与船上电网相序是否一致，当显示相序正确时才能接岸电。

★接通岸电后，不允许再启动船上主发电机或使应急发电机合闸向电网供电，因此主配电板均设置主发电机主开关、应急发电机主开关与岸电开关的连锁，使两者不能同时合闸。

★当岸电为三相四线制时，应将船体与岸上接地装置相连，然后接岸电。

7. 电工试验板

某些远洋船舶还在机修间或电工工作室配备电工试验板，作为试验船上电机、电器、自动装置等电器设置的电源板，板上设有船上使用到的各类电源，并装有各种类型的插座、灯座及电源接线柱、仪表等。电工试验板外形如图 3. 1. 14 所示。

图 3.1.14　电工试验板外形图

任务实施

步骤一：认识主配电板

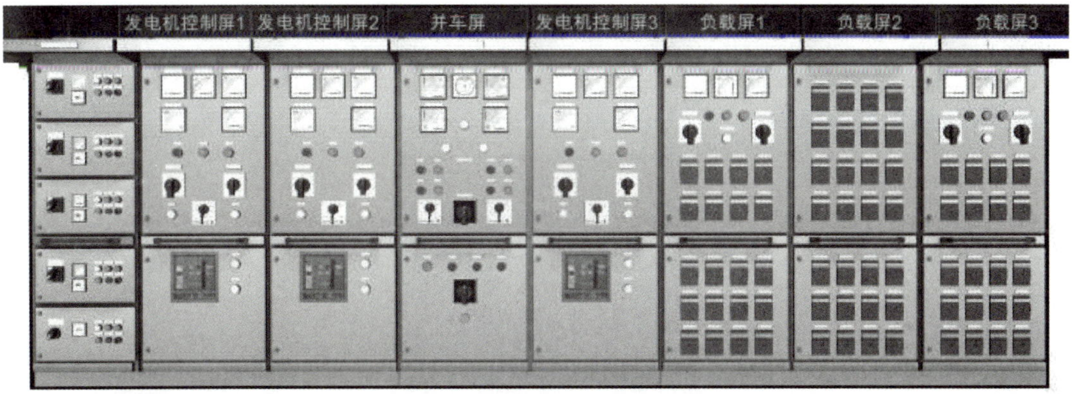

(1)主配电板主要由＿＿＿＿屏、＿＿＿＿屏、＿＿＿＿屏、＿＿＿＿和＿＿＿＿组成。

(2)列举各功能屏的作用及安装的电气元件

★＿＿＿＿屏的作用是＿＿＿＿＿＿＿＿＿＿＿＿＿＿＿＿＿＿＿＿＿＿＿＿。

安装有＿＿＿＿＿＿＿＿＿＿＿＿＿＿＿＿＿＿＿＿等电气元件。

★＿＿＿＿屏的作用是＿＿＿＿＿＿＿＿＿＿＿＿＿＿＿＿＿＿＿＿＿＿＿＿。

安装有＿＿＿＿＿＿＿＿＿＿＿＿＿＿＿＿＿＿＿＿等电气元件。

★＿＿＿＿屏的作用是＿＿＿＿＿＿＿＿＿＿＿＿＿＿＿＿＿＿＿＿＿＿＿＿。

安装有＿＿＿＿＿＿＿＿＿＿＿＿＿＿＿＿＿＿＿＿等电气元件。

★汇流排(母线)的作用是＿＿＿＿＿＿＿＿＿＿＿＿＿＿＿＿＿＿＿＿＿＿＿＿。

步骤二：认识应急配电板

应急配电板一般安装于船舶哪个处所？＿＿＿＿＿＿＿＿＿＿。

主要由＿＿＿＿＿屏、＿＿＿＿＿屏、＿＿＿＿＿屏组成。

应急配电板的作用是＿＿＿。

应急配电板与主配电板之间的运行关系为＿＿＿。

步骤三：认识充放电板

充放电板一般安装于船舶哪个处所？＿＿＿＿＿＿＿＿＿＿＿＿＿＿＿＿＿＿＿。主要组成部件包括＿＿＿＿＿＿＿＿＿＿＿＿＿＿＿＿＿＿＿＿＿＿＿＿＿＿＿等。

充放电板的作用是＿＿。

步骤四：认识分配电板、分电箱

分配电板、分电箱的作用是＿＿＿。

分配电板、分电箱的设置原则是＿＿＿＿＿＿＿＿＿＿＿＿＿＿＿＿＿＿＿＿＿＿＿＿＿＿＿＿＿＿＿＿＿＿＿＿＿＿。

步骤五：认识岸电箱

岸电箱一般安装于船舶哪个处所？＿＿＿＿＿＿＿＿＿＿＿＿＿＿＿＿＿＿＿＿。主要组成部件包括＿＿＿＿＿＿＿＿＿＿＿＿＿＿＿＿＿＿＿＿＿＿＿＿＿＿＿等。

岸电箱的防护等级一般不低于＿＿＿＿，承担的作用是＿＿＿。

步骤六：为案例船选择合理的配电装置配置方案

阅读《船舶电气设计任务书》，梳理和分析任务书中船舶电力系统基本参数要求及全船需要供电的设备的使用要求、布置位置等信息，结合本任务学习的船舶配电装置作用、组成等知识，为本案例船选择合理的配电装置配置方案，并将方案填写在表 3.1.1 中。

表 3.1.1　案例船配电装置配置方案列表

序号	配电装置名称	选择理由(作用)	安装位置

任务评价

任务完成情况评价标准及评分见表 3.1.2,任务总结反思见表 3.1.3。

表 3.1.2　任务评价表

评价类型	赋分	评价指标	分值	得分		
				自评	组评	师评
职业能力	50	主配电板各部分组成及作用填写正确	10			
		配电装置配置完整、布局正确	10			
		配电装置选择符合规范	20			
		能根据实物,准确说出配电装置名称和功能	10			
职业素养	30	配电装置名称正确、功能填写完整	10			
		协作互助、解决问题	10			
		对相关规范内容熟悉、准确	10			

表 3.1.2(续)

评价类型	赋分	评价指标	分值	得分		
				自评	组评	师评
劳动素养	10	坚持出勤、遵守纪律	5			
		报告完整、工位整洁	5			
思政素养	10	对于舰船综合电力系统对国防事业发展意义的认识	5			
		体悟“精益、专注”的工匠精神	5			

表 3.1.3　总结反思

目标达成：　知识☆☆☆☆☆　技能☆☆☆☆☆　素养☆☆☆☆☆	
学习收获：	教师寄语：
问题反思：	

课后任务

1. 问答与讨论

(1)复述船舶接用岸电时必须遵循的原则。

(2)复述主配电板与应急配电板之间的运行关系。

2. 巩固与提高

查阅文献资料,讨论直流主配电板的应用场景;梳理直流主配电板与交流主配电板在组成和用途方面的异同点。

任务 3.2　识读与编制《交流短路电流计算书》

任务引入

在船舶电力系统运行过程中，短路故障虽难以完全规避，却对系统安全稳定运行构成重大威胁。短路故障一旦发生，故障点电流就会瞬间激增数倍乃至数十倍，引发设备过热、绝缘损坏、机械应力异常等一系列严重后果，甚至可能导致船舶电力系统崩溃，危及航行安全。

为有效防范短路故障带来的风险，在船舶电站组建之初，精准计算系统各部位潜在的短路电流数值至关重要。这些数据不仅是船舶配电装置科学设计与合理组建的关键依据，更是后续制定针对性保护措施、提升系统可靠性的核心支撑。通过预先掌握短路电流情况，可合理选择断路器、熔断器等保护设备的参数，优化继电保护装置的动作特性，从而在短路故障发生时迅速切断故障电路，将损失降至最低。

本任务将深入探索电力系统短路的复杂机制，系统学习短路现象的形成原理、潜在危害，明晰交流短路电流计算在船舶电力系统设计中的核心意义。同时，通过对短路暂态过程的深入剖析，帮助大家掌握短路电流变化规律，理解短路电流计算方法的理论基础与实际应用，为后续船舶配电装置的设计与调试工作奠定坚实基础。

任务描述

(1)根据案例信息，选择合适的计算工况，结合船舶电力一次系统图绘制计算简图；

(2)收集和估算短路计算所需参数；

(3)完成短路计算并进行核对。

船舶电力系统短路的认知

《交流短路电流计算书》的编制方法

学习目标

知识目标：

(1)了解船舶电力系统短路的原因、种类和危害；

(2)理解船舶电力系统短路电流暂态过程；

(3)了解短路计算书的编制步骤。

技能目标:

(1)能正确根据所选计算工况和船舶电力一次系统图绘制短路计算简图;
(2)能完整收集或估算短路计算所需参数;
(3)能正确完成短路电流的计算并核对计算结果。

育人目标:

(1)理解短路电流对配电装置选型及船舶电站安全稳定运行的重要影响,培养安全规范的责任意识;

(2)在编制《交流短路电流计算书》过程中,感悟"严谨、认真"的工匠精神,提升综合职业素养。

知识准备

1. 电力系统短路的种类

船舶电力系统短路指的是两个或多个导电部分之间意外或有意构成导电通路,使得这些导电部分间的电位差等于或接近于零,在回路中形成异常大电流的现象。

按构成导电通路的形式,船舶电力系统短路可分为三相短路、两相相间短路、两相接地短路、单相接地短路等。

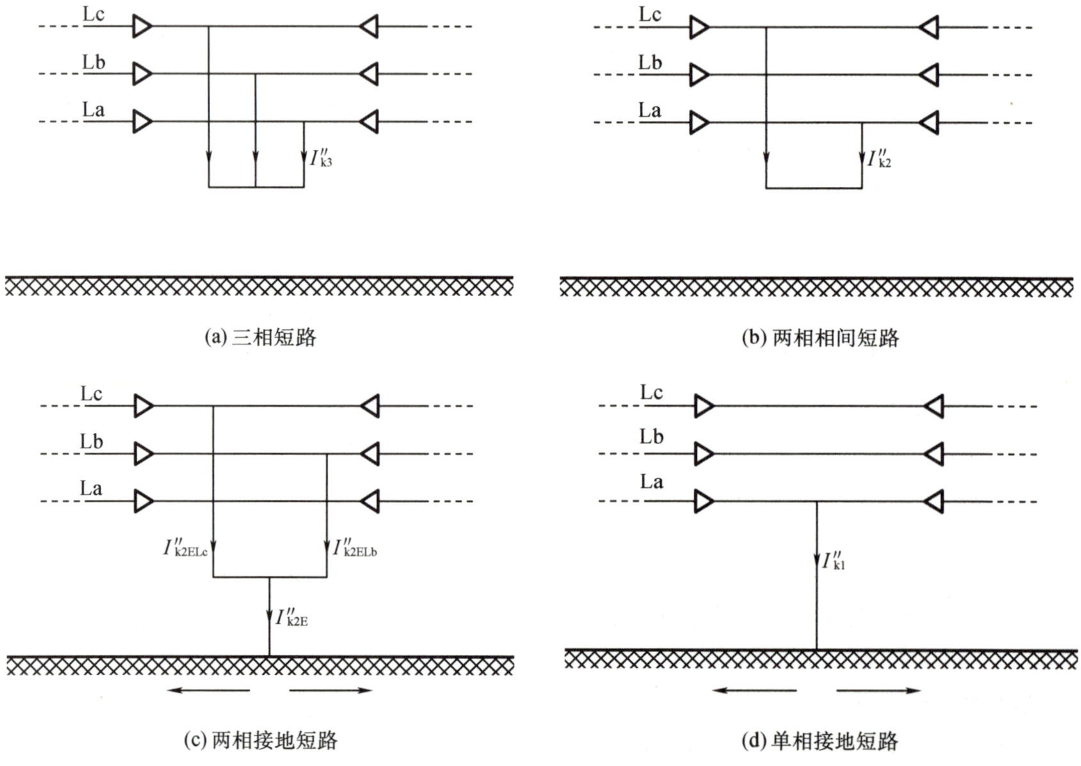

图 3.2.1 船舶电力系统短路示意图

2. 电力系统短路的原因及危害

(1)原因

在船舶电力系统实际运行中,短路故障难以避免。船舶电力系统发生短路的原因主要有以下几种。

★电机、电器和电缆绝缘的老化;

★机械损伤而引起的电气设备载流部分绝缘损坏;

★人为误操作;

★老鼠等动物跨接不同电源相;

★舰船在战斗中电气设备受到严重冲击等。

(2)危害

当船舶电力系统发生短路时,将出现比正常值大许多倍的短路电流。发生短路故障时系统的总阻抗很小,在短路计算时,一般考虑最严重的短路情况,即金属性短路。此时系统短路阻抗与短路点的位置有关,短路点距电源越近,则系统的总阻抗越小,短路电流值越大。

即使短路所经历的时间很短,强大的短路电流所产生的电动力和热效应,也能使发电机及其他设备遭到破坏。短路引起的发热会造成电气绝缘损坏,产生很大的电动力,会破坏设备结构,且极有可能会由于短路产生的电弧而引起火灾。此外,短路电流还会使电网电压大幅度降低,使设备的工作受到影响,进而使正在运转的电动机停止运转。

由于船舶电站常采用三相三线绝缘系统,因此单相短路危害较小,三相短路危害最大。

3. 船舶电力系统短路电流计算的目的

为了尽可能避免或减少电力系统短路造成的危害,在船舶电站的组建时,必须充分估计船舶电网各处可能发生的短路故障,以便选择合理的配电方式和保护装置,保证船舶主要电气设备能承受短路电流的冲击,能快速有效地切断短路故障,把短路故障的影响限制在最小的范围。

因此,进行船舶电力系统短路电流计算主要有以下目的。

(1)校验所选电气设备(如开关、母线)的电动力稳定性和热稳定性,保证船舶主要电气设备能承受短路电流的冲击;

(2)校验所选择开关(如断路器)的通断容量,保证能快速有效地切断短路故障;

(3)为电力系统选择性保护的设计和整定提供依据,把短路的影响降到最低。

4. 船舶电力系统短路电流暂态过程

为了能够更好地理解短路电流的计算目的,先要了解短路电流发生的暂态过程。而为了便于理解船舶电力系统短路的暂态过程,我们首先了解无限电源系统短路过程,然后再来分析较为复杂的船舶有限电源系统的短路过程。

(1)无限大容量三相交流电力系统短路过程

假设某电力系统的电源容量为“无限大”,三相交流电路是对称的,那么我们只需要研究其中一相电流暂态过程的变化规律,就可以了解整个三相交流电路的电流和电压变化规律。

先画出系统一相的等值电路,如图 3.2.2 所示,其中,L 和 R 表示短路回路中的综合电感和电阻,电源电压 e 为一个正弦函数:

$$e(t)=\sqrt{2}E\sin(\omega t+\theta) \tag{3.2}$$

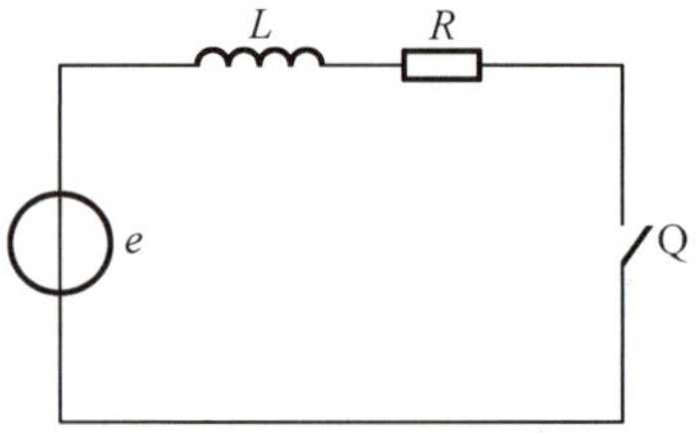

图 3.2.2　电力系统短路等值电路图(一相)

当合上开关 Q 时,“无限大电源容量”电力系统发生短路,按照基尔霍夫定理,写出电路的电压方程,即

$$e(t)=R\cdot i(t)+L\frac{\mathrm{d}i(t)}{\mathrm{d}t} \tag{3.3}$$

对式(3.2)和式(3.3)联立求解微分方程,得到短路电流的表达式:

$$i(t)=\sqrt{2}I\sin(\omega t+\theta-\varphi)-\sqrt{2}I\sin(\theta-\varphi)\cdot \mathrm{e}^{-\frac{t}{T_{\mathrm{dc}}}}=i_{\mathrm{ac}}+i_{\mathrm{dc}} \tag{3.4}$$

式中　I——短路电流交流分量有效值:

$$I=\frac{E}{\sqrt{R^2+(\omega L)^2}}=\frac{E}{\sqrt{R^2+X^2}}$$

E——电源电动势有效值,V;

T_{dc}——时间常数,s:

$$T_{\mathrm{dc}}=\frac{L}{R}=\frac{\tan\varphi}{\omega}$$

ω——角速度,rad/s;

θ——短路瞬间电压相位角(合闸相位角),rad;

φ——短路电路功率因数角,rad:

$$\varphi=\arctan\frac{\omega L}{R}$$

通过对式(3.4)观察可知,式中右边第一项为一个标准的正弦交变周期函数,表示的是短路电流的交流分量,其幅值和周期均不变,是一个稳态值,最大值为$\sqrt{2}I$,短路瞬间($t=0$),短路电流的交流分量(即短路周期分量初始值)为

$$i_{\mathrm{ac}}(0)=\sqrt{2}I\sin(\theta-\varphi) \tag{3.5}$$

其值取决于I、θ、φ值。发生短路后,各不同时间短路电流交流分量瞬时值不同,当$\sin(\omega t+\theta-\varphi)=\pm1$时,其值最大$i_{\mathrm{acm}}=\pm\sqrt{2}I$,最大值发生在$\omega t+\theta-\varphi=\frac{\pi}{2}+k\pi$,$k=0,1,2,\cdots$时刻。

右边第二项为一个随时间而衰减的指数函数,表示的是短路电流的直流分量。短路瞬间($t=0$),短路电流的直流分量为

$$i_{\mathrm{dc}}(0)=-\sqrt{2}I\sin(\theta-\varphi) \tag{3.6}$$

其值取决于I、θ、φ值,与短路瞬间交流分量$i_{\mathrm{ac}}(0)=\sqrt{2}I\sin(\theta-\varphi)$大小相同,方向相反。直流分量随着时间的增加而衰减,衰减快慢取决于时间常数T_{dc},当$\sin(\theta-\varphi)=-1$时,即$\theta=0$,$\varphi=\frac{\pi}{2}$,且$L\gg R$时,$i_{\mathrm{dc}}(0)$得到最大值$\sqrt{2}I$。

由此可见，短路电流由直流分量和交流分量2个部分叠加而成。

由图3.2.3可知，在短路发生的瞬间，电流增大数倍，随着时间的推移，电流逐渐减小，最终达到稳定状态。将这一过程分为正常状态、暂态和稳态3个部分——正常状态时电流称为电路正常电流；暂态时短路电流是随时间递减的，波形关于时间 t 轴是不对称的，称为非对称短路电流；稳态时短路电流的直流分量降为0，电流波形与短路电流的交流分量一致，为一个关于时间 t 轴对称的标准正弦波，称为对称短路电流。

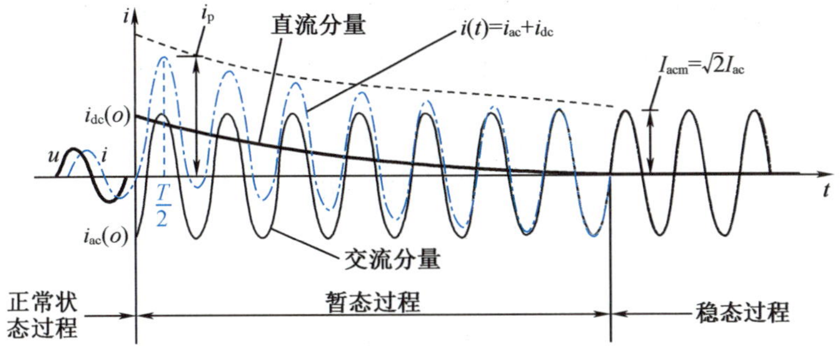

图3.2.3 无限容量电力系统短路电流波形

短路电流的最大值出现在发生短路后的第1/2个周期时刻，这个值我们称为非对称短路电流的最大峰值，用 i_p 表示；而最大对称短路电流值即为交流分量波形的幅值，用 I_{acm} 表示，其有效值称为最大对称短路电流有效值，用 I_{ac} 表示。

(2)有限容量三相交流电力系统短路过程

由于船舶电力系统的电源是独立的发电机组，容量是有限的，不能当作“无限容量”电力系统，用前述方法计算短路电流误差可达30%以上，因此无限容量电力系统的短路计算不适用于船舶电力系统的短路计算。

对于船舶电源容量有限的电力系统，作为船舶电源的交流同步发电机在短路过程中，其直轴电抗值不是常数。在短路发生的瞬间，电抗值 X''_d 很小，短路电流交流分量很大，这时为超瞬态过程或次暂态；经过2~3个周期，电抗值增大一些为 X'_d，短路电流交流分量减小一点，这时为瞬态过程或暂态；再经过一段时间，电抗值增大为 X_d，短路电流交流分量进一步减小达到稳态。因此，船舶电力系统短路过程分为正常状态、次暂态、暂态和稳态4个部分。

当短路时，其电源端电压不能视为不变，短路电流交流分量幅值在短路过程中是衰减的，其短路电流的变化规律如图3.2.4所示。

按上述无限容量电力系统分析方法，取出一相来分析：

$$i(t)=\sqrt{2}\left[(I''_g-I'_g)e^{-\frac{t}{T''_d}}+i_g\right]\sin(\omega t+\theta-\varphi)-\sqrt{2}I''_g\sin(\theta-\varphi)\cdot e^{-\frac{t}{T_a}}=i_{ac}+i_{dc} \tag{3.7}$$

式中 T''_d——发电机直轴次暂态短路时间常数；

T'_d——发电机直轴暂态短路时间常数；

T_a——发电机短路电流非周期时间常数；

I''_g——次暂态对称短路电流初始(有效)值；

I'_g——暂态对称短路电流初始(有效)值；

I_g——稳态对称短路电流初始(有效)值。

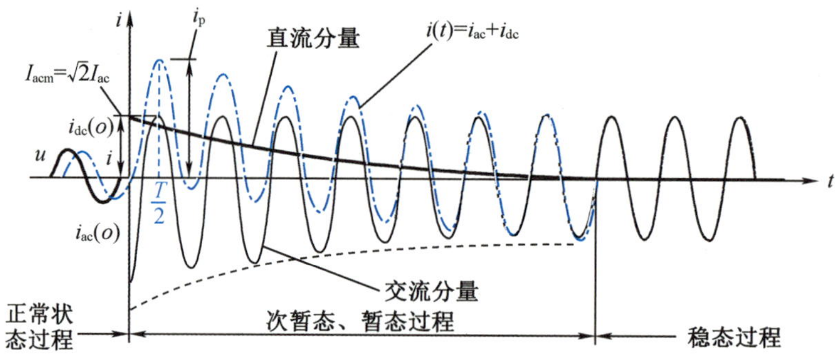

图 3.2.4　船舶有限电源容量电力系统短路电流波形

$$I''_g=\frac{1}{\sqrt{3}}\cdot\frac{U_N}{\sqrt{X''^2_d+R_a^2}}$$

$$I'_g=\frac{1}{\sqrt{3}}\cdot\frac{U_N}{\sqrt{X'^2_d+R_a^2}}$$

$$I''_g=\frac{1}{\sqrt{3}}\cdot\frac{U_N}{\sqrt{X_d^2+R_a^2}} \tag{3.8}$$

式中　X''_d——发电机直轴次暂态电抗；

X'_d——发电机直轴暂态电抗；

X_d——发电机同步暂态电抗；

R_a——发电机电枢电阻；

U_N——发电机额定电压(线电压)。

从短路电流的构成成分看，有限电源短路电流与无限电源短路电流一样，也由交流部分和直流部分构成。不同的是，无限容量电力系统在短路时，其电源端电压可视为不变，短路电流交流分量在短路过程中是不变的；而有限容量电源电力系统在短路时，其电源端电压不能视为不变，其短路电流的交流分量幅值在短路过程中是逐渐衰减的。

根据波形可知，最大非对称短路电流峰值 i_p 仍出现在短路发生后的第 1/2 个周期时刻，最大对称短路电流即短路电流交流分量的最大值，也出现在短路发生后的第 1/2 个周期时刻。

5. 船舶电力系统短路电流计算书编制方法

短路电流计算的目标值是各短路点非对称短路电流的最大值 i_p、最大对称短路电流的有效值 I_{ac}。必要时，应计算交流系统短路回路的预期短路功率因数 $\cos\ \varphi_k$，如该计算值小于与所选用的开关电器的接通或分断能力相对应的功率因数的规定值，则其分断能力应相应地减小。

短路电流结果是船舶电气装置选择和电力系统保护方案设计的重要依据。中国船级社的《钢质海船入级规范》明确规定："可并联连接的发电机总容量大于 250 kVA 的船舶，必须将《船舶交流短路计算书》提交审查。" 编制《船舶交流短路计算书》的步骤如下。

(1)选择计算工况

根据短路电流计算的目的可知，在进行短路电流计算时应选择在船舶电力系统短路最

严重(数值最大)的工况下进行。因此,在计算最大预期短路电流时,应选择以下工况:

★满足最大需要功率的可能并联连接的所有发电机——投入发电机的额定功率总和为最大,包括短时并联转移负载的情况;

★需同时运行的所有电动机——发电机组处于长期并联运行状态,投入工作的异步电动机负荷额定功率总和为最大。

(2)绘制计算简图

短路计算系统图应根据所选计算工况和船舶电力一次系统图绘制,通常采用系统单线图。如图3.2.5所示,计算简图中包括:

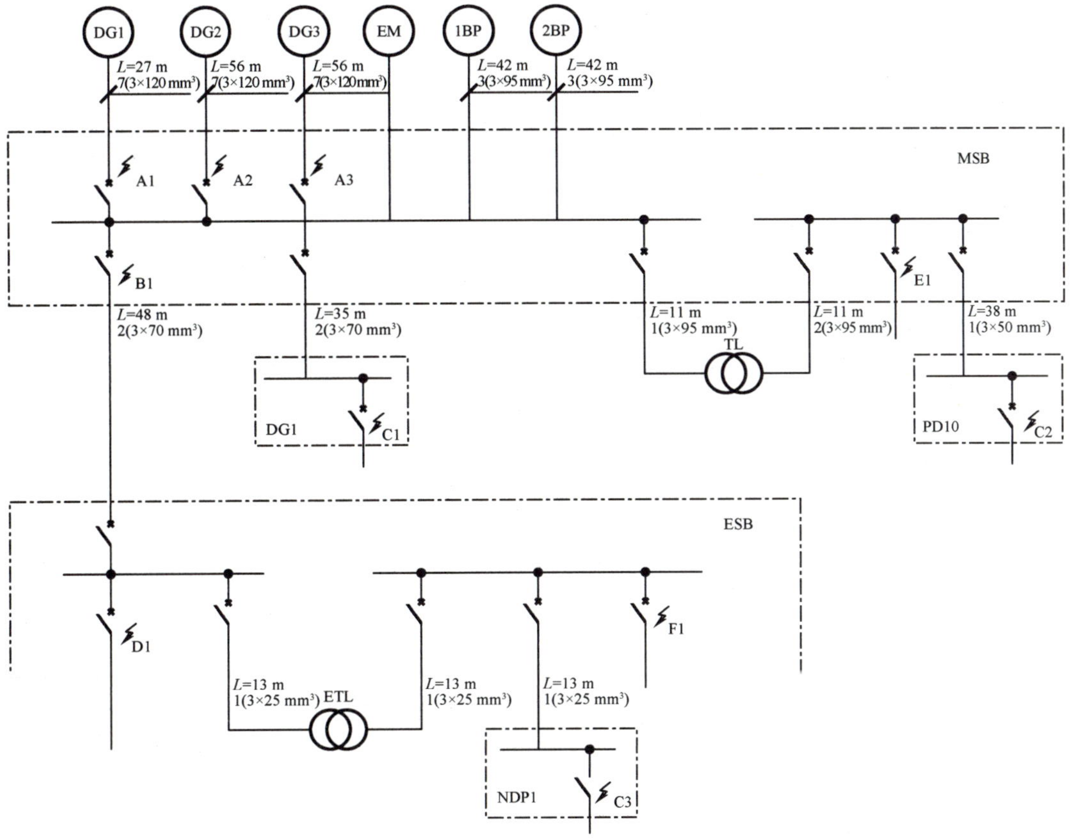

图3.2.5　船舶电力系统短路电流计算简图样例

★并联工作的发电机。

注意,应考虑发电机短时并联进行负载转移的情况,此时也有发生短路的可能。

★并联运行的电动机负载。

对于在网并联运行的电动机负载,一般只将功率非常大的电动机单独列出,其他的电动机用一个等效电动机表示;或不单独列出大电动机,用一个等效电动机表示所有电动机负载。

等效电动机额定功率可取为实际运行中的发电机(不包括转移负载时短时工作的发电机)总额定功率减去大电动机额定功率后的60%。在计算大容量电动机馈电线处的短路电流时,可不计及该电动机本身的作用。等效电动机功率的计算方法如式(3.9)所示。

$$P_{等效} = \sum P_{NG} - \sum P_{NM} \tag{3.9}$$

式中，P_{NG} 表示实际运行中的发电机（不包括转移负载时短时工作的发电机）额定功率；P_{NM} 表示大电动机额定功率。

★相应的导电部分，如开关、电器和变压器等。

★所选择的短路计算点。短路计算点一般应选择：发电机输出端短路；主汇流排短路；应急配电板、区配电板以及分配电板的汇流排短路；电力和照明变压器次级短路等。此外，为判断保护电器动作的选择性，必要时还应进行单台最小发电机供电情况下、被保护电路末端短路情况下短路电流的计算。

图上应标注发电机的型号、额定功率和额定电压，开关电器的型号、额定电流，电线和电缆的型号、数量、截面和长度，等效电动机和其他元件的主要技术参数。

（3）计算参数搜集

计算所需参数的搜集工作主要包括：

★从设备样本资料和出厂试验报告中获取发电机的直轴超瞬态、瞬态和稳态的电抗标幺值和时间常数、定子绕组及稳态短路电流值；

★变压器的短路电压百分比及损耗；

★统计简图中各段电缆的规格，以及现场测量或估算其长度。

（4）短路电流计算

短路电流计算方法比较复杂，本书不做详述。随着计算机技术的发展，在现代船舶电气设计的工程应用中，一般不需要技术人员进行烦琐的计算，计算方法通常采用以下几种。

★采用“实用法”或“IEC 法”，利用 Excel 编辑计算表格和公式，在计算时建立计算简图的模型，输入计算相关参数即可得到计算结果。具体计算过程可以参见中国船级社的《钢质海船入级规范》中的算例。

★采用中国船级社官方推荐的 COMPASS 软件，在计算软件中建立计算简图的模型，输入计算参数，得到计算结果。此方法更受广大船舶电气工程师的青睐。

在计算过程中，我们要先依次算出发电机和电动机馈送的短路电流，再根据线路阻抗计算出各短路计算点的对称短路电流 I_{ac}、最大非对称短路电流 i_p 及短路功率因数 $\cos\varphi_k$。

在缺乏资料的情况下，对船舶电力系统在主配电板附近发生短路时的最大短路电流，可按下述方法进行粗略估算。

主配电板附近发生短路时，最大对称短路电流有效值 I_{ac} 为并联运行的所有发电机额定电流的 10 倍，再加上需要同时投入运行的所有电动机额定电流的 3 倍（对称有效值），短路功率因数假定为 0.1，即

$$\begin{gathered} I_{ac} = 10\sum P_{NG} + 3\sum P_{NM} \\ \cos\varphi_k = 0.1 \end{gathered} \tag{3.10}$$

式中　$\sum P_{NG}$——所有并联运行的发电机额定电流之和；

$\sum P_{NM}$——所有同时投入运行的电动机的额定电流之和；

$\cos\varphi_k$——短路功率因数。

最大非对称短路电流值与短路功率因数有关，如图 3.2.6 所示。

$$i_p = f(\cos\varphi_k)I_{ac} = nI_{ac} \tag{3.11}$$

式中　i_P——最大非对称短路电流；

n——峰值系数。

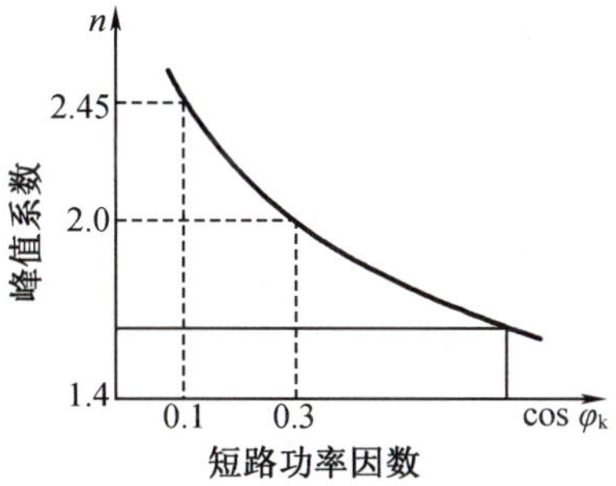

图 3.2.6　峰值系数与短路功率因数之间的关系曲线

当短路功率因数 $\cos\ \varphi_k=0.1$ 时，由图 3.2.4 的曲线查得其峰值系数 $n=2.45$，此时：

$$i_P=nI_{ac}=2.45I_{ac}$$

(5)核算计算结果

根据船舶电力系统的短路电流规律，对完成的计算结果可从以下 3 个方面进行校核。图 3.2.3 所示案例船的短路电流计算结果见表 3.2.1。

表 3.2.1　船舶电力系统短路电流计算结果(样例)

	短路点	I_{ac}[kA] $t=0.5T$	i_P[kA] $t=0.5T$
分项短路计算结果	DG1	5.81	17.16
	DG2	5.80	16.96
	DG3	5.79	16.44
	No. 1 Ballast Pump	1.63	3.89
	No. 2 Ballast Pump	1.63	3.89
	eqv. Motor	2.61	6.52
短路点短路计算结果	A1	17.47	44.86
	A2	17.47	45.07
	A3	17.49	45.59
	B1	23.28	62.03
	C1	18.36	29.05
	C2	5.07	7.67
	C3	2.06	2.95
	D1	17.12	25.82
	E1	6.82	11.34
	F1	2.89	4.32

★校核主汇流排开关安装处的短路电流。

主汇流排短路时短路电流等于并联运行发电机和在网运行电动机馈送的短路电流的代数和。

如图 3.2.5 和表 3.2.1 所示，主汇流排处 B 点的最大对称短路电流 I_{ac} 和最大非对称短路电流 i_P 均为 3 台发电机、2 台压载泵电机和等效电动机的馈送电流之和。经核对，计算结果是合理的。

★校核发电机主开关安装处的短路电流计算结果。

发电机主开关处短路时，其他并联的发电机和在网运行电动机均向短路处供电。发电机主开关处短路电流为汇流排短路电流减去此发电机自身馈送的短路电流。

如图 3.2.5 和表 3.2.1 所示，当 A1 点短路时，另两台发电机和所有在网运行电动机都向 A1 点主开关处供电。因此 A1 点短路电流即为 B 点(汇流排)短路电流减去 1 号发电机组馈送电流。经核对，计算结果是合理的。

★按供电层级校验其他短路点计算结果。

按供电层级效验，其他短路点供电均来自主汇流排，所以下级短路点短路电流小于上级短路点短路电流。

如图 3.2.5 和表 3.2.1 所示，B1 点—C1 点、B1 点—E1 点—C2 点、B1 点—D1 点—F1 点—C3 点依次为逐级供电层级，层级由上到下，其短路电流值应依次下降。经核对，计算结果是合理的。

任务实施

步骤一：选择计算工况

（1）梳理案例船的电站配置及使用规律。

★主电源配置情况：本船配置______台______ kW 柴油发电机组。

★使用规律：________工况下，由____台发电机向全船供电，______台柴油发电机备用；

____

____。

（2）选择电力系统短路最严重的工况为短路计算工况。注意：应考虑备用发电机与在网发电机在短时并联转移负载时的工况。

选择的短路计算工况为：____。

步骤二：绘制计算简图，选定计算短路点

计算简图应根据所选工况和船舶电力一次系统图，参照图 3.2.5 绘制短路计算简图。

（1）根据电力一次系统图，画出主配电板、应急配电板的几段汇流排，以及将其连接起来的电缆、开关、变压器等电力系统的主干部分。

（2）根据短路计算工况将并联的发电机组和在网电动机画进去，注意在网电动机负载，我们只将功率非常大的电动机单独列出，其他的电动机统一用一个等效电动机代替。

（3）选择短路计算点。根据电力系统的构成层级，短路计算点一般依次选择发电机主开关处、主配电板负载开关处和照明负载开关处、应急配电板负载开关处和应急照明负载开关处及各层级最大负荷的分电箱内开关处。

（4）标注连接电缆的数量、截面积及长度。

步骤三:搜集计算所需电气参数

(1)从设备样本资料和出厂试验报告中查询发电机和变压器参数,并将其分别填写在表 3.2.2 和表 3.2.3 中。

表 3.2.2　发电机参数

参数	1 号发电机	2 号发电机	
额定功率			
额定电压			
X''_d(p. u.)-发电机直轴超瞬态电抗标幺值			
X'_d(p. u.)-发电机直轴瞬态电抗标幺值			
X_d(p. u.)-发电机直轴电抗标幺值			
R_a(Ω)-发电机定子电阻			
r_a(p. u.)-发电机定子电阻标幺值			
T''_d(ms)-发电机直轴超瞬态短路时间常数			
T'_d(ms)-发电机直轴瞬态短路时间常数			
T_{dc}(ms)-发电机直流时间常数			
I_{kd}(kA)-发电机稳态短路电流			

表 3.2.3　变压器参数

参数	主变压器	照明变压器
额定容量		
初级、次级额定电压		
U_K(100%)-变压器短路电压(百分数表示)		
P_K(kW)-变压器短路损耗		

(2)整理电缆规格,现场测量或估算电缆长度,并填写表 3.2.4。

表 3.2.4　电缆参数

电缆名称		规格(芯数×截面积)	长度/m
DG1 至 MSB			
DG2 至 MSB			
DG3 至 MSB			
EG 至 ESB			
ESB 至 MSB			
应急照明变压器初级至 ESB			
应急照明变压器次级至 ESB			
最大应急电力分电箱至 ESB			
最大应急照明分电箱至 ESB			
最大电力分电箱至 MSB			
最大照明分电箱至 MSB(最短距离者)			
主照明变压器初级至 MSB			
主照明变压器次级至 MSB			
大电动机至 MSB			

步骤四:计算各短路点短路电流

运用 COMPASS 软件或手动计算各短路点短路电流。要先依次算出发电机和电动机馈送的短路电流,再根据线路阻抗计算出各短路计算点的对称短路电流 I_{ac}、最大非对称短路电流 i_p 及短路功率因数 $\cos\varphi_k$。参照表 3.2.1 将计算结果以表格形式呈现。

步骤五:校核计算结果

(1)校核主汇流排开关安装处的短路电流计算结果。

计算结果合理(　　)/不合理(　　)。

(2)校核发电机主开关安装处的短路电流计算结果。

计算结果合理(　　)/不合理(　　)。

(3)按供电层级校核其他短路点计算结果。

计算结果合理(　　)/不合理(　　)。

任务评价

任务完成情况评价标准及评分见表 3.2.5,任务总结反思见表 3.2.6。

表 3.2.5　任务评价表

评价类型	赋分	评价指标	分值	得分		
				自评	组评	师评
职业能力	50	选择合适的计算工况	10			
		正确、规范绘制计算简图	10			
		收集和估算参数	10			
		正确完成短路计算,并有效核对	20			
职业素养	30	计算严谨、精益求精	10			
		协作互助、解决问题	10			
		仔细核对、双重查验	10			
劳动素养	10	坚持出勤、遵守纪律	5			
		报告完整、书写规范	5			
思政素养	10	规范、安全的责任意识	5			
		体感悟“严谨、专注”的工匠精神	5			

表 3.2.6　总结反思

目标达成：　知识☆☆☆☆☆　技能☆☆☆☆☆　素养☆☆☆☆☆	
学习收获：	教师寄语：
问题反思：	

课后任务

1. 问答与讨论

(1)简述短路电流计算的目的。

(2)复述《交流短路电流计算书》编制的流程。

(3)某船舶电力系统配备 3 台额定功率为 90 kW 的发电机组,通过主汇流排向负载供电。若在网的负载额定电流总和为 220 A,讨论估算主汇流排处短路电流值。

2. 巩固与提高

分别用 COMPASS 软件和手动计算各短路点短路电流,对两种方式计算结果进行对比,当计算结果不一致时,讨论应选取哪种计算结果(选结果大的还是小的),并说明选择理由。

任务 3.3　选择配电装置的常用电器

任务引入

在船舶电站的系统架构中,船舶电源、船舶配电装置与船舶配电网共同构成了其核心组成部分。通过前置任务的学习,同学们已系统掌握船舶电源的选型原则与方法,为船舶电站的构建奠定了重要基础。而船舶配电装置作为船舶电力系统的"神经中枢",承担着电能汇集、分配、控制及保护等关键功能,其合理选型与科学组建直接影响船舶电力系统的可靠性与稳定性。

本任务将聚焦船舶电站的重要组成部分——船舶配电装置的设计与组建,从剖析船舶配电装置的功能特性与分类体系入手,使同学们深入认识主配电板、应急配电板、分配电板、充放电板、岸电箱等常用配电装置。通过探究这些装置的功能定位、结构组成与运行原理,帮助同学们构建起完整的船舶配电装置认知体系,为后续开展船舶配电装置的设计、选型及调试工作夯实理论基础。

任务描述

(1)认识常用电器,理解常用电器的选择原则;

(2)根据任务 3.2 中短路电流计算结果完成断路器、汇流排等主要电器的选型,并校验选型结果。

配电装置常用电器的选择(上)

配电装置常用电器的选择(下)

学习目标

知识目标:

(1)了解配电装置常用电器分类;

(2)了解常用电器选择的基本原则;

(3)认识并理解常用电器(如断路器、汇流排等)结构及工作原理,理解其主要参数含义。

技能目标：

(1)能正确完成断路器主要参数的选择；
(2)能正确完成汇流排主要参数的选择；
(3)能正确选择合适的测量装置。

育人目标：

(1)领悟常用电器的正确选型对船舶电站安全稳定运行的重要影响，树立“小电器、大安全”的规范意识；

(2)在完成常用电器选型的过程中，培养“安全、规范”的工程素养，提升综合职业素养。

知识准备

1. 配电装置常用电器的分类

根据我国低压电器标准规定，低压电器通常是指交流 1 200 V 及以下与直流 1 500 V 及以下电路中起通断、控制、保护和调节作用的电气设备，以及利用电能来控制、保护和调节非电量过程和非电量装置的用电装备。船舶的电力系统一般是低压系统，因此船舶配电装置中使用的电器通常都是低压电器。

配电装置中常用电器按用途的不同，通常分为配电电器、控制电器、测量电器、保护电器等部分。

配电电器用于配电装置的配电系统中，如断路器、刀开关、熔断器、汇流排(母线)等，此类电器的要求是工作可靠，有足够的动稳定性和热稳定性。电器的动稳定性是指电器承受短路(冲击)电流的电动力作用而不致损坏的能力；电器的热稳定性是指电器承受规定时间内短路电流产生的热效应而不致损坏的能力。

控制电器用于配电装置的控制系统中，如各种继电器、接触器、主令开关、PLC、PPU 及其他自动化控制电器等，要求其工作准确可靠，操作频率高、寿命长。

测量电器用于配电装置的监控系统中，测量电力系统运行的参数，如互感器、电流表、电压表、频率表、功率表、兆欧表及绝缘监测仪等，要求其工作精确度、灵敏度高。

此外，把具有保护功能的电器称为保护电器，根据保护需要选用相应的保护电器，如自动开关、熔断器、逆功率继电器、负序继电器等。

2. 常用电器选择的基本原则

各种电器和载流部分的具体选择条件并不完全一致，但对它们的基本要求和选择的基本原则是相同的。要保证配电装置可靠地工作，必须按照正常工作条件来选择电器，按短路情形来校验电器的热稳定性和动稳定性。正常工作的选择条件是指额定电压和额定电流。

(1)按正常工作条件选择

★额定电压

电器的额定电压就是铭牌上标出的线电压。电器可以长期处在超过额定电压 15%的电压下工作，这一电压值称为电器的最大工作电压。制造厂对于电器、电缆等都规定了它们的额定电压和最大工作电压。

必须选择电器的额定电压不小于其安装处的电网额定电压，即

$$U_N \geqslant U_{电网} \tag{3.12}$$

式中　U_N——电器的额定电压；

$U_{电网}$——电器安装处电网的额定电压。

通常，选择电器的额定电压等于或稍大于安装处电网的额定电压。

★额定电流

电器的额定电流是指在一定周围空气温度下无限长时间内电器所能允许通过的电流。因此，必须选择电器的额定电流不小于其安装电路中的最大连续工作电流，即

$$I_N \geqslant I_{工作} \tag{3.13}$$

式中　I_N——电器的额定电流；

$I_{工作}$——电器安装电路中的最大连续工作电流。

周围空气温度对容许连续电流有很大影响，国内生产的电器一般按周围介质（空气）计算温度为 45 ℃设计，对于周围最高气温超过 45 ℃的场合，由于发热，会降低电器绝缘寿命，因此须对电器的连续允许电流进行修正，修正方法如式（3.14）所示。

$$I = I_{45}\sqrt{\frac{t_1 - t_0}{t_1 - 45}} \tag{3.14}$$

式中　I——空气温度为 t_0 时的连续允许电流；

I_{45}——空气温度为 45 ℃时电器的额定电流；

t_0——周围实际温度；

t_1——电器某部分的最高允许温度（例如，断路器和隔离开关根据触头的条件为 75 ℃，汇流排为 90 ℃）。

由此可知，同一个电器，其周围环境温度越高，允许的连续电流越小。若周围实际温度小于 45 ℃，则每低 1 ℃，容许电流可增大 0.5%，但增大总值不得大于 I_{45} 的 20%。

（2）按短路情形校验

按工作条件选定了电器后，还要根据电器在电网中安装点处的短路电流计算结果进行热稳定性和动稳定性的校验。

★热稳定性校验

短路后，短路电流超过正常电流很多倍，很大的短路电流会在短时间内产生很大的热效应，使导体温度上升，若超过导体的短时发热容许温度，就会破坏电器设备的绝缘，甚至引起火灾；若不超过导体的短时发热容许温度，则认为导体对短路电流是热稳定的。热稳定性校验是检查电器能够承受短路电流产生的热效应的能力，即在电网短路时，流过电器的短路电流产生的热效应不超过电器的耐受值。

$$Q_t \leqslant I_{th}^2 t_{th} \tag{3.15}$$

式中　Q_t——短路电流产生的热效应；

I_{th}——电器设备的额定短时耐受电流均方根值；

t_{th}——电器设备的额定短时耐受时间。

I_{th} 和 t_{th} 为电器设备的固有参数，可在设备样本资料中查询。

船舶电力系统为有限容量系统，短路过程比较复杂，短路电流产生的热效应 Q_t 的计算也较复杂，在工程中通常采用简化方法，按式（3.16）计算。

$$Q_t = I_{ac}^2 t \tag{3.16}$$

式中　I_{ac}——电器设备安装处最大对称短路电流的有效值；

t——短路电流持续时间。

★动稳定性校验

当配电装置电器的载流部分有电流通过时，通电导体的周围会产生磁场，而载流导体在磁场中会受到一个力的作用，正常工作电流通过时，机械力不大。当短路时，电流很大，特别是短路电流以最大值通过该电器时，对通电导体会产生一个很大的电动力，有可能破坏电器结构或引起支撑该设备的绝缘子等元件损坏。因此，电气设备必须能承受短路时引起的机械应力作用，即具有足够的电动力稳定度，才能可靠工作。

动稳定性校验即电动力稳定校验，是指检查电器能够承受短路电流产生的机械应力的能力。校验时，将电气设备参数中的最大允许电流与设备安装处可能发生的最大非对称短路电流比较，即

$$i_P \leqslant i_{max} \tag{3.17}$$

式中　i_P——最大非对称短路电流；

i_{max}——电器设备的最大允许电流。

3. 断路器的选择

断路器是一种能接通、承载及分断正常电路条件下的电流，也是能在规定的非正常电路（如短路）下接通、承载一定时间和分断电流的一种机械开关电器。自动空气断路器是船舶配电装置中广泛使用的电器，其集控制与多种保护功能于一体，在电路正常时，作为接通和断开主电路的开关电路；在不正常时，可对电路进行过载、短路和失欠压保护，自动断开电路。所以，船用空气断路器既是一种开关电路，又是一种保护电器。

（1）断路器的分类

船用自动空气断路器按照其结构形式不同，分为框架式断路器（air circuit breaker，ACB）、塑壳式断路器（molded case circuit breaker，MCCB）和微型断路器（miniature circuit breaker，MCB），其中塑壳式断路器和微型断路器均属于装置式类型。如图 3.3.1 所示。

(a) 框架式断路器　　(b) 塑壳式断路器　　(c) 微型断路器

图 3.3.1　断路器外形图

在 3 种类型断路器中，微型断路器额定电流最大不超过 63 A，接通能力和分段能力最差；塑壳式断路器额定电流为 100~800 A；框架式断路器额定电流可达 1 000 A 及以上，接通能力和分段能力最强。因此，船舶发电机主开关大多采用框架式，配电开关大多采用装置式。

(2)断路器的组成及结构

断路器一般由触头系统、灭弧室、自由脱扣机构、过流脱扣器、失压脱扣器、分励脱扣器和操作机构组成。自动空气断路器结构如图 3.3.2 所示。

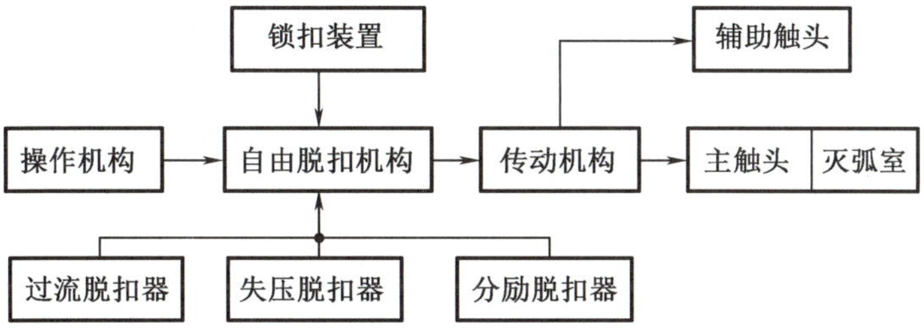

图 3.3.2 自动空气断路器结构框图

★触头系统

断路器一般由 2~3 组主触头和 5~6 组辅助触头组成。

主触头用在主电路,开关在闭合时通过的额定电流由主触头承担。为了避免主触头在断开电流时被电弧灼伤,除主触头外还设有弧触头,大容量空气断路器有的还设预接触头。它们的逻辑动作顺序是:合闸时,先接通弧触头,后接通预接触头,最后接通主触头;分闸时,先断开主触头,后断开预接触头,最后断开弧触头。这样电弧主要产生在弧触头上,可保证主触头不被电弧灼伤。因此,弧触头要采用耐电弧、抗熔焊的材料制成,如铜或铜钨合金等,而主触头要求采用具有良好导电性能的材料,如银钨合金,预接触头则采用紫铜材料。触头系统的设计,应保证有足够的电动稳定性,具有电动力补偿,即短路电流所产生的电动力,不是减弱而是加强触头的压力。

断路器的辅助触头用在控制电路中,指示断路器的通断状态。

★灭弧装置

要想提高空气断路器的分断能力,必须具有强灭弧性能的灭弧装置。灭弧装置通常根据复式灭弧原理制成,具有去离子栅片和灭焰栅,以减小断开开关时的飞弧区域。当开关断开时,强大的电流以电弧的形式进入灭弧栅片,利用复式灭弧栅片将长弧隔离成多段短弧以缩小飞弧距离,使电弧迅速降温、熄灭。

★自由脱扣机构

自由脱扣机构的作用是使触头保持闭合或迅速断开。它是触头系统和操作传动装置之间的联系机构。自由脱扣机构有 3 个功能:将手柄或电动合闸部分的操作传递给触头系统;当合闸操作完成后,使触头系统维持在接通位置;保护部分动作能够使它自由脱扣。

为了实现这些功能,不同型号的开关有不同的构造,典型自由脱扣机构由四连杆机构组成,下面以四连杆机构来说明脱扣原理。

如图 3.3.3 所示,自由脱扣机构是一个稳定的四连杆机构。图 3.3.3(a)为合闸位置,此时连杆 2 和 3 几乎成一直线,绞链接点 b 稍低于 a 和 c 的连线,连杆 2 和 3 成为刚性连接,运动连杆处于死区,触头处于闭合状态。图 3.3.3(b)为自动分闸后的位置,即当释放器的衔铁或顶杆向上冲击 b 点时,图 3.3.3(a)位置的刚性连接被破坏,因而自由脱扣器动作而使触头分闸。图 3.3.3(c)为准备合闸位置,此时将手柄向下拉,使连杆 2 和 3 几乎成一直线刚性连接,然后再把手柄往上推,就能重新合闸。

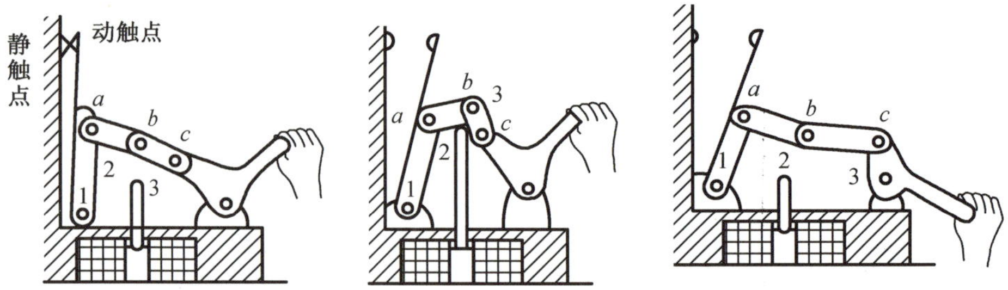

(a) 合闸位置　　(b) 自动分闸后的位置　　(c) 准备合闸位置

图 3.3.3　自由脱扣机构示意图

★脱扣器

断路器按需要可以装设过流、失压、分励脱扣器，其作用是使断路器跳闸分断电路。其原理示意如图 3.3.4 所示。

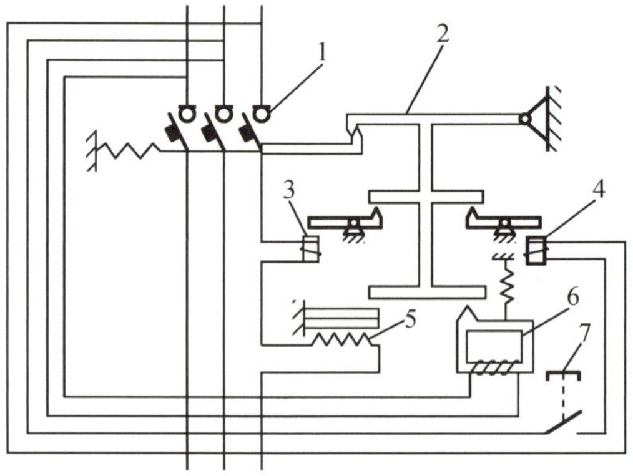

1—主触头；2—自由脱扣器；3—过流脱扣器；4—分励脱扣器；5—热脱扣器；6—失压脱扣器；7—按钮。

图 3.3.4　断路器脱扣器示意图

过流脱扣器用于过载和短路保护，可实现过流的跳闸保护，过流保护的动作值及其延时是可以调整的。过流脱扣器按保护性能分有非选择型和选择型两类。非选择型一般为瞬时动作，只作短路保护用；也有的为长延时动作，只作过负荷保护用。选择型有两段保护、三段保护和智能化保护等。两段保护为瞬时或短延时与长延时特性两段。三段保护为瞬时、短延时与长延时特性三段。其中瞬时和短延时特性适于短路保护，而长延时特性适于过负荷保护。图 3.3.5 所示为低压断路器的保护特性曲线。

失压脱扣器用于欠压和失压保护，失压保护可在额定电压的 35%～70%范围内整定，失压保护是在电压降到额定电压值的 35%或以下时，使空气断路器断开。为了避免电网电压瞬时波动造成误动作，要求欠压保护设置 1～3 s 的延时。

分励脱扣器用于远距离遥控断路器迅速跳闸分断电路。如图 3.3.4 所示，分励脱扣器电磁线圈正常情况下不通电，当由操作人员或保护装置发出指令后（按下按钮），电磁线圈得电，使断路器瞬间动作跳闸。

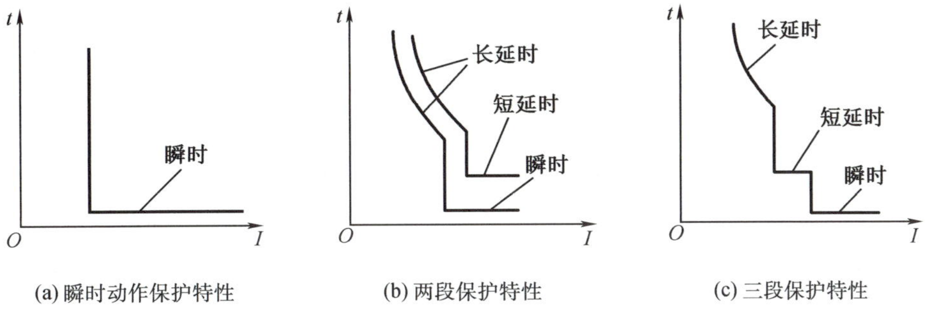

图 3.3.5　断路器的保护特性曲线

实际上脱扣器有电磁式、电子式和智能化等形式，智能化脱扣器为微机控制，保护功能更多，选择性更好，这种断路器通称智能型断路器，如图 3.3.6 所示。

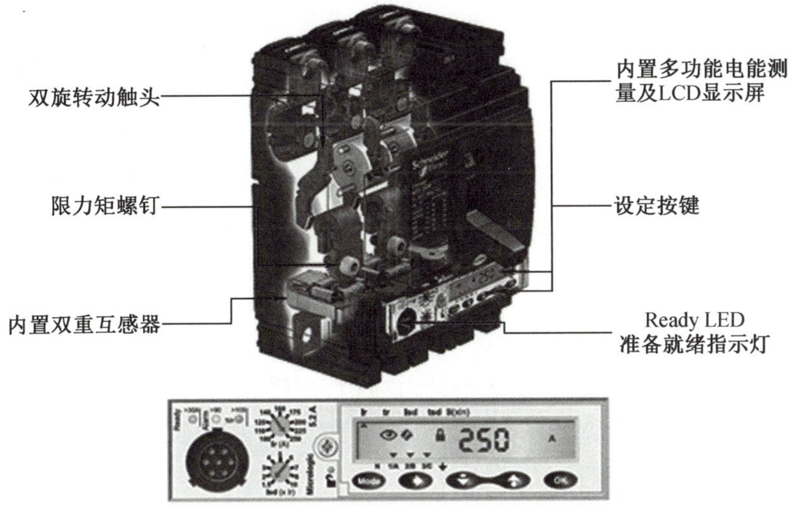

图 3.3.6　施耐德 NSX 系列塑壳式断路器结构

★锁扣装置

在紧急情况下，尽管电器可能受到一些损伤，但也要强迫供电，而不希望开关动作。这时可将锁扣装置放在“扣”的位置，将脱扣器锁住。

(3)断路器的基本参数

★额定电压

①额定工作电压是指与通断能力和短路性能类别相关的电压值。通断能力是指通断电流的能力；短路性能类别是指承受短路的能力，也就是说，断路器的工作电压与它所通、断电路可能出现的电流大小有关。我们看到有的开关和断路器标有几个额定电压和对应的电流值，电压越低承受的电流越大，要注意这两个值是相关的而不是独立的。

②额定绝缘电压是指断路器最高额定工作电压。例如，用于 400 V 系统的断路器上的标称电压有标 500 V 的也有标 600 V 的，这就是额定绝缘电压。

★额定电流

额定电流是在规定的基准周围空气温度(30 ℃)下，断路器脱扣器能连续承载的最大工作电流值不会超过电流承受部件规定的温度限值。断路器的“额定电流”即“脱扣器的整定电流”。

例如,施耐德 NSX 系列的塑壳式断路器,脱扣器整定电流有 16 A、25 A、32 A、40 A、50 A、63 A、80 A、100 A,其壳架电流为 100 A。

★壳架等级电流

断路器在相同尺寸的框架或者塑壳下,能够安装不同整定电流的脱扣器,这一组脱扣器整定电流的最大值就是该尺寸断路器的“壳架等级电流”。在相同的壳架等级中,断路器的宽度与极数有关。壳架等级电流即为断路器框架所能承受的最大电流,不同的壳架其“额定极限短路分断能力”“额定运行短路分断能力”“额定短时耐受电流”都不一样。

例如,施耐德 NSX 系列塑壳式断路器,按其塑料外壳的壳架等级不同,有 100 A、250 A、400 A、630 A、800 A 等的壳架电流。

在相同尺寸的框架或者塑壳的断路器装置中,可以安装不同整定电流的脱扣器,脱扣器的整定电流即为断路器的“额定电流”,或者称之为断路器脱扣器的额定电流;最大的脱扣器额定电流即为断路器的“壳架电流”。

一个系列的断路器有多种壳架电流,一种壳架电流的断路器能安装一组不同整定电流的脱扣器。

★额定频率

额定频率是断路器在使用电路中的电源频率,断路器是按这个频率设计的,断路器的其他特性值也与此频率相适应。目前国际上的商船电源频率只有 50 Hz 和 60 Hz,大多数断路器的设计对两种频率可以兼用。

★额定短路接通能力

额定短路接通能力是指在额定工作电压、额定频率和所规定的功率因数(或时间常数)下,断路器能够接通电路中流过的最大短路电流值,用最大预期峰值电流表示。在外电路短路的情况下接通断路器,在断路器的触头上就有可能流过最大预期峰值电流,如果大于断路器的电流,断路器就可能损坏。

★额定短路分断能力

额定短路分断能力是指在额定工作电压、额定频率和特定的功率因数下,断路器预期能切断的最大短路电流值。用预期分断电流值表示,它指的是交流周期分量有效值。

(4)断路器的选择方法

选择断路器与选择一般低压电器一样,首先应按其额定工作条件(即额定电压和额定电流)来选择,但因断路器还有切断短路电流的作用,故在选择断路器时,必须保证断路器能够切断和接通的最大短路电流大于其安装处电路可能出现的最大短路电流。

★按正常工作条件选择

按电器选择的基本原则,首先要按正常工作条件先选择一款断路器的额定电流和额定电压。

额定电压选择与断路器所在电路的额定电压相同即可。额定电流(脱扣器整定电流)选择与断路器所在电路正常工作电流相同或稍大一点的。

★按短路情形校验

断路器的主要功能是切断和接通电流,在选择时必须保证断路器能够接通和切断的最大电流大于其安装处可能出现的最大短路电流。因此,为了保证断路器在故障条件下不损坏并发挥作用,在断路器选择中需要按照短路情形校验、选择断路器的短路接通能力和短路分断能力。

①断路器的额定分断能力表示断路器将预期切断的短路电流值，额定短路分断能力(或电流)必须大于其工作电路短路后 1/2 周期时刻的对称交流短路电流的有效值：

$$I_{cn} \leqslant I_{ac} \tag{3.18}$$

式中　I_{cn}——断路器的额定分断能力(电流)；

I_{ac}——断路器安装处发生短路后 1/2 周期时刻的对称短路电流的有效值。

断路器的额定切断电流与额定电压、额定频率、短路功率因数等参数有关。一般来说，断路器所在电路的电压越高，电路切断越困难。断路器的额定切断电流都是指在 50 Hz 和 60 Hz 两个频率下实现的，如果在其他频率的电路中使用，必须与制造厂协商解决。

式(3.18)中，I_{ac} 仅为短路电流交流分量的有效值，但断路器实际的切断电流还包含直流分量，短路功率因数越小，其直流分量衰减时间常数越大，则短路后第 1/2 个周期时刻短路电流的直流分量越大，直流分量的影响越大。因此，当实际短路功率因数大于断路器产品标称值时，其额定切断电流可以得到保证，而功率因数小于产品标称值的电路则不能得到保证。这时需要进行相应的折算，才能判断其是否满足切断电流的要求。断路器实际切断短路电流值可按下式折算：

$$I_{cn} = \frac{n'}{n} I_{cn}' \tag{3.19}$$

式中　I_{cn}'——断路器额定分断能力(电流)，由断路器样本查询；

n'——断路器额定峰值系数，为断路器额定接通能力与额定分段能力的比值；

n——实际短路点的峰值系数，可根据短路计算结果 $\cos\ \varphi_k$，查图 3.3.7 得到。

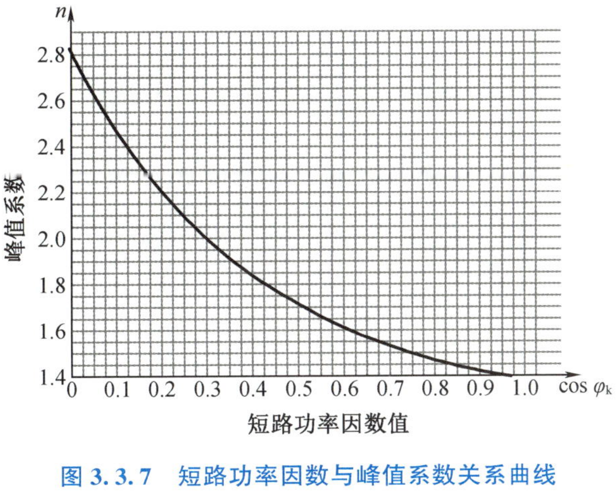

图 3.3.7　短路功率因数与峰值系数关系曲线

例如，施耐德 NSX100F 断路器的短路分断能力为 36 kA、短路接通能力为 76 kA，那么断路器的额定峰值系数 $n'=76/36=2.11$；若按照短路计算结果，断路器安装处短路功率因数值 $\cos\ \varphi_k=0.158$，可查曲线得到实际峰值系数 $n=2.30$；那么断路器在实际电路中的短路分断能力按公式计算为 33.04 kA，比断路器的额定分断电流要小。所以，当实际峰值系数 n 大于断路器额定峰值系数 n' 时就需要对断路器的额定切断电流进行修正。

②断路器的额定短路接通能力(或电流)指的是在额定参数下和实验电路中，按照标准动作和条件，能够接通电流的最大值。若断路器接通能力不够，合闸时动静触头之间的电磁

反作用力会使断路器不能接通，同时，回跳产生电弧使触头熔化，导致触头损伤。在交流电路中，合闸反作用力大小是由短路电流非对称最大峰值决定的。因此，选择断路器的额定接通电流，必须要大于其安装点的最大非对称短路电流峰值。

$$I_{cm} \leqslant i_P \tag{3.20}$$

式中 I_{cm}——断路器的额定接通能力(电流)；

i_P——断路器安装处发生短路时的最大非对称短路电流峰值。

4. 汇流排的选择

汇流排(母线)是配电装置中重要的组成元件，是负责将电能进行传递和分配的载体，是电流流通的导体。选择汇流排一般从两个方面进行，即汇流排材料和汇流排的截面积规格。

(1)材料选择

中国船级社的《钢质海船入级规范》规定"汇流排应由导电用电解铜或铜包覆的铝合金制成"。由于铜的导电性能要优于铝质材料，所以，船舶配电装置中的汇流排一般采用铜质材料。

(2)截面积选择

按电器选择的基本原则，汇流排的截面积的选择也分为两个步骤：先按照正常工作条件选择，按照汇流排的允许温升，即汇流排的安全载流量选择截面积；再按照短路情形校验，即校验短路时汇流排的动稳定性是否满足要求。

(3)按安全载流量选择汇流排的截面积

电流流过导体中会产生热效应，而导体发热温度过高会造成导体的损坏。所以当汇流排长期通过正常的工作电流时，汇流排的发热温度不应超过其容许值，即

$$I_M \leqslant I_{saf} \tag{3.21}$$

式中 I_M——母线长期通过的最大负荷电流；

I_{saf}——母线安全载流量，即达到最大允许温升的电流。

各种标准截面积的汇流排安全载流量可根据产品手册查阅，见表3.3.1。

表3.3.1 铜汇流排安全载流量(环境温度45 ℃，允许温升45 ℃)　　单位：A

宽 h/mm	厚 b/mm										
	1	2	3	4	5	6	8	10	12	15	20
10	61	118	150	179	207	233					
15	118	171	214	255	290	326	394	456			
20	157	225	281	331	377	419	500	575	646		
25	194	278	348	407	462	513	610	696	783	931	
30	232	332	413	482	544	603	714	814	931	1 030	1 248
40	307	439	541	632	714	786	923	1 048	1 170	1 324	1 580
50	382	548	674	780	875	956	1 125	1 273	1 409	1 590	1 890
60	440	629	776	867	991	1 083	1 273	1 429	1 561	1 771	2 082
80	578	820	1 003	1 162	1 293	1 410	1 630	1 824	1 970	2 198	2 510
100	724	1 020	1 248	1 440	1 590	1 734	2 060	2 230	2 416	2 670	3 140

注意,表 3.3.1 中数据均是按周围环境温度 45 ℃和允许温升 45 ℃的条件得出的。如果周围空气温度不是 45 ℃时,母线的安全载流量应按式(3.14)予以修正,汇流排的最高允许温度 t_1 一般取 90 ℃。

此外,如图 3.3.8 所示,选择汇流排截面积规格时,必须要考虑选择合适的宽度 h 和厚度 b,以保证汇流排有一定的机械强度及便于汇流排的制造和安装。通常,汇流排的宽度 h 最小不能小于 15 mm,最大不宜超过 100 mm;厚度 b 最小不能小于 2 mm,最大不宜超过 8 mm。

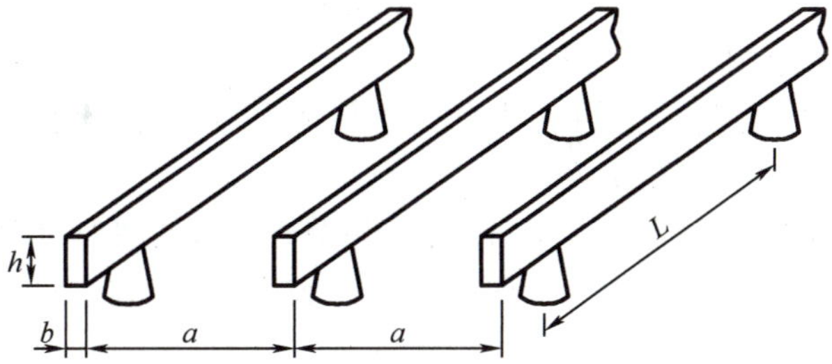

图 3.3.8　汇流排(母线)

如果一根汇流排的载流量不够,可采用几根叠成,叠成时相邻汇流排之间的间隔以 6~8 mm 为宜,这种形式称为分裂汇流排。但是,由于每相母线铜排数目的增加,其冷却条件比只有一根铜排差,故安全载流量不是与根数成正比而是有所减小的。安全载流量应乘以小的系数(称重叠系数),见 3.3.2。

表 3.3.2　汇流排安全载流量的重叠系数

汇流排数/根		2	3	4	5
直流		1.8	2.6	3.4	
交流 (h×b) /(mm×mm)	50×5		2.45	3.15	1.73
	60×6	1.73	2.4	3.02	
	60×8	1.67	2.30	2.90	
	60×10	1.65	2.22	2.72	
	80×6	1.70	2.32	2.96	
交流 (h×b) /(mm×mm)	80×8	1.65	2.25	2.75	
	80×10	1.60	2.10	2.60	
	100×6	1.66	2.30	2.85	
	100×8	1.61	2.15	2.70	
	100×10	1.58	2.05	2.50	

对于交流三相四线系统的中性线汇流排的截面积,其应不小于相应相汇流排截面积的 50%。

(4)按短路情形校验动稳定性

动稳定性校验就是考察短路产生的电动力是否对设备产生损坏,我们是用最大非对称短路电流峰值来衡量的。

当外电路发生短路时,汇流排中将流过短路电流,汇流排受到的作用力为

$$F=\sqrt{3}K_{\varphi}i_{max}^{2}\frac{l}{a}\times10^{-7}(\text{N}) \tag{3.22}$$

式中 K_{φ}——与导线截面形状和相互位置有关的形状系数,取0.95~1;

i_{max}——最大非对称短路电流峰值,A;

l——导线的相邻两支撑点间距,即跨距,mm;

a——两导体轴线间的距离,mm。

根据式(3.22)可知,短路产生的电动力大小与汇流排的相邻两支撑点间距、汇流排间的轴线间距及短路电流大小直接相关。

电动力可能使汇流排弯曲或使支架折断,因此需要对母线进行动稳定校验,用此力来校验汇流排所承受的弯曲应力是否超过该导电材料的容许应力,满足动稳定条件是

$$\sigma_{max}\leqslant[\sigma] \tag{3.23}$$

式中 σ_{max}——计算出来的汇流排最大弯曲应力,MPa;

$[\sigma]$——汇流排的容许弯曲应力,MPa。铜制汇流排为140 MPa;铝制汇流排为70 MPa。

在汇流排最大弯曲应力的计算中,特别要注意汇流排的放置方式,当交流电站主配电板母线跨距大于2个、直立安装时(图3.3.8),最大弯曲应力计算公式为

$$\sigma_{max}=\frac{6}{b^{2}h}\times\frac{l}{10}\times\sqrt{3}K_{\varphi}i_{max}^{2}\frac{l}{a}\times10^{-7}=1.04K_{\varphi}i_{max}^{2}\frac{l^{2}}{ab^{2}h}\times10^{-7}(\text{MPa}) \tag{3.24}$$

式中 b——母线截面的厚度,mm;

h——截面的宽度,mm。

当交流电站主配电板母线跨距大于2个、水平安装时(图3.3.9),最大弯曲应力计算公式为

$$\sigma_{max}=\frac{6}{bh^{2}}\times\frac{l}{10}\times\sqrt{3}K_{\varphi}i_{max}^{2}\frac{l}{a}\times10^{-7}=1.04K_{\varphi}i_{max}^{2}\frac{l^{2}}{abh^{2}}\times10^{-7}(\text{MPa}) \tag{3.25}$$

式中 b——母线截面的厚度,mm;

h——截面的宽度,mm。

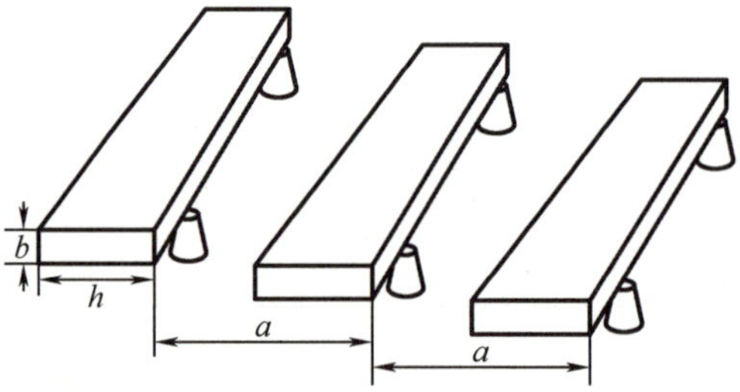

图3.3.9 汇流排水平放置

由上述公式可知，当计算结果不能满足 $\sigma_{max} \leqslant [\sigma]$ 时，可采取减小跨距 l、增大母线距离 a、增大母线截面的方法减小计算的最大弯曲应力，然后再进行校核。在船舶电站的建造中，在不改变汇流排截面的条件下，增大汇流排的间距和减小母线支撑点的跨距都可以有效地降低汇流排的最大弯曲应力。

因此，汇流排安装的排列间距和支撑点跨距对保证电力系统的安全至关重要。

5. 测量电器的选择

测量电器是测量电力系统参数的各种互感器和测量仪器、仪表的总称。测量电器用于配电装置的监控系统中，测量电力系统运行的参数，如电流表、电压表、频率表、功率表、兆欧表及绝缘监测仪等仪表及互感器等，要求其工作精度、灵敏度高。

(1)精度

精度表征的是仪器仪表满量程的误差大小，精度通常表示为

$$精度=\frac{误差值}{满量程值}$$

精度通常以等级形式表示，精度等级由高到低通常有 0.5 级、1.0 级、1.5 级、2.0 级等。例如某量程为 10 A、精度为 1.0 级的电流表，表示其满量程误差为±1%，即测量 10 A 电流时，电流表显示值为 9.9~10.1 A。

(2)认识互感器

互感器是按一定的比例和精度变化电压或电流大小的变换器。变换电压的叫电压互感器，变换电流的叫电流互感器。互感器外形及内部结构如图 3.3.10 所示。

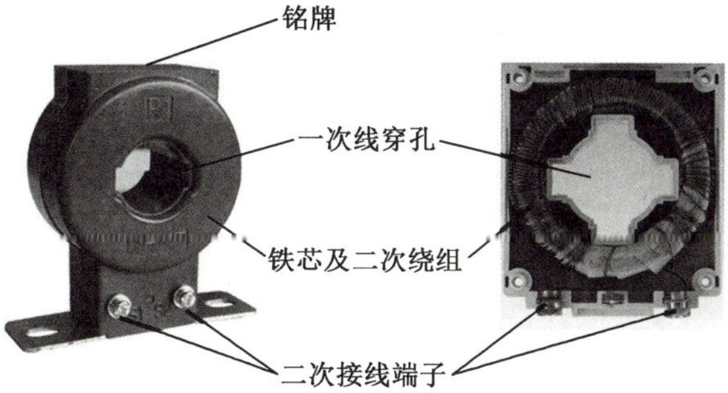

图 3.3.10　互感器外形及内部结构

★互感器的作用

①电压互感器副边额定电压为 100 V(或 50 V)、电流互感器副边额定电流为 5 A(或 1 A)。测量仪表，继电保护及自动装置都接在互感器的副边，只要改变互感器的变比，同一块电压表或电流表便可以测量任意数值的高电压或大电流了。采用互感器后不仅使测量仪表消耗的功率大幅减小，而且有利于仪表、继电保护和自动装置生产的标准化。

②用来使仪表、继电保护和自动装置通过互感器与原边的高电压和大电流隔离，可避免主电路的高压直接引入仪表、继电器的电路中，又可避免仪表、继电器的故障影响主电路，提高了主电路和控制、测量及保护电路工作的安全性和可靠性，从而也保证了操作人员的人身安全。

③通过互感器不同形式的连接，可以获得我们所需要的继电保护和自动装置所需的任意相电流或电压的组合。

★电流互感器

电流互感器是一个升压变压器,其一次线圈匝数很少(有些由通电导体构成的回路为一次线圈,直接穿过铁芯,匝数为 1),导线相当粗;二次线圈匝数较多,导线较细。

电流互感器的工作原理如图 3.3.11 所示,工作时,一次线圈串联在供配电系统的一次回路中,而二次线圈则与仪表或继电器等的电流线圈串联起来形成一个闭合回路。因为这些电流线圈的阻抗很小,所以电流互感器工作时二次回路接近短路状态。

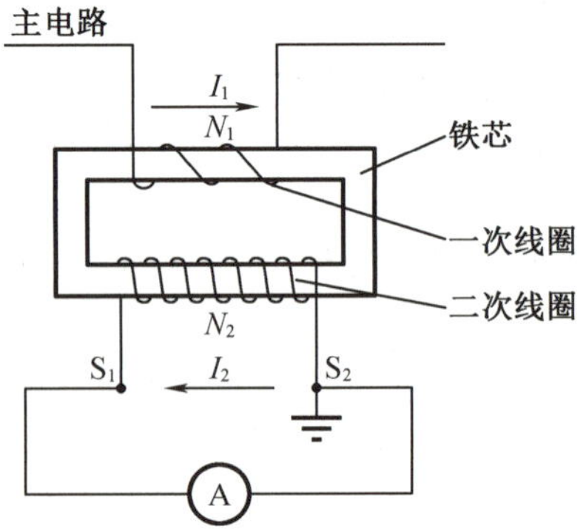

图 3.3.11 电流互感器的工作原理图

电流互感器运行时,其磁动势平衡关系为

$$I_1N_1=I_2N_2+I_0N_1 \tag{3.26}$$

由于一次电流 I_1 产生的磁动势 I_1N_1 绝大部分与二次电流 I_2 产生的磁动势 I_2N_2 相抵消,铁芯中的磁通量很小,由此产生的激磁电流 I_0 很小,同时原边匝数 N_1 也很小,因此可忽略 I_0N_1,则有

$$I_1N_1=I_2N_2I_2=\frac{N_1}{N_2}I_1=\frac{1}{K_i}I_1 \tag{3.27}$$

式中 I_1、I_2——电流互感器一次、二次电流;

N_1、N_2——电流互感器一次、二次线圈匝数;

K_i——变流比(变比);

I_0——激磁电流(只有一次电流的百分之几)。

使用电流互感器应注意以下事项:

①电流互感器的二次侧在工作时不得开路。

因为电流互感器在正常工作时,二次侧负荷很小,接近短路状态。根据式(3.26)可知,当二次侧开路时,$I_2=0$,$I_2N_2=0$。因此 $I_1N_1=I_0N_1$,即 $I_1=I_0$。此时,一次电流 I_1 不变,激磁电流 I_0 就要被迫突然增大几十倍,即激磁磁势 I_0N_1 突然增大几十倍,会在铁芯中产生巨大的磁通。铁芯由于磁通剧增而过热,并产生剩磁,降低准确度。同时,铁芯中的大磁通会在二次线圈中感应危险的高电势,危及人身和设备的安全。

因此,电流互感器二次侧工作时绝对不允许开路。安装时,二次侧接线一定要可靠连接、形成良好的电气通路,且不允许设置熔断器保护。

②电流互感器的二次侧有一端必须接地。

这样做的目的是防止其一、二次线圈绝缘击穿时,一次侧的高压窜入二次侧,危及人身和设备安全。

③电流互感器在连接时,要注意一、二次线圈端子上的极性。二次线圈电流为感应电势

产生的电流，二次线圈中的电流方向与一次线圈电流方向相反。

④为了保证精度，副边所接负载不应超出其额定容量。

⑤电流互感器应按一次电流、二次电流（一般为 5 A）和精度级别等条件选择使用。

⑥二次负载的阻抗值不能过大。在被测电流一定时，二次电流也一定，如果二次负载的阻抗值过大，则负载上的电压过大，二次负载的容量过大，会使电流互感器的测量精度下降。

★电压互感器

电压互感器是一个降压变压器，其一次线圈匝数很多（与电流互感器相反），而二次线圈匝数很少。工作时，一次线圈并联在供电系统的一次电路中，而二次线圈并联仪表、继电器的电压线圈。因为这些电压线圈的阻抗很大，所以电压互感器工作时二次线圈接近于空载状态。电压互感器的工作原理如图 3.3.12 所示。

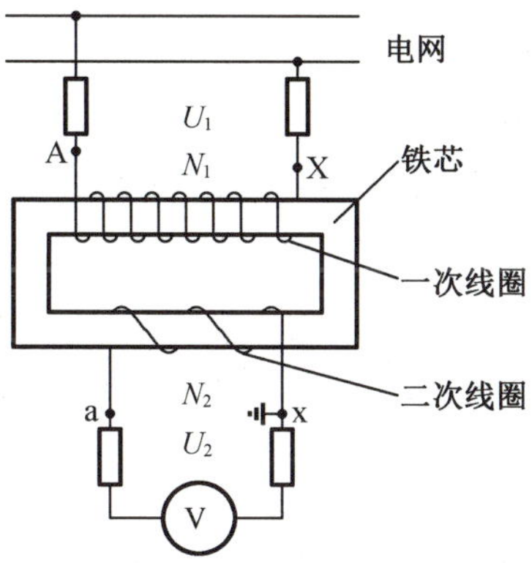

图 3.3.12 电压互感器的工作原理图

若忽略漏阻抗电压降的影响，电压互感器的一次电压 U_1 与其二次电压 U_2 间存在着下列关系：

$$\frac{U_1}{U_2}=\frac{N_1}{N_2}=K \tag{3.28}$$

式中 U_1、U_2——电压互感器一次、二次电压；

N_1、N_2——电压互感器一次、二次线圈匝数；

K——变压比。

使用电压互感器应注意以下事项。

①电压互感器的二次侧在工作时不得短路。短路时将产生很大的短路电流，可能烧坏互感器。为此，电压互感器的二次侧须装设熔断器进行短路保护。

②电压互感器的二次侧有一端必须接地。这也是为了防止一、二次线圈绝缘击穿时，一次侧高压穿入二次侧，危及人身和设备的安全。

③电压互感器在连接时，也要注意其一、二次线圈接线端子的极性。国标规定单相电压互感器的一次线圈端子标以 A、X，二次线圈端子标以 a、x，A 与 a 为同极性端（同名端），X 与 x 也为同极性端。

④接在电压互感器副边的负载功率不应超过其额定容量。

⑤电压互感器应按一次电压、二次电压（通常为 100 V）和精度级别等条件进行选择。

⑥二次负载的阻抗值不能过小。在被测电压和二次电压均一定时，如果二次负载的阻抗值过小，则负载上的电流过小，二次负载的容量过大，会使电压互感器的测量精度下降。

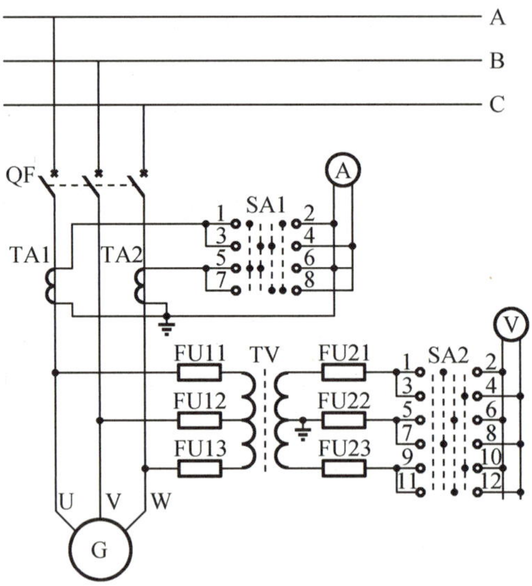

图 3.3.13　测量电路中互感器接线图

(3)互感器的选择

★选变比

根据主电路的电压、电流值和测量回路的额定值,选择电流互感器的变流比和电压互感器的变压比。

★选容量

针对电压互感器,要求其一次额定电压不小于电网额定电压、二次额定电压按所接的测量仪表的额定电压选择(100 V 或 50 V);而电流互感器就需要按一次侧电网正常工作电流和二次侧所接仪表的额定电流选择变比,并按二次侧所接仪表和负载的大小选择精度和容量。额定容量不小于二次侧所接负荷的总容量。

★选精度

互感器精度不小于所接测量仪表及继电保护装置的精度,一般互感器的精度应不低于1.0级。

(4)测量仪表的选择

测量仪表的选择应根据配电原理图按仪表的用途和安装条件及相应的规范进行配备。中国船级社的《钢质海船入级规范》规定:

★精度要求

船用测量仪表的精度等级应根据仪表的作用选择,但应不低于 1.5 级。

★量程要求

电压表的上量限应约为线路额定电压的 120%;

电流表的上量限应约为该线路中额定电流的 130%;

功率表的上量限应约为线路额定功率的 120%,供并联运行的直流发电机用电流表和供并联运行交流发电机用功率表,应能分别指示出 15%的逆电流或逆功率;

频率表应具有±10%额定频率的刻度。

★刻度要求

在电压表、电流表及功率表等仪表刻度盘上应有一个表示其额定值的明显标志。

任务实施

步骤一:选择断路器

根据任务3.2完成的短路电流计算书,按断路器选择方法选择主配电板、分电箱等配电装置中典型断路器的型号,并填写完成表3.3.3。

表3.3.3　配电装置典型断路器选型

序号	装置名称	短路计算结果				选用的断路器参数					备注(是否需要折算)
		短路点	对称短路电流 I_{ac} /kA	非对称短路电流 i_P /kA	短路功率因数 $\cos\varphi_k$	断路器型号	额定电压/V	额定电流/A	短路分断能力/kA	短路接通能力/kA	
1											
2											
3											
4											
5											
6											
7											
8											
9											
10											

步骤二:选择主配电板汇流排

为案例船主配电板380 V主汇流排选择合适的材质和截面积参数。

(1)汇流排材质选择__________________________________。

(2)选择汇流排截面积

★计算汇流排正常工作电流。

____

____

____

★根据实际工作环境温度考虑是否需要修正汇流排载流量。是(　)/否(　)

____

____

____

★参照汇流排载流量表(表3.3.1),结合修正系数、强度要求、制造安装难度等因素,初步选择汇流排截面积规格。

____

____

____

★按短路情形,进行动稳定性校验,校验短路时的汇流排最大弯曲应力是否超过材料的容许应力。

____

____

____

最终选择的汇流排截面积为______________________________________。

步骤三:选择互感器

任选主配电板某功能屏的测量仪表互感器为对象,对其型号和主要参数进行选择。互感器类型:电流互感器(　　)/电压互感器(　　)

(1)选变比

原边测量参数额定值:______;副边参数标准值:______;变比:________。

(2)选容量

副边所接负载的总容量:________;考虑裕量后互感器容量:________。

(3)选精度

副边所接仪表精度:________;“规范”要求互感器精度不小于________;

互感器精度:________。

步骤四:选择测量仪表

选取主配电板发电机控制屏为对象,对其安装的测量仪表参数进行选择,填写表3.3.4。

表3.3.4　测量仪表参数选择

序号	仪表名称	精度	量程	刻度选择

任务评价

任务完成情况评价标准及评分见表3.3.5,任务总结反思见表3.3.6。

表 3.3.5　任务评价表

评价类型	赋分	评价指标	分值	得分		
				自评	组评	师评
职业能力	50	认识常见电器，了解其结构和原理	5			
		断路器选型满足用电需求、符合安全规范	20			
		汇流排选型满足用电需求、符合安全规范	15			
		认识测量仪器，参数选择正确	10			
职业素养	30	选型符合规范、多款对比精益求精	10			
		协作互助、解决问题	10			
		持续改进、优化能力	10			
劳动素养	10	坚持出勤、遵守纪律	5			
		报告完整、工位整洁	5			
思政素养	10	“小电器、大安全”意识	5			
		“安全、规范”的工程意识	5			

表 3.3.6　总结反思

目标达成：　知识☆☆☆☆☆　技能☆☆☆☆☆　素养☆☆☆☆☆	
学习收获：	教师寄语：
问题反思：	

课后任务

1. 问答与讨论

（1）复述船舶配电装置常用电器选择的基本原则。

（2）讨论电流互感器在工作时副边为何不允许开路。

2. 巩固与提高

讨论解决问题：某断路器铭牌上额定切断电流数值模糊不清，额定接通电流为 17 kA，已知其安装点处短路功率因数为 0.2，经过查表可知其实际峰值系数为 2.2，那么此断路器在其安装点处的实际切断电流为多少？

任务 3.4 识读与编制《主配电板单线图》

任务引入

在船舶电力系统的全生命周期管理中，主配电板单线图如同不可或缺的“电力地图”，精准呈现各电气设备连接关系与电能流向，是船舶配电装置设计、安装、调试及维护的核心技术资料。

作为船舶电力系统的核心枢纽，主配电板承担着电能分配、控制与保护的重任。其单线图绘制的精准度，直接关乎船舶电力系统的安全稳定运行。无论是新船建造时的设备调试，还是日常航行中的故障检修，清晰准确的《主配电板单线图》都能为技术人员提供可靠指引，有效规避因线路认知模糊引发的操作风险。

本任务将采用理论讲解与实操训练相结合的方式，带领读者系统学习《主配电板单线图》的绘制规范、符号含义及编制流程。通过剖析典型案例，帮助大家掌握从原始资料分析到成图的全流程技能，深入理解单线图蕴含的电力分配逻辑与安全防护策略，为后续从事船舶电力相关工作筑牢专业根基。

任务描述

(1)识读《主配电板单线图》样图，整理案例船关键信息；

(2)独立完成案例船《主配电板单线图》的绘制，确保图纸规范、准确。

学习目标

知识目标：

(1)掌握《主配电板单线图》的功能定位与基本组成架构，明确其在船舶电力系统中的核心作用；

(2)理解并熟练运用单线图识读方法，精准解析电气符号、线路连接及设备配置信息；

(3)熟悉《主配电板单线图》绘制规范、流程及要点，掌握发电机、负载屏等关键模块的图示表达。

技能目标：

(1)具备独立识读《主配电板单线图》样图的能力，准确提取电力系统运行逻辑信息；

(2)能根据绘制标准和案例样图，独立完成案例船《主配电板单线图》的绘制，确保图纸规范、准确。

育人目标:

(1)强化工程严谨性与责任意识,在单线图绘制中坚持精益求精,保障船舶电力设计的安全性与可靠性;

(2)培养系统思维与全局观念,从单线图构建中深化对船舶电力系统整体性的认知。

知识准备

1.《主配电板单线图》的作用及组成

(1)作用

船舶《主配电板单线图》是船舶电力系统的核心图纸之一,其核心功能包括:

——系统可视化。通过单线形式(代表三相)直观呈现电力从发电机到负载的路径,包括电源、母线、开关设备及保护装置的连接关系,便于快速理解系统架构。

——指导主配电板生产、整定调试及安装。指导主配电板生产商设计和制造主配电板装置,并按图纸要求对发电机组主开关等参数进行整定调试,为船厂安装主配电板提供参考。

——为维护和故障检修提供操作参考。指导船员对船舶电力系统开展日常操作(如发电机并联运行、负载切换等)、应急程序操作(如切换至应急电源等)、故障诊断和检修操作等。

(2)组成

图纸主要由封面、说明、材料设备明细表、单线图等组成。

封面:包含船舶名称、项目号、设计阶段、图号、设绘人员签名等信息。

说明:对主配电板通用性问题进行说明,包括主配电板的组成功能屏数量、主配电板结构形式及外形尺寸、铭牌材质及字体颜色、测量仪表选用要求、连锁设置要求、发电机主开关保护设置及整定参数等。

材料设备明细表:统计和展示主配电板单线图中代号对应的设备名称、数量、型号及规格等信息。

单线图:以单线的形式表示各功能屏内部结构和外部连接关系,以及各功能屏之间的连接关系等。

2.《主配电板单线图》识读方法

(1)读图纸基本信息

读“封面”了解项目名称、图纸编号及设计阶段,读“说明”了解图纸的通用说明等基本情况。

(2)读单线图

★识读功能屏设置情况及布置:获取主配电板设置功能屏的种类及数量信息;获取各功能屏排列及分布顺序信息。

★识读主接线:了解汇流排分为哪几段;获取每段汇流排的电压等参数。

★识读发电机控制屏、同步屏:了解各屏设置的测量仪表类型及数量;设置指示灯、按钮的用途及数量;设置控制器的类型、用途及数量;了解外部连接关系等。

★识读负载屏、组合启动屏:了解各屏设置的测量仪表类型及数量;设置指示灯、按钮的用途及数量;设置馈电线路的数量及负载名称;了解各馈电线路断路器的设置情况(如脱扣器额定电流、壳架电流、附加功能)等。

在识读“材料设备明细表”全过程中进行对照,同时为船舶电气系统设备采购提供参考。

3.《主配电板单线图》绘制方法

(1)绘制依据

设计任务书或技术规格书;电气说明书;电力负荷计算书;电力负载明细表及技术资料等。

(2)主要工作内容

规划主配电板功能屏设置种类及数量;规划主配电板结构形式和布置;确定主发电机励磁方式和并车方式;选择各功能屏测量和监视仪表的种类及数量;馈电线路断路器的选择和参数整定;汇流排材料和规格选择等。

(3)绘制原则

——一般按屏绘制,每台发电机均采用独立的控制屏。所以,应根据发电机台数和容量确定发电机屏的数量并选定发电机保护开关;再根据配电系统用电设备的负载多少和性质,确定配电屏的数量。

——根据系统短路电流计算结果,选定发电机保护开关和配电用保护开关的短路容量(包括分断容量和接通容量),确定发电机保护装置和配电用保护装置的整定值。

——应按有关标准规定的图形符号和文字代号绘制原理图。图中应有设备明细表,标明各电气元件的名称、型号、规格和数量等。

——保护设计应满足相关法规和规范的有关要求。

4.《主配电板单线图》绘制要点

(1)发电机控制屏绘制要点

——发电机控制屏主要包括发电机励磁控制、发电机并车控制、测量仪表、保护装置、连锁、报警以及指示回路等。

——各发电机控制屏应设有指示发电机开关(如断路器)接通与切断的指示灯。

——各直流发电机控制屏上应设有能单独对其电压进行调节的手动调压器。该调压器在发电机所允许的工作温度范围内,以及负载自空载至满载之间的任何负载下,电压在额定值的80%~105%范围内。电压调整精度应为:对于额定输出超过100 kW的发电机,为额定电压的0.5%以内;对于额定输出不超过100 kW的发电机,为额定电压的1%以内。

手动调压器的电路一般应能分断,并应有防止分断时产生过电压的措施。只有能将空载电压调低至接近剩磁电压,调压器才允许不分断。

——直流发电机的均压连接线的截面,不得小于自发电机到主配电板之间负极连接线截面的50%。

——各直流发电机控制屏上应设有发电机充磁设备。

——在需并联运行的交流发电机控制屏上,应设有对原动机转速进行遥控调节的设施,其调速范围应保证10%。

——如果发电机设有空间加热器,则其加热器开关应设在发电机控制屏上,并与发电机供电开关连锁,以保证只有当发电机停止运行时才能接通。在发电机控制屏上还应设置空间加热器运行指示灯。

——主发电机供电与岸电供电之间必须有连锁,以避免同时供电。该连锁方式可以采用以岸电为主、以发电机为主或以供电方为主的不同线路。

——发电机控制屏上必须装设的测量仪表见表 3.4.1。

表 3.4.1 发电机控制屏上必须装设的测量仪表

发电机种类	运行状态	仪表种类	数量
直流	单机运行	电流表	各发电机 1 个(接于正极)
		电压表	各发电机 1 个
	并联运行	电流表	各发电机 1 个(接于正极)
		电压表	2 个(一个测量汇流排电压,另一个能测量各发电机电压)
交流	单机运行	电流表	各发电机 1 个(能分别测量各相/线电流)
		电压表	各发电机 1 个(能分别测量各相/线电压)
		功率表	各发电机 1 个(容量小于 50 kW 者除外)
		频率表	各发电机 1 个
		励磁电流表①	各发电机 1 个
	并联运行	电流表	各发电机 1 个(能分别测量各相/线电流)
		电压表	2 个(一个分别测量各发电机各相/线电压,另一个测量汇流排电压)
		功率表	各发电机 1 个
		频率表	2 个(一个测量汇流排频率,另一个能测量各发电机频率)
		整步表	各发电机共用 1 个
		励磁电流表①	各发电机 1 个

①只在必要时设置。

(2)负载屏绘制要点

——通常重要设备和大功率负载都由配电屏设独立的供电回路。

——对于独立供电回路用电设备侧已设有过载保护(如电动机),一般配电屏上供电开关可仅设置短路保护。

——负载屏上应设有连续监测绝缘电阻,并在绝缘电阻异常低时发出声光信号的绝缘电阻监测报警器,该绝缘电阻监测报警器应能分别监测不同电压等级的电网绝缘。

——负载屏上通常装有电流表,以测量馈电电路的负载电流。三相交流系统一般只测量一相电流。测量点超过一路时,尚需装设转换开关,每一电流表的测量点一般不超过 6 点。

——照明负载常集中在一屏上,以便于接线和操作。在交流电制中,通常采用照明和电力变压器给照明负载和低于主发电机电压等级的负载供电。变压器开关也装于该负载屏上。此外,应装设电压表及其转换开关,以测量照明和电力变压器次级的各相(线)电压;装设电流表及其转换开关,以测量照明及电力变压器次级的三相负载电流。

——当采用两台互为备用的电力或照明变压器时,应设置自动转换功能。

——负载屏各用电设备的供电开关电路的相对位置尽量与布置图的相对位置一致。通常,大容量开关放在下边,小容量开关放在上边,并尽量使容量相同的开关在同一列,以利于汇流排的布置和接线。

——除了自动化电站要求有关用电设备要设置欠电压释放保护，以及特殊用电设备（如需遥控切断的风机）的开关需带分磁脱扣或失压脱扣外，配电用开关一般只有过载和/或短路保护。

——在主配电板上应设置指示器，以指示应急电源或临时应急电源的蓄电池正在供电。

（3）主配电板各屏的排列要点

——除了配电板屏数较少时（如小型船舶）可将发电机控制屏放在一侧外，通常应将发电机控制屏布置在中央，两侧布置配电屏。

——发电机控制屏的排列顺序应与发电机的序号一致，以便于操作和管理。

——配电屏的负载可采用下述分法：

①按系统，如把机舱辅机排在一边，甲板机械和冷藏空调排在另一边。

②按主机，如将左主机的辅机排在一边，右主机的辅机排在另一边。

③按主用和备用，如主用辅机排在一边，备用辅机排在另一边。

④按分区供电，如一台发电机给一边的负载供电，而另一台发电机给另一边的负载供电，但要考虑两台发电机负载的均分。

（4）主配电板布置图设计绘制要点

——布置上要考虑安装和操作方便，同时还要考虑到设备的调整和维修方面的要求。

——互为备用的两套设备的配电开关应尽量远离，通常分别布置在不同分段的两侧配电屏上。

——两路供电设备的电源开关，通常分别布置在不同分段的两侧配电屏上。

——用途和性质相同的负载，尽量靠近布置。容量相同的开关，尽量靠近布置。用同一电流表测量负载电流的负载，尽量布置在同一屏上。要求应急切断的用电设备（如风机和油泵等），尽量布置在同一屏上。

——指示仪表应布置在面板易见位置，其高度应保证不产生视觉误差。通常布置在上面板上。

——控制按钮和转换开关等应布置在易于操作的位置。通常布置在其控制的指示测量仪表及指示灯的下方，以免操作时影响观察测量仪表和指示信号。

——主配电板上部，通常设置眉灯照明，以利于操作和管理；如果主配电板设置在集控室内，也可以不设眉灯照明。

——通常可将为主机服务的重要负载的启动器以组合启动器形式，分别布置在主配电板不同分段两侧。

（5）主配电板外形尺寸的确定要点

——主配电板的外形尺寸取决于主发电机容量和台数、全船配电方式以及机舱集控室的有无等因素，所以，应综合考虑上述诸因素后再决定主配电板各屏的外形尺寸。

——由于机舱或集控室的高度限制，再加之对操作管理方面的考虑，主配电板的高度一般为 2 m 左右，最好不要超过 2.2 m。

——如果主配电板由多屏组成，通常要设横向扶手，主配电板各屏的上面板和下面板尺寸应保持相同，上面板和下面板一般以扶手高度分隔，各屏的深度应保持相同。

——发电机控制屏尺寸的确定，除了应考虑发电机控制开关、励磁装置、调频调载等装置外，还必须注意发电机控制开关的安全电弧距离。相同容量发电机的控制屏的宽度应尽量相同。

——配电屏的宽度取决于安装配电开关容量的大小和数量的多少，通常不超过 1 m。

任务实施

步骤一：识读《主配电板单线图》样图

识读附录《主配电板单线图》样图，梳理以下问题。

(1)图纸基本信息

项目名称：____________________；图纸编号：____________________；

设计阶段：____________________。

(2)梳理功能屏设置情况

序号	功能屏名称	配置情况		
		测量仪表	指示灯按钮	控制器

(3)识读主接线

★船舶电力系统的主接线形式

★汇流排设置情况梳理

序号	汇流排名称	供电范围

(4)多路供电负载情况梳理

步骤二:参照样图,绘制案例船《主配电板单线图》

参照《主配电板单线图》样图,结合绘制要求,完成案例船《主配电板单线图》绘制。

绘制时注意以下事项:

★使用标准的电气符号库绘制电气设备符号,对于一些特殊的设备,如果没有现成的符号,可以根据设备的实际外形和功能进行简化绘制,并在图纸中进行说明。

★使用直线表示连接线,根据连接线的电压等级和用途,选择不同的线型(如粗线、细线、虚线等)。对于多根并联的电缆,可以使用单线表示,并在旁边标注电缆的数量和规格。

★按配电板的功能屏从左到右的顺序进行布局,使图纸结构清晰。同时,要充分利用图纸的空间,避免设备和连接线过于拥挤或过于分散。

★设备的标注应尽量靠近设备符号,避免标注位置过于远离设备,导致读者难以识别。连接线的标注应标注在连接线的旁边,对于较长的连接线,可以在连接线的两端或中间位置进行标注。

★使用统一的标注格式,包括字体、字号、颜色等。例如,设备名称使用较大的字号,参数标注使用较小的字号。

任务评价

任务完成情况评价标准及评分见表3.4.2,任务总结反思见表3.4.3。

表3.4.2 任务评价表

评价类型	赋分	评价指标	分值	得分		
				自评	组评	师评
职业能力	50	符合规范、任务书要求	10			
		单线图设计、保护电器、整定值等是否合理、正确	10			
		系统是否满足短路保护及供电可靠性、经济性的要求	10			
		与电力一次系统图是否相符	5			
		各控制要求、配电方式、遥控、连锁、报警等环节	5			
		执行现行规范、标准和有关规定	10			
职业素养	30	绘图细致、精益求精	10			
		系统思维、全局意识	10			
		持续改进、优化能力	10			

表 3.4.2(续)

评价类型	赋分	评价指标	分值	得分		
				自评	组评	师评
劳动素养	10	坚持出勤、遵守纪律	5			
		图纸规范、整洁	5			
思政素养	10	严谨、细致	5			
		责任意识	5			

表 3.4.3　总结反思

目标达成：　知识☆☆☆☆☆　技能☆☆☆☆☆　素养☆☆☆☆☆	
学习收获：	教师寄语：
问题反思：	

课后任务

1. 问答与讨论

(1)复述主配电板单线图的用途。

(2)复述主配电板发电机控制屏一般需要设置哪些测量仪表。

2. 巩固与提高

讨论说明《主配电板单线图》中主发电机主开关参数表的用途，并查阅断路器资料，讨论如何进行参数整定操作。

项目 3 附录文件：

主配电板单线图　充放电板原理图　分电箱原理图　岸电箱原理图　交流短路电流计算书

项目 4

船舶电网设计组建

学习情境设置

(1)选择学习者角色

□船舶设计院电气专业技术人员

□船舶建造厂电气专业技术人员

□船舶电气自动化设备制造技术人员

□船舶船体、轮机等其他非电专业技术人员

□船舶电子电气员

□其他______________________

(2)分析学习者角色的岗位能力要求

船舶设计院电气专业技术人员:应熟悉船舶电网的基本结构和主接线形式,能合理为船舶选择合适的基本结构和主接线形式。熟悉电缆的特性,能准确计算负载电流并选择合适的电缆。绘制船舶电力系统图。

船舶建造厂电气专业技术人员:应熟悉船舶电网的基本结构和主接线形式及其特点,熟知电缆的特性和结构,掌握电缆敷设的相关规范并能完成电缆敷设。能准确识读电力系统图中的关键信息。

船舶电气自动化设备制造技术人员:了解船舶电网的基本结构和主接线形式,能准确识读电力系统图中的关键信息。

船舶船体、轮机等其他非电专业技术人员:了解船舶电网的基本构成和运行原理,熟悉船体结构、轮机系统等与电网相关的基本知识,能够与电气专业人员进行有效的沟通和协作,确保电网设计与船体、轮机系统的协调一致,参与电网设计方案的讨论和审查,提出与本专业相关的意见和建议。

船舶电子电气员:了解船舶电网的基本构成和运行原理,能协助现场工程师完成船舶电气/自动化设备的安装、调试和维护工作。

____

____

(3)制定学习计划

认识船舶电网的基本结构和主接线形式,了解其特点;

了解电缆与电线的区别,电缆的结构、型号等性能特征,熟悉不同型号电缆的适用场景;

掌握负载电流的计算和修正方法,能正确选择电缆型号及截面积;

了解电力系统图的组成，能识读电力系统一次图和电力系统二次图；

掌握电力系统图绘制方法。

项目介绍

在船舶电站系统中，电网如同人体的血脉，是电能传输与分配的核心网络。它不仅能确保船舶上各类电气设备的稳定运行，还直接关系到船舶的航行安全、动力供给及船员的生活保障。船舶电网的可靠性和高效性是衡量船舶电站性能的重要指标，其设计组建的合理性更是船舶电气工程中的关键环节。

本项目——船舶电网设计组建，旨在深入探讨和实践船舶电网的构建过程。项目内容涵盖了船舶电网从规划到实施的一系列核心任务。其中，任务 4.1“船舶电网总体规划”将引导我们明确电网的布局、容量需求及冗余设计，确保电网能够应对各种工况下的电能需求。任务 4.2“船舶电缆的选择”则聚焦于电缆型号、规格及敷设方式的确定，这是保障电网安全传输、减少损耗的基础。而任务 4.3“识读与绘制《船舶电力系统图》”则是将前两项任务的理论与实践成果转化为直观的图纸，为后续的电网施工、调试及运维提供不可或缺的参考依据。通过本项目的学习与实践，学员将全面掌握船舶电网设计组建的核心技能，为船舶电气工程领域的发展贡献力量。

学习要求

● 掌握电网基本结构类型及其特点，熟悉电网的主接线形式，为案例船选择合适的电网结构和电网主接线形式。

● 再通过以下步骤，完成电缆的选择：

(1)计算负载电流并有效修正；

(2)结合用电条件选择合适的电缆型号和截面积。

● 在完成船舶电力系统图绘制工作任务中，沉浸式体会作为船舶设计师担负的使命责任，认真仔细地核对符号参数，培养一丝不苟的匠人精神，树立“匠心筑梦，兴船报国”的理想信念。

● 课前利用微课视频学习知识点及进行测试，课中在老师引导下分组完成工作任务，针对难点问题进行讨论，课后完成任务总结。培养自主学习能力，提高自身可持续发展能力。

知识图谱

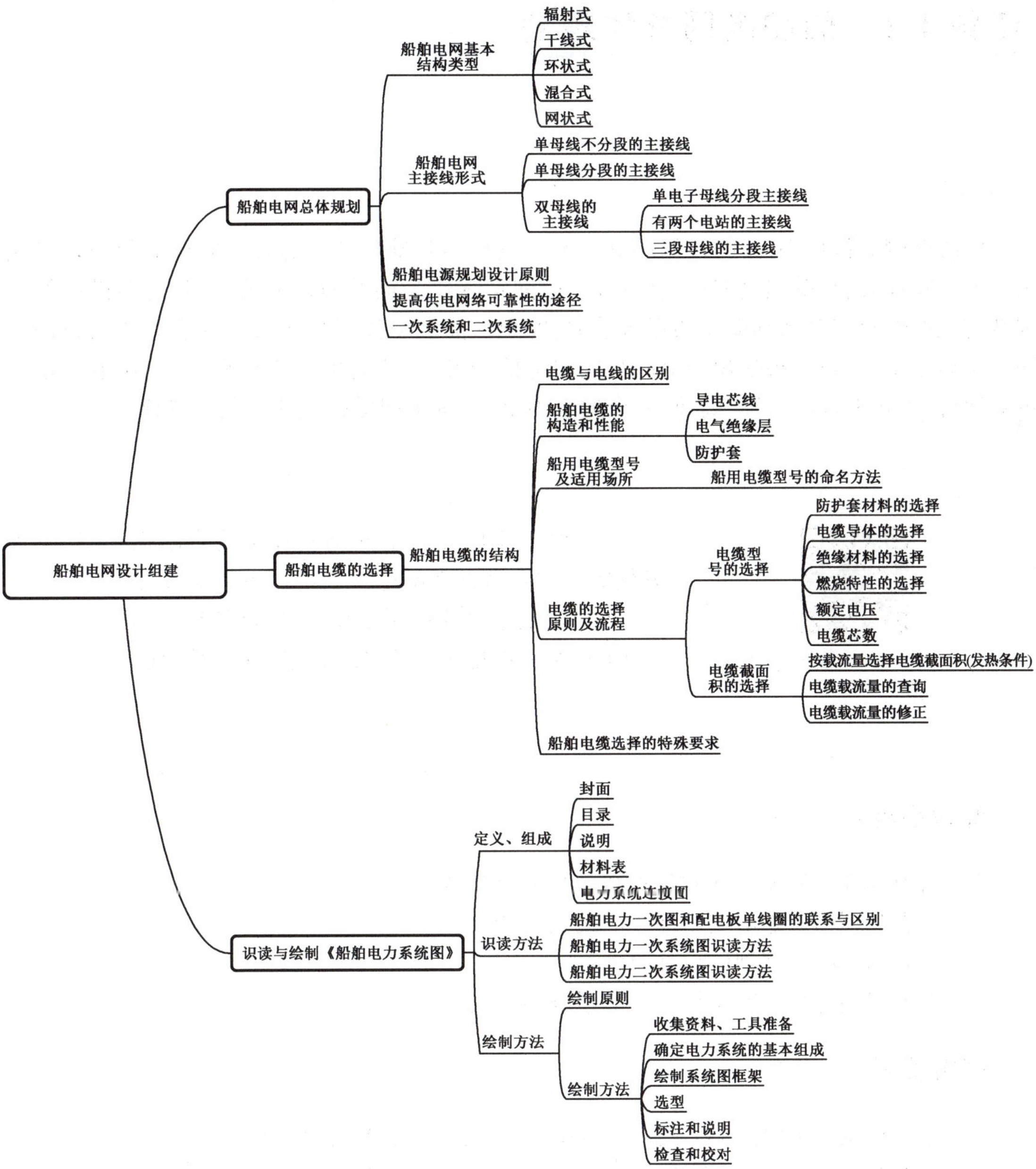

船舶电网设计组建
船舶电网总体规划
船舶电网基本结构类型
辐射式
干线式
环状式
混合式
网状式
船舶电网主接线形式
单母线不分段的主接线
单母线分段的主接线
双母线的主接线
单电子母线分段主接线
有两个电站的主接线
三段母线的主接线
船舶电源规划设计原则
提高供电网络可靠性的途径
一次系统和二次系统
船舶电缆的选择
船舶电缆的结构
电缆与电线的区别
船舶电缆的构造和性能
导电芯线
电气绝缘层
防护套
船用电缆型号及适用场所
船用电缆型号的命名方法
电缆的选择原则及流程
电缆型号的选择
防护套材料的选择
电缆导体的选择
绝缘材料的选择
燃烧特性的选择
额定电压
电缆芯数
电缆截面积的选择
按载流量选择电缆截面积(发热条件)
电缆载流量的查询
电缆载流量的修正
船舶电缆选择的特殊要求
识读与绘制《船舶电力系统图》
定义、组成
封面
目录
说明
材料表
电力系统连接图
识读方法
船舶电力一次图和配电板单线圈的联系与区别
船舶电力一次系统图识读方法
船舶电力二次系统图识读方法
绘制方法
绘制原则
绘制方法
收集资料、工具准备
确定电力系统的基本组成
绘制系统图框架
选型
标注和说明
检查和校对

任务 4.1 船舶电网总体规划

任务引入

船舶电网总体规划,是构建船舶电站不可或缺的基础环节。随着船舶自动化与智能化水平的不断提升,船舶用电需求相应提高,电网系统作为船舶的动力核心,其规划设计的合理性与先进性直接关系到船舶的运营效率、安全性能及节能减排效果。本任务要求我们全面分析船舶用电需求,科学规划电网结构和主接线形式,优化电力资源配置,确保电网稳定可靠运行,为船舶提供持续、高效、安全的电力供应,推动船舶行业的绿色可持续发展。

任务描述

船舶电网分类及结构

(1)结合不同船舶电网结构和主接线形式的特点,为案例船规划合适的船舶电网结构及主接线形式;

(2)规划案例船舶用电设备供电层级;

(3)绘制船舶电力系统一次、二次系统草图。

学习目标

知识目标:

(1)认识和理解船舶电网的基本结构类型及其特点;

(2)认识和理解船舶电网主接线形式及其特点;

(3)理解船舶电网规划的设计原则;

(4)理解船舶电网一次系统和二次系统的定义。

技能目标:

(1)能够根据《船舶电力系统图》识别该船舶电网的基本结构类型;

(2)能够根据《船舶电力系统图》识别船舶电网主接线形式;

(3)能够根据规范要求,合理选择船舶电网基本结构类型和船舶电网,同时能够利用合理途径提高电网可靠性并正确绘制船舶电力系统草图(包括一次结构和二次结构)。

育人目标:

(1)理解船舶电网设计对船舶电站安全稳定运行的重要影响,领悟交通强国理念,认识自己在实现中华民族伟大复兴征程上的责任;

(2)在编制电力系统图的任务中,体悟“精益、专注”的工匠精神,提升综合职业素养。

知识准备

1. 船舶电网基本结构类型

在电站设备确定的条件下,电网形式的选择对保证供电的可靠性和生命力有决定性作用。因此,分析船舶电网的运行情况、探讨电网形式,是船舶电力系统的一项重要内容。

电网的线路连接方式多种多样,但基本的接线方式有放射式、干线式和环式 3 种基本结构形式。依这 3 种基本形式可以组合成其他类型的接线方式,船舶电网结构形式主要有 5 种:

——辐射式(branch distribution);

——干线式(main route distribution)

——混合式(route and branch distribution);

——环状式(loop distribution);

——网状式(network distribution)。

下面分析这 5 种基本接线方式的结构和特点。

(1)辐射式

这种方式的所有用电设备及分配电箱均由主配电板单独引出馈线电缆供电,如图 4.1.1(a)所示。在具有两个电站时常以棋盘式的顺序给各个用电设备供电,如图 4.1.1(b)所示。

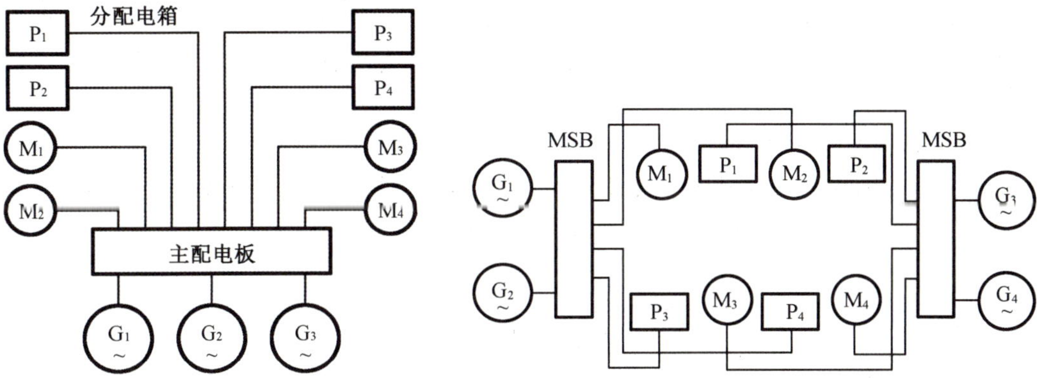

(a) 一般式　　(b) 棋盘式

图 4.1.1　辐射式电网结构

辐射式接线的线路之间互不影响,因此供电可靠性较高,而且便于装设自动装置,保护装置也较简单。这种方式多用于设备容量较大或对供电可靠性要求较高的场所,配电板向其所在舱室的负载供电常采用这种方式。纯粹的辐射式接线网络多用于用电设备较少的小型船舶。

但是,单纯的辐射式接线在一般情况下往往由主配电板引出的馈线电缆较多,其有色金属消耗量较大,开关设备用得较多,从而使投资增加。由于这种方式的馈线电缆较多,任何一路用电负载发生较大的变动或故障都会对主配电板产生很大的影响,而且在故障检修时,与该线路相关联的所有用电设备都要停电。因此,在大型船舶或负载太多的船舶上,采用这种方式应慎重,若想再提高放射式接线的可靠性,可在各母线之间敷设联络线。要进一步提高其供电可靠性,还可采用来自两个发电机电源的两路进线,然后经分段母线,由两段母线用双回路对用户交叉供电,如图 4.1.1(b)所示。

(2)干线式

干线式接线是由主配电板的母线引出若干条干线,干线上链接有若干个负载或用户配电箱的接线方式,如图 4.1.2 所示。

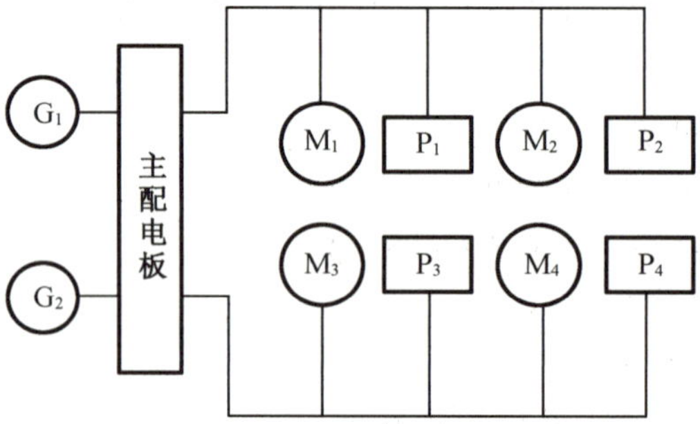

图 4.1.2　干线式电网结构

树干式接线与上述放射式接线相比,具有以下优点:多数情况下,能减少线路的有色金属消耗量,采用的开关数量少,投资较省,且电网结构简单,可以大大减少船舶主干电缆的数量,这对于希望尽量减少穿过水密隔壁电缆数量的船舶是非常适合的。但有下列缺点:供电可靠性较低,当配电干线发生故障或检修时,接于干线的所有分配电箱及用电设备都要停电,且在实现自动化方面适应性较差,不易进行集中控制。目前,单纯采用干线式接线的船舶已很少见。要提高其供电可靠性,可采用双干线供电或两端供电的接线方式。

(3)混合式

混合式接线是辐射式和干线式混合的接线方式。即一部分分配电箱或负载采用辐射式接线,另一部分则采用干线式接线或多级辐射式接线。通常,前者是功率较大或较重要的负载,后者是较次要或功率较小的负载,如图 4.1.3 所示。

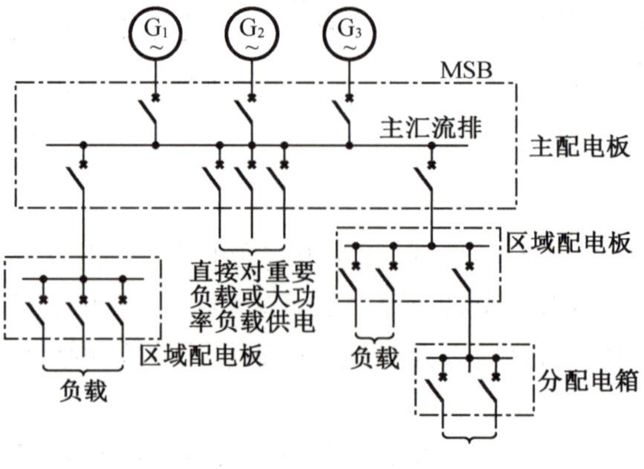

(a)一般混合式

图 4.1.3　混合式电网结构

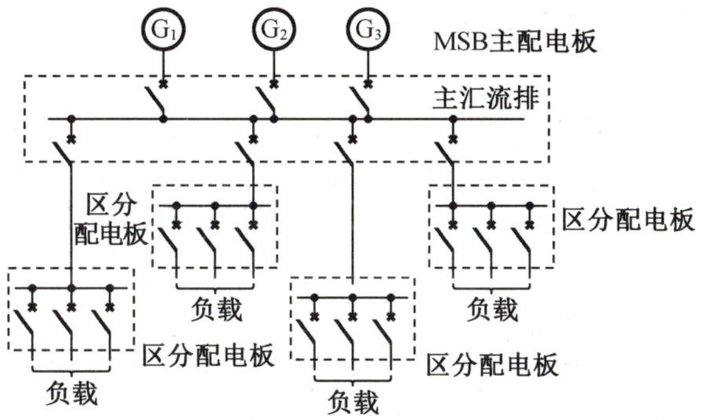

(b) 分区混合式

图 4.1.3(续)

混合式接线的优点是局部线路发生故障不致影响整个电力系统，只要合理配置，就可以保证重要设备有较高的供电可靠性，因此是目前船舶上广泛使用的一种接线形式。

(4) 环状式

这种接线方式是将主配电板和负载的分配电板串接在一起形成一个环形，向用电设备供电。根据连接线形成的电网闭环的情况，环式接线方式可以分为全闭环、电源环和负载环数种。图 4.1.4 表示的就是一个全闭环。电源环和负载环则是分别在电源和部分连接线上形成的局部环。在两个电站的主配电板之间加上两根跨接线就可以形成一个电源环。

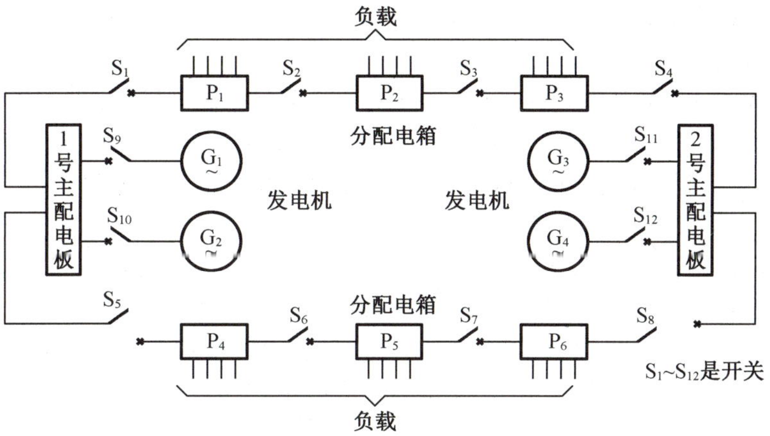

图 4.1.4　环状式电网结构

环状式接线的优点是可以构成较多电源到负载的通路，供电可靠性较高。任一段线路发生故障或进行检修时，都不致造成供电中断，或只能短时停电，一旦切换电源的操作完成，即能恢复供电。因此这种形式使用较多。

环状式接线可使电能损耗和电压损耗减少，但是这种方式的保护装置在管理和其整定配合上比较复杂，故要求有较高的技术水平。如果其保护的整定配合不当，则容易发生误动作，反而扩大故障造成的停电范围。实际上，环式接线多采用“开口”方式运行。

在电网连接方式中，发电机与负载之间的连线称为纵向连线，而发电机之间或电动机之间的连线称为横向连线。由以上电网的基本类型可以看出，在某些情况下，横向连线有使负载电源通路数十倍增长的作用。如果纵横连线形成了闭合环，则可以显著地提高电网供电的可靠性,这就是电网的环式接线原理。

(5)网状式

网状式是在船舶发电机组和负载较多的情况下,由环形接线方式发展而成的一种接线形式。这种电网至少形成了两个以上组合的全闭环,与环形接线方式并没有本质上的区别,只是把环形接线方式推向更高的层次,是环形接线方式发展的一个趋势。

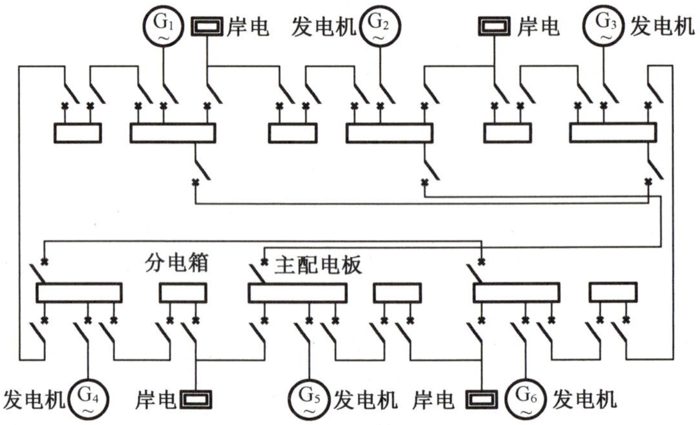

图 4.1.5　网状式电网结构

上述五种电网的基本接线方式中,辐射式和干线式在现代船舶中已较少单独使用,网状式只应用在吨位很大的特种船舶上。目前,各国船舶上实际应用的主要是混合式接线方式和环状式接线方式。

混合式和环状式(或网状式)这两种电网接线形式究竟谁更优越,一直是船舶电力系统讨论的焦点,没有定论,在应用中应视情况而定。混合式接线技术成熟、应用基础好、结构简单,在民用船舶中得到广泛使用。环状式多应用于对供电可靠性要求特别高的军舰、大型邮轮、海洋工程平台等。

环状式电网的结构虽是闭环形式,但在通常情况下却处在开环运行状态,需要时再合上切断部分形成闭环。这样做可以简化线路的管理和保护,并减少闭环的某些不良影响。从环式接线的基本连接方式可以看出,只要留有适当的裕度,运行得当,就可达到较高的可靠性,但必须解决线路保护、系统监视、调整等一系列技术问题。

2. 船舶电网主接线形式

船舶电网的主接线是指发电机通过开关设备和连接导线所组成的受电和配电的电路。把发电机和配电设备等用单线连接成的电路图称为电气主接线图。

船舶电网的主接线在主配电板中表现为主汇流排(以下称母线)的连接方式。从母线的数量上看,有单母线和双母线形式;从母线分段与否来看,有母线分段和母线不分段形式。因此,理论上船舶电站的主接线有单母线不分段、单母线分段、双母线不分段、双母线分段等形式。

实际中船舶电网的主接线比较简单,通常只用单母线形式,双母线形式比较少见。

(1)单母线不分段的主接线

图 4.1.6 所示为一个有 4 台发电机的电站的主接线形式,发电机 G_1 和 G_2 分别通过断路器 Q_1 和 Q_2 连接到同一电压母线上。此电网只有一段完整的母线,称为不分段母线。

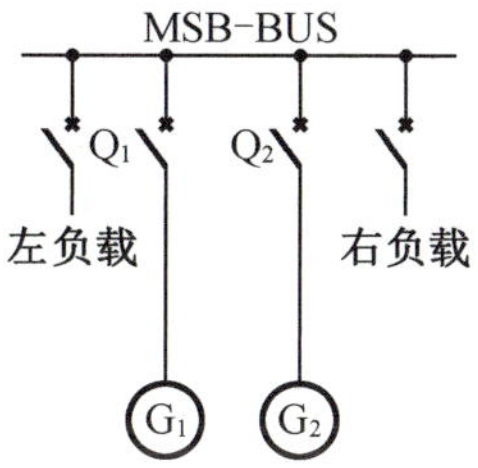

图 4.1.6 不分段母线主接线形式

(2)单母线分段的主接线

★单电站母线分段主接线

图 4.1.7 所示为一个有 4 台发电机的电站的主接线形式。这里用隔离开关 QS 把母线分为两段。在正常情况下 QS 合闸,两段母线连成一段母线运行时,在异常的情况下,例如发电机组因调压器或调速器发生异常而不适宜并联运行,或一段母线上有故障不能进行供电时,则断开 QS,此时母线分成两段,分别供电或只让正常的母线段供电。

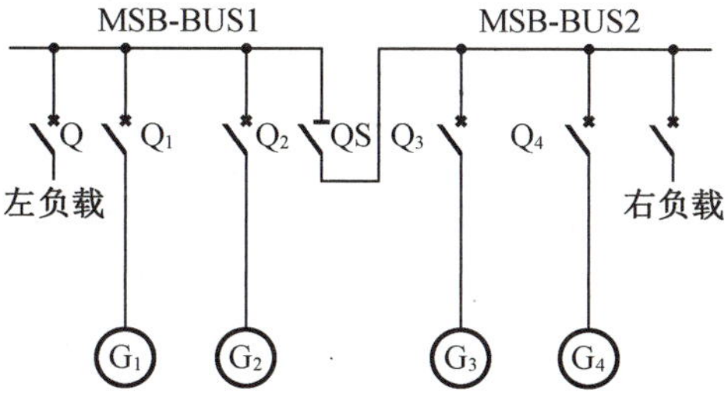

图 4.1.7 单电站母线分段主接线形式

母线分成两段以后,形成两个独立的电网,有两个母线电压,许多控制电路要做相应的处理。例如,手动准同步操作和自动准同步操作的母线输入信号、自动功率分配器的母线电压和频率、风机和油泵的应急切断以及分级卸载的电源等。

开关 QS 把母线分隔成两段,也可以说开关把两段母线连接起来,故称为母联开关。母联开关一般可采用三个各相独立的隔离器、三相隔离开关或三相断路器。

采用隔离器虽然节省空间,但必须在无负载(用绝缘手柄)或断电时才能进行分合操作;采用三相隔离开关比较简单,价格又低,分段信号可以用位置开关来发出,但是不允许带负载操作,且只能由人工完成;采用断路器操作起来较方便,可实现自动操作,且能通断负载电流和短路故障电流,但价格较高。

综合考虑适用性和经济性,大多数船舶通常采用隔离开关作为母联开关,部分要求较高的船舶则多采用断路器作为母联开关。

注意:通过项目 2 的学习我们知道,配备轴带发电机的船舶电站还应配备独立的柴油发电机组。因轴带发电机由主机驱动,其转速随主机运行工况变化而不稳定,输出频率波动较大,故轴带发电机之间不能长期并联运行。船舶航行时如果要用两台轴带发电机供电,母线就必须分成两段分别供电。因此,配备 2 台轴带发电机的电网主接线须采用单母线分段主接线形式。

在这里母联开关是必须设置的,而且必须采用断路器。图 4.1.8 所示为设置两台轴带发电机和两台柴油发电机的电站的主接线形式。它与设置隔离开关的主接线一样,不同的是,每段母线上设一台轴带发电机和一台柴油发电机。这两台发电机可以并联运行,母线分段供电,也可以通过 Q_5(合闸)向另一段母线供电。两台柴油发电机可以通过 Q_5(合闸)并联运行。两台轴带发电机(不管柴油发电机是否与之并联)只有在 Q_5 断开时才能同时供电。

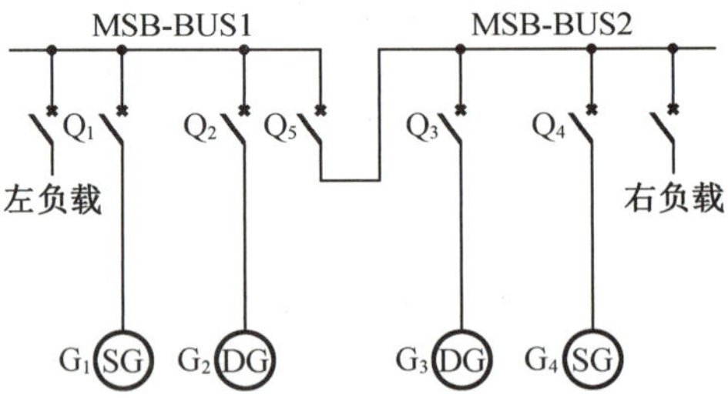

图 4.1.8　有两台轴带发电机和两台柴油发电机的主接线形式

★有两个电站的主接线

有的船舶如大型游轮和军舰会设置两个电站。两个电站可以同时供电,也可以用一个电站向全船供电。当一个电站不能供电时,由另一个维持电网供电。这样增强了船舶运行的生命力。

现以某船舶的电站设置为例来说明有两个电站的主接线形式。如图 4.1.9 所示,船舶配备两个电站,每个电站设有两台发电机组。两个电站的母线通过各自的联络开关(Q_5 和 Q_6)和连接电缆相互连接。一个电站可以向另一个电站供电,两个电站也可以同时供电。连接两个电站母线的开关称为联络开关,从原理上讲,联络开关只需一台,考虑到操作的方便性和可能出现的各种损坏,在两个电站处各设一台联络开关。

通常,采用断路器作为联络开关。

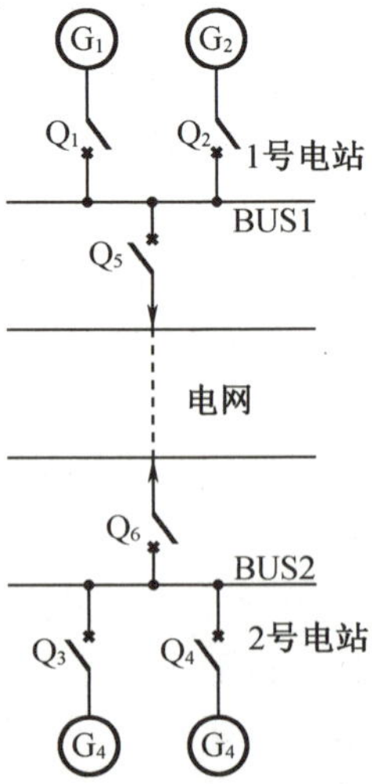

图 4.1.9　两个电站的主接线形式

★三段母线的主接线

图 4.1.10(a)所示为由两台轴带发电机和两台柴油发电机组成的电站的主接线形式。

两台母联断路器把母线分成三段，主母线 MSB-BUS1 接两台柴油发电机，母线 BUS2 和 BUS3 分别接 1 号和 2 号轴带发电机。电力负载有两台大功率侧推电动机和其他大功率机械电动机，分别接在母线 BUS2 和 BUS3 上。

船舶在作业工况下，为了避免启动大功率电动机时的冲击电流而断开联络断路器 Q_5 和 Q_6，把母线分成三段，轴带发电机分别向各自的母线供电，主母线 MSB-BUS1 由一台或两台柴油发电机供电。同时，也可以合上 Q_5断开 Q_6，把母线分成两段，任一台轴带发电机向母线 BUS2 和 BUS3 供电。在正常航行工况下，合上 Q_5 和 Q_6，将母线连成一段，由任一台轴带发电机向全船负载供电。

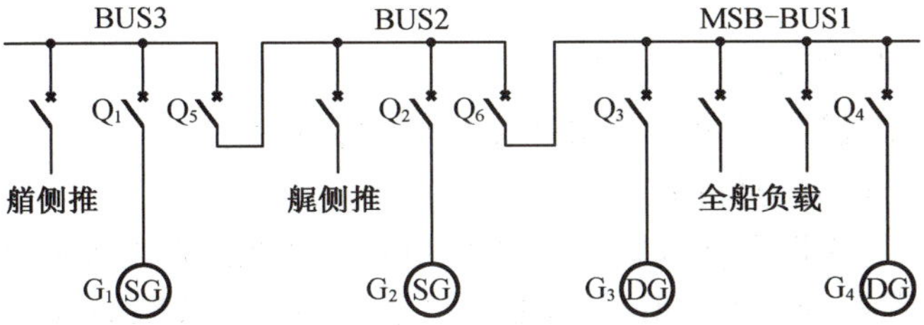

(a) 主母线在一侧的三段母线电站主接线

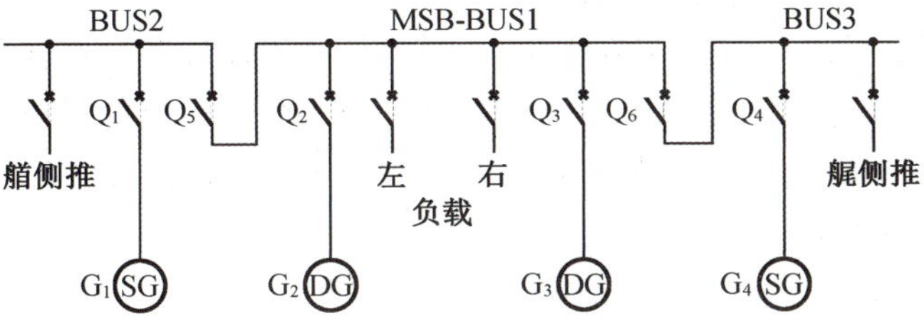

(b) 主母线在中间的三段母线主接线

图 4.1.10 三段母线的主接线形式

另一种三段母线的电站如图 4.1.10(b) 所示。不同的是轴带发电机和侧推电动机在主母线的两侧，它可以断开一台母联断路器，用一台轴带发电机供自己母线的大功率电动机，合上另一台母联断路器，用另一台轴带发电机向全船负载供电，但一侧的轴带发电机无法向另一侧的大功率电动机供电。

(3) 双母线的主接线

图 4.1.11 所示为有一台轴带发电机和两台柴油发电机的电站，采用了双母线主接线形式。主母线 MSB-BUS1 与两台柴油发电机 G_1和 G_2相连接。第二条母线 BUS2 与轴带发电机 G_3连接，母线 BUS2 上接有经济航行所需的负载。当轴带发电机故障时，两条母线可以通过联络开关 Q4 和 Q5 连接起来，由柴油发电机向 BUS2 供电，反之亦然。此外，开关 Q4 和 Q5 闭合后，柴油发电机也可与轴带发电机短时并联供电。

以上以轴带发电机为例介绍了其与柴油发电机组合形成的主接线，换成其他形式的发电机后，其主接线形式类似。

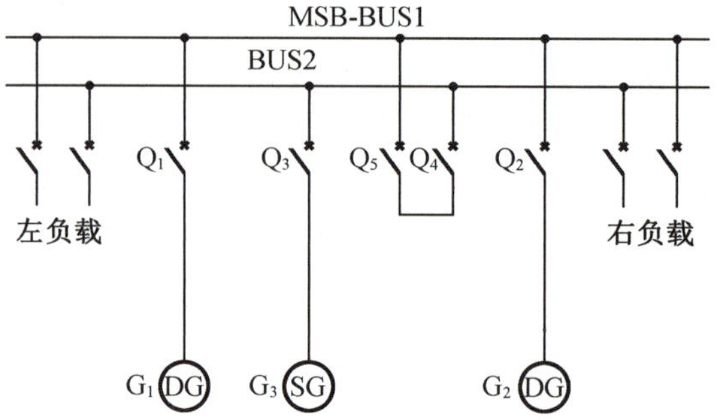

图 4.1.11　双母线的主接线形式

3. 船舶电网规划设计原则

船舶电网的规划设计应遵循以下几个基本原则和要求。

(1)电网生命力强,可靠性高

电网生命力强,可靠性高,即要求电网在发电机组和线路发生故障或局部破损时仍能保证在最大范围内对负载的连续供电,并限制故障的发展和将故障的影响限制在最小的范围之内;当电网严重破坏时,继续保持对最重要设备的连续供电。

(2)电网设计应保证系统操作的灵活性

电网设计应保证系统操作的灵活性,即电网运行的机动性和维修保养的方便性,包括控制部位操作的机动性、运行方案多样性、电源接口标准化、减少电气设备的型号规格、增加零部件的通用性。此外,电网设计应考虑船舶以后局部改装、增加新设备的需要,在某些部位设置一定数量的备用供电支路。

(3)电网设计应努力提高其技术经济指标

设计时应选用最经济的电网连接方案:力求减少中间环节,节省配电电器;适当限制电缆的储备截面;在满足要求的前提下,选用价格低廉的电气设备,降低电网建造成本。提高电网运行的自动化程度,减少操作管理人员;降低设备故障率,减少运行损失和维修工作量;合理调配负荷,保持电网高效率运行;控制运行功率因数,减少线路损耗;提高负荷设备的运行效率。

(4)电网设计应周密考虑电网的保护措施

衡量船舶电网的设计是否成功,不仅要看它处于正常状态的运行情况,更重要的是要观察它在故障状态下有没有控制故障的能力。对于一些重要的电网参数应在故障发生前发出预警,以引起值班人员的警觉,提前采取必要的措施。

保护电器的动作应具有选择功能。选择功能包括两点:一、具备对故障点的判别能力,进行区域性的选择保护、缩小故障的影响面;二、具备对故障性质的判别能力,如区别瞬时过流、短时过载等,然后采取不同的保护措施。

选择保护电器动作值应十分慎重。动作值选得太大,将失去安全保护的意义,动作值选得过低,又会引起保护电器不必要的动作,影响电网的正常工作。因此,电网设计时应确切掌握发生系统故障时各种参数变化的可能范围,合理地选择保护电器动作值的安全范围。

电网故障排除后,希望各级保护器械都能迅速恢复正常。不经常有人管理的保护器械应选用具有自恢复功能的保护设备。

船舶设计实践表明,选择合适的供电方式和配电方式,对提高船舶电力系统的供电可靠性、增强电网的生命力具有重要的意义。

4. 提高供电网络可靠性的途径

船舶电网的供电网络应具有高度的可靠性。这里所说的供电可靠性系指电网以下几方面的能力:①发电机组和线路发生局部故障时,电网继续在最大范围内维持供电的能力;②电网发生严重故障时,继续保持对最重要设备不间断供电的能力;③将电力系统设备故障的影响面缩小和限制在最小范围的能力等。

为了提高电网的可靠性,电网设计往往在供电方面采取以下措施。

(1)合理构建可靠性较高的电网类型

电网类型不同其可靠性则不同,电网类型必须符合用电负荷的性质、分布、相互关系、环境及外界条件等要求才能发挥出其优势,才能具有较高的可靠性。

(2)重要负载由主配电板直接供电

舵机、锚机、消防泵、消防自动喷水系统、航行灯、控制箱、电罗经、苏伊士运河探照灯、无线电台及助航仪电源等均须由主配电板直接供电,而不经分配电箱供电,以保证对船舶航行最重要设备的供电。

(3)特别重要的负载采用双电源供电

这是一种双重或多重供电措施,它保证重要设备能够从两个或两个以上完全独立的电源得到电能,从而提高供电可靠性。在两路电源的供电线路的敷设路径上应尽量远离,以提高供电线路的可靠性。通常,船舶的电缆是分两舷敷设的,只有沿两舷的电源线路才不易同时损坏。例如,舵机电动机和航行灯控制箱等应由两路供电,分别由主配电板从左、右舷敷设电缆供电或由主配电板及应急配电板分别供电。这样,在有一条馈线发生故障的情况下,仍能保证负载的供电。同时,船舶各种配电板相互间又是有联系的,通过这些联系,两路供电就能形成许多从电源到用电设备的供电通路来保证供电可靠性。因此,两舷制的双重供电被认为是船舶最常用、最基本的供电方式。重要设备由来自两舷不同的负载屏供电,当正常供电电源中断时,可立即转换到另一舷“交替”供电的电源上去。

图4.1.12是应急供电转换的示意图。正常情况下自动转换开关(ATS)置于主母线侧,应急母线由主发电机侧供电。当主母线失电时,应急发电机自行启动投入运行,应急母线转由应急发电机供电。

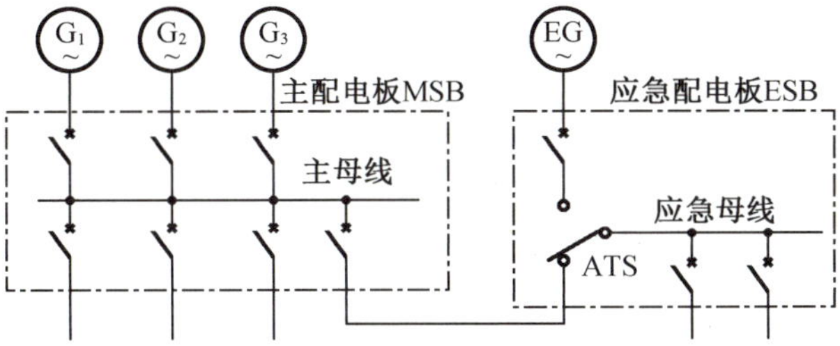

图4.1.12　应急供电转换示意图

(4)按用电设备的重要性实行分级供电

这是区别对待的供电措施,其目的在于优先保证重要设备的供电可靠性。当负荷高峰引起发电机过载时,将次要用电设备从电网上自动切除,即自动卸载,以使发电机恢复到正常运行状态。图4.1.13是分级供电的一种方式。通常选择靠发电机电源最近的配电板(如主配电板)作为1级配电板,向最重要的负荷供电,其余依次编级,从供电的保障度上区分对待。

分级供电时,由于继电保护的作用,低等级配电板上的负荷发生故障时,一般不会影响其前级配电板的供电。

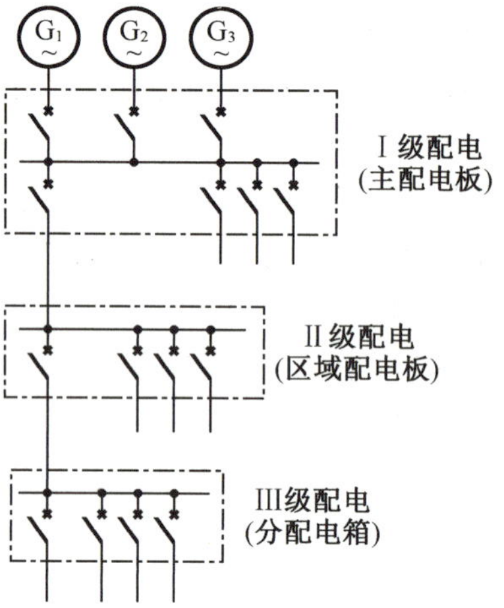

图 4.1.13 电网分级供电

(5)采用母线分段供电方式

国际海上人命安全公约(SOLAS公约)规定,超过3 000 kW的主配电板应采取分段母线(split bus)结构。这种方式通过主配电板可以实行分区供电,即在特殊情况下,船舶操作人员可以根据需要将电网分割成若干个独立供电分区,从而把故障限制在某个区域内,使其他区域负载的供电不受影响。图4.1.14是两台发电机组采用分段母线的方式供电。

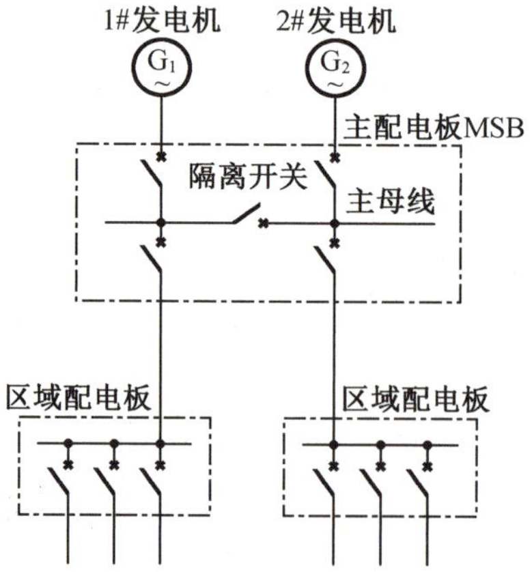

图 4.1.14 分段母线方式供电

实行分区供电以后,每台发电机组可成为一个独立的电源。供电分区划分得当,可以提高电力系统的生命力,舰船电力系统常采用分区供电方式。

区域分配电板和分电箱的设置原则和方法参见项目3任务3.1中的有关资讯。

(6)电网敷设和主干电缆的保证措施

船舶电网包含着大量的电线和电缆,缆线是电网的薄弱环节。电线和电缆受到意外机械损伤时会发生断裂或绝缘破坏,它们的电气绝缘能力降低又会引起线间或线对地短路。这些都可能对电网造成严重的后果。因此,电网除了选用符合船舶要求的电线、电缆外,还应从电网的安装布置上采取相应的措施。即在保证供电的条件下,尽可能减少隔舱供电缆线的根数和长度,同时将主干电缆安装敷设在不易受到损害、相对安全可靠的位置处。必要时,还应在电缆外部增加适当的保护。凡由不同电源引出的供电电源线路都应该彼此尽量远离、分开敷设,以免在意外情况下同时受到损伤,以保持电源的相对独立性。减小电缆根数和长度可采用区域配电板的办法,即在船舶上划分若干个供电区,找出每个区内的负荷中心,然后在这个位置上设置分配电板,向该区域的用电设备供电。

(7)设置事故供电系统

事故电网是一种用一些固定敷设的干线以及可以移动的电缆段和快速接头联合组成,可以在紧急状态下临时拉敷的辅助性电网。

设置事故供电系统是军用舰船应对电网受损的紧急情况下,临时敷设电缆向重要负载供电的极端措施。各国的军舰大多配备这种设施。

5. 一次系统和二次系统

一次系统是与发电机有电气连接的系统,CCS《钢质海船入级规范》中将由主配电板直接向区配电板、分配电板和负载供电的网络称为电气一次系统。包括发电机到主配电板、应急配电板到主配电板,主配电板到各个组合启动屏及分配电板的网络。

二次系统是与发电机无电气连接的系统,CCS《钢质海船入级规范》中将由区配电板或分配电板向负载供电的网络称为电气二次系统。包括各个组合启动屏、440 V 电力分电箱、220 V 电力分电箱到各自负载的网络。

简单的可以理解为和主配电板、应急配电板、充放电板及连接线路为一次系统,除此之外的分电箱、独立的组合启动器(GSP)及用电设备的连接线路为二次系统。

任务实施

步骤一：规划案例船舶电网结构及主接线形式

(1)了解船舶的功能和用途。

★船舶类型：______________________________；

★船舶功能：______________________________；

★对供电可靠性的要求：　　高(　　)/低(　　)/一般(　　)；

(2)选择合适的船舶电网结构。

(3)选择船舶电网主接线形式。

★单母线(　　)/双母线(　　)

★母线是否分段？(　　)

电站总容量超过 3 000 kW？

是否有轴带发电机？

★主发电机采用并联供电还是分区供电？并联供电(　　)/分区供电(　　)

★主接线形式：______________________________

步骤二：规划案例船舶用电设备供电层级

(1)哪些负载由主配电板直接供电？

提示：影响船舶安全的重要负载、大功率负载等。某些设备需要由单母线分段形成的左右两段母线双路供电，以提高其供电可靠性，如舵机等。填写表 4.1.1。

表 4.1.1　案例船由主配电板直接供电负载列表

序号	设备名称	供电来源	备注
1	舵机	主配电板 (BUS1、BUS2)	双路供电

(2)哪些负载由分电箱供电？设置几个分电箱？

分电箱的数目及安装位置是根据技术要求、安装条件、用电设备的性质和数量、使用的方便、经济指标及用户意见等综合确定的。

★按用途或安装区域规划设置分电箱，列写分电箱名称及设置依据。

★规划各分电箱供电设备及安装区域，填写表4.1.2。

表4.1.2 案例船由分电箱供电负载列表

序号	分电箱名称及代号	分电箱供电来源	供电设备名称	安装区域
1				
2				
3				
4				

(3)哪些负载由应急配电板供电?

★列写直接由应急配电板供电的设备。

★按用途或安装区域规划设置应急分电箱,并规划各应急分电箱供电设备及安装区域,填写表4.1.3。

表4.1.3 案例船由应急分电箱供电负载列表

序号	分电箱名称及代号	分电箱供电来源	供电设备名称	安装区域
1				
2				

(4)哪些负载由蓄电池充放电板供电?

由蓄电池充放电板供电的用电设备一般为额定电压DC 24 V的应急照明、通信设备、导航助航设备。

★设置几个充放电板?列出充放电板名称。(如应急充放电板、日用充放电板、无线电充放电板等)

注意:某些小型船舶可只设置1块充放电板同时为应急DC 24 V负载和日用DC 24 V负载供电,为日用蓄电池和应急蓄电池充电,但需要设置必要的控制电路实现正常和应急供电的切换。

★规划各充放电板的供电设备,填写表4.1.4。

表4.1.4 案例船由充放电板供电负载列表

序号	充放电板名称及代号	充放电板供电来源	供电设备名称	备注
1				
2				

步骤三:绘制船舶电力一次系统草图

根据以上步骤中选择的电网主接线,电网结构以及配电设备的规划,参照图3.1.1简要绘制表示电源、主配电板、应急配电板和主要负载之间连接关系的电力一次系统图草图。

提示:在图3.1.1的基础上需将直接与主配电板、应急配电板连接的用电设备标识出来,同时注意需将变压器等电力变换装置一并标识。

步骤四：绘制船舶电力二次系统草图

根据以上步骤中用电设备供配电层级的划分，绘制船舶电力二次系统图草图。注意：仅表示各分电箱、充放电板、组合启动屏等配电设备与其供电负载之间的供配电连接关系即可。

任务评价

任务完成情况评价标准及评分见表4.1.5,任务总结反思见表4.1.6。

表4.1.5 任务评价表

评价类型	赋分	评价指标	分值	得分		
				自评	组评	师评
职业能力	50	正确识别船舶用途和类型	5			
		合理规划船舶电网结构	5			
		合理选择船舶电网主接线形式	5			
		主配电板直接供电设备划分合理	5			
		应急配电板直接供电设备划分合理	5			
		分电箱规划及其供电设备规划合理	5			
		充放电板规划及其供电设备规划合理	5			
		电力一次系统图草图绘制正确	10			
		电力二次系统图草图绘制正确	5			
职业素养	30	操作规范、精益求精	10			
		协作互助、解决问题	10			
		思辨和持续改进优化能力	10			
劳动素养	10	坚持出勤、遵守纪律	5			
		报告完整、工位整洁	5			
思政素养	10	感悟交通强国理念,认识自己在实现中华民族伟大复兴征程上的责任	5			
		感悟“精益、专注”的工匠精神	5			

表4.1.6 总结反思

目标达成: 知识☆☆☆☆☆ 技能☆☆☆☆☆ 素养☆☆☆☆☆	
学习收获:	教师寄语:
问题反思:	

课后任务

1. 问答与讨论

(1)总结船舶电网有哪几种基本接线方式,各有什么特点。

(2)查阅资料,讨论单母线分断主接线中,如何选择分断处是采用隔离开关、负荷开关还是断路器?

2. 巩固与提高

某大型海洋工程船采用电力推进动力形式,电网中大功率负载为两台推进电机、四台大功率工程机械驱动电机,请大家思考以提高可靠性为目的,本船电网应采取什么结构和主接线,并尝试绘制草图。

任务 4.2　船舶电缆的选择

任务引入

在日常生活中,电线作为实现电气连接的常见部件,广泛应用于各类家电设备,如电灯、插座等,为人们所熟知。然而,与电线功能相近但构造更为复杂的电缆,却相对陌生。电缆由一根或多根相互绝缘的导体及外包绝缘保护层构成,主要用于电力或信息的传输。其结构通常是由几组导线绞合而成,各导线间相互绝缘并围绕中心扭成,整体外部包裹高度绝缘的覆盖层。

船用电缆作为电缆的一种特殊类型,在船舶电力与信息传输系统中占据关键地位。其结构主要包含导电芯线、电气绝缘层以及防护套三部分。在船舶运行过程中,各类设备的稳定运行依赖于船用电缆的可靠性能。因此,科学、合理地选择船舶电缆,成为保障船舶安全稳定航行的重要环节。

任务描述

船舶电缆的选择

(1)根据任务 4.1 中的电力系统图,整理各用电设备连接电缆的敷设和使用要求;

(2)选择电缆型号,确定电缆类型、燃烧特性、导电芯线和绝缘材料等性能;

(3)计算整理各导体实际工作电流并修正,选择合适的电缆截面积。

学习目标

知识目标：

(1)理解电缆与线缆的区别，熟悉电缆的结构及特性；
(2)了解电缆型号的命名方法及不同型号电缆的适用场景；
(3)了解电缆选择原则、流程及内容；
(4)了解电缆选择时的特殊场景。

技能目标：

(1)能够根据电缆实物截面图正确说出各部分名称；
(2)能够正确识读电缆型号，并说明其适用场景；
(3)能够根据任务需求正确选择电缆的绝缘材料、导体、防护套材料、燃烧特性、额定电压和电缆芯数；
(4)能够正确计算负载电流并选择合适的电缆截面积，并进行修正。

育人目标：

(1)理解电缆正确选择对船舶电站安全稳定运行的重要影响，强化“安全、稳定”的责任意识；
(2)在计算负载电流选择电缆截面积时，培养“细致、严谨”的工匠精神，提升综合职业素养。

知识准备

1. 船舶电缆的结构

(1)电缆与电线的区别

电缆与电线在结构和用途上是有区别的，电线的芯线外层只覆有保证电气绝缘用的绝缘层，电缆则除了电气绝缘层外还有用以防止外界各种因素(火、油、水、机械力等)危害的防护套。船舶电网中绝大部分采用的是电缆，而电线仅用作电气设备的内部接线和一部分生活舱室的照明线路。

(2)船舶电缆的构造和性能

电缆在结构上主要由导电芯线、电气绝缘层、防护套三部分组成。

★导电芯线

导线芯线用于传导电流，多由不少于 7 根的圆形软铜丝绞合而成(控制电缆允许单股形式)。电气绝缘层用于将各导电芯线进行电气绝缘，防止芯线间短路或接地。防护套层的作用是保护电缆免受油水、化学腐蚀。为了增强机械强度和抗干扰能力，在防护层外可再加一层铠装层。

电力电缆有单芯、双芯、三芯和多芯等不同种类，船舶电力系统中使用最多的是双芯和三芯电缆。双芯用于直流和单相交流线路，三芯用于三相交流线路，控制、通信或仪表电缆一般采用对绞电缆，芯数较多，多达数十芯，对绞电缆具有很好的屏蔽功能。图 4. 2. 1 所示为船用 3 芯电力电缆的结构示意图。

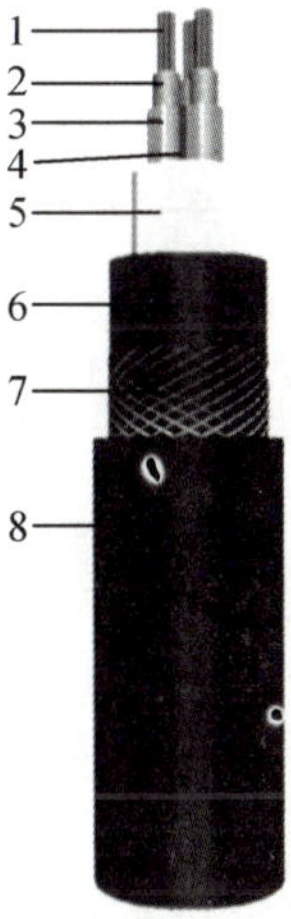

1—导体；2—绝缘层；3—线芯屏蔽；4—填充物；5—绕包带；6—内护套；7—铠装层；8—外护套。

图 4. 2. 1　船用电力电缆结构示意图

电缆芯线截面是指其中一根芯线的截面积，以平方毫米为单位。船用电力电缆的最小截面积为 1 mm^2，大的可达 300 mm^2 以上，但截面大了不便于安装，在实际中常用较细的电缆并联予以代替。

★电气绝缘层

电缆电气绝缘层包括芯线绝缘层、线芯屏蔽、填充物及绕包带等。

芯线绝缘层的材料常用橡胶类、塑料类和矿物类，例如乙丙橡胶（EPR）、硅橡胶（SR）、聚氯乙烯（PVC）、交联聚乙烯（XLP）、天然-丁苯橡胶（NR-SBR）等。线芯屏蔽层常用铜丝编织而成。填料物用于填充芯线之间的空隙，常采用纤维质（麻、石棉、玻璃纤维）或类橡胶物质（再生胶、非硫化胶、塑料）。绕包带用来紧固芯线，以避免安装过程中芯线间错位太大。

★防护套

防护套分为内护套、铠装层和外护套等。

内护套常用材料有氯丁橡胶（PCP）、聚氯乙烯（PVC）及氯磺化聚乙烯（CSP）护套。

铠装层常用镀锡铜丝、镀锌钢丝或其他金属丝编织而成，也可作电气屏蔽。也有采用非金属纤维编织铠装层的，非金属纤维编织层有滞燃作用。

外护套常用聚氯乙烯（PVC）材料。

2. 船用电缆型号及适用场所

船用电缆型号、规格的标准编号如下所示：

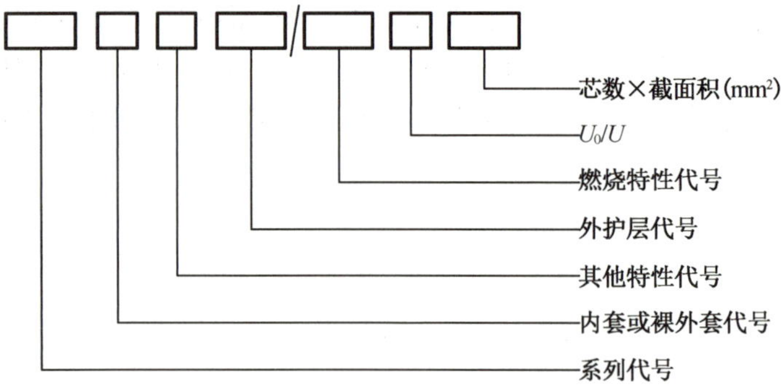

★系列代号

电缆系列代号由开始代号、导体代号和绝缘代号构成。

①开始代号

开始代号表示缆线的用途种类,由 1~2 位字母表示,其含义如表 4.2.1。

表 4.2.1　系列代号中的开始代号

开始代号	缆线的用途	开始代号	缆线的用途
C	船用电力电缆	CH	船用通信电缆
CK	船用控制电缆	CB	船用电线

②导体代号

导体代号由一位字母表示。若是铜芯导体(T——表示铜芯导体)在电缆型号中将被省略。船用电缆电线的芯线仅用铜质材料作导体,因此电缆型号中看不到导体代号。

③绝缘代号

绝缘代号由一位字母表示,绝缘代号含义如表 4.2.2。

表 4.2.2　系列代号中的绝缘代号

绝缘代号	热固性绝缘	绝缘代号	热固性绝缘	绝缘代号	热塑性绝缘
E	乙丙橡胶	S	硅橡胶	V	聚氯乙烯
J	交联聚乙烯	X	天然丁苯橡胶		

综上所述,系列代号如表 4.2.3 所示。

表 4.2.3　系列代号

绝缘种类	船用电力电缆	船用控制电缆	船用通信电缆
乙丙绝缘 聚氯乙烯绝缘 天然-丁苯绝缘 交联聚乙烯绝缘 硅橡皮绝缘	CE CV CX CJ CS	CKE CKV CKX	CHE CHV

注:船用电线代号为 CB。

★防护层代号

防护层代号表示电缆的内护套、铠装层及外护套的形式,如表 4.2.4 规定。

表 4.2.4　内护套、铠装及外护套的代号

代号	内护套形式	代号	铠装形式	代号	外护套形式
V	聚氯乙烯	0	无	0	无
F	氯丁橡胶	2	双钢带	2	聚氯乙烯
H	氯磺化聚乙烯	3	细钢丝	5	交联聚烯烃(热固型)
PF	聚烯烃(热塑型)	8	铜丝编织	6	聚烯烃(热塑型)
PJ	交联聚烯烃(热固型)	9	钢丝编织		

★特性代号

①燃烧特性代号

在火焰条件下的燃烧特性代号如表 4.2.5 规定。

表 4.2.5　燃烧特性代号

代号	燃烧特性定义	代号	燃烧特性定义
D	单根燃烧	A	有烟、有酸、有毒
S	成束燃烧	B	低烟、低酸、低毒
N	耐火(单根燃烧)	C	无卤、低烟、低毒

②其他特性代号

R——软电缆或软电线。

M——水密式电缆。

P——各芯线屏蔽。

★U_0/U(额定电压)

U_0/U 是电缆的额定电压(控制电缆和通信电缆的型号中可省略此项)。其中,U_0 是指导体对地(金属屏蔽)的额定电压,即相电压,也指电缆在单相线路的额定电压;U 是指导体之间的额定电压,即线电压,也指电缆在三相线路的额定电压。

★电缆型号举例

①电缆型号 CJPF86/SC 0.6/1 kV 3×50 IEC 60332-3A 的含义如下:

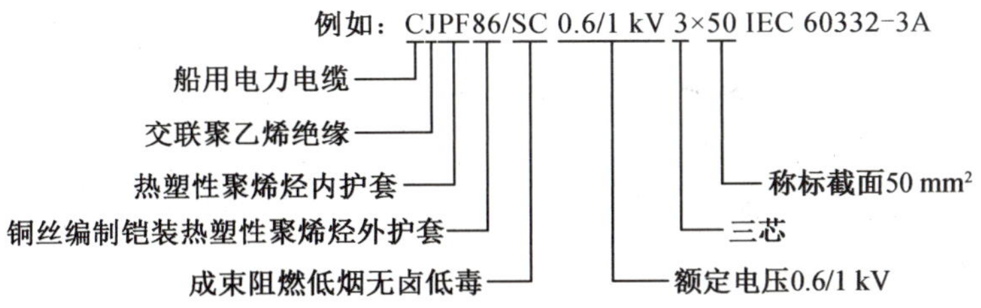

表示电缆是无卤交联聚乙烯绝缘、热塑性聚烯烃内套、铜丝编织铠装、热塑性聚烯烃外套的低烟无卤阻燃船用电力电缆，额定电压 0.6/1 kV，三芯，标称截面 50 mm^2，燃烧特性为 SC 成束阻燃低烟无卤低毒型。“IEC 60332-3A”表示电缆采用的标准号。

②电缆型号 CEH92/DA 0.6/1kV 3×70：表示乙丙橡皮绝缘、氯磺化聚乙烯内套、钢丝编织铠装、聚氯乙烯外套船用电力电缆，额定电压 0.6/1 kV，三芯，70 mm^2，燃烧特性为 SA 型。

3. 电缆的选择原则及流程

海洋及内河船舶应选用船用电缆或满足船舶使用要求的电缆。

船用电缆的选择主要包括两个方面：电缆型号的选择；电缆截面的选择。

(1) 电缆型号的选择原则

根据敷设舱室和区域的环境条件、使用场合以及工作状况，确定绝缘、护套、编织层材料及结构，选择电缆型号。若跨越多个舱室或区域，则应按条件最恶劣和要求最高的情况来选择电缆型号。

(2) 电缆截面积的选择原则

由实际工作电流、同期系数、工作制、环境温度、敷设情况和容许的电压降等确定导体截面积和导体芯数。

选择电缆流程如图 4.2.2 所示。

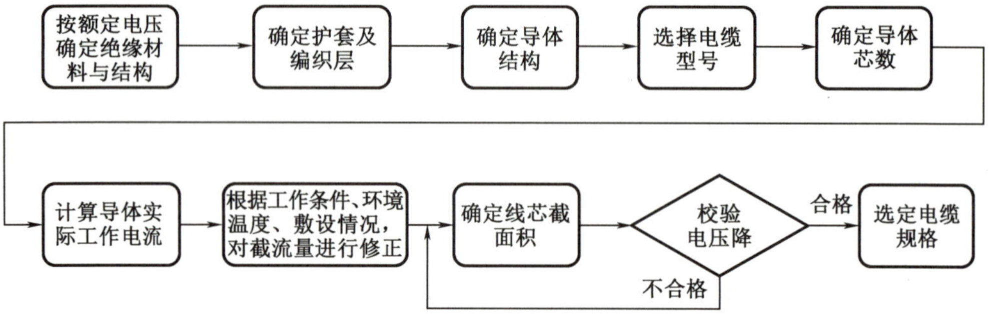

图 4.2.2 选择电缆的流程框图

此外，船用射频电缆的选择除了与上述电力电缆等的要求相同外，还需按照系统设备所规定的工作频率，对电缆的特性阻抗的匹配、传输功率的大小以及允许的衰减等加以选择。

4. 电缆型号的选择

(1) 绝缘材料的选择

在导体材质和截面一定时，电缆载流量的大小主要取决于电缆绝缘材料的耐温等级，即导体长期允许工作温度。在同样的敷设条件下，耐温等级越高，其载流量越大。如果环境温度较高，而选择的电缆绝缘材料耐温等级又较低，将导致载流量的下降，导体铜材的利用率低，很不经济。因此，中国船级社《钢质海船入级规范》规定：“绝缘材料的最高工作温度，应至少比电缆安装场所可能出现的最高环境温度高 10 ℃”。所以，电缆绝缘材料应根据可能出现的最高环境温度按照表 4.2.6 来选取。

表 4.2.6 绝缘材料及其最高工作温度

绝缘材料	导体长期允许工作温度/℃	允许最高环境温度/℃
乙丙橡皮	85	75
交联聚氯乙烯	85	75
硅橡皮	95	85
聚氯乙烯	60	50
矿物	95	85

乙丙橡皮绝缘船用电力电缆在船舶的动力和照明线路中被广泛使用,表 4.2.7 列出了典型的乙丙橡皮绝缘船用电力电缆的型号及主要用途。

表 4.2.7 乙丙橡皮绝缘船用电力电缆的型号及主要用途

型号	名称	主要用途
CEF/DA	乙丙绝缘氯丁护套船用电力电缆,DA 型	固定数设
CEF80/DA	乙丙绝缘氯丁内套裸铜丝编织铠装船用电力电缆,DA 型	固定敷设,用于防干扰场所
CEF90/DA	乙丙绝缘氯丁内套裸钢丝编织铠装船用电力电缆,DA 型	固定敷设,用于防机械损伤场所
CEF82/DA	乙丙绝缘氯了内套铜丝编织铠装 PVC 外套船用电力电缆,DA 型	同 CEF80/DA 型,用于防腐蚀场所
CEF92/DA	乙丙绝缘氯丁内套钢丝编织铠装 PVC 船用电力电缆,DA 型	同 CEF90/DA 型,用于防腐蚀场所
CEH/DA	乙丙绝缘氯磺化聚乙烯护套船用电力电缆,DA 型	同 CEF/DA 型
CEH80/DA	乙丙绝缘氯磺化聚乙烯内套铜丝编织铠装船用电力电缆,DA 型	同 CEF80/DA 型
CEH90/DA	乙丙绝缘氯磺化聚乙烯内套钢丝编织铠装船用电力电缆,DA 型	同 CEF90/DA 型
CEH82/DA	乙丙绝缘氯磺化聚乙烯内套铜丝编织铠装 PVC 外套船用电力电 缆,DA 型	同 CEF82/DA 型
CEH92/DA	乙丙绝缘氯磺化聚乙烯内套钢丝编织铠装 PVC 外套船用电力电 缆,DA 型	同 CEF92/DA 型
CEFR/DA	乙丙绝缘氯丁护套船用电力软电缆,DA 型	连接移动电器设备用
CEHR/DA	乙丙绝缘氯磺化聚乙烯护套船用电力软电缆,DA 型	同 CEFR/DA 型

表 4.2.7(续)

型号	名称	主要用途
CEV/DA	乙丙绝缘 PVC 护套船用电力电缆,DA 型	同 CEF/DA 型,但可接触油类
CEV80/DA	乙丙绝缘 PVC 内套钢丝编织铠装船用电力电缆,DA 型	同 CEF80/DA 型,但可接触油类
CEV90/DA	乙丙绝缘 PVC 内套钢丝编织铠装船用电力电缆,DA 型	同 CEF90/DA 型,但可接触油类
CEV82/DA	乙丙绝缘 PVC 内套铜丝编织铠装 PVC 外套船用电力电缆,DA 型	同 CEF82/DA 型,但可接触油类
CEV92/DA	乙丙绝缘 PVC 内套钢丝编织铠装 PVC 外套船用电力电缆,DA 型	同 CEF92/DA 型,但可接触油类

(2)电缆导体的选择

★导体材质

一般电缆的导体材质有铜芯和铝芯两类,由于在连接的可靠性、耐腐蚀性和抗火灾性上,铜芯电缆比铝芯电缆优越,因此船用电缆不允许使用铝芯材质,必须采用铜芯电缆。

★电缆的弯曲性能

电缆的弯曲性能与导体结构有很大关系,在相同截面积下,组成导体的铜丝越细,根数越多,则电缆越柔软,故船用电缆标准把电缆的弯曲性能划分为一般(固定敷设)、软(移动用)和特软(可多次重复弯曲和扭转)三种。对于固定敷设应选用一般硬度的电缆,如 CEF80/DA 适用连接固定电气设备;对于一般性移动设备应选用软电缆(在型号中特性符号字母为 R),如 CEFR/DA 适用于连接移动电气设备;对于移动频繁或重复扭转使用的应选用船用特软电缆,如 CRHF 适用于连接频繁移动、回转或摆动的电气设备。

因此,可携式电气设备及岸电供电电缆均应采用软电缆或特软电缆。

(3)防护套材料的选择

选择电缆外护层材料时,应着重考虑对每根电缆在安装和使用时可能受到的机械作用。对于易受机械损害处的电缆,需采用钢带铠装的电缆;对于承受较大纵向拉力的电缆,应采用钢丝铠装的电缆。

固定敷设在露天甲板、浴室、货舱、冷藏舱、机器处所以及其他可能产生有凝结水或有害气体(例如:油蒸气)等处所的电缆应具有金属不透性护套或非金属不透性护套(例如:聚氯乙烯、氯丁橡皮、氯磺化聚乙烯等)。

在永久性潮湿处所,应采用不吸潮绝缘材料的电缆或者采用金属护套。

如果认为外护层的机械强度还不够,则可考虑将电缆安装在管子、管道或电缆槽内,或采取其他防护措施。

(4)燃烧特性的选择

所有电气设备以外的电缆及布线至少应为滞燃型的。在失火状况下,必须维持工作的重要设备的电缆,如连接应急消防泵至应急配电板的电缆,若穿过较大失火危险区域,则应采用耐火型电缆。

在客船上的旅客处所和服务处所，只应安装无卤电缆。

(5)额定电压

电缆的额定电压应不低于它所在电路的最高工作电压。这一点问题不大，普通船用电力电缆的耐压等级可达 0.6~1 kV，完全适用于一般低压船舶电力系统。应注意的是有些船舶若采用中压电力系统，额定电压在 3~11 kV，则应选用对应的中压电缆。

(6)电缆芯数

电缆芯数由电网的线制及用电设备情况决定。对于电力电缆，按其实际使用芯数选取，如各种动力设备的电动机用电缆应采用三芯电缆，单相或照明灯具及家电的用户电缆则应采用双芯电缆等。对于控制通信电缆，可按实际使用芯数或对数再加上适当备用芯数来选取。选择多芯控制电缆时，应考虑备用芯线。一般实用 2~4 芯线需备用 1 芯，实用 5~16 芯需备用 2 芯，实用 17~37 芯需备用 2~4 芯。

5. 电缆截面积的选择

船舶电缆和导线的截面积必须满足发热条件(载流量)、电压损耗和机械强度的要求。在实际应用中电缆和导线截面的选择，往往根据线路的实际情况，先以一个条件为主选择电缆的截面，再按其他条件进行校验。

在实践中，选择电缆截面有两种方法：

①先根据电缆的发热条件选择电缆截面，然后根据线路上电压损耗等条件进行校验，若校验不合格，则须适当加大截面，然后再校验，直到合格为止。

②根据电压损耗选择电缆截面，然后根据发热条件进行校验。

通常，船舶电缆的选择采用第一种方法居多，具体如下：

(1)按载流量选择电缆截面积(发热条件)

电流通过导线时将会发热，导致温度升高。绝缘导线和电缆的温度过高时，可使绝缘损坏，甚至引起火灾，为保证电路安全可靠，导线和电缆的正常发热温度不能超过其允许值。

电缆和导线在通过正常最大负荷电流时产生的发热温度，不应超过其正常运行时的最高允许温度。即通过电缆的负载电流应小于其允许载流量。

$$I_L \leqslant I_C \tag{4.1}$$

式中　I_L——电缆中长期流过的最大工作电流；

　　　I_C——电缆的载流量。

★电缆负载电流的计算

根据用电设备的额定功率、额定电压、工作状态(连续、短时、重复短时)、电流种类(交流或直流)、电缆芯数、功率因数、负荷系数和同时系数，确定通过电缆的实际负载电流。

①电缆为单个设备供电的负载电流计算

直流设备负载电流

$$I = K_3 \frac{P_N \times 10^3}{U_N \eta} \tag{4.2}$$

三相交流设备负载电流

$$I=K_3\frac{P_N\times10^3}{\sqrt{3}U_N\eta\cos\varphi} \tag{4.3}$$

式(4.2)和式(4.3)中　K_3——负载系数,其定义为实际机械功率与电动机额定功率之比,无法确定时取最大值 $K_3=1$;

P_N——额定功率, kW;

U_N——额定电压,V;

$\cos\varphi$——负载的功率因数;

η——负载的效率。

②电缆为多路馈电线路(设备)供电的负载电流计算

如图 4.2.3 所示为电缆向分配电箱供电的电缆连接示意图,分电箱各馈电线路的额定工作电流分别为 I_1、I_2、I_3、I_4,备用预留馈电线路电流分别为 I_b,I 为分配电箱干线电缆的计算电流。

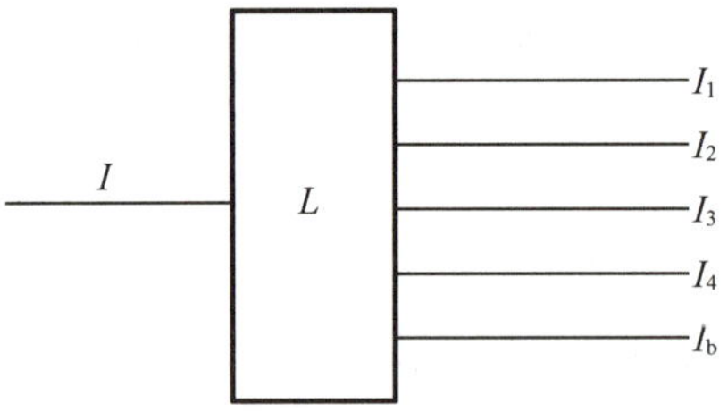

图 4.2.3　分配电箱的连接电缆示意图

$$I=K_0\sum_{i=1}^{n}(I_iK_i)+I_b \tag{4.4}$$

式中　i——用电设备负载的序号,$i=1,2,3,4,\cdots,n$;

K_i——各用电设备的负载系数;

K_0——负载的同时工作系数;

I——用电设备的额定工作电流。

★电缆载流量的查询

特别注意,式(4.1)中电缆的载流量表征的是:在特定的条件下,电缆导线所能长时间承载的最大电流的数量。特定条件是指电缆绝缘材料的长期允许工作温度、电缆所处的环境温度、导体中流过电流的工作制和电缆的敷设条件等因素。

在导体长期允许工作温度为 75 ℃、环境温度为 45 ℃条件下,聚氯乙烯 PVC 绝缘电缆连续工作制的载流量如表 4.2.8 所示。

表 4.2.8　聚氯乙烯 PVC 绝缘电缆连续工作制的载流量(导体长期允许工作温度 75 ℃,环境温度 45 ℃)

截面积/mm^2	1 芯	2 芯	3 或 4 芯	截面积/mm^2	1 芯	2 芯	3 或 4 芯
1	13	11	9	50	150	128	105

表 4.2.8(续)

截面积/mm²	1 芯	2 芯	3 或 4 芯	截面积/mm²	1 芯	2 芯	3 或 4 芯
1.5	17	14	13	70	190	162	133
2.5	24	20	17	95	230	196	161
4	32	27	22	120	270	230	189
6	41	35	28	150	310	264	217
10	57	48	40	185	350	298	245
16	76	65	53	240	415	353	291
25	100	85	70	300	475	404	332
35	125	106	88				

中国船级社《钢质海船入级规范》中列出如表 4.2.9 所示的以绝缘材料最高工作温度为基础而规定的电缆连续工作时的电流定额。如根据经验或者计算得出的数据对电流定额进行更精确的估定时,则可将详细内容提交 CCS 批准。

表 4.2.9　电缆连续工作时的电流定额(基准环境温度 45 ℃)(A)

	绝缘								
	热塑性复合物			热固性复合物			硅橡胶和矿物绝缘		
	导体最高温度 70 ℃			导体最高温度 90 ℃			导体最高温度 95 ℃		
截面积/mm²	1 芯	2 芯	3 或 4 芯	1 芯	2 芯	3 或 4 芯	1 芯	2 芯	3 或 4 芯
1	12	10	8	16	14	11	20	17	14
1.5	15	13	11	23	20	16	26	22	18
2.5	21	18	15	40	26	21	32	27	22
4	29	25	20	51	34	28	43	37	30
6	37	31	26	52	44	36	55	47	39
10	51	43	36	72	61	50	76	65	53
16	68	58	48	96	82	67	102	87	71
25	90	77	63	127	108	89	135	115	95
35	111	94	78	157	133	110	166	141	116
50	138	117	97	196	167	137	208	177	146
70	171	145	120	242	206	169	256	218	179
95	207	176	145	293	249	205	310	264	217
120	239	203	167	339	288	237	359	305	251
150	275	234	193	389	331	272	412	350	288

表 4.2.9(续)

	绝缘								
	热塑性复合物			热固性复合物			硅橡胶和矿物绝缘		
	导体最高温度 70 ℃			导体最高温度 90 ℃			导体最高温度 95 ℃		
截面积/mm^2	1 芯	2 芯	3 或 4 芯	1 芯	2 芯	3 或 4 芯	1 芯	2 芯	3 或 4 芯
185	313	266	219	444	377	311	470	400	329
240	369	314	258	522	444	365	553	470	387
300	424	360	297	601	511	421	636	541	445

★电缆载流量的修正

手册和产品样本(如上表)所列的载流量表是在特定的环境温度和敷设条件下的载流量数据。按电缆允许载流量选择电缆截面时,要求电缆修正后的载流量应大于电缆可能承载的最大长期工作电流。载流量的修正是将样本数据乘以相应的修正系数,得到实际条件下的容许载流量。载流量修正的内容主要有环境温度、成束敷设、多芯电缆、短时工作制和重复短时工作制等因素。

①环境温度修正

当电缆周围环境温度高于或低于手册和产品样本数据的标准温度(如表 4.2.8 中 45 ℃)时,电缆的载流量也将随之减少或增加,此时需将标准环境温度条件下的允许载流量修正到实际环境温度条件下的允许载流量,其温度修正系数可按式(3-13)进行计算,或查表 4.2.10 获得。

表 4.2.10 不同环境温度时的修正系数

导体最高工作温度/℃	不同环境温度/℃										
	35	40	45	50	55	60	65	70	75	80	85
60	1.29	1.15	1.00	0.82	—	—	—	—	—	—	—
65	1.22	1.12	1.00	0.87	0.71	—	—	—	—	—	—
70	1.18	1.10	1.00	0.89	0.77	0.63	—	—	—	—	—
75	1.15	1.08	1.00	0.91	0.82	0.71	0.58	—	—	—	—
80	1.13	1.07	1.00	0.93	0.85	0.76	0.65	0.53	—	—	—
85	1.12	1.06	1.00	0.94	0.87	0.79	0.71	0.61	0.50	—	—
90	1.10	1.05	1.00	0.94	0.88	0.82	0.74	0.67	0.58	0.47	—
95	1.10	1.05	1.00	0.95	0.89	0.84	0.77	0.71	0.63	0.55	0.45

②成束敷设时的修正系数

在单独的管道、电缆槽内,或者敷设中虽然未被封闭但相互间不可分开的两根或两根以上的电缆,称为电缆束。

对于 5 根以下成束在导板、护管或电缆槽内敷设的电缆,一般不要修正,可直接采用标准条件下的载流量。当超过 6 根的电缆束以额定电流同时工作时,因成束敷设的电缆相互紧靠在一起,影响了周围空气的自由循环,则需要用对标准条件下载流量进行修正,其修正系数为0.85。通常电缆束的层数不超过两层或高度不超过50 mm^2,否则上述规定不再适用。

③多芯电缆的修正系数

对于5芯及以上多芯电缆,其载流量也将随电缆芯数的增多而下降,因此需要对标准条件下的载流量进行修正,如表4.2.11所示。

表4.2.11 多芯电缆的修正系数

芯数	修正系数
5~6	0.56
7~24	0.49
25~42	0.42
≥43	0.35

注:考虑到同时工作系数,表列的系数可适当放宽。

④短时工作制的修正系数

电缆手册和样本给出的载流量往往是连续工作制条件下的载流量,当电缆及导线中通过的电流是短时工作制时,需将连续工作制条件下的载流量修正到短时工作制条件下的允许载流量。短时工作制的修正系数采用IEC92-352的规定,如表4.2.12所示。

表4.2.12 短时工作制的修正系数

截面积/mm^2	0.5 h工作制			1 h工作制		
	1芯	2芯	3芯	1芯	2芯	3芯
1	1.06	1.08	1.08	1.06	1.06	1.06
1.5	1.06	1.08	1.08	1.06	1.06	1.06
2.5	1.06	1.08	1.08	1.06	1.06	1.06
4	1.06	1.08	1.08	1.06	1.06	1.06
6	1.06	1.08	1.10	1.06	1.06	1.07
10	1.06	1.10	1.10	1.06	1.07	1.07
16	1.08	1.10	1.10	1.07	1.07	1.07
25	1.08	1.16	1.16	1.07	1.08	1.08
35	1.08	1.16	1.22	1.07	1.08	1.10
50	1.10	1.22	1.30	1.07	1.10	1.13
70	1.10	1.30	1.38	1.07	1.13	1.16
95	1.16	1.38	1.38	1.08	1.16	1.16
120	1.16	1.49	1.49	1.08	1.22	1.22
150	1.16		1.49	1.08		1.22
185	1.22		1.64	1.10		1.30
240	1.22			1.10		
300	1.30			1.15		

注:表中值是根据IEC92-352提供曲线的换算值。

在 0.5 h 和 1 h 短时工作制的电动机或其他设备所使用的电缆，其实际载流量应将电缆连续工作制的载流量乘以对应的修正系数加以修正(载流量有所提高)。

⑤重复短时工作制的修正系数

根据 IEC92-352 提供的曲线，按截面档次测算得到重复短时工作制的修正系数如表 4.2.13 所示。

表 4.2.13　重复短时工作制的修正系数

截面积 /mm^2	1 芯	2 芯	3 芯	截面积 /mm^2	1 芯	2 芯	3 芯
1	1.18	1.33	1.33	50	1.41	1.48	1.50
1.5	1.18	1.33	1.33	70	1.41	1.52	1.52
2.5	1.18	1.33	1.33	95	1.45	1.52	1.53
4	1.18	1.33	1.41	120	1.45	1.53	1.53
6	1.18	1.41	1.41	150	1.45		1.54
10	1.18	1.41	1.41	185	1.48		1.54
16	1.33	1.41	1.45	240	1.48		
25	1.33	1.45	1.48	300	1.50		
35	1.33	1.48	1.48				

注：重复短时工作制的周期为 10 min，其中 4 min 承受恒定负载，6 min 空载。

(2)按电压损耗条件校验电缆截面积

电流通过导线时，除产生电能损耗外，由于电路上有电阻和电抗，还会产生电压损耗。当电压损耗超过一定范围后，用电设备端的电压不足，将严重影响用电设备的正常运行。为了保证用电设备端的电压质量，电缆和导线在通过正常最大负荷电流即计算电流时产生的电压损耗，不应超过正常运行时允许的电压损耗，以满足运行质量要求和经济要求。因此，必须校验电缆或导线的电压损耗，当校验的电压损耗超过允许值时，可以通过增大导线或电缆截面来解决。

电压损耗是指线路的始端电压 U_1 与终端电压 U_2 有效值的代数差，即 $\Delta U = U_1 - U_2$。由于电压等级的不同，电压损耗的绝对值 ΔU 并不能确切地反映电压损耗的程度，工程上通常用 ΔU 与额定电压的百分比来表示电压损耗的程度，即

$$\Delta U\% = \frac{U_1 - U_2}{U_N} \times 100\% \tag{4.5}$$

中国船级社《钢质海船入级规范》规定：“当电缆在正常工作条件下承载电气设备所需的最大电流时，从主配电板或应急配电板的汇流排到任何安装点的电压降，应不大于额定电压的 6%。由蓄电池供电其电压不大于 50 V 者，馈电线路的电压降应不大于标称电压的 10%，对于航行灯、信号灯的电压降应不大于蓄电池标称电压的 6%。”

表 4.2.14 线路电压损耗的允许值 $\Delta U\%$

电源类型	线路用途	电压损耗允许值 $\Delta U\%$
交流 380 V、220 V 主电源或应急电源	电力(动力和照明等)线路	6%
不超过 50 V 的蓄电池电源	供电的直流线路	10%
	航行灯信号线路	6%

★直流电网电压损耗的计算方法

对于如图 4.2.4 所示的船舶直流电力网络,如以 R 表示单线的电阻,则当负荷电流为 I 时,线路电压降为

$$\Delta U=\frac{2IR}{U}=\frac{2IL}{\gamma SU}=\frac{2PL}{\gamma SU^2}\times10^3 \tag{4.6}$$

式中 ΔU——电压损耗,V;

P——负载功率,kW;

I——负载电流,A;

L——电缆长度,m;

S——电缆截面积,mm^2;

R——单根导线的电阻,Ω;

γ——导电率,S/m。

20 ℃时铜的导电率 $\gamma_0=54\ m/(\Omega\cdot mm^2)$,其他温度 t 时可根据下式修正:

$$\frac{1}{\gamma}=\frac{1}{\gamma_0}[1+0.004(t-20\ ℃)] \tag{4.7}$$

式中,0.004 为铜的温度系数。

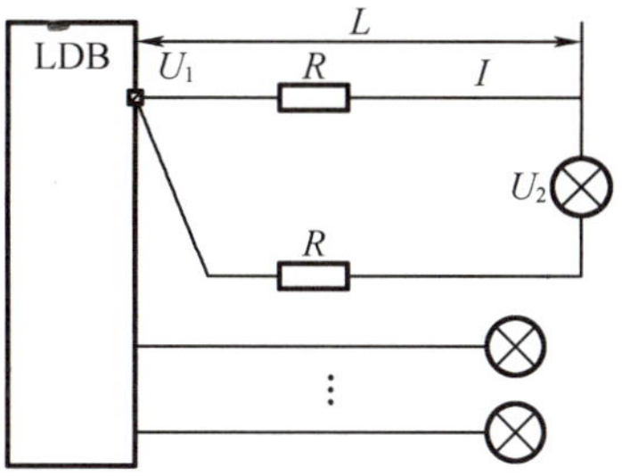

图 4.2.4 直流负载供电示意图

★单相交流电网电压损耗的计算方法

单相交流电网一般为二线制回路,图 4.2.5 为电压损耗计算式的电路图和向量图。

计算交流电压损耗时,不能与直流电网一样忽略线路的电抗。对直流来说,电压降就等于电压损失。交流电网线路的电压降是 U_1 与 U_2 的相量差;电压损耗则是 U_1 与 U_2 的代数差。在工程计算中,U_1 的大小可近似地用它在 U_2 上的投影 Od 表示,所以电压损耗可近似地用 ad 线段来表示,则有

$$\Delta U=U_1-U_2\approx ad=ae+ed=2IR\cos\varphi+2IX\sin\varphi \tag{4.8}$$

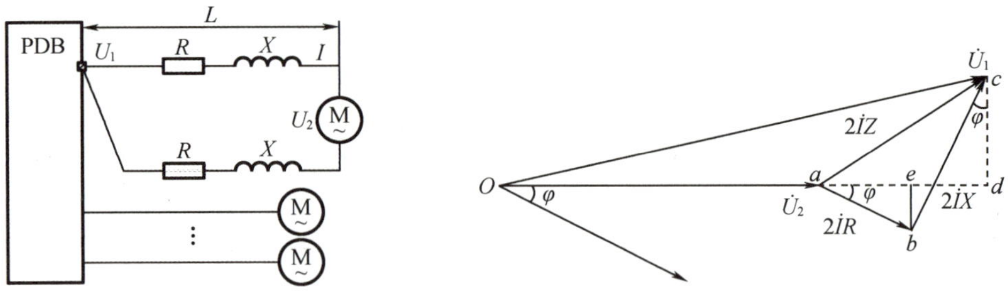

(a) 电路图　　(b) 相量图

图 4.2.5　单相交流电网电压损耗计算式的电路图和向量图

由于船舶电网的距离较短，当电缆的截面积较小时，电缆的电阻值远大于电抗值，故电抗可忽略不计，即

$$\Delta U\approx 2IR\cos\varphi=\frac{2IL}{\gamma S}\cos\varphi \tag{4.9}$$

当负载功率 P(kW)已知时，有

$$\Delta U\approx\frac{2PL}{\gamma SU^2}\cos\varphi\times 10^3 \tag{4.10}$$

★三相交流电网电压损耗的计算方法

三相交流电网线路的电压损耗计算公式，可在单相交流电网线路的电压损耗计算公式的基础上加以修正得到。由于三相负载一般都是对称均衡的(如电动机负载)，因而各相电压的电压损失也是相等的。三相电路中的线电压损失等于相电压损失的$\sqrt{3}$倍。此外，单相电路的计算公式中，线路长度要乘系数 2，而对三相线路该系数应改为 1。

$$\Delta U_{线}=\sqrt{3}\,\Delta U_{相}=\sqrt{3}\,(U_{a1}-U_{a2})=\sqrt{3}\,I(R\cos\varphi+X\sin\varphi) \tag{4.11}$$

若不计电抗，则

$$\Delta U_{线}\approx\sqrt{3}\,IR\cos\varphi=\frac{\sqrt{3}\,IL}{\gamma S}\cos\varphi \tag{4.12}$$

用百分率表示为

$$\Delta U_{线}\%\approx\frac{\sqrt{3}\,IL}{\gamma SU_{线}}\cos\varphi\times 100\% \tag{4.13}$$

当负载功率 P(kW)已知时，有

$$\Delta U_{线}\%\approx\frac{PL}{\gamma SU_{线}^2}\cos\varphi\times 10^5\% \tag{4.14}$$

★不同线路电压降的计算公式

表 4.2.15 给出了各种线路电压降的计算公式，供计算时参考。

表 4.2.15 电压降计算公式

网络分类			以电压值伏(V)表示		以百分数(%)表示	
			已知电流/A	已知功率/kW	已知电流/A	已知功率/kW
基本公式	直流网络		$\frac{2IL}{\gamma S}$	$\frac{2PL}{\gamma SU}\times10^3$	$\frac{2IL}{\gamma SU}\times10^2$	$\frac{2PL}{\gamma SU^2}\times10^5$
	单相交流网络		$\frac{2IL}{\gamma S}\cos\varphi$	$\frac{2PL}{\gamma SU}\times10^3$	$\frac{2IL}{\gamma SU}\cos\varphi\times10^2$	$\frac{2PL}{\gamma SU^2}\times10^5$
	三相交流网络		$\frac{\sqrt{3}IL}{\gamma S}\cos\varphi$	$\frac{PL}{\gamma SU}\times10^3$	$\frac{\sqrt{3}IL}{\gamma SU}\cos\varphi\times10^2$	$\frac{PL}{\gamma SU^2}\times10^5$
计算公式	直流网络	24 V	$0.037\frac{IL}{S}$	$1.534\frac{PL}{S}$	$0.1543\frac{IL}{S}$	$6.43\frac{PL}{S}$
		110 V	$0.037\frac{IL}{S}$	$0.337\frac{PL}{S}$	$0.0337\frac{IL}{S}$	$0.306\frac{PL}{S}$
		220 V	$0.037\frac{IL}{S}$	$0.168\frac{PL}{S}$	$0.0168\frac{IL}{S}$	$0.0765\frac{PL}{S}$
	单相交流网络	24 V	$0.037\frac{IL}{S}\cos\varphi$	$1.534\frac{PL}{S}$	$0.1543\frac{IL}{S}\cos\varphi$	$6.43\frac{PL}{S}$
		110 V	$0.037\frac{IL}{S}\cos\varphi$	$0.337\frac{PL}{S}$	$0.0337\frac{IL}{S}\cos\varphi$	$0.306\frac{PL}{S}$
		220 V	$0.037\frac{IL}{S}\cos\varphi$	$0.168\frac{PL}{S}$	$0.0168\frac{IL}{S}\cos\varphi$	$0.0765\frac{PL}{S}$
	三相交流网络	380 V	$0.032\frac{IL}{S}\cos\varphi$	$0.0487\frac{PL}{S}$	$0.0084\frac{IL}{S}\cos\varphi$	$0.0128\frac{PL}{S}$

注：表中 I 为负载电流(A)；P 为负载功率(kW)；S 为导线截面积(mm^2)；U 为额定电压(V)；L 为电缆长度(m)；γ 为铜导电率[54 m/(Ω · mm^2)]。

(3)满足机械强度要求

电缆和导线应具有足够的机械强度,满足电缆安装和使用时拉力等机械负荷要求,截面不应小于其最小允许截面。

中国船级社《钢质海船入级规范》规定:"船用电力及照明电缆的最小截面积应不小于1.0 mm^2。船用通信电缆及用于自动控制的信号电缆最小截面积应不小于0.5 mm^2。"电缆线路的最小允许截面如表4.2.16所示。

表4.2.16 电缆线路最小允许截面

线路的用途	线路芯线的最小截面/mm^2
电力(动力和照明)电缆	1.0
控制电缆	0.75
一般通信电缆	0.5
非重要通信电缆	0.3

经验证明,一般10 kV及以下线路和低压动力线路,通常先按发热条件选择截面,再校验电压损耗和机械强度。对较长的低压照明线路,因其对电压线路电压损耗较大,故通常先按允许电压损耗进行选择,再校验发热条件和机械强度。对于机械强度条件,由于较直观,且可通过选择电缆护层的铠装形式加以弥补,因此仅作为校验条件。按上述经验选择计算,比较容易满足要求,较少返工。此外,对于电力电缆有时还必须校验短路时的热稳定性,看其在短路电流作用下的温升是否会造成电缆损坏。

5. 船舶电缆选择的特殊要求

在选择船用电缆时,除了遵循上述的选择条件外,还必须符合规范的具体规定。根据中国船级社《钢质海船入级规范》《内河钢船建造规范》等规范及中国海事局发布的《国内航行海船法定检验技术规则》等法规对船用电缆选择与使用的具体要求,结合作者多年工程实践经验,将船舶电缆选择中需要特别注意的事项的特殊要求归纳如下:

(1)交流三相三线系统一般采用三芯电缆,当电缆截面较大(一般为单芯截面积70 mm^{2}及以上),通用电缆规格的载流量不满足线路工作电流或电缆截面积过大,弯曲半径过大造成安装不便时,可以采用两根或多根电缆并联使用。

注意:只有导体截面积大于或等于10 mm^{2}的电缆才允许并联使用。并联使用的电缆应具有相同的规格(阻抗、截面积、材料、最高工作温度等)和长度,并联后的载流量为所有并联电缆载流量之和。

例如,某船舶发电机至主配电板的连接电缆采用两根芯数为3,截面积为95 mm^{2}的电缆并联使用,则在电力系统图中该线路电缆规格标记书写为"2(3×95)"。

(2)电缆所能承载的最大连续负载,应不超过该电缆经过校正系数校正后的标称电流。在估算最大连续负载时,可以考虑各个负载需用系数和最大负载的持续时间。

(3)发电机至主配电板(或应急配电板)的连接电缆,按发电机额定电流的100%来选择。电动机的连接电缆包括启动器在内,其截面积的大小一般按电动机额定电流的100%

来选择。

(4)直流发电机均压线电缆的截面积应不小于主电路电缆截面积的50%。相复励自励恒压交流发电机采用直流均压线时,均压线的截面积应不小于励磁回路连接电缆截面积的50%;采用交流均压线时,其截面积可根据发电机容量大小来选择,但不能小于2.5 mm^2。

(5)三相四线制中性线截面积至少应为相线截面积的50%,当相线截面积小于或等于16 mm^2 时,中性线截面积应与相线截面积相同。

(6)对于航行灯线路应有较小的电压降,以保持其足够的亮度和颜色。

(7)在确定照明电路的电流定额时,每1只灯座应按能与它连接的最大负载计算,但最小为60 W。如灯具的结构只能装接定额低于60 W的灯者,则可除外。每个照明插座应按两个灯座计算。

(8)馈电给起货机或旋转起重机、起锚机及绞缆机的电缆定额,应与工作定额相适应。

(9)进入蓄电池室的蓄电池连接线应选用单芯电缆,以便于连接。

(10)临时应急低压灯具,由于受到填料函尺寸的限制,选用电缆截面不应超过2.5 mm^2;

(11)交流系统中应避免采用单芯电缆,当线路电流超过20 A,且必须用单芯电缆时,要采取一定的预防感应电流的措施,如选用无金属铠装或非磁性材料铠装的电缆。

(12)敷设在冷藏舱内的电缆应具有水密的或不透性的护套,而且应有防止机械损伤的保护措施。聚氯乙烯绝缘或护套的电缆不得在冷藏舱内使用。除非该种聚氯乙烯混合物适合在低温条件下使用。如果铠装是由不耐腐蚀材料制成的,则应采用耐潮和耐低温覆盖层来防止铠装被腐蚀。

(13)所有电缆和电气设备的外接线至少应为滞燃型。

(14)如电缆敷设在有热源的场所,则应采用耐高温的电缆。电缆与蒸汽管、排气管及锅炉等热源的空间距离应不小于100 mm。

(15)如电缆敷设在有油污的场所,则应采用耐油电缆。电缆与油舱(柜)壁的空间距离应不小于50 mm。

(16)电缆及其绝缘导电线芯应能耐受最大短路电流所产生的机械应力和热效应。

任务实施

为任务 4.1 完成的船舶一次系统图草图和二次系统图草图中连接的电缆线选择合适的型号、芯数和截面积规格。

本任务选取一项典型的电缆选择实施。选择电缆的具体实施流程参见图 4.2.2。

步骤一:整理各用电设备连接电缆的敷设和使用要求

(1)负载的基本参数

★额定电压: ★额定功率: ★工作制:

(2)负载设备安装位置及使用要求

★安装位置: ★使用时是否需要经常移动? ★使用时环境温度:

(3)连接电缆敷设情况

★电缆敷设方式:成束敷设?穿管敷设?是否穿过水舱或油舱? ★电缆阻燃及燃烧烟毒要求: ★电缆弯曲半径要求:

步骤二:选择电缆型号

按照供电设备的额定电压、电缆敷设条件及使用要求等,确定电缆类型、燃烧特性、导电芯线和绝缘材料等。

(1)选电缆类型——选择为电力电缆、通信电缆还是控制电缆等。

(2)选电缆导电芯线材质——电解铜、铝等。

(3)选电缆电气绝缘层材质——CE/CV/CX/CJ/CS……

(4)选电缆防护套材质。

★内护套材质——V/F/H/PF/PJ……

★铠装——0/2/3/8/9……

★外护套材质——0/2/6/5……

(5)选电缆燃烧特性——DA/SA/SC/NA/NC……

(6)选择额定电压——低压(0.6/1 kV)、中压(6/10 kV、8.7/15 kV、12/20 kV 等)……

选择的电缆型号为:

步骤三:计算整理各导体实际工作电流

(1)直接为负载设备供电的电缆工作电流

直接为负载设备供电的电缆导体实际工作电流即为负载设备的额定电流,计算公式参见式(4.2)或式(4.3)。

(2)负载为分电箱等配电设备的电缆工作电流

负载为分电箱等配电设备的电缆工作电流为配电设备供电设备额定电流的总和,计算公式参见式(4.4)。

步骤四:选择电缆截面积

(1)按负载设备接线要求,选择电缆芯数。

(2)查阅电缆载流量表,按实际工作电流初选电缆截面积。

(3)按实际工作条件,修正电缆载流量,再与实际工作电流对比。若合格,则进行下一步;若不合格,则增大一挡截面积,对其载流量进行修正后再与实际工作电流对比,直至合格为止。

(4)校验电压降。

任务评价

任务完成情况评价标准及评分表见4.2.17,任务总结反思见表4.2.18。

表 4.2.17　任务评价表

评价类型	赋分	评价指标	分值	得分		
				自评	组评	师评
职业能力	50	正确整理负载工作条件	5			
		正确梳理电缆敷设条件及使用要求	10			
		电缆芯线材料选择正确	5			
		电缆绝缘层和外护套选择合理	10			
		电缆燃烧特性选择合理	5			
		电缆工作电流计算正确	5			
		电缆截面积规格选择正确	10			
职业素养	30	操作规范、精益求精	10			
		协作互助、解决问题	10			
		思辨和持续改进优化能力	10			
劳动素养	10	坚持出勤、遵守纪律	5			
		报告完整、工位整洁	5			
思政素养	10	培养安全责任意识	5			
		感悟“细致、严谨”的工匠精神	5			

表 4.2.18　总结反思

目标达成：　知识☆☆☆☆☆　技能☆☆☆☆☆　素养☆☆☆☆☆	
学习收获：	教师寄语：
问题反思：	

课后任务

1. 问答与讨论

(1)总结电缆与电线的区别。

(2)简述选择船用电缆截面积应满足的基本要求。

2. 巩固与提高

(1)船舶机舱有一空压机用电设备，其参数如下：AC 380 V、三相、45 kW、$\cos\varphi=0.8$、$\eta=0.82$。由主配电板直接供电，线路长度 200 m，电缆工作环境温度为 60 ℃，成束敷设，拟采用交联聚氯乙烯绝缘电缆，电缆载流量表如表 4.2.8 所示，试选择其满足要求的最小截面。

(2)某船舶电力一次系统图(部分)如题图 4.2.1 所示，请补充完成 1QF17 断路器和 11QF1 断路器额定电流的选择，以及电缆 1MB17 和电缆 11MB1 的芯数及截面积的选择，拟选择电缆载流量表如表 4.2.8 所示，并将一次系统图中相应的空缺补充完整。(不考虑载流量的修正因素)

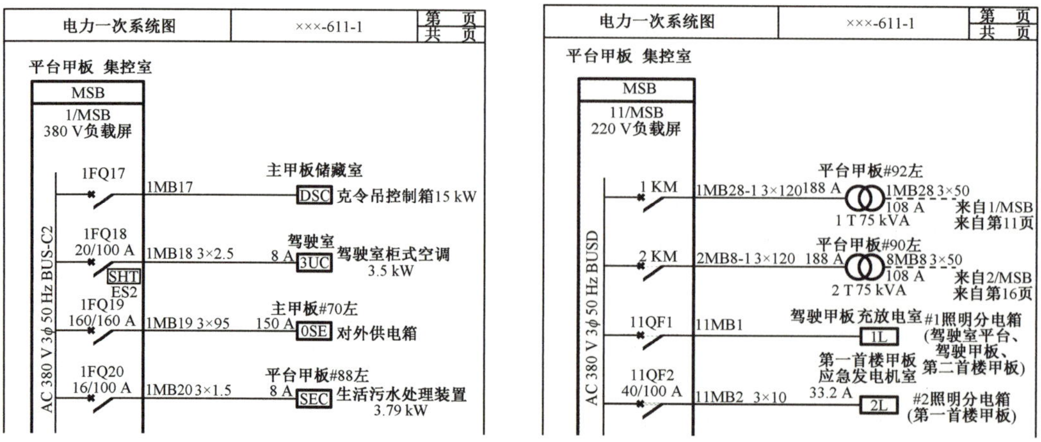

题图 4.2.1　某船舶电力一次系统图(部分)

已知条件：

★克令吊额定功率 15 kW，额定电压 AC 380 V，功率因数为 0.88，效率为 0.9，由主配电板直接供电，从主配电板到克令吊电缆线路长度为 200 m；

★1 号照明分电箱照明为 22 盏功率为 200 W、电压为 AC 220 V 的灯具供电，从主配电板到 1 号照明分电箱电缆线路长度为 300 m。

任务 4.3　识读与绘制《船舶电力系统图》

任务引入

在船舶的运行与管理中，电力系统图扮演着至关重要的角色。它不仅是船舶电力布局与配置的直接体现，更是确保航行安全与设备正常运行的基石。任务 3 要求我们深入识读并绘制《船舶电力系统图》，这不仅是对专业技能的一次全面检验，更是对未来实际工作的必要准备。通过本任务，我们将熟悉船舶电力系统的构成与原理，掌握图纸识读与绘制技巧，为后续船舶电气设备的维护与故障排查奠定坚实基础。让我们以严谨的态度，开启这次专业之旅。

任务描述

(1)能够梳理电力系统图中的关键信息，能够识读电力系统一次图和电力系统二次图；

(2)能够参照样图，绘制案例船的电力系统一次图和电力系统二次图，正确标注相关符号和参数。

电力系统图绘制方法

学习目标

船舶电力系统图的绘制

知识目标：

(1)理解船舶电力系统图的定义及用途；
(2)熟悉电力系统图的组成；
(3)了解电力系统图的绘制原则和流程。

技能目标：

(1)能够识别电力系统图中各部分内容，分辨电力系统一次图和电力系统二次图；
(2)能够正确识读电力系统图中符号的含义或相关参数；
(3)能根据样图正确绘制电力系统一次图和电力系统二次图。

育人目标：

(1)在电力系统图绘制任务中，鼓励小组讨论和团队协作，共同解决识读和绘制过程中遇到的问题，以此培养团队合作精神和沟通协调能力。

(2)面对复杂度较大的系统图绘制任务，培养“严谨、规范”的工匠精神，提升综合职业素养。

知识准备

1. 船舶电力系统图

定义：《船舶电力系统图》是详细描述船舶电力系统，包括发电机、配电板、电缆、开关设备、用电设备等配置和连接方式的一种技术图纸。

用途：《船舶电力系统图》是船舶电气系统设计、安装和维护的重要依据。

图中要求完整、清楚地表示出电站的容量、输配电方式、基本参数（电制、额定电压和频率）、配电装置形式及电压等级、馈电电缆型号、电压等级、截面积、电流额定值及编号、各级保护电器（空气断路器、熔断器等）的型号、额定容量及整定值等信息。

(1)船舶电力一次系统图

船舶电力一次系统通常是指与主配电板、应急配电板直接相连的电力系统，包括发电机到主配电板、应急配电板到主配电板、主配电板到各个电力分电箱的连接。这些部分构成了船舶电力系统的一次系统，是船舶电力供应的核心部分，负责将电能从发电机传输到各个用电设备。

船舶电力一次系统图是以单线图形式表示主（应急）发电机与主（应急）配电板之间、主（应急）配电板与各区域分配电装置（分配电箱、组合启动箱等）之间、由主（应急）配电板与其直接供电负载之间的电气连接方式。

(2)船舶电力二次系统图

船舶电力二次系统图是以单线图形式表示从各区域分配电装置到各用电器（照明、通信、航行设备和无线电设备除外）之间的联系的电力系统图。它是船舶电力系统图中的一个部分，与一次系统图相对应，与一次系统共同构成完整的船舶电力系统。

船舶电力二次系统图是船舶电力系统设计、安装和维护的重要参考资料，它帮助工程师和技术人员了解电力如何从分配电板分配到各个用电设备，以及如何在系统发生故障时进行快速定位和维修。通过二次系统图，可以清晰地识别每个用电设备的电源路径和控制逻辑，对于船舶电力系统的管理和维护至关重要。

2.《船舶电力系统图》的组成

通常《船舶电力系统图》文件包含封面、说明、目录、材料表（图形符号一览表）、各部分电力系统连接图等。

(1)封面

《船舶电力系统图》的封面是图册的首页，能反映出船舶项目名称、项目工程编号、图名、图号、设计阶段、版本、设计单位等图纸基本信息，以及图纸设绘、校对、审核、批准人员的签名及日期信息等，如图 4.3.1 所示。

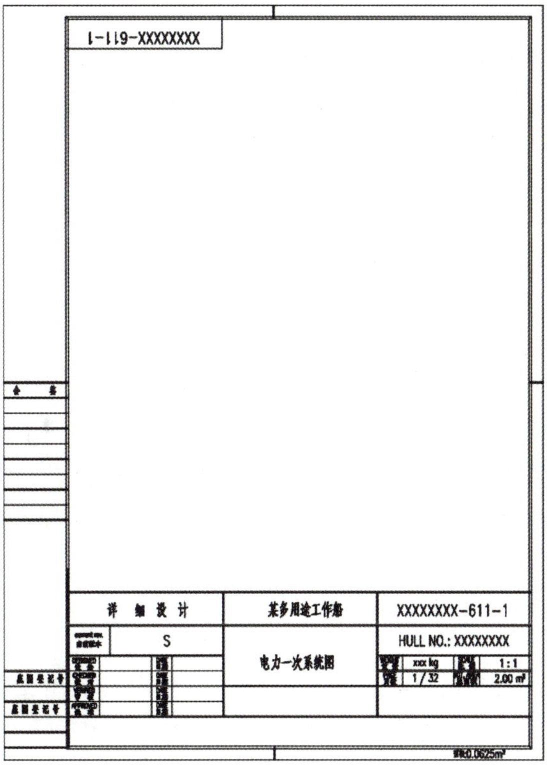

图 4.3.1 《船舶电力系统图》封面

封面图框中上部空白主要用作填写图纸各版本的修改信息，而上述主要图纸信息则填写在封面图框下方的信息栏内，如图 4.3.2 所示。

此外，在图纸封面中还包含图纸比例、总面积、页数、系统设备总质量等信息。

图 4.3.2 《船舶电力系统图》封面信息栏

(2)目录

目录是对整个图册的索引，除对封面、目录、说明、材料表的具体页码进行索引外，系统图中以配电板各功能屏为单元进行索引。如对主配电板负载屏、主配电板发电机控制屏等系统图的开始页码进行标注索引。

(3)说明

船舶电力系统图的说明部分一般位于目录后一页,若说明内容不多也可在封面信息栏上方空白处填写。其主要用来描述图册中需要说明一般性的原则和通用规定,如为特殊标注的一般电缆的型号、敷设方式、电压等级等,以及图纸元器件连接、符号等含义的统一说明。

如图 4.3.3 所示为配电板系统图内符号的一般性说明:

★配电板代号在最上方标识,主配电板标识为“MSB”,应急配电板表示为“ESB”;

★在配电板代号下方标识具体的屏号,如“1/MSB”表示此部分为主配电板 1 号屏的系统图;

★每一支路的断路器上方须标明断路器的壳架电流及其脱扣电流的整定值(额定值),如“40/100”表示该断路器的壳架电流为 100 A,其脱扣电流整定值为 40 A,一般脱扣电流通过选择合适的脱扣器及设定实现。

★断路器下方选择性的标注表示该断路器具有特殊功能的代号。例如:

——SHT 表示分励脱扣,标有此符号的断路器说明配备有分励脱扣器,可实现断路器的遥控分断。

——UVT 表示低压脱扣,标有此符号的断路器说明配备有欠压脱扣器,可实现对控制支路的欠压保护功能。

——PT 代表优先脱扣卸载,标有此符号的断路器说明其控制支路的负载具有优先脱扣功能。当船舶运行发电机组负荷率过高或过载时,将标注有 PT 符号的支路优先切断供电,降低运行发电机的负荷率,对发电机组进行过载保护。一般按照船舶电力负载的不重要程度,可将优先脱扣负载分成几个级别,如 PT1、PT2、PT3 等,当发电机组过载时,按等级依次脱扣切断相应负载。

——SQ 代表顺序启动,标有此符号的断路器表示其控制支路的负载在船舶电网失电后重新启动的顺序。一般按供电负载的重要程度用 SQ1、SQ2、SQ3 等划分启动的顺序,最重要的设备最先启动。如舵机、照明、通信导航、主机运行必备的泵组等重要设备都划分为 SQ1,0 秒延时顺序启动;其他机舱辅机和甲板机械等设备划分为 SQ2 为 5 s 延时顺序启动,……,每级之间相差 5 s 延时。

——ES 代表紧急切断,标有此符号的断路器在紧急情况下应能被遥控切断。一般机舱风机、油泵和舱室风机等负载供电支路断路器应设置紧急切断功能,此类负载的切断称为“风油遥切”,在机舱或住舱发生火灾时,通过设置于机舱口、船长室等地方的风油遥切按钮,能一键关闭所有有助于燃烧的风机和油泵等负载的运行。

——M 表示电动合闸,标有此符号的断路器配备有电动马达,能通过发出合闸信号(按钮或控制器)接通电动马达供电线路,实现断路器电动合闸。

——OCR 表示过电流保护继电器,标有此符号的断路器与过电流保护继电器配合完成过电流保护功能。

★对于配电板中的组合启动屏或启动器单元支路则用“ST”表示,并在其后标注磁力启动器中断路器的脱扣电流额定值、框架电流额定值,以及做过载保护用热继电器的整定值、最大整定电流。

(4)材料表

材料表的作用主要是解释系统图中各代号的代表的设备名称,以及统计各设备的数量、各设备的型号和规格及其他说明。

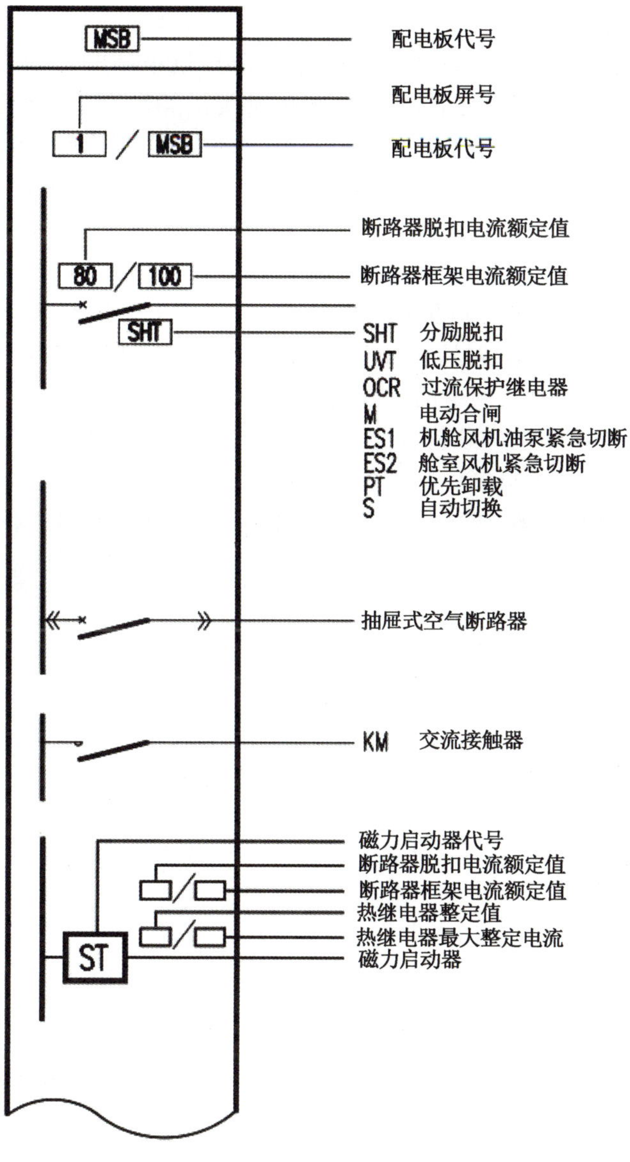

图 4.3.3　配电板系统图样式及符号说明

材料表以表格的形式列出各设备的信息，表头主要设置序号、代号、名称、数量、型号与规格、备注等，如图 4.3.4 所示。

	代号	名称	数量	型号与规格	备注
1	1DG,2DG	左、右柴油发电机	2	AC 400 V，50 Hz，680 A，378 kW	
2	1DGP,2DGP	左、右柴油发电机控制箱	2		发电机组配套
3	1SG,2SG	左、右轴带发电机	2	AC 400 V，50 Hz，1 353 A，750 kW	

图 4.3.4　船舶电力系统图材料表示例

(5)电力系统连接图

电力系统连接图是船舶电力系统图的主体部分,以单线的形式表示电力系统各部分之间的连接关系。电力一次系统图按照配电板的功能屏为单元进行绘制,各功能屏之间用横实线隔开。电力二次系统图按照具体分电箱、组合启动器等设备为单元进行绘制。

如图 4.3.5(a)所示为主配电板负载屏电力系统连接图,主配电板设备以矩形框表示,在其最上面标注主配电板所在位置为平台甲板的集控室内。矩形框内最上面写清楚主配电板的代号——MSB,其下方表示具体功能屏的编号及内容——艉侧推/380 V 负载屏。最左侧一条竖线表示汇流排,在其上方标注电压等级——380 V、电制线制——交流三相三线、额定频率——50 Hz 及汇流排编号——BUSBAR-B。每个断路器控制一条馈电支路,断路器上方进行编号(如 2QF1 等)及额定值(如 350/400 A 等),断路器与供电负载之间用一条直线表示连接电缆,在连接线上方须标注电缆编号(如 2MB1-1 等)、电缆截面积规格(如 2(3×95)等)及额定工作电流(如 300 A 等)。负载用方框表示,方框内填写负载代号,方框上标注负载所在位置(如机舱 64#肋位左侧等),方框后标注负载名称及额定电流值。

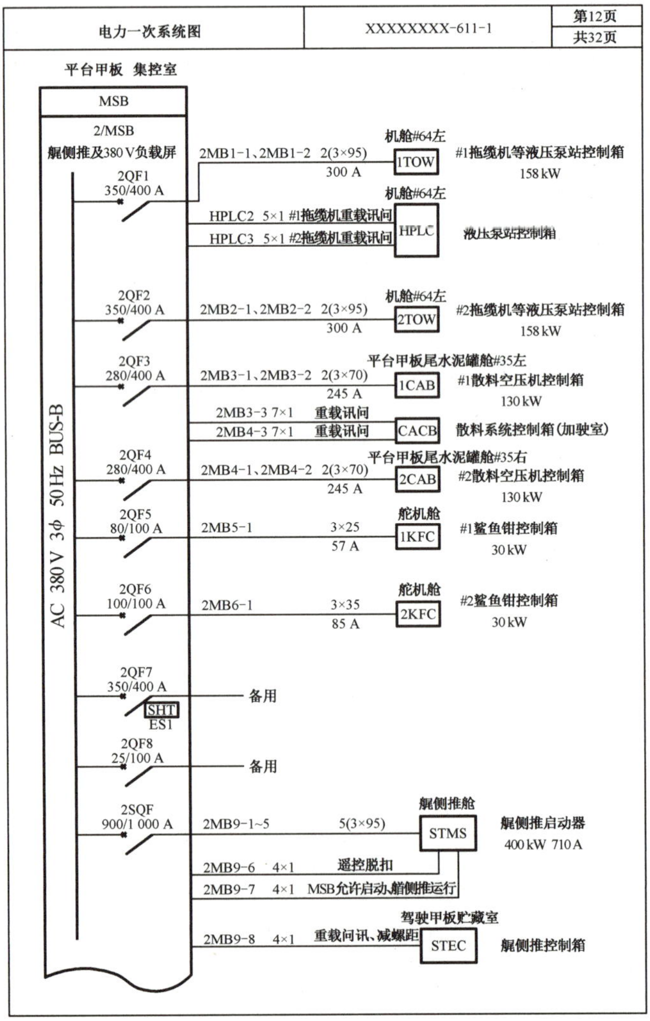

(a)负载屏电力系统连接图

图 4.3.5 船舶电力系统连接图示例

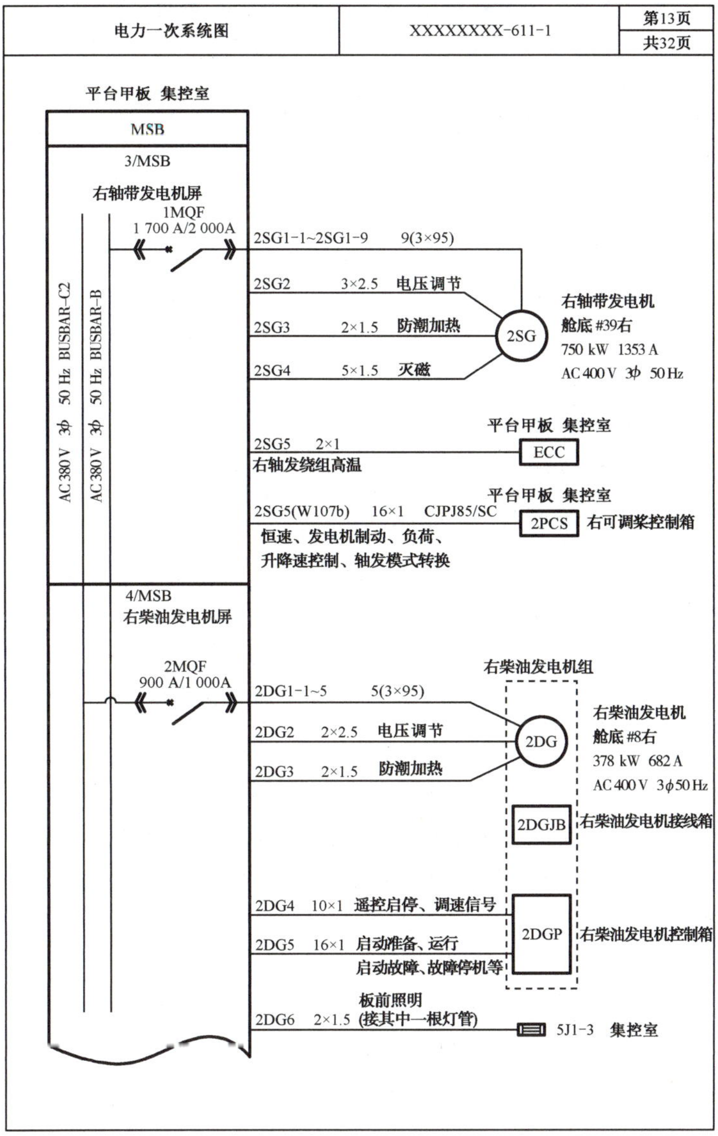

(b) 发电机屏电力系统连接图

图 4.3.5(续)

如图 4.3.5(b)所示为主配电板发电机控制屏电力系统连接图,其表示方法与负载屏类似,只是与断路器连接的设备为发电机组,发电机发出的电能通过断路器向汇流排供电。

注意,与主配电板无供配电关系,仅有通信连接的设备线路,将通信电缆用直线表示,连接至配电板外框边缘,并标注电缆芯数和截面积规格(如 5×1)、电缆编号及通信功能用途(如重载问询、遥控脱扣、电压调节、防潮加热等)。此外,每页系统图配电板矩形框下边缘用波浪线表示配电板未绘制完全。

3.《船舶电力系统图》的识读方法

(1)船舶电力一次图和配电板单线图的联系与区别

船舶电力一次图和配电板单线图有很多相似之处,很多同学容易将二者混淆,其实船舶电力一次图和配电板单线图在表示船舶电力系统的内容上各有侧重,发挥的作用也不相同。

表 4.3.1　船舶电力一次系统图和配电板单线图的功能比较

内容		电力一次系统图	配电板单线图
联系	配电板功能屏划分情况	√	√
	各功能屏的配电支路情况	√	√
	各功能屏之间的连接关系	√	√
	电力系统基本参数	√	√
	船舶电站主接线	√(更清晰)	√
	供配电设备和负载之间的连接关系	√(更清晰)	√
区别	各功能屏设置仪表、按钮指示灯等情况	×	√
	断路器脱扣器的整定值	×	√
	连接电缆规格型号	√	×
	电力设备布置情况	√	×
	主要控制回路的连接关系	√	×
	用电设备电气系统的连接关系	√	×
	用途	指导船厂进行船舶电气系统接线和安装	指导配电板制造商进行制造和调试

综上,船舶配电板单线图主要表示的是主配电板、应急配电板设备内部的结构和电气连接关系,用于指导设备制造商进行配电板设计制造和调试;船舶电力一次系统图表示的是电源、配电设备、输电线路和负载整个船舶电力系统之间的连接关系,范围较配电板单线图更广,用于指导船舶制造厂进行船舶电气系统生产设计、现场设备和电缆安装、调试及试验。

(2)船舶电力一次系统图识读方法

先读“封面”了解项目名称、图纸编号及设计阶段,读“目录”了解主配电板和应急配电板的功能屏设置情况,读“说明”了解图纸的通用说明等基本情况。

然后按照“化整为零”和“集零为整”的方法着重识读“电力系统连接图”。

★“化整为零”以功能屏为模块识读电力系统连接图,弄清楚以下几个问题:

——各功能屏汇流排的供电来源,供电电制及线制,主接线形式;

——每条馈电回路的供电负载是什么,安装位置在哪,连接电缆的型号、芯数及截面积规格;

——断路器及电缆的编号;

——断路器及其脱扣器的型号、整定值,以及明确有特殊标记符号的功能要求。

★“集零为整”梳理各功能屏之间的连接关系,以及不同支路之间的连锁关系,从系统性角度识读电力系统图。主要弄清楚以下几个问题:

——船舶电力系统的主接线型式是什么;

——有多少段汇流排,每段汇流排供电范围包含哪些功能屏;

——哪些馈电回路断路器有连锁关系;

——哪些电力负载设备需要多路供电,是怎么供电的(查阅是否由不同汇流排供电等);

——两台电力变压器原边断路器是否由不同汇流排供电，副边开关是否具备连锁。

“材料表”在识读全过程中进行对照查阅，同时为船舶电气系统设备采购提供参考。

(3)船舶电力二次系统图识读方法

船舶电力二次系统图主要展示的是电力分电箱、照明分电箱、组合启动器等配电设备电气系统的连接情况。其识读方法与船舶电力一次系统图类似，有以下方面需要注意：

★电力分电箱系统图

——注意识读分电箱的电源来源，如图 4.3.6(a)最上面一条线路所示；

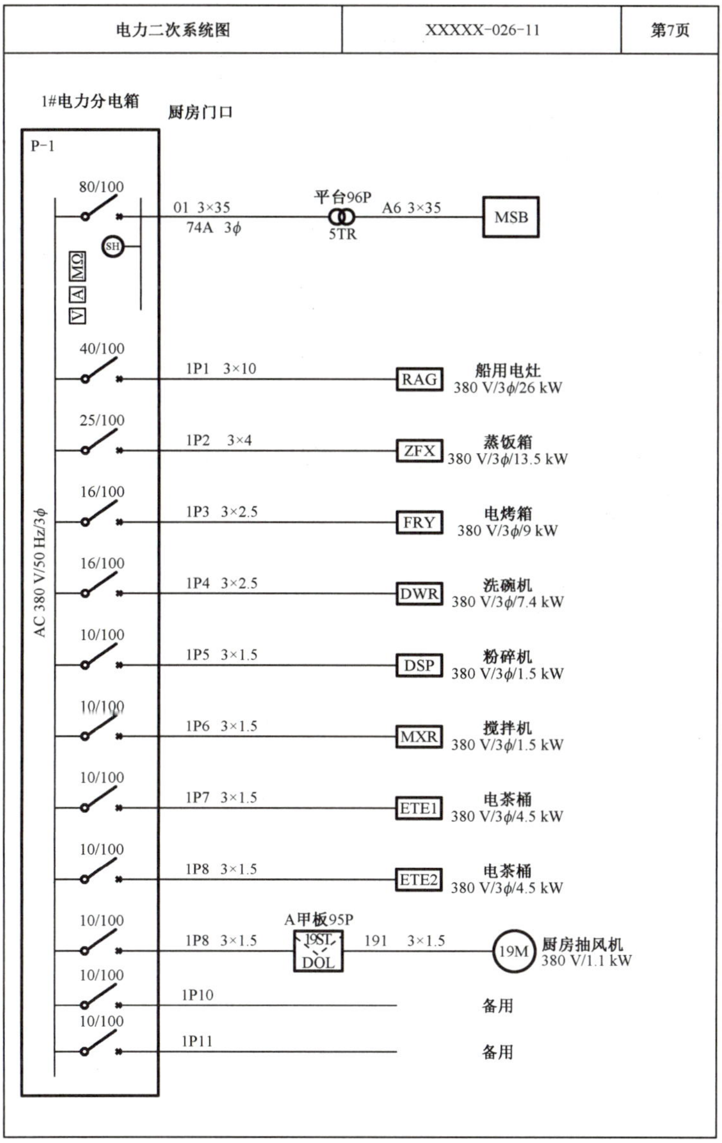

(a)

图 4.3.6　船舶电力二次系统图(电力分电箱)

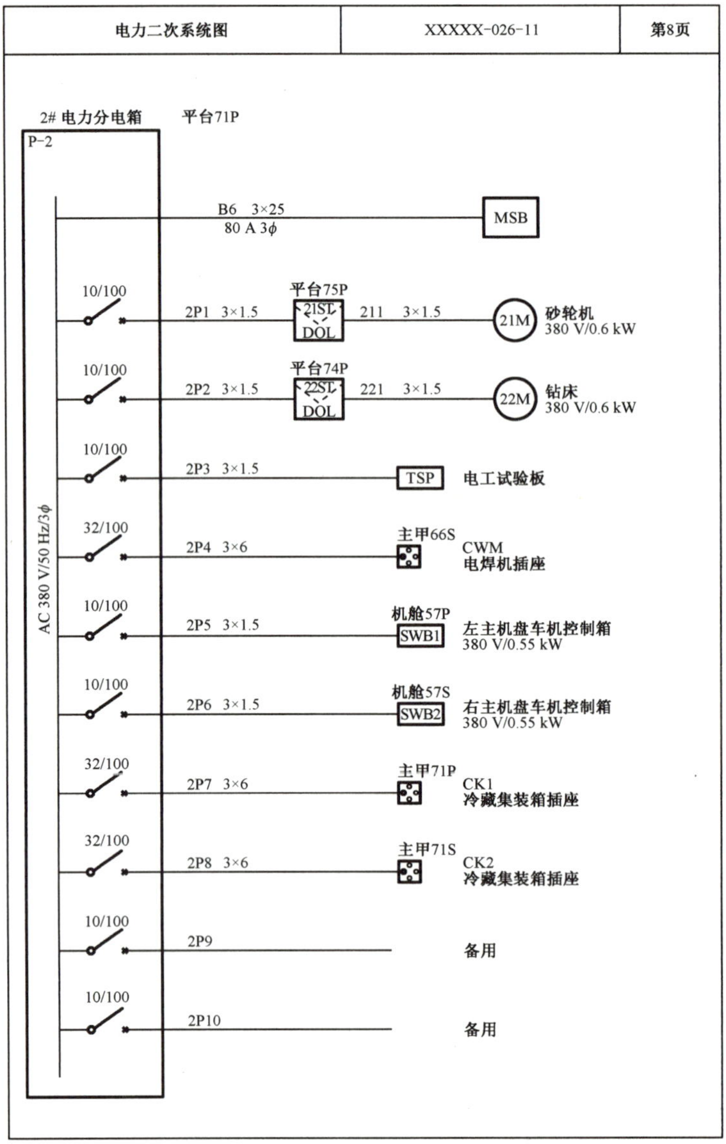

(b)

图 4.3.6(续)

——若供电回路为启动器或控制箱,则一般要将系统图画至电动机,如图 4.3.6(a)厨房抽风机馈电线路所示;

——可移动式大功率用电设备供电回路只画至插座即可,如图 4.3.6(b)电焊机馈电线路所示。

★组合启动器系统图(图 4.3.7)

——每条馈电支路的设备启动器为组合启动器内部装置,应绘制于组合启动器矩形框内;

——启动器标注"Y/Δ"或"SD"(star-delta)表示启动器为星三角降压启动方式,"DOL"(directly on line)表示直接启动方式,"REV"(reverse)表示具有正反转控制功能,"AU."(auto)表示具有自动启动功能;

——各馈电支路启动器的外部电路，如电动机、按钮盒等连接线路均应在图纸画出。

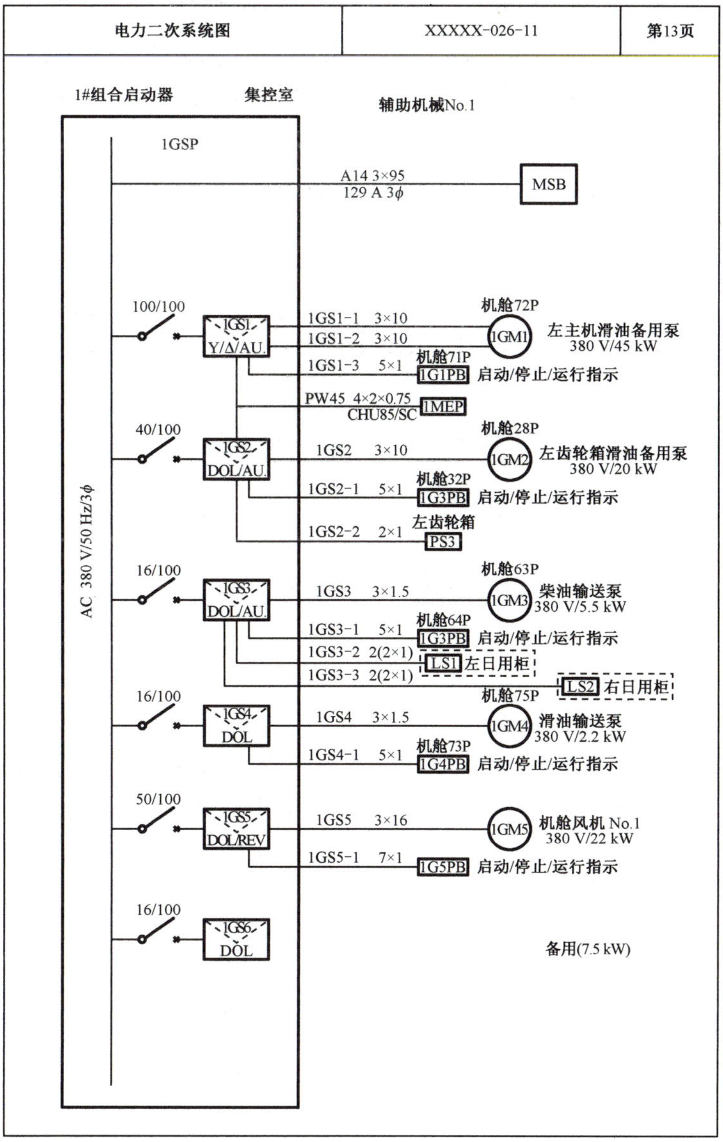

图 4.3.7　船舶电力二次系统图(组合启动器)

★照明分电箱系统图

如图 4.3.8 所示，照明分电箱系统图每条馈电线路所接照明灯具数量较多，由于系统图中将线路用单线表示，故每条馈电线路的灯具以串接的方式展现，但实际接线中灯具是在三相线路中均匀分布并联连接的。

此外，照明系统图中不仅包含各种灯具，各种插头、开关面板等用于照明和生活用电的器件也绘制在各条馈电支路中。

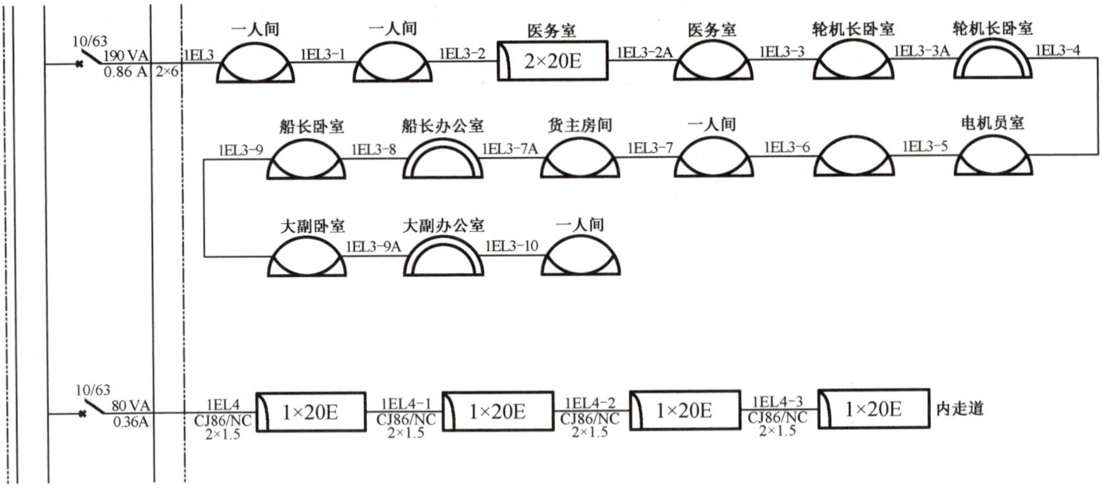

图 4.3.8　船舶照明系统图

4."船舶电力系统图"的绘制方法

(1)绘制原则

在绘制船舶电力系统图时,需要遵循一系列基本原则,以确保图纸的准确性、规范性和易读性。

★符合标准和规范

船舶电力系统图的电气设备符号、文字代号、电缆编号、连接线的表示方法、接地符号等应严格遵循国际电工委员会(IEC)标准、国际海事组织(IMO)的相关规定以及各船级社(如中国船级社、英国劳氏船级社等)的规范。同时,应采用标准规定的图面尺寸。

★准确性

——设备参数准确:图纸中所有电气设备的标注(如发电机、变压器、电动机、开关设备等)必须与设备的实际参数一致,包括额定电压、额定电流、功率、绝缘等级等。如果设备参数发生变化,图纸应及时更新。

——连接关系准确:电气设备之间的连接关系必须准确无误,包括电源与负载之间的连接、设备之间的接地连接、保护装置的连接等。任何错误的连接都可能导致电气系统的故障甚至安全事故。

★布局合理

图纸的布局应清晰明了,设备和连接线的分布应合理,避免线条交叉和重叠。可以按照功能区域(如主电源系统、应急电源系统、电力分配系统)或电源流向进行布局。图中应标明设备大致位置,如注明甲板、舱室或左右舷肋骨号等。

★标注清晰

设备的标注应尽量靠近设备符号,连接线应标注在连接线的旁边。使用统一的标注格式,包括字体、字号、颜色等,确保标注内容清晰易读。

★注释简洁

注释说明应尽量简洁明了,避免冗长的文字描述。对于复杂的系统或设备,可以使用图表或示意图进行辅助说明。

★完整性

——设备完整:图纸应包含船舶电力系统中的所有电气设备,包括主电源设备、应急电源设备、配电设备、用电设备等。注明设备的型号、规格和数量。

——连接完整:所有电气设备之间的连接线路都应在图纸上完整地表示出来,包括主配电板到分电箱的馈线、分电箱到用电设备的分支线路等。注明电缆的负载电流、型号、规格、线芯和截面。

——保护装置完整:电力系统中的保护装置(如过载保护、短路保护、接地保护等)应在图纸上完整地表示出来,并标注其设置参数。

★一致性

——符号一致:图纸中使用的电气符号应统一,不能在同一张图纸上使用不同的符号表示同一设备。

——标注一致:设备的标注和连接线的标注应使用统一的格式和方法,避免标注混乱。

——参数一致:设备的额定参数、电缆的规格等标注内容应与设计文件和技术说明书一致。

(2)绘制方法

★绘制前的准备工作

——收集资料

船舶设计文件:包括船舶的总布置图、电气说明书、主配电板单线图、电气设备和材料表、主要电气设备样本资料等。

电气设备参数:如发电机、变压器、配电板、开关设备、电动机等的额定电压、额定电流、功率、绝缘等级等参数。

相关标准和规范:如国际海事组织(IMO)的相关规定、船级社的规范(如中国船级社、英国劳氏船级社等)、国际电工委员会(IEC)标准等。

——绘制工具准备

绘图软件:专业的电气绘图软件,如 AutoCAD Electrical、EPLAN 等。这些软件具有丰富的电气符号库和自动布线功能,能够提高绘图效率和准确性。

绘图模板:根据公司或项目的要求,准备统一的绘图模板,包括标题栏、图框、字体、线型等格式设置。

★绘制流程

第一步:确定电力系统的基本组成

根据《主配电板电线图》《电气说明书》《电气设备和材料表》等文件梳理电力系统基本组成。

——明确船舶的主电源类型,如柴油发电机组(包括发电机的额定功率、额定电压、额定频率等参数)。确定应急发电机的配置,包括应急发电机的功率、电压、启动方式等。

——确定主配电板的位置和功能,包括主配电板的额定电流、分段能力、保护装置等。明确应急配电板的位置和功能,以及与主配电板之间的切换逻辑。

——根据船舶的功能需求,划分不同的用电区域,如机舱、驾驶室、生活区、甲板机械区等。确定船舶各区域的电力分配情况,包括主配电板到各分电箱的馈线、分电箱到各用电设备的分支线路等。

第二步:绘制系统图框架

——绘制主电源部分

在图纸的合适位置绘制主发电机的符号,标注其额定参数(如额定电压、额定电流、额定功率等)。

绘制主配电板的符号,标注其额定电流、分段能力等参数,并用连接线将主发电机与主配电板连接起来。

如果船舶有多个主发电机,则按照实际的并联运行方式绘制连接线路,并标注同步装置等相关设备。

——绘制应急电源部分

在图纸的另一侧绘制应急发电机的符号,标注其额定参数。

绘制应急配电板的符号,并用连接线将应急发电机与应急配电板连接起来。

标注应急电源与主电源之间的切换装置(如自动转换开关 ATS),并明确其切换逻辑。

——绘制电力分配部分

从主配电板引出馈线,绘制到各个分电箱的连接线路,并标注馈线的编号、电缆规格(如截面积、电压等级等)。

在分电箱处绘制分支线路,连接到各用电设备(如电动机、照明设备、电子设备等),并标注分支线路的编号和设备名称。

对于重要的用电设备,如舵机、锚机等,标注其功率、电压、启动方式等参数。

第三步:选型

——开关选型

按照项目 3 断路器的选型方法,根据每条馈电线路的负载情况,选择各馈电线路断路器的壳架电流和脱扣电流整定值,并标注在断路器上方。

——电缆选型

按照任务 4.2 中电缆型号的选择方法,根据每条馈电线路的负载情况,选择各馈电线路电缆的芯数、截面积等参数。

第四步:标注和说明

——设备标注

对于每个电气设备,标注其名称、型号、额定参数(如电压、电流、功率等)。

对于开关设备,标注其壳架电流、脱扣电流整定值等参数。根据需要,将具备分励脱扣、欠压脱扣、紧急切断等特殊功能的馈电支路断路器下方标注相应的功能符号。

对于电缆,标注芯数、截面积等规格参数。

——连接线标注

对于每条连接线,标注其编号、电缆规格等,对于特殊的敷设方式(如桥架敷设、电缆沟敷设、穿管敷设等)须标注,一般性的敷设方式在说明中约定即可,不用在图中再标注。

——说明

在图纸的说明页填写通用性的约定说明,在具体图纸的空白区域添加必要的注释说明等。对于一些特殊的设备或连接方式,进行详细的文字说明,以便读者更好地理解图纸。

第五步:检查和校对

——电气连接检查

检查所有电气设备之间的连接是否正确,包括电源与负载之间的连接、设备之间的接地连接等。确保连接线的编号和电缆规格标注准确无误,且与实际设计相符。

——参数一致性检查

检查设备的额定参数是否与设计文件一致,如发电机的功率、电压等级,电动机的功率、启动电流等。确保图纸上的标注与设备的技术说明书相符。

——图纸格式检查

检查图纸的格式是否符合公司或项目的要求,包括标题栏、图框、字体、线型等格式是否统一。检查图纸的布局是否合理,设备和连接线的分布是否清晰,避免线条交叉和重叠。

——校对审核

由电气主任设计师对绘制的电力系统图进行校对审核,重点检查图纸的准确性、完整性和规范性。对于发现的问题,及时进行修改和调整,确保图纸的质量。

任务实施

根据任务 4.1 完成的船舶一次系统图草图和二次系统图草图，完成案例船舶电力一次系统图和电力二次系统图。

步骤一：识读《船舶电力一次系统图》样图

识读附录《船舶电力一次系统图》样图，梳理以下问题。

(1)图纸基本信息

项目名称：	设计单位：
图纸编号：	设计阶段：
是否设置主配电板：	是否设置应急配电板：

(2)系统框架

★主配电板框架

序号	功能屏名称及编号	供电来源	电制及线制

应急配电板及其他配电装置框架按上表自行梳理。

(3)功能屏识读

★选择一个负载屏或组合启动屏，对以下方面进行识读。

功能屏名称：

序号	馈电支路名称	断路器型号及额定值	特殊标记功能	电缆规格	负载主要参数

其他负载屏和组合启动屏按上表进行识读梳理。

★选择一个发电机控制屏或并车屏,对以下方面进行识读。

功能屏名称: 发电机组基本参数: 发电机主开关型号及额定值: 与主配电板之间的信号控制回路: 连接电缆规格型号:

(4)整体识读

“集零为整”梳理各功能屏之间的连接关系,以及不同支路之间的连锁关系,从系统性角度识读电力系统图。

★船舶电力系统的主接线形式:

★汇流排设置情况梳理

序号	汇流排名称	供电范围

★连锁关系梳理:

★多路供电设备情况梳理:

步骤二：参照样图，绘制案例船《船舶电力一次系统图》

根据任务 4.1 绘制的案例船电力一次系统草图，按照本任务学习的电力一次系统图绘制方法，参照样图绘制案例船《船舶电力一次系统图》。

绘制时注意以下事项：

★使用标准的电气符号库绘制电气设备符号，对于一些特殊的设备，如果没有现成的符号，可以根据设备的实际外形和功能进行简化绘制，并在图纸中进行说明。

★使用直线表示连接线，根据连接线的电压等级和用途，选择不同的线型（如粗线、细线、虚线等）。对于多根并联的电缆，可以使用单线表示，并在旁边标注电缆的数量和规格。

★按配电板的功能屏从左到右的顺序进行布局，使图纸结构清晰。同时，要充分利用图纸的空间，避免设备和连接线过于拥挤或过于分散。

★设备的标注应尽量靠近设备符号，避免标注位置过于远离设备，导致读者难以识别。连接线应标注在连接线的旁边，对于较长的连接线，可以在连接线的两端或中间位置进行标注。

★使用统一的标注格式，包括字体、字号、颜色等。例如，设备名称使用较大的字号，参数标注使用较小的字号。

步骤三：识读《船舶电力二次系统图》样图

识读附录《船舶电力二次系统图》样图，梳理以下问题。

(1)图纸基本信息

项目名称：	设计单位：
图纸编号：	设计阶段：
电力分电箱数量：	组合启动器数量：
电力分电单元数量：	照明分电箱数量：

(2)电力分电箱系统图识读

★分电箱名称：　　电制和线制：

★供电来源：　　连接电缆规格：

★馈电支路识读

序号	馈电支路名称	断路器型号及额定值	电缆规格	负载主要参数

其他电力分电箱、电力分电单元按上表进行识读梳理。

(3)组合启动器系统图识读

★组合启动器名称：　　　　　　　　电制和线制：

★供电来源：　　　　　　　　　　　连接电缆规格：

★馈电支路识读

序号	馈电支路名称	断路器型号及额定值	启动方式	启动器特殊控制要求	电缆规格	负载主要参数

其他组合启动器按上表进行识读梳理。

步骤四：参照样图，绘制案例船《船舶电力二次系统图》

根据任务 4.1 绘制的案例船电力二次系统草图，按照本任务学习的电力二次系统图绘制方法，参照样图绘制案例船《船舶电力二次系统图》。

绘制注意事项同“步骤二”。

任务评价

任务完成情况评价标准及评分见表4.3.2,任务总结反思见表4.3.3。

表4.3.2　任务评价表

评价类型	赋分	评价指标	分值	得分		
				自评	组评	师评
职业能力	50	识读电力系统一次图,提取关键信息(信息完整,提取参数准确无误)	10			
		正确绘制电力系统一次图	15			
		识读电力系统二次图,提取关键信息(信息完整,提取参数准确无误)	10			
		正确绘制电力系统二次图	15			
职业素养	30	操作规范、精益求精	10			
		协作互助、解决问题	10			
		思辨和持续改进优化能力	10			
劳动素养	10	坚持出勤、遵守纪律	5			
		报告完整、工位整洁	5			
思政素养	10	团队协作合意识	5			
		感悟“严谨、规范”的工匠精神	5			

表 4.3.3　总结反思

目标达成：　知识☆☆☆☆☆　技能☆☆☆☆☆　素养☆☆☆☆☆	
学习收获：	教师寄语：
问题反思：	

课后任务

1. 问答与讨论

(1)查阅资料,讨论在船舶电力系统图中,一般在哪些负载馈电回路断路器旁添加 ES 标识,又是按照什么原则和方法进行 ES1、ES2、ES3 等级划分的。

(2)简述 SQ 标识和 PT 标识的含义。讨论 SQ 等级划分和 PT 等级划分的原则分别是什么,二者之间有什么联系。

2. 巩固与提高

完成本任务图纸绘制后,同学之间相互进行图纸校对和审核,并填写校对意见和审核意见。与校对、审核同学讨论"意见",完成图纸修改和完善。

图号：
校对意见： 校对者(签名)：

反馈情况：

设绘者(签名)：

审核意见：

审核者(签名)：

反馈情况：

设绘者(签名)：

项目 4 附录文件：

电力一次系统图

电力二次系统图

项目 5

船舶电站保护的设计整定

学习情境设置

(1)选择学习者角色

□船舶设计院电气专业技术人员

□船舶建造厂电气专业技术人员

□船舶电气自动化设备制造技术人员

□船舶船体、轮机等其他非电专业技术人员

□船舶电子电气员

□其他______________________

(2)分析学习者角色的岗位能力要求

船舶设计院电气专业技术人员:全面掌握船舶电站保护的设计原理,能够依据船舶的不同类型、用途及电力需求,设计出合理的保护方案;能够精准计算船舶电源保护的整定值,确保电源稳定可靠;对船舶电网的布局和结构有深入理解,设计出适配的电网保护措施;能够根据船舶变压器及负载特性,设计其保护装置;能够运用专业知识,对保护电器的协调动作进行分析,并将其融入整体设计中,保证整个船舶电力系统的安全性和稳定性。

船舶建造厂电气专业技术人员:需具备将设计方案转化为实际安装的能力。要熟练掌握各类保护装置的安装工艺和调试方法,确保保护装置准确安装,动作可靠。能够根据实际安装情况,对保护电器的协调动作进行现场分析和调整,保障船舶电站保护系统在建造过程中顺利实施,满足设计要求和安全标准。

船舶电气自动化设备制造技术人员:应精通保护装置的制造工艺和技术参数。能够根据船舶电站保护的设计要求,生产出性能优良、符合标准的保护装置,如满足船舶电源、电网、变压器及负载保护需求的各类断路器、继电器等。为保护电器的协调动作提供技术支持,确保所制造的设备在实际应用中能够协同工作,实现高效保护。

船舶船体、轮机等其他非电专业技术人员:了解船舶电站保护的基本知识,以便在工作中与电气专业人员有效协作。理解不同保护措施对船体和轮机设备运行的影响,能识读保护电器协调动作分析书的基本内容,确保在船舶整体建造和运行过程中,各专业工作相互配合,不影响船舶电站保护系统的正常运行。

船舶电子电气员:掌握船舶电站保护的基本操作和维护技能。协助进行保护装置的安装、调试和维护工作,学习整定值的计算和调整方法。学习识读和初步编制《保护电器协调动作分析书》,为今后独立承担船舶电气设备的维护和管理工作打下坚实基础。

____

____

(3)制定学习计划

学习认识电站保护设计整定的重要性；

学习船舶电源保护的设计整定；

学习船舶电网保护的设计整定；

学习变压器的保护类型、保护装置选型及整定；

学习不同类型负载的保护类型、保护装置选型及整定；

识读《保护电器协调动作分析书》的样例，掌握“分析书”的编制方法。

项目介绍

船舶电站在运行中不可避免地会出现各种不正常的状态和故障，往往会对船舶电站的安全性、可靠性和经济性造成很大的影响。通常，减少和避免这种不利影响的最有效方法就是在船舶电站的组建过程中采取保护措施。设置哪些种类的保护，如何设置、参数如何整定是保护设计的关键。

在船舶电站的保护中主要按照电站的组成，从船舶发电机组的保护、船舶变压器的保护、船舶电网的保护、船舶电力负载的保护等方面进行设置。

本项目中将通过了解船舶保护的作用和基本要求，学习船舶电源、船舶电网、电力负载的保护设置方法，最后进行全船保护协调性设计，完成全船电力系统的保护设置及整定。

学习要求

● 深入掌握船舶电源、电网、变压器及负载的工作原理、特性与保护要求，理解电力系统过电流选择性保护理论，明晰脱扣器选型与整定方法，掌握变压器原副边断路器协调原理。

● 根据电源参数、电网结构、负载特性，完成船舶电源、电网、变压器及负载保护装置的选择与整定计算。熟练识读《保护电器协调动作分析书》，能依据规范完成其编制的前期准备，包括绘制单线图、确定分析对象、选择并整定保护电器。

● 全面分析全船选择性保护，编制准确完整的《保护电器协调动作分析书》，运用知识技能指导保护电器协调运行，解决船舶电站保护相关问题，保障电力系统稳定运行。

● 课前利用微课视频学习知识点及测试，课中在老师引导下分组完成工作任务，针对难点问题进行讨论，课后完成任务总结。培养自主学习能力，提高自身可持续发展能力。

知识图谱

- 船舶电站保护的设计整定
  - 电源保护的设计整定
    - 概述
      - 基本要求
      - 保护装置的原因
      - 船舶电站保护的任务
      - 保护装置的基本要求
    - 船舶同步发电机组保护应设置的种类
      - 故障类型
      - 保护设置种类
        - 过载保护
        - 外部短路的过电流保护
        - 欠压保护
        - 逆功率保护
    - 船舶同步发电机组的过载保护
      - 概述
        - 定义
        - 原因
        - 过载影响
        - 过载判断方法
        - 过载保护设计基本原则
      - 发电机过载保护的要求
        - 延时动作
        - 自动分级卸载保护
        - 对无分级自动卸载装置的发电机过载保护
        - 对有分级自动卸载装置的发电机过载保护
    - 船舶同步发电机组的外部短路保护
      - 短路保护设计原则
      - 不同短路点的短路保护情况分析
      - 发电机外部短路保护设计整定方法
    - 船舶同步发电机组的欠压保护
      - 欠压保护概述
      - 发电机欠压保护设计整定方法
    - 船舶同步发电机组的逆功率保护
      - 逆功率保护要求
      - 发电机逆功率保护设计整定方法
      - 逆功率继电器的工作原理及整定方法
  - 船舶电网保护的设计整定
    - 船舶电网的过载保护
    - 船舶电网的短路保护
      - 按时间原则进行保护
      - 按电流原则进行保护
      - 时间和电流混合原则
    - 船舶电网接入岸电时的保护
      - 电源连锁保护
      - 相序保护
      - 负序继电器的原理及使用方法
    - 船舶电网的单相接地保护
      - 指示灯法
      - 兆欧表法
      - 绝缘监视仪法
  - 船舶变压器及负载保护的设计整定
    - 船舶变压器保护要求及装置选择
      - 保护的总体要求
      - 初级电路保护装置的选择
    - 变压器保护装置的整定
      - 变压器瞬时动作值的整定
      - 变压器短延时动作值的整定
      - 变压器过载装置的整定
    - 船舶负载的基本要求
      - 负载分类
      - 保护方法的分类
    - 船舶阻抗类负载的保护
      - 保护装置选择原则
      - 微型短路器保护装置选择和整定
      - 熔断器的选择
    - 船舶电动机类负载的保护
      - 保护设置的种类
      - 短路保护
      - 过载保护
      - 欠压保护
  - 识读与编制《保护电器协调动作分析书》
    - 电力系统过电流选择性保护基本理论
      - 过载选择性和短路选择性保护
      - 短路选择性保护的实现
        - 一般规定
        - 船舶电力系统短路电流的特点
        - 按时间原则实现短路选择性保护
        - 以“能量脱扣”技术实现短路选择性保护
    - “分析书”的识读方法
      - 用途
      - “分析书”的内容构成
      - 识读“单线图”
      - 识读“协调动作分析说明”
      - 识读“断路器整定表”
      - 识读“协调性脱扣曲线图”
    - “报告”编制步骤
      - 前期准备
      - 绘制“选择性分析用船舶电力系统单线图”
      - 要确定选择性分析对象
      - 保护电器的选择和整定
      - 对全船选择性保护进行总结性分析说明
    - “报告”编制的关键技能
      - 绘制“单线图”
      - 确定分析对象
      - 脱扣器类型选择及整定方法
      - 变压器原边断路器与副边供电负载断路器的协调性分析

任务 5.1 船舶电源保护的设计整定

任务引入

在船舶运行体系中，发电机组作为船舶电站的核心电源形式，其稳定运行直接关乎船舶航行的安全性与可靠性，是船舶电力供应的关键枢纽。船舶在复杂多变的海洋环境中航行，发电机组极易遭遇各类异常工况，如短路、过载、欠压以及逆功率等。这些不正常状态和故障不仅会对发电机组自身造成严重损坏，还可能引发整个船舶电站的瘫痪，进而危及船舶航行安全以及船上人员和货物的安全。

因此，在船舶电站的组建过程中，科学、合理且精准地针对发电机组的各种常见异常与故障，设置相应的保护装置，并进行妥善的设计整定，成为保障船舶电力系统稳定运行的关键环节。本次任务 —— 船舶电源保护的设计整定，正是基于这一重要需求展开，旨在让大家深入掌握船舶电源保护的核心知识与技能，为构建安全可靠的船舶电站筑牢根基。

保护的作用和基本要求　　船舶发电机组的保护

任务描述

（1）梳理船舶电站保护的基本概念、类型、主要任务；

（2）分别为发电机组过流保护、欠压保护、逆功率保护整定参数并选择合适的保护装置型号。

学习目标

知识目标：

（1）了解船舶电站保护的基本要求、原因、任务及保护装置的要求；

（2）了解发电机保护应设置的种类，包括过载保护、外部短路的过流保护、欠压保护、逆功率保护；

（3）理解发电机组过载保护、短路保护、欠压保护、逆功率保护的原理和设计整定方法；

（4）掌握船舶发电机组保护装置的工作原理与特性，如逆功率继电器等。

技能目标：

(1)能够根据船舶电站的实际需求，完成参数整定，合理选择船舶电源保护装置，确定其型号、规格以及参数；

(2)具备正确进行船舶电源保护装置安装与接线的能力，保证保护装置能够可靠运行；

(3)可以运用所学知识和技能，对船舶电源保护装置进行调试与校验，确保保护装置的动作值准确无误；

(4)当船舶电源保护系统出现故障时，能够准确分析故障原因，并提出有效的解决措施，具备故障排查与维修能力。

育人目标：

(1)培养严谨认真、一丝不苟的工作态度，在船舶电源保护设计整定过程中，确保每个环节的准确性与可靠性；

(2)树立安全意识，认识到船舶电源保护对于船舶安全运行的重要性，严格遵守相关安全规范与操作流程；

(3)提升团队协作能力，在项目实施过程中，与团队成员密切配合，共同完成船舶电源保护的设计整定任务；

(4)养成不断学习与创新的精神，关注船舶电源保护领域的新技术、新方法，持续提升自身的专业素养。

知识准备

1. 船舶电站保护概述

(1)船舶电力系统供电的基本要求

——要保证安全可靠的供电；

——要保证电能质量；

——要考虑经济性。

船舶电站的保护主要是为了实现第一项任务，即保证为船舶电力系统安全可靠供电。

(2)船舶电站保护设置的原因

船舶电站在运行中可能会出现各种不正常运行状态和故障。

船舶电站的不正常运行状态是指运行中出现的过载、欠压、过压、欠频、过频、逆功率以及三相三线制中性点绝缘系统发生单相接地等现象。若不采取干预措施，船舶电站的不正常状态发展到一定程度后就会演变成故障。

船舶电站故障通常指船舶电力系统发生的三相短路、两相短路、两相接地短路、单相接地短路等短路故障，还可能发生电机或变压器绕组匝间短路和线路的断线等故障。

上述不正常运行状态和故障发生后，往往会引起严重后果。例如，当发生短路故障时，负载被短接，短路电流很大，将产生很大的电动力和热效应，并使电压大大下降，可能造成重要设备的损坏或使供电中断，从而带来极大的损失。严重的短路故障若不及时切除，就有可能使并联运行的发电机失步，破坏并联运行的稳定性，使电站解列，扩大成为系统性事故，以致使整个电网失电而影响船舶安全。

因此,在船舶电力系统的设计和运行中,都要采取切实有效的措施,尽量避免不正常运行状态和短路故障的发生。尽管如此,由于各种原因,不正常运行状态和故障仍会出现,因此还必须有相应的措施来防止不正常运行状态的发展和限制故障的破坏作用,其中最有效的办法之一,就是在船舶电力系统中装设保护装置。

(3)船舶电站保护的任务

★目的:船舶电站设置保护的目的就是当船舶电站发生故障时,使其自动迅速地切除故障。

★不正常运行状态时的保护任务

当电气设备发生不正常运行状态,且短时还不足以造成破坏时,保护装置应自动发出报警信号,使值班人员及时进行处理,防止事故发生;或自动切除不正常运行的电气设备,防止事故的再扩大。

★故障时的保护任务

当电气设备发生故障或有必将导致故障的趋势发生时,保护装置能准确、自动地检测出信号,并自动、迅速、有选择性地切除发生故障的电气线路,以保护设备,并保证系统的非故障电路和设备能正常安全运行。

同时,配合自动控制装置,自动消除或减少事故及不正常运行情况。

可见,船舶电站保护的作用就是监视电站运行状态,提高电站运行的安全可靠性。同时,它还是船舶电站自动化的重要组成部分。

(4)保护装置的基本要求

根据船舶电力系统保护的基本任务,保护装置应满足以下 4 项基本要求。

★选择性

船舶电站保护的选择性是指当电力系统发生故障时,保护装置应仅把故障元件切除,使停电范围尽量缩小,从而保证电力系统中其他非故障部分仍然能够继续安全地运行。如图 5.1.1 所示某船舶电网,当 A 点发生短路时,短路电流将流过断路器 QF5、QF3 和 QF1,保护选择性是指仅让离故障点 A 最近的 QF5 保护装置动作,将 QF5 自动断开,而此时 QF3、QF1 的保护装置不动作,断路器不断开,最大限度减小失电范围。这样仅对有故障的电路停止供电,而其他无故障的电路仍然继续供电,就是保护的选择性。若无选择性,则 QF3 或 QF1 可能也会动作,造成电网失电范围扩大,甚至全船失电,影响船舶安全的事故。

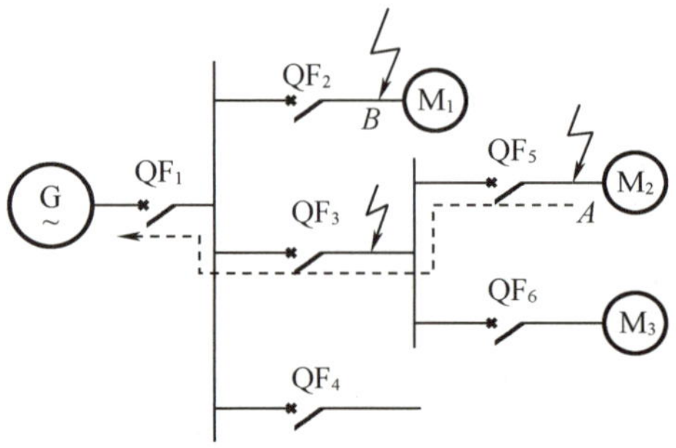

图 5.1.1 保护选择性示意图

★速动性

船舶电站保护的速动性就是要求保护装置的动作时限应力求短。迅速切除故障可减轻被保护设备的损坏程度；防止故障蔓延，缩小破坏范围；减少对非故障部分的影响，保证其正常安全运行。要求快速切除短路故障的理由主要有 2 个方面。

——热效应影响方面

快速性主要针对短路故障，发生短路时大电流流过电气元件产生的热量 Q 与短路电流 I_{ac} 的平方和时间 t 成正比，产生的热效应会随着时间的增大而增长。

$$Q=KI_{ac}^2t \tag{5.1}$$

式中 K——比例系数。

由此可见，短路电流切除得越快，产生的热效应越小，设备越不易受损。

——对电力负载的影响方面

短路会造成电网电压下降，对电动机类负载的影响最明显。因异步电动机的转矩与电压的平方成正比，即

$$T=KU^2 \tag{5.2}$$

式中 K——比例系数。

若电压 U 下降较大，转矩 T 下降大，会使电动机停转。若短路故障能被迅速切除，非故障电网的电压迅速恢复，那么其供电的电动机就能在惯性的作用下仍正常工作。若切除得慢，非故障部分的电动机也都要停下来，其中包括重要负荷，这是很不利的。所以，对船舶电站的保护装置有速动性的要求。

★灵敏性

保护装置的灵敏性是指对于其保护范围内的故障或不正常工作状态的反应能力。就是说，在保护范围内，不管运行情况、短路性质和位置如何，对属于自己保护之内的故障，都要反应灵敏。灵敏性愈高，故障发觉和切除得就愈早，从而对系统的影响和设备的破坏就愈小。保护装置灵敏性，用灵敏度表示。

★可靠性

保护装置的可靠性是指装置本身要能可靠地工作，对它保护范围之内的故障，不应拒绝动作，在正常运行或不属于它保护的范围故障时，不应误动作。否则，它本身就可能成为产生和扩大事故的根源。

保护装置的可靠性主要取决于保护方式的选择、装置本身的质量，整定计算额调试、安装维护及检修的质量等。

从上述分析中我们可以看出，船舶电站保护的 4 个基本要求之间是相互联系又相互制约的，例如，若速动性很高，那么选择性就要差一些，反之亦然。若可靠性很高，那么灵敏性就要差一些。在实际应用中需要具体问题具体分析，如对于过载保护我们就着重要考虑它的可靠性，而不要求速动性；对于短路保护，我们就要尽量考虑速动性了。

2. 船舶同步发电机组保护应设置的种类

发电机是船舶的重要设备，保护发电机不损坏是船舶安全航行的首要保证。针对船舶发电机各种常见的不正常运行状态和故障，必须装设相应的保护装置。

(1)船舶同步发电机的故障类型

船舶同步发电机的不正常运行情况主要有：由于负荷超过发电机的额定值而形成的过载；由于外部短路，非同期合闸以及系统振荡等而引起的过电流；由于发电机电压及频率低于或高于其额定值而形成的欠压、过压、欠频、过频；在并联运行时，可能产生的逆功率现

象等。

船舶同步发电机本身的故障主要有：发电机定子绕组的相间短路；单相层间短路；单相接地；发电机转子绕组的匝间短路；转子绕组的一点或两点接地等。

由于船舶发电机的电压较低，并且又定期检查，经验证明，低压发电机内部故障出现的机会极少，故可不专门设继电保护装置。对于并联运行的发电机可能出现的定子绕组相间短路，可由电流速断对电路进行保护。

(2)保护设置种类

设置发电机保护的基本原则是保护发电机不受损坏，以及尽量不中断供电，避免这些不正常状态和故障对船舶电站的运行造成危害。根据中国船级社《钢质海船入级规范》规定，对船舶低压同步发电机，针对其可能出现的故障和不正常运行状态，主要设置：①过载保护；②外部短路的过电流保护；③欠压保护；④逆功率保护。

对于船舶高压发电机，除应有以上保护之外，还应设发电机内部故障的保护，如保护发电机内部相间短路和层间短路的差动保护，保护发电机定子绕组一相接地的接地保护。此外，还设有过电压保护和磁场保护等。

3. 船舶同步发电机组的过载保护

(1)同步发电机组过载概述

★过载定义：发电机过载是指由于船舶电力负载的总量超过发电机额定容量，使发电机的输出功率和电流超过其额定值的现象。

★过载原因：当船舶电站在运行中发电机的容量不能满足负载增长的需要时，或者几台发电机应并联运行但未做并联运行时，或者当并联运行的发电机中有一台或几台发生故障而自动停机时，或者因并联运行的发电机间的负荷分配不恰当时，都可能造成发电机的过载现象，也就是运行发电机的输出功率或电流超过了其额定值。

★过载影响：不论是负载电流超过发电机的额定电流，还是负载功率超过发电机的额定功率，对发电机组都是不利的。发电机长时间在这种不正常的状态下运行，会使发电机过热、引起绝缘老化和损坏，以及造成发电机组的寿命缩短和部件损坏等。所以，应装设相应的保护装置，以保护发电机组。

★过载判断方法：同步发电机上装有自动电压调整器，在电压不变的情况下，当发电机过载时，必然要出现输出电流过大的现象。因此，可以利用检测同步发电机组运行时的输出电流来判断同步发电机是否过载。

★过载保护设计基本原则：处理发电机过载问题，要兼顾到两方面：

——要保护发电机不受损坏；

——要考虑到尽量保证不中断供电。

因此，当发电机过载时，首先应将一部分不重要的负载自动卸掉，以消除发电机的过载现象，并保证重要负载的不间断供电。同时，应自动发出发电机过载报警信号，以警告运行人员及时处理或同时发出自启动指令，以自动启动备用发电机组。若在一定时间内仍不能解除过载时，为保护发电机不被损坏，就应自动地将发电机从汇流排上切除，并发出发电机过载自动跳闸信号。

为确定船舶同步发电机过载保护动作的整定值，首先要分析船舶同步发电机过载保护的要求。

(2)发电机过载保护的要求

★发电机过载保护应具有延时动作

——自身性能:发电机组有一定的过载能力,能够承受一定时间的过流。

对于电流过载,发电机出厂时允许安全运行的极限值为1.1倍额定电流下运行1 h而不超过温升限度,1.5倍额定电流下允许运行120 s,3倍额定电流下允许运行2 s。

对于功率过载,则主要考虑原动机的忍受能力,如柴油机出厂时允许安全运行的极限值为1.1倍额定功率下运行1 h。

——外部系统要求:过载保护动作应躲开暂时性的过流。

从发电机组外部系统的要求方面看,电力系统大电动机启动或多台电动机同时启动时,启动电流可能很大,可能会引起发电机暂时性过载,超过发电机组过载保护的整定值,但此时发电机的过载保护不应动作。由于电机启动电流一般在10 s内即可消失,为了保证保护装置的动作可靠性,保护动作应躲开暂时性的过流。发电机过载保护的动作时限一般要大于10 s。

——选择性保护要求:远端短路时,发电机组不应立即动作。

在距离发电机较远处短路时,发电机处的短路电流值也可能超过发电机过载保护值,将启动发电机过载保护,但根据电网保护的选择性要求,应由离短路点近的下位短路保护先动作,使切断的电路最少,而发电机过载保护不应立即动作而需要等待一段时间,从时间上躲开这种情况。所以,从系统对发电机过载保护的要求方面看,发电机过载保护必须具有一定的时限。

综上,发电机组过载保护应具有一定的时限性,即延时动作。

★自动分级卸载保护

根据保护原则,为最大限度确保船舶电站的供电连续性,使发电机既不中断供电又避免持续过载的一种好方法就是采用自动分级卸载保护,或叫优先脱扣装置。

将负载按照其不重要程度及工作特性分成几组,当发电机组一旦发生过载现象时,在保护装置自动将次要负载逐级切除,同时发出报警信号,若达到允许的时限后仍不能消除过载现象,则保护装置发出发电机过载跳闸指令。

(3)发电机过载保护的设计整定方法

中国船级社《钢质海船入级规范》规定,对于500 V以下同步发电机,针对其不正常运行情况和可能出现的故障,发电机的保护应采用能同时分断所有绝缘的断路器作为发电机的过载保护,其保护与发电机的热容量相适应,并满足以下要求:

★对无分级自动卸载装置的发电机过载保护

当过载10%~50%,经少于2 min的延时断路器应分断,建议整定在发电机额定电流值的125%~135%,延时15~30 s断路器分断:

$$\begin{cases} I_{op(OL)}=(1.25\sim1.35)I_{gN} \\ t_{(OL)}=15\sim30\ \text{s} \end{cases} \tag{5.3}$$

——延时作用于断路器跳闸

★对有分级自动卸载装置的发电机过载保护

——当过载达110%~120%额定值时,延时5~10 s使自动卸载装置动作,自动卸掉部分次要负载:

$$\begin{cases}I_{op(OL)}=(1.1\sim1.2)I_{gN}\\t_{(OL)}=5\sim10\text{ s}\end{cases}\tag{5.4}$$

——延时作用于卸载

——当过载达150%额定值时，延时10～20 s，过载保护装置动作，使发电机自动跳闸：

$$\begin{cases}I_{op(OL)}=1.5I_{gN}\\t_{(OL)}=10\sim20\text{ s}\end{cases}\tag{5.5}$$

——延时作用于断路器跳闸

以上所说发电机过载保护的整定值，只就一般情况而言，对于具体的发电机组，应当根据设计制造和使用情况，特别是原动机的情况、环境条件和具体要求等，做具体的分析，确定切实可行的过载保护装置整定值。

船舶发电机的过载保护装置主要是由自动分级卸载装置、自动空气断路器中的过电流脱扣器或综合保护装置中的过电流继电器来实现。

4. 船舶同步发电机组的外部短路保护

由于船舶发电机电压较低，且有定期的绝缘检查和日常维护，发电机内部出现短路概率很小，所以一般不考虑装设专门的内部短路保护装置，本项目所述船舶发电机的短路保护主要是发电机外部短路。

短路故障所造成的后果是严重的。发生短路时，由于外部电路负载被短接，发电机定子绕组中将产生极大的短路电流，电网电压也急剧下降。例如，当发电机端部发生三相短路时，短路电流可达额定电流的10倍以上；此电流产生的热量和机械力可比正常值大出一百倍以上，对发电机有巨大的破坏作用。电压的下降，会使电动机停转，甚至使发电机全部断开，导致全船停电。

为了防止短路故障，对于运行人员来说，应在平时加强对设备的维护管理，定期检查各主要电器设备的绝缘情况，严格执行操作规程，消灭误操作。为了限制短路故障的破坏作用，在技术措施方面则必须装设继电保护装置，以便在故障发生后，能自动地切除故障部分，保护设备，防止事故扩大，保证非故障部分正常运行。

(1)短路保护设计原则

发电机组外部短路故障的危害是非常大的，在发生短路故障时的处理原则是：既要自动快速切除故障电路，保护发电机，防止事故的扩大；又要保证非故障部分能正常工作，不中断供电。

因此，要着重兼顾保护的快速性和选择性问题，通常采用时间原则和电流原则相结合的方法，视短路点的不同分别处理。

★时间原则：指以保护装置动作时限的不同，来保证选择性。

★电流原则：指以保护装置动作的电流值的不同，来保证选择性。

(2)不同短路点的短路保护情况分析

如图5.1.2所示为某船舶发电机组外部短路保护示意图，以下分析不同短路点短路时，发电机组短路保护的设置情况。

★当远离发电机 k_2 点短路时：

按照上述处理原则，应仅使开关 QF_2 保护装置（断路器的过流脱扣器）动作，切除故障点，而 QF_1 保护装置不动作。

为实现保护选择性，按时间原则，对 QF_1 和 QF_2 的过流保护的动作时限 t_1、t_2，应设置为 $t_1>t_2$；按电流原则，对 QF_1 和 QF_2 的过电流保护的启动（动作）电流 I_{op1}、I_{op2}，应设置为 $I_{op1}>I_{op2}$。

考虑到发电机是船舶配电系统的第一级，为满足其与以下各级间的选择性，发电机主开关 QF_1 的短路保护动作时间 t_1 不能设置为 0。因此，发电机外部短路保护应动作于短延时。

★当靠近发电机 k_1 点短路时：

当 k_1点发生短路时，只好尽快使 QF_1开关中的保护装置（断路器的过流脱扣器）动作，使发电机跳闸。

当靠近发电机 k_1 点短路时，短路电流值会很大，这时必须让 QF_1 迅速动作，保护发电机。若按前述设置的 t_1 值（延时，不为 0）进行短路保护，显然无法满足速动性的要求。

因此，为了满足保护发电机组的要求，发电机组外部短路保护还要设置不带时限的电流速断保护装置——瞬动装置。

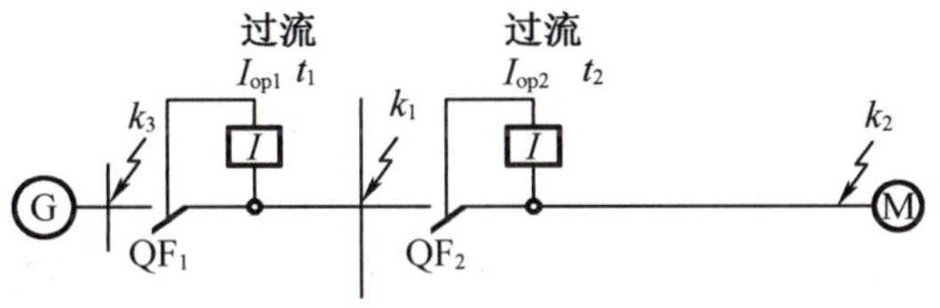

(a) 示意图

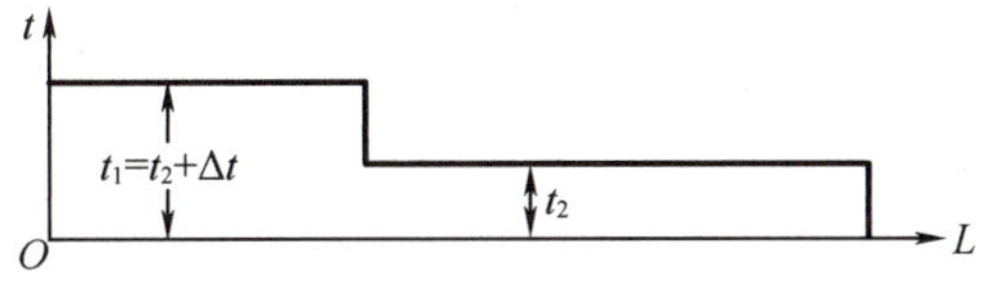

(b) 按时间原则整定

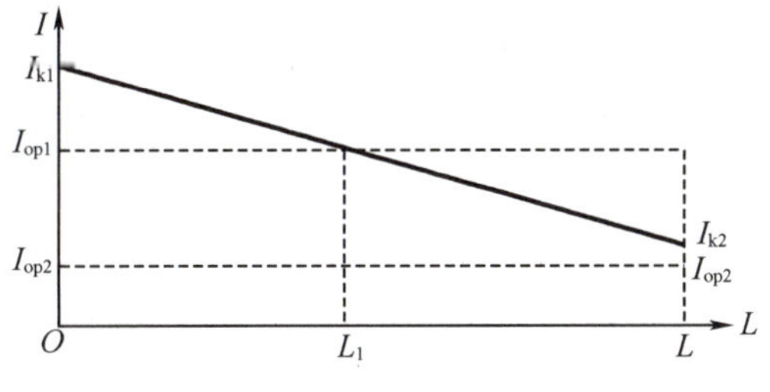

(c) 按电流原则整定

图 5.1.2　发电机组外部短路保护示意图

★当发电机主开关与发电机之间 k_3 点短路时：

如图 5.1.3 所示，在有 3 台及以上发电机并联连接的情况下，当 1 号发电机 G_1 与其主开关 QF_1 之间 k_3 点发生短路时，处于正常运行的发电机主开关 QF_2、QF_3 中仅流过其所保护发电机自身送出的短路电流，而 QF_1 中却流过了其他各台发电机和运行中各电动机所送出的短路电流之和。

因此，为了满足发电机之间的短路选择性保护，也需要对发电机断路器设置瞬动装置。

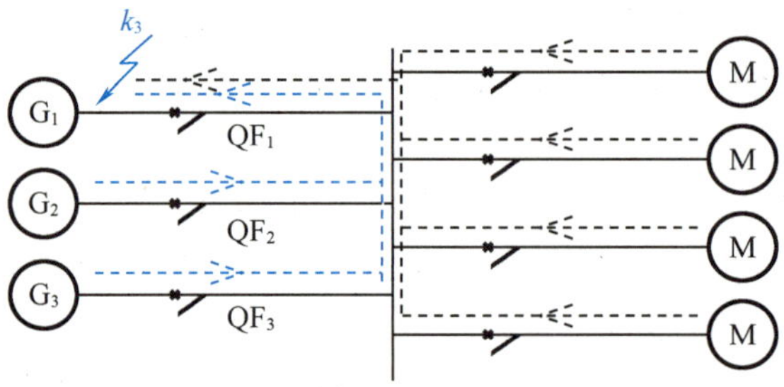

图 5.1.3　3 台发电机组并联时发电机外部短路示意图

综上所述,船舶发电机外部短路保护一般应同时设有短路短延时和短路瞬时动作保护,根据短路电流的大小,实行短延时或瞬时动作保护。

一般在船舶发电机短路保护装置中,都设有两套过流保护装置。第一套为带时限的外部过流保护装置,又叫短路短延时保护装置。如图 5.1.2 中的 QF_1 过流保护,它与 QF_2 过流保护是以时间原则来实现选择性的。第二套为不带时限的电流速断保护装置,又叫短路瞬时动作保护装置。如图 5.1.2 中的 QF_1 的速断保护,它与 QF_2 过流保护是以电流原则来实现选择性的,并保证了在靠近发电机端短路时,保护动作的快速性。显然,QF_1 的过流保护装置又是一种后备保护装置,当 k_2 点短路而其 QF_2 的过电流保护装置拒绝动作时,或当发电机内部短路而其 QF_1 电流速断保护装置拒绝动作时,则 QF_1 的过流保护立即动作,这种后备保护是完全必要的。

(3)发电机外部短路保护设计整定方法

中国船级社《钢质海船入级规范》规定,对于 500 V 以下同步发电机,针对其不正常运行情况和可能出现的故障,发电机的保护应采用能同时分断所有绝缘的断路器作为发电机的短路保护,并满足以下要求:

★短路短延时保护设置

当保护发电机的断路器中过电流大于 50%,但小于发电机的稳态短路电流,经与系统选择性保护所要求的短暂延时后断路器应分断。建议断路器的短路短延时保护启动电流整定为发电机额定电流的 200%~250%,延时时间:直流最长为 0.2 s,交流最长为 0.6 s,作用于发电机跳闸:

$$\begin{cases} I_{op1}=(2\sim2.5)I_{gN} \\ t_1\leqslant 0.6\ \text{s(交流)},0.2\ \text{s(直流)} \end{cases} \tag{5.6}$$

——延时作用于断路器跳闸

★短路瞬动速断保护设置

在可能有 3 台及以上发电机并联连接的情况下,还应设有瞬时脱扣器,并整定在稍大于其所保护发电机的最大短路电流下断路器瞬时分断。考虑并联运行发电机组之间的选择性,一般整定在 0.85~0.92 倍的被保护发电机机端短路的最大非对称短路电流峰值,并瞬时动作于发电机跳闸。

$$I_{qb}=\frac{(1.2\sim1.3)I_p}{\sqrt{2}}=(0.85\sim0.92)I_p \tag{5.7}$$

——延时作用于断路器跳闸

此外,在进行发电机短路的短延时保护整定时,特别要注意:动作电流(保护启动电流)

应小于发电机的最小稳态短路电流；动作电流应大于下一级短路保护的动作电流值；延时时间尽量短；动作时间与下一级保护的延时相协调。

注意，若设有差动保护继电器作为发电机内部故障的保护，可不在设置断路器的瞬动保护。

发电机的外部短路保护可由自动空气断路器中的过电流脱扣器或综合保护装置实现。

5. 船舶同步发电机组的欠压保护

(1) 欠压保护概述

★定义：发电机的欠压是指发电机运行时端电压下降至低于额定值的现象。

一般将电压降低至额定电压的35%视作“失压”，习惯上有时把“欠压”和“失压”统称为“欠压”。

★危害：发电机在欠压情况下运行会引起发电机过热、绝缘损坏，以及电动机负载的电流增加、转矩下降，严重时甚至会造成电网失电。

★欠压保护设置目的：当发电机出现欠压现象时，使发电机主开关合不上闸或从电网自动跳闸，从电网中切除发电机组。

(2) 发电机欠压保护设计整定方法

中国船级社《钢质海船入级规范》关于船舶发电机组欠压保护的设计规定：

——用于避免发电机不发电时闭合断路器应瞬时动作；

——当电压降低至额定电压的70%~35%时，应经系统选择性保护要求的延时后动作。

由此看出，欠压保护包括失压保护的内容。电压降低至额定电压的35%做失压处理，应瞬时跳闸。在实船自动电站的设计中，也有的把额定电压的10%作为对母线是否有电压的识别值。

因此，欠压保护整定值一般设置为0.7~0.35倍的额定电压，延时1.5~3 s跳闸：

$$\begin{cases} U_{op} = (0.7 \sim 0.35)U_N \\ t_1 = (1.5 \sim 3)\,\text{s} \end{cases} \tag{5.8}$$

——延时作用于断路器跳闸

失压保护整定值设置为0.1~0.35倍的额定电压，瞬时跳闸：

$$U_{op} = (0.35 \sim 0.1)U_N \tag{5.9}$$

——瞬时作用于断路器跳闸

船舶发电机的欠压保护装置是由自动空气断路器中的失压脱扣器或综合保护装置中的电压继电器实现的。

6. 船舶同步发电机组的逆功率保护

(1) 逆功率保护要求

★逆功率产生的原因及危害

发电机的逆功率是指发电机不是发出有功功率，而是从电网吸收有功功率。当几台发电机并联运行时，若其中一台发电机的原动机工作失常，例如，柴油发电机组的燃油供给中断或发电机与原动机的联轴节损坏等，便造成该发电机不但不能发出有功功率，反而要从系统吸收有功功率来维持运转，即变为同步电动运行状态。发电机在逆功率状态下运行，对系统是极为不利的，这可能造成正在并联工作的其他发电机过载，以致因过载跳闸，产生连锁反应导致全船供电中断。因此，发电机出现逆功率情况时，要及时将其从电网上切除。

★逆功率判别方法

当发电机出现逆功率时，要从系统吸收有功功率，即其输出有功功率的方向发生了改变。因此，可以检测发电机有功功率方向的正逆，来鉴别是否出现了逆功率，以便采取保护措施。

★逆功率保护设置原则

发电机过载保护允许具有一定的延时，同理对逆功率保护也不要求立即跳闸，可以具有一定的时限。因为发电机在非同步条件下并车时，可能会短时出现逆功率，这是允许的，此时逆功率保护不应动作。因此，从避开并车时可能出现的短时逆功率方面，逆功率保护要求具有一定的时限。非同步并车出现的功率冲击一般在 1 s 之内。

(2)发电机逆功率保护设计整定方法

中国船级社《钢质海船入级规范》关于船舶发电机组逆功率保护的设计规定：

并联运行的交流发电机应设有延时 3~10 s 动作的逆功率保护。并联运行的直流发电机应设在瞬时或经短暂延时(少于 1 s)动作的逆电流保护。并联运行的发电机的逆功率(或逆电流)值按原动机的类型不同可整定为：

——原动机为柴油机：发电机额定功率(电流)的 8%~15%：

$$P_{op}=-(0.08\sim0.15)P_N \tag{5.10}$$

交流：$t=(3\sim10)$ s ——延时作用于断路器跳闸

直流：$t\leqslant1$ s ——瞬动或短延时作用于断路器跳闸

—— 原动机为涡轮机：发电机额定功率(电流)的 2%~6%：

$$P_{op}=-(0.02\sim0.06)P_N \tag{5.11}$$

交流：$t=(3\sim10)$ s ——延时作用于断路器跳闸

直流：$t\leqslant1$ s ——瞬动或短延时作用于断路器跳闸

逆功率保护是由逆功率继电器来实现的，整定值是靠调整逆功率继电器的动作值来达到的。

(3)逆功率继电器的工作原理及整定方法

★逆功率继电器的结构及整定方法

逆功率继电器是一个检测功率方向的电器，它可判别发电机有功功率的方向，当同步发电机出现逆功率时，经一定延时确认后逆功率电器动作，将该发电机从电网上切除。感应式逆功率继电器的结构原理图如图 5.1.4 所示。感应式逆功率继电器主要结构由导磁铁芯和铝质圆盘转子组成。导磁铁芯分为上磁路系统和下磁路系统，两个磁路由可以转动的铝质圆盘分开。电流线圈安装在上磁路系统中，它由接在发电机组某相的电流互感器二次侧电流 I_i 供电，通电线圈形成激磁，所产生的磁通在经空气隙到圆盘中间分左右两路，再次穿过空气隙折回而闭合。电压线圈由两个线圈串联起来，安装在下磁路系统中，它可直接或通过电压互感器接至发电机相电压，流入下磁路线圈的电流为 I_u。通电线圈形成激磁，产生的磁通穿过铝盘又折回而闭合。

铝盘被固定在一根可以转动的轴上，轴的上方经齿轮与动触头的齿轮相啮合。在动触头齿轮轴上压入一个建立反作用力矩的游丝弹簧，银质静触头被紧固在薄青铜片间，安装在塑料座上。当发电机出现逆功率时，铝盘就按逆时针方向转动，通过轴上齿轮使动触头按顺时针方向转动，使两个静触头与动触头接通，结果输出逆功率信号，同时逆功率继电器线圈断电，继电器的转动使该系统在游丝作用下又回到原位。此外，铝盘上还悬插有一永久磁铁，其作用是产生阻尼力矩。

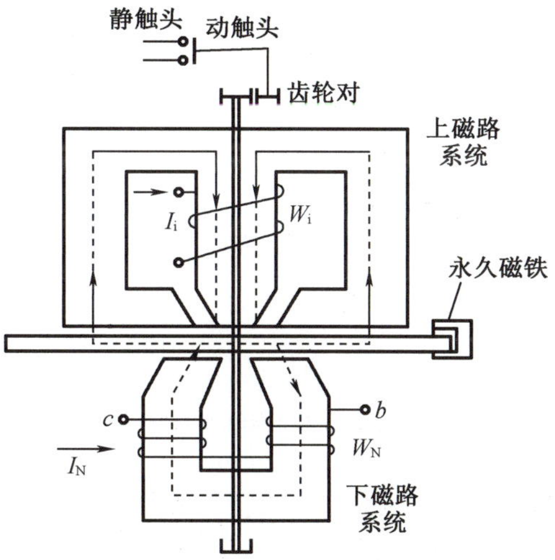

图 5.1.4　感应式逆功率继电器的结构原理图

在继电器上装有调整逆功率动作值的插座，电流线圈抽头焊在插座上，插座上一般具有3个插孔，通过它来改变接至电流互感器的电流线圈匝数来实现动作值的调节，可调整在8%~15%的额定功率时动作。此外，还有一止挡块，其作用是当发电机输出功率时，能挡住动触头使之不能向反向转动，改变止挡块的位置，就可以调整动触头的行程，以整定延时的时限，它可在 2~12 s 内整定。

★逆功率继电器的工作分析

铝盘旋转起来的必要条件是：圆盘上有感应电流，圆盘处在旋转或移进磁场中。而旋转或移进磁场，必须有两个以上相同频率、不同相位的交变磁通，在不同的空间位置上进行合成才能获得。

当电压线圈加上电压 $\dot{U}_{CB}$ 后，在线圈中产生电流 $\dot{I}_u$。$\dot{I}_u$ 与 $\dot{U}_{CB}$ 之间的夹角由电压线圈的阻抗决定。如果阻抗角为 γ，则由 $\dot{I}_u$ 产生的磁通 $\dot{\Phi}_u$ 与电压 $\dot{U}_{CB}$ 的夹角也是 γ（忽略磁滞损耗）。电流线圈的电流 $\dot{I}_i$ 产生磁通为 $\dot{\Phi}_i$，$\dot{\Phi}_i$ 和 $\dot{I}_i$ 是同相位的，而 $\dot{I}_i$ 与电压 $\dot{U}_C$ 之间的夹角则决定于负载的性质，即功率因数角 φ。因而 $\dot{\Phi}_i$ 与 $\dot{U}_{CB}$ 之间的夹角为 $\varphi_i=\varphi-30°$，如图 5.1.5 所示。

从图 5.1.4 中可以看到两个磁通 $\dot{\Phi}_u$ 和 $\dot{\Phi}_i$ 均穿过铝盘，在空间上这两个磁通间存在一个夹角，在时间上则相差为 $\dfrac{\theta}{\omega}=\dfrac{\gamma-\varphi_i}{\omega}$。这两个磁通分别在圆盘中感应出涡流 $\dot{I}_{iw}$ 和 $\dot{I}_{uw}$，电压线圈的磁通所产生的涡流 $\dot{I}_{uw}$ 和电流线圈的磁场 $\dot{\Phi}_i$ 相互作用产生转矩；电流线圈的磁通所产生的涡流 $\dot{I}_{iw}$ 和电压线圈的磁场 $\dot{\Phi}_u$ 相互作用也产生转矩。这两个转矩的合成转矩使圆盘转动，合成转矩 M 的大小及方向由下式表示：

$$M=K_i\cdot\dot{\Phi}_u\cdot\dot{\Phi}_i\cdot\sin\theta \tag{5.12}$$

式中　θ——$\dot{\Phi}_u$ 和 $\dot{\Phi}_i$ 之间的夹角；

K_i——比例常数。

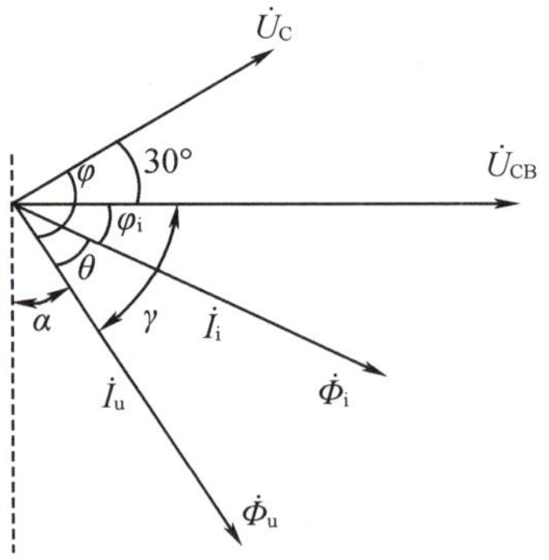

图 5.1.5 逆功率继电器相量图

由于有气隙存在,磁路不饱和,因此 $\dot{\Phi}_u$ 和 $\dot{I}_u$ 成正比(而 $\dot{I}_u$ 又与外加电压 $\dot{U}_{CB}$ 和 $\dot{U}_C$ 成正比),$\dot{\Phi}_i$ 与 $\dot{I}_i$(即 $\dot{I}_C$)成比,从而式(5.12)可变换为

$$\begin{aligned} M &= KU_C I_C \sin\theta \\ &= KU_C I_C \sin(90° - \varphi_i - \alpha) \\ &= KU_C I_C \cos(\varphi_i + \alpha) \\ &= KU_C I_C \varphi \end{aligned} \tag{5.13}$$

式中,$\alpha = 90° - \gamma$,通常称为继电器的内角,是一个定值。对 GG-21 型逆功率继电器来说,$\alpha = 30°$。

由式(5.13)可以看出,继电器的转动力矩正比于发电机输出的有功功率。又因为 M 与 $\cos\varphi$ 成正比,所以转动力矩 M 具有方向性,取决于 φ 角的大小。

当发电机在输出功率时,圆盘要向顺时针方向转动,但被止挡块挡住而不能转动。当发电机处于逆功率状态时,由于电流方向改变 180°,φ 角也相差 180°,使转矩 M 变为负值,铝盘逆时针方向旋转,经过整定的时间后,触点闭合,输出逆功率信号而使主开关跳闸,从而达到逆功率保护的目的。

由于逆功率继电器的反映功率取决于线圈输入的电压、电流及其相位,故要求继电器电压和电流两个线圈的极性一定要接正确,不然会引起误动作。如图 5.1.6 所示为 GG-21 型逆功率继电器接线原理图,这种继电器通常是按 30°接线方式。所谓"30°接线"是指当负载的 $\cos\varphi = 1$ 时,加到继电器上的电流和电压之间的相角差恰恰为 30°。

接好线后应进行检查,检查是否按 30°接线,并要注意互感器的同名端。当发电机向系统输送功率时,继电器不应动作;当发电机发生逆功率时,继电器应动作,使发电机跳闸。这说明逆功率继电器接线正确。如在正功率时,逆功率继电器动作,说明接线反了,一般将电压线圈两端换一下即可。当动作灵敏度相差很大时,如相序接错,应调换线电压或调换相电流进行校正。

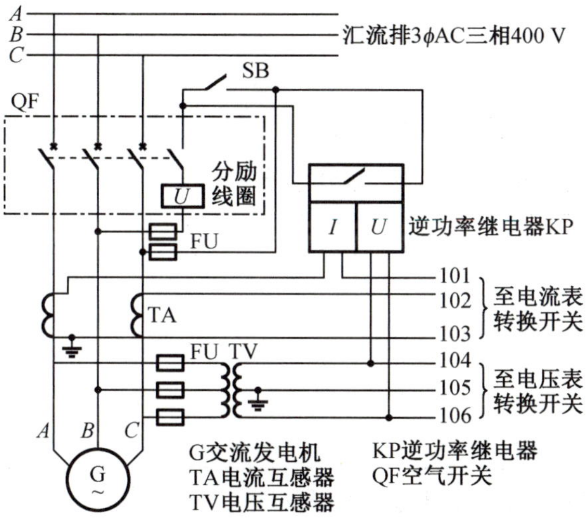

图 5.1.6　GG-21 型逆功率继电器接线原理图

任务实施

步骤一：理清船舶电站保护的基本概念

（1）船舶电站运行的不正常状态、故障分别有哪些？

（2）船舶电站保护设置的主要任务是什么？

（3）保护装置的基本要求有____

____。

步骤二：案例船发电机组保护类型设置

（1）阅读案例船设计任务书，分析其船舶电站运行工况，是否有 3 台及以上发电机并联运行的工况？

（2）确定发电机组设置的保护种类为____

____。

步骤三：发电机组过流保护

（1）保护装置选择

★发电机组过流保护采用______式保护，选择的品牌和型号为________________________

____。

★是否设置自动分级卸载装置：是（　　）　　否（　　）

若设置自动分级卸载装置，列出所设级数及每级卸载的负载名称。

第一级优先脱扣：

延时脱扣时间：　　s

第二级优先脱扣：

延时脱扣时间：　　s

应急发电机按上述思路进行梳理。

(2)参数整定

根据发电机组过流保护要求及过流脱扣器特性,整定发电机主开关过流保护动作值。

★主发电机组

设备		保护装置				
代号	名称	型号	额定值	保护种类	整定范围	整定值
				LTD		
				STD		
				INST		
备注：						

★应急发电机组

设备		保护装置				
代号	名称	型号	额定值	保护种类	整定范围	整定值
				LTD		
				STD		
				INST		
备注：						

(3)参数调整和检验

将发电机开关设定值输入脱扣曲线仿真软件,得到发电机开关脱扣曲线。根据曲线找出式(5.3)~(5.7)中过载保护、短路短延时保护、短路瞬动保护实际动作电流对应的实际动作时限。

——主发电机 LTD 动作电流：　　动作时间：　　满足要求？

——主发电机 STD 动作电流：　　动作时间：　　满足要求？

——主发电机 INST 动作电流：　　动作时间：　　满足要求？
——应急发电机 LTD 动作电流：　　动作时间：　　满足要求？
——应急发电机 STD 动作电流：　　动作时间：　　满足要求？
——应急发电机 INST 动作电流：　　动作时间：　　满足要求？

保护装置在无电流输入情况下可用面板开关进行功能校验；输入模拟电流进行动作特性校验，校验时 ACB 必须提供工作电源，保护装置也需提供工作电源。

★长延时脱扣校验：合上 ACB；把瞬动和短延时脱扣的整定刻度转至“NON”位；把面板上的“试验开关”扳向“低”，同时按下秒表计时，这时装置本身提供一个对应 $1.5I_N$ 的检测电流；ACB 跳闸，脱开开关，开关自动复位到“OFF”；计时跳闸的时间若接近 $1.3I_N$ 对应的时间，说明功能正常；把瞬动和短延时恢复到原来整定为止。

★短延时脱扣校验：合上 ACB；把瞬动脱扣的整定刻度转至“NON”位；把面板上的“试验开关”扳向“高”，这时装置本身提供一个对应 $16I_N$ 的检测电流；若 ACB 稍延时跳闸，说明功能正常；ACB 跳闸后，脱开开关，开关自动复位到“OFF”；把瞬动恢复到原来整定为止。

★瞬动脱扣校验：合上 ACB；把面板上的“试验开关”扳向“高”，这时装置本身提供一个对应 $16I_N$ 的检测电流；若 ACB 立即跳闸，说明功能正常；ACB 跳闸后，脱开开关，开关自动复位到“OFF”。

步骤四：发电机组欠压保护

(1)保护装置选择

主发电机欠压保护装置选择________________________________。

应急发电机欠压保护装置选择______________________________。

(2)参数整定

根据发电机组欠压保护要求、式(5.8)~(5.9)及保护装置特性，整定发电机主开关欠压保护动作值。

★欠压保护整定

主发电机动作电压整定值：____________，动作时间整定值：______________；

应急发电机动作电压整定值：__________，动作时间整定值：______________。

★失压保护整定

主发电机动作电压整定值：____________，动作时间整定值：______________；

应急发电机动作电压整定值：__________，动作时间整定值：______________。

(3)参数调整

欠压保护动作试验电路如图 5.1.7 所示接线。先将调压器回零位，合闸刀开关后逐渐增加调压器输出电压至发电机额定值，观察失压线圈开关的吸合状态，然后合上发电机主开关，再逐渐调节调压器使输出电压下降，调至欠压动作值，主开关应跳闸。

欠压动作值及动作延时时间的调整由 UVT 整流装置内的电位器调节。

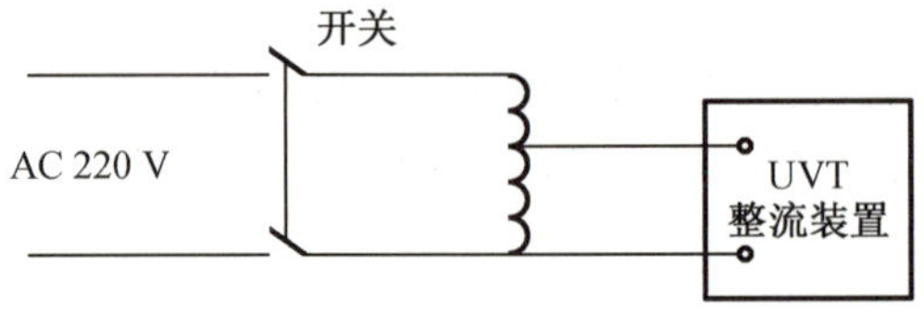

图 5.1.7　欠压保护动作试验电路

步骤五：发电机组逆功率保护

根据需要对发电机进行逆功率保护设置。

(1)保护装置选择

主发电机逆功率保护装置选择________________________________。

应急发电机是否需要设置逆功率保护装置?

(2)参数整定

根据发电机组逆功率保护要求、式(5.10)~(5.11)及保护装置特性,整定发电机主开关欠压保护动作值。

主发电机动作功率整定值:____________,动作时间整定值:________________。

(3)参数调整

对逆功率保护整定值进行调整时,可在发电机单机运行的情况下,把逆功率继电器上的电压或电流连接对换,这样逆功率继电器把正功率作为逆功率测量,功率表指示的正功率数值就是逆功率数值。开始计时,观察逆功动作数值并进行调整。

任务评价

任务完成情况评价标准及评分见表5.1.1,任务总结反思见表5.1.2。

表5.1.1 任务评价表

评价类型	赋分	评价指标	分值	得分		
				自评	组评	师评
职业能力	50	正确梳理船舶电站保护的基本概念	2			
		明确案例船发电机组保护类型设置	3			
		正确选择过流保护的保护装置	5			
		正确完成过流保护参数整定和检验	10			
		正确选择欠压保护的保护装置	5			
		正确完成欠压保护参数整定和调整	10			
		正确选择逆功率保护的保护装置	5			
		正确完成逆功率保护参数整定和调整	10			
职业素养	30	操作规范、精益求精	10			
		团队协作互助、解决问题	10			
		思辨和持续改进创新能力	10			
劳动素养	10	坚持出勤、遵守纪律	5			
		报告完整、工位整洁	5			
思政素养	10	创新意识	5			
		感悟“严谨、安全”的工匠精神	5			

表 5.1.2　总结反思

<table>
<tr><td colspan="2">目标达成：　知识☆☆☆☆☆　技能☆☆☆☆☆　素养☆☆☆☆☆</td></tr>
<tr><td>学习收获：</td><td rowspan="2">教师寄语：</td></tr>
<tr><td>问题反思：</td></tr>
</table>

课后任务

1. 问答与讨论

(1)讨论应急发电机是否需要设置逆功率保护，并说明理由。

(2)简述选择性保护要求的“四性”指的是什么，并说明它们之间的联系与区别。

(3)为什么发电机的外部短路保护要设置瞬时速断和短延时过流两套保护？是否一定要设置短路短延时保护，为什么？

2. 巩固与提高

某船舶电站配备 4 台额定功率为 300 kW 的主发电机组和 1 台额定功率为 75 kW 的应急发电机组，最大运行工况下需要 3 台主发电机组并联运行。请分别设计具有分级自动卸载功能和没有分级自动卸载功能时的发电机组保护方案。

任务 5.2　船舶电网保护的设计整定

任务引入

船舶电网作为全船电缆和电线的有机集合，犹如船舶的“神经脉络”，是船舶电站实现电力高效传输与分配的关键载体。在船舶电力系统持续运行期间，复杂的工况和多变的环境因素，容易导致系统出现各类不正常状态与故障，如接地故障、过电压冲击、频率波动等。这些异常情况一旦发生，不仅会对船舶电网中的电缆、电线等设施造成直接损害，引发线路老化、绝缘击穿等问题，还可能导致电力传输中断，影响全船各类电气设备的正常运行，进而对船舶的航行安全、设备稳定运转以及船员的工作生活秩序带来严重威胁。

鉴于船舶电网在船舶整体运行中的关键作用及其面临的潜在风险，在船舶电站的组建进程中，科学、严谨、有效地针对船舶电力系统运行中可能出现的各类异常与故障，设计并设置相应的保护装置，并对其进行精确整定，已然成为保障船舶电网稳定运行、维持船舶电力系统可靠供电的核心任务。本次任务——船舶电网保护的设计整定，正是围绕这一关键需求而展开，旨在助力大家全面掌握船舶电网保护的专业知识与实操技能，为打造稳固可靠的船舶电力供应体系奠定坚实基础。

任务描述

船舶电网的保护

（1）依据案例船任务书的具体要求，系统梳理船舶电网应设置的各类保护，明确每类保护的作用对象，包括短路、过载、欠压、逆功率、接地等保护及其对应的电缆、设备与发电机等。

（2）开展船舶电网短路保护工作，合理选择短路保护装置，如熔断器、断路器等，并依据电网参数和短路电流计算结果，完成短路保护装置动作电流、动作时间等关键整定值的计算与设置。

（3）接入岸电时，严格按照标准规范，准确完成电源连锁保护与相序保护的设置。电源连锁保护防止岸电与船上发电机同时供电，相序保护确保接入岸电的相序正确，避免因相序错误导致设备损坏。

（4）针对船舶电网可能出现的单相接地故障，合理选择接地保护方式，准确设置接地保护装置，确保在发生单相接地故障时，能及时检测并采取相应措施，保障电网安全运行。

学习目标

知识目标：

（1）深入理解船舶电力系统中常见不正常状态和故障产生的原因、机理及特征，如接地故障的不同类型及形成过程、过电压冲击的来源与影响因素、频率波动与船舶负载变化的关联等。

（2）全面掌握各类船舶电网保护装置的工作原理、技术参数及选型依据，例如漏电保护器、过电压继电器、频率继电器等的动作逻辑和性能指标。

（3）理解船舶电网保护整定值的计算原理和方法，能够依据船舶电网的实际参数、运行工况和相关标准规范，计算出合理的保护整定值，如动作电流、动作时间、动作电压等。

技能目标：

（1）能够根据船舶电站的设计要求和船舶电网的实际情况，独立完成船舶电网保护装置的选型与配置，确保所选装置满足电网保护需求。

（2）具备正确安装和调试船舶电网保护装置的实践能力，能够按照规范要求进行设备安装、接线，并运用专业工具和方法对保护装置进行调试，使其达到预定的保护性能。

（3）当船舶电网出现异常情况或故障时，能够运用所学知识和技能，迅速准确地分析故障原因，判断故障类型和范围，制定有效的故障排除方案，并实施修复工作。

(4)能够根据船舶电网的运行数据和实际工况,对已设置的保护整定值进行校验和调整,确保保护装置在不同工况下都能可靠动作,实现对船舶电网的精准保护。

育人目标:

(1)培养严谨细致、一丝不苟的工作态度,在船舶电网保护设计整定过程中,严格遵守相关标准和规范,确保每一个环节都准确无误,保障船舶电网运行安全。

(2)树立强烈的安全意识和责任意识,深刻认识到船舶电网保护对船舶安全航行的重要性,始终将安全放在首位,在工作中严格执行安全操作规程,防止因操作不当引发安全事故。

(3)提升团队协作能力和沟通能力,在船舶电站组建和电网保护工作中,与团队成员密切配合、相互协作,共同解决遇到的问题,确保项目顺利推进。

(4)养成持续学习和创新的精神,关注船舶电网保护领域的新技术、新方法和新规范,不断更新知识结构,提升自身专业素养,为船舶电网保护技术的发展贡献力量。

知识准备

船舶电网是全船电缆和电线的总称。因此,船舶电网的保护主要针对电力系统出现过载和短路时对电缆的保护。此外,在交流电网中,船舶电网的保护还包括接用岸电时的相序保护、电源连锁保护,以及防止绝缘故障的单相接地保护等。

1. 船舶电网的过载保护

船舶电网大多为辐射型馈线网络,馈电线路的截面积都与发电机及用电设备的容量相适应。如图 5.2.1 所示为某船舶辐射型馈电网络示意图,各段电缆的过载保护如下:

第Ⅰ段:发电机 G 至主配电板 MSB 之间的电缆。这一段电缆的截面是按发电机额定容量来选择的,它的过载就是发电机的过载,因此完全可以由发电机的过载保护装置来完成过载保护。

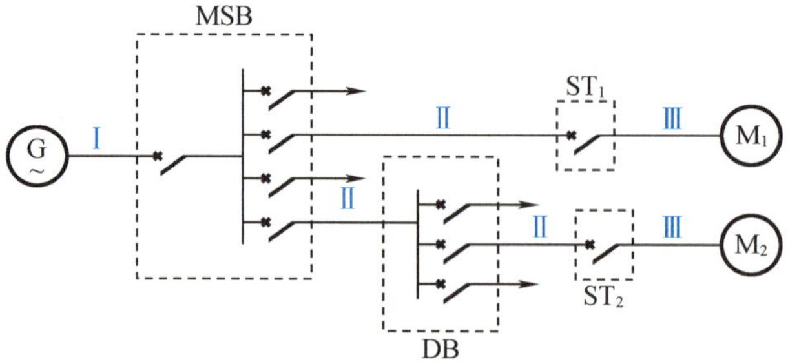

图 5.2.1 某船舶辐射型馈电网络示意图

第Ⅱ段:各级配电板之间的电缆,如从主配电板到分配电板之间的电缆。这段电缆的截面是根据分配电板上所有负荷电流并考虑同时工作系数计算得到的,个别用电设备负载的过载不致引起这段电缆的过载,而大部分负载在同一时间内一起过载的可能性也是极少的。因此,这段电缆过载的可能性很小,一般不必考虑过载保护,且一般配电开关的多段式过电流脱扣器已经可以对其进行过载保护了。

第Ⅲ段:用电设备到分配电板(或直接到主配电板)、用电设备到启动器之间的电缆。这一段电缆的截面通常按电动机的额定电流来选择,故其过载保护由电动机的过载保护兼顾。

综上所述,由于发电机和电力负载设备都设置有过载保护装置,能同时对连接相应设备的电缆电线进行过载保护。船舶电网若无特殊要求,不需要设置专门的过载保护装置。

此外,特别注意,舵机的供电线路根据规范要求不设过载保护,只设过载报警装置。

2. 船舶电网的短路保护

★短路保护的任务

船舶电网的短路保护的任务主要是在电力系统出现短路故障时:

——能够切除故障线路;

——尽可能地减少停电范围,保障非故障部分的正常供电。

切除短路故障线路可通过发电机和电力负载的短路保护装置,而有选择性地切除故障线路才能尽最大可能保障供电连续性。

因此,如何实现选择性保护是电网短路保护的最重要问题。

★按时间原则进行保护

时间原则就是要求开关的动作时间随着开关所在的电网配电级数的增加而逐渐减小。如图 5.2.2 所示,当 QF_1、QF_2、QF_3 开关的动作时间满足 $t_1>t_2>t_3$ 时,就能实现选择性的保护。例如,当 k_1 点发生短路故障时,因为动作时间 t_3 小于 t_2 及 t_1,所以由靠近 k_1 点的开关 QF_3 来切除短路故障,而 QF_1、QF_2 不动作,继续维持其他负载供电。

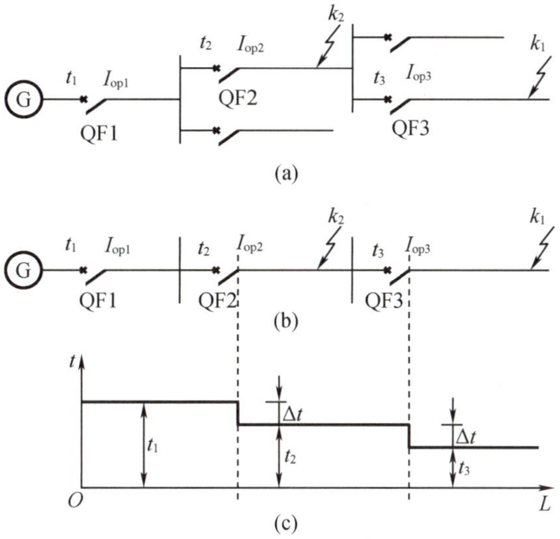

(a) 典型电网线路;(b) 电网线路保护示意图;(c) 整定时间示意图。

图 5.2.2　按时间原则的选择性保护示意图

由于要求故障的持续时间应尽可能地缩短,因此最靠近用电设备的开关其动作时间应该尽可能短。为了既迅速切除故障,又保证前后两级保护装置能选择性地动作,其关键在于正确选择前后两级的时间差 Δt。当知道 Δt 后,则任一级时间整定值为

$$t_n = t_{n+1} + \Delta t \tag{5.14}$$

式中　t_n——某一级开关整定时间；

t_{n+1}——上一级开关的整定时间。

考虑开关的性能及其受振动、温度、电压波动等因素的影响，同时考虑开关自身的固定动作时间，在实际船舶电网中一般相邻两级间开关的动作时间差 Δt 取 0.15～0.25 s，一般取 0.2 s 左右。在这种原则下，为了满足选择性，如果电网配电的级数越多，那么最上级开关——发电机组开关的动作时间就越长，有可能会超出发电机的忍耐极限，一般要求发电机的短路短延时小于 0.6 s，以免烧毁发电机组。

★按电流原则进行保护

电流原则是以各级保护装置动作电流整定值的不同来实现的。动作电流应保证从用电设备至电源方向逐级递增，即开关所在的配电级数越大，则动作电流整定值越小。由于距离电源越远处短路时其短路电流越小，为此在选择各级保护动作电流时，可令从负荷处算起，越靠近电源动作电流越大。如图 5.2.3 中 QF_1、QF_2、QF_3 开关的动作电流整定值 I_{OP1}、I_{OP2}、I_{OP3} 满足：

$$I_{OP1}>I_{OP2}>I_{OP3} \tag{5.15}$$

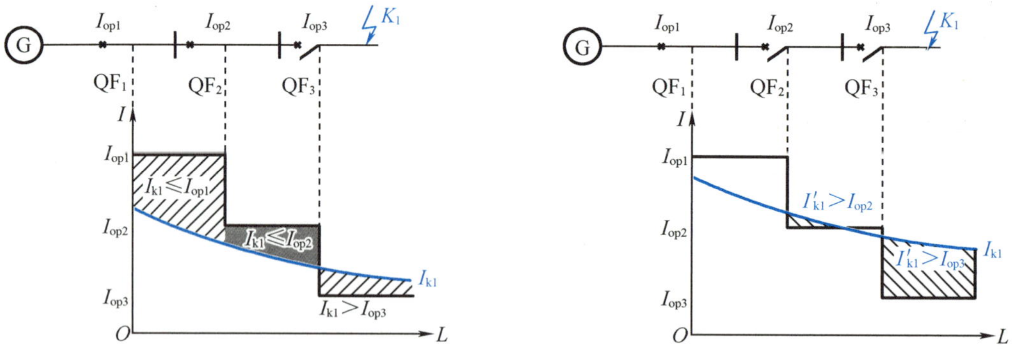

(a) 完全选择性保护示意图　　(b) 不完全选择性保护示意图

图 5.2.3　按电流原则的选择性保护示意图

若不考虑时间原则，仅按电流原则设置，那么保护装置的动作时间基本上均为瞬动。如图 5.2.3(a) 所示，当 K_1 处发生短路时，流经 QF_1 处短路电流 I_{k1} 不大于 I_{op1}，同时流经 QF_2 处短路电流 I_{k1} 也不大于 I_{op2}，而流经 QF_3 处短路电流 I_{k1} 大于 I_{op3} 的情况下，仅 QF_3 保护装置动作跳闸，满足选择性要求。

如图 5.2.3(b) 所示，同样当 K_1 处发生短路时，短路电流 I'_{k1} 很大，若流经 QF_2 大于 I_{op2} 或(和)流经 QF_3 处的短路电流大于 I_{op3} 的情况下，QF_1 及其上级开关 QF_2 或(和) QF_3 将同时动作，就不满足选择性了。

因此，单独采用电流原则进行选择性保护具有一定的局限性。

★时间和电流混合原则

理论上，按时间原则或电流原则都能实现保护的选择性。但由于船舶输电线路较短，线路阻抗较小，电网各段短路电流都很大，因此按电流原则实现选择性保护往往是有困难的。而按时间原则实现选择性保护，则整定比较容易，而且比较可靠；但完全按时间原则实现选择性，往往又带来影响保护快速性和使保护装置复杂化等弊病，甚至是不可能的。因此，在船舶电站的保护设置中，常常采用时间原则和电流原则混合的方法，来同时满足保护选择性和快速性的要求。

所以,在实际应用中经常采用时间和电流混合原则进行船舶电网短路选择性保护的设置。

为了表示断路器动作时间和动作电流的关系,按电流时间混合原则进行选择性保护设计,引入一种平面对数坐标系——用时间为纵坐标、电流为横坐标。由于过载和短路的动作时间和电流跨度较大,为了将其表示在一起,坐标系刻度采用了对数形式。在对数坐标系中表示保护装置动作电流和动作时间的曲线叫作保护装置的"安秒特性曲线"或"脱扣曲线"。

由于同型号的保护装置在实际生产过程中存在误差,所以实际保护装置的脱扣曲线是一个由两条实线包围的范围,实际脱扣时间和动作电流不会超过这个范围的边界。如图5.2.4所示,脱扣曲线对应的保护装置在5 kA电流时,延时0.4~0.5 s动作。

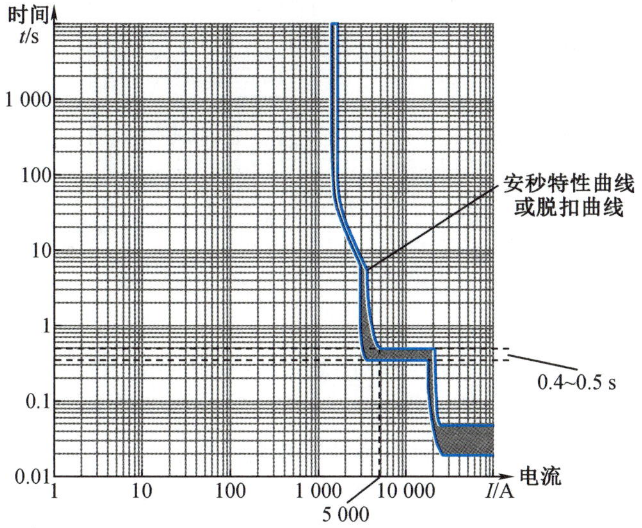

图5.2.4　保护装置安秒特性曲线图

根据脱扣曲线,判断上下级开关满足选择性(图5.2.5)的原则:

——下级开关和上级开关的脱扣曲线不能相交,若有交点,那么在电网中出现交点对应的电流时,上下级开关的动作时间一致,同时动作,不满足选择性。

——下级开关的脱扣曲线一定要在上级开关的左下方,这样才能保证下级开关的动作电流小于上级开关,当配电网下级发生短路时下级开关动作而上级开关不动作,保证选择性。

同时满足以上两个原则才能保证船舶电网在任何短路电流条件下,上下级开关之间具有完全的选择性。

3. 船舶电网接入岸电时的保护

船舶电网除了过载保护和短路保护外,在船舶停靠港口接入岸电时,还要进行电源连接保护和相序保护。

★电源连锁保护

电源联锁保护是指当发电机组向船舶电网供电时,避免接入岸电而发生非同步并联事故,以及当接入岸电向电网供电时,避免发电机组向电网供电的保护。具体措施是将所有船舶发电机(包含应急发电机)的主开关与岸电开关之间均设置连锁保护装置,此保护一般设置在主配电板及应急配电板中。达到只要有船舶发电机供电,则岸电开关就自动跳闸或岸电开关合不上闸的效果。

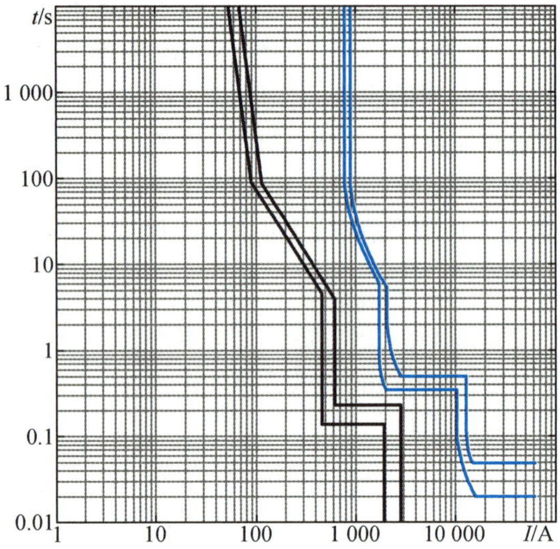

图 5.2.5　上下级断路器之间满足选择性示意图

★相序保护

相序保护是指避免接入的岸电相序与电网相序不一致而导致船舶电动机反转损坏设备。此保护一般由设置在岸电箱内的相序指示器或负序继电器实现,用相序指示器检测和指示岸电的相序,用负序继电器对岸电的相序和缺相进行保护。若岸电相序错误或缺相时,负序继电器动作,使岸电开关合不上闸或断相时岸电开关跳闸。相序指示器的原理及使用方法参见“项目 3 任务 3.1”。

★负序继电器的原理及使用方法

负序继电器的基本原理是利用非全相运行或相序错误时出现的负序分量作用于继电器,从而检测出电路故障,输出故障信号控制断路器 QF 的失压脱扣线圈断电动作,避免接岸电相序错误,完成对电路和电器的保护。

如图 5.2.6 所示,当线路接线正确并且是全相运行时,负序继电器 m、n 间无电位差;而出现逆序电压分量时,m、n 间将出现电压(可达相电压的 20%),通过 VC 整流后使中间继电器 K_1 得电动作,闭合时间继电器 K_2 线圈电源,K_2 延时动作,断开自动开关失压线圈电源,使自动开关失压脱扣器分闸。

当三相电路是对称电路时,线电压中不存在零序电压分量,负序继电器输入端经变压器接到电网的三相电压上,在此情况下,只需考虑不让正序电压通过的措施。图 5.2.7 中给出了电压过滤部分接线图及 AB 臂、BC 臂上的电压向量图。

在同一臂上的电容电压滞后于电阻电压 90°,每臂上电阻和电容电压降的向量值和与外加电压相等。即

$$\dot{U}_{RA}+\dot{U}_{XA}=\dot{U}_{AB} \tag{5.16}$$

$$\dot{U}_{RC}+\dot{U}_{XC}=\dot{U}_{BC} \tag{5.17}$$

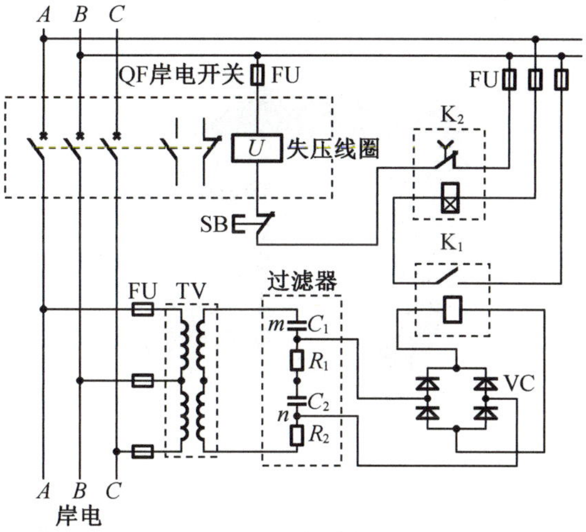

图 5.2.6　负序继电器原理图

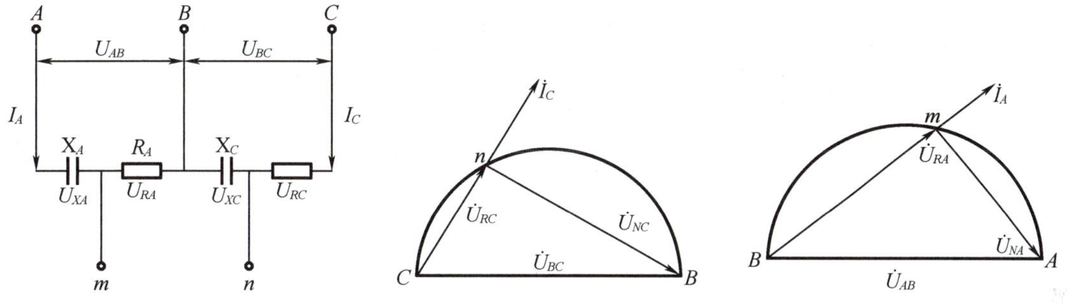

(a) 电压过滤器接线图　　(b) *AB* 臂上的电压向量图　　(b) *BC* 臂上的电压向量图

图 5.2.7　负序继电器的电压过滤器接线图及向量图

这样每臂上电压向量构成一直角三角形。三角形顶点 m、n 随各臂电阻与电容数值不同而变动，其轨迹将在相应的以外施电压为直径的半圆周上移动，过滤器输出电压应为

$$\dot{U}_{mn}=\dot{U}_{RA}+\dot{U}_{XC} \tag{5.18}$$

当过滤器输入端由正序电压供电时，输出端电压 $\dot{U}_{mn}$ 应为零，即 $\dot{U}_{RA}=-\dot{U}_{XC}$。

图 5.2.7(a)中画出了当正序电压加至过滤器输入端时电压的向量图。从图中可看出，为了满足 $\dot{U}_{RA}=-\dot{U}_{XC}$ 的要求，m、n 两点应重合，即 m、n 点应为两半径轨迹之交点。因此，电压 $\dot{U}_{XC}$ 滞后于 $\dot{U}_{BC}$ 30°，$\dot{U}_{XA}$ 滞后于 $\dot{U}_{AB}$ 60°，由此可得

$$\frac{R_A}{X_A}=\frac{X_C}{R_C}=\sqrt{3}\ (\text{通常取}R_A=X_C) \tag{5.19}$$

当负序电压加到过滤器输入端时，过滤器输出端电压为

$$U_{mn}=1.5U_{CA} \tag{5.20}$$

此时电压产生的电流通过单相桥式整流后，足以使继电器 K_2 动作，并经一定延时后使自动空气断路器失压脱扣器动作而分闸。

当某相断线时，例如 A 相断线，显然过滤器成为一单相电路，这时 $U_{mn}=U_{XC}=(\sqrt{3}/2)U_{BC}$，此即为断相信号。当 B 相或 C 相断线时，m、n 点同样有电压输出，通过 K_1 及 K_2 同样

使空气断路器跳闸,实现断相保护。

(a) 外形

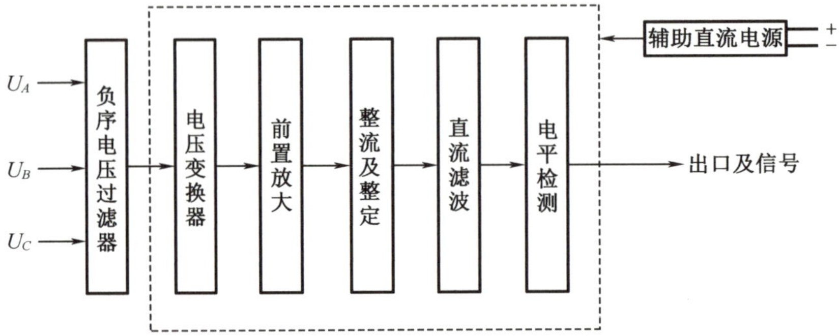

(b) 原理图

图 5.2.8 DY-4 型负序继电器外形和原理图

船舶常用的负序继电器为 DY-4,其外形和原理图如图 5.2.8 所示,图中 U_A、U_B、U_C 接保护线路的三相线电压,过滤器输出的交流低压经变换、前置放大、整流和滤波后输出控制信号,用于线路保护。

4. 船舶电网的单相接地保护

船舶电网一般采用三相三线中性点不接地的绝缘线制,电网中的任何一相接地,将造成另外两相对地电压升高至线电压,虽然不影响三相电压的对称也不影响用电设备的正常工作,但存在两种危险性隐患:一是增加了人体触电的危险性,当人体触及带电体时,使人体通过接地相直接与线电压构成导电回路。二是存在如果另外一相再发生接地便造成线间短路的危险性,引起两相短路、三相短路等严重的故障。因此,在船舶运行中要对电网进行单相接地监视,一旦出现及时予以消除。通常,在三相三线绝缘系统的电网中,用绝缘指示灯(俗称地气灯)监视单相接地。

船舶电网和电气设备绝缘性能降低或损坏会造成漏电,是触电、火灾及电气设备损坏等事故的重要原因。对于油轮和运载可燃性气体或化学物品的船舶来说,电气绝缘更需要严格地监测。

通常在船舶电网保护中用绝缘指示灯监视单相接地,用专用配电盘式兆欧表或绝缘监视仪监视电网绝缘电阻。

★指示灯法

如图 5.2.9 所示,将 3 个相同的指示灯以星形接法分别接至三相线路,通过按下按钮

SB,观察指示灯的亮暗情况判断单线接地和绝缘能力降低情况。

当电网正常工作时,按下按钮 SB,则各指示灯两端均为相等的相电压,亮度相同。

当出现一相接地故障时,如 C 相接地,此时按下按钮 SB,灯 HL1 将熄灭,而 HL2、HL3 两端的电压上升为线电压,指示灯亮度增强。这样,值班人员就能方便地判断哪一相发生接地故障。

若 C 相线路漏电,虽然灯 HL1 还能发光,但三灯间亮度有显著区别,从而可指示出线路绝缘情况。但是,若三相线路绝缘均下降,情况就不易辨别,需要用兆欧表或绝缘监测仪来实时监测电网每相线路的对地绝缘情况。所以,绝缘指示灯法主要用于单相接地检测。

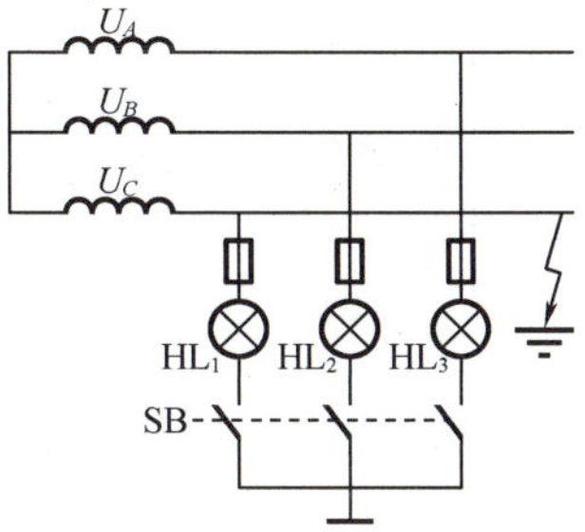

图 5.2.9　接地监视指示灯

★兆欧表法

兆欧表安装在主配电板的负载屏上,能在电网运行时实时测量指示各相线的绝缘电阻值,表上刻度直接用绝缘电阻值标注。表头指针偏转越大,说明电网绝缘电阻越小,即漏电流越大。

配电板式兆欧表由测量机构(表头)和附加装置(整流电源)组成。表头是磁电仪表,当有直流电通过动圈时,此电流与永久磁铁在气隙中所产生的恒定磁场相互作用,使仪表可动部分发生偏转。当这个作用力矩与游丝产生的反作用力矩平衡时,就指示了一定的数值。兆欧表的测量原理如图 5.2.10 所示。从图中可以看到:流过表头的电流仅与电源电压 U 及被测的绝缘电阻 R_X 有关。因为通过发电机的定子绕组可形成通路,故测得的 R_X 是三相分别对地绝缘电阻的并联电阻值。流过表头的电流 $I=\frac{U}{R+R_g+R_X}$。当 $R_X=\infty$(理想绝缘时),$I=0$;当 $R_X=0$(有一相对地短路时),$I=\frac{U}{R+R_g}$,此时电流为最大;当 R_X 为某一值时,也就有不同的电流值,从而指示出绝缘电阻 R_X 的数值。

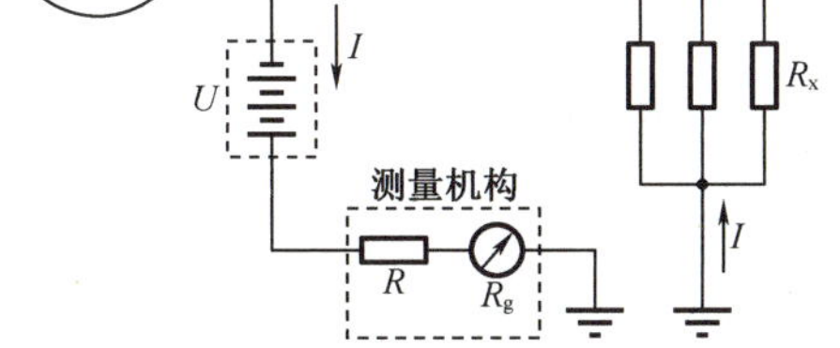

图 5.2.10　兆欧表测量电网绝缘电阻原理图

电压 U 是由附加装置中的直流稳压电源产生的。兆欧表的接线原理如图 5.2.11 所示。当合上开关 K，经整流、滤波、稳压后，在 AB 端就得到一直流电压。电源一端（4 点）接表头，另一端（3 点）经开关接入电网，再经电网的绝缘电阻 R_X 到地与表头构成直流回路。

表头即可指示绝缘电阻的数值，当电网绝缘电阻下降时，漏电电流增大，表头指针偏转就大。如单相接地，表头指针偏转最大，绝缘电阻指示值为零。安装于配电板的兆欧表可以通过转换开关分别测量配电电网的绝缘电阻值。

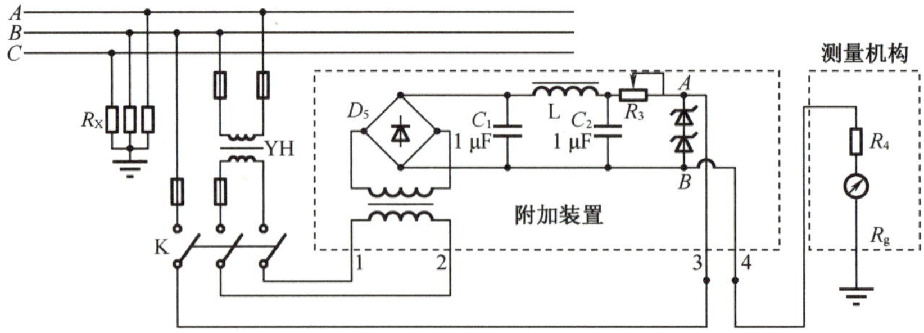

图 5.2.11　兆欧表的接线原理图

★绝缘监视仪法

电网绝缘监测仪的基本原理与兆欧表相同，主要扩展功能是检测值低于整定值时能发出声光报警信号。另外，报警整定值在一定范围内可调，以适应不同系统对绝缘监测的需要，并能保证一定的精度。

为了保证船舶电网正常运行，中国船级社《钢质海船入级规范》规定，用于电力、电热和照明的绝缘配电系统，不论是一次系统还是二次系统，均应设有连续监测绝缘电阻，且能在绝缘电阻异常低时发出听觉或视觉报警信号的绝缘电阻监测报警器。船舶电网绝缘电阻须大于 1 MΩ。

可见，只有电网绝缘监测仪才完全符合规范要求，因此对于中性点不接地的三线绝缘船舶电网还必须要装设电网绝缘监测仪。

图 5.2.12 中，取样电路的作用是直流电通过取样电阻而获取取样电压去触发电子开关线路，从而带动继电器使报警系统工作。取样电阻分 4 档可调，因而改变取样电阻的大小，就可改变触发电平的大小，这样就可获得不同绝缘电阻值的报警。一般绝缘电阻值可在 10~100 kΩ 的范围内整定。

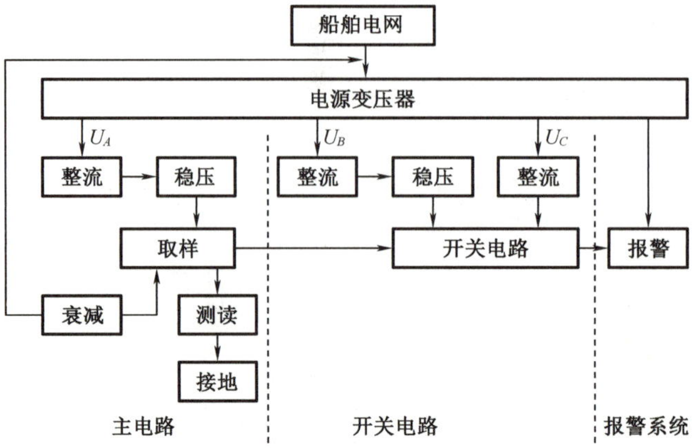

图 5.2.12　ZCB-1 型电网绝缘检测仪原理图

任务实施

步骤一：设置船舶电网保护种类

分析案例船任务书，明确船舶电网保护的种类。

(1)船舶电网保护的对象是____。

(2)船舶电网保护种类设置____

____等。

步骤二：电网短路保护设置及整定

在案例船主配电板 AC 400 V 汇流排所接负载馈电支路中任意选择一条，将其断路器的脱扣曲线与任务 5.1 设置好的主发电机开关脱扣曲线绘制于下图同一坐标中。

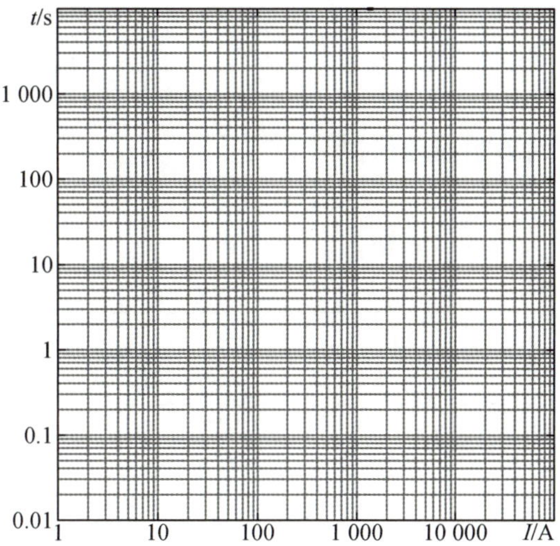

分析上图中两条脱扣曲线，按时间原则是否满足选择性？说明理由。

按电流原则是否满足选择性？说明理由。

若不满足，对设置值进行调整。

步骤三：设置船舶电网接入岸电时保护

(1)设计保护种类

分析案例船电站配置情况，本船电网接入岸电时的保护种类有：

____

____。

(2)设置电源连锁保护

保护装置： 设置方法：

(3)设置相序保护

保护装置： 设置方法：

步骤四：设置船舶电网单相接地保护

(1)选择保护装置

____

____

____

____

(2)保护设置方法

____

____

____

____

任务评价

任务完成情况评价标准及评分见表 5.2.1，任务总结反思见表 5.2.2。

表 5.2.1　任务评价表

评价类型	赋分	评价指标	分值	得分		
				自评	组评	师评
职业能力	50	梳理电网需设置的保护种类和保护对象	10			
		正确完成电网短路保护设置及整定	15			
		正确完成接入岸电时电源连锁保护和相序保护	15			
		正确设置电网单相接地保护	10			

表 5.2.1(续)

评价类型	赋分	评价指标	分值	得分		
				自评	组评	师评
职业素养	30	操作规范、精益求精	10			
		协作互助、解决问题	10			
		思辨和持续改进优化能力	10			
劳动素养	10	坚持出勤、遵守纪律	5			
		报告完整、工位整洁	5			
思政素养	10	创新意识	5			
		感悟“严谨、规范”的工匠精神	5			

表 5.2.2　总结反思

目标达成：　知识☆☆☆☆☆　技能☆☆☆☆☆　素养☆☆☆☆☆	
学习收获：	教师寄语：
问题反思：	

课后任务

1. 问答与讨论

(1)船舶电网的过载保护是如何处理的？为什么可以不用专门设置？

(2)船舶电网短路保护的关键是什么？如何实现船舶电网保护的选择性？

2. 巩固与提高

(1)思考为什么在船舶电网单线接地保护中，通常既设置有兆欧表，还设置绝缘监视仪，能不能只设置其中一个？

(2)举例说明单独采用电流原则或时间原则进行船舶电网短路保护有哪些局限性。

任务 5.3　船舶变压器及负载保护的设计整定

任务引入

在船舶电力系统中，船舶变压器作为实现电压变换与电能分配的核心设备，承担着将发电机输出的电压转换为适合各类船舶负载使用的任务，是船舶电力供应稳定的关键枢纽。而船舶负载则涵盖了船舶航行、作业、生活等各个方面所需的电气设备，从推进系统的电动机到船员生活的照明设施，负载的正常运行直接关系到船舶的整体运作。

然而，船舶在复杂的海洋环境中航行时，船舶变压器及负载面临着诸多挑战。电压波动、过载、短路等异常情况时有发生，这些不仅会对船舶变压器的绕组绝缘、铁芯等造成不可逆的损坏，还可能导致船舶负载无法正常工作，严重时甚至会引发船舶动力系统瘫痪、关键设备故障等危及船舶安全航行的重大事故。

因此，为确保船舶电力系统的可靠运行，在船舶电站的组建过程中，科学合理地针对船舶变压器及负载设置相应的保护装置，并对其进行精准的设计整定，显得尤为重要。本次任务——船舶变压器及负载保护的设计整定，正是基于这一关键需求展开，旨在让大家全面掌握船舶变压器及负载保护的核心知识与技能，为船舶安全稳定运行提供坚实的电力保障。

任务描述

船舶电力负载的保护

（1）根据船舶变压器容量、电压等级、运行环境和短路电流计算结果，综合评估各类保护装置性能，精准选出适配装置，确保额定电流、动作特性、灵敏度等指标契合船舶电力系统安全运行要求。

（2）运用专业方法，结合变压器额定参数、负荷曲线及故障类型，计算保护装置整定值，如速断保护瞬时动作值、限时速断短延时动作值，以及过载装置动作电流和时间。严格遵循标准规范，校验整定值，保证整定准确。

（3）针对阻抗类负载，依据其阻抗特性、额定功率、电流及启动电流等参数，合理选择微型断路器和熔断器。核算微型断路器脱扣曲线，依短路电流选适配熔断器，并根据工况整定，保障故障时能有效保护。

（4）基于电动机负载额定功率、电流、启动方式、堵转电流等参数，正确选型短路、欠压、过载保护装置，如分断能力足够的断路器或熔断器用于短路保护，合适欠压继电器用于欠压保护，匹配热继电器或智能控制器用于过载保护，并精确设定整定值，保障电动机安全稳定运行。

学习目标

知识目标:

(1)深入了解船舶变压器保护的具体要求,包括对不同运行工况下的保护需求,以及各类保护装置在船舶变压器保护体系中的作用和适用范围。

(2)全面掌握变压器保护装置的整定原理与计算方法,明晰瞬时动作值、短延时动作值的设定依据,理解过载装置整定与变压器额定参数、运行特性之间的关联。

(3)熟悉负载的分类方式,如按照性质分为阻抗类负载和电动机类负载,以及不同类型负载的工作特性和对电力系统的影响。同时,了解各类负载保护方法的分类及基本原理。

(4)精准掌握阻抗类负载保护的要点,熟悉微型断路器和熔断器在阻抗类负载保护中的工作原理,明确依据负载参数(如额定电流、启动电流、短路电流等)选择合适微型断路器和熔断器的方法。

(5)系统掌握电动机类负载的保护知识,包括短路保护、欠压保护、过载保护的工作原理,各类保护装置(如热继电器、接触器等)在电动机类负载保护中的应用,以及如何根据电动机的额定功率、额定电流、启动方式等参数设置保护装置的整定值。

技能目标:

(1)能够根据船舶变压器的技术参数、运行工况以及船舶电站的整体要求,准确选择适配的变压器保护装置,并完成相关保护装置的整定计算,确保变压器在各种工况下都能得到有效保护。

(2)针对不同类型的负载,能够依据其特性和运行要求,合理选择相应的保护方法和保护装置。例如,在阻抗类负载保护中,能够根据负载参数精确选择合适规格的微型断路器和熔断器;在电动机类负载保护中,能够正确配置短路保护、欠压保护、过载保护装置,并进行准确的整定值设定。

(3)具备对船舶变压器及负载保护系统进行安装、调试和维护的能力。在安装过程中,严格按照相关标准和规范进行操作;在调试阶段,运用专业工具和方法对保护装置进行测试和优化,确保其性能达到设计要求;在维护过程中,能够及时发现并解决保护系统出现的各类问题,保障保护系统的稳定可靠运行。

(4)当船舶变压器及负载出现故障时,能够迅速运用所学知识和经验,准确判断故障类型和原因,制定有效的故障排除方案,并组织实施修复工作,尽快恢复船舶电力系统的正常运行。

育人目标:

(1)培养严谨认真、一丝不苟的工作态度,在船舶变压器及负载保护设计整定过程中,严格遵循相关标准和规范,注重每一个细节,确保工作的准确性和可靠性,为船舶电力系统的安全稳定运行提供坚实保障。

(2)树立强烈的安全意识和责任意识,深刻认识到船舶变压器及负载保护对于船舶安全航行的重要性,始终将安全放在首位,在工作中严格遵守安全操作规程,杜绝因操作不当引发安全事故。

(3)提升团队协作能力和沟通能力,在船舶电站建设和维护工作中,与团队成员密切配合、相互协作,共同完成船舶变压器及负载保护的设计、安装、调试和维护任务,确保船舶电力系统的正常运行。

(4)养成持续学习和创新的精神,关注船舶电力系统保护领域的新技术、新方法和新规范,不断更新知识结构,提升自身专业素养,积极探索更高效、更可靠的船舶变压器及负载保护方案,为船舶电力系统保护技术的发展贡献力量。

知识准备

1. 船舶变压器保护要求及装置选择

(1)保护的总体要求

船舶变压器的一般出现的故障为:相间短路、对壳短路、绕组匝间短路以及输出端短路。相应对变压器的保护有电流保护、差动保护等。保护的形式由变压器的功率、用途、结构形式以及在系统中的工作条件来确定。对中性点绝缘的变压器,因在绝缘良好时仅有少量的对地电流,所以不装单相短路保护,而仅在系统中装设绝缘状态的检测装置。

由于船舶电力系统中变压器的功率不是很大,仅几十千瓦,在有电力推进装置的船上一般也仅几百千瓦,因此对变压器仅设短路保护以及供电电网的绝缘检测。当变压器绕组中出现短路电流或过载电流等现象时,可采用带过流脱扣器的自动开关保护。

为了预防变压器故障蔓延,一般要求瞬时地把变压器一次侧及二次侧的线路同时切断。

(2)初级电路保护装置的选择

变压器初级保护装置一般采用断路器或熔断器。断路器一般采用下面 3 种装置式断路器。

★使用具有长延时和瞬时脱扣功能的断路器。如按过载保护要求选择断路器,则瞬时脱扣器的动作电流一般为工作电流的 10 倍左右。

★使用只有瞬时脱扣器的断路器。此时,瞬时脱扣器动作电流是按选择性保护要求决定的。这样断路器的额定容量需要提高,同时要另外设置过载保护装置,如热继电器、过电流继电器等。

★使用具有三段式保护的断路器。具有长延时、短延时和瞬时脱扣功能的断路器可实现过载保护和短路保护的选择性。但这种该断路器的尺寸一般较大,价格昂贵。

一般使用和经济的方案是采用只有短路保护(瞬时脱扣)功能的断路器,再另设过载保护装置。

2. 变压器保护装置的整定

保护装置的短路容量必须大于其安装点的预期最大短路电流,即断路器的接通能力大于其安装点的最大非对称短路电流的峰值电流。

(1)变压器瞬时动作值的整定

变压器保护电路如图 5.3.1 所示。

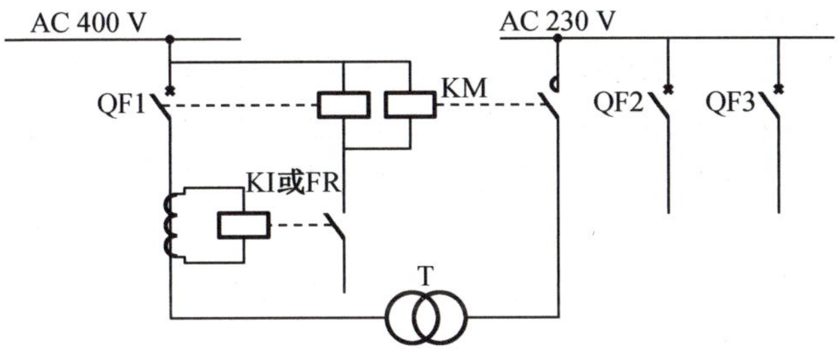

图 5.3.1 变压器初级次级保护电路

★当采用只有瞬动脱扣器的断路器时，为保证在变压器初级发生短路时应瞬时切断，则

$$I_{INST}<\frac{I_{p1}}{\sqrt{2}}\cdot\frac{1}{K_1} \tag{5.21}$$

式中 I_{INST}——断路器瞬时脱扣器整定值；

I_{p1}——变压器原边(约同于 AC 400 V 汇流排)处短路时的最大非对称短路电流的峰值；

K_1——断路器动作误差系数，一般取 1.2~1.25。

★为保证变压器在空载状态接通时，瞬时脱扣器不动作，则整定值还需满足：

$$I_{INST}>K_1\cdot K_2\cdot I_{TN} \tag{5.22}$$

式中 I_{TN}——变压器一次侧额定电流；

K_2——变压器接通时，冲击励磁电流的第一个周期波峰值相对于变压器额定电流的倍数，可查询相关手册。

★变压器二次侧短路时也应瞬时切断，则瞬时动作值还要满足：

$$I_{INST}>K_1\cdot\frac{1}{K_T}\cdot\frac{I_{p2}}{\sqrt{2}} \tag{5.23}$$

式中 K_T——变压器变比；

I_{p2}——变压器副边(约同于 AC 230 V 汇流排)处短路时的最大非对称短路电流的峰值。

此外，断路器瞬时脱扣整定值 I_{INST} 应不大于断路器的额定短时耐受电流。

(2)变压器短延时动作值的整定

★动作电流整定

当采用具有三段式保护的断路器时，瞬时脱扣器的整定值满足式(5.21)~(5.23)的要求，短延时脱扣器额动作电流 I_{STD} 应满足：

$$K_1\cdot\frac{1}{K_T}\cdot\frac{I_{p2}}{\sqrt{2}}<I_{STD}<\frac{1}{K_1}\cdot\frac{I_{p1}}{\sqrt{2}} \tag{5.24}$$

★动作时间整定

应保证延时脱扣器动作时间 t_{STD} 大于变压器馈电线路保护装置(如图 5.3.1 中 QF2、QF3)的瞬时脱扣器全切断时间。同时，短延时时间必须小于发电机短延时脱扣器的动作时间。

工程应用中，通常将变压器的短延时动作电流整定为变压器额定电流的 6~10 倍，短延时动作时间不小于 0.1 s，并满足于上下级短路保护的选择性。

(3)变压器过载装置的整定

变压器的过载能力较大，对过载保护要求不太严格，可选择三段式保护断路器，用其第一段保护——长延时作为变压器的过载保护装置，也可以在变压器一次侧设置热继电器对变压器进行过载保护，一般过载保护装置的整定电流不大于变压器额定电流的 1.2～1.3 倍。

注意，选择热继电器作为过载保护装置时，热继电器接于电流互感器的二次侧。一般选用额定一次电流接近并大于变压器初级额定电流时，电流互感器应达到饱和状态。因此，常在互感器二次电路中串联一个电阻来调整互感器的饱和度。

3. 船舶负载保护的基本要求

(1)负载分类

船舶电力负载按照用途，可分为电力推进设备、甲板机械、机舱辅机、照明设备、通信导航、助航设备和生活设备等多种类型。但从负载的工作原理来看，这些负载大体上分为三相电动机类负载和单相阻抗性负载两大类。

(2)保护方法的分类

船舶电力负载的种类多样，使用方法也不尽相同。根据负载设备的用途不同，有的需要对负载进行过载、短路保护，有的还需要进行限位、限速、避碰等保护。但负载在船舶电力系统中作为供电终端，从保障电网运行安全性角度来说，主要对负载进行过载保护、短路保护、欠压保护等，保护的范围包括负载本身和为其供电的线路。

4. 船舶阻抗类负载的保护

阻抗类负载一般包含照明灯具、电热器、通信导航设备等，为防止这类负载本身以及为其供电线路因短路和过载引起的过电流，导致电缆和设备发热引起绝缘损坏甚至引起火灾，通常对阻抗类负载都设置有过电流保护装置。

(1)保护装置选择原则

阻抗类负载基本上是电阻性负载，功率因数接近于 1，其保护装置比较简单，可采用装置式断路器或熔断器实现过电流保护。

如图 5.3.2 所示，在阻抗类负载中，照明灯具等负载通常按设备安装位置，同一区域内设备共用一个支路供电。一般情况下，每条支路都用微型断路器作为保护装置，而由于熔断器的动作曲线具有熔断时间与通过电流的平方成反比的反时限特性，也可作为支路的短路保护和过载保护装置。在实际操作中，对于总负荷电流小于 16 A 的照明支路，也可采用熔断器进行保护。

特别注意，应急照明回路不能使用断路器或其他开关设备，必须采用熔断器进行保护。

(2)微型断路器保护装置选择和整定

微型断路器的脱扣曲线一般为两段式，如图 5.3.3 所示。脱扣曲线由反时限部分和瞬动部分组成，反时限部分起过载保护作用，瞬动部分起短路保护作用。

一般选择微型断路器的过电流脱扣器的额定值与其保护支路总负荷工作电流相近，保证在脱扣曲线上 1.2 倍负荷电流左右时，对应有一定的时间让断路器延时动作。瞬动值整定为支路总负荷电流的 6～10 倍。

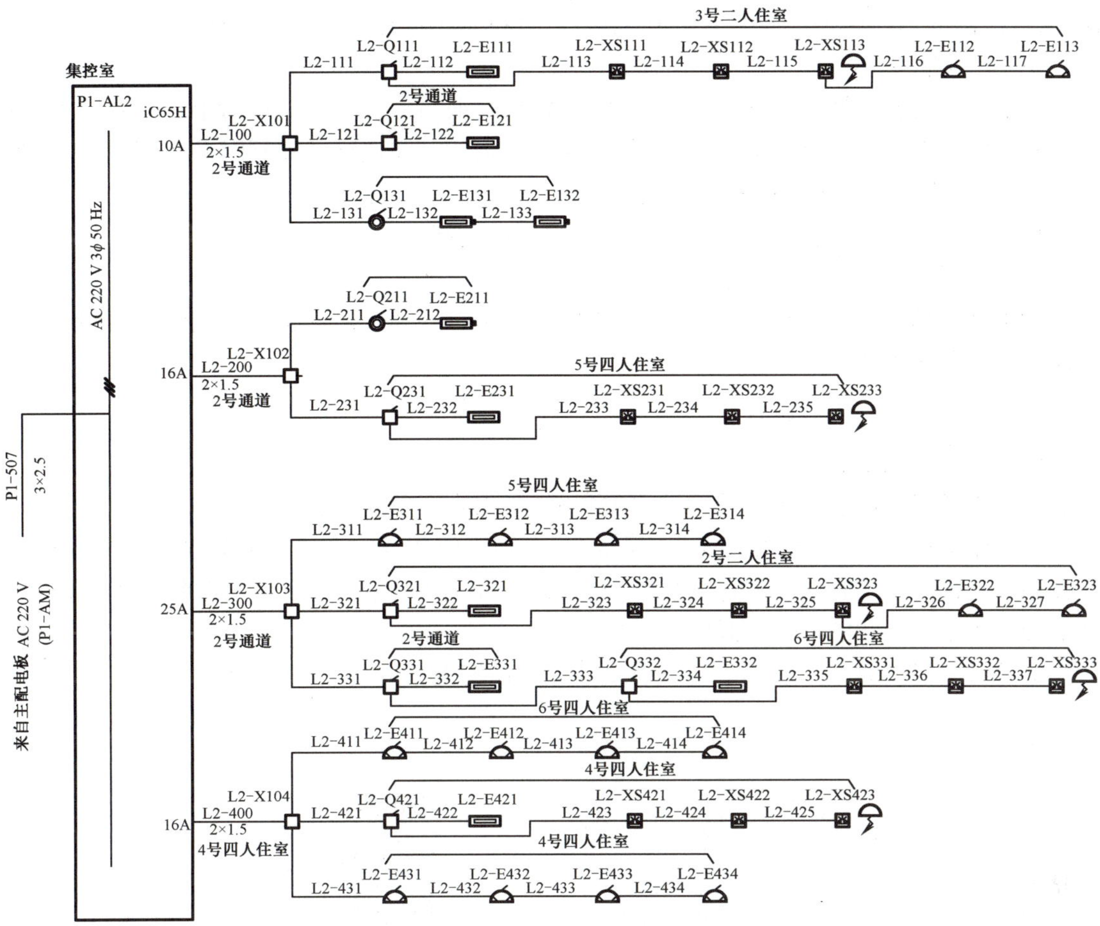

图 5.3.2 某船舶照明分电箱系统图

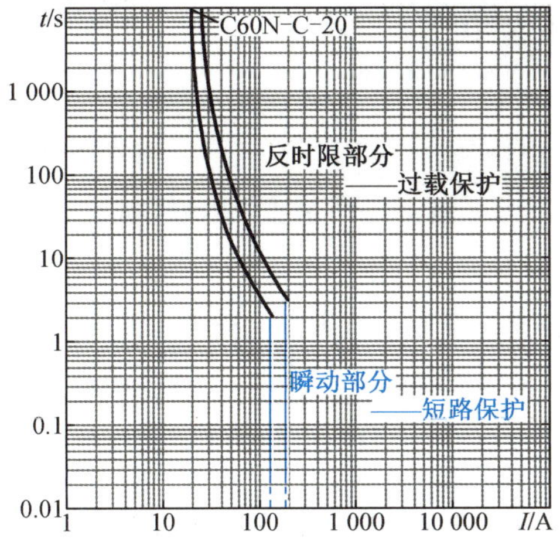

图 5.3.3 微型断路器脱扣曲线

对某一总负荷电流为 21 A 的照明支路，我们选择施耐德 iC65H 系列微型断路器，选择额定电流为 20 A 的 C20 型号过电流脱扣器，这时当线路过载 1.2 倍时，对应脱扣曲线上过载电流为 25 A，断路器延时 10 min 左右跳闸进行过载保护。瞬动整定为 7.5 倍的额定电流,进行线路的短路保护。同时,在动作值整定时还需注意与上级开关的选择性问题。

(3)熔断器的选择

熔断器只需要选择可熔元件的额定值,额定值一般与保护支路总负荷电流一致,并校验在其脱扣曲线上 1.2 倍负荷电流左右时,对应有一定的时间让熔断器延时动作,而在总负荷电流的 6~10 倍时,对应很短的动作时间。

特别需要注意的是,由于高压汞灯、高压钠灯的起燃电流持续时间长,对其保护装置的额定值应选择稍微大一点,避免误动作。

对于其他的阻抗类负载,一般都选择断路器作为过载和短路保护装置,选型原则和整定方法与照明负载类似。

5. 船舶电动机类负载的保护

(1)保护设置的种类

电动机负载是船舶电力系统中的主要负载,且很多属重要负载。

中国船级社《钢质海船入级规范》规定,额定功率等于或大于 0.5 kW 电动机和所有重要设备电动机均应设有独立的过载保护、短路保护和欠电压保护,当采用熔断器作保护时,还应设防止单相运转的保护,即缺相保护。

电动机的保护装置一般都安装在启动器或控制箱内,如图 5.3.4 所示。

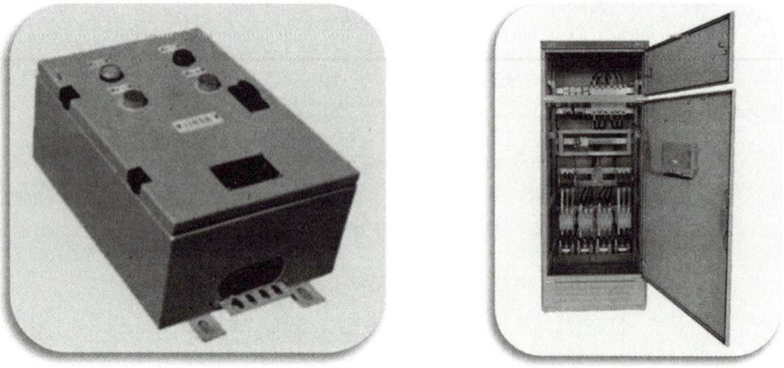

(a)磁力启动器　　(b)甲板机械控制箱

图 5.3.4　船舶负载控制箱

(2)短路保护

电动机的短路保护是为了避免发电机本身的绕组间短路,以及其供电线路发生短路对电网和电动机造成危害。电动机的短路保护主要选用断路器、熔断器或电流继电器作为保护装置。

短路保护的设置原则:

★正确选择保护电器的使用类别,熔断器、低压断路器和过电流继电器宜采用保护电动机型。如选用施耐德 NSX 系列断路器时,可选择后缀为“M”的脱扣器型号。

★若选用熔断器作为电动机短路保护装置,则要选择熔断体的额定电流大于电动机的额定电流,且在其安秒特性曲线上最大启动电流对应的时间要高于启动持续时间。当电动机频繁启动和制动时,熔断体的额定电流应再加大 1~2 级。

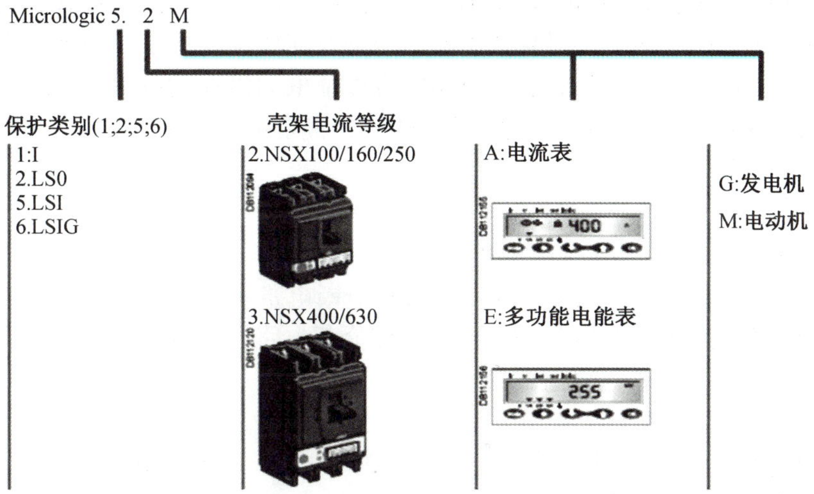

图 5.3.5 施耐德 NSX 系列断路器脱扣器选型

★当交流电动机正常运行、正常启动或自启动时，短路保护器件不应误动作，其整定值就要根据启动方式的不同避开其启动电流。电动机主要启动方式的启动电流见表 5.3.1。

表 5.3.1 电动机启动电流情况

启动类型	启动电流
直接启动	$(4\sim7)I_N$
Y-Δ 降压启动	约 $3I_N$
自耦变压器降压启动	$(2\sim3)I_N$
软启动	约 $1.5I_N$
变频启动	接近 I_N

因船舶大功率电动机均会至少采用星三角启动，若选择瞬动过电流脱扣器或过电流继电器，其瞬动元件的整定电流，应取电动机启动电流的 2~2.5 倍，躲过启动电流。

此外，有时根据具体情况，电动机也可以与其专用的馈电电缆共用一个短路保护。

(3)过载保护

电动机的过载保护一般采用热继电器或过载脱扣器，若使用热继电器作为过载保护，那么热继电器还兼顾有电动机的缺相保护功能。

过载保护的设计整定原则：

★热继电器或过载脱扣器的整定电流，应接近但不小于电动机的额定电流。

★过载保护的动作时限应躲过电动机的正常启动或自启动时间。

★必要时可在启动过程的一定时限内短接或切除过载保护器件。例如，中国船级社《钢质海船入级规范》对电动机的过载保护规定：

——舵机电动机不设过载保护，但有过载报警。这是考虑在紧急情况下，以局部牺牲来换取全船的航行安全。

——当电动机的过载保护电器的时间-电流特性与电动机的启动周期不相适应时，则在电动机加速过程中，可允许过载保护有短暂的失效，但短路保护仍应保持有效。

——对连续工作制的电动机的保护电器，应保证电动机在过载情况下有可靠热保护的延时特性，其最大持续电流，应不超过被保护电动机额定电流的 125%。

(4)欠压保护

★保护的内容

电动机的欠压保护应属于下面两种情况中的一种：

——欠压保护，即在电压降低或失电时能够分断电路并防止电动机自动重新启动。

——欠压释放，即在电压降低或失电时能够分断电路，当电压恢复时，电动机可重新自行启动，但应避免过大的电压降落或过大的冲击电流。

★欠压保护的设计整定原则

——欠压保护的整定值设定为额定电压的 20%。当电压低于额定电压的 20%左右，且在额定频率下，保护电器应分断电路，保护可有一定延时。

——电动机欠压保护还可以设置成欠压释放的形式，在电压降低或失电时分断电路，当电压恢复时，电动机可自行启动，但应避免过大的电压降落或过大的冲击电流。

——当电压在额定电压的 85%以上时，保护电器应允许电动机启动。

——对于自动化程度较高的船舶，例如无人机舱船舶，还要求重要辅机与其备用机之间能实现自动转换。

以上所述是针对低压电动机的保护，对于高压大容量的电动机，应设专门的继电保护装置。通常保护装置设置在配套的电气控制柜中，由设备制造厂成套供给。

任务实施

步骤一：选择案例船变压器保护装置

阅读案例船设计任务书，分析其船舶电站运行工况，选择变压器保护装置。

主变压器保护装置采用装置式断路器（　　）/熔断器（　　），选择的品牌和型号为＿＿＿＿＿＿＿＿＿＿＿＿＿＿＿＿＿＿＿＿＿＿＿＿＿＿＿＿＿＿＿＿。

应急变压器保护装置采用装置式断路器（　　）/熔断器（　　），选择的品牌和型号为＿＿＿＿＿＿＿＿＿＿＿＿＿＿＿＿＿＿＿＿＿＿＿＿＿＿＿＿＿＿＿＿。

步骤二：变压器保护装置整定设计

根据发电机组过电流保护要求、式（5.21）~（5.24）及过电流脱扣器特性，整定变压器原边断路器过电流保护动作值。

★主变压器原边

设备		保护装置				
代号	名称	型号	额定值	保护种类	整定范围	整定值
				LTD		
				STD		
				INST		
备注：						

★应急变压器原边

设备		保护装置				
代号	名称	型号	额定值	保护种类	整定范围	整定值
				LTD		
				STD		
				INST		
备注：						

步骤三：阻抗类负载的保护设计

根据船舶阻抗类电力负载的保护要求，对全船阻抗类负载依次进行保护设计。

选取几个典型的阻抗类负载的保护设计情况，填入下列方框中。

负载名称：
设置保护种类：
设置保护装置名称及型号：

整定值：

<table>
<tr><th colspan="2">设备</th><th colspan="5">保护装置</th></tr>
<tr><th>代号</th><th>名称</th><th>型号</th><th>额定值</th><th>保护种类</th><th>整定范围</th><th>整定值</th></tr>
<tr><td rowspan="5"></td><td rowspan="5"></td><td rowspan="5"></td><td rowspan="5"></td><td rowspan="2">LTD</td><td></td><td></td></tr>
<tr><td></td><td></td></tr>
<tr><td rowspan="2">STD</td><td></td><td></td></tr>
<tr><td></td><td></td></tr>
<tr><td>INST</td><td></td><td></td></tr>
<tr><td colspan="7">备注：</td></tr>
</table>

步骤四：电动机类负载的保护设计

根据船舶电动机类电力负载的保护要求，对全船电动机类负载依次进行保护设计。选取几个典型的电动机类负载的保护设计情况，填入下列方框中。

负载名称：
设置保护种类：
设置保护装置名称及型号：

整定值：

<table>
<tr><th colspan="2">设备</th><th colspan="6">保护装置</th></tr>
<tr><th>代号</th><th>名称</th><th>保护大类</th><th>型号</th><th>额定值</th><th>保护种类</th><th>整定范围</th><th>整定值</th></tr>
<tr><td rowspan="8"></td><td rowspan="8"></td><td rowspan="5">过电流保护</td><td rowspan="5"></td><td rowspan="5"></td><td rowspan="2">LTD</td><td></td><td></td></tr>
<tr><td></td><td></td></tr>
<tr><td rowspan="2">STD</td><td></td><td></td></tr>
<tr><td></td><td></td></tr>
<tr><td>INST</td><td></td><td></td></tr>
<tr><td>欠压保护</td><td></td><td></td><td></td><td></td><td></td></tr>
<tr><td></td><td></td><td></td><td></td><td></td><td></td></tr>
<tr><td></td><td></td><td></td><td></td><td></td><td></td></tr>
<tr><td colspan="8">备注：</td></tr>
</table>

任务评价

任务完成情况评价标准及评分见表 5.3.2，任务总结反思见表 5.3.3。

表 5.3.2　任务评价表

评价类型	赋分	评价指标	分值	得分		
				自评	组评	师评
职业能力	50	变压器保护装置选择正确	10			
		变压器保护装置整定正确	10			
		阻抗类负载选型和整定正确	15			
		电动机类负载选型和整定正确	15			
职业素养	30	操作规范、精益求精	10			
		协作互助、解决问题	10			
		思辨和持续改进优化能力	10			
劳动素养	10	坚持出勤、遵守纪律	5			
		报告完整、工位整洁	5			
思政素养	10	安全、责任意识	5			
		创新精神	5			

表 5.3.3　总结反思

目标达成：　知识☆☆☆☆☆　技能☆☆☆☆☆　素养☆☆☆☆☆	
学习收获：	教师寄语：
问题反思：	

课后任务

1. 问答与讨论

(1)查阅资料,说明船舶电力负载中,哪些不需要设置过载保护,并说明理由。

(2)简述变压器一般设置哪些保护,具体短路保护是怎样整定的。

2. 巩固与提高

某船舶油渣泵电机的启动器控制原理图如图 5.3.6 所示,请分析找出该电力负载设置了那些保护?分别是由哪些保护装置实现的?并为其进行动作值整定?

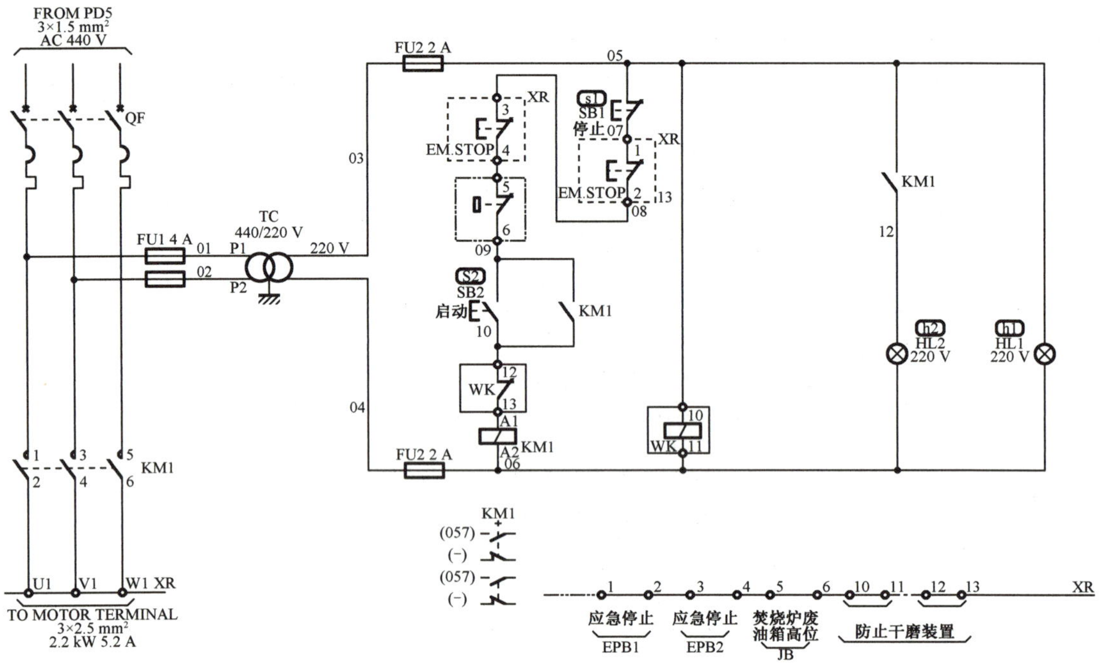

图 5.3.6　油渣泵启动器控制原理图

任务 5.4　识读与编制《保护电器协调动作分析书》

任务引入

在船舶电力系统的构建中，保障供电可靠性与连续性至关重要。前置任务已完成了船舶电源、电网及负载等各部分的保护设置，熟练掌握保护装置的选型与整定技巧。然而，这些保护装置并非孤立运行，它们相互关联，构建起配电上下级关系，在船舶电力系统中协同运作。保护装置间的动作选择协调性，直接决定船舶电力系统供电的可靠性与连续性。一旦发生故障，若上下级保护装置动作不协调，就可能出现越级跳闸，导致非故障区域供电中断，严重影响船舶正常运行。因此，在船舶电站组建时，对保护装置动作选择性进行分析，并依据分析结果调整整定值，成为确保电力系统稳定运行的关键环节。《保护电器协调动作分析书》系统记录了各保护装置的特性参数、动作逻辑以及配合关系，是评估和优化保护装置协调动作的重要依据。通过识读与编制这份分析书，我们能够深入理解保护装置的协同工作机制，准确判断并解决实际运行中出现的问题。本任务中可以掌握对保护电器动作值进行整定、识读与编制分析书的技能，为船舶电力系统的可靠运行筑牢根基。

任务描述

保护电器的整定及动作选择性分析

(1)学习电力系统过电流选择性保护知识,掌握过载、短路选择性保护原理及短路保护实现方法,了解脱扣器类型选择和整定方法,熟悉不同脱扣器特点。分析变压器原边、副边断路器的协调原理,明确它们的关系,为后续工作打基础。

(2)学会识读《保护电器协调动作分析书》,知道它的用途和构成。能从单线图里看出电力系统结构,从分析说明中找到关键要点,从断路器整定表获取整定值,从脱扣曲线图了解保护电器动作特性,为分析船舶电力系统运行情况提供帮助。

(3)按照编制规范,做好准备工作,画好船舶电力系统单线图,确定分析对象,选好并整定保护电器,对全船选择性保护进行全面分析说明,保证分析书准确完整,为船舶电力系统保护电器协调运行提供指导。

学习目标

知识目标:

(1)理解电力系统过电流选择性保护基本理论,包括过载选择性和短路选择性保护的原理,以及短路选择性保护的实现方式。

(2)熟悉《保护电器协调动作分析书》的用途和构成,掌握识读“单线图”“协调动作分析说明”“断路器整定表”“协调性脱扣曲线图”的方法和要点。

(3)掌握编制《保护电器协调动作分析书》的流程和方法,包括前期准备工作、绘制“选择性分析用船舶电力系统单线图”、确定选择性分析对象、保护电器的选择和整定,以及对全船选择性保护进行总结性分析说明。

(4)了解脱扣器类型选择及整定方法的相关知识,明确不同类型脱扣器的特点和适用场景。

(5)掌握变压器原边断路器与副边供电负载断路器的协调性分析原理和方法,理解两者之间的相互关系和影响。

技能目标:

(1)能够运用电力系统过电流选择性保护基本理论,分析和解决船舶电力系统中的实际问题,判断保护装置在过载和短路情况下的动作合理性。

(2)具备熟练识读《保护电器协调动作分析书》的能力,能够从“单线图”“协调动作分析说明”“断路器整定表”“协调性脱扣曲线图”等资料中准确获取关键信息,为电力系统的维护和故障排查提供依据。

(3)能够独立完成《保护电器协调动作分析书》的编制工作,按照规范和要求进行前期准备、绘制单线图、确定分析对象、选择和整定保护电器,并撰写总结性分析说明,确保分析书的准确性和完整性。

(4)能够根据船舶电力系统的具体需求和工况,合理选择脱扣器类型并进行准确整定,使保护装置能够有效地发挥保护作用。

(5)能够对变压器原边断路器与副边供电负载断路器的协调性进行深入分析,发现潜在问题并提出合理的改进措施,保障船舶电力系统的稳定运行。

育人目标:

(1)培养严谨的科学态度和实事求是的工作作风,在学习和实践过程中,严格遵循电力系统相关标准和规范,确保保护电器协调动作分析的准确性和可靠性。

(2)提升工程实践素养,将理论知识与实际操作相结合,培养解决复杂工程问题的能力,能够从船舶电力系统的整体角度出发,综合考虑各种因素,优化保护电器的配置和协调动作。

(3)增强团队协作意识和沟通能力,在进行船舶电力系统保护电器协调动作分析和编制分析书的过程中,可能需要与多个部门和专业人员合作,能够有效地与他人沟通交流,共同完成任务。

(4)培养创新思维和可持续发展意识,关注电力系统保护技术的发展趋势,积极探索新的方法和技术,为提高船舶电力系统的安全性、可靠性和经济性提供创新思路。

知识准备

1. 电力系统过电流选择性保护基本理论

(1)过载选择性和短路选择性保护

电力系统的过电流选择性保护有过载选择性保护和短路选择性保护之分。由于在船舶电力系统中,除了例如侧向推进器等特大负载,其容量可达 1 台或 1 台以上主发电机容量,则需有一定措施保证安全供电外,一般情况下,上级馈电线保护电器定额均可达其下一级馈电线保护电器定额的好几倍。实践经验表明:在采用断路器保护的情况下,如其上、下级的过电流脱扣器额定电流之比大于“1.6”时;在采用熔断器保护情况下,如其上级熔断器额定电流为其下级额定电流的 2 倍以上时,即可实现过载选择性保护。如采用其他保护电器,实现过载选择性保护也是没有问题的。

因此,在实际船舶选择性保护分析中仅讨论短路选择性保护问题。

(2)短路选择性保护的实现

★一般规定

对实现电力系统短路选择性保护,根据中国船级社《船舶电力系统过电流选择性保护指南》的相应要求,应做到:

——除了具有自动转换功能、且由不同分配电板供电的双套重要设备情况外,所有包含重要设备电路(自电源起至该设备止的整个电路)的短路保护应是选择性保护。其中包含主重要设备电路应获得完全选择性保护,包含次重要设备电路应至少获得部分选择性保护。

——在满足选择性保护的前提下,应尽可能快地切断故障电路,从而减少对电力系统的影响和发生火灾的危险;

——各级保护电器应具有足够的动作灵敏性,这是可靠实现短路选择性保护的前提,其灵敏系数一般不应低于1.3。为此,必要时需进行单台最小发电机供电情况下,被保护重要设备电路末端:例如尾灯、锚灯和船首部的应急照明灯等处的短路电流计算,以能对其短路保护的动作灵敏性进行校核。

★船舶电力系统短路电流的特点

船舶的尺度是有限的,据了解目前在世界范围内最大船舶的长度不超过350 m,而且大部分用电设备集中在机舱和起居处所。因此,与陆上15 kV及以下电力系统相比,船舶电力系统有系统相对简单、范围小和线路短(用电设备大多紧靠发电机)的特点。船舶电力系统的另一特点是其主电源都由几台(一般为3台)中小容量的发电机组组成,供电的发电机组台数随船舶工况的不同而有变化。基于以上情况,决定了船舶电力系统在发生短路故障情况下所产生的短路电流,与陆上15 kV及以下电力系统相比有如下3大特点:

——短路电流值相对较大在电源设备容量相当的情况下,除了远离发电机处的短路故障外,所产生的短路电流相对于馈电线保护电器定额的倍数较高。

——除远离发电机的区域外,同一故障点在不同工况下的短路电流值是变化的。

——上、下级保护电器所在位置上的短路故障电流值差别不大。这是由船舶电力系统范围小、线路短和大部分用电设备集中在机舱和起居处所的特点所决定的。

★按时间原则实现短路选择性保护

基于以上对船舶电力系统短路电流特点的分析,并联系到在船上获得广泛应用的断路器的短路保护性能,可以看出:除可采用"能量脱扣"专利技术的某些区域、个别电路(例如主汇流排至各发电机之间电路)和远离发电机的区域外。其短路选择性保护,需依靠延长其位于较接近电源的保护电器的分断时间(即按时间原则)来实现。这对于并不复杂的船舶电力系统而言,确实是一种十分可靠,而且设计和施工都相对简单的方案。

并由此得出实现短路选择性保护的3个基本条件如下:

——所有作为短路保护用的开关电器(以下简称短路保护电器)的额定短路分断能力,对重要设备电路用瞬时分断的断路器,应以其额定运行短路分断能力大于其安装点所应分断的最大预期短路电流考核。对于具有短延时的断路器,其额定短时耐受电流应大于其安装点触头分断瞬间的最大预期短路电流。

——串联连接在电路中的各短路保护电器,任何上、下两级保护电器的分断(熔断)时间应有长、短差别。如在上、下两级都采用同一制造厂的同类熔断器的情况下,则其上级熔断器定额应为其下级定额的时间大于下一级断路器的全分断时间。如将这上、下两级保护电器的时间-电流特性曲线画在同一张图上,它们不应贴近或相交,如图5.4.1所示。需注意的是:在审核电力系统保护协调分析资料中,应将断路器STD保护的可返回时间计入在内。

——在选择性切断故障电路所需的时间内,除短路保护电器外,还有汇流排、隔离开关、接线端子和电缆等元件均应具有良好的动热稳定性。

★以"能量脱扣"技术实现短路选择性保护

现有施耐德系列MCCB产品,具有独特的双旋转触头等结构和措施(图5.4.2),因而具有优越的限流性能。且在短路电流达到其壳架等级电流的25倍及以上时,在其双旋转触头斥开起限流作用的同时,更通过特殊复合材料产生了强大的气体压力作用于旋转触头,使MCCB快速脱扣。其脱扣时间随着短路电流的变化成反时限曲线变化,且在同一短路电流下壳架等级电流越大者脱扣时间越长。

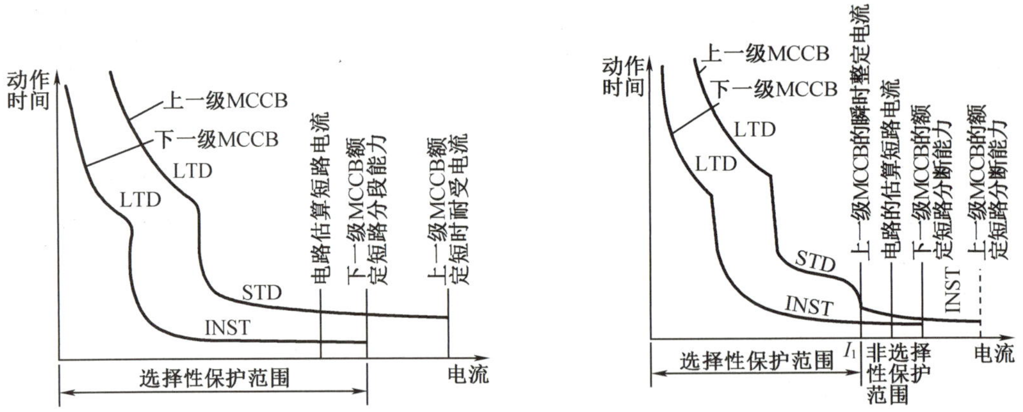

(a) 可实现完全选择性保护　　(b) 可实现部分选择性保护

图 5.4.1　实现选择性保护示意图

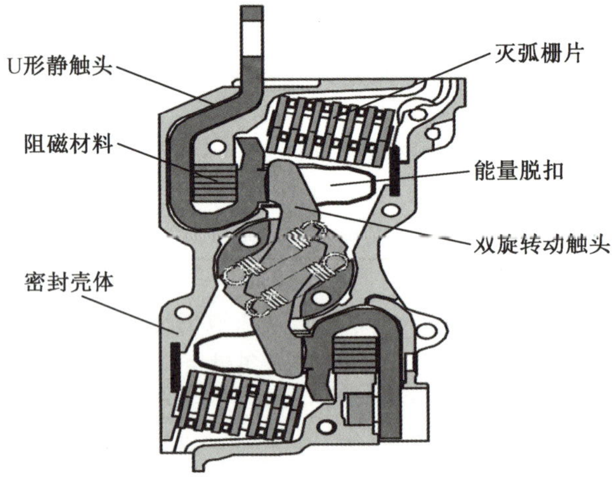

图 5.4.2　独特的双旋转触头示意图

试验证明：在上一级 MCCB 的壳架等级电流为下一级 MCCB 壳架等级电流的 2.0 倍及以上，且满足上述 25 倍短路电流的情况下，则这两级之间可以实现完全短路选择性保护。但该系列 MCCB 目前只有 630 A 至 100 A 产品能实现“能量脱扣”，因而使用就有了局限性。

2.《保护电器协调动作分析书》的识读方法

(1) 作用

《保护电器协调动作分析书》的作用主要有两方面，即：

——分析、检验船舶电力系统中设置的发电机保护、变压器保护、电网保护和负载保护装置和整定，是否满足电力系统上下级之间的选择性；

——对于经分析检验不满足上下级选择性的保护装置，对其进行重新选型和(或)整定值设置。使全船电力系统保护装置协调动作，保证船舶电力系统运行的稳定性和可靠性。

(2)《保护电器协调动作分析书》的内容构成

《保护电器协调动作分析书》包括封面、目录、全船电力系统单线图(简化)、保护电器协调动作分析说明、保护装置(断路器及其脱扣器)选择及整定表、协调性脱扣曲线图等。

(3)识读“单线图”

《保护电器协调动作分析书》的船舶电力系统单线图是根据《船舶电力一次系统图》和《主配电板单线图》,对实际船舶电力系统进行简化、专门用于保护电器协调动作分析用的电力系统单线图,如图 5.4.3 所示。

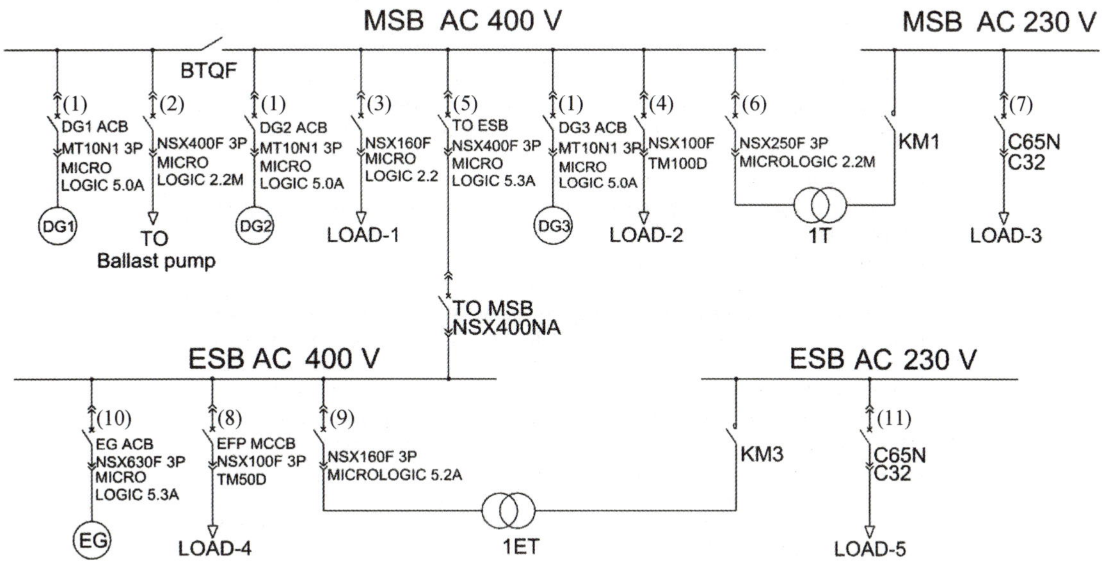

图 5.4.3　保护电器协调动作分析电力系统单线图

图 5.4.3 为某船舶用于保护电器协调动作分析的电力系统单线图,在识读时,主要提取以下几个信息:

——识读电源、配电装置、配电网和负载的连接关系,理清船舶电力系统的主体框架结构;

——识读船舶电站主接线形式,梳理各汇流排之间的连接关系;

——识读各支路断路器及其保护电器(脱扣器)的预选型号;

——识读船舶电力系统供配电层级,梳理保护电器协调动作分析对象。

(4)识读“协调动作分析说明”

协调动作分析说明是对全船保护电器是否满足选择性协调动作的总结说明,如图 5.4.4 所示。

识读时,重点从以下几个方面阅读各层级之间是否满足短路选择性保护的判断条件。

——主发电机主开关与主汇流排负载开关之间;

——变压器原边开关与副边供电汇流排负载开关之间;

——主应板联络开关与应急汇流排负载开关之间;

——应急发电机主开关与应急汇流排外送开关之间;

——应急变压器初级开关与副边供电汇流排开关之间。

保护电器协调动作分析说明

一、主发电机与下一级之间的短路选择性保护

(1)主发电机之间的短路选择性保护:

采用保护发电机断路器的INST保护实现,DG1/DG2/DG3的INST值均为设为15 kA,等于各自发电机短路电流(I_p/1.414)的1.57倍,可实现这部分的短路选择性保护。

(2)按时间原则实现主发电机与其下一级之间的短路选择性保护

按时间原则实现主发电机与其下一级之间的短路选择性保护,根据主发电机开关和主汇流排外送开关设置值和柴油发电机开关、主汇流排外送开关电流时间曲线(见断路器设定参数及协调曲线,下同),主柴油发电机开关采用STD作为短路保护,其时间整定值为0.4 s;主汇流排外送开关(2号甲板克令吊)、主机辅助鼓风机等均为瞬时脱扣,故主柴油发电机开关与其下一级负载开关这两级之间可实现完全短路选择性保护。

主柴油发电机开关采用STD作为短路保护,其时间整定值为0.4 s;而主照明变压器原边开关设有瞬时脱扣,故主柴油发电机开关与其下一级主照明变压器原边开关这两级之间也可实现完全短路选择性保护。

二、照明变压器初级MCCB与下一级MCB之间

(1)主照明变压器初级MCCB与下一级MCB之间

根据主变压器初级、次级断路器设置值和主变压器初级、次级断路器电流时间曲线,且变压器瞬动整定值满足以下公式:

I_i(瞬时动作值)=4 800 A>1.2(U_{n2}/U_{n1})× I_p/1.414,

I_i(瞬时动作值)=4 800 A>linrush/1.414,

I_p为主照明汇流排处最大峰值短路电流值,根据短路电流计算,主照明汇流排处发生短路故障的最大峰值短路电流为9.57 kA,从而有公式算出1.2(U_{n2}/U_{n1})× I_p/1.414=4.24 kA,linrush为变压器空载起动的冲击励磁电流,均为22I_e=3.39 kA,linrush/1.414=2.4 kA,主照明汇流处发生短路故障的对称短路电流I_{ac}=6.09 kA,折算到变压器原边为(U_{n2}/U_{n1})× I_{ac}=3.18 kA≤lcw=5.19 kA@3s,I_{cw}为MCCB的额定短时耐受电流,以上均满足规范要求,下一级短路时变压器原边开关INST保护不会动作,且该断路器还设STD保护,而下一级MCB瞬时动作,用时间原则实现变压器初级MCCB与下一级MCB的选择性短路保护,当230 V汇流排上发生短路时,断路器通过STD短暂延时后分析,从而实现短路保护。

(2)应急照明变压器初级MCCB与下一级MCB之间

根据应急变压器初级、次级断路器时间电流曲线和应急变压器初级、次级断路器设置值,且变压器瞬动整定值满足以下公式:

I_i(瞬时动作值)=1 500 A>1.2(U_{n2}/U_{n1})× I_p/1.414,

I_p为应急照明汇流排处最大峰值短路电流值,根据短路电流计算,应急照明汇流排处发生短路故障的最大峰值短路电流为3.13 kA,从而1.2(U_{n2}/U_{n1})×I_p/1.414=1.38 kA,下一级短路对变压器原边开关INST保护不会动作,且该断路器还设STD保护,而下一级MCB时动作,用时间原则实现变压器初级MCCB与下一级MCB的选择性短路保护。当230V汇流排上发生短路时,新路器通过STD短暂延时后分断,从面实现短路保护。

三、主、应配电板联络开关MCCB与下一级MCCB之同

根据主应板联络开关、应急汇流排外送开关(EFP等)、应急变压器原边开关设置值和主应配电板联络开关、应急汇流排外送开关,应急变压器原边开关电流时间曲线,主、应配电板联络开关MCCB短延时STD保护设置为0.2 s,下级开关设为瞬时脱扣;且主应配电板联络开关MCCB与下一级MCCB的壳架额定电流之比为2.5倍,应急汇流排处的短路电流也均远大于其壳架电流的2.5倍,故此两级开关还通过能实现能量脱扣来实现选择性短路保护,因此此两级之间是具备完全选择性的。

四、应急发电机与应急汇流排外送开关、应急照明变压器初级MCCB及其下一级MCB之间

根据应急发发电机、应急汇流排外送开关,应急变压器原边开关设置值和应急发发电机、应急汇流排外送开关、应急变压器原边开关电流电流时间曲线,应急发电机开关短延时STD保护设置为0.4 s,而下级负载开关和应急变压器原边开关均为瞬时分断,用时间原则实现此两级之间的选择性。

图 5.4.4　保护电器协调动作分析说明

(5)识读“断路器整定表”

断路器整定表的作用主要是:

——指导船舶建造厂对断路器进行整定设置、调试;

——列出实际动作时间,供验船师核查是否满足相关规范和法规的要求。

如图 5.4.5 所示,整定表所列信息为:

主柴油发电机主开关断路器										
设备或馈电分路			保护装置							
代号	名称	额定值I_e	厂商/型号	脱扣器I_n	保护方式	断路器性能参数	断路器设定参数	断路器动作值	位置	
									代号	名称
DG1	No.1柴油发电机	759 A	Schneider NW10N1 3P	Micro logic 5.0 A 1 000 A	LTD	I_r=0.4~1 I_n	I_{sr}=0.8 I_n=800 A	I_{ar}=1.25 I_e=1 000 A	MSB	主配电板
						T_r=0.5~24 s@6I_r	T_{sr}=4 s	T_{sr}=200 s		
DG2	No.2柴油发电机				STD	I_s=1.5~10I_r	I_{ss}=2.5 I_r=2 000 A	I_{as}=2.5 I_r=2 000 A		
						T_s=0~0.4 s	T_{ss}=0.4 s	T_{as}=0.4 s		
DG3	No.3柴油发电机				INST	I_i=2~15 I_n	I_{si}=15 I_n=15 000 A	I_{ai}=15 000 A		
备注:I_{cw}=36 kA@0.5 s										

图 5.4.5　断路器整定表示例

——断路器所在电路信息(“代号”“名称”“额定值”“位置”列)。图中表示的断路器为主柴油发电机主开关断路器,发电机的额定电流为 759 A,断路器安装于主配电板内。

——断路器的基本信息(“厂商/型号”列)。图中表示断路器选用的是 Schneider 品牌 NW10N1 型号的框架式断路器,极数为 3 极。

——脱扣器的基本信息(“脱扣器”“保护方式”“断路器性能参数”列)。图中表示脱扣器选用的是 Micrologic 5.0A 型号,额定电流为 1 000 A。保护方式是三段式,分别为长延时保护 LTD、短延时保护 STD、瞬时保护 INST。其中,长延时保护的动作电流整定值 I_r 可在 0.4~1 倍额定电流 I_n 之间进行调节,动作时间整定值 T_r 参数的调节范围表示长延时脱扣曲线反时限曲线弯曲程度的调节;短延时保护的动作电流整定值 I_s 可在 1.5~10 倍长延时动作电流整定值 I_r 之间进行调节,动作时间整定值 T_s 可在 0~0.4 s 范围内调节;瞬动保护动作电流整定值可在 2~15 倍额定电流 I_n 范围内可调。

——脱扣器整定信息(“断路器设定参数”列)。图中发电机组断路器长延时动作电流整定为脱扣器额定电流的 0.8 倍,正好与发电机额定电流相近;动作时间整定为 4 s 挡位,保证期脱扣曲线满足与下一级开关动作的协调选择性;短延时动作电流设定为 2.5 倍 I_r,动作时间整定为 0.4 s;瞬动动作电流整定为 15 倍 I_n。按上述参数整定后的脱扣曲线如图 5.4.6 所示,曲线由断路器生产商 Schneider 提供的软件 Curve Direct 3.4.1 生成。

——脱扣器的实际动作值(“断路器动作值”列)。实际动作值根据脱扣曲线或实际调试中测试获得,一般根据脱扣曲线测得即可。本断路器中,根据图 5.4.6,长延时保护,在发电机组 1.25 倍额定电流时,延时 200 s 脱扣,短延时保护在 2.5 倍 I_r 时,延时 0.4 s 脱扣,电流为 15 倍 I_n 时瞬动,满足相关规范中关于发电机组过载和短路保护的要求。

(6)识读“协调性脱扣曲线图”

“协调性脱扣曲线图”中将上下级开关的脱扣曲线放在一个坐标中,用于展示上下级开关之间的动作协调性。如图 5.4.7 所示,为发电机主开关与下一级开关(压载泵供电开关)的协调性脱扣曲线。

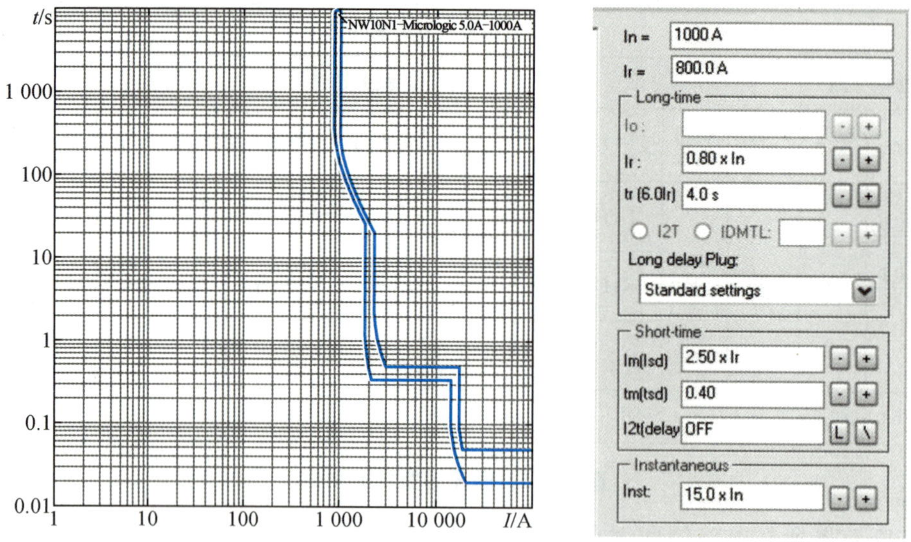

图 5.4.6　断路器脱扣曲线整定

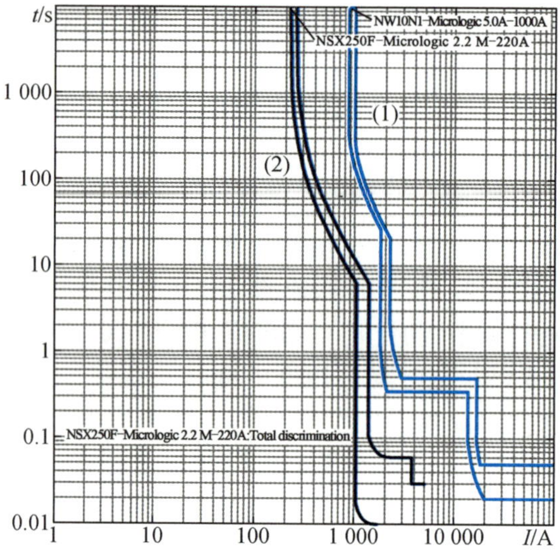

图 5.4.7　协调性脱扣曲线示例

在 Curve Direct 3.4.1 软件中将上下级开关脱扣曲线置于同一坐标中时，当上下级开关之间满足完全选择性时，在坐标系左下方将出现“Total discrimination”的图标。

3. “报告”的编制步骤

“报告”编制的步骤共分为 5 步：

(1)第一步：前期准备

在开始编制“报告”前需要收集《主配电板单线图》《电力一次系统图》《全船电力系统短路计算书》等图纸文件。

通过对图纸文件的分析，了解船舶电站运行的基本情况。梳理以下内容：

——配备的发电机组台数、额定功率等参数；

——船舶电站主接线情况，理清共设置几段汇流排；

——梳理每段汇流排上所接的最大负载；

——在各工况下，船舶电站发电机组的使用规律等。

(2)第二步：绘制“选择性分析用船舶电力系统单线图”

根据已知图纸文件绘制用于选择性分析的船舶电力系统单线图。

首先画出船舶电力一次系统的主体框架，必须包含电源、配电装置(主配电板、应急配电板及典型的分配电板等)、配电网和负载。接着，根据图纸文件将断路器及保护电器的预选型号标注上去。最后，将图中所有保护电器进行编号。

(3)第三步：要确定选择性分析对象

根据供电层级和船舶电站供电工况，梳理需要满足选择性的上下级保护电器，确定分析对象，划分分析组别，按组别依次进行选择性保护的整定。

(4)第四步：保护电器的选择和整定

对在电力系统设计中已按照经验预选的保护电器的类型进行核验其合理性，按照相关规范要求对发电机、变压器、电网和负载进行保护电器选择和动作值整定。并按照第三步确定的分析组别，依次分析、校验各组别中上下级保护电器是否满足动作协调性要求。

(5)第五步：对全船选择性保护进行总结性分析说明

对全船保护电器设置和整定后的动作协调性情况进行总结性分析说明，重点将主发电机与下级之间、变压器原边与下级之间、主应板联络开关与下级之间，以及应急发电机与应急汇流排负载之间等船舶电力系统的配电上下层级之间保护电器是按如何原则怎样满足短路保护选择性的理由阐述清楚。

4.“报告”编制的关键技能

(1)绘制“单线图”

★单线图的绘制需要先充分梳理船舶电站的运行工况。

以绘制图5.4.3为例，船舶配备3台420 kW的柴油发电机组作为主电源，1台160 kW的柴油发电机为应急电源。船舶电站运行工况：在航行和停泊工况下，1台柴油发电机向全船供电，另2台柴油发电机备用；进出港和装卸货工况均由2台柴油发电机向全船供电，另1台柴油发电机备用；应急工况由应急发电机为应急负载供电。

★画电力系统单线图框架

船舶电力系统单线图的主体框架为船舶电站的主接线，先把主配电板和应急配电板的几段汇流排分别画出来。

然后，再绘制汇流排之间的连接关系，如图5.4.3中主配电板AC 400 V和AC 230 V汇流排之间通过变压器1T连接；主配电板与应急配电板通过主应板联络开关连接；应急配电板AC 400 V和AC 230 V汇流排之间通过变压器1ET连接。

接着，根据《主配电板单线图》《电力系统图》等图纸文件将断路器及保护电器的预选型号标注上去。

最后，为便于分析，再将图中所有保护电器进行编号，编号顺序尽量按照配电层级进行。

在绘制“单线图”时，有以下问题需要特别注意：

——由于变压器设置2台，采用一用一备的模式，所以图中主变压器、应急变压器都只需绘制1台即可。

——一般情况，负载仅画到汇流排所接负载。对于选择性要求高的船舶，视情况将负载绘制到分配电箱一级。

——单线图中不需要画出各汇流排上所有负载，只选取各段汇流排所接负载的同型号断路器中最大的那一个。如图 5.4.3 中,主配电板 AC 400 V 汇流排上有很多负载断路器均为 NSX160F 型号,那么就选择其中工作电流最大负载汇入图中即可。因为若同一汇流排上最大负载开关能满足与上级开关的选择性,那么小负载开关必然满足。

(2)确定分析对象

确定分析对象的原则是遵循配电上下级之间满足选择性的要求,按照先根据单线图梳理配电层级、再找到各层级对应保护电器,最后将保护电器划分分析组别的方法进行。

如图 5.4.3 对应船舶电力系统结构,配电第一级为发电机组,包含主发电机和应急发电机,主发电机为全船正常负载供电,其配电下级包括日用负载、变压器原边及至应急配电板汇流排等;变压器为正常 AC 220 V 负载供电;至应急配电板的主应板联络开关控制应急 AC 380 V 负载及应急变压器原边的供电;应急变压器是应急 AC 220 V 负载的电源。同时,在应急情况下,应急配电板由应急发电机供电。供电层级划分情况如图 5.4.8 所示。

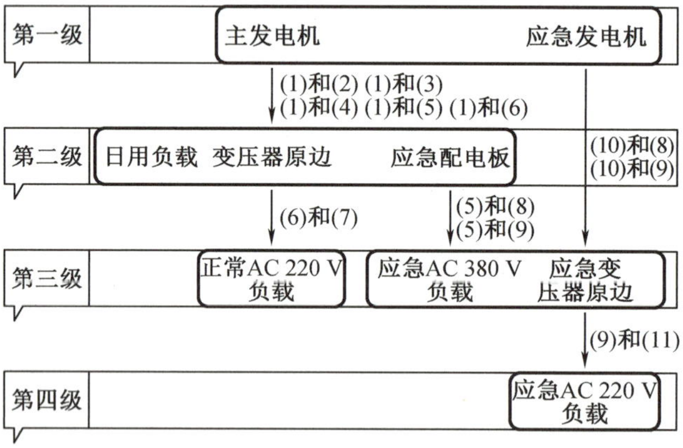

图 5.4.8　船舶电力系统供电层级划分图

按配电层级找到对应的保护电器并划分分析组别。主发电机与主配电板 AC 400 V 汇流排上负载是上下级,对应的保护电器是主发电机断路器和压载泵断路器及其他负载断路器。那么(1)和(2)、(1)和(3)、(1)和(4)分别为一个分析组别。类似地,主发电机和变压器对应(1)和(6),主发电机与主应板联络开关对应的(1)和(5)分别为一个组别;变压器原边和正常 220 V 负载对应组别为(6)和(7),应急配电板联络开关与应急负载对应的(5)和(8)、(5)和(9),应急变压器与应急 220 V 负载对应的(9)和(11)分别为一个组别,应急发电机与应急负载对应的(10)和(8)、(10)和(9)也各为一个组别。共划分为 11 个分析组别。

(3)脱扣器类型选择及整定方法

过电流脱扣器的类型主要是指三段式保护型(长延时、短延时、瞬动)、二段式保护型(长延时、瞬动)和一段式保护型(瞬动),根据被保护对象的要求进行选择,如发电机组需选择三段式,一般负载二段式即可。有些三段式、两段式脱扣的短延时、瞬动等部分挡位不可调,在选择时可综合考虑满足选择性和经济性。

整定的方法就是在 Curve Direct 3.4.1 等脱扣曲线仿真软件中将上下级开关的脱扣曲线放置在同一个坐标中,在满足被保护对象要求的前提下,模拟调整长延时、短延时和瞬动的动作时间和动作电流,使上下级开关脱扣曲线满足选择性,这时的设置值即为整定值。然后，再在实际船舶配电装置中进行调试，优化、调整整定值。

注意，有些开关既有上级开关，又有下级开关，需要同时满足其保护选择性。

(4) 变压器原边断路器与副边供电负载断路器的协调性分析

由于变压器原边的电压等级与副边供电负载的额定电压不同，所以在进行变压器原边断路器与副边供电负载断路器的协调性分析时，需要将副边供电负载断路器的脱扣曲线按电压比折算到与原边电压相同后，再与变压器原边断路器脱扣曲线进行选择性分析。

例如图 5.4.3 中，变压器原边断路器(6)与其副边供电线路负载断路器(7)之间的选择性分析，按负载保护要求，断路器(7)选择型号为 C65N C32，其脱扣曲线为两段式(不可调)。

由于变压器原副边电压为 400 V/230 V，断路器(7)脱扣器额定值 32 A 按照 32×230/400=18.4 A，整条曲线由额定值 32 A 处平移至 18.4 A 处，再与变压器原边断路器(6)的脱扣曲线进行分析，如图 5.4.9 所示。

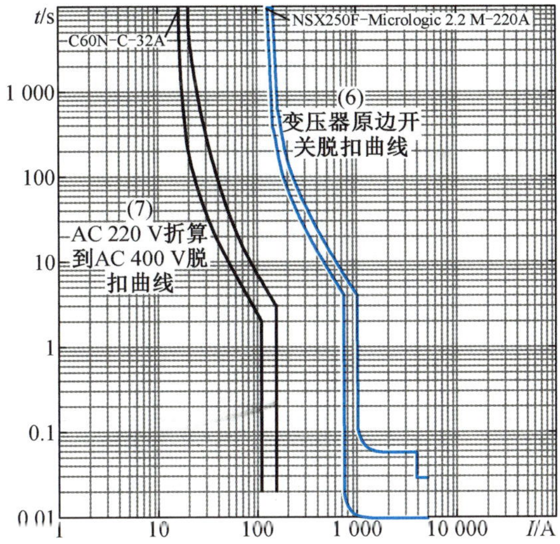

图 5.4.9　变压器原边与副边负载开关选择性分析

任务实施

步骤一：识读《保护电器协调动作分析书》样例

(1)识读“单线图”，梳理供电层级和协调性分析的组别。

供电层级图：   分析组别：

(2)识读“断路器参数设定表”和“脱扣曲线”，补充发电机组、变压器、负载开关的实际动作电流和动作时间，并校核是否符合相关规范要求，见表 5.4.1 和表 5.4.2。

表 5.4.1　主发电机断路器参数设定表

设备		保护装置					
代号	描述	型号	额定值	保护种类	整定范围	整定值	实际值
P1-G1 1#柴发	160 kW 288.7 A	NSX400F MIC 5.3A	400 A	LTD	$I_r=0.4\sim1.0I_n$	$I_r=0.72I_n=289$ A	
					$t_r=0.5\sim16$ s$(6I_r)$	$t_r=0.5$ s$(6I_r)$	
				STD	$I_{sd}=1.5\sim10I_r$	$I_{sd}=2.5I_r=722$ A	
					$t_{sd}=0,0.1,0.2,$ $0.3,0.4$ s	$t_{sd}=0.4$ s	
				INST	$I_i=1.5\sim12I_n$	$I_i=10I_n=4.0$ kA	

规范要求：

是否满足：

表 5.4.2 变压器原边断路器参数设定表

设备		保护装置					
代号	描述	型号	额定值	保护种类	整定范围	整定值	实际值
P1-T1 1#主变压器	63 kVA 92 A	NSX160F MIC 2.2G	160 A	LTD	$I_r=0.4\sim1.0I_n$	$I_r=0.575I_n=92$ A	
					固定	$t_r=15$ s$(1.5I_r)$	
				STD	$I_{sd}=1.5\sim10I_r$	$I_{sd}=4I_r=368$ A	
					固定	$t_{sd}=0.2$ s	
				INST	固定	2.4 kA	

规范要求：

是否满足：

其他断路器按上述方法进行识读。

(3)能量脱扣的条件是____

____。

阅读附录《保护电器协调动作分析书》样图，找出哪些上下级断路器利用“能量脱扣”技术实现选择性保护？

____

____。

步骤二：编制案例船《保护电器协调动作分析书》——搜集资料

根据项目2、3、4及本项目前几个任务完成的案例船设计组建工作，完成本船《保护电器协动作分析书》。本步骤先完成编制签的资料搜集工作。

(1)搜集的图纸文件有：____

____。

(2)根据资料文件，梳理船舶电站使用规律。

★航行工况时，____

____。

★停泊工况时，____

____。

★______工况时，____

____。

★______工况时，____

____。

步骤三：编制案例船《保护电器协调动作分析书》——绘制“单线图”

(1)分析搜集的图纸文件，理清案例船设置的汇流排及每段汇流排上所接的最大负载：

(2)绘制“选择性分析用船舶电力系统单线图”

★先画出船舶电力一次系统的主体框架；

★根据图纸文件，标注断路器及保护电器的预选型号；

★对图中所有保护电器编号。

步骤四:编制案例船《保护电器协调动作分析书》——确定选择性分析组别

(1)分析船舶电力系统供配电层级,参照图 5.4.8 绘制案例船船舶电力系统供电层级划分图。

(2)划分选择性分析组别

步骤五:编制案例船《保护电器协调动作分析书》——断路器参数整定

在 Curve Direct 3.4.1 等脱扣曲线仿真软件按前面任务中选择的脱扣器型号及整定值参数,将上下级开关的脱扣曲线放置在同一个坐标中。在满足被保护对象过电流保护要求的前提下,按保护电器协调动作要求,模拟调整上下级开关长延时、短延时和瞬动的动作时间和动作电流,使上下级开关脱扣曲线满足选择性。

★各组别都调试满足选择性后,按表 5.4.1 和表 5.4.2 所示,绘制断路器参数设定表,并将断路器设定参数填入表格。

组别：断路器(　　)与断路器(　　)之间

上级开关(　　)整定表：

下级开关(　　)整定表：

★将各组别断路器脱扣曲线绘制出来。

组别：断路器（　　）与断路器（　　）之间

脱扣曲线绘制：

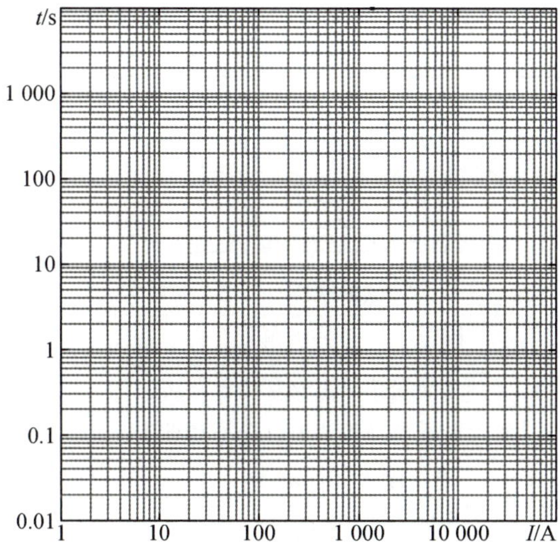

步骤六：编制案例船《保护电器协调动作分析书》——编写“保护电器动作协调性分析说明”

参照图 5.4.4 及样例，梳理案例船全船保护电器设置和整定后的动作协调性情况。说明典型分析组别中上下级是按如何原则怎样满足短路保护选择性的。

任务评价

任务完成情况评价标准及评分见表 5.4.3,任务总结反思见表 5.4.4。

表 5.4.3　任务评价表

评价类型	赋分	评价指标	分值	得分		
				自评	组评	师评
职业能力	50	识读“单线图”	5			
		识读“断路器参数设定表”和“脱扣曲线”	10			
		绘制“单线图”	10			
		确定选择性分析组别	5			
		断路器参数整定	10			
		编写“保护电器动作协调性分析说明”	10			
职业素养	30	操作规范、精益求精	10			
		协作互助、解决问题	10			
		思辨和持续改进优化能力	10			
劳动素养	10	坚持出勤、遵守纪律	5			
		报告完整、工位整洁	5			
思政素养	10	实事求是,严格规范	5			
		理实结合,综合考虑	5			

表 5.4.4　总结反思

目标达成：　知识☆☆☆☆☆　技能☆☆☆☆☆　素养☆☆☆☆☆	
学习收获：	教师寄语：
问题反思：	

课后任务

1. 问答与讨论

(1)讨论船舶电力系统中,主发电机主开关和应急发电机主开关之间是否需要进行保护电器动作协调性分析,为什么?

(2)利用能量脱扣的理论,讨论分析图 5.4.3 中断路器(6)和(7)之间、(9)和(11)之间是否实现能量脱扣,达到保护动作的协调性。

2. 巩固与提高

如图 5.4.10 所示为某船舶协调性分析用电力系统单线图,请分析该船电力系统结构和供电层级,确定全船保护电器动作协调性分析的组别。

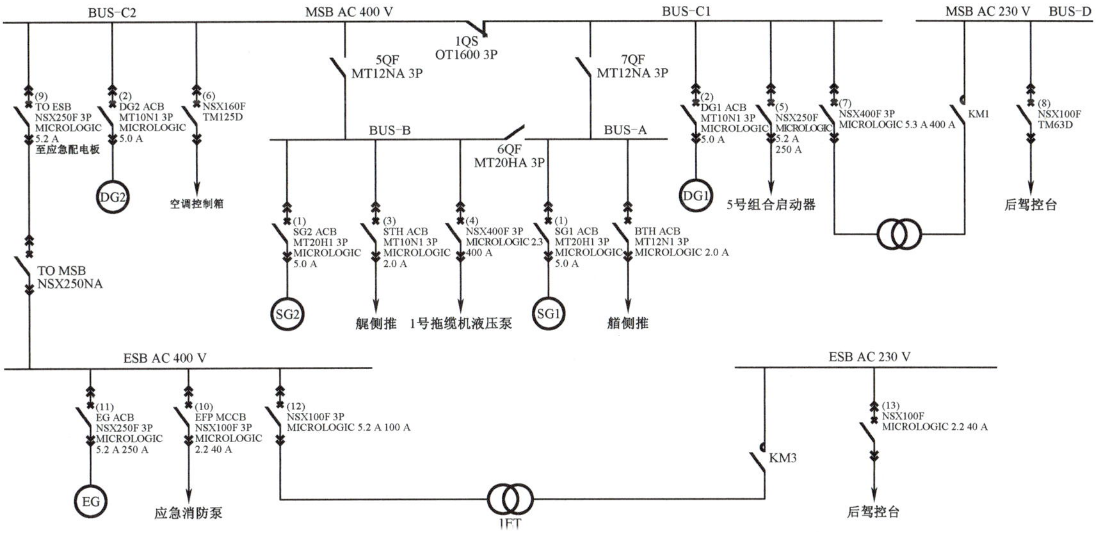

图 5.4.10　某船舶协调性分析用电力系统单线图

项目 5 附录文件:

保护电器协调动作分析书

项目 6

同步发电机的并车操作

学习情境设置

(1)选择学习者角色

□船舶设计院电气专业技术人员

□船舶建造厂电气专业技术人员

□船舶电气自动化设备制造技术人员

□船舶船体、轮机等其他非电专业技术人员

□船舶电子电气员

□其他________________________

(2)分析学习者角色的岗位能力要求

船舶设计院、建造厂电气专业技术人员:需精准把握并车原理,绘制规范、准确的电气图纸,同时具备良好的跨专业沟通协作能力,以制定出科学合理的并车方案,确保船舶电站设计符合实际运行需求。必须熟练掌握手动并车操作流程,能够依据标准规范完成自动并车装置的安装与调试工作,并在实操过程中快速、有效地解决各类技术问题。

船舶电气自动化设备制造技术人员:应具备深厚的研发能力,研发出高性能的自动并车装置,持续优化其性能,同时为船舶建造厂及运营方提供全方位、高质量的技术支持,保障装置稳定可靠运行。

船舶船体、轮机等其他非电专业技术人员:需对并车基本概念与潜在安全风险有清晰认知,在工作中积极与电气专业人员协同合作,确保船舶各专业工作的有序衔接与整体推进。

船舶电子电气员:需熟练运用并车设备操作与维护技能,能够凭借专业知识和经验,快速准确地诊断并车故障并予以排除,同时具备高效的应急处理能力,确保船舶电力系统安全稳定运行。

____

____

(3)制定学习计划

全面掌握同步发电机的并车条件,包括电压、频率、相位等关键要素匹配要求;

深入研习指示灯法手动并车操作流程,熟悉灯光旋转法和灯光明暗法的操作要点;

熟练掌握同步表法手动并车操作技巧,精准识别同步表状态以完成并车;

透彻理解自动并车装置原理,熟练掌握其操作方法,实现高效、稳定的自动并车;

充分了解并车操作过程中的各类注意事项,涵盖设备安全、操作规范、应急处理等方面,确保并车操作安全、可靠地进行。

____

____

项目介绍

在船舶电力系统中，同步发电机的并车操作是保障船舶稳定供电的关键环节。通过对各类常见船型的船舶电站装置展开深入调研，并参考船舶电子电气员等岗位标准以及船舶设计院、建造厂电气工程师的岗位需求，同时结合企业岗前培训实践，我们发现主流的同步发电机并车操作主要分为手动并车和自动并车。手动并车中的指示灯法和同步表法，因其可靠性和普遍性，成为船舶电子电气员必备技能。

本项目以某海洋工程船为实例，深入探索该船同步发电机的并车原理与操作步骤。我们将先从指示灯法和同步表法入手，帮助学习者熟练掌握手动并车操作技巧，夯实并车操作基础。随后，进一步学习该船自动并车操作各环节的功能，在深入理解原理的基础上，完成编写自动并车程序的任务。通过本项目的学习，不仅能系统掌握船舶同步发电机的并车技术，还能提升解决实际工程问题的能力，为从事船舶电气相关工作奠定坚实基础。

学习要求

- 理解什么是同步发电机并车操作，掌握其同步发电机组并车条件。
- 在完成不同并车方法的工作任务中，沉浸式体会作为船舶电子电气员担负的使命责任，按步骤根据实际现象准确、及时进行并车操作，牢记注意事项。
- 反复练习手动并车操作，总结并车失败现象及原因，提高并车成功率，总结手动并车步骤中的关键现象，培养认真、勤勉才能万无一失的职业素养。
- 课前利用微课视频学习知识点及测试，课中在老师引导下分组完成工作任务，针对本项目中的某海洋工程船进行并车操作练习，课后完成任务总结。培养自主学习能力，提高自身可持续发展能力。

知识图谱

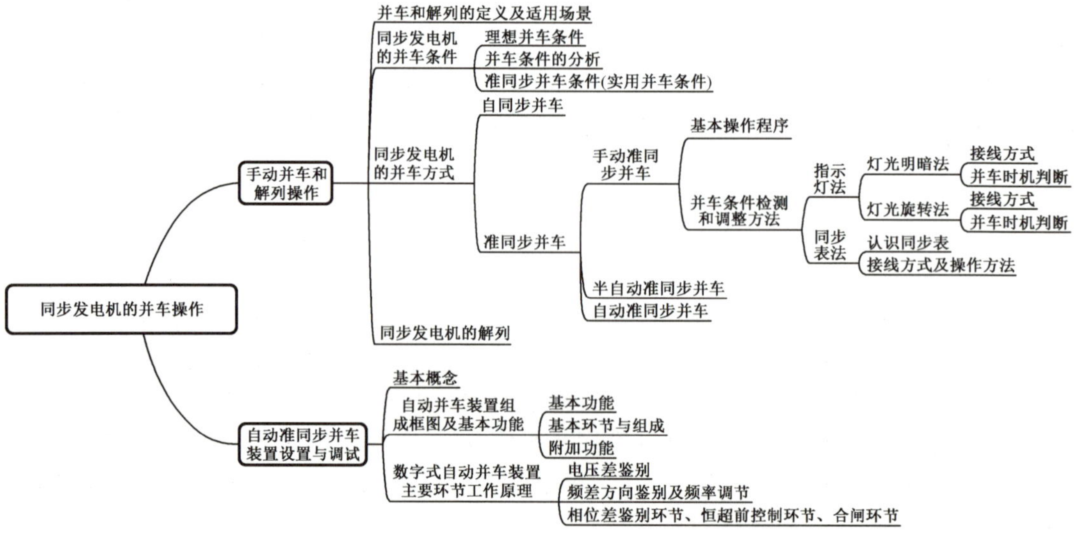

任务 6.1 手动并车和解列操作

任务引入

在船舶电力系统中,船舶电站交流电源通常由多台发电机组协同构成。由于船舶在航行、停泊、装卸等不同工况下,用电量波动显著,差值可达 3 倍以上 。为实现发电机的经济高效运行,满足全船在各种工况下的供电需求,船舶电站常采用多台发电机并联运行的模式。

发电机并联运行的首要环节是并车操作,这一操作需严格遵循特定要求与步骤,稍有差池便可能引发严重后果,如短路、设备损坏,甚至威胁船舶航行安全。手动并车功能作为各类船舶电站的必备功能,手动并车操作技能亦是船舶建造人员和驾驶操作人员不可或缺的能力。

本任务将深入剖析手动并车和解列操作,从基本原理到操作流程,再到常见问题处理,帮助学习者全面掌握这一关键技能,为船舶电站的稳定运行奠定坚实基础。

同步发电机组并车条件　　手动并车操作方法(指示灯法)　　手动并车操作方法(同步表法)

任务描述

(1)理解发电机组并车操作条件;

(2)按步骤根据指示灯现象准确完成手动并车操作,归纳总结并车失败可能的原因及解决方法;

(3)按步骤根据同步表现象准确完成手动并车操作,归纳总结并车失败可能的原因及解决方法;

(4)按步骤准确完成发电机组解列操作。

学习目标

知识目标:

(1)明确并车、解列含义及适用场景,了解并车方法分类;

(2)掌握手动并车作用、理想及实际并车条件;

(3)熟悉指示灯法、同步表法手动并车的接线图,以及相关设备功能。

技能目标：

(1)能准确说出并车、解列操作的适用场景；
(2)熟练阐述并车实际条件；
(3)正确识读、连接指示灯法接线图，按指令完成手动并车，知晓注意事项；
(4)认识不同同步表，识读、连接其接线图，按指令完成手动并车，掌握注意要点。

育人目标：

(1)在本任务中，反复练习，思考并车操作的关键现象和失败原因，感悟"认真、勤勉"的职业素养的重要性，提升并车操作成功率；

(2)感悟简单的并车操作在船舶电站稳定运行中的重要意义，加强责任意识和安全意识。

知识准备

1. 并车和解列的基本概念

(1)什么叫并车

为了满足船舶供电的可靠性和经济性，一般的船舶电站均装设有两台以上的同步发电机组作为主电源。两台及以上同步发电机同时向同一电网负载供电，称为发电机组的并联运行，把发电机组投入并联运行的过程称为并车。

(2)什么情况下需要并车操作

通常有3种情况需要并车操作：

——一是为满足电网负荷的需求，当单机负荷达到85%额定容量时，且负荷仍有可能增加，这时就要考虑并联另一台发电机；

——二是当船舶处于进出港、靠离码头或进出狭窄水道等的机动航行状态时，为了航行的安全，需要两台发电机并联运行；

——三是当用备用机组替换下运行供电的机组时，为了保证不中断供电，需要通过并车进行替换。

因此，通过并车操作将多台发电机并联运行的主要作用是：根据实际用电量要求，调节在网运行的发电机组数，提高发电机组的工作效率，满足船舶电站的运行经济性、安全性及供电连续性要求。

(3)什么叫解列

在多台发电机并联运行中由于某种原因需要将一台或几台发电机组退出电网，解除或改变同步发电机组的并联运行状态，即发电机组退出并联运行的过程称为解列。

(4)什么情况下需要解列

当船舶用电负载减小，不需要维持多台发电机同时工作时应该减少运行的发电机组，于是停止多余的发电机组运行。如果停止并联运行的某台发电机，首先应解除并联运行状态使其脱离电网，然后才停止其工作。一般而言，需要解列发电机的情况有：

——正常停机解列，即船舶用电负载太少，电站运行功率已经超过最大裕量时，减少正常运行的发电机组数的解列；

——正在运行的发电机组发生不正常运行的情况,应使并联运行的故障机组解列停车。

并车和解列都需要进行一定的操作,尤其是并车操作,需要对待并发电机进行调节,在满足并车条件时间进行合闸操作,完成并车操作后还要进行负载转移,才能使并上的发电机承担电负载,向负载供电。

2. 同步发电机的并车条件

将一台发电机投入电网并联运行时,不能随便将待并发电机的开关与电网接通,不然会导致并车失败,严重时会导致全船断电,机组也将受到电磁的和机械的有害冲击。所以要求并车时应使合闸冲击电流最小,合闸后应能很快进入同步运行,为此并车必须满足一定的条件。

(1)同步发电机的理想并车条件

如图 6.1.1 所示,三相交流同步发电机组 G_1 和 G_3 为运行发电机,正在向电网供电,即将投入电网运行的发电机组 G_2 为待并发电机。设运行发电机的电压为 $u_1=\sqrt{2}U_1\sin(\omega_1 t+\delta_1)$,待并发电机的电压为 $u_2=\sqrt{2}U_2\sin(\omega_2 t+\delta_2)$,那么理想并车条件就是运行机与待并机之间须同时满足下列条件:

——电压有效值相等,即 $U_1=U_2$;

——频率相等,即 $f_1=f_2$;

——相位或初相角相等,即 $\delta_1=\delta_2$;

——相序一致。

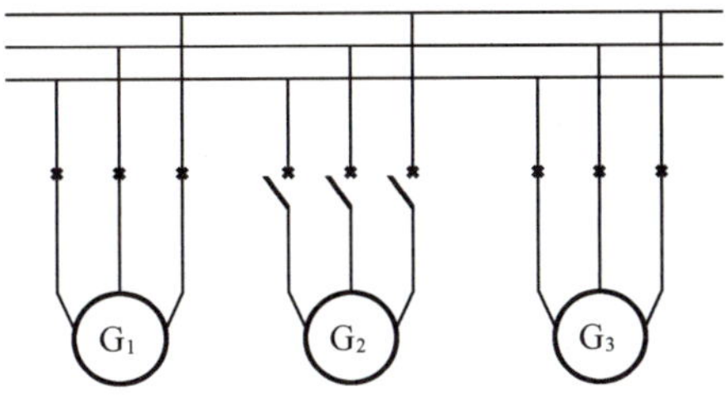

图 6.1.1　发电机组并联运行示意图

符合上述条件,则待并发电机的电压矢量与电网的电压矢量完全重合,而且同步运行。此时并车,冲击电流最小,这就是准同步的理想情况,把上述电压相等、频率相等和相位一致的并车条件称为理想的并车条件。

在上述的 4 个条件中,“相序一致”是必须满足的条件。一般不是新安装的发电机或检修后安装的发电机,这一条都是满足的,无须检查。由于船舶电力系统负载的频繁变化及并车操作人员的熟练程度不同,要完全满足电压、频率和相位完全相等的条件很难做到,因此在实际操作时对前 3 项条件允许有一定的误差。并车操作时,应检测和调整待并发电机的这 3 个参数,在满足电压基本相等、频率基本一致和相位差接近为零的瞬间合上主开关,使发电机投入电网并联运行。

(2)并车条件的分析

★电压不等、频率和相位相同的情形

由于三相电路是对称的,故可以只分析一相的情况。两台机组并车时的等效电路,如图 6.1.2(a)所示。假设 QF_1 已合上,G_1 已运行向电网供电。当待并发电机 G_2 电压大于运行机 G_1 时,两发电机组之间会产生电压差 $\Delta\dot{U}=\dot{U}_2-\dot{U}_1$。若此时合上开关 QF_2,在两发电机间构成的回路中将产生一个称为“平衡电流”的环流 $\dot{I}_H$，由待并发电机组 G_2 流向运行发电机组 G_1。由于回路阻抗近似为纯感性，故 $\dot{I}_H$ 滞后 $\Delta\dot{U}$ 约 90°，其向量图如图 6.1.2(b) 所示。这一环流将对两台发电机产生均压的作用，由于 $\dot{I}_H$ 与 $\dot{I}_2$ 的参考方向是一致的，故对于 G_2 来说，$\dot{I}_H$ 相当于 G_2 输出的无功电流，它产生的电枢反应起到“去磁”作用，将使 G_2 的端电压比并联之前的 U_2 有所降低。但对于 G_1 来说，$\dot{I}_H$ 与 $\dot{I}_1$ 的参考方向相反，$-\dot{I}_H$ 才与 $\dot{I}_1$ 的正方向一致，$\dot{I}_H$ 相当于 G_1 吸收的无功电流，其电枢反应起到“增磁”作用，使 G_1 的端电压比并车之前的 $\dot{U}_1$ 有所升高。这样在环流 $\dot{I}_H$ 的作用下，原来电压相对低的 $\dot{U}_1$ 增高；同时原来电压相对高的 $\dot{U}_2$ 降低，最终使两台发电机并联运行在同一电压 $\dot{U}$ 上。

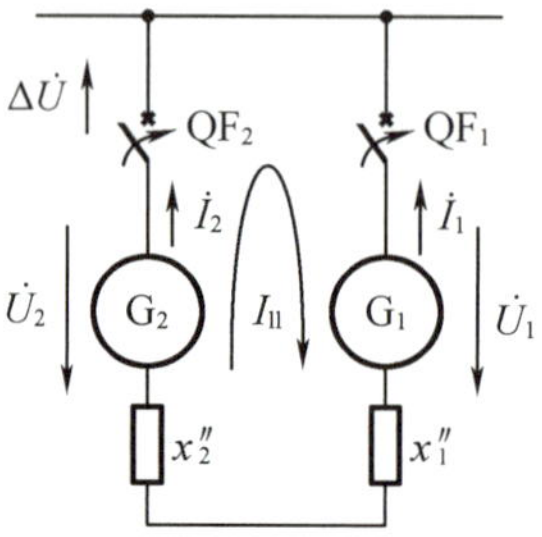

(a) 等效电路图

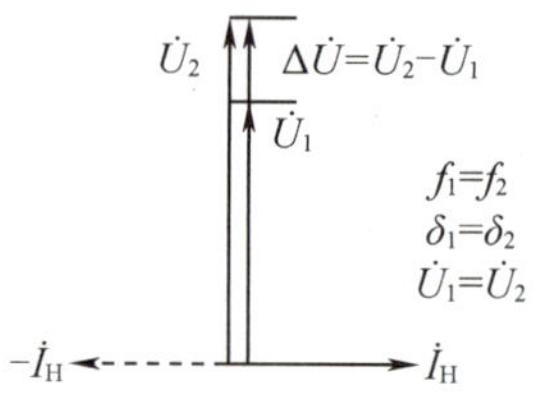

(b) 向量图

图 6.1.2　两台发电机电压不等时并车

反之，当待并发电机电压 $\dot{U}_2$ 小于运行发电机电压 $\dot{U}_1$ 时，则开关两端产生的电压差 $\Delta\dot{U}$ 的相位也相反，而环流 $\dot{I}_H$ 产生的电枢反应将使运行发电机 G_1 端电压下降，使待并发电机 G_2 端电压上升，从而使两者电压相等。

但是，在电压差较大的情况下并车时，回路中的阻抗主要为发电机的次暂态(超瞬变)电抗，它比稳定时的发电机电抗小得多。因此，不大的电压差也会产生很大的冲击电流，所以要限制并车时 ΔU。

在实际并车操作中电压差应限制在额定电压的 10%内，即 $\Delta U=U_2-U_1\leqslant 10\%U_N$。

★相位不等、电压和频率相同的情形

如果待并发电机电压 $\dot{U}_2$ 的相位超前于运行发电机电压 $\dot{U}_1$ 的相位为 $\delta=\delta_2-\delta_1$。由于 $f_1=f_2$，则相位差 δ 在并车前任何瞬间均保持不变，其向量图如图 6.1.3 所示。即使在电压数值 $U_1=U_2=U$ 时并车，其开关的动静触头之间仍然存在有电压差 $\Delta\dot{U}=\dot{U}_2-\dot{U}_1$，其大小可从三角函数得知，即

$$\Delta U=2U\sin\frac{\delta}{2}\tag{6.1}$$

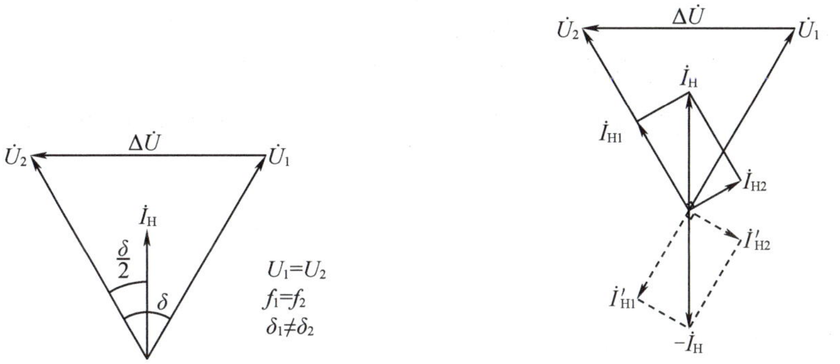

(a) 电压向量图　　(b) 环流的有功分量与无功分量

图 6.1.3　两台发电机相位不等时向量图

由式(6.1)可以看出，当 $\delta=180°$时，$\Delta U=2U$，此时电压差最大。由于 ΔU 的存在，亦会产生一个滞后于 ΔU 为 90°、滞后于 $\dot{U}_2$ 为$\frac{\delta}{2}$、超前于 $\dot{U}_1$ 为$\frac{\delta}{2}$的平衡电流(环流) $\dot{I}_H$。由图 6.1.2(a)及图 6.1.3(a)所示，将环流 $\dot{I}_H$ 分解成有功分量和无功分量两部分，对发电机 G_2 而言，$\dot{I}_H$ 与输出电流 $\dot{I}_2$ 的正方向相同，可分解为与 $\dot{U}_2$ 同相的有功分量 $\dot{I}_{H1}$ 及与 $\dot{U}_2$ 垂直的无功分量 $\dot{I}_{H2}$。对于发电机 G_1 而言，环流 $\dot{I}_H$ 的负值$-\dot{I}_H$ 才与 G_1 的输出电流 $\dot{I}_1$ 的正方向相同，如图 6.1.3(b)中虚线所示。它亦可以分解为两个向量，即与 $\dot{U}_1$ 反相的有功分量 $\dot{I}'_{H1}$及与 $\dot{U}_1$ 垂直的无功分量 $\dot{I}'_{H2}$。

由于 $\dot{I}_{H1}$ 与 $\dot{U}_2$ 同相，故发电机 G_2 在并车瞬间将输出有功功率，即 G_2 是作为发电运行的，在轴上将产生制动力矩。同时，对 G_1 来说，因 $\dot{I}'_{H1}$与 $\dot{U}_1$ 反相位，故在并车瞬间吸收有功功率，即 G_1 是作为电动机运行的，在轴上将产生驱动力矩。二者作用的结果是：G_2 加速、G_1 减速，将使两台发电机达到相位一致而进入同步运行状态。同步发电机内部的这种作用称为“自整步”作用。

然而，环流的无功分量 $\dot{I}_{H2}$ 滞后于 $\dot{U}_2$90°、$\dot{I}'_{H2}$也滞后于 $\dot{U}_1$90°，对 G_2 和 G_1 均起“去磁”作用，使发电机的端电压有所下降。所以，环流的有功分量起到整步作用，将两机组牵入同步，无功分量起到平衡电压的作用。

如果并车时相位差太大，则过大的 ΔU 将在并车时产生很大的冲击电流，在发电机轴上也会产生较大的冲击电矩。由于船用同步发电机转子的转动惯量不大，在这种冲击转矩的作用下，两机组的转子间可能产生较大幅度的相对摆动(即所谓“震荡”)，或者由于相位差越大、环流的有功分量减小、无功分量无功增大，这时电压降落得多，自整步作用不足，最终失步而形成逆功率跳闸，甚至造成机组损坏。

因此，采用准同步并车时，一般要将相位差 δ 限制±15°以内，即

$$\Delta\delta=\delta_2-\delta_1\leqslant\pm15°$$

★频率不等、电压和相位相同的情形

如图 6.1.4 所示，当合闸瞬间 $t=0$ 时，两台发电机的电压向量是重合的。但是过 Δt 时间后，因为 $f_1>f_2$，所以 $\dot{U}_2$ 向量将超前 $\dot{U}_1$ 一个角度 δ，相位差 $\delta=2\pi(f_1-f_2)\Delta t$，同样产生一个

电压差 $\Delta\dot{U}$,其结果与相位不等的情况类似,也会出现环流。如果并车时两机组频率相差不大,由于自整步作用,频率差逐渐减小到零,将两机组牵入同步。但如果两机组间频率相差太大,则由于自整步的作用不足造成失步而跳闸,严重时可能造成全船断电。

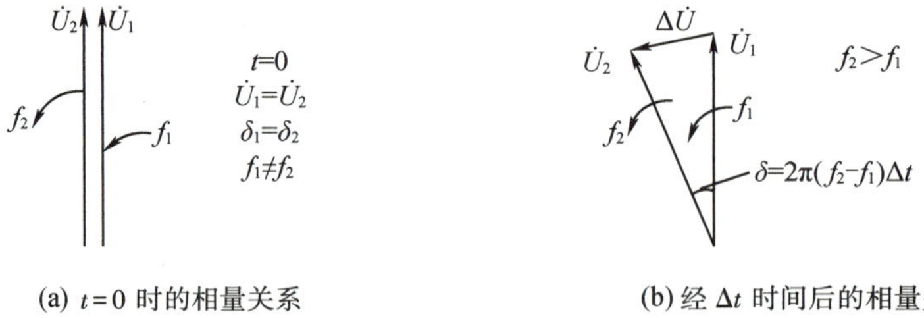

图 6.1.4 两台发电机频率不等时向量图

因此,在并车时频差要控制在 $\Delta f<\pm0.5$ Hz 以内。

(3)准同步并车条件(实用并车条件)

实际并车操作遇到的条件是上述 3 种情况的综合。即电压幅值频率和相位均存在偏差,必须限制偏差才能保证并车的成功。否则会破坏电网的正常运行,造成电网设备和发电机组(包括原动机)的损坏。

$$\begin{cases}\Delta U=U_2-U_1\leqslant 10\%U_N\\ \Delta f=f_1-f_2\leqslant\pm0.5\ \text{Hz}\ 或\ \Delta T=\dfrac{1}{\Delta f}\geqslant 2\ \text{s}\\ \Delta\delta=\delta_2-\delta_1\leqslant\pm15^\circ\end{cases}\tag{6.2}$$

经理论和实践证明,实用的并车条件为:电压有效值偏差在±10%倍额定电压以内;频率偏差在±1%额定频率以内(或频差周期大于 2 s);相位差在±15°电角度以内。

3. 同步发电机的并车方式

(1)并车方式大类

同步发电机组的并车方式分为准同步方式和自同步方式两大类。

★自同步并车

自同步并车是指原动机将为未励磁的待并发电机组的转速带到接近同步转速时,将发电机开关合闸,并立即给发电机加上励磁,依靠发电机间的自整步作用而拉入同步,使待并发电机并入电网,如图 6.1.5 所示。

这种方式的操作过程非常简单,但是在合闸时对电网冲击较大,对小容量船舶电网来说会严重影响电网质量,因此发电机的同步并车方式并不适合船舶电网,仅在陆地电网中使用。

★准同步并车

准同步并车方式是目前船舶上普遍采用的一种并车方式,要求待并机组和运行机组两者的电压、频率和相位都调整到十分接近的时候,才允许合上待并发电机主开关。采用这一方式进行并车引起的冲击电流、冲击转矩和母线电压的下降都很小,能很好地保证电网电能质量。但准同步并车方式对并车条件要求较为严格,一旦发生非同步并车,将对电网造成较大损害,因此准同步并车操作过程较为复杂,对操作者要求较高。

(2)准同步并车操作模式类型

准同步并车操作模式分为:手动准同步并车、半自动准同步并车、自动准同步并车三种。

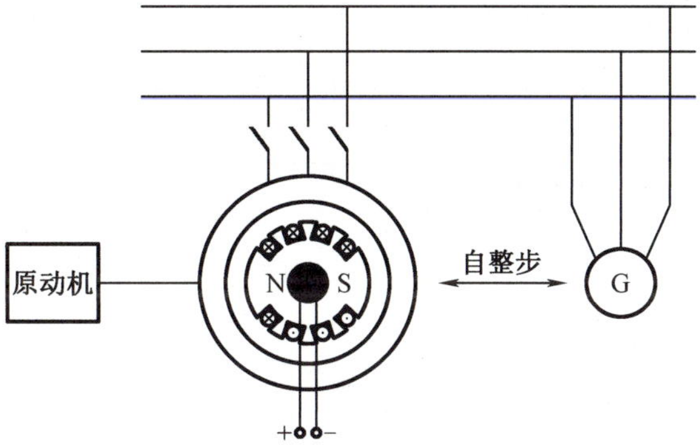

图 6.1.5 自同步并车示意图

★手动准同步并车模式

手动准同步并车模式是指靠操作人员判断什么时候需要并车，然后手动启动待并发电机组，手动检查和调整待并发电机的电压、频率和初相位，使之满足准同步并车的条件，然后手动合闸，靠发电机之间的自整步作用将发电机拉入同步。手动并车方式是船舶必备的并车方式，以备在极端情况下，半自动或自动并车功能均丧失的情况下使用。

★半自动准同步并车模式

半自动准同步并车模式是指靠操作人员判断什么时候需要并车，然后手动启动待并发电机组，手动按下待并发电机的合闸按钮后由自动并车装置(如PPU)完成准同步并车条件的检测、判断与调整，自动发出合闸信号，待并发电机主开关自动合闸。其与手动准同步并车模式的最大区别在于并车的过程由自动并车装置完成。

★自动准同步并车模式

自动准同步并车模式的自动化程度最高，从检测电站负荷率，判断什么时候需要并车开始，直到待并发电机主开关合闸成功的全过程，全部由电站自动化控制系统和自动并车装置完成。

4. 手动准同步并车的基本操作程序

如图6.1.6所示，根据发电机准同步并车条件，手动并车的基本操作程序为：启动待并发电机组，当待并发电机组启动并建立电压后，判断待并发电机与运行发电机的电压差是否在额定电压的10%范围内，若不满足则需要通过手动操作发电机调压器调节。若满足则再检测判断频率差否小于0.5 Hz，若不满足则需要手动操作主配电板发电机屏上的“调速旋钮”控制调速器调节原动机转速，若满足再检测判断相位差是否小于15°，若不满足则需要等待时机，若满足则果断手动合闸并车。手动并车后，通过调节运行机和待并机的“调速旋钮”，进行负载转移，使并联运行的发电机承担的有功功率按其容量比例进行分配，并切除同步表或同步指示灯，最终完成手动并车操作。

5. 手动准同步并车条件检测和调整方法

(1)电压差检测和调整方法

电压差的检测主要通过主配电板同步屏上的运行发电机(电网)和待并发电机的电压表观测，或通过运行发电机和待并发电机控制屏上的电压表等电压检测装置观测。

由于一般情况下发电机均装设自动恒压装置(AVR)，均能满足电压在允许偏差之内，只须初始检查电压是否正常而不需要手动调节，如各台发电机电压相差太大，则要根据具体情况排除其故障,或对自动电压调整器的参数进行适当调整,以使电压差满足要求,通常相序接线也是正确的,所以并车的同步调整实际就是调整频差和相位差两个条件。

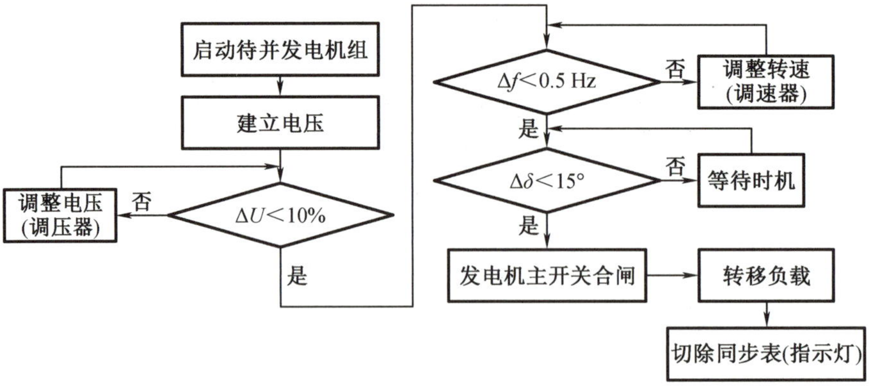

图 6.1.6　手动准同步并车的基本操作程序

(2)频率差检测和调整方法

频率差可以通过频率表进行检测,或与相位差一同进行检测。通过伺服马达调节发电机组中原动机的调速器,改变原动机的转速,即相对应地调整了频率,使频差达到允许范围。

(3)相位差检测和调整方法

通常用同步指示灯或同步表观察电网和待并机之间的相位差和频率差变化情况。若相位差不满足条件时,则通过观察等待,找到满足相位差条件的时机。

手动准同步并车的操作关键是要调整频率差,找准满足并车条件的并车时机。按照频率和相位检测手段的不同,手动准同步并车分为指示灯法和同步表法两大类。

6. 指示灯法接线及操作

根据指示灯连接方式的不同,指示灯法分为灯光明暗法和灯光旋转法两种。

(1)灯光明暗法

★接线方式

灯光明暗法的接线方式如图 6.1.7(a)所示,3 个指示灯(也可只用两个)HL_1、HL_2、HL_3 的两端经电压互感器分别接在待并发电机和电网的对应相。

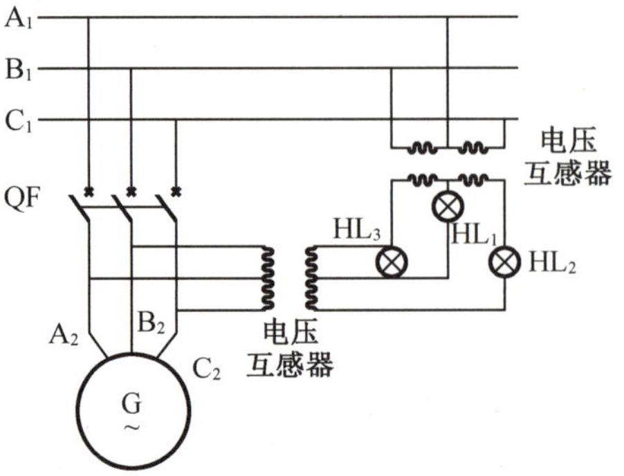

(a)接线原理图

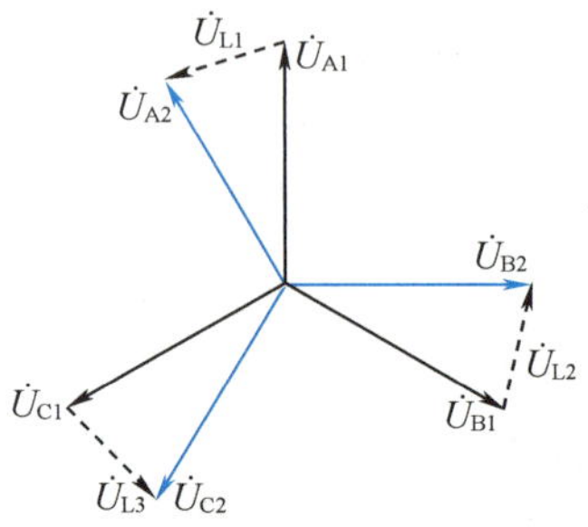

(b)相量图

图 6.1.7　灯光明暗法

★并车时机判断

由图 6.1.7(b)所示,3 个指示灯(也可只用两个)HL_1、HL_2、HL_3 两端的电压就是其对应相的电压差。当电压、频率和相位不一致时,在待并机与电网之间就会出现电压差,指示灯就会发亮;当同相无电压差时,同步指示灯就熄灭。随着相位差的增大,指示灯逐渐变亮;当相位差为 180°时,指示灯所加电压最大,亮度最大。因为指示灯两端电压是随相位差的变化而变化的,所以在频率不同时,其相位差随着时间变化,这 3 个指示灯就呈现明暗交替变化的现象。

频率差决定了指示灯亮、暗变化的速度相关,频差越大,指示灯明暗变化速度越快;频差越小,指示灯明暗变化速度越慢。指示灯明暗变化一个周期的时间 $T=1/\Delta f$,若周期 T 过大或过小,均须调整待并机的频率,直至明暗变化 1 周为 3~5 s(频差 0.2~0.33 Hz),及时捕捉相位一致时刻进行合闸操作。

当同步指示灯同时熄灭时,正是相位一致的时刻,也就是我们在并车操作中要捕捉的合闸时刻。需要注意,当电压降到额定电压的 30%~50%时,灯泡已接近熄灭,因而灯泡在熄灭状态下要逗留一段时间,故操作者要仔细观察指示灯,掌握亮暗规律,以便准确地捕捉合闸时刻,果断地合闸。

通过上述分析可知,灯光明暗法只能判断频差的大小,无法判断频差的方向(待并机和电网频率哪个高问题),这对并车成功是不利的,这时需要借助观察频率表来判断。一般要求,并车时待并机的频率应略高于电网频率,这样并车后待并机就可以立即承担部分电网的有功负载,避免待并机出现逆功率,造成并车失败,甚至全船失电。

(2)灯光旋转法

★接线方式

灯光旋转法的接线方式如图 6.1.8(a)所示。HL_1 灯两端经电压互感器接在发电机与电网的 A 相上;HL_2 灯两端经电压互感器一端接电网的 B 相,另一端接待并机的 C 相;HL_3 灯接法与 HL_2 灯接法相反,其一端接电网的 C 相,另一端接待并机的 B 相。即 HL_1 灯采用"对接",HL_2 与 HL_3 采用"叉接"。通常,3 个指示灯在配电板上是呈三角形布置的。

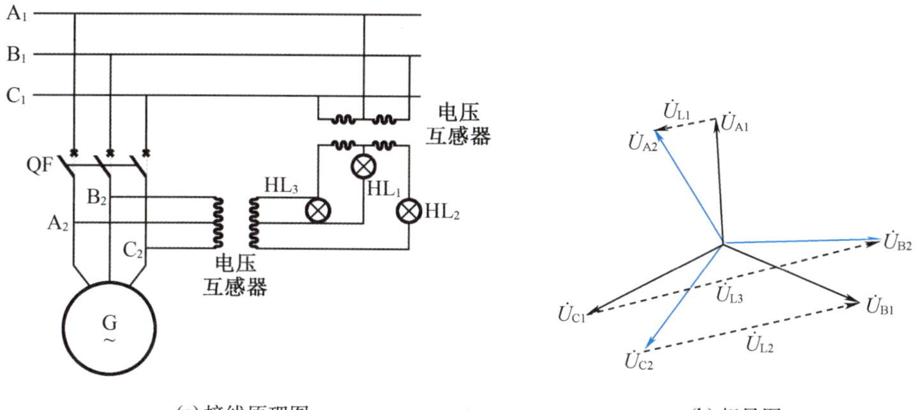

(a) 接线原理图　　(b) 相量图

图 6.1.8　灯光旋转法

★并车时机判断

如图 6.1.8(b)所示,当待并发电机组启动,建立电压后,若其频率 f_2 大于电网频率 f_1

时，则待并发电机的电压相量相对于电网相量以 $\omega=2\pi(f_1-f_2)$ 的频差角速度逆时针旋转，3盏指示灯两端的电压是不断变化的。3盏灯轮流熄灭的顺序是 $HL_1-HL_3-HL_2-HL_1$，即顺时针方向旋转。反之，当电网频率 f_1 高于待并机频率 f_2 时，即 $\Delta f<0$ 时，相量顺时针旋转，3盏灯的熄灭顺序为 $HL_1-HL_2-HL_3-HL_1$。在 HL_1 灯完全熄灭、HL_2 灯和 HL_3 灯亮度相同时，正是相位一致的时刻。

灯光旋转的速度代表了频差的大小，频差 Δf 越大，灯光旋转的速度越快；频差 Δf 方向改变，灯光旋转的方向也随之改变。所以，灯光旋转法能检测出频差的方向。

并车时，调整待并机的频率直至灯光向快的方向旋转，且旋转1圈在3~5 s间，然后再捕捉相位一致时刻，进行合闸操作。

7. 同步表法接线及操作

不论是灯光明暗法还是灯光旋转法，对同步状态的指示都比较粗略，同时由于人对直视灯光的视觉适应度不强，观察灯光亮暗及旋转变化容易眼花缭乱从而不易准确地把握并车时机。因此，在实际船舶电站中均采用同步表法手动准同步并车操作，而利用指示灯法作为辅助并车指示。

同步表又叫整步表，通常有指针式同步表和指示灯式同步表两种形式，如图6.1.9所示。

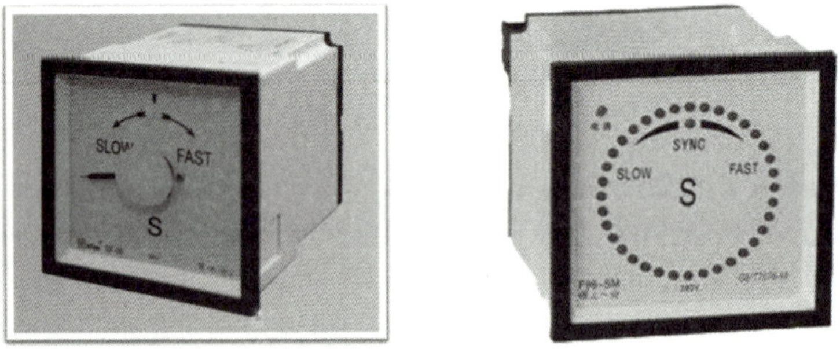

(a) 指针式同步表　　(b) 指示灯式同步表

图6.1.9　同步表实物图

(1) 指针式同步表

指针式同步表的表盘内有一个可360°旋转的指针，在刻度盘上最中间12点钟方向位置有一个小黑点，为同步点标识，在其右侧标识为“快”，左侧标识为“慢”。同步表的3个线圈通过电压互感器接入待并发电机的三相对称电流，另一个线圈通过电压互感器接入电网的AB线电压，如图6.1.10所示。

当待并发电机与电网相位完全一致时，指针指向同步点；若待并发电机电压相位超前电网电压一个角度 ω，那么指针就指向同步点右侧“快”方向一个 ω 角度；若待并发电机电压相位滞后电网电压一个角度 δ，那么指针就指向同步点左侧“慢”方向一个 δ 角度。而当待并发电机频率 $f_2>$ 电网频率 f_1 时，同步表指针将不断向“快”方向转动；而当待并发电机频率 $f_2<$ 电网频率 f_1 时，同步表指针将不断向“慢”方向转动。频差 Δf 越大，转动速度越快。

(2) 指示灯式同步表

指示灯式同步表是没有指针的同步指示器，如图6.1.9(b)所示为F96-SM型同步表，它的表盘上沿圆形均匀分布着36个红色发光二极管指示灯，每灯代表10°电角度，上方12

点钟位置处为360°。此外，在表盘上方12点钟位置处还有一个“SYNC”绿色指示灯为同步指示灯，左上方为电源指示灯。

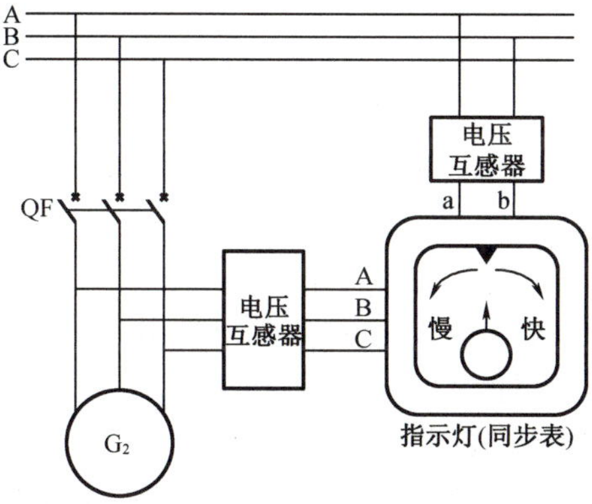

图6.1.10　指针式同步表接线示意图

如图6.1.11所示，同步表分别通过电压互感器接于运行发电机（或电网）以及待并发电机相对应的两相上，并车时，必须先合上运行发电机测量开关 S_1，此时表盘上36个红色指示灯为随机状态，然后合上待并发电机测量开关 S_2，表盘上的红色指示灯开始旋转。

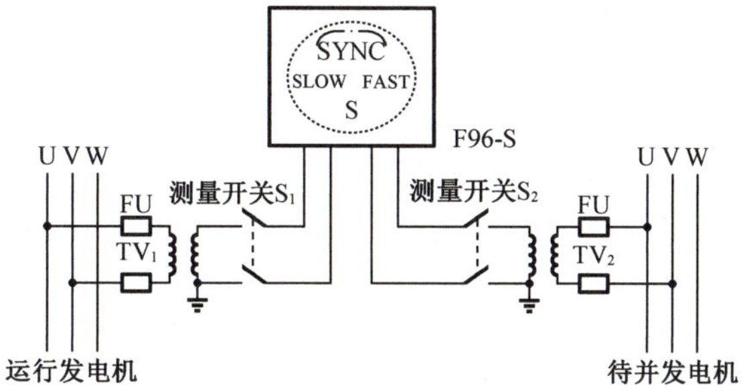

图6.1.11　指示灯式同步表接线示意图

与指针式同步表类似，每一时刻点亮的指示灯所在位置表示了当前相位差的大小，当待并发电机电压相位超前电网电压一个角度 ω，那么表盘右侧“快”方向偏移 ω 角度处的指示灯点亮，反之则左侧“快”方向偏移 ω 角度处的指示灯点亮。指示灯旋转的方向与频差的方向有关，当待并机频率大于运行机频率时，灯光向“快”（顺时针）方向旋转；反之则向“慢”（逆时针）方向旋转。指示灯旋转的速度表示频差的大小，频差越大，旋转速度越快。当运行发电机与待并发电机频差小于0.2 Hz，且相位差在350~360°时，“SYNC”绿色指示灯亮起。

8. 并联运行同步发电机的解列

当电网总负载小于一台机组的70%额定容量时，或机动航行状态结束时，或替换机组时，都要将并联发电机组之一退出并联运行。解列操作程序如下：

——首先将全部负载（大约保留5%P_N）转移到运行机组。即同时向相反方向操作两发电机组的调速开关，解列机“减速”，运行机“加速”，保持电网频率基本不变。

——当待解列机承担的有功功率接近于5%P_N之前按下其脱扣按钮，使发电机跳闸。

——然后停掉解列的机组。

任务实施

步骤一:同步表法手动并车操作

按步骤完成同步表法手动并车操作,在表 6.1.1 中记录操作过程,并总结操作要点。

(1)第一步:启动待并机组

先检查启动条件:冷却水、滑油、燃油、启动气源或电源,然后启动待并机的原动机,使其加速到接近额定转速。

(2)第二步:启动后检查发电机的三相电压

用电压表测待并机和电网的电压,观察待并机的电压,看是否建立起额定电压(一般可不必进行调整,因有自动调压器的作用),是否缺相。

(3)第三步:进行频率预调、精调

接通同步表,检测电网和待并机的频差大小和方向,通过调速开关调整待并机组转速,使待并机与电网的频率接近。再将同步表选择开关转向待并机,先调整频差,精确调节待并机的原动机转速,使待并发电机的频率比电网频率稍高(约 0.3 Hz),此时可看到同步表的指针沿顺时针“快”方向缓慢转动,约 3 s 转动一圈。

(4)第四步:捕捉同相点、进行合闸操作

根据同步表检测相位差,在将要到达“同相点”时合上主开关。合闸指令应有提前量,提前时间为主开关的固有动作时间。当同步表指针转到上方 11 点位置时,立即按下待并机的合闸按钮,此时自动空气断路器自动合闸,待并机投入电网运行。

(5)第五步:转移负载

此时待并机虽已并入电网,但从主配电板上的功率表可以看出,它尚未带负载,为此,还要同时向相反方向调整两机组的调速开关,使刚并入的发电机加速,原运行的发电机减速,在保持电网频率为额定值的条件下,使两台机组均衡负荷。

(6)第六步:断开同步表

最后断开同步表,并车完毕。

表 6.1.1　指示灯法手动并车操作记录单

操作步骤	完成情况	异常情况记录	异常情况分析	责任人
步骤一: 启动待并机组	□正常 □异常			
步骤二: 启动后检查发电机的三相电压	□正常 □异常			
步骤三: 进行频率预调、精调	□正常 □异常			
步骤四: 捕捉同相点、进行合闸操作	□正常 □异常			
步骤五: 转移负载	□正常 □异常			
步骤六: 断开同步表	□正常 □异常			

(7)总结操作要点

★频差不能偏大也不可太小

频差偏大,比如调节频差周期为 2 s,虽然是允许频差,但由于整步表指针旋转比较快,不易捕捉“同相点”,易造成较大冲击而使并车失败。如果频差太小,指针转一周时间较长(例如 10 s),则会拖延并车时间。所以频差周期调节到 3~5 s 为宜,既迅速又容易成功。还要注意:①当接通整步表时可能会出现表针只在某一位置振动而不旋转的情形,这表明频率差太大,应试调节待并机频率(加速或减速),以使频差减小,指针能够旋转;②如果指针呆滞、缓慢迂回、没有确定的转向,这说明两频率接近相等,频差几乎为零,此时很难捕捉同相点。为缩短并车时间,应调节待并机使之加速到 3~5 s 转一圈。

★尽量避免逆功率

虽然不论整步表指针是向“慢”($f_2<f_1$)或向“快”($f_2>f_1$)的方向转,只要达到允许频差都可以合闸。但“慢”的方向易造成逆功率跳闸,所以最好是调节到向“快”($f_2>f_1$)的方向。这样,合闸后待并机就能立即分担一点负荷,避免出现逆功率。

★按合闸按钮应有适当的提前量

并车时应考虑有适当的提前量,以保证主开关触头闭合时恰好是同相位,尽量减小合闸冲击电流。发电机主开关的固有动作时间:对于电磁铁合闸机构一般可按 0. 1s 计,电动机合闸机构可按 0. 3 s 计,再分别加上手按按钮的操作时间,可按 0. 1 s 计。即电磁铁合闸的主开关提前量应为 0. 2 s,电动机合闸的主开关提前量应为 0. 4 s。对于顺时针旋转为快的同步表,若同步表指针按钟表分针计算,则同步表转一圈为 3 s 时,电磁铁合闸应在 56 min 的时刻,电动机合闸应在 52 min 的时刻;当同步表指针转一圈为 5 s 时,电磁铁合闸应约在 57. 5 min 时刻,电动机合闸应约在 55 min 时刻。因此,实际合闸操作时,只要同步表指针转一圈的时间在 3~5 s 间,合闸提前量可掌握在:①电磁铁合闸操作机构可在 57 min 时刻合闸;②电动机合闸操作机构可在 53. 5 min 时刻合闸。

★绝对禁止 180°反相合闸

不能在指针转到“同相点”反方向 180°处合闸,这时冲击电流最大,不仅可能造成合闸失败,而且还会引起供电的机组跳闸,造成全船断电。

★不能在大于允许频差时合闸

如果频差太大(频差周期小于 2 s)时并车,合闸后转速快的机组剩余动能很大,两机所产生的整步力矩可能不足以将其拉入同步,结果将由于失步产生很大冲击而导致跳闸断电。因为在允许频差下合闸,合闸后是靠整步力矩将两机组拉入同步。对于频率稍快的发电机产生制动性力矩可使其减速,频率稍慢的发电机产生驱动性力矩可使其加速,因此合闸后很快可进入同步运行。这与单独调节一台并联发电机有功功率的情况类似,当加大一台机的油门时,机组转速瞬时加快,输出电功率增大,电磁反转矩(制动转矩)增大,阻止其加快。另一台转速稍慢的功率自动降低,电磁反转矩减小(相当于增加了一驱动转矩)而转速加快。所以整步操作时,频差周期不应小于 2 s。

★合闸时应避开突然扰动

在按下合闸按钮前,如果遇到电网电压幅度或频率突然发生波动应暂缓合闸操作,待稳定后再操作,不然可能会使并车失败。

★并车完毕及时断开同步表

因为同步表是按短时工作制设计的,所以只允许短时(15 min)通电使用。

总之,不论是由于操作不当还是外部扰动,只要是在较大的频差或相位差下合闸都有可能造成并车失败。

步骤二：灯光明暗法手动并车操作

按步骤完成灯光明暗法手动并车操作，在表 6.1.2 中记录操作过程，并总结操作要点。

(1)第一步：同上

(2)第二步：同上

(3)第三步：进行频率预调、精调

接通同步指示灯，将选择开关转向待并机，通过频率表检测电网和待并发电机的差频大小和方向，通过调速开关调整待并机组转速，使待并机频率略高于电网频率。

(4)第四步：捕捉同相点、进行合闸操作

因合闸指令应有提前量，提前时间为主开关的固有动作时间。摸索指示灯明暗交替变化规律，在将指示灯刚刚同时变暗的时刻，立即按下待并机的合闸按钮，此时自动空气断路器自动合闸，待并机投入电网运行。

(5)第五步：同上

(6)第六步：关闭同步指示灯，并车完毕

表 6.1.2　灯光明暗法手动并车操作记录单

操作步骤	完成情况	异常情况记录	异常情况分析	责任人
步骤一： 启动待并机组	□正常 □异常			
步骤二： 启动后检查机的三相电压	□正常 □异常			
步骤三： 进行频率预调、精调	□正常 □异常			
步骤四： 捕捉同相点、进行合闸操作	□正常 □异常			
步骤五： 转移负载	□正常 □异常			
步骤六： 关闭同步指示灯，并车完毕	□正常 □异常			

(7)操作要点

★待并机组与电网电压、频率、相位相等，则 3 个同步指示灯两端电压差均为零，灯泡熄灭，即满足并车条件。

★调节待并机配电板上的调速控制开关，当指示灯明暗交替周期为 3～5 s($\Delta f=0.2\sim0.3$ Hz)后，约在接近灯暗区间的中心时刻合闸。

★灯光明暗法只能检测频差的大小，不能检测频差的方向。在并车时，需要通过频率表读数，确保待并机频率略高于电网频率。

步骤三:灯光旋转法手动并车操作

按步骤完成灯光旋转法手动并车操作,在表 6.1.3 中记录操作过程,并总结操作要点。

(1)第一步:同上

(2)第二步:同上

(3)第三步:进行频率预调、精调

接通同步指示灯,将选择开关转向待并机,通过频率表检测电网和待并机的差频大小和方向,通过调速开关调整待并机组转速,使待并机频率略高于电网频率。

(4)第四步:捕捉同相点、进行合闸操作

因合闸指令应有提前量,提前时间为主开关的固有动作时间。摸索指示灯明暗交替变化规律,在将指示灯刚刚同时变暗的时刻,立即按下待并机的合闸按钮,此时自动空气断路器自动合闸,待并机投入电网运行。

(5)第五步:同上

(6)第六步:关闭同步指示灯,并车完毕

表 6.1.3 灯光旋转法手动并车操作记录单

操作步骤	完成情况	异常情况记录	异常情况分析	责任人
步骤一: 启动待并机组	□正常 □异常			
步骤二: 启动后检查发电机的三相电压	□正常 □异常			
步骤三: 进行频率预调、精调	□正常 □异常			
步骤四: 捕捉同相点、进行合闸操作	□正常 □异常			
步骤五: 转移负载	□正常 □异常			
步骤六: 关闭同步指示灯,并平完毕	□正常 □异常			

(7)总结操作要点

★根据指示灯灯光的旋转方向,可以辨别两台发电机频差的方向或正负。

★为使待并机合闸后不发生逆功,应使得并机的频率稍高于电网频率(即正频差),通过调速控制开关调节发电机的频率使灯光向顺时针的方向旋转。

★当调节到灯光旋转周期为 3~5 s 后,在“对接”灯最暗,两个“叉接”灯同样亮时合闸。

步骤四：同步发电机手动解列操作

(1)第一步：选择需要解列的发电机。根据解列条件，选择需要解列的发电机。

(2)第二步：转移负载。将带解列发电机的负载转移到运行机上。

(3)第三步：当待解列机有功功率小于 $5\%P_N$ 时按下分闸按钮。

(4)第四步：将待解列机停机。

(5)总结操作要点。

★不能直接带载解列拉闸。否则将造成负载冲击；留用机组会受到突加负载的猛烈冲击，使电网频率下降；解列机则因突卸负载而转速突然升高。而且带载拉闸对自动断路器也不利，负载电流将使断路器的主触头系统产生额外负担，影响断路器的使用寿命。

★要避免逆功率。不要等解列机的功率表指针为 0 时，才按下脱扣按钮；否则由于机组的惯性易发生逆功率，可在额定功率 5%左右脱扣。出现逆功率时，解列机变成一台同步电动机，将向原来拖动发电机运行的原动机输出机械功率，容易造成机械损坏。

★防止过载。在解列转移负载过程中，有可能使留用机出现过载，这时应根据具体情况，或暂停解列，恢复并联；或先卸掉次要负载再解列。

任务评价

任务完成情况评价标准及评分见表 6.1.4，任务总结反思见表 6.1.5。

表 6.1.4　任务评价表

评价类型	赋分	评价指标	分值	得分		
				自评	组评	师评
职业能力	50	准确口述并车条件	5			
		准确、及时使用灯光明暗法完成手动并车操作	15			
		准确、及时使用灯光旋转法完成手动并车操作	15			
		准确、及时使用同步表法完成手动并车操作	15			
		准确完成解列操作	5			
职业素养	30	操作规范、精益求精	10			
		协作互助、解决问题	10			
		安全、规范意识	10			
劳动素养	10	坚持出勤、遵守纪律	5			
		报告完整、工位整洁	5			
思政素养	10	在错误操作中的有效反思	5			
		认真、勤勉的职业素养	5			

表 6.1.5　总结反思

目标达成：　知识☆☆☆☆☆　技能☆☆☆☆☆　素养☆☆☆☆☆	
学习收获：	教师寄语：
问题反思：	

课后任务

1. 问答与讨论

（1）复述手动准同步并车操作步骤。

（2）讨论在采用同步表手动并车时，若发现同步表指示灯停在一个位置不动是什么原因；若发现同步表指示灯乱闪是什么原因；若发现同步表指示灯在某点走油摇摆是什么原因。

（3）讨论为什么不能对运行发电机组采取带载跳闸的解列操作。

（4）为什么同步发电机并车时，不在同步点合闸，而是要有提前一个量？

2. 巩固与提高

（1）整理在准同步并车操作时出现的失败案例，分析失败原因。

（2）图 6.1.12 为灯光明暗法进行接线的同步指示灯线路，试判断能否正常工作？若不能正常工作，试说明指示灯会出现什么情况？

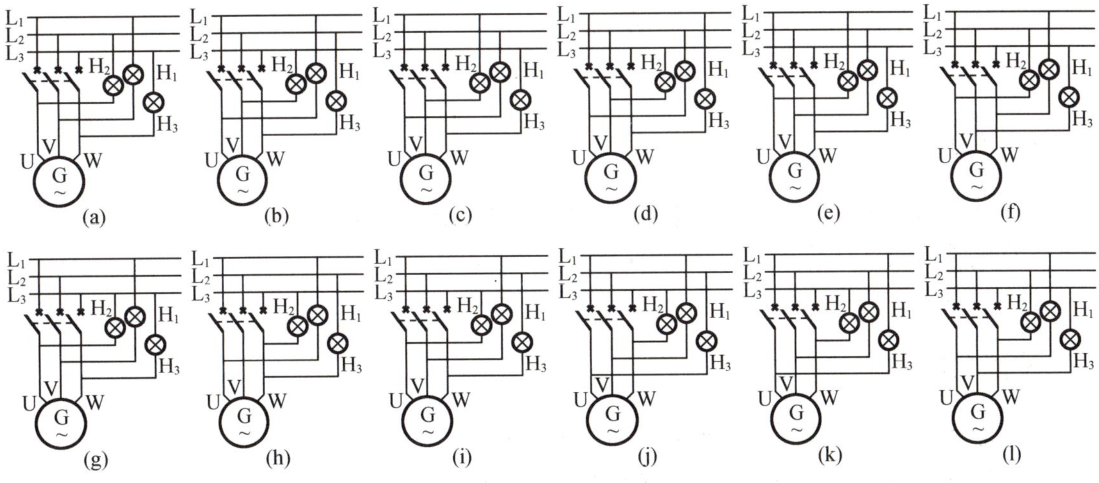

图 6.1.12　灯光明暗法进行接线的同步指示灯线路

任务 6.2　自动准同步并车装置设置与调试

任务引入

在前面任务的学习与实践中,我们已深入掌握手动准同步并车的方法,对船舶电站并车操作的基本流程与关键要点有了清晰认知。然而,随着船舶行业的迅猛发展,自动化与智能化技术在船舶领域广泛应用。如今,越来越多的船舶配备了自动化电站,自动准同步并车方法凭借其高效、精准的特性,成为船舶正常运行时并车操作的主流选择。

自动准同步并车技术不仅能大幅提升并车效率,更能确保船舶电力系统在复杂工况下的稳定运行。为紧跟船舶技术发展趋势,满足船舶电站操作与维护的实际需求,本任务将聚焦自动准同步并车。我们将深入探究自动准同步并车的基本概念,剖析自动准同步并车装置的基本原理,通过系统学习与实践操作,掌握这一关键技术,为船舶自动化电站的运行与管理奠定坚实基础。

自动准同步并车控制

船舶发电机组并车操作过程(实拍)

任务描述

结合自动并车操作的功能需求,完成相应程序设计,归纳总结自动准同步并车各模块功能。

学习目标

知识目标:

(1)掌握自动准同步并车的概念,理解其在船舶电站中的作用;
(2)熟悉自动并车装置组成框图,明确各部分基本功能;
(3)了解数字式自动并车装置主要环节工作原理。

技能目标:

(1)能够规划自动准同步并车系统的整体框架;
(2)准确完成电压、频率、相位检测及鉴别设计操作;
(3)具备对自动并车装置进行故障诊断的能力。

育人目标：

（1）培养严谨细致的科学态度，在操作中注重细节；
（2）提升创新思维，在设计环节中积极探索优化方案；
（3）增强团队协作能力，共同完成任务实施。

知识准备

1. 自动准同步并车的基本概念

自动准同步并车是指利用自动并车装置自动检测和调整电压、频率、相位这 3 个发电机并车条件，使之满足准同步并车条件后，自动将待并发电机主开关合闸，完成并车的过程。所以，自动准同步并车装置是完成自动并车的核心设备。

通常自动准同步并车装置的控制方案有模拟控制和数字控制两类，在 20 世纪八九十年代，采用分立元件或部分集成电路构成的自动并车装置，形式上是一个独立单元，称为模拟控制式自动并车装置。随着微电子技术和微机控制技术的快速发展，先进的数字式自动准同步并车装置显现出控制精度高、控制系统简洁的优越性，目前已广泛应用于现代船舶电站中。在现代自动化电站中，自动并车装置不作为一个独立装置，而是整个船舶电站功率管理系统（PMS）的一部分。

2. 自动并车装置组成框图及基本功能

（1）自动并车装置基本功能

自动并车装置由差频电压信号电路、差频符号鉴别与频率调整电路、合闸指令提前量控制电路等基本电路单元构成。不论何种控制方式，自动准同步并车装置都应具有以下功能：

★检测待并机与网上运行的发电机的电压差、频率差和相位差，当任一条件不符合并车要求时，实现闭锁，不允许发出合闸指令。

★检测待并机电压与网上运行的发电机电压的频率差，并根据频率差的大小和方向自动地对待并机组发出调频信号，使待并机组频率与网上运行的发电机频率接近，减小频率差，创造合闸条件。

★当电压差、频率差在允许范围内时，应能计及发电机的 ACB 固有动作时间，相应地提前发出合闸指令，实现自动准同步并车操作。

通常，自动并车装置由调压、调速和同步检测与合闸 3 部分组成。目前，船用发电机自励恒压装置的调压精度都能保证在并车允许的范围内，因此在自动并车装置中没有必要再设置自动调压环节，只设置电压闭锁环节。

（2）自动并车装置的基本环节与组成

典型的自动并车装置的原理框图如图 6.2.1 所示，自动并车装置主要由脉动电压形成环节、频差方向鉴别及调速脉冲控制电路、获取恒定超前相角或超前时间信号环节、允许合闸频差检测环节、允许电压差检测和合闸“与”门环节等构成。

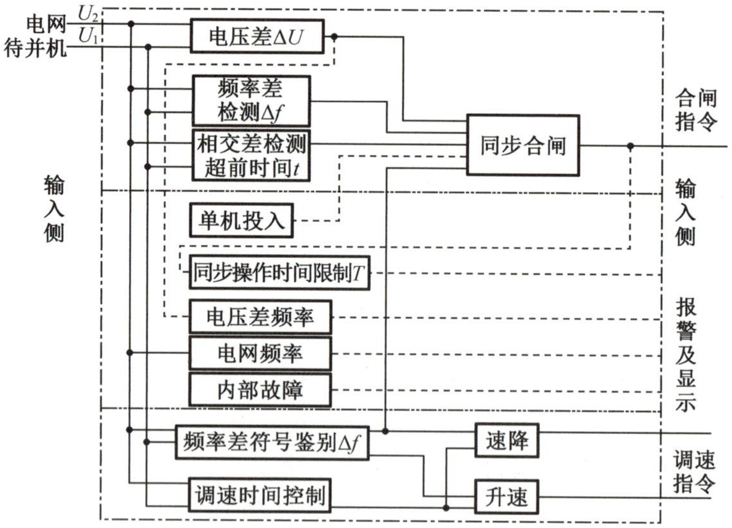

图 6.2.1　自动并车装置的原理框图

启动待并机后，首先自动并车装置通过电压差检测电路待并机与电网的电压差，并根据检测结果发出“升压”或“降压”信号，对待并机的励磁电流进行调节，当电压差满足并车操作条件时，自动解除并车装置的“电压闭锁”信号，送到合闸条件检测电路进行综合判断。在电压调节的同时，自动并车装置通过频率调节电路判断待并机电压与电网电压频率差的方向，并根据频率差方向自动发出“频率上升”或“频率下降”，对待并机的油门进行调节。

此外，有些自动准同步并车装置还有设有一些附加功能，如用于在电网无电压或所有发电机主开关均断开时，发出单台发电机的合闸指令的单机投入功能，用于无人值守时，避免自动合闸失败而设置的同步合闸操作时间限制功能，以及其他异常故障的报警及显示功能等。

(3)附加功能

★单机投入：用于自动电站的自动并车装置通常附加“单机投入”功能，在电网无电压(低于 15%)或所有发电机断路器都断开的情况下，直接发出合闸指令。

★允许同步操作时限：在异常的情况下自动装置可能发不出合闸指令，例如装置有故障或机组运行不稳定，无法寻觅同步投入条件；或者合闸电路有故障不能合闸。在无人值守的自动工作条件下，装置的工作时间要加以限制。这就是“允许同步操作时限”功能。装置投入工作后，在允许的时间内如果断路器不能合闸，则自动退出工作，发出报警召唤值班人员处理。这段时限一般可整定在 60 s 左右。

★电压差超限报警：自动并车装置一般不具有调压功能，只有电压差闭锁功能。电压差大于整定值时，禁止合闸指令发出，并发出报警，召唤操作人员前来处理。报警值一般整定在 10%左右。

★内部故障检测：自动并车装置使用时间很短，大多数时间是处于不工作状态。电子装置的故障一般出现在刚投入和退出工作时，不输出任何信号或误发操作信号。前者并不会引起事故，由“允许同步操作时限”鉴别，后者有可能酿成事故。较简单实用的鉴别方法是采用内部与外部电路相结合的方式，如将“升速”“降速”“合闸”3 个操作输出(继电器)信号的常闭触点串联，组成逻辑判断。鉴别在装置刚投入工作时进行，如果装置一投入就发出操作信号，串联电路断开，作为“内部故障”输出，外部电路做相应的“内部故障”处理，封锁并车操作并报警。

★呆滞扰动：并车过程中有可能出现频率差过小、相角无法重合的“呆滞”现象。“呆滞扰动”功能是在出现呆滞现象时，发出一升速信号，应增加频率差以增加相角重合机会。

★正频差投入：为了防止逆功率现象，并车合闸时总希望在正频差条件下进行。自动并车装置附加“正频差投入”功能，只有在正频差的情况下才会发出合闸指令，调试时要注意。

★系统频率输出：在船舶电站中，轴带发电机要并入电网时，在母线上运行的可能是一台或几台并联运行的发电机。如果轴带发电机以额定转速运行，又不向配电板提供调速手段，即使提供，考虑到主机对调速操作的响应是很缓慢的，即从一个转速调节到另一个转速需等待较长的时间。因此在对轴带发电机进行同步调速操作，一般是作用在运行在母线上的发电机。为此，有的厂商（如赛科公司）在并车装置中提供系统频率输出。把轴带发电机电压作为系统电压信号，输入自动并车装置，装置输出系统频率则为轴发频率。将这个信号输入到柴油发电机的功率自动分配装置，作为恒频的基准频率进行同步调速。

3. 数字式自动并车装置主要环节工作原理

在数字式自动并车装置中，除采用必要的信号检测单元能完成数据采集外，主要的控制和处理环节均由程序完成，本节以西门子公司 S7-1200 型 PLC 控制为例分析并车控制的主要环节。

（1）电网电压及待并机电压的电压差鉴别

在电压差鉴别控制环节中，一般是采用电压变送器将电网电压及待并发电机电压转换成标准电信号（0~20 mA），再通过 PLC 模拟量模块的 A/D 转换单元转变成数字信号，利用 PLC 程序来鉴别电压差是否小于 10%的额定电压即可，如图 6.2.2 所示。

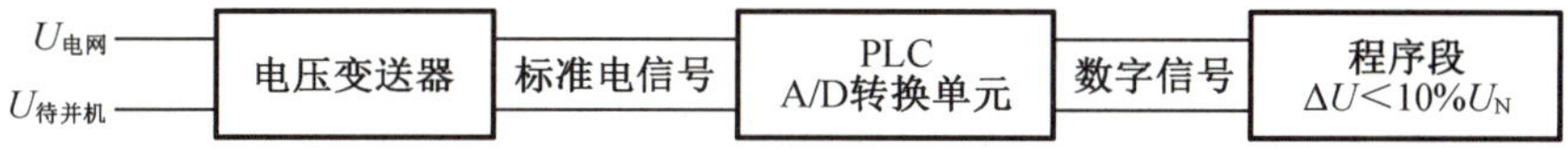

图 6.2.2　电压差鉴别原理

规范要求，发电机在正常负载情况下机端电压的静态调整率应为-2.5%~+2.5%，目前船用发电机自励恒压装置的调压精度都能保证在并车允许的范围内。而发电机投入并联时的电压差允许在 10%以内，因此自动并车装置一般不必设置电压调节环节，只需要设置电压闭锁环节，保证在电压不满足并车条件时，不能发出合闸信号。但是要考虑船舶电网大功率负载变化时引起的电压超限。

（2）频率差方向鉴别及频率调节

规范要求，并车合闸时的频率差应不超过额定频率的 1%（额定频率为 50 Hz 时频率差为 0.5 Hz），频率差周期（$T_s=\frac{1}{\Delta f}=2$ s）应大于 2 s。在实际并车时，为了使待并机在合闸瞬间即带上小部分负载，防止出现逆功率状态，同时又避免大的冲击电流，将并车合闸时的频率差控制在 0.3~0.5 Hz。如果在设定的时间内，频率的调节仍不能使频率差在允许范围内，则控制器会发出“频率差异常”报警。

图 6.2.3 是数字式自动并车频率调节流程图。其主要流程如下：

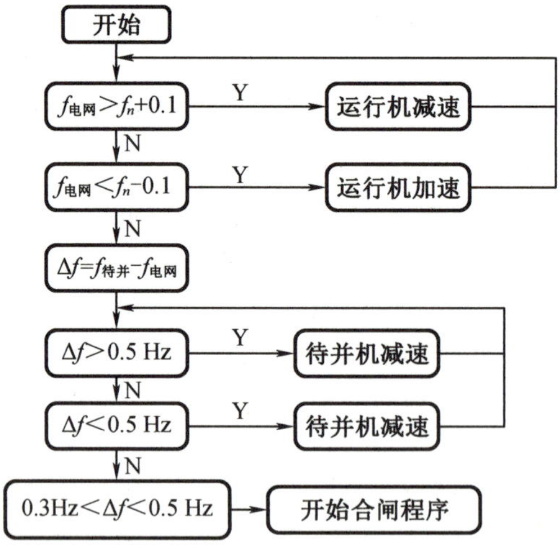

图 6.2.3　数字式自动并车频率调节流程图

★首先采用计时或者是计数的方法，利用 PLC 中的高速计数器，编程计算出电网运行机和待并机的频率值，在程序中采用直接比较法检测频率差的大小和方向。频率测量的工作原理如下：

通过方波变换模块将同步发电机或电网的正弦波电压信号转换成方波信号，然后运用 PLC 的输入口中断和高速计数器功能实现对频率信号的检测。下面以电网频率信号的检测为例来说明频率测量的工作原理，其主要检测电路如图 6.2.4 所示。

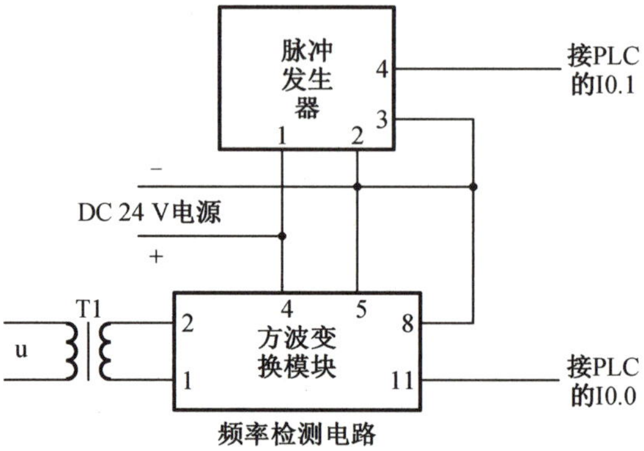

图 6.2.4　电网频率检测电路

从电压互感器取来的 110 V 交流电压信号 u 经过变压器 T1 变为 24 V 交流电压信号，然后经过方波变换模块变换成同频率的电压方波信号（从 11 端输出）。该信号输入 PLC 的 I0.0 口，并启动该输入口的上升沿中断事件 0；同时将计数器 HSC1 设置在模式 0，将 10 kHz 的基准脉冲输入该高速计数器的时钟计数口 I0.1。

当系统开始工作，在电压方波上升沿时，PLC 进入上升沿中断，高速计数器开始计数，记录产生中断的个数（即电压方波的周期个数）。当中断个数达到设定值 n 时，读出高速计数器此时的计数值，设为 N，并将中断个数值和高速计数器值清零，以备下次测量使用。

根据基准脉冲的频率以及设定值 n 和计数值 N 的关系，可以计算出电网的频率为 $f=$

$10K\frac{n}{N}$。这里需要注意的是，n 的取值要合适，其取值越大，则测量误差越小，但同时测量周期越长，时效性也越差。综合时效性和准确性考虑，一般取 $n=5$。

★然后调节电网运行机频率为额定值，额定值控制在(50±0.1)Hz。调节信号为等宽度脉冲。

★调节待并机频率，使待并机频率高于运行机，并且频率差为 0.3 Hz<Δf<0.5 Hz，满足并车时频率差条件在 1%额定频率，即 0.5 Hz 之内。调节信号为等宽度脉冲。

满足上述条件后，即可进入相位差条件的鉴别控制程序。

上面的流程图以方波信号测得频率信号来进行频率差鉴别。此外，也可以采用模拟量测量法，将频率信号转换为标准电压信号，送入 PLC 的模拟量输入接口，然后按并车流程进行频率的调节。

(3)相位差鉴别环节、恒超前控制环节、合闸环节

相位一致是船舶同步发电机并车操作的必备条件之一，因此发电机并车操作时一定要对相位信号进行检测，满足同相位的要求。由于主开关从接收到合闸指令到主触头闭合需要一段动作时间(称固有动作时间)，所以若想在 $\delta=0$ 的瞬间合上主开关，就需要提前一段特定的时间或者提前一个特定的相位角发出指令进行合闸，并且要求这个提前量必须要和主开关固有动作时间相等。所以自动并车装置还必须有恒定超前控制环节，以控制提前发出合闸信号。自动准同步并车装置分为两种：采用恒定超前时间的并车装置和采用恒定超前相角的并车装置。

在采用 PLC 实现相位差鉴别时，常用的方法是时间差法。这种方法利用测量电网和待并机电压的方波上升沿的时间差来获得实际超前时间。实际超前时间与理论超前时间相比较，当满足条件时发出合闸指令；若不满足条件，则程序返回，再次检测实际超前时间。

图 6.2.5 所示是电网电压 U_w 和待并机电压 U_d 经方波变换模块转变为同频率的方波信号。

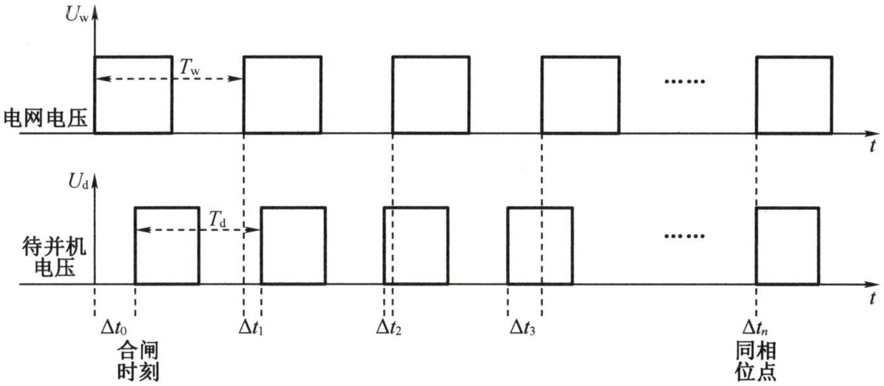

图 6.2.5　发电机与电网电压变换后的方波信号

这里，以电网电压过零作为基准点进行分析：

图中 T_w、T_d 分别表示电网电压和待并机电压的周期，Δt_0 表示待并机电压方波信号滞后电网电压方波信号的时间差，也是 PLC 内部计数器要测量的时间差。

Δt_1 是过一个周期后两个方波上升沿的时间差：

$$\Delta t_1=(T_d+\Delta t_0)-T_w=\Delta t_0-(T_w-T_d) \tag{6.3}$$

那么,过 n 个周期后两个方波上升沿的时间差为 Δt_n:

$$\Delta t_n=(nT_d+\Delta t_0)-nT_w=\Delta t_0-n(T_w-T_d) \tag{6.4}$$

假设经过 n 个周期后,两个电压方波达到同相位,即开关实际合闸点,则 $\Delta t_n=0$。从合闸时刻按下合闸按钮开始,经过几个待并机电压周期,达到同相位点,即实际开关合闸点,这个时间是主开关的固有动作时间,即 $t_{ACB}=nT_d$。

将其带入式(6.4),当 $\Delta t_n=0$ 时,

$$\frac{\Delta t_0}{T_w-T_d}=\frac{t_{ACB}}{T_d}$$

$$\Delta t_0=(T_w-T_d)\cdot f_d\cdot t_{ACB}=\frac{f_d-f_w}{f_w}\cdot t_{ACB} \tag{6.5}$$

式中,t_{ACB} 为主开关固有动作时间。电网及待并机的频率可以通过测频程序计算获得,即在 PLC 程序中计算出恒定超前时间等于 Δt_0 即可发出合闸脉冲。

其主要硬件电路图如图 6.2.6 所示。

相位差测量的工作原理:将电网电压和待并机电压转换成方波信号,然后运用 PLC 的高速计数器和输入口中断功能来实现对两者相位差的检测。由电压互感器采集来的电网和待并机的电压信号(AC 100 V)经过变压器变为 24 V 交流电压信号,然后通过方波变换模块转换成同频率方波信号。将 PLC 的高速计数器 HSC2 设置为模式 1;待并机电压方波信号接到该高速计数器的复位口 I0.5,并设置为低电平复位有效;10 kHz 基准脉冲信号接到 HSC2 的时钟计数口 I0.2;电网电压方波信号接到 PLC 的 I0.3 口,并启动该输入口的上升沿中断事件 6。

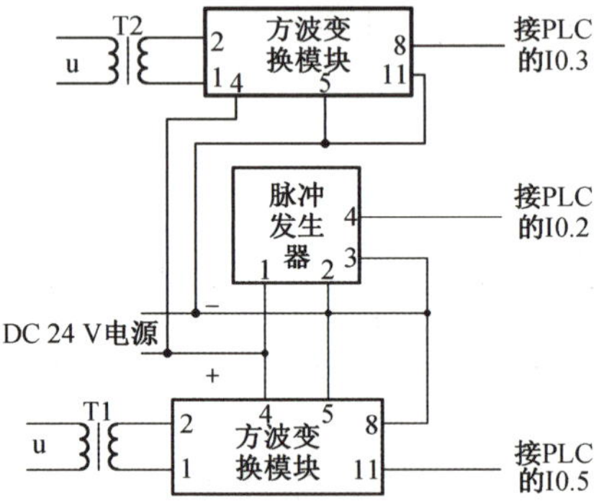

图 6.2.6 并车超前时间检测电路

高速计数器 HSC2 和 I0.3 口上升沿中断配合的程序控制流程如图 6.2.7 所示。在待并机电压方波信号为低电平时,对 HSC2 的计数值进行复位并保持为 0;当待并机电压方波信号由假电平变为高电平时,HSC2 开始计数,其计数值来自时钟计数口 I0.2 所接的 10 kHz 基准脉冲在电网电压方波由低电平变为高电平时会产生一个输入口上升沿中断,利用该中断将此时高速计数器 HSC2 的计数值读出来。

设高速计数器 HSC2 的计数值为 n,由于基准脉冲频率为 10 kHz,由二者可以求得待并机电压超前电网电压的实际超前时间为 $\Delta t_0'=\frac{n}{10K}$,然后将其与理论提前合闸时间 Δt_0 相比

较，当满足$\Delta t_0'=\Delta t_0$时，就是发出合闸指令的时刻。

但是实际的检测中很难检测到$\Delta t_0'=\Delta t_0$的时刻，可以对其适当的放宽处理，当满足$\Delta t_0'-\Delta t_0\leqslant t$时，就认为满足了合闸提前量的要求，通常$t$取$4\times10^{-4}$ s。

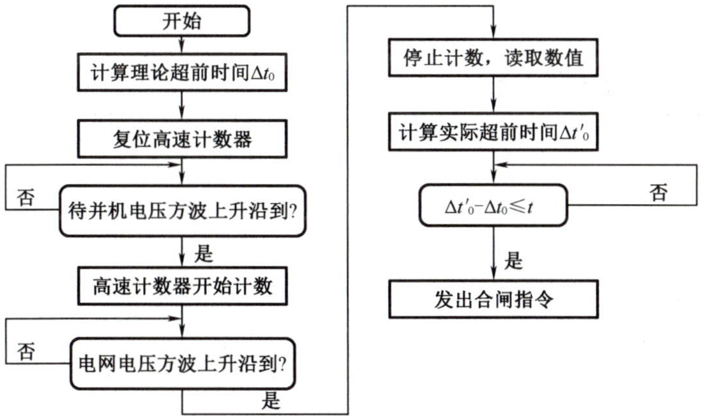

图 6.2.7　超前检测程序流程图

任务实施

根据自动并车装置的知识，为案例船设计组建一套基于西门子公司 S7-1200 型 PLC 的自动并车装置。

步骤一：规划系统整体框架

(1) 自动并车装置的基本功能

(2) 系统框架

S7-1200 型 PLC 是西门子公司新一代中小型可编程序控制器，它采用模块化、紧凑型和高灵活度设计，可完成计算、测量、逻辑控制、运动控制、人机交互和网络通信等任务，适用于小型自动化过程控制系统。同时 S7-1200 型 PLC 的高可靠性更适合应用于船舶电力系统的恶劣工作环境。因此，船舶电力系统自动并车装置可选用 S7-1200 型 PLC 作为核心控制器，通过电压变送器、频率变送器测量电网和待并机的电压、频率，通过电压采样、方波转换电路和 PLC 自带高速计数器测量电网电压与待并机电压之间的相位差，利用 S7-1200 型 PLC 判断合闸条件并进行自动控制。

据此，控制自动并车装置系统整体框架：

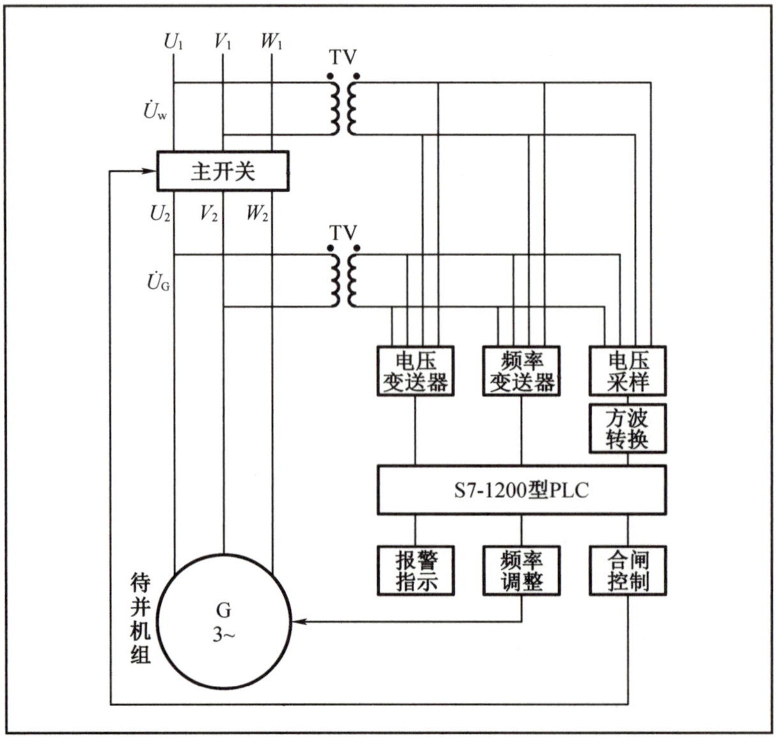

步骤二：电压检测及鉴别设计操作

(1)首先，将电网电压与待并机电压分别经电压互感器降为0~100 V的标准交流电压信号。

(2)其次，将互感器二次侧的电压信号送至交流电压变送器，其输入电压的量程为0~100 V标准交流电压信号，输出形式为0~5 V标准直流电压信号。

(3)最后，将标准直流电压信号送至PLC模拟量输入端口，从而完成电压信号的测量。PLC将采集的母排电压信号与待并机电压信号进行比较即可判断出电压差条件是否满足要求。

当PLC检测到电压差满足要求时，进入下一个条件的检测；若不满足，PLC将发出“禁止合闸”指令，并发出报警信号。通常船舶电站调压器的静态调压调整率为额定电压的±2.5%以内，足以保证电压差在并车的允许范围内。

步骤三：频率检测及鉴别设计操作

与电压处理过程相似，频率也可通过频率变送器将0~100 V、45~55 Hz的标准交流电压信号转换为0~5 V标准直流电压信号，再送至PLC模拟量输入端口。

如果待并机频率低于电网频率则可能导致逆功，如果频率差值绝对相等或者很小，系统将产生呆滞现象而无法自动并车，因此通常将待并机的频率调至略高于电网频率，同时考虑频率差满足准同步并车条件，本设计将频率差设定为0.1~0.25 Hz，这样使得合闸后待并机就能立即分担负载，不易造成逆功，提高了并联运行环节的稳定性。

步骤四：相位检测及鉴别设计操作

(1)将船舶电网和待并机的正弦波电压转化为同频方波，再将方波信号送入PLC中。

(2)在PLC中设置与并车过程中检测到的相位差时间的比较值。

(3)最后，关于时间差上的测量，本实例使用PLC自带的高速计数器。将电网电压方波信号送入I0.1，待并机电压方波信号送入I0.2。高速脉冲由PLC集成的脉冲宽度调制(PWM)输出，并启用PWM1，其默认输出端口为Q0.0。高速计数器启用HSC1，其默认的硬件输入端口是I0.0，所以要将PWM1的输出端Q0.0接至HSC1的输入端I0.0。

据此，绘制PLC相位检测的硬件连接图。

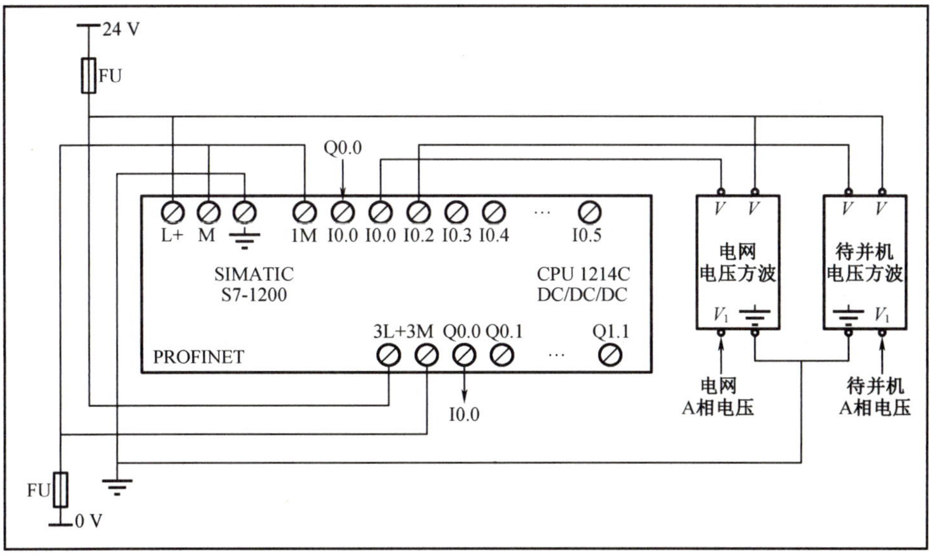

步骤五:自动并车装置的故障诊断

自动并车装置自动完成并车过程,需要检测待并机与网上运行的发电机的电压差、频率差和相位差;并根据频率差的大小和方向自动地对待并机发出调频信号,使待并机频率与网上运行的发电机频率接近,减小频率差,创造合闸条件。当条件符合并车要求时,发出合闸指令。因此,不管是自动并车装置,还是作为自动化电站控制装置的一个单元,自动并车部分必须从外围取得电网和待并机的交流电压信号,输出信号使执行机构进行调速和合闸控制。输出调速和合闸控制信号分别与手动调速开关、手动合闸按钮并联。

当自动并车装置或单元故障时,首先应检查这些输入和输出机构是否异常。检查的方法为超动待并机组,人为地将待并机组调低于运行机频率(约 1 Hz),按下自动并车指令按钮,观察频率预调环节是否工作正常,这时应有加速继电器动作。若没有动作,说明频率预调环节出现故障,这时应检查电网和待并机的交流电压信号是否有输入。若有电压信号而无输出,应更换频率预调模块。若自动装置动作不准确,造成过电流或逆功而跳闸,这时应检查合闸控制模块,着重检查并车条件检测环节和恒定越前时间或恒定越前相角捕获环节,检修方法应按电子设备检修方法进行,较为常用的是替代法和波形法。

任务评价

任务完成情况评价标准及评分见表 6.2.1,任务总结反思见表 6.2.2。

表 6.2.1　任务评价表

评价类型	赋分	评价指标	分值	得分		
				自评	组评	师评
职业能力	50	完整绘制系统整体框架图	10			
		电压检测及鉴别设计操作	10			
		频率检测及鉴别设计操作	10			
		相位检测硬件连接图绘制	10			
		自动并车装置的故障诊断	10			
职业素养	30	操作规范、精益求精	10			
		协作互助、解决问题	10			
		持续改进优化能力	10			
劳动素养	10	坚持出勤、遵守纪律	5			
		报告完整、工位整洁	5			
思政素养	10	拓展了解先进的自动并车装置,方案先进性	5			
		方案调研整理时,报告的完整性	5			

表 6.2.2　总结反思

目标达成：　知识☆☆☆☆☆　技能☆☆☆☆☆　素养☆☆☆☆☆	
学习收获：	教师寄语：
问题反思：	

课后任务

1. 问答与讨论

(1)复述自动并车装置各模块功能。

(2)复述自动并车装置功能设计的注意事项。

2. 巩固与提高

(1)完成电压鉴别环节、频率差方向鉴别和相位差鉴别环节、恒超前控制环节的 PLC 控制程序编制。

(2)检索最新的船舶自动并车装置案例,分析其功能及工作原理。

项目 7

频率及有功功率调整

学习情境设置

(1)选择学习者角色

□船舶设计院电气专业技术人员

□船舶建造厂电气专业技术人员

□船舶电气自动化设备制造技术人员

□船舶船体、轮机等其他非电专业技术人员

□船舶电子电气员

□其他______________________

(2)分析学习者角色的岗位能力要求

船舶设计院、建造厂电气专业技术人员:需了解频率及有功功率调整原理,能协助进行简单计算与方案初步设计,看懂相关图纸,为船舶电站设计提供基础支持;要熟悉频率及有功功率调整设备安装流程与规范,掌握基本调试方法,能在指导下进行设备安装、接线及初步调试工作。

船舶电气自动化设备制造技术人员:必须精通频率及有功功率调整相关技术,能研发、生产出符合船舶工况的高品质自动化设备,具备故障诊断与解决能力,保障设备性能稳定。

船舶船体、轮机等其他非电专业技术人员:应知晓频率及有功功率调整对船舶整体运行的影响,在工作中能与电气专业人员有效沟通协作,为电气系统安装、调试等提供必要支持与配合。船舶船体、轮机等其他非电专业技术人员务必要了解船舶电气专业的基本常识。

实习船舶电子电气员:要熟练掌握频率及有功功率调整操作技能,能实时监测、分析运行数据,及时处理常见故障,确保船舶电站频率及有功功率稳定,保障船舶电力系统安全运行。

____

____

(3)制定学习计划

频载调整的基本原理与指标要求;

调速器的工作原理及其调速特性分析;

频率调整的方法与策略;

有功功率转移及合理分配的调整方法与实践应用。

____

____

项目介绍

频率是船舶交流电力基本参数的重要指标，电力系统中所有电气设备都要在其额定频率条件下工作。频率的偏离将给电力系统带来危害，发电机组的频率应维持在其额定范围内。由于船舶电力系统容量的有限性，负载变化对电网频率的影响极大，这一问题较陆地电力系统更为突出。因此，频率及有功功率的调整是船舶电力系统所要解决的重要课题。

学习要求

- 理解频载调整机理及指标要求；
- 理解调速器工作原理及调速特性；
- 熟练掌握单机组和多机组频率调整方法；
- 熟练掌握有功功率转移及合理分配的调整方法。

知识图谱

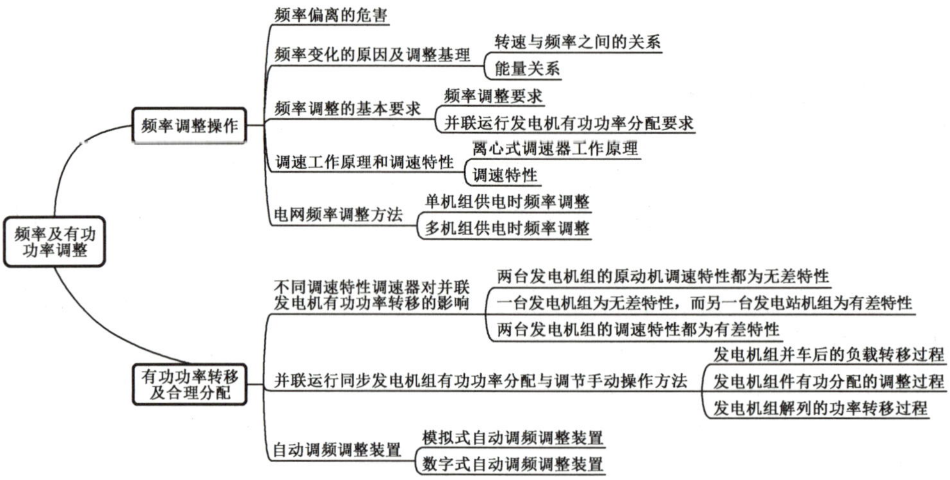

任务 7.1　发电机组频率调整操作

任务引入

在船舶运行中，稳定的电力供应是保障船舶安全航行与设备正常运转的关键。而频率作为船舶交流电力的核心参数，其重要性不言而喻。当交流发电机投入运行，依赖原动机稳定转速维持电网频率处于额定范围。船舶电力系统容量受限，使得负载稍有变动，就极易引发频率大幅波动，这一情况远比陆地电力系统严峻。想象一下，在波涛汹涌的大海上，船舶频繁启停大功率设备，若频率无法稳定控制，可能导致航行设备故障，危及船舶安全。为了保证船舶电站供电可靠、电网稳定、参数稳定、运行经济和使用安全，必须对单机或多台并联运行的船舶同步发电机组的频率、有功功率进行实时调节。

频率调整机理及指标要求　　调速器工作原理和调速特性　　频率调整方法

任务描述

(1)理解频率调整的原因与调整机理；
(2)理解频率调整的基本要求；
(3)掌握单台、两台发电机频率调整的操作步骤。

学习目标

知识目标：

(1)明晰频率偏离危害，掌握频率变化原因及调整原理；
(2)熟知频载调整要求，理解调速工作原理与特性；
(3)掌握电网频率调整方法，熟悉单台、两台发电机供电时频率调整操作知识。

技能目标：

(1)能分析频率偏离原因，合理运用调整方法稳定频率；
(2)熟练操作调速器，精准进行单台、两台发电机供电时的频率调整操作；
(3)具备记录、分析频率调整数据并据此优化操作的能力。

育人目标：

(1)在本任务中，对于发电机组频率及有功功率调整步骤看似简单，但针对不同场景、不同情况下发电机组频率及有功功率调整，需要操作者理解其调整机理才能灵活应对，因此需要认真学习相关理论知识，并模拟各类场景反复练习；

(2)感悟频率及有功功率调整在船舶电站稳定运行中的重要意义，加强责任意识和安全意识。

知识准备

1. 频率偏离的危害

由于负载发生变化会引起发电机组转速的变化，相应地也会使电网频率发生变化。船舶电站负载发生变化，如电动机启动、停止等，而发电机原动机(如柴油机)油门尚未来得及变化，使原动机的驱动功率与发电机组负载功率的平衡关系被破坏，引起发电机组转速的变化，进而使电网频率发生变化。

频率偏离的危害主要有：

★当电网频率降低时，由于异步电动机的转速下降，轴上输出功率和效率降低。在电动机电压不变的情况下，磁化电流增加会引起铁芯和绕组发热；当频率高于额定值时，电动机转速升高，其输出功率增加，也会使电动机过载。

★由于原动机是按额定转速发出最大功率和最高效率设计的，当转速变化时，就会使原动机效率降低并使其零件磨损加剧。

★几台发电机并联运行时，频率波动会引起各机组间有功负载分配不均匀，各机组稳定运行的均衡状态受到破坏使运行不经济，严重时还会造成有的机组过载，或有的机组逆功率，直至整个系统崩溃。

为了保证船舶电力系统运行的可靠性和经济性，对运行中的原动机转速即发电机频率进行实时调整是十分必要的。

2. 频率变化的原因及调整机理

(1)转速与频率之间的关系

交流发电机组的电源(或电网)频率 f 与机组的转速 n 存在下列对应关系：

$$f=\frac{p\cdot n}{60} \tag{7.1}$$

式中　p——发电机的磁极对数；

n——发电机组的转速。

式(7.1)表明发电机组的输出频率与转速成正比，发电机组的转速变化将引起电网的频率变化。

(2)能量关系

电力系统中负载所消耗的电功率源于发电机组的原动机。对于柴油发电机组的能量是由柴油转化得到的，柴油在汽缸中燃烧产生动能，形成活塞做往复运动，再经曲轴连杆机构转化为旋转运动的机械能；柴油机带动发电机转子磁场在空间旋转切割定子线圈，经磁电转换产生电势形成三相交流电能，将柴油机供给的机械能转换为电能；当发电机与负载电路连通时，发电机将电能输送给负载供其使用。发电机组在运行时，其能量平衡关系可用下列方程式描述：

$$P_M=P_E+\Delta P+T_C\frac{dn}{dt} \tag{7.2}$$

式中　P_M——原动机的机械功率；

P_E——发电机的电功率；

ΔP——机械和电气损耗；

T_C——机组的惯性时间常数；

$\frac{dn}{dt}$——机组转速的变化率。

柴油机输出的机械功率 P_M 决定于柴油机的喷油量，发电机产生的电功率就是电网所有负载消耗的功率，按照能量守恒定律，柴油发电机组在运行过程中始终存在式(7.2)能量关系。当 $P_M=P_E+\Delta P$ 时，此时柴油机输出功率与发电机的负载功率和机电损耗平衡，此时

$\frac{dn}{dt}=0$，说明机组转速是恒定的，电网频率 f 不发生变化。当功率平衡被破坏，如突然增加某些负载，即 P_E 增加时，若油门尚未变化，即 P_M 未变，此时 $P_M<P_E+\Delta P$，为保持等式平衡，则有 $\frac{dn}{dt}<0$，说明机组要减速，将导致频率 f 下降；同理，当电力负载减少、油门未变时，此时 $P_M>P_E+\Delta P$，则有 $\frac{dn}{dt}>0$，说明机组将加速，将导致频率 f 升高。

由于在船舶电力系统负载中占比最大的电动机类负载，其功率与频率成正比，因此当电网的频率升高时，电网总负载消耗功率随之升高，反之则降低。在变化过程中，一旦达到发电机组输出功率与负载功率平衡时，其加速或减速过程即结束，系统将在新的平衡关系下运行，但此时电网的频率已发生了偏离。若频率偏离程度较大，则将影响电力系统的正常运行。

由此可见，频率变化的原因是由发电机组输出功率与负载消耗功率失衡所致。要想维持频率的恒定，必须跟随电力负载的变化，实时地调节发电机组的输出功率，使其与负载消耗功率保持平衡。通过调节发电机组输出功率，便可达到维持电网频率的目的，这正是频载调整的关键。

3. 频载调整的基本要求

(1) 频率调整要求

中国船级社《钢质海船入级规范》规定，带动发电机的原动机(包括柴油机和汽轮机)须装有调速器，其调速特性应符合：当突然卸去额定负载时，其瞬时调速率不大于额定转速的10%，稳定调速率不大于额定转速的5%，当在空负荷状态下突然加上50%额定负荷，稳定后再加上余下的50%负荷时，其瞬时调速率不大于额定转速的10%；稳定调速率不大于额定转速的5%；稳定时间(即转速恢复到波动率为± 1%范围的时间)不超过 5 s。如图 7.1.1 所示。

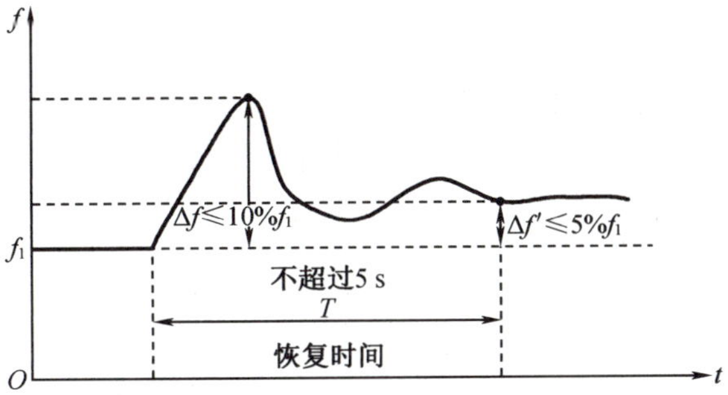

图 7.1.1　动态调速特性

(2) 并联运行发电机有功功率分配要求

并联运行发电机组间有功功率的理想分配状况是：对于相同容量发电机组并联运行时，应将系统的总负载平均分配给参与运行的各台机组；当不同容量的发电机组并联运行时，则将系统的总负载按各台发电机容量成比例地分配给运行的发电机。

事实上，并联机运行发电机组间的功率分配存在无法克服的分配误差，中国船级社《钢质海船入级规范》规定：并联运行的各交流发电机组均应能稳定运行，且当负载在总额定负载的 20%~100%范围内变化时，各机组所承担的有功负载与总负载按机组定额比例分配值之差，应不超过下列数值中的较小者：

——最大机组额定有功功率的±15%；

——各个机组额定有功功率的±25%。

4. 调速工作原理和调速特性

柴油机的不同转速是通过改变喷油量来获得的。改变柴油机的油量调节机构，使其转速调节到规定的转速范围称为柴油机调速。为了使柴油机在规定的转速能够自动稳定运转，必须装设专门的调速装置，它能够根据柴油机负载的大小自动调节供油量，使其转速维持在一定范围，这种装置称为调速器。

调速器根据实际转速与给定值之间的偏差，对原动机转速实行自动调整。由于船舶电力系统要求频率能维持在一定范围内，因此船舶柴油发电机组的调速器是一种“定速调速器”。当负载由零到额定值范围内变化时，调速器能自动调节柴油机的喷油量，自动维持柴油发电机组的转速在某一允许的范围内。

(1) 离心式调速器工作原理

离心式调速器原理如图 7.1.2 所示。调速器的竖轴 1 通过齿轮传动装置与柴油机 9 的轴连接。当柴油机转动时，竖轴 1 带动离心飞锤 2 一起转动。离心飞锤 2 与杠杆系统连接器 3 连接在一起，穿过连接器的套筒 4 把弹簧 5 压在连接器上。改变套筒 4 的高度，就改变了弹簧 5 的长度，相应地改变弹簧对连接器的压力，所以套筒的弹簧是一个转速整定装置。在套筒位置不变，弹簧压力一定的情况下，柴油机转速越高，飞锤的离心力越大，连接器的位置越高；反之，转速越低，连接器位置就越低。因此，柴油机的转速与连接器的位置一一对应。

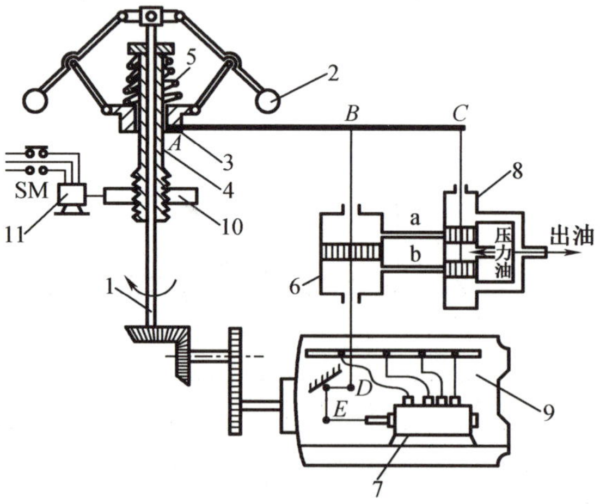

1—竖轴；2—离心飞锤；3—连接器；4—套筒；5—弹簧；6—油压缸；7—燃油泵；
8—配压阀；9—柴油机；10—蜗轮蜗杆；11—伺服马达。

图 7.1.2 离心式调速器原理

连接器 3 上固定着滑动杠杆 *ABC*，杠杆的 *B* 端接在油压缸 6 的活塞上。活塞的另一头通过直角杠杆 *DE* 接到控制燃油泵 7 的阀门拉杆上，*ABC* 杠杆的另一头 *C* 与配压阀 8 的活塞相接。当柴油机转速正常时，配压阀的活塞堵住了管 a 和管 b 的通道，因此高压油不能进入油压缸 6,油压缸活塞不会移动,柴油机燃油的输入量不会改变。只要配压阀活塞(或 C 点)保持不变,柴油机就在给定的转速下运行。

设柴油机带负载为 P_1 时,转速为 n_1,调速器杠杆的位置为 A_1、B_1、C_1,如图 7.1.3 的位置①。当负载由 P_1 增加到 $P_2=P_1+\Delta P$ 时,则柴油机转速因能量输入不足而降低,飞锤的离心力减小,连接器的位置从 A_1 点下降到 A'点。由于油的不可压缩性,此时杠杆的 B_1 点是不动的,而配压阀活塞上移,C_1 点提升到 C'点的位置如图 7.1.3 的位置②,这就打开了配压阀上的管 a 和管 b 的通道。压力油从管 a 流入油压缸活塞的上部,活塞下部的油通过管 b 从配压阀排出。活塞在油压的作用下向下移动,一方面使杠杆 B 点下降,另一方面带动直角杠杆 DE ,拉动燃油泵的拉杆,使油门加大。这时进入柴油机汽缸的燃油也增加,柴油机转速开始升高。连接器 3 上升,即 A'点上升,但由于这时 B_1 点在下降,因此使配压阀的 C'点向下运动。当配压阀的活塞完全回到原来位置 C_1 点时, 管 a 和管 b 又被堵住,油压缸活塞停止运动,于是调速器工作在新的稳定平衡状态。此时 C_1 点位置与原来位置没有变化,而 B_1 点则移到 B_2 点,A_1 点则移到 A_2 点,杠杆处于新的平衡位置 A_2、B_2、C_1,如图 7.1.3 的位置③。这一状态说明,柴油机的供油量增加到其输出功率等于负载功率 P_2,但转速却是 n_2,较原转速 n_1 有所降低($n_2<n_1$)。若负载没有变化,这种平衡状态将始终保持下去。

可见,当电力系统的负载增大时,柴油机的负载相应增大,在调速器的作用下,可以自动地调节发电机组的输出功率,满足负载的功率需求达到供给平衡。由图 7.1.3 所示,在新的平衡状态下,柴油机的进油量将增加,承担负载增大,但转速却下降了,所以这种调速器性能是有差的。

同理,当负载减少时,调速器的动作过程与此相反,柴油机的进油量将减少,输出功率减少,但其转速却有所增加。

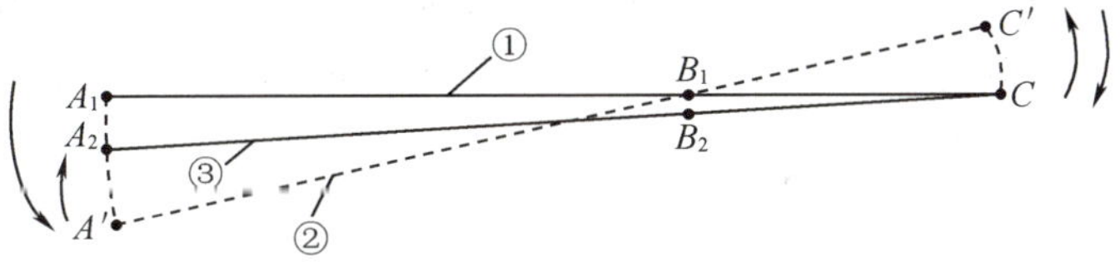

图 7.1.3　调速器杠杆动作过程

(2)调速特性

将柴油机转速 n 或者频率 f 与柴油机输出功率 P 的关系称为调速特性。如果转速或频率与输出功率大小无关,则称为无差特性,如图 7.1.4 曲线①所示。若转速或频率随柴油机输出功率增加而降低,则称为有差特性,如图 7.1.4 曲线②所示。目前,柴油机所配置的调速器通常是有差特性的调速器。

调速特性一般用调差系数 K_n 表示:

$$K_n=-\frac{\Delta n}{\Delta P}=-\frac{\Delta f}{\Delta P}=\frac{n_0-n_N}{P_N}=\tan\alpha \tag{7.3}$$

式中,$\tan\alpha$ 为调速特性斜率。

★一次调节

当发电机组的负载功率变化时,依靠调速器的固有调速特性自动改变油门的开度,实现转速随功率变化的调节过程通常称为一次调节。对于图 7.1.4 而言,当调速器弹簧预紧力一定时，机组的工作点只能落在调速特性曲线上。

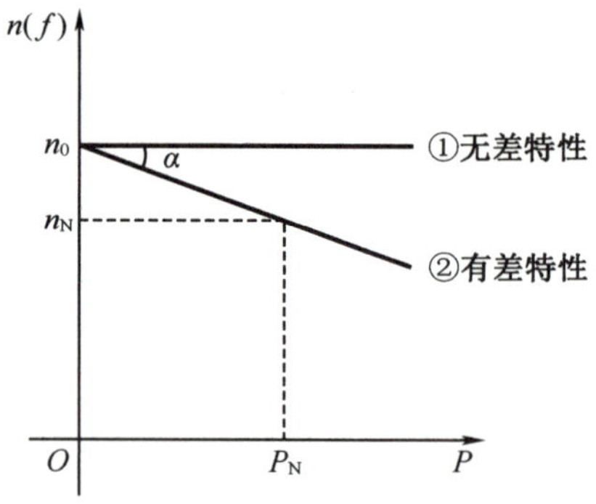

图 7.1.4　调速特性曲线

★二次调节

对有差特性的调速器来说，功率变化时仅靠调速器的一次调节不能维持频率额定，为此必须进行二次调节。

所谓二次调节是指通过改变调速器弹簧的预紧力，来改变油门的大小，实现在外界干预下使其转速或频率改变的调整过程。二次调节可使调速特性曲线在坐标系中上下平移，这种调节可实现在同一负载条件下得到不同转速或频率。

在图 7.1.2 中，通过转动伺服电动机 SM，经蜗轮蜗杆传动，将弹簧 5 预先压紧到一定的程度，称之为"预紧"。预紧力越大，套筒 4 越被压往下移，对应的油门开度就越大，反之越小。通过改变弹簧预紧力的大小，就可实现调速特性的上下平移。

如图 7.1.5 所示，柴油机负载 P_1 在调速特性曲线①上对应的转速为 n_1。通过二次调节，改变弹簧预紧力，可使调速器特性上下平移，如曲线②和③所示，在相同负载下改变转速。伺服电机 SM 的控制电路如图 7.1.6 所示，其控制加减速的旋钮安装于主配电板发电机控制屏。

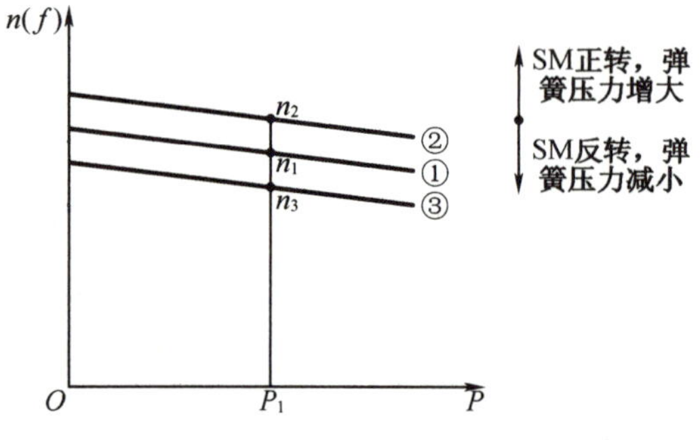

图 7.1.5　弹簧预紧力改变时调速特性平移

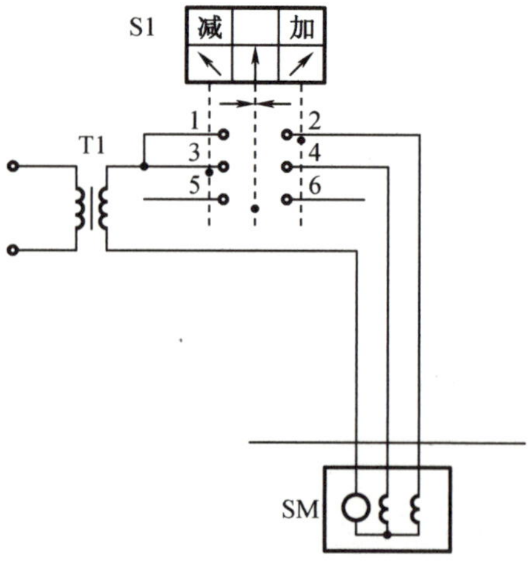

图 7.1.6　调速器伺服电动机控制电路

5. 电网频率调整方法

(1)单机组供电时频率调整

如图 7.1.7 所示,当发电机运行于特性曲线 1 的工作点 A 时,负载功率为 P_0,此时频率稳定在额定值 f_N,机组工作在理想状态。

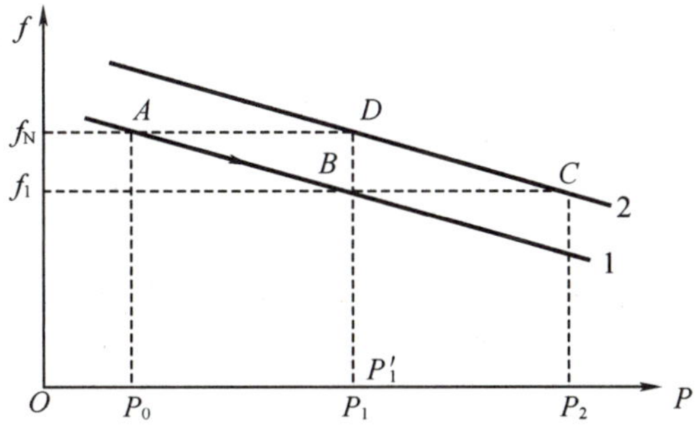

图 7.1.7　单机运行时的电网频率调整过程

若负载增加到 P_1,在油门没有改变前,因发电机组的输出功率小于负载功率($P_0<P_1$),这时机组将减速,同时在调速器作用下,柴油机的油门开大,机组输出功率增大到 P_1,来满足功率需求。动态过程中机组工作点将沿特性曲线 1 由 A 点变化到 B 点后稳定运行。这时,虽然机组输出功率满足负载的功率要求,但运行的频率偏低 $f_1<f_N$,严重时将不能满足电网频率指标要求。为了保持频率额定,必须要进行二次调节,通过增加调速器弹簧的预紧力,加大油门,将特性曲线 1 平移抬高到特性曲线 2。

此时,由于惯性机组转速还没有来得及改变,其频率仍为 f_1,但这时机组已运行于特性曲线 2 上,工作点由曲线 1 上的 B 点过度到曲线 2 上的 C 点,对应于机组输出功率为 P_2 大于负载 P_1($P_2>P_1$),剩余的功率使机组加速,沿曲线 2 上行,即频率由 f_1 上升。随着频率的上升,剩余功率逐渐减少,最后将达到功率平衡点 D 稳定运行,其对应于频率 f_N 和 P_1'。可见,通过改变调速器弹簧预紧力的二次调节,保证了在新的负载条件下使电网频率维持在额定值。

注意,因为频率上升使负载从电网吸收的总功率有所增加,负载 P_1 增加到 P_1',故 $P_1'>P_1$。在后面的讨论中,可忽略其差异,近似认为 $P_1'=P_1$。

(2)多机组供电时频率调整

如图 7.1.8 所示,以两台发电机组并联为例说明多机组供电时的电网频率调整过程。调整前,1 号机组运行在工作点 $A(P_1,f_0)$,2 号机组运行在工作点 $B(P_2,f_0)$,此时电网频率 f_0 已超出了允许范围($f_0>f_N$),现要将电网频率调整到额定频率 f_N。

调整过程:通过发电机控制屏上的调速开关,同时对 1 号和 2 号发电机组进行“减速”操作,控制 1 号和 2 号发电机组调速器的伺服电机反转,使 1 号和 2 号发电机组调速器弹簧的预紧力减小,从而使 1 号和 2 号发电机组的调速特性曲线向下平移。此时 1 号和 2 号发电机组的特性曲线应交于($P/2,f_N$)点,1 号和 2 号发电机组各承担负载功率的一半(此例按同容量发电机组并联情形),即 $P_1'=P_2'=P/2=(P_1+P_2)/2$,电网的频率为 f_N,频率调整完毕。

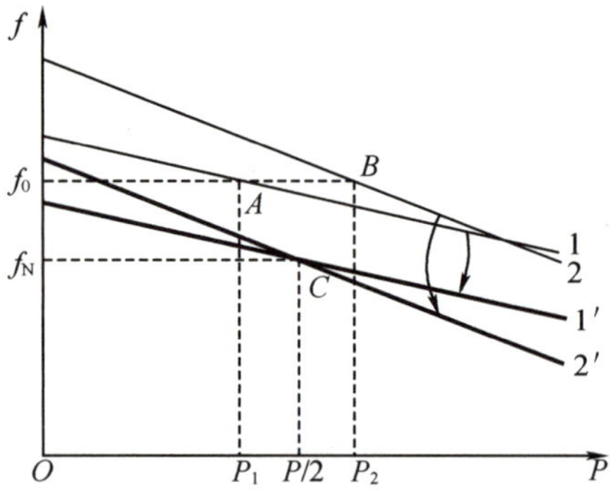

图 7.1.8　两台机组并联运行时的电网频率调整过程

注意事项:注意每次操作量不宜过大,且要给机组留有足够的调节时间,以免过调。在调节过程中还要保证机组的功率分配趋于合理,每调节一次配合观察频率表的读数,直到电网频率为额定值时为止。

对于多台发电机组同时供电的频率调整过程与上述类同,不再赘述。

任务实施

步骤一：单台发电机供电时电网频率的调整操作

(1)观察电网频率。

在单台发电机向全船电网供电的工况下，观察电网频率，当频率偏差超出“规范”要求的范围时，进行频率调整操作。

(2)绘制调速器调速特性，标注机组工作点。

(3)调整操作步骤。

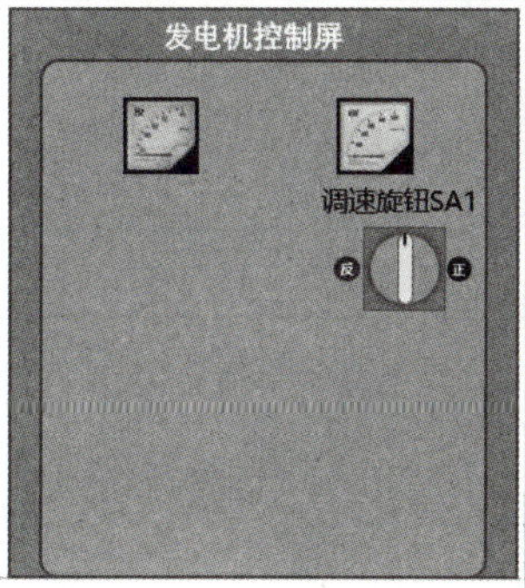

(4)在第(2)步绘制的特性曲线坐标中，绘制频率调整过程曲线。

(5)总结操作经验，分析失败原理。

问题记录与跟踪：

步骤二：两台发电机供电时电网频率的调整操作

(1)判断电网频率调整条件。

观察电网频率，当频率偏差超出“规范”要求的范围时，进行频率调整操作。电网频率偏低(　　)/偏高(　　)。

(2)绘制两台机组调速器调速特性，标注机组工作点。

(3)调整操作步骤。

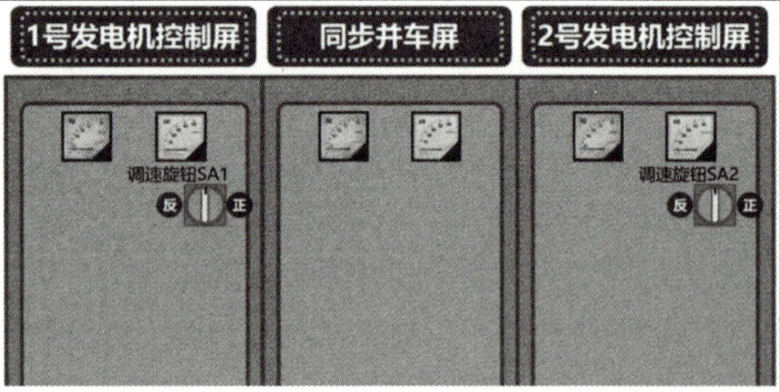

(4)在第(2)步绘制的特性曲线坐标中,绘制频率调整过程曲线。
(5)总结操作经验,分析失败原因。

问题记录与跟踪:

任务评价

任务完成情况评价标准及评分见表7.1.1,任务总结反思见表7.1.2。

表7.1.1　任务评价表

评价类型	赋分	评价指标	分值	得分		
				自评	组评	师评
职业能力	50	单机频率调整操作	20			
		多机组频率调整操作	20			
		操作注意事项认知	10			
职业素养	30	操作规范、精益求精	10			
		协作互助、解决问题	10			
		持续改进优化能力	10			
劳动素养	10	坚持出勤、遵守纪律	5			
		报告完整、工位整洁	5			
思政素养	10	在错误操作中的有效反思	5			
		认真、勤勉的职业素养	5			

表7.1.2　总结反思

目标达成:　知识☆☆☆☆☆　技能☆☆☆☆☆　素养☆☆☆☆☆	
学习收获:	教师寄语:
问题反思:	

课后任务

1. 问答与讨论

(1)简述柴油机调速器的结构和工作原理。

(2)讨论一次调节和二次调节的区别。

2. 巩固与提高

思考当三台发电机组并联运行时,出现电网频率偏差超出“规范”要求的情况,应如何进行频率调整操作,并进行实操验证。

任务 7.2 有功功率转移及合理分配

任务引入

在任务 7.1 里,我们深入探究了频率调整的具体流程,知晓当多台发电机组同时为电网供电时,确保各机组频率一致固然重要,让各台发电机组承担的负载功率,依据发电机容量按比例分配同样不容忽视,否则极易致使个别机组不堪重负、过载运行。而在实际的船舶电站运行中,仅仅稳定频率还远远不够,要保障整个电力系统高效、稳定地运作,还需对各机组的有功功率进行精细调控。

本任务聚焦于并联运行发电机组间的有功功率转移与分配。有功功率的转移和分配必须以维持额定频率为前提。从频载特性关系的角度剖析,对有功功率的转移与分配进行调节,本质上就是相对平移机组的调速特性,以此找到合适的工作点,实现有功功率的合理分配以及负载的平稳转移。本任务将深入介绍这一关键内容,为今后熟练掌控船舶电站运行筑牢基础。

任务描述

并联运行发电机组间的有功功率的转移与分配

(1)理解发电机组并车后负载转移和有功功率变化;

(2)理解发电机组解列后负载转移过程;

(3)掌握发电机组负载转移和有功功率分配调整步骤。

学习目标

知识目标:

(1)掌握不同调速特性调速器对并联发电机有功功率转移的影响;

(2)了解并联运行同步发电机组有功功率分配与调节的手动操作原理;
(3)熟悉自动调频调载装置的原理、结构和应用;
(4)明确并车后负载转移、发电机有功分配调整、解列时功率转移操作的流程和原理。

技能目标:

(1)能分析调速器对有功功率转移的影响,选择合适调速器;
(2)熟练手动调节并联发电机组有功功率分配;
(3)正确安装、调试、维护自动调频调载装置,优化参数;
(4)精准完成并车后负载转移、有功分配调整、解列时功率转移操作。

育人目标:

(1)在本任务中,对于发电机组频率及有功功率调整步骤看似简单,但针对不同场景、不同情况下发电机组频率及有功功率调整,需要操作者理解其调整机理才能灵活应对,因此需要认真学习相关理论知识,并模拟各类场景反复练习。

(2)感悟频率及有功功率调整在船舶电站稳定运行中的重要意义,加强责任意识和安全意识。

知识准备

并联运行发电机组间的有功转移与分配调节,就是对机组输出有功功率增加和减少的调节,由于电源输出功率的改变会导致系统频率的变化,因此这种调节一定要在维持额定频率的前提下进行。在船舶电站中并联运行的发电机互为电网,有功功率分配由原动机的负载特性(调选器特性)决定。并联运行的发电机组如何利用调速器来实现其频率和有功功率分配的自动调整是保证船舶电站稳定运行的关键问题。现以两台发电机组并联运行为例来分析其有功功率的转移、分配及频率调节的实现过程。

1. 不同调速特性调速器对并联发电机有功功率转移的影响

针对调速器在各种工作特性(有差特性和无差特性)情况下,分析发电机频率及有功功率调整的特点。

(1)两台发电机组的原动机调速特性都为无差特性

若两台具有相同无差特性的发电机组并联运行,则两台发电机组的特性曲线重合为一条与横坐标相平行的直线,如图7.2.1所示。这时电网的频率只有一个值f_N,而电网的总功率在两台发电机之间的分配将找不到稳定的平衡点。任何偶然性的原因都可能形成总负载或一大部分负载转移到某一台发电机组上,甚至会使某一台发电机组超载,而另一台发电机组则变成逆功率状态运行,最后将导致保护电器动作。这种调速特性的配合,即使有时保护电器不动作,也会造成功率随机波动的现象,致使发电机组间有功功率的相互转移,所以两台同时具有无差调速特性的机组是不能稳定并联运行的。

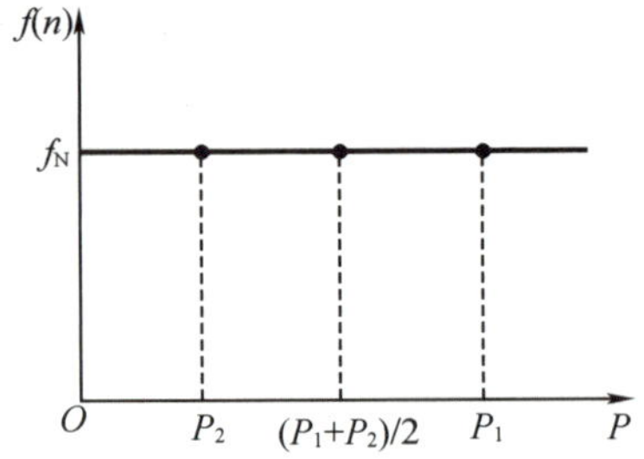

图 7.2.1　两台发电机组的原动机为无差特性

(2)一台发电机组为无差特性,而另一台发电机组为有差特性

如图 7.2.2 所示,若 1 号发电机组为无差特性,2 号发电机组为有差特性,在初始状态两台发电机组所承担的负载为 $P_1=P_2=\frac{1}{2}P_{总}$,频率为 f_N。当电网总负载变化时,而两台发电机组的调速特性保持不变,电网的频率保持不变,2 号发电机组输出的有功功率 P_2 也保持不变,因为它只能由原来两条特性曲线的交点 A 来决定。电网负载的变化量将由具有无差特性的 1 号发电机组全部承担。

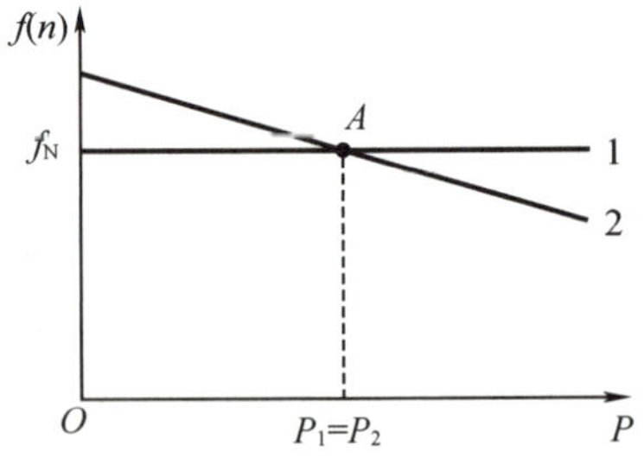

图 7.2.2　一台为无差调速特性,另一台为有差调速特性

由上述分析可见,如果需要调整两台发电机组有功功率的分配,则应调节 2 号发电机组的调速器,改变两条特性曲线的交点,从而改变 2 号发电机组所承担的功率。2 号发电机组特性下移时,A 点向左移动,使 2 号发电机组承担功率降低,伴随着 1 号发电机组功率增加;反之,2 号发电机组特性上移时,A 点向右移,2 号发电机组功率增加,1 号发电机组功率减少。

这种具有一台无差特性与一台有差特性的并联方法称主导发电机方法。具有无差特性的发电机组称为主导发电机组,它保持频率恒定和承担负载的变化量。采用这种方法时必须使主导发电机组具有足够大的容量,所以在船舶电力系统中很少采用。

(3)两台发电机组的调速特性都为有差特性

图 7.2.3 所示为两台发电机组均为有差调速特性。假定两台发电机组并联运行的频率为 f_1,1 号发电机组和 2 号发电机组承担的功率分配分别为 P_1 和 P_2,当电网总的功率增加 ΔP 时,电网的频率下降到 f_2,从图 7.2.3 中可知 1 号发电机组和 2 号发电机组承担的功率分别为 P_1' 和 P_2'。根据图中两个三角形(斜线阴影部分)可以得出

$$\begin{cases}\Delta f=\Delta P_1\tan\alpha_1=\Delta P_1K_{c1}\\ \Delta f=\Delta P_2\tan\alpha_2=\Delta P_1K_{c2}\end{cases}\tag{7.4}$$

式中，K_{c1} 和 K_{c2} 分别为 1 号发电机组和 2 号发电机组调速特性的调差系数。

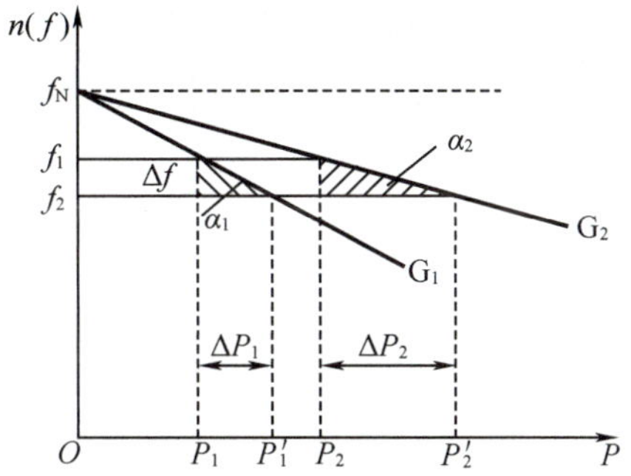

图 7.2.3　两台均发电机组均为有差调速特性

$$\begin{cases}\Delta P_1=\dfrac{\Delta f}{K_{c1}}\\ \Delta P_2=\dfrac{\Delta f}{K_{c2}}\end{cases}\tag{7.5}$$

由此可得

$$\Delta P_1+\Delta P_2=\Delta f\left(\frac{1}{K_{c1}}+\frac{1}{K_{c2}}\right)\text{或 }\Delta f=\frac{\Delta P_1+\Delta P_2}{\dfrac{1}{K_{c1}}+\dfrac{1}{K_{c2}}}\tag{7.6}$$

将式(7.5)带入式(7.4)，则有

$$\frac{\Delta P_1}{\Delta P_2}=\frac{K_{c2}}{K_{c1}}\tag{7.7}$$

由此可以得出结论：并联运行的发电机之间的有功功率分配与调速特性的斜率 K_c 成反比。同时，原动机的转速（发电机的频率）随电网负载的变化而变化。

这种方法在船舶上应用最多。由于船舶上多采用同型号、同容量的发电机组并联运行，希望调速器的型号亦相同，即斜率相同，即在相同斜率的调速特性下，两机组增加或减少的功率是相同的。

2. 并联运行同步发电机组有功功率分配与调节手动操作方法

从并联机组的频载关系来看，有功转移与分配调节的实质就是相对地平移机组调速特性，来寻找合适的工作点，从而达到有功功率的合理分配和负载转移的要求。

在负载转移的过程中，维持电网电压恒定以及无功负载转移是由自动励磁调整装置来完成的，而维持电网频率恒定以及有功功率转移则是借助于改变调速器套筒的位置（即弹的预紧压力）来实现的。

(1) 发电机组并车后负载转移过程

如图 7.2.4 所示，并车前 1 号发电机组承担电网的全部功率 P，电网频率为 f，稳定运行在 1 号机特性曲线上的 $A(P,f_N)$ 点。2 号发电机组按同步条件并车合闸后，运行在特性曲线 2 上的点，此时功率为零，既没有有功功率的输出也没有输入，仅是浮接在电网上。要求在维持额定频率的条件下，将 1 号机组承担功率的 $P/2$ 转移给 2 号机组（同容量机组并联各为 $P/2$）。

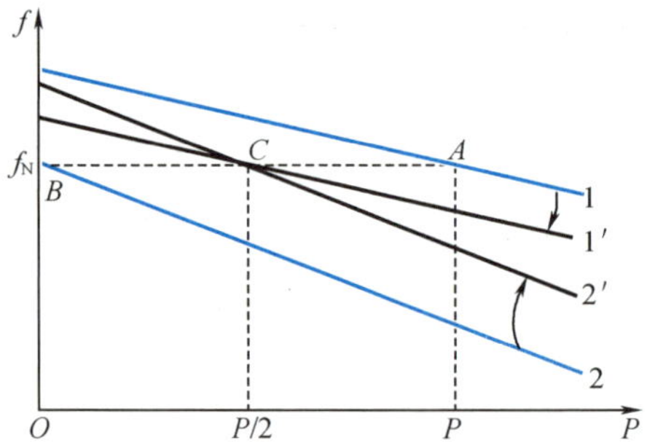

图 7.2.4　发电机组并车后负载转移过程

在手动转移有功负载时，操作人员利用调速开关同时手动调节两台发电机原动机的伺服电机，使 2 号发电机原动机喷油量加大，以增加 2 号发电机组承担的负载，同时使 1 号发电机的原动机喷油量减少，以减少 1 号发电机组承担的负载，直到有功功率的分配符合要求，同时频率在允许范围之内为止。这就是说通过伺服电机，来调整调速器套筒的位置，使调速特性平行上下移动，从而实现有功功率的分配及频率的调整。

负载转移的过程：使 2 号机组“加速”，特性曲线 2 平行上移，其功率增加；与此同时，1 号机组“减速”，特性曲线 1 平行下移，其功率减少。操作时配合观察发电机的输出功率表和电网的频率表，注意每次操作量不宜过大，留有足够的调节时间以免过调，且操作应是双向等量的，尽量使每次增加与减少的功率数量相等，以保持转移过程中频率 f 基本不变，直到两机功率相等为止。这时两曲线交于 $C(P/2,f_N)$ 点，两机组稳定运行在 f_N 频率下，平均承担着电网上的负载。

(2) 发电机组间有功分配的调整过程

并联运行发电机组间输出的有功功率应满足按容量成比例分配的要求，其分配误差必须符合规范的相关规定。在运行中若超出规定范围，就要进行相应的调整。

如图 7.2.5 所示，1 号发电机组运行在特性曲线 1 上的 $A(P_1,f_N)$ 点，2 号发电机组运行在特性曲线 2 上的 $B(P_2,f_N)$ 点，两机组的有功功率分配严重不均（容量的理想分配关系应是平分），需要进行调整。

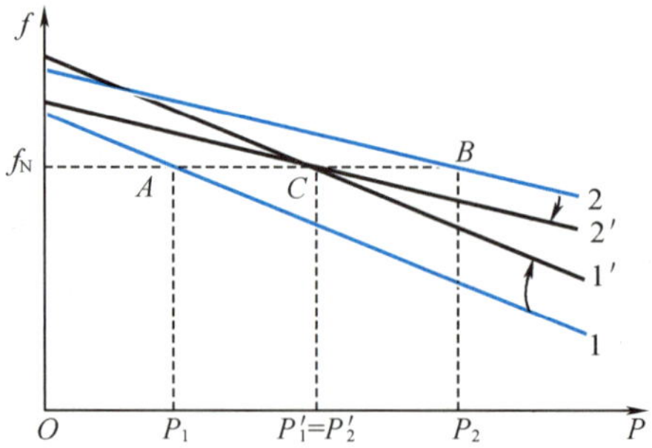

图 7.2.5　并联运行发电机间有功功率分配的调整过程

调整过程如下：使 1 号机组“加速”，特性曲线 1 平行上移至 1′，功率增加；与此同时，相应地使 2 号机组“减速”，特性曲线 2 平行下移至 2′，功率减少。操作时注意维持频率额定，配合观察发电机的输出功率表和电网的频率表的读数，直到两机组输出的有功功率相等且频率为额定值为止。此时 1 号和 2 号发电机组的特性曲线 1 和 2 应交于点 $C(P/2,f_N)$ 点，1

号和 2 号发电机组各承担负载功率的一半(此例按同容量发电机组并联情形),即 $P'_1=P'_2=P/2=(P_1+P_2)/2$,电网的频率为 f_N,有功分配调整完毕。

(3)发电机组解列的功率转移过程

在发电机组并联向负载供电过程中,当负载减少到切除一台发电机组也可以满足供电要求时,则可进行发电机组的解列操作。发电机组的解列退出操作绝不允许简单地断开主开关,由于发电机组带有负荷,断开主开关时将产生强烈的电弧危害设备和人身安全。而需要将欲退出电网机组的所有功率转移到继续运行的机组上,使欲退出电网的机组上不带有负载后方可断开主开关,下面以两台机组为例来说明发电机组解列的功率转移过程。

如图 7.2.6 所示,1 号和 2 号发电机组并联、处在理想的运行状态,其各自的调速特性曲线分别为 1 和 2,工作点为 $A(P/2,f_N)$,即各承担负载功率的一半、电网频率为 f_N。现要将 1 号机组解列退出电网,其功率转移过程如下:使 1 号机组“减速”,特性曲线 1 平行下移,功率减少;与此同时,相应地使 2 号机组“加速”,特性曲线 2 平行上移,功率增加。直到 1 号机组不带负载 2 号机组带有全部负载且频率为额定值 f_N 为止,此时 1 号机调速特性曲线移至 1′,工作点为 $C(0,f_N)$;2 号机调速特性曲线移至 2′,工作点为 $B(P,f_N)$,功率转移过程结束。断开 1 号机的主开关,发电机组从电网退出,2 号机将承担全部负载继续运行。

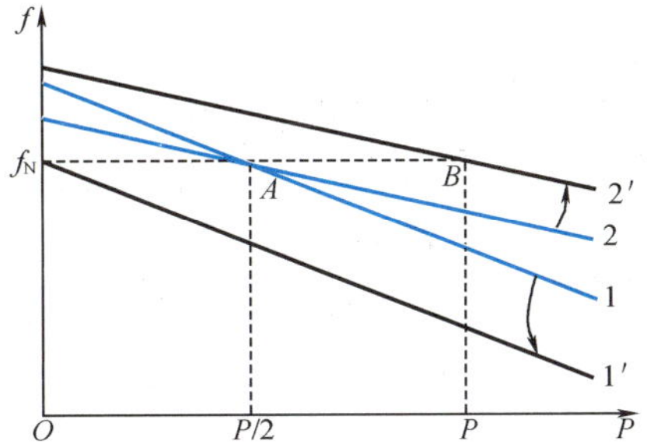

图 7.2.6　发电机组解列的功率转移过程

3. 自动调频调载装置

船舶同步发电机并联运行时,其调速特性为有差特性,当负载变化时,虽然有调速器,但电网的频率仍会发生变化。由于两机组的调速特性不可能做到完全一致,两机组的有功功率分配也不均匀。因此要维持频率恒定和有功功率按比例分配、必须进行二次调节。

自动调频调载装置是协助原动机调速器对电网电压的频率和有功功率进行二次调整的装置。其基本功能是:

——自动维持船舶电力系统频率为额定值;

——在并联运行时,使电网总的有功功率按并联运行机组容量成比例进行分配,并且保持电网频率恒定;

——在接到解列指令时,能自动进行负载转移,待其负载接近零时,才使其发电机主开关跳闸,脱离电网。

自动调频调载装置是船舶电站自动化不可缺少的部分。自动调频调载装置主要有模拟式和数字式两种方式。

(1)模拟式自动调频调载装置

★基本组成

调整原动机转速及并联运行机组的有功功率,需要根据转速(频率)和负载(功率)的信号来调节。尽管目前自动调频调载装置的品牌很多,并且仍在不断地更新换代,但基本环节都是由频率变换器、有功功率变换器、有功功率分配器和调整器等组成。

模拟式自动调频调载的电路很多,可用图 7.2.7 所示的方框图来描述。其基本原理都是通过频率检测环节和有功功率检测环节把汇流排的频率及各机组承担的有功功率转换成电压(或电流)信号,并送入运算环节进行运算,根据频率偏差和有功功率分配的偏差而向调整器发出信号,控制执行机构,自动调节原动机油门,从而使电网频率维持在额定值和各机组间有功功率均匀或按发电机容量比例进行分配。

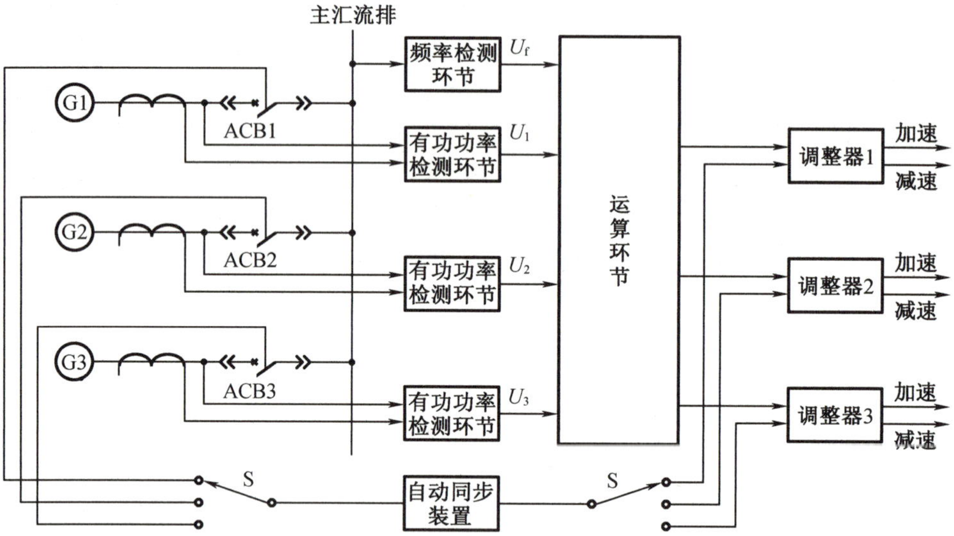

图 7.2.7　模拟式自动调频调载装置方框图

★自动调频调载方法

频载自动调节按工作原理分为:有差调节法、虚有差调节法、主导发电机法和积差调整法等。

有差调节法:由调差系数相近的有差调速特性来恒定频率和负载分配的方法。这种方法没有外加自动调频调载装置做二次调节,各机组只由具有有差特性的调速器来控制,因此不能很好地保持频率恒定,负载分配一般也不均匀。

虚有差调节法:在并联运行的各机组上分别安装功率变换器和调整器,整套装置只装一台频率变换器。在其控制下,保持电网的频率为额定值,负载按给定比例进行机组间的合理分配。每台发电机组的调速器仍是有差特性,但不影响达到无差特性的调整效果。

主导发电机法:在并联运行的发电机中选择一台作为“主调发电机”,其任务是:当电网的负载变动出现频率差时,由它做二次调节改变油门开度,调整电网的频率维持在额定值,并承担电网负载的变化量。其余的机组则总是保持运行于额定负载,称为基载发电机。

积差调整法:按频率差 Δf 对时间的积分 $\Delta F = K\int \Delta f \mathrm{d}t$ 进行调频的方法称为积差调整法,同时引入与各机组实际功率成正比的功率信号进行比较来校正负载分配,调整完毕时,总是保持恒定和按比例分配负载。

★虚有差调节法自动调频调载装置

如图 7.2.8 所示为 3 台发电机所构成的虚有差调节法自动频载调节系统的方框原理图。为简化分析,设各台发电机功率相同,3 台功率变换系数 K_p 相等。各功率变换器 P 输出端“1”连成一点,称为“均功点”。频率变换器 f 的两个端子连于各均功率电阻 *R* 的一端“2”点,另一端连到各调整器的一个输入端“3”点。整个装置共有 3 个公用点,称为三点式网络。

在实际运行中,电网频率会随着复杂及功率的变化而改变,在虚有差调节法自动调频调载装置中“恒频”控制和“均功”调节是同时进行的,能实现对其无差调节。

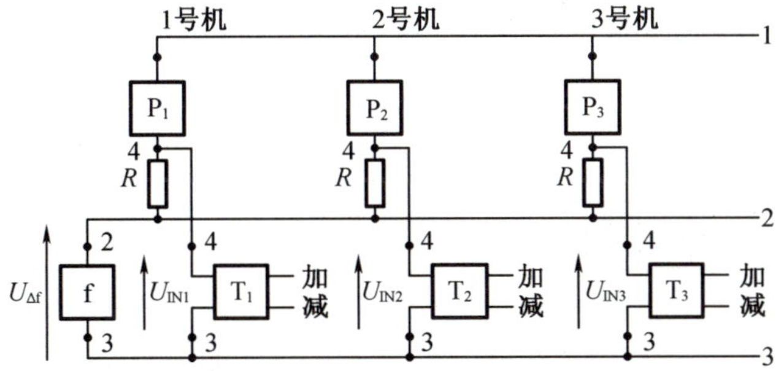

P—功率变换器;f—频率变换器;T—调整器;*R*—均功率电阻。

图 7.2.8　虚有差调节法方框原理图

(2)数字式自动调频调载装置

目前船舶电站自动控制系统大多采用 PLC 或单片机控制,调频调载的控制大多也是通过程序实现。控制程序主要包括单机运行时的频率调节和并联运行时的频率及有功功率的自动调节(本节以同容量双机并联运行为例进行分析)。

★单机稳频程序

船舶电站处于单机供电时,如果负载发生变化,则会引起电网频率产生波动。图 7.2.9 是单机运行时频率调节流程图。PLC 根据船舶电网的频率变化去控制加减油门,使频率维持在规定的范围内即可。

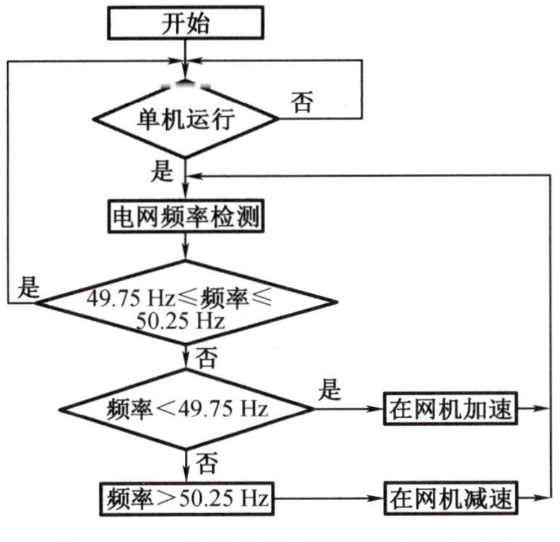

图 7.2.9　单机运行时频率调节流程图

系统启动后,控制器首先判断在网机组是否为单机在网。如果是,则运行单机频率检测程序,否则程序返回;如果检测到的频率范围稳定在(50±0. 25)Hz,则程序返回;如果检测到的频率值低于 49. 75 Hz,则 PLC 会发出机组加速调节信号,进行加速操作;若频率值高于 50. 25 Hz,则 PLC 会发出机组减速调节信号,控制发电机减速运行,直到电网频率范围稳定在(50±0.25)Hz。

★并联运行时调频调载程序

图7.2.10是双机并联运行时自动调频调载程序流程图。程序开始执行后，控制器首先判定在网运行机组是否是双机并联，若不是，系统将进行单机稳频调节程序。若系统判断在网运行机组是双机并联，则程序对电网频率以及两台发电机组的有功功率进行采集。PLC能够根据电网的频率及两台发电机组有功功率之差完成对机组调速逻辑判断，并输出相应的调速信号，使电网频率最终稳定在额定值，并且把电网负载平均分配给每台发电机组。

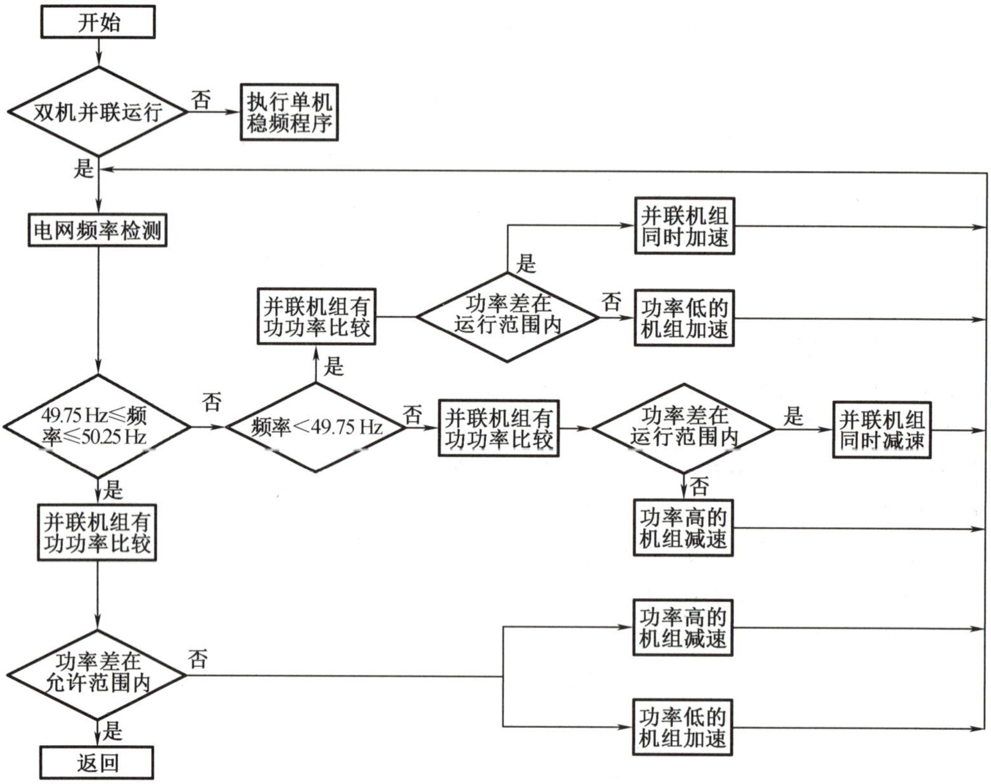

图7.2.10 双机并联运行时自动调频调载流程图

——当电网频率为(50±0.25)Hz时，若两台发电机的有功功率差不在允许范围内，PLC会向实际功率高的发电机发出减速信号，同时向实际功率低的发电机发出加速信号，最终使两台发电机实际输出的功率相近，在允许范围内，实现了有功功率的平均分配；若两台发电机的有功功率差在允许范围内，则不做调节，程序返回。

——当电网频率大于50.25 Hz时，若两台发电机的有功功率差不在允许范围内，PLC会向实际功率高的发电机发出减速信号；若两台发电机的有功功率差在允许范围内，PLC会同时向并联机组发出减速信号，控制两台机组一起减速来调节电网频率，使其稳定在(50±0.25)Hz。

——当电网频率小于49.75 Hz时，若两台发电机的有功功率差不在允许范围内，PLC会向实际功率低的发电机发出加速信号；若两台发电机的有功功率差在允许范围内，PLC会同时向并联机组发出加速信号，控制两台机组一起加速来调节电网频率，使其稳定在(50±0.25)Hz。

任务实施

步骤一：并车后负载转移操作

当案例船 1 号发电机组向全船供电出现负荷率过高等情况时，将 2 号发电机并入电网，在进行并车操作后，请完成负载转移和有功分配调整操作。

(1)搜集发电机组调速特性资料

1 号发电机组调速特性为(有差/无差)特性，斜率 K_{c1} 为______________；

2 号发电机组调速特性为(有差/无差)特性，斜率 K_{c2} 为______________；

(2)观察功率表或 PPU 显示屏等，读出并车后两机组的负载情况。

1 号发电机组的输出功率为________________ kW；2 号发电机组的输出功率为________________ kW；

(3)绘制调速器调速特性，标注机组工作点。

(4)调整操作步骤。

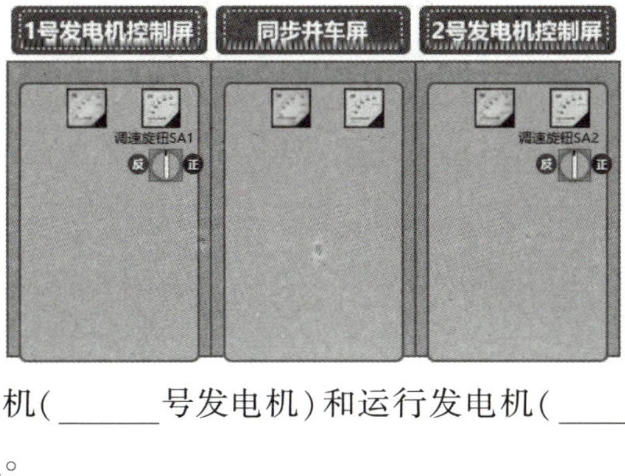

同时调节待并发电机(______号发电机)和运行发电机(______号发电机)控制屏上的__________________。

将待并发电机调速旋钮向______________的方向旋转，使其______________；同时将运行发电机调速旋钮向______________的方向旋转，使其______________。

注意：在调节操作时应配合观察功率表和频率表；每次操作量不宜过大，留有足够的调节时间以免过调；且操作应遵循“双向等量”的原则，以保持负载转移过程中电网频率基本不变，直到两机功率相等为止。

(5)在第(3)步绘制的特性曲线坐标中,绘制频率调整过程曲线。

(6)总结操作经验,分析失败原理。

问题记录与跟踪:

步骤二:并联运行发电机之间有功分配调整操作

案例船配备的主发电机组均为相同容量、相同型号,当1号和2号发电机处于并联运行,且出现输出有功功率不均衡的状态时,请完成负载转移和有功分配调整操作,使两机组承担负载相等。

(1)搜集发电机组调速特性资料。(同步骤一)

(2)观察功率表或PPU显示屏等,读出两机组输出的有功功率情况。

1号发电机组的输出功率为________ kW;2号发电机组的输出功率为________ kW;

(3)绘制调速器调速特性,标注机组工作点。

(4)调整操作步骤。

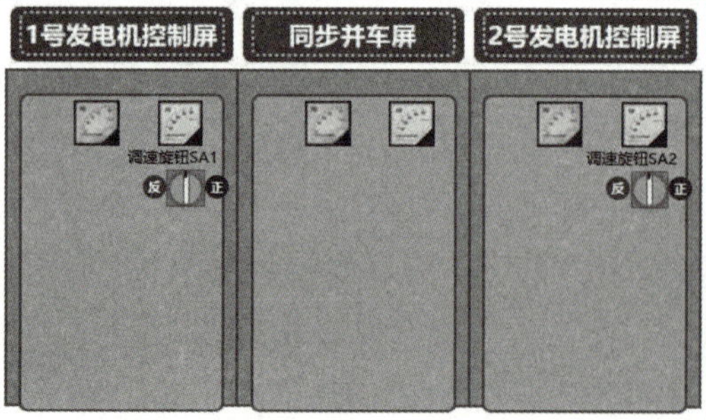

(5)在第(3)步绘制的特性曲线坐标中,绘制频率调整过程曲线。

(6)总结操作经验,分析失败原理。

问题记录与跟踪:

步骤三:发电机组解列时功率转移操作

案例船在进出港工况下由 1 号和 2 号机组并联,共同向电网供电。当船舶驶出港口,处于正常航行工况时,发电机的负荷率偏低,此时需将 1 号发电机组从电网解列,只保留 2 号发电机组供电,请完成功率转移操作。

(1)搜集发电机组调速特性资料。(同步骤一)

(2)观察功率表或 PPU 显示屏等,读出两机组输出的有功功率情况。

1 号发电机组的输出功率为________ kW;2 号发电机组的输出功率为________ kW。

(3)绘制调速器调速特性,标注机组工作点。

(4)调整操作步骤。

注意:绝对禁止带载分闸操作。需要将待解列发电机组功率转移至运行发电机后,再对其主开关进行分闸操作。

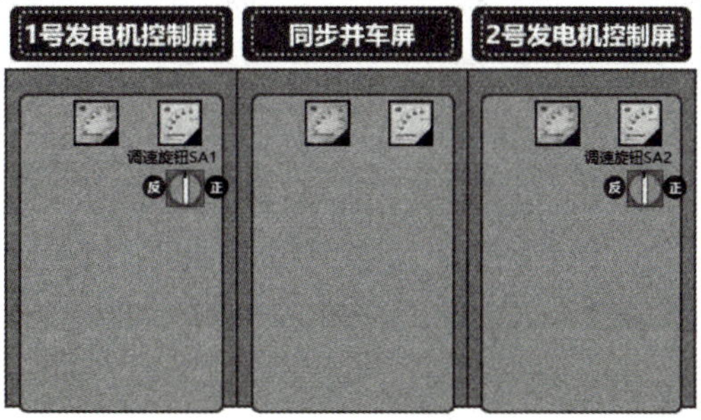

(5)在第(3)步绘制的特性曲线坐标中,绘制频率调整过程曲线。

(6)总结操作经验,分析失败原因。

问题记录与跟踪:

任务评价

任务完成情况评价标准及评分见表7.2.1,任务总结反思见表7.2.2。

表7.2.1　任务评价表

评价类型	赋分	评价指标	分值	得分		
				自评	组评	师评
职业能力	50	准确、按时完成发电机负载转移操作	20			
		准确、按时完成发电机有功功率转移操作	20			
		准确、按时完成发电机组解列负载转移操作	10			
职业素养	30	操作规范、精益求精	10			
		协作互助、解决问题	10			
		报告规范详尽、持续改进优化能力	10			
劳动素养	10	坚持出勤、遵守纪律	5			
		报告完整、工位整洁	5			
思政素养	10	在错误操作中的有效反思	5			
		认真、勤勉的职业素养	5			

表7.2.2　总结反思

目标达成:　知识☆☆☆☆☆　技能☆☆☆☆☆　素养☆☆☆☆☆	
学习收获:	教师寄语:
问题反思:	

课后任务

1. 问答与讨论

(1)讨论若在发电机组解列操作中,不先对待解列发电机进行负载转移,而是直接分断待解列发电机主开关,将会造成什么后果。

(2)简述频率和有功功率调整自动调节的方法有哪几种?借助课程AI助教,试讨论分析按“虚有差法”设计的自动调频调载装置的工作原理和调节过程。

2. 巩固与提高

根据图7.2.11,说明在数字式调频调载装置中出现以下情况,叙述其工作过程。

(1)当在网运行机组为双机并联运行时,其中一机出现一般性故障;

(2)当在网运行机组为双机并联运行时,其中一机出现严重故障。

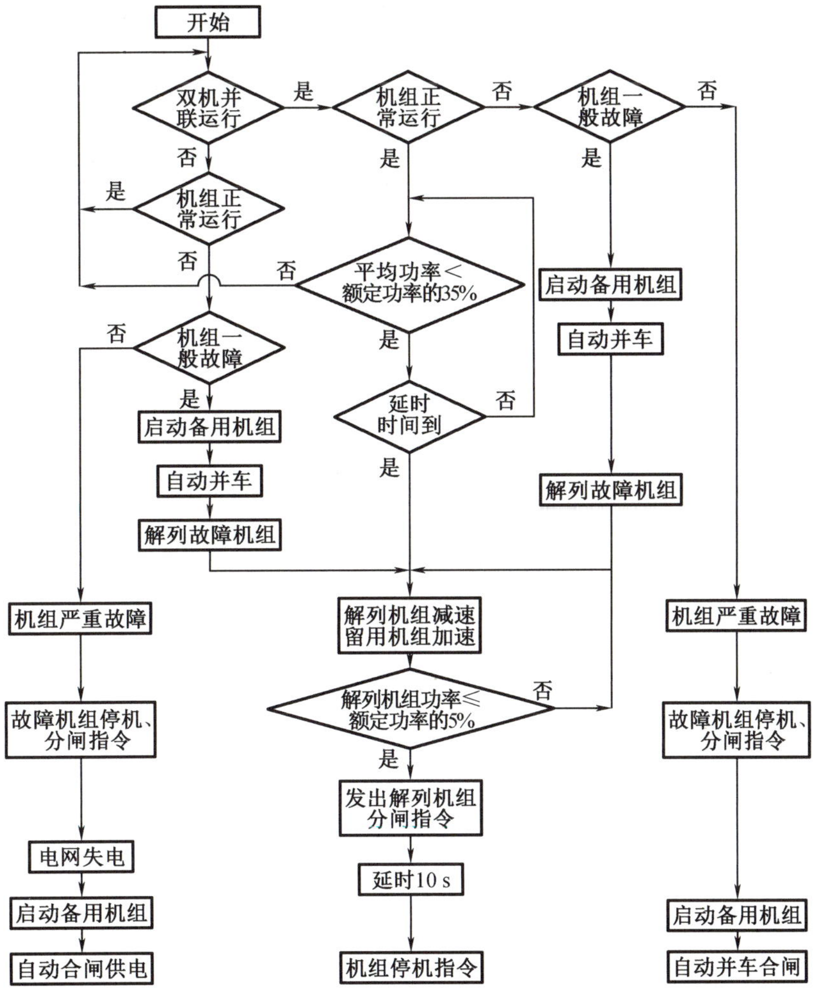

图7.2.11 数字式自动调频调载装置解列与停机流程图

项目 8

电压及无功功率调整

学习情境设置

(1)选择学习者角色

□船舶设计院电气专业技术人员

□船舶建造厂电气专业技术人员

□船舶电气自动化设备制造技术人员

□船舶船体、轮机等其他非电专业技术人员

□船舶电子电气员

□其他______________________

(2)分析学习者角色的岗位能力要求

船舶设计院、建造厂电气专业技术人员:理解自励恒压装置调试原理,能初步判断常见电压偏差问题,在指导下参与简单选型,了解适配考量因素。明白无功功率合理分配的重要性,能完成无功功率的装置选型。

船舶电气自动化设备制造技术人员:掌握自励恒压装置电路结构与原理,能依据电站参数定制装置,全面调试并精准解决电压不稳定等问题,确保符合船舶标准。熟练掌握无功功率自动分配及补偿技术,可按需设计制造高效装置,并严格测试,保障不同工况下无功分配准确稳定。

船舶船体、轮机等其他非电专业技术人员:了解自励恒压装置在电力系统中的作用,船舶调试时,能依据轮机参数判断其对装置的影响,具备跨专业协作沟通能力。知晓无功功率分配对船舶运行的意义,电力异常时,能从船体、轮机角度协助排查影响无功分配的因素。

船舶电子电气员:熟练操作调试工具与仪器,依据船舶运行状况独立完成装置调试,快速排查修复常见故障,确保电压稳定。精准判断无功功率分配是否均匀,熟练排查修复自动分配装置故障,掌握手动调节操作,依负载变化合理选择并安装调试无功补偿装置。

____

____

(3)制定学习计划

电压调整机理及指标要求;

同步发电机自励恒压装置工作原理及安装调试方法;

无功功率分配的重要性和调试原理;

无功功率分配的判断与调试、故障分析与排除。

____

____

项目介绍

众所周知,各种电气设备必须在额定电压下运行,因此保持一定电压水平,是供电质量的重要指标之一。但是,实际上电力系统的电压总是经常变动的。由于船舶电源容量较小,而负载单台设备容量却较大,因此船舶电力系统的电源——同步发电机的端电压变动尤为严重,故研究船舶同步发电机电压自动调整,是交流船舶电站的重要课题之一。

船舶电站绝大多数采用交流电制。因为船舶用电设备多为感性负载,负载电流对交流同步发电机产生去磁作用,电流大小和功率因数的变化都会引起发电机端电压变化,所以船舶交流同步发电机必须有自动电压调整装置或自励恒压装置(能自激起压,并在负载变化时自动维持电压恒定的装置)来调整发电机的端电压,否则电压的剧烈变化将会影响电气设备的正常工作。

学习要求

- 理解电压及无功功率调整机理及指标要求;
- 理解同步发电机自励恒压装置工作原理及安装调试方法;
- 熟练掌握无功功率调整方法。

知识图谱

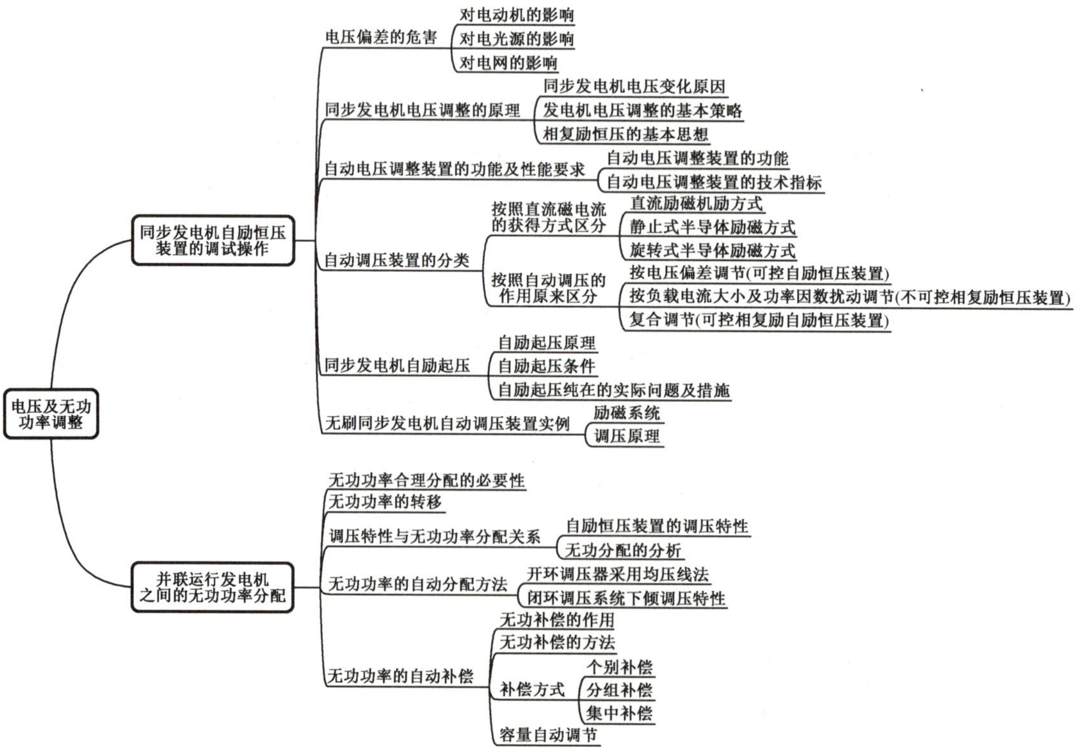

任务8.1　同步发电机自励恒压装置的调试操作

任务引入

在船舶电站运行体系中,同步发电机输出电压的稳定性直接关联到整个电力系统的可靠运行与各类用电设备的正常工作。船舶电站电网电压的调整作为保障船舶电力稳定供应的关键环节,肩负着重要使命。船舶航行环境复杂多变,负载情况时刻波动,这对同步发电机的电压调控能力提出了极高要求。若电压偏差超出合理范围,将对设备寿命、运行效率以及船舶航行安全产生严重影响。本任务将深入探究同步发电机自励恒压装置的原理、选型及调试操作,从理论原理到实际案例应用,全面提升对船舶电力系统核心组件的理解与调试技能,为构建稳定、高效的船舶电站筑牢基础。

同步发电机电压及无功功率调整的原理及目的

相复励恒压装置

自动调压装置(AVR)

任务描述

(1)理解电压波动的危害及调压的机制;

(2)理解电压调整的基本要求;

(3)掌握电压调整装置的原理及选型调试方法。

学习目标

知识目标:

(1)理解电压偏差对船舶电力系统各方面的危害;

(2)理解同步发电机调压原理,掌握通过改变励磁电流调节输出电压的方法及机制;

(3)掌握自动电压调整装置功能,熟悉电压调整率、静态调压精度等技术指标含义及应用重要性;

(4)了解自动调压装置分类,掌握相复励、可控硅励磁等调压装置工作原理与结构特点;

(5)熟悉同步发电机自励起压原理、条件,能分析起压问题并提出剩磁不足等对应解决措施。

技能目标：

(1)识读案例船永磁同步发电机参数和说明书，准确选择适配的自励恒压装置(AVR)并完成选型整定；

(2)熟练、规范调试案例船发电机自励恒压装置，确保输出电压稳定，满足船舶电力系统要求；

(3)能够观察并分析自励恒压装置故障，快速排查确定故障点与原因，提出解决方案并修复；

(4)根据调试和故障排查结果，合理评估自励恒压装置性能，为优化装置或改进调试方法提供依据。

育人目标：

(1)在本任务中，对于发电机组电压及无功功率调整步骤看似简单，但针对不同场景、不同情况下发电机组频率及有功功率调整，需要操作者理解其调整机理才能灵活应对，因此需要认真学习相关理论知识，并模拟各类场景反复练习；

(2)感悟电压及无功功率调整在船舶电站稳定运行中的重要意义，加强责任意识和安全意识。

知识准备

1. 电压偏差的危害

(1)对电动机的影响

当船舶电站实际电压偏离额定值时，用电设备的效率就要降低，偏离太大时，运行就要恶化，甚至会导致设备的损坏。例如：电网电压下降到额定值的85%时，由于其转矩与其端电压平方成正比，异步电动机启动转矩就要降低到72.5%。启动力矩不足不仅会使启动时间延长，而且会使电机严重发热，甚至造成设备不能运转产生严重后果。当电动机的端电压较其额定电压低10%时，温升将增高10%~15%，绝缘老化程度将比规定增加一倍以上，这将明显地缩短电动机的使用寿命。在电动机不能启动或延长启动时间时，电流会很大，因发热量与电流平方成正比，如果保护装置不能迅速动作，电动机很可能被烧毁。

(2)对电光源的影响

电压偏差对白炽灯的影响最为显著。当白炽灯的端电压降低10%时，灯泡的使用寿命将延长2~3倍，但发光效率将下降30%以上，灯光明显变暗，照度降低，严重影响人的视力健康，降低工作效率，还可能增加事故。当其端电压升高10%时，发光效率将提高1/3，但其使用寿命将大大缩短，只有原来的1/3。电压偏差对荧光灯及其他气体放电灯的影响不像白炽灯那么明显，但当其端电压偏低时，灯管不易启燃。如果多次反复启燃，则灯管寿命将大受影响。

(3)对电网的影响

电压变化对电网的影响主要表现在给全船用电带来的危害，这种危害是致命的。船舶电网电压深度下降时，将导致保护电器动作，造成发电机解列、电网崩溃，从而导致全船停电的严重事故。所以，船舶交流电网的电压必须保持恒定，其电压偏差不应超出规定的范围。

2. 同步发电机电压调整的原理

(1)同步发电机电压变化原因

同步发电机的电势简化矢量如图 8.1.1(b)所示,其电压平衡方程式为

$$\dot{U}_g=\dot{E}_0-j\dot{I}_gX_d \tag{8.1}$$

式中　U_g——发电机端电压;

E_0——发电机空载电势;

I_g——发电机定子电流;

X_d——发电机同步电抗。

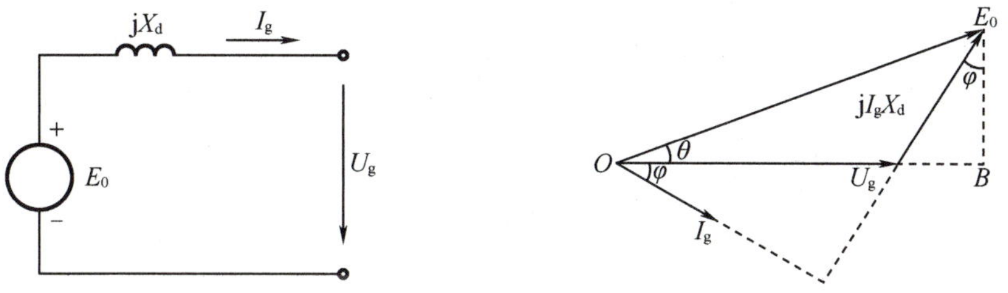

(a)单相电枢简化电路　(b)矢量关系

图 8.1.1　同步发电机简化电路及矢量关系图

由式(8.1)可见,如果 E_0 不变,当发电机负载电流 I_g 的大小或性质变化时,则必将引起 U_g 变化。

只研究发电机端电压的数值变化时,根据图 8.1.1(b),可将式(8.1)改写成

$$U_g=E_0\cos\theta-I_gX_d\sin\varphi \tag{8.2}$$

式中,θ 为 E_0 和 U_g 之间的夹角。

当 θ 较小时,$\cos\theta\approx1$,而 $I_g\sin\varphi$ 则为发电机的无功电流 I_{gQ},则式(8.2)即为

$$U_g=E_0-I_{gQ}X_d \tag{8.3}$$

由式(8.3)可见,当 E_0 不变时,同步发电机端电压 U_g 变化的主要原因是负载无功电流的变化。

因为同步发电机电枢反应的去磁作用,使其内阻抗较大,又由于船舶电站的容量有限和负载变化相对较大,所以船舶同步发电机的端电压在无调压器时,其电压变化是比较大的。

(2)发电机电压调整的基本策略

由式(8.1)可知,当负载 I_g 变化时,要想保持发电机端电压 U_g 一定,唯有随之相应改变发电机的电势 E_0。而发电机的电势为

$$E_0=4.44Wf\Phi_m=K_LI_L \tag{8.4}$$

式中　I_L——发电机励磁电流;

K_L——励磁系数;

W——发电机绕组匝数;

f——发电机频率;

Φ_m——发电机磁通。

式(8.4)中,当 W、f 为常数时,E_0 与 Φ_m 成正比,即 $E_0\propto\Phi_m$。要改变 E_0,只有 Φ_m 改变。而 Φ_m 由励磁电流 I_L 产生,在磁路未饱和时磁通与励磁电流成正比,即 $\Phi_m\propto I_L$。由此可见,

E_0 与励磁电流 I_L 存在对应关系，改变励磁电流 I_L 的大小可以改变发电机空载电势 E_0。

当负载电流 I_g 变动时，要想保持 U_g 恒定，必须相应调整发电机的励磁电流 I_L。也就是说，应使 I_L 随 I_g 幅值的大小和功率因数 $\cos\varphi$ 的变化而改变，以补偿电枢反应去磁作用的影响。

由式(8.3)可作出以 $U_g=f(I_{gQ})$ 表示的同步发电机的外特性曲线，如图 8.1.2 所示。其曲线必然是下倾的，即 I_L 一定时，发电机端电压随无功电流的增大而下降。例如，当励磁电流为 I_{L1} 不变，无功电流由 I_{gQ_1} 增大到 I_{gQ_2} 时，则发电机端电压 U_g 由额定值 U_N 下降到 U_2。而要保持发电机端电压为额定值，就必须将特性曲线向上平移，即增大励磁电流 I_L 以提高 E_0；反之亦然。

由此可见，引起同步发电机端电压 U_g 变化的主要原因是无功电流 I_{gQ} 的变化，而要保持发电机端电压 U_g 不变，就应随之相应地调整发电机的励磁电流 I_L，即使之符合图 8.1.3 所示的发电机的调整特性 $I_L=f(I_g)$。由此也可看出，通过调整励磁电流来对同步发电机电压进行调整，也就是对发电机无功功率进行调整，以使无功功率保持平衡。所以，同步发电机的励磁电流乃是电力系统无功功率的来源。

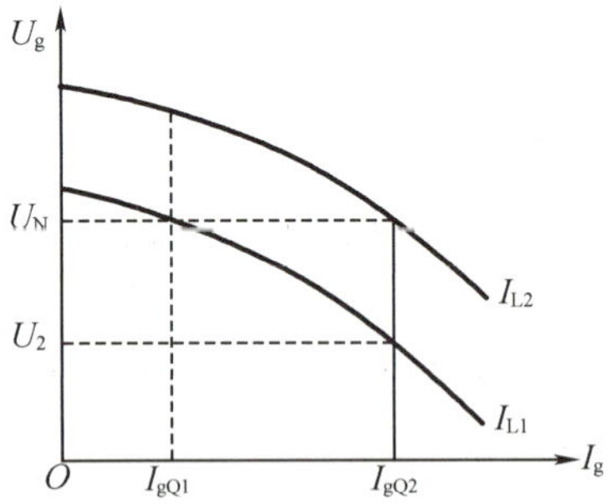

图 8.1.2　同步发电机的外特性

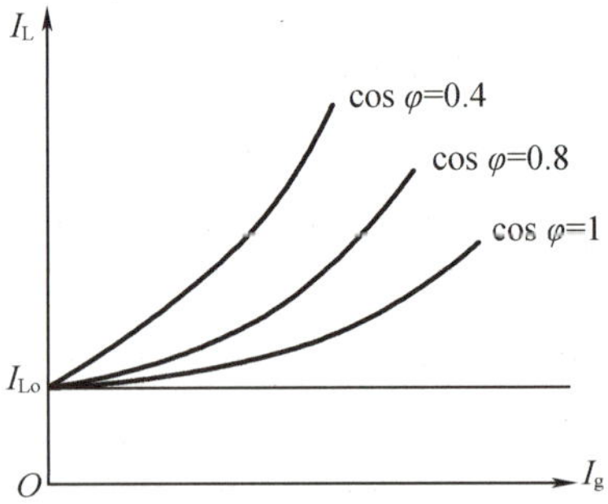

图 8.1.3　发电机的调整特性

在实际运行中，I_g 或 $\cos\varphi$ 是经常变动的，导致 U_g 也经常变动。要维持 U_g 恒定，必须随之经常调整 I_L。这一任务，由人工去做是不可能完成的，必须采用自动电压调整方式。所谓自动调压，实质上就是自动调整励磁电流 I_L，因此任何类型的自动电压调整器的基本作用，归根到底都是自动调整励磁电流，所以，同步发电机的自动电压调整器又被称为自动调节励磁装置。

(3)相复励恒压的基本思想

由式(8.1)和式(8.4)，设发电机磁路未饱和，则 $\dot{E}_0$ 与励磁电流 $\dot{I}_L$ 成正比，即

$$K_L\dot{I}_L=\dot{E}_0=\dot{U}_g+jX_d\dot{I}_g$$

可得到交流同步发电机的励磁电流：

$$\dot{I}_L=\frac{\dot{U}_g}{K_L}+\frac{jX_d\dot{I}_g}{K_L}=\dot{I}_{L.u}+\dot{I}_{L.i} \tag{8.5}$$

分析式(8.5)可知：当 $I_g=0$，即空载时，为了维持空载电压，发电机需要空载励磁电流 $I_{L.u}=U_g/K_L$；有负载时，为了保持端电压不变，励磁电流必须增加第二部分 $I_{L.i}=X_d\cdot I_g/K_L$，(这部分与负载电流 I_g 有关)，用来补偿电枢反应的去磁作用，这两部分构成了发电机恒压所需要的励磁电流。注意，完整的励磁电流应是矢量的叠加，并不是简单的代数和。

式(8.5)中第一部分 $I_{L.u}$ 与端电压有关,叫电压分量,又叫自励分量,当要求 U_g 基本不变时,该分量视为定值;第二部分 $I_{L.i}$ 与负载电流有关,叫电流分量,又叫复励分量,由于负载电流的大小和相位都会经常变动,所产生的去磁则不同,显然电流分量也应随之而变,来满足负载条件下对励磁电流相应的要求,以维持发电机端电压恒定。相复励装置就是按这个思路设计的励磁电流。

在相复励中,励磁电流成分不但有建立发电机空载电压所必需的励磁部分,还有按照负载电流做出的励磁补偿部分,从中可以体会到“复励”含义。而复励部分既有按照负载电流的大小变化做出的大小补偿作用,又有按照负载电流的相位变化做出的相位补偿作用,从中可以体会到“相复励”含义。综合起来称作相复励,由此构成的恒压励磁装置称作相复励自动恒压装置。

3. 自动电压调整装置的功能及技术指标

(1)自动电压调整装置的功能

为了维持发电机的端电压基本不变,发电机的励磁电流必须实时地进行相应的调整。这一任务由励磁自动调整装置来完成。为了保障发电机组并联运行的稳定,各发电机间无功功率就必须合理地进行分配。这一任务亦由励磁自动调整装置来完成。在船舶电网发生短路故障时,亦需要励磁系统适时地进行强行励磁。综上所述,励磁自动调整的任务及功能可归纳为:

——在正常情况下,维持系统母线电压在允许范围内。

——在船舶发电机并联运行时,使发电机间无功功率合理分配。

——在短路事故情况下,实行强行励磁,防止系统母线电压深度下降。

——保证发电机电压的静态和动态调整指标。

——提高同步发电机运行的稳定性。

(2)自动电压调整装置的技术指标

在负载变动时,自励恒压装置维持电压恒定有一个调整过程,如图 8.1.4 所示。图中在 t_0 时突加负载会使电压瞬时下降到 U'_{min},由于恒压装置的作用,使端电压在 t_F 时恢复到接近额定电压 U_N 的数值 U_{min} 稳定工作。此后,在 t'_0时突卸负载,使电压瞬时上升到 U'_{max},由于恒压装置的作用,在 t'_F时电压恢复到 U_{max} 稳定工作。为了保证供电质量,电压调节必须满足两个基本技术指标——静态(稳态)指标和动态(瞬态)指标的要求。

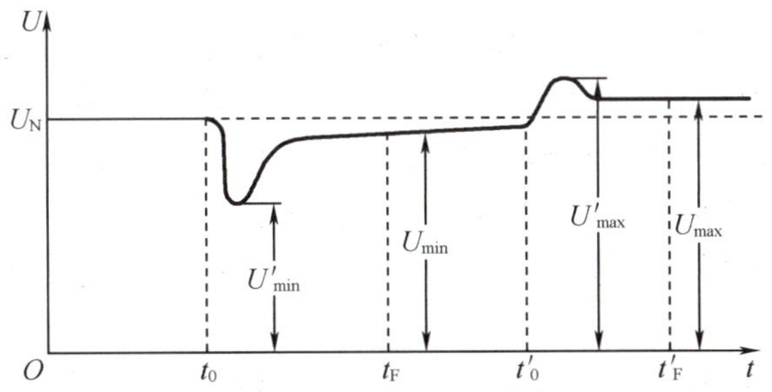

图 8.1.4　电压调整过程

★电压静态指标

即发电机稳态电压变化率:

$$\Delta U\% = \frac{U_{max}(\text{或} U_{min}) - U_N}{U_N} \times 100\% \tag{8.6}$$

式中 U_{max}——在规定的负载变化范围内，发电机的最大电压；

U_{min}——在规定的负载变化范围内，发电机的最小电压；

U_N——发电机的额定电压。

中国船级社《钢质海船入级规范》规定：交流发电机连同其励磁系统，应能在负载自空载至额定负载范围内，且其功率因数为额定值情况下，保持其稳态电压的变化值在额定电压的±2.5%以内。应急发电机可允许在额定电压的±3.5%以内。

★电压动态指标

——瞬态电压调整率：当电网负载突变后电压的最大波动值，即

$$\Delta U_d\% = \frac{U'_{max}(\text{或} U'_{min}) - U_0}{U_N} \times 100\% \tag{8.7}$$

式中 U'_{min}——动态过程中的最小电压；

U'_{max}——动态过程中的最大电压；

U_N——发电机的额定电压；

U_0——突卸或突加负载前的电压。

——电压波动恢复时间 t_F：自负载突变时，从电压发生波动开始到电压恢复到稳定值的一定容许差值范围内所需要的时间。

中国船级社《钢质海船入级规范》规定：交流发电机在负载为空载、转速为额定转速、电压接近额定值的状态下，突加和突卸60%额定电流及功率因数不超过0.4(滞后)的对称负载时，当电压跌落时，其瞬态电压值应不低于额定电压的85%；当电压上升时，其瞬态电压值应不超过额定电压的120%，而电压恢复到与最后稳定值相差3%以内所需的时间，则不应超过1.5 s。

★无功合理分配

并联运行交流发电机组间的无功功率应合理分配。

中国船级社《钢质海船入级规范》规定：并联运行的各交流发电机组均应能稳定运行，且当负载在总额定负载的20%~100%范围内变化时，各机组所承担的无功负载与总无功负载按机组定额比例分配值之差，应不超过下列数值中的较小者：①最大机组额定无功功率的±10%；②最小机组额定无功功率的±25%。

★强行励磁

当船舶电力系统的负载大幅度增加或出现短路时，电压会大幅度突然下降。为使系统稳定、可靠和保证继电保护有选择性的准确动作，要求调压器能在短时间内把励磁电流升高到超过额定电流的最大值。即有足够的强励能力，以提高电压的上升速度，以使发电机电压迅速得到恢复。或发生外部短路时，能提供足够的短路电流，使保护装置准确动作，且在短路故障消除后，发电机电压能迅速回升。强励能力通常用强行励磁倍数和发电机电势最大上升变化率来描述。

德国劳氏船级社(GL)船级社规定：当接线端在三相短路时，稳态短路电流应不小于3倍也不大于8倍的额定电流，发电机及其励磁机必须能承受此稳态短路电流2 s而无损坏。

4. 自动调压装置的分类

船用自动调压装置的类型很多，分类方法也各不相同。通常，按照直流励磁电流的获得

方式、自动调压的作用原理及励磁装置的组成元件等进行分类。

(1)按照直流励磁电流的获得方式区分

★直流励磁机励磁方式

直流励磁机是采用自励或他励直流发电机励磁电源,供给发电机励磁绕组的励磁电流,如图 8.1.5 所示。

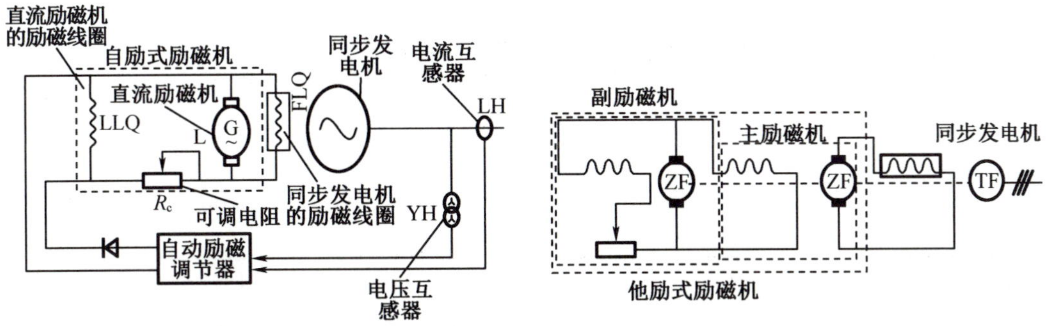

(a) 自励式励磁机励磁系统　　(b) 他励式励磁机励磁系统

图 8.1.5　直流励磁机励磁系统

★静止式半导体励磁方式

静止式半导体励磁系统采用可控硅元件直接控制同步发电机励磁线圈电压,或利用交流同步发电机发出的交流电经整流提供给转子励磁绕组,控制同步发电机励磁电流,如图 8.1.6 所示。

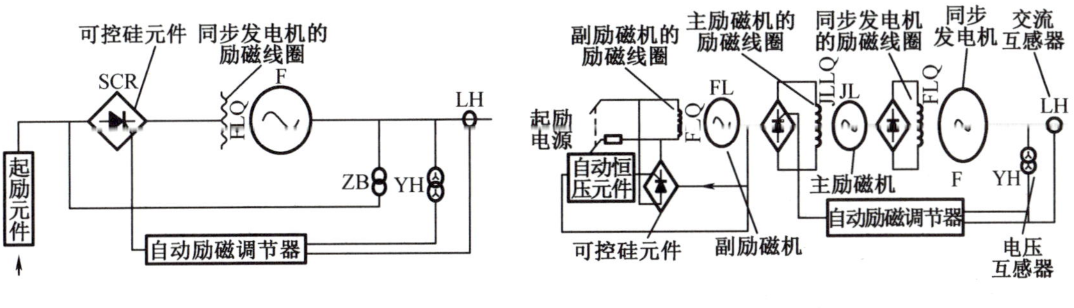

(a) 自励式半导体励磁系统　　(b) 他励式半导体励磁系统

图 8.1.6　静止式半导体励磁机励磁系统

★旋转式半导体励磁方式

旋转式半导体励磁系统采用旋转半导体及交流发电机做主副励磁机来控制同步发电机励磁线圈电压,如图 8.1.7 所示。

以上几种直流励磁电流获得方式优缺点见表 8.1.1。因直流电机运行时整流子与电刷之间火花严重、事故多、性能差、运行维护困难,而可控硅直接控制无法实现强行励磁,采用静止式的主副励磁机有需要外加直流电源。因此,旋转半导体式励磁系统由于其采用交流发电机做励磁机、旋转式结构无须外加电源等的优势,成为现代船舶发电机励磁系统的主流配置。

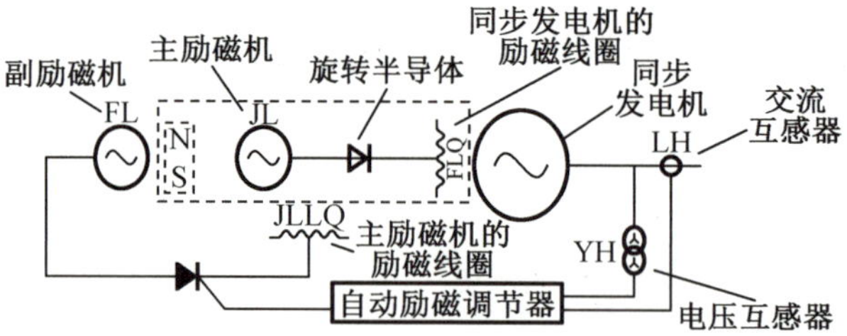

图 8.1.7 旋转式半导体励磁系统

表 8.1.1 几种直流励磁电流获得方式对比

励磁方式	优点	缺点
直流励磁机励磁	•过载、过压能力较强 •并网、并车较易 •并网运行,当电网出现故障时,不会影响励磁系统的正常运行	•启动能力较差 •负载变化时,电压瞬时变化大,电压稳定所需时间较长 •电刷、换向器等故障较多,维护保养较麻烦 •体积较大,投资较高
静止半导体励磁	•反应速度快,突然加、卸负载时电压瞬时变化小,稳态调压率可达±1%左右 •体积小,质量轻	•线路较复杂,调整、试验、维修需有较高技术水平 •自励式无法强行励磁,他励式需要外加直流电源 •易受电网影响
旋转半导体励磁	•调节性能好,反应速度快,动态品质好,具有较高的强励能力 •成本较低 •操作维护较晶闸管自励恒压励磁方便	•线路较复杂 •易受电网影响

(2)按照自动调压的作用原理区分

★按电压偏差调节(可控自励恒压装置)

按发电机电压偏差调节的系统是指按发电机输出实际电压 U 与给定值电压 U_g 的差值即电压偏差信号 ΔU 的大小调整励磁电流的自动装置。其被测量是发电机的端电压 U,被调量也是端电压 U,这样的自动调节系统称为闭环系统(也称为可控系统),其原理框图如图 8.1.8 所示。发电机端电压 U 在扰动的作用下偏离给定的范围,给定单元的给定值 U_g 与测量单元测得的 U_f 相比较,得出偏差量 ΔU,经放大后为 $K\Delta U$,经信号变换单元处理,输出调节发电机电压的控制信号 I_{f1},使发电机电压 U 恢复到给定的范围内。

按偏差调节的系统,调节作用只与电压偏差有关,而与产生扰动的原因无关,其静态特性即调整精度较好,静态调压率可小于±1%;而动态过程是一个周期性的振荡过程,动态特性较差。

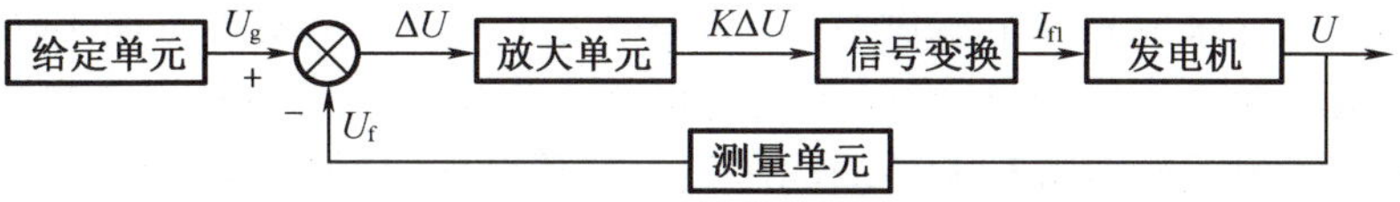

图 8.1.8　按发电机电压偏差调节的原理框图

★按负载电流大小 I_g 及功率因数 $\cos\varphi$ 扰动调节(不可控相复励自励恒压装置)

当发电机负载电流的大小与性质改变时,由于电枢反应作用,端电压会发生变化。只要预先找出发电机端电压随负载电流大小及相位变化的规律,并按此规律调节补偿发电机所需的励磁电流,就可以维持发电机端电压在一定水平上。图 8.1.9 是按负载电流大小及相位调节的原理框图,当负载变化引起电压变化时,测量出励磁电流的电压分量 I_{Lu} 和电流分量 I_{Li},合成后经信号变换单元输出调节发电机电压的控制信号 I_{f2},使发电机电压 U 恢复到给定的范围内。

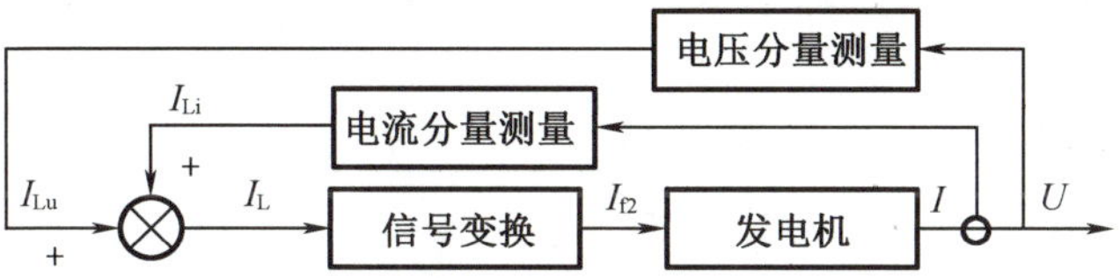

图 8.1.9　按负载电流大小及相位调节的原理框图

发电机的励磁电流是按负载电流大小 I、功率因数 $\cos\varphi$ 调节的,由两个分量叠加合成,称为相复励调节系统。

相复励调节系统的被调量是发电机电压 U,而被测量是负载电流大小 I 和相对发电机电压 U 的相位。每一个负载电流的大小和相位都有一个既定的输出电压 U 与之对应。这种调节系统的被调量(电压)没有反馈到输入端,是一个开环系统(也称为不可控系统),由人工预先调整好电抗器、变压器等的气隙和线圈匝数,系统根据负载状态来控制被调量,即仅根据负载变化提供相应的励磁电流。

因此,系统调压精度不高,静态调压率大于±2%。但因其结构简单、可靠、动态指标好和易于调整等优点,在船上仍然有应用。

★复合(按 ΔU、I_g、$\cos\varphi$)调节(可控相复励自励恒压装置)

按电压偏差调节的自励恒压装置,静态性能好,动态性能差;按负载电流大小及相位进行补偿调节的装置,动态性能好,静态性能差。综合这两种调节方法,既按负载电流大小及相位进行补偿,又按电压偏差进行校正,可以获得较好的调节效果。

图 8.1.10 是复合调节的原理方框图。如前所述,相复励励磁系统的调节是“不可控”的,在此基础上增加按电压偏差进行调节(实船中将此部分专门做成自动电压调节器 AVR),使相复励的装置输出“可控”,用这种原理构成的励磁调节装置称为“可控相复励”装置。这种类型的励磁调节系统的动态性能由相复励部分实现,静态性能的不足则由自动电压调节器 AVR 来校正。

实船基本都采用复合调节的可控相复励自励恒压装置。

5. 同步发电机自励起压

由于他励式同步发电机组需带有直流励磁机,维护管理很麻烦,在可靠性和使用上存在固有的缺陷,因此目前船舶上使用最多的交流发电机是自励同步发电机。这种同步发电机的励磁电流不是由外来的直流电源供给的，而是取之于同步发电机本身输出功率的一部分，经过适当地整流变换后供给的，这类同步发电机称为自励同步发电机。根据负载电流的大小及相位共同对发电机励磁进行调整的同步发电机称为相复励自励恒压同步发电机。

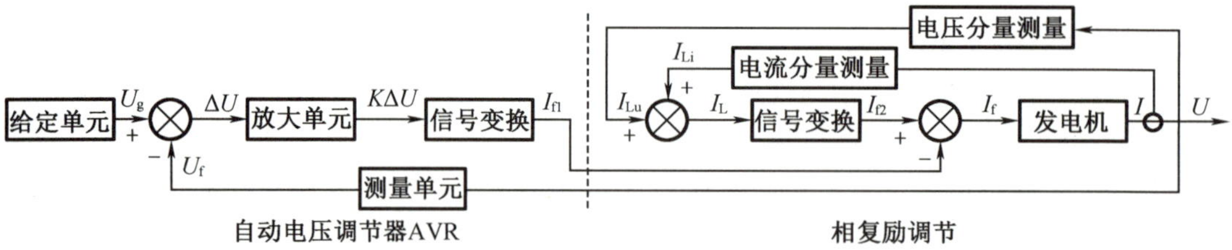

图 8.1.10　复合调节的原理框图

自励同步发电机自励回路的单相原理如图 8.1.11 所示。由于用静止的整流元件代替了旋转的直流励磁机，增加了可靠性，使维护管理简便，因此在船舶上得到了广泛的应用。

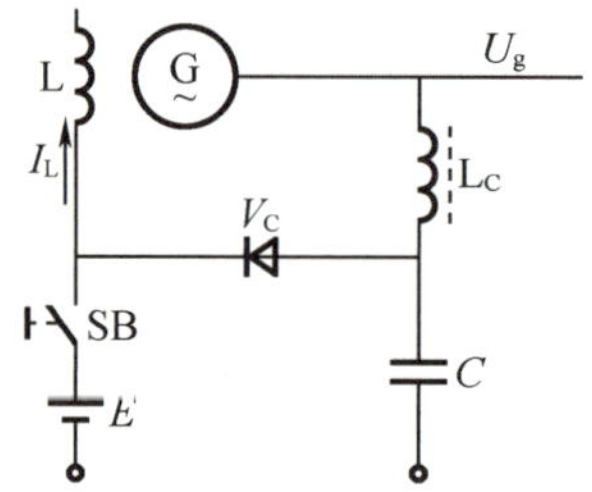

图 8.1.11　自励回路单相原理图

(1) 自励起压原理

自励发电机（在转速达到额定值、输出端断开的情况下）利用本身磁极上存在的剩磁，通过磁电作用而建立起电压的过程称为发电机的自励起压。图 8.1.12 为自励起压特性曲线，图 8.1.12(a) 中曲线 1 为同步发电机的空载特性曲线 $U_g=f(I_L)$，直线 2 为自励回路的理想励磁特性曲线 $I_L=f(U_g)$。

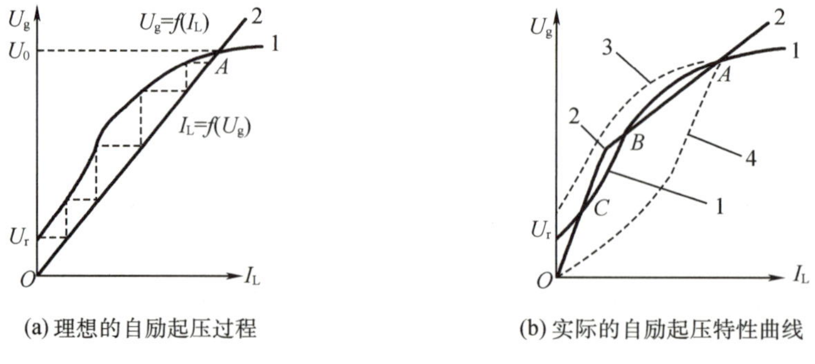

图 8.1.12　自励起压特性曲线

同步发电机自励起压过程如图 8.1.12(a) 所示，由于磁滞现象，在转子磁极上留有剩磁。当发电机组启动时，发电机定子绕组将感生剩磁电压 U_r，U_r 加在自励回路上，经过整流在发电机励磁绕组 L 中产生一定的励磁电流 I_{L_1}；I_{L_1} 将在转子中产生对应的磁通，这一磁通在发电机定子绕组中感生电压 U_1;U_1 通过自励回路又在 L 中产生 I_{L_2},I_{L_2} 又感生更高的电压 U_2,如此循环构成正反馈,逐渐提高发电机的空载电压,最后到达稳定的交点 A,此时发电机电压即为空载电压 U_0。

(2) 自励起压条件

同步发电机自励起压过程是一种正反馈过程,整个过程并无外来输入量。要完成自励起压,必须具备以下条件:

——发电机必须有足够的剩磁,这是自励的必要条件。新造的发电机无剩磁,长期不运行的发电机剩磁也会消失,这时可用其他直流电源进行充磁。

——要使自励过程构成正反馈,由剩磁电势所产生的电流建立的励磁磁势必须与剩磁方向相同。所以整流装置直流侧的极性与励磁绕组所要求的极性必须一致。

——发电机的空载特性曲线与励磁特性曲线必须有确定的交点 A,使正反馈稳定在这一点上,这个交点的纵坐标就是发电机的空载电压值。

(3) 自励起压存在的实际问题及措施

对于自励同步发电机,上述自励起压过程只是一种理想状况。实际上,由于自励回路是一个非线性电路,在起压过程中其阻抗是变化的,因此实际的励磁特性曲线如图 8. 1. 12(b)中曲线 2 所示。自励回路的阻抗是由整流二极管的正向导通电阻、碳刷与滑环的接触电阻及励磁绕组的直流电阻所组成的。起压初始阶段因剩磁电压所产生的励磁电流很小,故整流二极管的正向电阻和碳刷与滑环的接触电阻都呈高阻状态;随着电压增加,励磁电流增大时,回路呈低阻状态。所以当不采取任何措施时,实际励磁特性曲线 2 与发电机空载特性曲线 1 之间,存在有 3 个交点 A、B、C,其中 A 点与 C 点都是稳定运行点。起压时,电压达 C 点时,便稳定下来了,这样就达不到额定空载电压,因此必须设法消除 C 与 B 两点,通常可采用如下方法:

——提高发电机的剩磁电压。即提高空载特性的起始电压,如图 8. 1. 12(b)中曲线 3 所示。实际中是采取加恒磁插片或用蓄电池临时充磁来实现的。许多船舶发电机设有充磁电源,当发电机靠本身建压失败时,按下主配电板发电机控制屏上充磁按钮,临时充磁来提高剩磁电压,从而实现起压。

——降低伏安特性。利用谐振起压的方法,在较小剩磁电压下即可获得较大励磁电流(相当于减小了励磁回路阻抗)。将图 8. 1. 12(b)中曲线 2 下降为曲线 4,由于曲线 4 的开始一段陡度小,可以顺利地起压。当起励电压接近正常空载电压时,励磁回路电阻减小,电路脱离了谐振,伏安特性由 4 转为 2,与空载特性交于 A 点,发电机便进入了正常空载运行。实际工作中还可以采取措施减少碳刷与滑环的接触电阻,以降低励磁回路电阻。

——利用复励电流帮助起压。在起压时临时短接一下主电路,利用短路产生的复励电流帮助起压;或利用升压变压器来起压。这两种方法,电压一旦建立应立即切除升压变压器或打开主电路。

6. 无刷同步发电机自动调压装置实例

发电机的自动调压装置(AVR)一般与发电机一体式安装,调压装置主要通过对发电机励磁电流的调节,来调整、稳定输出电压,使发电机的输出电压满足负载要求。同时,调压装置还能对励磁系统进行保护。

(1)励磁系统

自动调压装置调节发电机组电压就是调整发电机的励磁电流,所以要了解 AVR 我们必须先了解发电机的励磁系统。以船舶同步发电机最常使用的旋转半导体励磁系统为例介绍励磁系统。

如图 8.1.13 和图 8.1.14 所示,旋转半导体励磁系统由副励磁机、主励磁机等组成。副励磁机为永磁式中频交流发电机,磁极旋转,电枢静止;主励磁机为磁极静止、电枢旋转的同步发电机;而船舶同步发电机为磁极旋转,电枢静止形式。船舶发电机输出电压经检测后通过 AVR 比较电路,输出励磁电流调整信号,从而调整船舶发电机输出电压,形成电压调整的闭环控制系统。

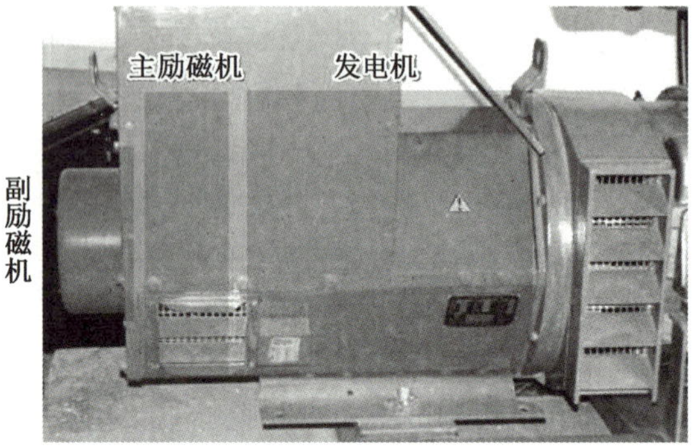

图 8.1.13　旋转半导体励磁系统同步发电机组

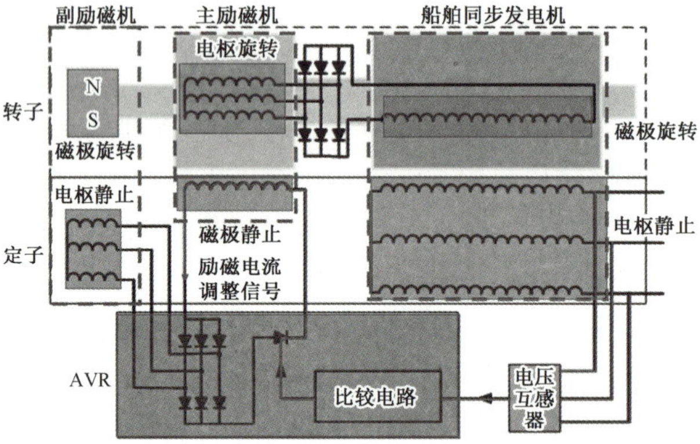

图 8.1.14　旋转半导体励磁系统图

(2)调压原理

AVR 的工作原理如图 8.1.15 所示,副励磁机——永磁发电机的转子随原动机转动,在定子上感应出三相电压 E_A、E_B、E_C,经过三相桥式整流桥将直流电通入主励磁机——同步发电机的定子励磁线圈中,在其转子中感应出三相交流电压,经旋转整流器将直流电通入同步发电机励磁线圈,从而在船舶同步发电机定子线圈感应出三相电输出。

AVR 的调压作用是将发电机输出电压的测量结果与电压设定值及电压微调器作用相比较,将电压差 ΔU 输出给脉宽调制单元 PWM 改变脉冲电压 U_b,作用于调制管 VT,从而改变主励磁机定子电流的占空比。通过调节主励磁机励磁电流来调节船舶发电机励磁电流,进而调节输出电压。此外,PWM 单元的电源来自 AVR 内部稳压器,同时还设置有低频保护单元。

例如,当船舶电网负荷增大时,发电机电枢电压将会降低,这时 AVR 通过负反馈机制调节增大主励磁机定子电流的占空比,从而增大主励磁机定子电流,增大主励磁机磁场,增大主励磁机转子电枢输出电压,增大旋转整流器输出电流,增大主发电机转子磁场,进而提高主发电机电枢电压,达到稳定电压的目的。

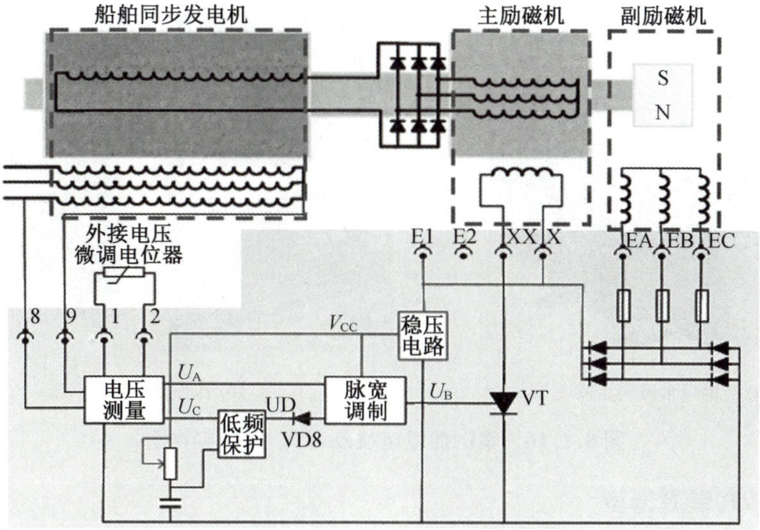

图 8.1.15　AVR 工作原理图

由此可见,AVR 调压过程实际上是调整主励磁机电流脉宽的调制过程。当端电压升高时,我们降低励磁电流的占空比,当端电压降低时,增大励磁电流即可。

任务实施

案例船配备了斯坦福 UCI274 型永磁同步发电机(PMG),如图 8.1.16 所示,结合产品使用说明书,对案例船发电机自励恒压装置(AVR)进行选型整定、调试和故障排查操作。

(a) 斯坦福永磁同步发电机

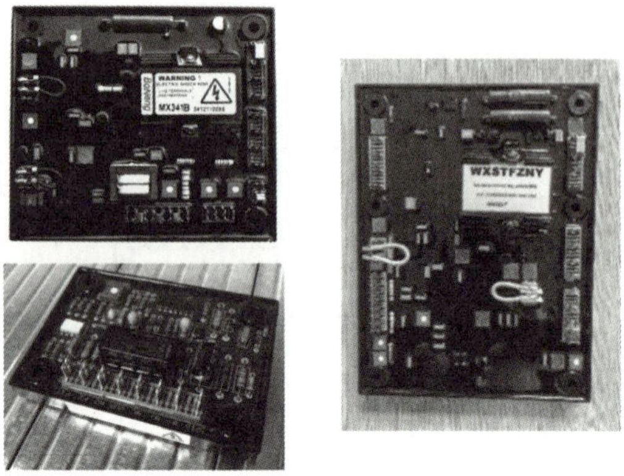

(b) 各种自励恒压装置

图 8.1.16　案例船发电机及可选 AVR 实物图

步骤一:AVR 装置选型

根据产品说明书,为案例船发电机选择合适的 AVR 型号。

(1)查找产品说明书中有关 AVR 选型说明。

(2)阅读表 8.1.2,案例船可选择的 AVR 型号有:

表 8.1.2　斯坦福发电机励磁方式及 AVR 选型匹配表

系列	励磁方式	AVR 型号					
		SX460	SA465	SX440	SX421	MX341	MX321
BC	主绕组提供励磁功率	√	√				
	辅绕组提供励磁功率		√				
	变压器控制的发电机						
HC	主绕组提供励磁功率			√	√		
	PMG					√	√
UC	主绕组提供励磁功率	√		√	√		
	PMG					√	√
	变压器控制的发电机						

(3)搜集 AVR 技术参数,见表 8.1.3。

表 8.1.3　MX321 和 MX341 型 AVR 技术参数

	MX321	MX341
电源输入	170~220 V AC, 3 相　3 A(PMG)	
感应检测	170~250 V AC　二相或三相	190~264 V AC 50/60 Hz
输出励磁	电压 120 V DC(最大),电流 3.7 A(连续)	
保护功能	低速,过励,过压,过流,LAM	低速,过励,LAM
调整率	优于 0.5%	优于 1%

(4)确定 AVR 型号,并注明选型理由。

____

____

____

步骤二:AVR 装置连接

按图 8.1.17 和图 8.1.18,对 AVR 进行连接。各接口所接电路如下:

——K1、K2 端口是励磁断路器闭合连接,在安装调试时使用,平时短接;

——P2、P3、P4 用于接副励磁机永磁发电机三相电力输入;

——XX 和 X 用于连接主励磁机的励磁线圈;

——6、7、8 端口用于接反馈电压输入;1、2 接电压微调电位器;

——C、B、A 为发电机功率(稳定性)选择:90 kW 以下 C、A 短接,90~550 kW 时 C、B 短接,550 kW 以上 B、A 短接;

——1、2、3 为频率选择:1、3 短接为 4 极/60 Hz,2、3 短接为 4 极/50 Hz,1、2 短接为 6 极/60 Hz,不接为 6 极/50 Hz;E0、E1 为电压保护输入;

——S1、S2 接 3 相电流限位保护输入;A1、A2 接电流互感器输出。

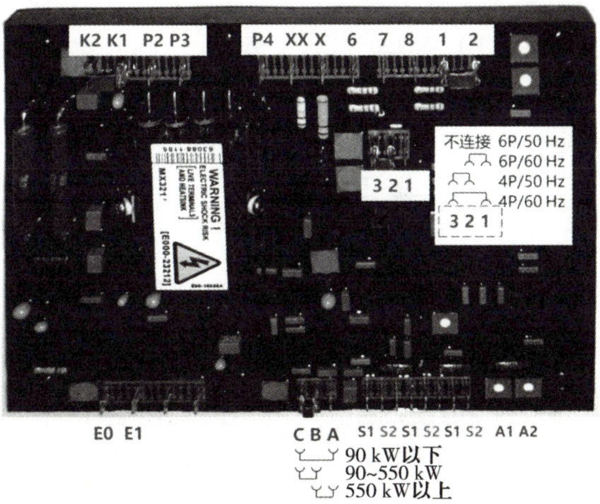

图 8.1.17　MX321 型 AVR 接口

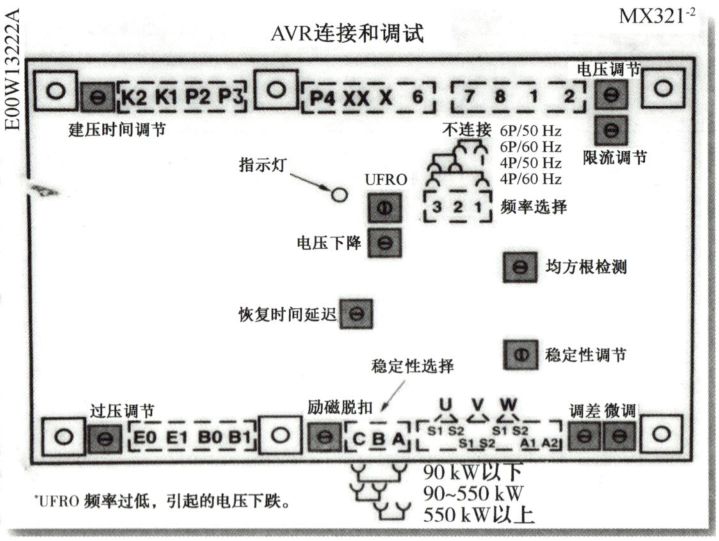

图 8.1.18　MX321 型 AVR 连接端口及功能调试示意图

步骤三:AVR 装置功能调试

按图 8.1.18 所示(阴影部分),在 MX321 型 AVR 上有很多微调旋钮,通过调节旋钮能实现多种不同的功能,依次调试如表 8.1.4 所示 AVR 功能。

表 8.1.4　M321 型 AVR 功能调试

旋钮名称	功能
下垂调节	并联运行时调无功负荷均衡分配
微调	参数微调
励磁脱扣	励磁电流过高时,切断励磁,调节 X、XX 端电压为 70 V±5%
过压调节	设置灭磁电压,设置 E1、E0 端电压为 300 V±5%
稳定性调节	调节发电机电压的稳定性,一般已经预先设定好,不需要调节
均方根检测	检测两相电压的均方根值
电压调节	调节发电机的工作电压
限流调节	调节发电机输出电流的限制值
UFRO	调整频率过低引起的电压下降,频率低于设定值(一般为 47 Hz)发电机电压降低
电压下降	调节加负载时电压下降水平
恢复时间延迟	调节加负载时电压的恢复时间
建压时间调节	调节发电机至额定转速后建立电压时间,一般为 3 s

(1)调试“电压调节旋钮”——用于调节发电机的工作电压。

(2)调试“UFRO 旋钮”——用于调整频率过低引起电压下降的频率阈值,当电网频率低于设定值(一般为 47 Hz)时,发电机电压将降低。出厂时设置的膝点为 95%的额定转速或频率,顺时针旋转旋钮将减小膝点,将频率过低引起电压下降的频率设定值降低,如图

8.1.19 所示；反之，逆时针旋转旋钮将增大膝点，发电机转速稍微降低就将引起电压的下降。若膝点设置为95%，当发动机的转速下降至额定转速的95%以下时，电压将随曲线下降，同时LED灯亮起；而当转速恢复上升至额定转速的95%以上时，电压恢复额定值，LED灯灭。

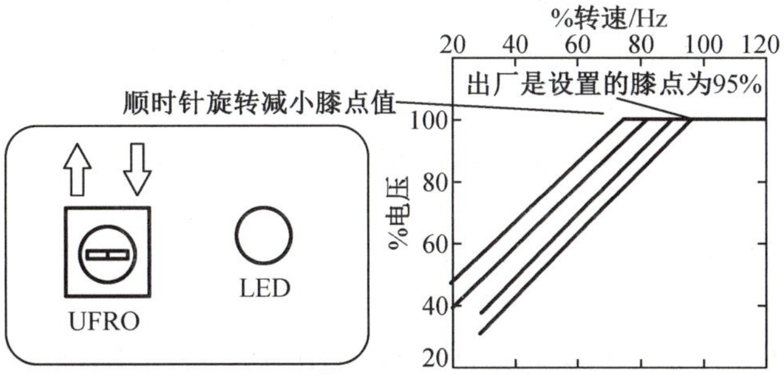

图 8.1.19　UFRO 旋钮调试

(3)调试“下降控制旋钮”——当UFRO线路合上，即发电机转速小于膝点进行操作。当UFRO电路接通时，顺时针旋转下降控制旋钮将增大下降的电压或频率倾斜的效果，最大可增加至原来倾斜的300%，如图8.1.20所示。

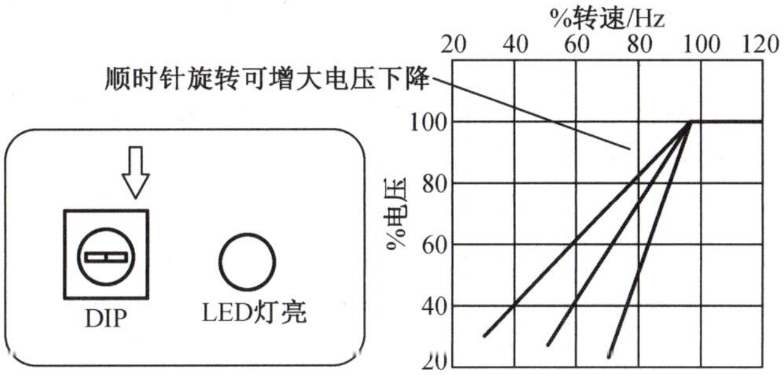

图 8.1.20　下降控制旋钮调试

(4)调试“恢复时间延迟控制旋钮”——该旋钮也是需要UFRO线路合上后进行操作的。当发电机转速小于膝点，发电机电压下降到某值，这时转速恢复后，对发电机电压恢复时间的调节，顺时针旋转旋钮将增大电压恢复时间，在瞬态负载情况下，通过延长电压恢复时间帮助发动机恢复到常态对于增压发动机组特别有用，同恢复时间延迟一起使用，可以使发动机有一个很好的特性，如图8.1.21所示。

(5)调试“励磁脱扣旋钮”——主要起到对励磁系统的保护作用。当出现过载、输出电压过高、发动机转速低、绕组温度高及励磁系统故障等情况，过励电压超过DC 70 V时，并经过一段延时后，保护线路接通，励磁跳闸开关动作将发电机励磁线路跳闸切断，使发电机输出电压降为零，同时LED灯亮起。在发动机停转时，保护线路断开，LED灯灭。该旋钮的控制调节在出厂时是密封的，在没有制造商的指导下，不建议擅自改变。

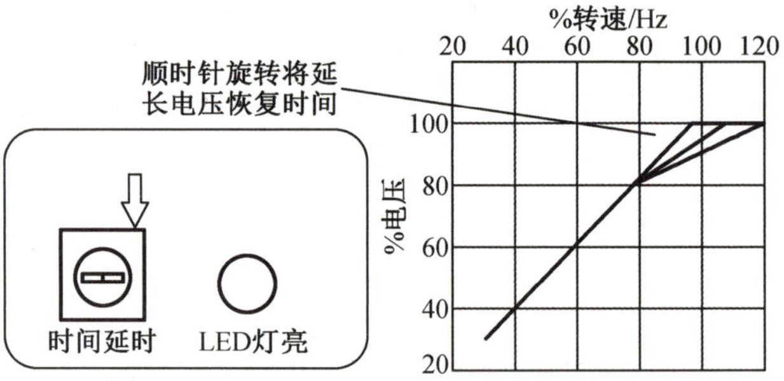

图 8.1.21 恢复时间延迟控制旋钮调试

步骤四：使用 AVR 装置

（1）使用注意事项

AVR 可控硅励磁调压器全部采用电子元件，使用中要特别注意以下事项：

——调节器切忌受潮，存放时，必须保存在干燥的地方。

——无论在存放或运行中，必须尽量避免尘垢、水滴、金属屑等杂物侵入。

——调节器应保持清洁，注意可控硅元件发热情况，若散热器烫手而不能在上停留时，须停机检查。应经常检查硅元件上是否有尘垢，并拧紧其螺栓紧固件。

——检查各电子元件连接线有无脱焊、断头、松动现象。

——当调节器与发电机之间的接线确实无误，调节器准备投入运行时，按顺序进行操作。

（2）故障排查及处理

在使用 MX321 型 AVR 时，出现起始无电压、电压建立十分缓慢等故障时，可依据表 8.1.5 的处理方法按步骤进行排查。

表 8.1.5 MX321 型 AVR 故障排查及处理

故障现象	处理方法
机组起始时无电压	• 检查辅助接线柱 K1、K2 的连接 • 按外接励磁试验方法检查发电机和 AVR
电压建立十分缓慢	• 检查“建压时间调节”设置（仅 MX321）
机组运行时电压跌落	• 先停机，再重新启动机组。若无电压或在短时间内电压消失，按外接励磁试验方法检查
发电机电压过高，紧接着电压消失	• 检查 AVR 感应电缆的连接是否完好 • 参照接励磁试验方法检查
空载或负载时电压不稳定	• 检查转速稳定性 • 检查“稳定性调节”设置
负载时电压过低	• 检查转速 • 若转速正常，检查 UFRO 设置
加载时电压/转速过度下跌	• 参照发电机手册检查调速器反应 • 检查“下垂”设置
加载时电压恢复缓慢	• 参照发电机手册检查调速器反应

任务评价

任务完成情况评价标准及评分见表 8.1.6,任务总结反思见表 8.1.7。

表 8.1.6　任务评价表

评价类型	赋分	评价指标	分值	得分		
				自评	组评	师评
职业能力	50	AVR 选型合理	10			
		AVR 装置连接正确、熟练	15			
		AVR 调试快速、规范	10			
		故障记录完整,正确排除故障	15			
职业素养	30	操作规范、精益求精	10			
		协作互助、解决问题	10			
		持续改进优化能力	10			
劳动素养	10	坚持出勤、遵守纪律	5			
		报告完整、工位整洁	5			
思政素养	10	在错误操作中的有效反思	5			
		认真、勤勉的职业素养	5			

表 8.1.7　总结反思

目标达成：知识☆☆☆☆☆　技能☆☆☆☆☆　素养☆☆☆☆☆	
学习收获：	教师寄语：
问题反思：	

课后任务

1. 问答与讨论

(1)当按下船舶同步发电机组的启动按钮后,发电机组无法启动,试讨论可能出现的原因。

(2)什么叫相复励?讨论可控相复励装置和不可控相复励装置的区别。

(3)简述同步发电机自励起压的过程,以及保证自励起压成功的条件。

(4)简述船舶同步发电机自动电压调整装置的基本作用和原理。

2. 巩固与提高

(1)利用课程 AI 助手,了解无刷发电机励磁系统的组成和原理。

(2)某待检修船舶,配备的同步发电机组采用了不可控相复励装置,试对此励磁装置编制检修计划表。

任务 8.2 并联运行发电机之间的无功功率分配

任务引入

在船舶电站的运行体系中,发电机并联运行相较于单机运行呈现出更为复杂的情形。当多台发电机并连接入电网,电网电压与各发电机端电压保持一致,任一发电机励磁电流的变动,都将牵一发而动全身,对整个电网电压产生影响。与此同时,在负载需求的总无功功率既定的状况下,各台发电机所承担的无功功率份额便成为关键问题。这一问题涵盖多个层面:如何实现无功功率的合理或最优分配;当现有分配不符合要求时,怎样通过有效手段转移各发电机分担的无功功率,促使其趋向合理状态;以及在达成合理分配后,如何保障该状态的稳定性,避免无功功率分配出现波动。而这一系列关乎船舶电力系统稳定运行的核心问题,均与发电机的励磁调节紧密相连。本次任务“并联运行发电机之间的无功功率分配”,将围绕上述要点展开深入探究,从理论原理剖析到实际操作技能培养,全面提升对船舶电站中这一关键环节的理解与掌控能力,为构建稳定、高效的船舶电力系统奠定坚实基础。

并联运行发电机之间的无功率分配

船舶电网无功的自动补偿

任务描述

（1）学习无功功率合理分配的必要性、转移原理、调压特性与分配关系，以及自动分配和补偿方法；

（2）锻炼依据电力系统数据判断无功分配是否均匀，排查自动分配装置故障的能力；

（3）掌握并联发电机无功功率手动调节操作流程，确保满足不同工况需求；

（4）学会根据船舶实际情况，综合考量技术经济因素，合理选择无功补偿装置。

学习目标

知识目标：

（1）阐释无功功率合理分配对船舶电力系统稳定、电能质量提升及用电设备正常运行的必要性；

（2）理解无功功率在并联发电机间转移的原理与过程，掌握受发电机参数、运行状态及系统阻抗影响的机制；

（3）掌握调压特性与无功功率分配的关系，能分析有差、无差等调压特性曲线对无功分配的影响规律；

（4）了解无功功率自动分配方法，熟悉均压线法、自动无功分配装置等的工作原理、结构及控制策略。

技能目标：

（1）依据船舶电力系统运行数据和发电机状态，准确判断案例船并联发电机组间无功功率分配是否均匀；

（2）排查无功功率自动分配装置故障，快速定位并分析原因；

（3）按规范流程熟练手动调节并联发电机无功功率分配，通过调整励磁电流满足不同工况需求；

（4）根据船舶电力系统负载、功率及运行要求，综合技术经济因素，合理选择无功补偿装置，确定容量、类型及安装位置。

育人目标：

（1）在本任务中，对于发电机组无功功率调整步骤看似简单，但针对不同场景、不同情况下发电机组无功功率调整，需要操作者理解其调整机理才能灵活应对，因此需要认真学习相关理论知识，并模拟各类场景反复练习；

（2）感悟无功功率调整在船舶电站稳定运行中的重要意义，加强责任意识和安全意识。

知识准备

1. 无功功率合理分配的必要性

如图 8.2.1 所示，当同步发电机并联工作时，因为各台发电机的电势对应各自的励磁电流，当电网电压一定而各电势不同时,在发电机之间将形成环流,由于同步发电机的定子绕组电抗较电阻大得多,从而使环流基本上是无功的,这种环流使各发电机承担的无功功率不一致。

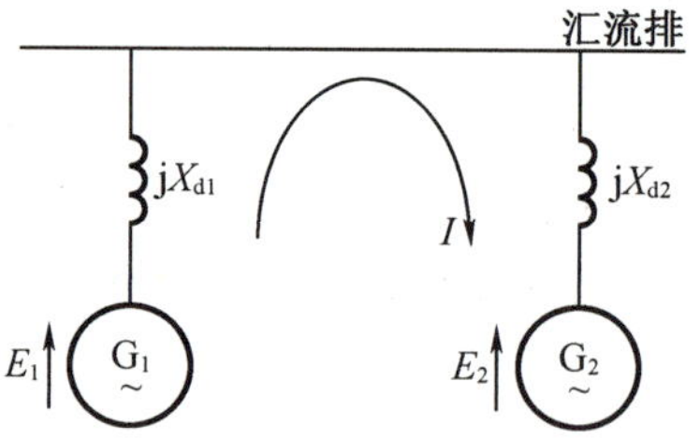

图 8.2.1　发电机并联运行时的环流

为了说明并联运行发电机之间存在无功功率的分配问题,可对两台发电机并联工作的情况进行分析。假设两台同型号、同容量的发电机并联运行,则同步电抗 X_d 相同,电枢电阻忽略不计。设两台发电机承担的有功功率相同,而电势不同,当 1 号发电机的励磁电流大于 2 号发电机的励磁电流时,1 号发电机电势 E_1 将大于 2 号发电机电势 E_2,可画出矢量图如图 8.2.2 所示。

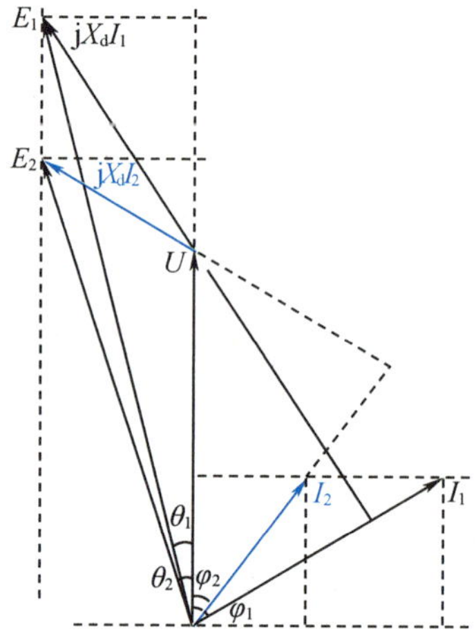

图 8.2.2　船舶并联运行同步发电机无功调整相量图

其中发电机端电压 U 为相同的共有参数,电势 E_1 和 E_2,对于 U 的夹角分别为 θ_1 和 θ_2。由电机学理论可知发电机电磁功率为

$$P=m\frac{EU}{X_d}\sin\theta \tag{8.8}$$

式中,m 为相数。

当 $P_1=P_2$ 时,由式(8.8)可得下关系:

$$E_1\sin\theta_1=E_2\sin\theta_2 \tag{8.9}$$

式(8.9)说明 $\dot{E}_1$ 和 $\dot{E}_2$ 的矢量终端落在平行于 $\dot{U}$ 的虚线上,由于 $E_1>E_2$,所以有 $\theta_1<\theta_2$。

因为 $\dot{E}-\dot{U}=\mathrm{j}X_d\dot{I}$,而 $\mathrm{j}X_d\dot{I}$ 垂直于 $\dot{I}$,所以可确定 $\dot{I}_1$ 和 $\dot{I}_2$ 的方向;又因为 $P=mUI\cos\varphi$,而 $P_1=P_2$,所以 $I_1\cos\varphi_1=I_2\cos\varphi_2$,从而又确定了 $\dot{I}_1$ 和 $\dot{I}_2$ 的大小;而 $I_1\neq I_2$ 那么

$\varphi_1 \neq \varphi_2$，则必定有 $I_1>I_2$，$\varphi_1>\varphi_2$。如图 8.2.2 所示。

由上可得到结论：

$$\begin{cases} I_1\sin\varphi_1>I_2\sin\varphi_2 \\ I_{1Q}>I_{2Q} \end{cases} \tag{8.10}$$

式中，I_{1Q}、I_{2Q} 为发电机的无功电流。

式(8.10)表明 $E_1>E_2$ 时 $I_{1Q}>I_{2Q}$。说明两发电机电势不等，则承担的无功功率不等，将造成 $I_1>I_2$，其结果有可能造成 G_1 发电机电流过载。另一方面，尽管两发电机的有功功率相同，但当 $I_1>I_2$，会造成有功损耗(指铜损)增大。只有 $I_1=I_2$ 时，损耗才达最小值。

以上分析表明，并联运行发电机之间，尽管两发电机承担的有功功率相同，若无功功率的分配不等，其结果有可能造成一发电机提前过载。这就是对两台相同功率的发电机的无功功率要求均匀分配的原因。类似上述情形，对不同功率的发电机并联运行，则要求按比例分配无功功率。

2. 无功功率的转移

根据上述分析，电势不等，无功功率分配不均；电势相等，无功功率也就能均匀分配。因此，要使无功功率均匀分配必须调整电势，调整电势的方法就是调节励磁电流。

应当注意，无功功率转移过程中也应遵循“双向等量”的原则，在减小一台发电机励磁电流的同时，必须相应地增大另一台发电机的励磁电流，以保证电网电压始终为额定电压。单纯把电势较大的发电机励磁电流调小，或单纯把电势较小的发电机励磁电流调大都是不行的。

因电网电压不变，自动励磁调节装置是不会进行自动调整的，故转移无功功率的励磁调节通常采取人为的调节或附加装置的自动调节。

3. 调压特性与无功功率分配关系

当并联发电机间无功功率分配调整合理后，能否把合理的状态保持下去，这与自动励磁调节装置的性能有很大关系。

(1) 自励恒压装置的调压特性

发电机的调压特性表示发电机端电压 U 与输出无功电流 I_Q 之间的关系，如图 8.2.3(a)所示。它与发电机外特性有些类似，即都是电压与电流的关系，是在频率不变的情况下测得的。但两种特性是不同的，外特性是在励磁电流不变的情况下获得的，而调压特性是在自动励磁电流调节装置起作用的情况下获得的；外特性的横坐标是负载电流，调压特性的横坐标是无功电流 I_Q 即负载电流的无功分量。

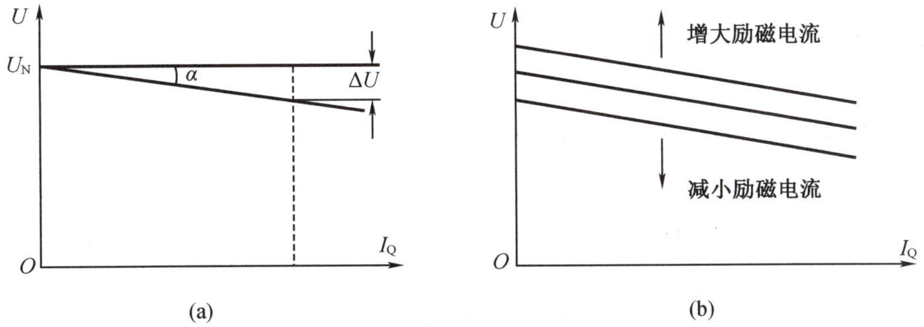

图 8.2.3　发电机的调压特性

被调量 U 随 I_Q 而变化的程度叫作电压调差系数 K_C，由调压特性下倾角的正切值来表示：

$$K_C=\tan\alpha=\frac{\Delta U}{I_Q} \tag{8.11}$$

若 $K_C=0$，则调压特性呈水平直线，为无差特性。当 I_Q 变化时，去磁的电枢反应变化，必定引起端电压 U 的变化（单机运行时），但 $\Delta U=0$ 说明 AVR 在起作用，其调节属可控误差的类型。

若 $K_C>0$，则调压特性呈下倾的直线，为有差特性。当 I_Q 增大时，ΔU 也随之增大。由于自动励磁调节装置的调节作用，ΔU 的变化虽存在，但比发电机外特性上的 ΔU 变化要小得多。简单地看，可认为有差特性是一根略向下倾斜的直线。根据规范要求，静态电压调整率应不大于 2.5%，可知，实际倾角 α 不大于 1.43°。

改变调压器的励磁电流大小可以是调压器的特性曲线上下平移，图 8.2.3(b) 为特性曲线调节图。

(2) 无功分配的分析

下面定性讨论 K_C 不同时，对两台发电机并联运行时的无功分配产生的影响。

★$K_{C_1}>K_{C_2}>0$

两台发电机都具有下垂的调压特性，且调差系数不同，如图 8.2.4(a) 所示。

这种情况下，当无功负载增加时，电网电压下降。不同电压下，两台发电机承担的无功功率按比例分配，且分配稳定，所谓稳定是指根据电压或总负载量可以确定特性上的唯一工作点。

在这种情形下，若调差系数选择恰当，可满足不同容量的发电机间的无功按比例分配。

★$K_{C_1}=K_{C_2}>0$

两台发电机都具有下垂的调压特性，且调差系数相同，如图 8.2.4(b) 所示。从图中可知两台发电机承担的无功功率是平均分配的，且分配稳定。

这种情形满足同容量的发电机间的无功平均分配要求。

★$K_{C_1}>K_{C_2}=0$

一台发电机具有下垂的调压特性，另一台发电机是无差特性，如图 8.2.4(c) 所示。

这种情况下，由于电网电压一定，有差特性所承担的无功功率不能变化，而负载变化时，无功功率的全部变化量都由无差特性的发电机承担。这种组合虽然能稳定分配，但分配是不成比例的。

★$K_{C_1}>K_{C_2}=0$

两台发电机都具有无差的调压特性，如图 8.2.4(d) 所示。

这种情况下，当两特性处于同一水平线时，无功功率的分配不成比例，且不能稳定分配，甚至分配会发生周期性变化，即形成振荡。

4. 无功功率的自动分配方法

要使并联运行的发电机间无功功率分配自动地维持一定的关系，例如始终平均分配，如上所述，则必须使两台发电机的电压调整特性曲线为有差调压特性曲线，且斜率一致。一般按调压器类型的不同，采取不同的措施来实现稳定无功功率分配。

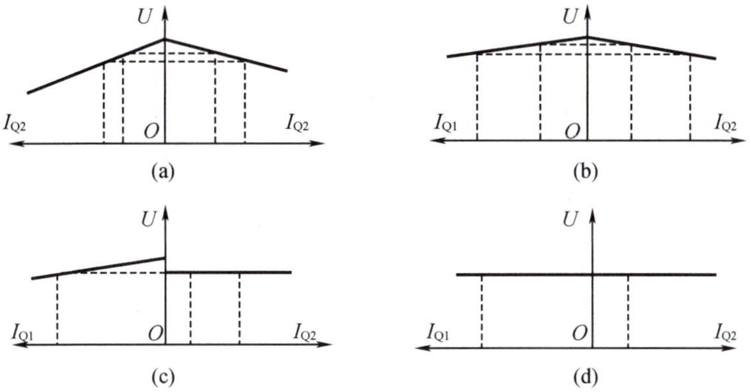

图 8.2.4 各种 K_C 的发电机并联时无功功率的分配

(1)开环调压器采用均压线法

不可控相复自励恒压装置具有有差调压特性。当两台发电机并联运行时,其调压特性曲线的斜率未必是一致的,而且不可控相复励调压装置的调压特性曲线的调差系数是不可改变的,为了保证其调压特性曲线斜率的一致,保证并联运行机组间无功功率分配均匀,通常采用连接均压线的办法来解决,均压线可连接在励磁整流器的直流侧或交流侧,如图 8.2.5 和图 8.2.6 所示。

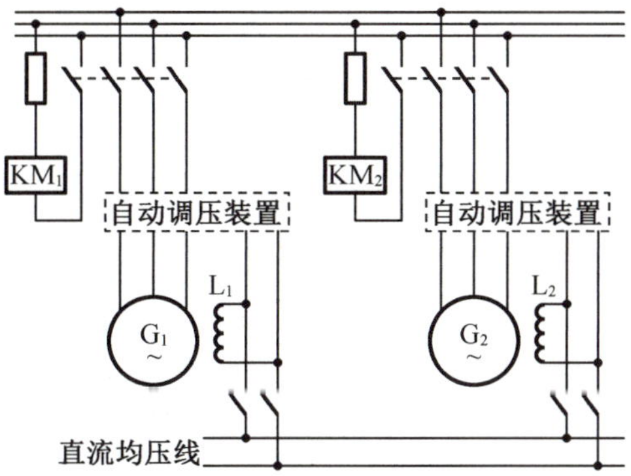

图 8.2.5 直流均压线原理图

★直流均压线法

直流均压线法多用于同型号、同容量发动机组并联运行无功的平均分配,是使用最为广泛的均压线法。

直流均压线将并联机组的激磁绕组并联,迫使各机组的励磁电压一致,使各发电机的励磁电流在任何时候都接近一致,保证各发电机的无功负载在任何时候都平均分配,如图 8.2.5 所示。当两台发电机励磁绕组的励磁电压不同时,均压线上将出现平衡电流,使两台发电机的励磁电流保持相等。直流均压线的优点在于能排除并联运行发电机组间调压器特性差异带来的影响,无功功率分配仅与发电机本身励磁特性(励磁电流与发电机电动势关系)有关。因此,无功功率分配令人满意,并联运行时稳定性好,但均压线的电缆截面积较大,均压接触器触头的容量也较大,且无功功率的转移不可控,因此发电机主开关需在大电流下切断。

★交流均压线法

对不同容量的发电机的并联运行,可采用交流均压线实现按比例分配无功功率,如图8.2.6所示,其作用原理与直流均压连接基本相同,它是将两台发电机调压装置的移相电抗器通过均压线并联。当两台发电机出现电压差时,通过均压线使发电机输出电压均衡,以保持无功负载分配均衡。

采用交流均压线法时,因直流侧间没有均压连接,可通过改变励磁绕组的并联电阻,来转移无功功率或手动分配无功负载。

图8.2.5和图8.2.6电路中的均压线接触器KM与主开关QF设有联动关系,这是为了使单台发电机运行时不负担两台发电机的励磁电流,否则将使运行发电机的端电压大大下降。

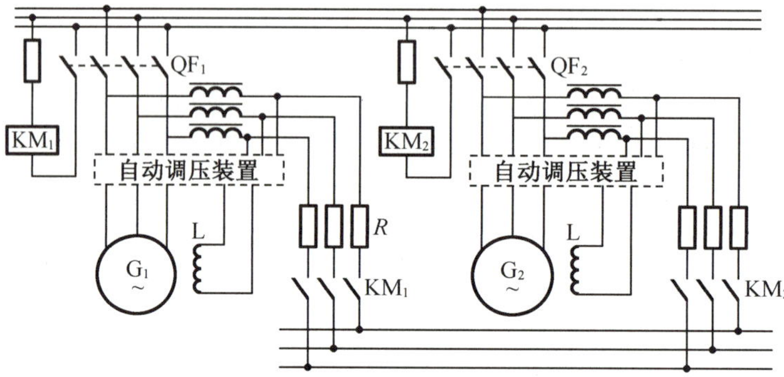

图8.2.6　交流均压线原理图

(2)闭环调压系统下倾调压特性

并联运行发电机间无功功率分配的关系主要由电压调整特性曲线所决定。对于闭环调压系统,由于其调压精度高,调压系数K_C一般是很小的,甚至几乎接近零,于是调压器的调压特性是接近无差的。这对于提高发电机的电压精度是有利的,但具有无差调压特性的两台发电机并联运行会使无功功率的分配不确定,造成船舶电力系统无法稳定运行。因此,这样的两台发电机不能并联运行。可见,从无功分配、系统稳定运行的角度看,对于调压精度较高的闭环调压系统,也不得不在调压器上加装可以改变调压系数的电流稳定装置,以增大调压系数K_C牺牲调压精度,来换取船舶电力系统确定的无功分配,以保证船舶电力系统的稳定运行。

电流稳定装置主要用于可控相复励调压器、晶闸管调压器等系统中。该环节实质是一个无功电流检测装置,测得的无功电流信号按比例变换成相应的控制信号,加到调压器上,调压器加装了这种装置后就可改变电压调整特性曲线的倾斜度,只要将并联运行机组的调压系数调整为基本一致,则可稳定地、均匀地分配无功功率,稳定装置的原理如图8.2.7所示。

5. 无功功率的自动补偿

(1)无功补偿作用

在船舶电力系统中,发电机的励磁电流产生大量无功功率、大量的感应电动机及气体放电灯等感性负荷,致使系统的功率因数很低,实际上自然功率因数只在0.4~0.6。由于功率因数$\cos\varphi$低,致使船舶电力系统的设备利用率很低,电能损耗很大,供电质量不高,不仅不经济,且影响安全可靠性。因此,需要通过无功补偿,提高船舶电力系统的功率因数。

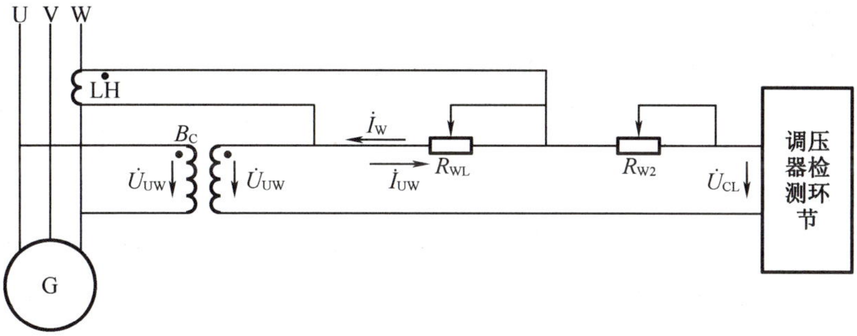

图 8.2.7　电流稳定装置原理图

(2)无功补偿的方法

通常,船舶电力系统的平均功率因数的要求一般不应低于 0.9。当不满足时,则需考虑加装静电电容器进行人工补偿,使电力系统的功率因数始终保持在一个较高水平上,且在无功负载突变时,使无功功率迅速达到平衡。

图 8.2.8 表示功率因数的提高与无功功率和视在功率变化的关系。假设功率因数由 $\cos\varphi$ 提高到 $\cos\varphi'$,这时在负载需要的有功功率不变的条件下,无功功率将由 Q 减小到 Q',视在功率将由 S 减小到 S',相应地系统负荷电流也得以减小。这将使系统的电能损耗和电压损耗相应降低,既节约了电能,又提高了电压质量,而且可选较小容量的供电设备和导线电缆,因此提高功率因数对电力系统大有好处。

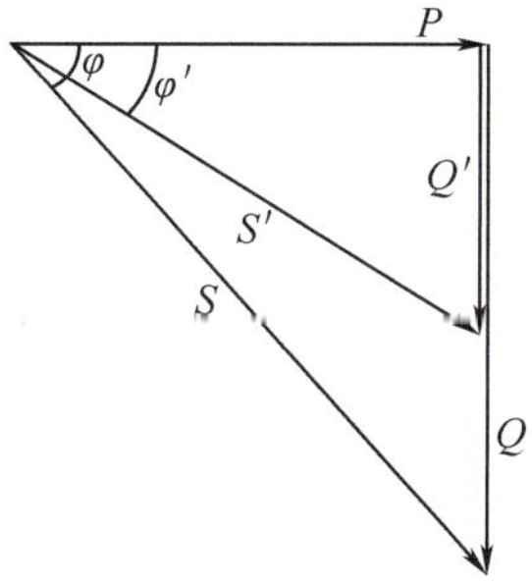

图 8.2.8　功率因数的提高与无功功率、视在功率的变化

由图 8.2.8 可知,要使功率因数由 $\cos\varphi$ 提高到 $\cos\varphi'$,必须装设的无功补偿电容器的容量为

$$Q_C = Q - Q' = P(\tan\varphi - \tan\varphi') \tag{8.12}$$

在确定了总的补偿容量后,即可根据所选并联电容器的单个容量 q_C 来确定电容器个数:

$$n = \frac{Q_C}{q_C} \tag{8.13}$$

由式(8.13)计算所得的电容器个数,对于单相电容器来说,应取 3 的倍数,以便三相均衡分配。在装设了无功补偿装置后,装设点之前的无功功率将减少,因而视在功率也减少,所以可减少设备容量或运行机容量。

(3)补偿方式

静电电容器的补偿方式可分为个别、分组和集中3种。

★个别补偿

电容器直接装设在用电设备的电源进线端,如与大型电动机并联。其优点是无功负荷得到最大补偿,可减少线路电能损耗,缺点是电容器利用率低,适用于较长线路供电的大容量用电设备。

★分组补偿

电容器装设在分配电扳上,如安装在起货机控制屏上。电容器利用率提高了,但不能减少自动控制屏到电动机线路上的电能损耗。

★集中补偿

电容器装设在发电机母线上。电容器利用率最高,但不能减少线路电能损耗,对发电机的无功补偿有显著的效果。

对于船舶电力系统,最好能采用集中和分组结合的补偿方式。

(4)容量自动调节

为保证补偿电容器的经济运行,需采用自动补偿调节装置,以调节补偿电容器的容量。补偿容量的调节,可采用分级调节、连续调节和分级与连续结合的调节方式。

自动无功补偿调节装置,一般由测量环节、逻辑环节和输出环节构成。目前,船用自动快速无功补偿装置已有各种形式,并实际应用于船上。如QKBA-1型、KBH-5型、KBHZ-3C型等。

任务实施

步骤一：判断并联运行发电机之间无功功率分配是否均匀

判断两机之间的无功功率分配是否均匀，可以采用以下两种方法：

(1)机组并联运行时，观察两台发电机有功功率表和电流表，若功率表(有功)指示基本相同，而电流表指示相差较大时，说明无功功率分配不均衡。

电流表指示较大的发电机承担的无功功率________(判断“多”或“少”)，需要进行调节或无功分配装置存在故障。

(2)机组并联运行时，观察两台发电机有功功率表和电流表，若功率表(有功)指示基本相同，而功率因数表指示相差较大时，说明无功功率分配不均衡。

功率因数表指示较大的发电机承担的无功功率________(判断“多”或“少”)，需要进行调节或无功分配装置存在故障。

在发电机并联运行时，其无功功率的分配是由自动电压调整器来自动完成的。但是如果电气元件出现故障，也会使无功分配装置出现故障。

无功分配情况判断操作记录卡

	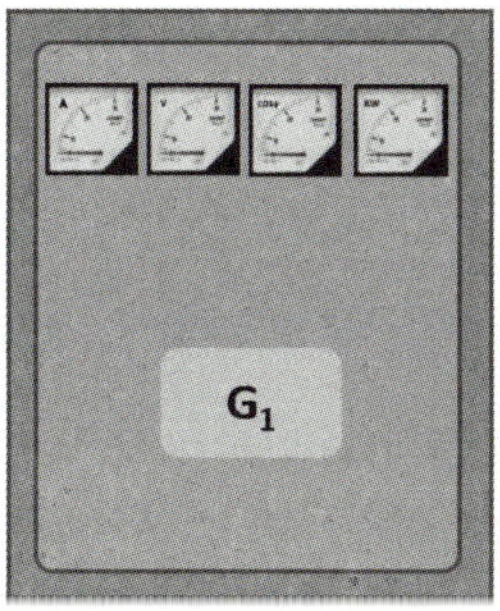	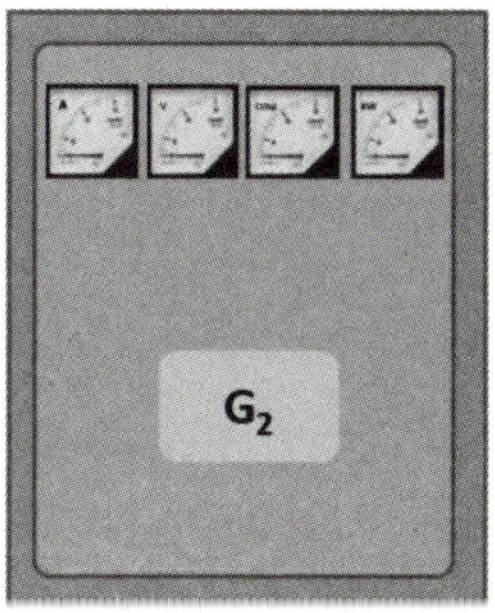
电流表读数		
功率表读数		
功率因数表读数		
无功功率是否分配合理		
判断依据		

操作体会：

步骤二：排查无功功率自动分配装置故障

以均压线连接为例来分析故障排除的方法，重点检查均压接触器：

(1)检查接触器是否通电动作，检查线圈本身、发电机主开关常开辅触点、熔断器、导线及相应接线柱等，或修复或更新。

(2)检查接触器触点是否可靠闭合，或打磨修理或更新。如果触头接触不良，会使均压线断路，并车时不易并上，即使空气开关能合闸，发电机也不能稳定地并联运行，两台发电机的电流可能同时急剧上升，直至发电机的主开关保护动作而跳闸。

采用均压线并联运行的发电机组，一旦均压连接中断，将会导致无功分配严重不等。发电机组并联运行中，当两台功率表指示基本相同而电流表指示相差太大，或两台功率表指示基本相同而功率因数表指示相差较大，则说明均压连接发生中断，此时应检查均压接触器，看均压接触器是否通电动作来排除故障。

故障排查操作记录卡

故障现象：
故障原因分析：
故障处理措施：

步骤三：并联发电机之间无功功率分配手动调节操作

(1)两台发电机并联运行时，两台发电机功率表指示基本相同，而功率因数表指示相差较大时的手动调节操作。

情景：电网上有两台发电机并联运行，电网电压为 U，两台发电机功率表(有功)指示基本相同而功率因数表指示相差较大，说明两台发电机的无功功率分配不均匀。发电机负载电流功率因数低的，无功功率大；功率因数高的，无功功率小。现需要由手动来调节。

调节操作：为保持电网的电压稳定，在调节时，必须同时向相反方向调节两机组的励磁电流调节旋钮，增大功率因数低的发电机组的励磁电流，同时减小功率因数高的发电机组的励磁电流，使两台机组各自分担的无功功率基本一致。

(2)两台发电机并联运行时，两台发电机功率表(有功)指示基本相同而电流表指示相差太大时的手动调节操作。

情景：电网上有两台发电机并联运行，电网电压为 U，两台发电机功率表(有功)指示基本相同而电流表指示相差太大，说明两台发电机的无功功率分配不均匀。假设发电机电流表指示电流大的，无功功率大；电流表指示电流小的，无功功率小。现需要由手动来调节。

调节操作：为保持电网的电压稳定，在调节时，必须同时向相反方向调节两机组的励磁电流调节旋钮，增大电流表指示电流小的发电机组的励磁电流，同时减小电流表指示电流大的发电机组的励磁电流，使两台机组各自分担的无功功率基本一致。

无功功率分配操作记录卡

绘制自励恒压装置调压特性曲线：   操作过程：   操作要点总结：

步骤四：无功补偿装置选择

(1)查询《船舶电力负荷计算书》，选择船舶最常用工况下的计算负荷和对应的功率因数。

工况名称：______________________；计算负荷：________kW；功率因数：________________。

(2)根据需要拟定预期的功率因数。(一般预期功率因数为0.9以上)

(3)计算需要补偿的电容器总量。

(4)选择电容器的型号为______________________，台数为________________________。

(5)选择的补偿方式为_________________________，并规划安装方式和位置。

任务评价

任务完成情况评价标准及评分见表8.2.1，任务总结反思见表8.2.2。

表 8.2.1 任务评价表

评价类型	赋分	评价指标	分值	得分		
				自评	组评	师评
职业能力	50	无功功率分配是否均匀判断准确	10			
		规定时间内故障分析正确,故障排查及时	15			
		成功完成无功功率补偿	15			
		无功功率补偿装置选择	10			
职业素养	30	操作规范、精益求精	10			
		协作互助、解决问题	10			
		报告规范详尽、持续改进优化能力	10			
劳动素养	10	坚持出勤、遵守纪律	5			
		报告完整、工位整洁	5			
思政素养	10	在错误操作中的有效反思	5			
		认真、勤勉的职业素养	5			

表 8.2.2 总结反思

目标达成： 知识☆☆☆☆☆ 技能☆☆☆☆☆ 素养☆☆☆☆☆	
学习收获：	教师寄语：
问题反思：	

课后任务

1. 问答与讨论

(1)查询中国船级社《钢质海船入级规范》,简述并联运行的同步发电机之间无功分配时的要求。

(2)讨论对于相复励装置采用什么方法实现无功的合理分配及其适用场合。

2. 巩固与提高

某船舶两台同容量的同步发电机并联运行时,观察到两者电流读数相同,而功率因数读数不同。

(1)分别讨论这时两台并联运行的发电机组之间有功功率和无功功率是否分配均匀,并阐述原因。

(2)分别讨论若有功功率分配不均或(和)无功功率分配不均,应采取何种措施进行调整。

项目 9

船舶电站的试验

学习情境设置

(1)选择学习者角色

□船舶设计院电气专业技术人员

□船舶建造厂电气专业技术人员

□船舶电气自动化设备制造技术人员

□船舶船体、轮机等其他非电专业技术人员

□船舶电子电气员

□其他______________________

(2)分析学习者角色的岗位能力要求

船舶设计院、建造厂电气专业技术人员:深入理解船舶电站试验背后的电气原理,将试验标准融入设计构思。掌握船舶电站安装调试规范,依据试验要求规范作业。

船舶电气自动化设备制造技术人员:掌握电站设备安装调试规范,依据试验要求规范作业。能够排查电气故障,保障设备运行,严格执行试验流程,把控细节确保结果准确。

船舶船体、轮机等其他非电专业技术人员:要理解电站试验与自身专业的关联,从整体角度协同工作。要学习安全规范,掌握应急处理措施,与电气人员有效沟通解决问题。

船舶电子电气员:掌握电站试验操作流程,能独立巡检设备、记录参数并排除简单故障。要依据试验了解设备运行特点,制定保养计划,遵循法规标准操作。

____

____

(3)制定学习计划

学习船舶电站的试验类型;

学习船舶电站的试验流程;

学习船舶电站的试验方法。

____

____

项目介绍

在船舶行业蓬勃发展的当下,船舶设计院、船舶建造企业对电气工程师的专业素养提出了严苛要求。经深入调研这些企业的岗位需求,并结合岗前培训实践发现,船舶设备调试与维护岗位、船舶电气设计岗位,均对船舶电站试验流程及内容有着强烈需求,而这也是船舶电气工程技术专业学生必须掌握的核心技能之一。

船舶电站作为船舶电力供应的关键,对船舶的安全稳定运行起着关键作用。通过系统学习船舶电站试验要求、流程及内容,初学者能够紧密贴合船舶试验的实际工况,全面且深入地了解船舶电站在不同阶段的试验要点。其中,任务9.1船舶电站的系泊试验,将带领学习者熟悉船舶在系泊状态下,对电站设备进行初步调试与检测的流程和内容,为后续航行试验奠定基础;任务9.2船舶电站的航行试验,则模拟船舶实际航行场景,对电站在动态运行中的各项性能进行严苛测试。

完成本项目的学习,不仅有助于学习者构建起完整的船舶电站试验知识体系,更能培养其将理论知识灵活应用于实际操作的能力,为日后顺利投身船舶相关岗位、高效完成工作任务筑牢坚实根基,助力其在船舶电气工程领域迈出稳健且自信的职业步伐。

学习要求

- 理解船舶电站的试验要求;
- 掌握船舶电站的试验流程;
- 掌握船舶电站各阶段的试验内容,培养学生的规范操作、精益求精的工匠精神;
- 课前利用微课视频学习知识点及测试,课中在老师引导下分组完成工作任务,课后完成任务总结,培养自主学习能力,提高自身可持续发展能力。

知识图谱

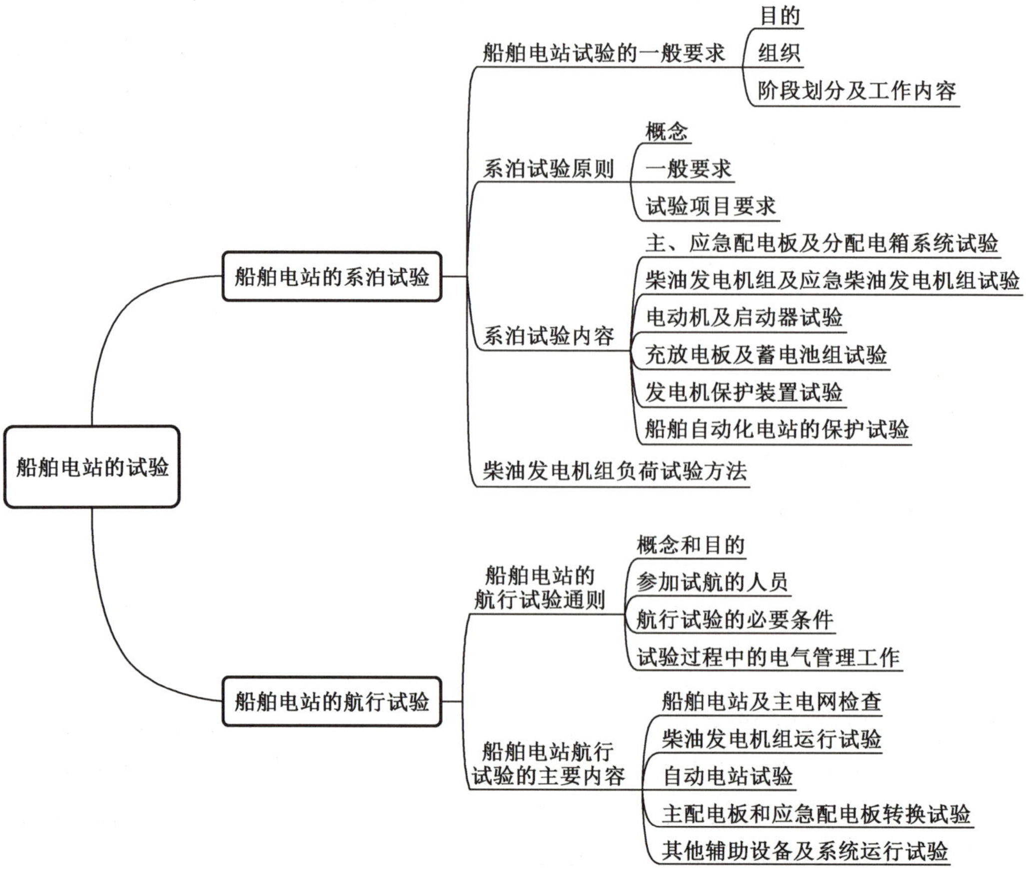

任务 9.1　船舶电站的系泊试验

任务引入

船舶电站作为船舶的"电力心脏",其稳定可靠运行对于船舶安全航行、设备正常运转以及船员与乘客的生活保障至关重要。在船舶电站的建造历程里,质量把控贯穿始终,而对其技术性能进行严格的检查、验收和试验,无疑是确保质量的核心环节。

在一系列质量管控流程中,系泊试验与航行试验占据着举足轻重的地位。系泊试验,作为船舶在码头系泊状态下进行的综合性试验,能够初步检验船舶电站的各项性能;而航行试验,则是在船舶航行过程中,模拟真实工况,对船舶电站进行更为严苛的考验。本任务中,系泊试验和航行试验究竟有着怎样的具体内涵?试验流程如何规划设计?又涵盖了哪些丰富而具体的试验内容?这些问题亟待我们去深入探索。期望借助本次任务的深度研习,大家能够对这些关键问题形成清晰而准确的认知,进而全面掌握船舶电站系泊试验与航行试验的精髓,为未来投身船舶电站相关工作奠定坚实的基础。

任务描述

(1)学习船舶电站系泊试验的标准、目的及概念;

(2)掌握船舶电站系泊试验的流程和主要内容。

学习目标

知识目标:

(1)全面知悉船舶电站试验在行业内既定的要求、标准及规范,清晰了解不同试验阶段对应的各项规则;

(2)精准掌握船舶电站系泊试验所涵盖项目的详细细则,包括各项目的试验流程、技术指标等;

(3)透彻明晰主配电板、柴油发电机组等各系统的试验原理,熟悉与之对应的技术标准和验收准则;

(4)充分了解柴油发电机组负荷试验的具体操作方法与流程,掌握试验数据的采集与分析要点。

技能目标:

(1)能够依据船舶实际状况、行业标准以及试验需求,独立编制出具备完整性与可操作性的船舶电气系泊试验大纲;

(2)可以熟练开展船舶电站系泊试验所涉及的各类试验项目,对试验过程中产生的数据进行准确分析,及时发现并有效处理出现的各类问题;

(3)具备组织与管理船舶电站系泊试验整体流程的能力,合理安排人员分工,协调各环节工作,保障试验顺利推进。

育人目标:

(1)在试验过程中始终秉持实事求是、严谨认真的态度,严格依照试验规范与流程操作,确保获取的数据真实、精准、可靠;

(2)不断强化安全意识,在试验各环节落实有效的安全防护措施,切实保障试验人员安全与设备的稳定运行。

知识准备

1. 船舶电站试验的一般要求

在船舶设计建造中,为了确保船舶电站的建造质量,必须对船舶电站在建造和各项修理工程的技术性能上进行检查、验收与试验。一般包括以下几个主要阶段:施工中、完工后对项目的检查或检验与验收;完工后的系泊试验与航行试验;消除缺陷及扫尾工作;业务性账目核对;完工签证。

其中系泊试验与航行试验是关键阶段,进行两项试验前,应事先由船舶建造厂根据所建造或维修的设备和工程项目拟定出试验大纲并报经船级社批准,同时还应整理和编制必要的图纸、技术文件和试验报告单等。试验结束后,试验结果提供给船东。

(1)试验的主要目的

船舶电站试验主要是检查、评价和调整设备与系统的安装质量和工作状况,以便确认新建船舶电站系统是否能够满足设计任务书和有关规范的要求,以期获得船舶检验机构签发的相关证书,保证船舶能够安全可靠的投入运营。

(2)试验工作的组织

船舶电站的试验工作通常由船级社、船东和船厂三方参与完成,对于统一设计的首制船,还应由设计方参加。在试验工作中,各方职责如下:

——船级社:负责制定规章制度、执行监督检查和签发船舶证书的组织实施。

——船东代表:首先申请接受某个船级社和验船机构规定的检查,并要求获得有关证件,船东通常还需技术人员到船厂负责合同船舶的检验和认可工作。航行试验阶段,将派接船队到船厂参加试航验收。

——船厂:负责系泊试验和航行试验的组织及实施。

(3)试验阶段划分及工作内容

船舶电站的试验主要分为3个阶段,即陆上联调试验、系泊试验和航行试验。电站系统装船前,如有必要应进行陆上联调试验。电站系统装船后,应进行系泊试验和航行试验,合格后才能交付使用。

通常设计单位应根据“规范”的要求编制试验大纲,并经订货单位认可。试验主持单位应将试验大纲及证明书簿等试验用文件于试验前3个月先行送交有关单位,并切实做好试验准备。试验后应及时提交试验报告。同时,航行试验结束后应对电站进行全面检查。必要时应对主要设备的零部件进行拆检和测量，以判断设备的受试效应情况。重新装复后应进行检查性试验，确认系统及设备的规定性能已经恢复。

——陆上联调试验：在陆地试验条件下，对电站的主要设备按船上使用情况连接成系统，进行调整和试验，使其能够协调正常、稳定的工作；在客观试验条件允许的情况下，应尽可能地对电站的规定功能进行全面考核，试验应着重于系统各设备间的配合和参数协调。

通过陆上联调试验提高电站设备系泊试验的成功率，保证电站在船舶航行试验时顺利达到设计规定的性能，以缩短系泊试验和航行试验的时间。

——系泊试验：主要包含检查船舶电站、机电设备、电气装置及动力装置的制造和安装情况，并鉴定其质量使得船舶电气系统具备试航条件。

—— 航行试验：根据船舶建造合同书和批准的技术设计，对建造船舶的电气技术指标进行全面考核。全面检查新设计船舶的各项电气性能指标以及保护动作的快速性、准确性及可靠性。

2. 船舶电站系统的系泊试验通则

(1)系泊试验的概念

系泊试验即船舶停靠在码头进行的试验，是在机电设备和其系统安装结束的基础上进行的，通过对机电设备的调整及性能试验，验证机电设备是否达到原设计性能，是否满足船舶设计、船检规范和系泊试验大纲规定的要求。其主要是为了检查船体、机械设备、电气设备及动力装置的制造、安装的完整性和可靠性，以便对不符合要求的地方重新调整，使船舶具备试航条件。

(2)一般要求

船舶电站系统作为船舶主要电气系统，在装船后，检查系统总装后的完好程度、检验配套设备的适用性是尤为重要的。因此需遵循如下要求：

★在船舶电站进行系泊试验前，电站相关的各分系统、设备均应安装完整、正确，施工阶段的检查试验结束，所有电气设备的接地、绝缘情况良好。

★电站系统系泊试验中应利用船舶靠岸试验条件，对装船情况下电站电力输出能力等重要性能试验认可，确认各设备的性能参数与设计要求，技术状况符合规范及合同规格书的规定。

(3)试验项目要求

在首制船舶的电站系统系泊试验中至少应包含以下试验：

★电站发电机组启动性能试验。检查电气启动或空气启动系统成功工作情况。

★电站发电机组的安全保护及信号报警装置检查试验。检查各种原动机运行参数(如水温、滑油压力等)的声光报警、自动停车装置和超速停车保护是否有效和可靠。

★电站保护报警、控制、连锁装置检查试验。对配电板保护继电器及断路器的动作特性整定情况进行检验，确认逆功率保护配电板操作连锁及各种报警系统装置工作可靠。

★电站单机负载试验。检查各单机性能指标，包含静态及动态调速性能、空载电压整定范围、静态及动态调压性能以及大电动机启动检查等。

★机组过载试验。

★机组之间并联运行及转移负载试验。检查手动及自动同期操作环节、并联运行的机组之间有功负载和无功负载均匀分配能力，以及各并联机组之间负载转移的灵活性和可靠性。

★船舶电站系统接岸电试验。

★应急电站的试验。除一般发电机组及配电板的常规检查试验外,还应检查应急电站汇流排供电电源自动转换,应急发电机组应急启动、突加满负载的能力和应急电站持续运行能力。

★自动化电站各项功能在电站试验中均应逐一试验,自动化装置在系泊试验中应尽可能参加运行。

★电站系统工作时系统内部电磁兼容性检查。检查电站系统有无内部彼此电磁干扰而工作失常的现象。

3. 船舶电站系泊试验内容

(1)主、应急配电板及分配电箱系统试验

★试验前检查配电板的安装是否符合审批图纸的要求,以及板前、板后的通道及绝缘垫板的敷设是否合格。

★检查配电板的主开关、各分路开关、按钮等控制电器的动作是否灵活、可靠,功率表、电流表、电压表等各测量仪表是否指示准确。

★检查对地绝缘监测装置的工作可靠性,绝缘指示及听觉和视觉报警功能是否正常。

★检查主配电板与应急配电板之间、主配电板与岸电开关箱之间相互连锁的可靠性。

★进行风机、油泵遥控切除功能试验。

★过载保护试验。当电流在发电机额定电流的110%~150%时,自动开关应为延时分断,测量动作的整定值和延时时间。

★当发电机组有并联运行工况时,还应进行下列试验:

——欠电压保护试验。欠电压保护装置应调整在当发电机的输出电压降低至其额定值的70%~35%时动作,主开关跳闸,测量动作的整定值和延时时间。

——逆功率(交流)或逆电流(直流)保护试验。当任一台发电机处于逆功率(或逆电流)状态时,测量并记录发电机逆功率(或逆电流)保护整定值和延时时间。

——发电机充磁按钮进行工作可靠性试验。

——具有自动卸载功能的配电板应进行自动卸载的效用试验,测定其动作值和延时时间。

★检查交流三相配电系统的主电源(包括发电机及主照明变压器)的各相负荷不平衡度。

★进行上述试验后,应切断各分路开关,测量配电板的热态绝缘电阻值。

★驾控板的各单元部分及动力、照明分电箱应进行效用试验,在热态时,断开各分路开关,测量其热态绝缘电阻值。

★进行岸电通电的效用试验。

(2)柴油发电机组及应急柴油发电机组试验

★检查发电机组和配电板的安装及有关电缆的敷设是否合格。

★检查柴油发电机组在额定负荷下柴油机各缸的负荷均匀性是否满足要求。

★检查安全保护装置及报警装置调试是否合格。

★额定功率大于220 kW的柴油机超速保护试验,当柴油机转速达到超速保护动作值时,超速保护装置是否能可靠动作。

★发电机原动机冷车启动试验:若发电机原动机由蓄电池启动时,应配合轮机验船师对柴油机组进行冷车启动试验,要求蓄电池在充足电以后不再进行补充充电的情况下,其容量足够连续启动发电机的原机的次数不少于10次。此项试验必须让原动机处于冷态状态下,其目的一是考核蓄电池容量,二是检查启动装置工作的可靠性。

★稳态调压特性试验应按下列要求进行:

——柴油发电机组的稳态调压特性试验。在额定负荷下,将电压和频率调至额定值,然后按顺序 100%→75%-50%→25%-50%→75%→100%改变负荷,同时测量各负荷点的电压和频率。

——复励式直流发电机的稳态调压特性试验。发电机组负荷试验后,在额定负荷下调整柴油机转速至额定转速,然后以 20%负荷为始点使发电机的电压偏差在额定电压的 1%以内,再调整负荷分别为 50%、75%、100%,记录负荷点的电压偏差。

★调速特性试验应满足下列要求:

——发电机组柴油机在额定负荷工作时,突然卸去额定负荷或在空负荷状态下突然加上 50%的额定负荷,稳定后再加上余下的 50%负荷时,测量柴油机的转速变化情况和稳定所需要的时间。该试验应连续进行 3 次。

——对应急柴油发电机组及非增压的柴油机应进行突加 100%额定负荷的试验,并测量柴油机的瞬时调速率及稳定时间。

——启动最大功率电动机试验。选择船舶电站最大设计工况,进行启动该工况最大功率电动机的试验,试验时应不致使运行中的交流电动机失步、停转和电器自行脱扣。

★负荷试验应按下列要求进行:

——柴油发电机组负荷试验应在配电板调整试验后进行,其试验程序、负荷率、时间或次数、试验要求应按表 9.1.1 依次进行。

表 9.1.1 柴油发电机组负荷试验工况及试验时间

程序	发电机负荷率(对额定机组功率的%)	试验时间/min
1	空负荷	—
2	20	15
3	50	15
4	75	15
5	100	60
6*	110	15

*超负荷试验时,发电机组不应有异常的噪声和振动(发电机的温升不做考核)。

——应急柴油发电机组负荷试验的试验程序、负荷率、时间或次数、试验要求见表 9.1.2。

表 9.1.2 应急柴油发电机组负荷试验工况及试验时间

程序	发电机负荷率(对额定机组功率的%)	试验时间/min
1	50	15
2	75	15
3	100	60

——负荷试验中，在每一工况试验结束时应立即测量柴油机的滑油、冷却水的温度及压力、排气温度（如设有时）等。

——负荷试验时，应测量各种负荷下的电压、电流、功率因数、转速等。

——额定负荷试验后，立即测量发电机的热态绝缘电阻值及发电机各绕组、换向器的温升。

——负荷试验时，检查柴油机及发电机的运转是否有异常敲击、高温、低压等现象，各轴承等运动部件是否有异常发热现象，直流发电机的换向器及交流发电机的集电环与电刷的工作情况是否正常。

★当主配电板设有原动机转速遥控装置时，应进行转速遥控的效用试验。其试验调节范围至少应保证在额定转速值的±10%的范围以内。

★柴油发电机组的并联运行试验应按下列要求进行：

——检查同步指示装置线路的正确性和功能的完整性。

——发电机组并联运行试验应在单机运行试验后进行。试验时，将发电机按设计所需长期并联运行的台数分别组合，并按设计的各种并车操作方法进行。试验的程序、总负荷及时间见表 9.1.3。

表 9.1.3　并联运行的试验总负荷及试验时间

程序	总负荷（对总额定机组功率的%）	试验时间/min
1	20（75）	5~10
2	50（100）	
3	75（75）	
4	100（50）	
5	75（20）	
6	50（50）	
7	20（75）	

注：表中发电机负荷率栏括号内的数据表示并列的试验程序。

——试验时，检查并联运行的稳定性及负荷自动分配的均匀性。各发电机实际承担的有功功率与按发电机额定功率分配比例的计算值之差值应符合规定要求。

——负荷转移试验。将第二台发电机与已在额定功率状态下运行的发电机接入并联，并转移负荷，检查发电机负荷转移的可靠性。

（3）电动机及启动器试验

★检查电动机及启动器的安装和电缆的接线是否合格。

★每台电动机进行运转试验，试验时间不少于 30 min。检查电缆连接、转动方向、噪声和轴承温升（可用人手触觉法或其他测温措施）情况。同时对每台电动机的启动器或控制箱进行功能试验。

★风机和油泵的电动机应进行急切断试验，逐个操纵各应急切断按钮，检查是否能切断相应的油泵和风机。

(4)充放电板及蓄电池组试验

★试验前应检查应急蓄电池组、柴油机启动蓄电池组及无线电蓄电池组和蓄电池室等的安装是否符合设计要求。蓄电池室内应有通风设施,室内其他电缆通过时应穿管铺设。蓄电池应处于充足电的状态。

★检查蓄电池室防爆电气设备是否合格。

★充放电试验应按下列要求进行:

——检查充放电板及充电器上各转换开关、电流及电压指示仪表、指示灯等工作是否正确可靠。

——应急自动供电试验。当船舶主电源失电时,应急蓄电池组应能自动接入各应急线路,并检查应急供电指示、失电听觉和视觉报警及消音按钮的工作可靠性。

——放电时间试验。应急蓄电池组(或临时应急蓄电池组)应进行规定时间的放电试验。试验时,应在实船最大应急负荷状态下进行。试验终止时,测量蓄电池的电压。

★试验后,测量系统的热态绝缘电阻值。

(5)发电机保护装置试验

★过载保护

在设计船舶电站时要求在各种工况下至少保证发电机的功率留有15%~20%的余量,因此电站在正常工作的情况下,发电机都不会出现过载。但在特殊情况下,可能会造成发电机过载。因此需要对发电机的过载保护进行试验,其主要内容为:

——当发电机过载10%~15%时,发电机主开关应能自动延时分断,延时时间不超过2 min。发电机过载保护装置的整定值建议整定在过载125%~135%时,延时15~30 s自动开关分断。

——当发电机过载超过50%时(但小于发电机稳态短路电流),断路器保护装置应能使自动开关短延时分断,并同时应与系统的选择性保护相协调。建议整定值为发电机额定电流的200%~250%(始动值),延时0.2 s(直流)或0.6 s(交流)自动开关分断。

——对12~50 kW的交流发电机的过载和短路保护,允许采用装置式空气开关(做短路保护)加过流继电器(做过载保护)做过载和短路保护装置,若采用接触器代替装置式或空气开关,则所用接触器的容量至少为发电机额定电流的两倍。

——对50 kW以下的直流发电机和12 kW以下的交流发电机,其过载保护装置允许采用多极联动开关,并在每一绝缘极上设置熔断器进行保护。

★逆功率(逆电流)保护装置的调试

根据规范规定,并联运行的交流发电机应设有延时3~10 s的逆功率保护装置,并联运行的直流发电机应有瞬时或经过短暂延时(少于1 s)动作的逆电流保护装置。当原动机为柴油机时,其保护整定值整定在8%~15%额定输出功率范围内动作;当原动机为汽轮机时,其逆功率(逆电流)可以调整在2%~6%额定输出功率范围内动作。

★欠电压保护装置的调试

在低电压状态时其主开关不能自动分断。对于欠电压保护,规范有两种不同的要求,电压降低至额定电压的35%~70%时主开关应能自动分断,且应有为选择性目的所需的延时;当前电压脱扣器用于防止开关自动闭合时,必须能瞬时分断。

★配电板连锁保护装置

一般船舶都设有船电和岸电连锁、主发电机和应急发电机之间的连锁保护装置,对此装置必须进行试验。试验方法:当船用发电机供电时,强行进行接通岸电主开关操作,但岸电主开关将出现立即跳闸或合不上闸等无法接通的现象,反之亦相同。主发电机和应急发电机之间的连锁保护装置的试验方法与上述类似,不再赘述。

(6)船舶自动化电站的保护试验

对于船舶自动化电站,主要检查和调试以下几个方面:

★当发电机过载时,能自动分级卸去非重要负荷,以保证电站正常工作。

★当运行发电机出现故障而自动停车时,备用发电机应能自动启动并能自动合闸供电;若几台主发电机都不能正常工作时,应急发电机应能自动启动并能自动合闸供电。

★当几台发电机均不能工作,在应急发电机没能供电之前,临时应急照明应能自动接通供电,待应急发电机供电后,临时应急照明应能自动停止供电,同样当主发电机恢复供电后,应急发电机组应能自动断开电路、自动停车。

★自动电站应设有连锁保护装置,以防止原动机在可能造成严重损坏的情况下启动。

★当电站自动控制失灵时应能迅速转为手动控制。

★应有各种自动保护装置和故障声光报警装置,且应有自检和记忆功能。

4. 柴油发电机组负荷试验方法

柴油发电机组试验时,每台柴油发电机组必须先进行运转试验。试验时必须检验全负荷状态下柴油机的各缸热工参数(排气温度及爆炸压力)和各油水系统压力及温度是否在试验大纲规定的范围内。柴油机在100%负荷运转时,应平稳,无异常发热现象。

将试验用的工装电缆从主配电板发电机母排汇流排处拉放到码头水电阻(又称假负载或盐水桶)处。为准确控制水电阻负载的大小,使负载平稳,无突变及跳跃现象,水电阻极板的升降方式为涡轮蜗杆传动,升降连续平稳。水电阻一般设有一组海水泵及一组淡水冷却泵,海水泵用于调水电阻溶液的盐度大小,淡水冷却泵用于冷却水电阻溶液,保证溶液的温度在允许范围之内。靠水电极板进入溶液的多少及溶液中含盐度的多少来控制负载功率,如图9.1.1所示。

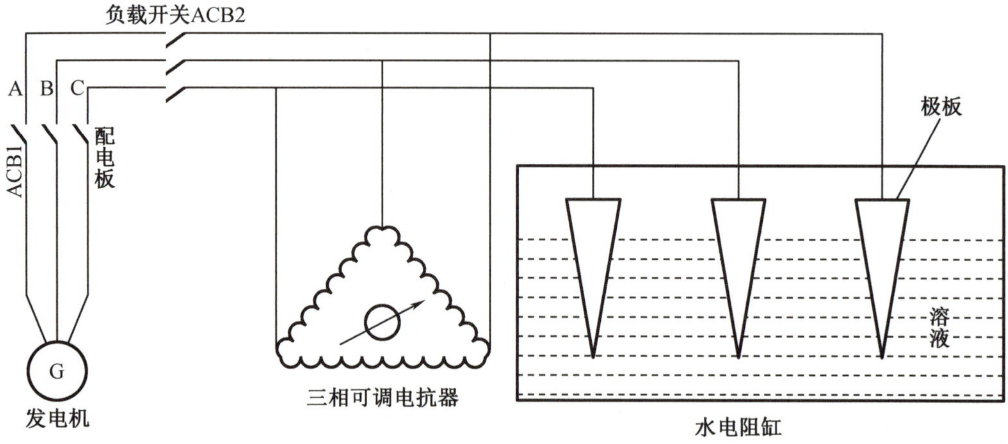

图9.1.1　调节极板在水中的位置实现调节负载电流示意图

为保证负载调整准确方便,水电阻控制系统采用就地和遥控两种方式进行控制,在船舶集控室进行负载的遥控,可以方便观察船上仪表和机组的工作状态。同时设一组独立的电话系统或实时监控视频,用于保证水电阻及船上的通信联络。

负载电流的稳定必须保证水电阻的溶液液面稳定,对水电阻筒内的溶液采取溢流来保证循环控制,使水的溢出和补充达到平衡状态,从而保证了负荷缸中的液面基本不变。现在船舶电站调试用的无功功率负载都采用可调旋转电抗器来调整实现。三相可调旋转电抗器采用一台三相异步电动机通过齿轮传动旋转电抗器铁芯来改变电抗值。使用时可调旋转电抗器的三相输出并连接在水电阻负载 A、B、C 三相上。电抗器旋转机构电动机接于 AC 380 V 交流电源上,并根据旋转机构电流增加和减小的方向确定好电机电源的相序。通过控制电机的转向实现无功电流的增减(电流最大和最小位置均设有限位开关来保护),无功电流越大功率因数越低。当不需要无功功率的时候将旋转机构调整到电流最小限位位置即可(虽有一小部分感应电流可以忽略不计)。还可以采用饱和电抗器来调整交流电站试验时的无功功率。

图 9.1.2 为无功饱和电抗器工作原理图。试验时一般将饱和电抗器与水电阻有功负载并联连接,通过控制饱和电抗器的整流装置输出直流电源,通过电流调节装置改变直流绕组中电流的大小来控制铁芯磁路的饱和度,从而改变交流绕组的电抗值,即改变了交流电流,无功电流值越大,功率因数越低。

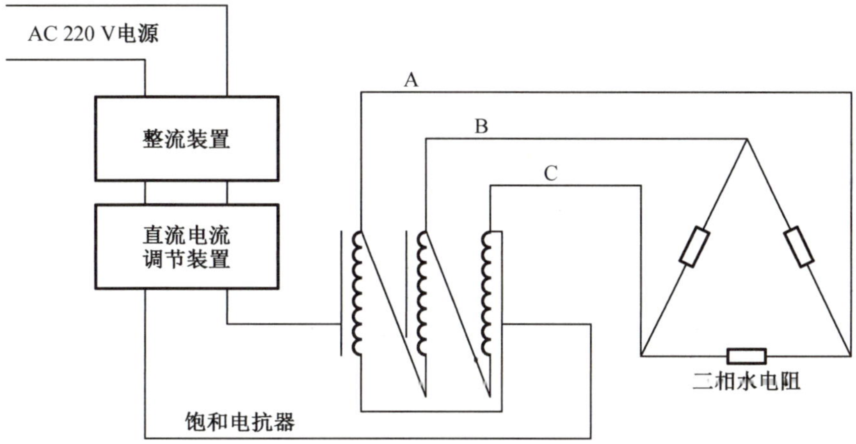

图 9.1.2　无功饱和电抗器工作原理图

任务实施

船舶电站系泊试验是在机电设备和其系统安装结束，且柴油机在额定负荷下各缸的负荷均匀性调试合格、安全保护装置和报警装置测试合格的基础上进行，完成从发电机到配电板的各项试验。

步骤一：编制《船舶电气系泊试验大纲》

参照提供的《船舶电气系泊试验大纲》样图，结合案例船船舶电站配置情况和发电机组、电力负载等设备样本手册和使用说明，编制案例船《船舶电气系泊试验大纲》。

步骤二：柴油发电机组试验

(1)柴油发电机试验条件检查

★柴油发电机组安装报验合格。

★为柴油发电机组服务的燃油、滑油、淡水、海水、启动空气系统安装报验合格。

★燃油日用舱注满干净的0#轻柴油，柴油发电机油底壳注油至规定的高度。

★气启动柴发机组：主空气瓶内充气至压力为 3.0 MPa；电启动柴发机组：启动蓄电池电压不低于 DC 26 V。

★检查相关电气设备安装的完整性和正确性，接线的正确性。检查电气系统供电电源正确性，检查发电机辅助泵控制及运行的正确性，检查电气系统对地绝缘电阻不小于 1 MΩ。

★主配电板相关功能应正常。

检查步骤：一、断开发电机屏同主汇流排的连接器，检查发电机屏上仪表指示的正确性，检查发电机主开关合闸、分闸的灵活性及准确性，合分闸时不应有异常响声及振动。检查分励脱扣装置动作的准确性。二、检查主开关三段电流保护值(长延时、短延时、瞬时)、预报警值、欠压脱扣值的正确性。三、检查配电板短路保护、发电机绕组去湿、高温报警的正确性。四、检查发电机电压调整功能的正确性。五、检查发电机调速开关调速功能的正确性。

★监控系统的相关报警功能应正常。

(2)安全报警装置模拟试验

★额定功率大于 220 kW 的柴油机超速保护器试验：当柴油机的转速达到超速保护动作值时，超速保护器应能可靠动作。

★柴油机滑油低压及冷却水高温报警保护装置进行模拟效用试验：效用试验时，报警器动作应准确可靠，淡水出口高温报警温度及滑油低压报警压力以及它的保护整定值按产品技术说明书进行调整。

报警点在机旁控制箱和船舶监控系统的工作站(工作站位于集控台和驾控台)上设置。发电机报警及监控项目见表 9.14。

表 9.1.4　发电机报警点列表

序号	类别	名称	序号	类别	名称
1	XA	综合报警	13	DPAH	滑油滤器压差高报警
2	XA	油雾浓度高报警	14	TAH	排气温度高报警

表 9.1.4(续)

序号	类别	名称	序号	类别	名称
3	TI	冷却水温度显示	15	XA	综合报警
4	TAH	冷却水温度高报警	16	XA	AVR 故障报警
5	TCAH	冷却水温度高停机报警	17	TIAH	L1 绕组温度高报警
6	TI	滑油温度显示	18	TIAH	L2 绕组温度高报警
7	TAH	滑油温度高报警	19	TIAH	L3 绕组温度高报警
8	SA	超速报警	20	TIAH	驱动端轴承温度高报警
9	SCA	超速停机报警	21	TIAH	非驱动端轴承温度高报警
10	SI	速度显示	22	TIAH	进气温度高报警
11	XA	空气滤器限制报警	23	TIAH	出气温度高报警
12	DPAH	燃油滤器压差高报警	24	LAH	冷却水泄漏报警

(3)柴油发电机组的启动试验

根据柴油发电机的启动形式,选择下列其一进行启动试验。

★压缩空气启动试验:将一只启动空气瓶充气至工作压力,在中途不补充充气的情况下,单台柴油机从冷态开始连续进行启动,记录其启动次数及最小启动压力(表 9.1.5),启动次数应不小于 6 次。

表 9.1.5　柴油发电机启动试验记录表

项目	单位	记录	
		左机	右机
启动前空气瓶压力	MPa		
连续启动次数			
最低启动压力	MPa		

★电启动试验:先将启动蓄电池充足,在中途不补充充电的情况下,柴油机从冷态开始按照规定的次数连续进行启动试验。

(4)柴油发电机稳态调压特性试验

在额定负荷下,将电压和频率调至额定值。用水电阻作为负载($\cos\varphi=1$),按顺序100%→75%→50%→25%→50%→75%→100%改变负荷,同时测量各负荷点的电压和频率,填写表 9.1.6。柴油发电机的稳态电压调整率应不超过额定电压的±2.5%。

(5)柴油发电机运行试验

每台电机在额定电压和额定转速下,用水电阻作为试验负载($\cos\varphi=1$),25%~50%额定负荷下运行试验 15 min;75%额定负荷下运行试验 30 min;在 100%额定负荷连续运行试验 2 h;在 110%额定负荷下运行试验 0.5 h。

表 9.1.6　柴油发电机稳态调压特性试验记录表

机组	负载		电压/V	电流/A	频率/Hz	稳态调整率/%
	%	kW				
1 号机	100					
	75					
	50					
	25					
	50					
	75					
	100					

注:本表仅列出 1 台发电机记录内容,其他发电机按此表格记录。

★将各种负荷情况下的电压、电流、频率、功率因数、转速做好测量记录(表 9.1.7)。

表 9.1.7　柴油发电机运行参数记录表

负载/%	时间	仪表读数						备注
		输出/kW	电压/V	频率/Hz	电流/A			
					R	S	T	
0								
25								
50								
75								
100								
110								

★绝缘电阻试验

试验前应测量、记录冷态绝缘电阻,试验后应立即测量和记录热态情况下的绝缘电阻(表 9.1.8),发电机的热态绝缘电阻应不小于 1 MΩ。

表 9.1.8　发电机运行试验绝缘电阻记录表

发电机	电枢		磁场		调速电机		加热器	
	冷态	热态	冷态	热态	冷态	热态	冷态	热态
No. 1 D/G								
No. 2 D/G								

用直流 500 V 兆欧表测量下列回路的绝缘电阻:电枢绕组对地、励磁绕组对地、空间加热器对地、调速电动机对地。注:对于半导体整流器,本试验应使用万用表测量。

★待发电机组各功能试验结束后，在 100%负荷下，测量发电机定子、转子、轴承、汇流排的温升（表 9.1.9）。

表 9.1.9　发电机运行试验温升记录表

测量项目	No. 1 D/G	No. 2 D/G	E/G
定子温度			
本体温度			
轴承温度			
进风口温度			
出风口温度			
环境温度			

在 110%负荷试验时可不考核温升指标，但不得有不正常的噪声和振动。

★负荷试验时，柴油机及发电机的运转应无敲击，高温、低压等异常现象，各轴承等运动部件应无异常发热现象。

★在柴油发电机 50%负载工况下，做启动大电动机的试验，此时应不使运行中的交流电动机失步、停转或电器自行脱扣。

（6）柴油发电机调速特性试验

柴油机在满载负荷运转时，突然将负载全部卸去，检查柴油机运转的变化情况和稳定所需的时间，然后将 50%的负荷加上并随即再加 50%，检查柴油机转速的变化情况和达到稳定所需的时间，连续进行 3 次，柴油发电机的瞬态调速率不大于 10%，稳定时间小于 5 s，稳态调速率不大于 5%，填写表 9.1.10。瞬态电压调整率范围 −15%～+20%（负值为电压降，正值为电压升），电压恢复到与最后稳态定值相差 3%以内所需的时间应不超过 1.5 s。

表 9.1.10　发电机调速特性试验记录表

机组	工作状态		负载/%	电压/V	电流/A	转速/(r/min)	频率/Hz	稳定时间/s	瞬态调速率/%	稳态调速率/%	瞬态电压调整率/%
1号机	突卸负荷	突卸	100								
			0								
		稳定	0								
	突加负荷	突加	0								
			50								
		稳定	50								
		突加	100								
		稳定	100								

(7)柴油发电机的并联运行试验

★检查同步指示装置线路的正确性和功能的完整性。

★并联运行负载试验:试验时将发电机按设计所需长期并联运行的台数分别组合,并按各种并车操作方法进行并联运行试验。

选择一台发电机在网运行,并将其负载调至额定值的50%,电压和频率调至额定状态,并入一台待并发电机组,然后将各发电机的负载调至其额定值的75%作为起并负载点,按顺序75%→50%→25%→50%→75%→100%→75%,改变负载进行试验。每一负载点并联运行时间为5 min,测量各负载点时每台发电机的有功功率、电压、功率因数、电流、频率等参数,填写表9.1.11。各发电机实际承担的有功功率与按发电机额定功率分配比例的计算值之差,应不超过发电机额定有功功率的±15%。各发电机实际承担的无功功率与按发电机额定功率分配比例的计算值之差,应不超过发电机额定无功功率的±10%。

★负荷转移试验

将待并发电机接入与已在额定状态运行的发电机并联,并转移负载,检查发电机负载转移的可靠性。

步骤三:主配电板的试验

(1)测量绝缘电阻

分断主配电板的所有外部连接电路,用直流500 V兆欧表测量汇流排对地的绝缘电阻,以及汇流排(包括220 V屏)各相之间绝缘电阻。对安装在配电板上的对地绝缘检测、指示和报警装置的工作可靠性进行检查。

(2)连锁功能试验

检查主配电板、应急配电板、岸电开关之间相互连锁的可靠性。验证下述连锁电路的功能。

——发电机空气断路器(ACB)和岸电开关(MCB)连锁。

——发电机空间加热器和发电机空气断路(ACB)连锁。

——两台电力变压器二次侧开关之间的连锁。

(3) 过电流继电器脱扣试验

不启动原动机情况下,用电流互感器的二次回路的模拟电流进行过电流继电器脱扣试验,空气断路器过流装置调整在下列设定值,确认其动作正确,且空气断路器延时断开。

过载保护:电流设定值______________________;设定时间__________________。

短路保护:电流设定值______________________;设定时间__________________。

(4)欠压保护试验

在主配电板上,对主发电机的欠压保护装置进行试验,测量动作的整定值和延时时间。

电压设定值:_________________________;设定时间:______________________。

(5)发电机的逆功率和逆电流保护试验

在主配电板上并联两台发电机,然后转移负荷使一台发电机处于逆功率状态,测量并记录发电机逆功率保护整定值和延时时间,该试验对每台发电机应做两次。逆功率继电器必须正确地延时动作,空气断路延时断开。

逆功率设定值:______________________;额定功率:________________________;设定时间:______________________。

表 9.1.11　发电机并联运行试验记录表

测量时间/s	总负载/%	电网					1号机组			2号机组			有功负载分配/%		无功负载分配/%	
		功率/kW	电压/V	电流/A	频率/Hz	功率因数 cos φ	功率/kW	电流/A	功率因数 cos φ	功率/kW	电流/A	功率因数 cos φ	1号机组	2号机组	1号机组	2号机组
300	75 *															
300	100															
300	75															
300	50															
300	25															
300	50															
300	75															
300	100															
300	75															

发电机绝缘电阻:试前________MΩ;试后________MΩ。

* :起并点允许一次调整。

完成以上(2)~(5)试验,并填写表9.1.12。

表9.1.12 主配电板试验记录表

继电保护试验										
试验项目	开关型号和脱扣器编号	过载保护						欠压保护	逆功率保护	
		长延时		短延时		瞬时				
		电流/A	延时时间/s	电流/A	延时时间/s	电流/A	延时时间/s	电压/V	逆功率/kW	时间/s

连锁试验			
名称	结果		备注
发电机主开关与岸电开关			
发电机主开关与空间加热器			
两台变压器副边开关之间			

(6)优先脱扣(自动卸载)试验

试验时增加发电机的负载直到自动卸载动作,测量并记录自动卸载的整定值和延时时间,填写表9.1.13。该项试验每台发电机应做两次。每台发电机的优先脱扣装置调整在下列设定值,确认装置正确动作,在设定时间内,过流延时打开,切断一组负荷。

电流设定值:________________________________。

一级设定时间:________ s脱卸负荷。

一级脱扣负荷:________________________________

____

____。

二级设定时间:________ s脱卸负荷。

二级脱扣负荷:________________________________

____

____。

表 9.1.13　过电流优先脱扣试验记录表

发电机	试验次数	动作电流/A	延时时间/s	备注
No. 1 D/G	1			
	2			
No. 2 D/G	1			
	2			

(7)检查三相三线及四线系统各相(或线)间负载的不平衡度。

(8)各发电机应进行充磁试验(若设有时)。

步骤四:应急柴油发电机及应急配电板的试验

基本方法同步骤二和步骤三。与其不同和还需进行的试验如下:

(1)柴油机自动启动试验

进行当主配电板失电时试验柴油机冷态自动启动的可能性及 3 次启动失败报警试验,并测量主配电板失电后至应急发电机开关自动合闸供电所需的时间,以及主发电机恢复运转后的自动分闸试验。

(2)应急柴油发电机组负荷试验的试验程序、负荷率、时间或次数、试验要求见表 9.1.14。

表 9.1.14　应急发电机组试验工况及试验时间

工况序号	应急发电机负荷/%	试验时间/h
1	50	0.25
2	75	
3	100	1

步骤五:蓄电池及其充放电板系统供电试验

(1)试验条件

★蓄电池应在内场按标准充足电,按照图纸布置要求装船。

★设备的调试、整定工作也已完成。

★蓄电池安装处所、柜、箱等的封闭、通风、防腐、防爆,蓄电池的安装固定及导线连接,应符合规范的有关规定。

(2)试验内容

★外观及安装检查。

★绝缘电阻测量。

断开自动充放装置、应急充放电板、无线电分配电箱的开关及相应熔断器,用兆欧表分别测量汇流排之间及汇流排与地之间的冷热态绝缘电阻,其值应不低于 0.3 MΩ。

★系统检查

检查自动充放装置、应急充放电板、无线电分配电箱上的转换开关、电流及电压指示仪表、指示灯等工作是否正确可靠,并进行充电和供电效用试验。

★应急蓄电池放电试验

接通应急用户,记录应急充放电板上应急蓄电池组放电电压和放电电流。每隔 10 min 记录一次,试验 20~30 min。

★应急照明自动投入电路检查

人为使交流 220 V 断电,应急蓄电池应自动向应急照明供电。

★启动蓄电池放电试验

结合主机、发电机组启动试验,检查启动蓄电池的放电工作情况。

★无线电蓄电池放电试验

接通无线电设备,记录无线电分配电箱上无线电蓄电池组放电电压和放电电流。每隔 10 min 记录一次,试验 20~30 min。

步骤六:变压器试验

(1)绝缘试验:用直流 500 V 兆欧表测量原边绕组对副边绕组电路、原边绕组对地、副边绕组对地的绝缘电阻。

(2)效用试验:测量原边和副边的电压和电流。

步骤七:电站自动控制试验

(1)手动遥控启动和停止试验

发电机启停试验通过操作机旁就地控制箱和主配电板上的启停开关来完成。

(2) 报警保护及自动启动试验

在下列情况下,备用发电机自动启动。

★在一台发电机单独运行情况下,另一台发电机作为备用。进行下列功能验证试验。

——发电机故障停机:报警备用机组启动并自动合闸(发电机超速、滑油低压、淡水高温)。

——发电机启动故障:报警备用机组启动并自动合闸。

——汇流排失压(全船失电):备用机启动并自动合闸。

★两台发电机自动模式时,一台运行,另一台作为备用发电机,当运行中的发电机故障脱扣,备用机组自动启动。

★自动并联运行和自动切换运行试验。

本试验参照“发电机控制流程图”所示的控制程序进行,并验证良好的程序控制和下列控制功能。

——发电机组半自动同步并车;

——并联运行期间的自动负荷分配;

——两台发电机并联运行时,若总负荷为单机功率的 70%以下时,可以按动自动负荷分配按钮,转移负荷至一台发电机,按下主开关断开按钮,关闭发电机组。

任务评价

任务完成情况评价标准及评分见表 9.1.15,任务总结反思见表 9.1.16。

表 9.1.15　任务评价表

评价类型	赋分	评价指标	分值	得分		
				自评	组评	师评
职业能力	50	完成柴油发电机组启动试验，正确完整记录试验数据	5			
		完成柴油机安全报警装置试验，正确完整记录试验数据	5			
		完成柴油发电机组负荷试验，正确完整记录试验数据	10			
		完成柴油发电机组的调速特性试验，正确完整记录试验数据	5			
		完成柴油发电机的并联运行试验，正确完整记录试验数据	10			
		完成主配电板的试验检查，正确完整记录试验数据	5			
		完成应急柴油发电机组及应急配电板试验，正确完整记录试验数据	5			
		完成充放电板及蓄电池组试验，正确完整记录试验数据	5			
职业素养	30	操作规范、精益求精	10			
		协作互助、解决问题	10			
		持续改进优化能力	10			
劳动素养	10	坚持出勤、遵守纪律	5			
		报告完整、工位整洁	5			
思政素养	10	实事求是、严谨认真	5			
		安全、规范	5			

表 9.1.16　总结反思

目标达成：知识☆☆☆☆☆　技能☆☆☆☆☆　素养☆☆☆☆☆	
学习收获：	教师寄语：
问题反思：	

课后任务

1. 问答与讨论

(1)简述船舶电站系泊试验的内容。
(2)简述柴油发电机组负荷试验的试验过程。
(3)讨论在调试配电板时发现电流表或功率表指示不正常,应如何排查故障。

2. 巩固与提高

(1)查阅资料绘制水电阻工装的结构和控制原理接线图,并思考其原理。
(2)思考无功饱和电抗器的作用是什么?如何与水电阻配合使用?

任务 9.2 船舶电站的航行试验

任务引入

在船舶建造进程的收官阶段,航行试验是极为重要的一环。当船舶的船体、轮机装置、电气设备通过系泊试验步入正常状态,且消防、救生等安全设备装配完毕,船舶已具备安全航行的基础条件,此时便需开展航行试验。这一试验不仅涵盖诸多准备工作,更有着严谨的试验内容与流程。船舶电站作为船舶电力供应的核心,其在航行试验中的表现直接关乎船舶航行的安全性与稳定性。通过本任务深入讲解船舶电站航行试验的详细知识及步骤,为今后投身船舶相关工作筑牢根基。

任务描述

(1)学习船舶航行试验的目的、要求、内容及相关规范;
(2)正确理解船舶电站航行试验的基本内容;
(3)掌握船舶电站航行试验的内容及流程。

学习目标

知识目标:

(1)清晰阐述航行试验的概念、目的、参与人员、必要条件及电气管理工作要点;
(2)准确说明船舶电站航行试验的主要内容及各步骤的具体要求;
(3)详细解读《船舶电气航行试验大纲》的编制要点及各试验项目的记录要求。

技能目标:

(1)能够独立编制合理、规范的《船舶电气航行试验大纲》;

(2)熟练完成船舶电站及主电网的检查,准确判断其状态;
(3)精准操作柴油发电机组,完成各工况下的运行试验并正确记录数据;
(4)顺利开展自动电站各项试验,准确检验和判断自动启动、解列、并联运行等状况;
(5)熟练进行主配电板和应急配电板转换试验,包括失电与恢复供电试验;
(6)正确开展其他辅助设备及系统运行试验并做好记录。

育人目标:

(1)培养严谨认真、注重细节的工作态度,确保试验数据准确可靠;
(2)提升团队协作能力,在试航过程中与各部门人员有效配合。

知识准备

1. 船舶电站的航行试验通则

(1)航行试验的概念和目的

航行试验是船舶在航行状态下,对船体、轮机、电气及其他设备按规定要求而做的一系列试验的统称。

每艘船舶在建造的最后阶段,都要进行航行试验。航行试验对电气设备而言,主要配合船体轮机部分做相应的运行试验,并检查各电气设备在航行中,靠、离码头,起、抛锚时的运行情况;同时对系泊试验中无法试验的设备和项目进行试验,如舵机、锚机、导航仪器仪表、对外通信装置与电气设备等。

在系泊试验中已经提交的验收项目,航行试验中一般不再重复试验,仅按实际使用效用,观察其运行工况和检查其工作可靠性即可。在航行试验中,电机员要带领电工密切配合厂方做试验。要加强巡视值班,观察新设备在连续运行中所暴露的毛病并及时处理,注意积累管理该船的经验。

航行试验应按规定的大纲进行,对船舶的航海性能、电气设备、导航设备和机械设备进行试验,验证船舶总体性能和设备的质量是否符合合同图样、相关公约及规范等的要求。航行试验的目的是通过试验,对船舶进行最终验收。

(2)参加试航的人员

参加航行试验的人员有验船师、船东代表、设计院设计师、船厂相关人员(质量检验部门,技术、生产管理部门及有关车间人员)、设备服务商等,各司其职。

(3)航行试验的必要条件

进行航行试验必备以下几点条件:

★必须在完成全船性的船体、轮机、电气等项目的系泊试验,将试验中所发现的缺陷消除,并在工厂检查人员、船舶检验机关的专业人员等的检验后,航行试验方可进行。

★由设计单位编制的航行试验大纲,必须经有关技术人员统一认定,并做好试验准备后才能执行。

★航行试验计划编好后,必须经有关部门和人员协调统一,如海区选择、保航要求、试验项目、配合舰船的各种台或站。有关协助计划及各种补给计划等必须经有关部门批准。

★新造船舶在航行试验前必须完成倾斜试验,并配备好各种安全器材和设施。

(4)试验过程中的电气管理工作

在系泊试验和航行试验的过程中,电气管理人员还要做好下列工作:

★把全船电气线路图纸和实际电气线路进行认真的核对,如发现问题与差错,应立即与厂方交涉。

★检查电气备件、备品、物料、工具等和账单是否相符合,建立好有关账目并填写电机、电器原始数据记录表。

★船舶的试航中应该详细记录好工作日志。各种仪表指示的数据,在航行、机动、停泊状态时都要认真记录下来,这是将来检修、维护的重要原始参考资料。

2. 船舶电站航行试验的主要内容

船舶电站系统在航行试验中应结合船体、轮机等部门的工作试验和全船电气部门的工作,检查全船各部门工作时电站系统运行的协调性、正确性和可靠性。至少包括:

(1)电站系统各种运行工况检查,记录负载状况,核对电力负荷计算书,确认主电站、停泊电站、应急电站、机组选择和布局以及基本网络安排的合理性。

(2)各台机组均须进行实际运行试验,自动控制装置应投入对各控制对象的实际工作。

(3)电站系统中机组长期并联运行和负载转移的实际工作试验,考核运行的稳定性、有功与无功功率分配的均匀性以及负载转移操作的灵活性和可靠性。

(4)电力系统电力品质监测,其主要包括:

★主电站单机组工作时电站汇流排上电压降落试验(船上容量最大的两台交流鼠笼式电动机直接启动时);

★应急电站发电机组及配电板效应试验,将应急配电板的两路主电站送电人为中断,检查应急发电机组自动启动并立即带大负载,以及当主电站恢复后应急发电机组自动停机的过程;

★对自动化电站配合配电网络的试验进行自动增减机、重载询问、自动卸载、分级投入等控制功能的逐项检查;

★自动化系统实船工作可靠性考核,在整个航行试验期间自动化装置应尽可能投入运行,每台设备的累积运行时间至少应为船舶出航累积时间的50%;

★电站系统内部的电磁兼容性检查,检查系统有无因内部彼此电磁干扰而工作失常。

(5)如设有自动电站,还需要进行自动电站的效用试验。

任务实施

船舶电站的航行试验应按照大纲进行，对船舶主电网、发电机组、自动电站、主配电和应急配电的切换等方面进行检查。

步骤一：编制《船舶电气航行试验大纲》

参照提供的《船舶电气航行试验大纲》样图，结合案例船船舶电站配置情况和发电机组、电力负载等设备样本手册和使用说明，编制案例船《船舶电气航行试验大纲》。

步骤二：船舶电站及主电网检查

(1)检查发电机运行及船舶电网对全船用电设备的馈电情况。

(2)观察电站控制、检测及报警装置功能和动作的准确可靠性。

(3)观察电站在自动状态下的工作情况，每台发电机交替工作。

(4)做启动最大负荷的试验，在双机并网条件下，启动最大电动机，此时应不使运行中的交流电动机失步、停转和电器自行脱扣。

(5)试航结束后，应拆除船东指定的任意一只柴油机汽缸，拆检完毕后重新装复，并进行运行试验。

步骤三：柴油发电机组运行试验

(1)船舶进行航行试验时，各柴油发电机组互相替换配合主机工作。

(2)电站的自动控制系统包括监测、控制及报警在试航时检查其功能和动作是否准确可靠。

(3)检查三相三线及四线系统(220 V)各相(或线)间负载的不平衡度。

(4)做启动船上最大功率电动机试验。

(5)轴带发电机在额定负荷下试验 2 h。轴带发电机由改变转速的主机驱动，应进行如下试验：使轴带发电机的转速下降至不能正常供电时，试验独立于主机推进装置的一台发电机组的自动启动和自动供电功能；在驾驶室启动独立于主推进装置的一台发电机组并自动供电(若设有时)。

试验记录：在各种工况下测量和记录电站的各种有关数据及柴油机的油、水、气的温度和压力。

步骤四：自动电站试验

在柴油发电机组和配电板试验完毕，对发电机服务的各辅机试验均满足要求的前提下，对自动电站的功能进行试验。

(1)自动电站报警试验

自动电站的报警板一般设有下列报警：发电机主开关闭合输入信号不正常；汇流排电压输入信号不正常(电压高/低，频率高/低)；发电机主开关不正常脱扣；发电机主开关不能闭合；发电机电压/频率不能建立；发电机自动同步故障；发电机自动电路不正常；发电机主开关断开电路故障；发电机自动负载转移电路故障；发电机优先脱扣等。在试验过程中要逐项进行试验，观察并在表 9.2.1 记录报警动作顺序及动作情况，确保准确无误。

表 9.2.1　自动电站报警试验记录表

序号	报警类型	试验结果	
1	发电机主开关闭合输入信号不正常	□报警正常 □报警不正常	
2	汇流排电压输入信号不正常	□报警正常 □报警不正常	
3	发电机主开关不正常脱扣	□报警正常 □报警不正常	
4	发电机主开关不能闭合	□报警正常 □报警不正常	
5	发电机电压/频率不能建立	□报警正常 □报警不正常	
6	发电机自动同步故障	□报警正常 □报警不正常	
7	发电机自动电路不正常	□报警正常 □报警不正常	
8	发电机主开关断开电路故障	□报警正常 □报警不正常	
9	发电机自动负载转移电路故障	□报警正常 □报警不正常	
10	发电机优先脱扣	□报警正常 □报警不正常	

(2)检验和判断自动启动状况

一般具有 3 台发电机的自动电站都采用 1 号机组-2 号机组-3 号机组-1 号机组的循环启动指令来控制机组。当出现下列任何状态时，发出“增机”指令后应能自动启动机组并自动并入电网，并完成表 9.2.2 的记录。

★运行机组重载；

★运行机组故障，例如滑油压力低、冷却水出口温度高；

★外负载引起的电网断电(可利用机械脱扣进行试验)；

★大功率询问，当大功率、设备需要投入工作，而运行机组储备容量不够；

★正要启动的备用机组故障，启动指令续递。

表 9.2.2　发电机组自动启动记录表

序号	状态	发电机 1	发电机 2	发电机 3
1	运行机组重载	□自动启动并网 □未自动启动并网	□自动启动并网 □未自动启动并网	□自动启动并网 □未自动启动并网

表 9.2.2(续)

序号	状态	发电机 1	发电机 2	发电机 3
2	运行机组故障	□自动启动并网 □未自动启动并网	□自动启动并网 □未自动启动并网	□自动启动并网 □未自动启动并网
3	外负载引起的电网断电	□自动启动并网 □未自动启动并网	□自动启动并网 □未自动启动并网	□自动启动并网 □未自动启动并网
4	大功率询问	□自动启动并网 □未自动启动并网	□自动启动并网 □未自动启动并网	□自动启动并网 □未自动启动并网

(3)正在运行中的发电机组自动解列的试验

当2台发电机并联运行时,产生的解列信号一般有两种状态:一种是轻负载状态,即负载总容量已小于单机容量的80%时,自动电站能否发出解列信号,应解列的机组自动将负载转移到运行机组后,主开关跳闸;另外一种解列状态是当并联运行的机组中某一台发出不正常或故障报警,需即刻退出运行。此时自动电站具有两种处理功能:负载轻时,自动单机解列;负载重时,应能够自动启动第3台备用机组投入运行,取代不正常机组,然后故障机组自动解列。上述试验均可以利用手动负载转移或模拟的方法来进行试验,以检验自动电站的程序是否正确,将试验结果记录在表9.2.3中。

表 9.2.3　自动电站自动解列试验记录表

序号	解列状态	试验结果	
1	负载总容量已小于单机容量的80%	□正常解列 □无法解列	
2	并联运行的机组中某一台发出不正常或故障报警	□正常解列 □无法解列	

(4)大功率询问试验(重载问询)

一般当运行试验的机组的负载接近85%时,如需要启动一台大负载设备时,设备的启动按钮与自动电站的大功率询问相连接。这时,自动电站应立即发出"增机"指令,并启动备用机组与电网并联运行后,方允许该负载接入电网。当大负载退出电网后,自动电站可以根据负载情况进行自动转负载解列。

(5)运行机组自动并联运行试验

当机组根据指令自动并联运行后,各种工况负载的运行时间应该在10 min左右,并将运行时的工况负载变化所引起的电压、电流、频率、功率变化记录下来,填写表9.2.4。

表 9.2.4　自动电站并联运行记录表

负载/%	电压/V	频率/Hz	发电机 1		发电机 2		发电机 3	
			功率/kW	电流/A	功率/kW	电流/A	功率/kW	电流/A
100								

表 9.2.4(续)

负载/%	电压/V	频率/Hz	发电机 1		发电机 2		发电机 3	
			功率/kW	电流/A	功率/kW	电流/A	功率/kW	电流/A
75								
50								
25								
50								
75								
100								

(6)自动分级卸载和分级启动的试验

当电站运行机组的负载超过了额定负载时,可自动分一级、二级将次要负载自动卸掉,以免影响机组运行。当断电后恢复供电时,自动电站应能自动合闸供电,为避免因负载同时启动造成的电流冲击,甚至使发电机主开关再次跳闸,自动电站能够对重要的负荷进行分级启动,每两级启动间隔 3~6 s。

在自动电站的试验过程中,可根据试验内容进行记录,表 9.2.5 是某船自动电站试验记录表,仅供参考。

表 9.2.5　自动电站试验记录表

序号	试验项目	试验内容(简略)	结论
1	自动电站报警	绝缘低报警、关电报警	
2	优先程序试验		
3	失电/故障停机	油/水高、低温等	
4	故障换机	发现故障自动换、停机	
5	汇流排异常换机		
6	重载增机		
7	轻载减机		
8	汇流排短路故障	失电修复后自动合闸	
9	大功率询问	自动增机、并车、分配	

步骤五:主配电板和应急配电板转换试验

船舶电站中当主配电板相关汇流排失电后,应急发电机应能自动启动及 45 s 内自动投入应急配电板供电功能。且当主配电板恢复供电时, 应急发电机应能自动脱离应急配电板, 主配电板恢复向应急配电板供电, 以及自动顺序启动。

(1)失电试验

为了验证该功能,并考虑人员安全,该项目一般在夜间进行。天黑后模拟主配电板相关汇流排失电,备用发电机组故障时检查应急发电机的自动启动及投入应急配电板供电功能。检查如表 9.2.6 所示项目供电情况,并进行记录。

表 9.2.6 自动电站主配电板和应急配电板切换记录表

序号	状态	试验结果	备注
1	主配电板失电	□45 s 应急配电板投入 □应急灯供电正常 □内部通信供电正常 □通用报警和雾笛供电正常 □火灾探测及报警系统供电正常 □导航设备供电正常(速度计程仪,全球海上遇险与安全系统(GMDSS),电台,甚高频和卫星通信-C 站(Imr. C)) □应急消防泵供电正常 □滑动水密门供电正常 □1 号空气启动压缩机供电正常 □2 号机舱风机(可逆)供电正常 □舵机供电正常 □扫海灯供电正常 □航行及信号灯供电正常	
2	主配电板恢复供电	□应急发电机脱离 □主配电板供电 □负载顺序启动	

(2)恢复供电试验

当主配电板恢复供电时(如备用发电机自动启动并投入主配电板供电),检查应急发电机自动脱离应急配电板,主配电板恢复向应急配电板供电。同时检查必要机械设备自动启动(顺序启动)功能。

全船失电后,当电源重新恢复时,验证下列设备按程序重新启动(分 5 级)。

> 第一级:(0 s)AC 220 V 负荷、燃油供油单元、无线电设备、照明变压器、航行设备、应急照明变压器、舵机(No. 1)、主滑油泵。
>
> 第二级:(5 s)主淡水冷却泵、主海水泵。
>
> 第三级:(10 s)机舱风机、分油机处风机。

步骤六:其他辅助设备及系统运行试验

在船舶航行试验时,按照需要投入工作。

试验记录:航行试验结束后,测量记录主配电板及应急配电板的热态绝缘电阻值。

任务评价

任务完成情况评价标准及评分见表 9.2.7,任务总结反思见表 9.2.8。

表 9.2.7 任务评价表

评价类型	赋分	评价指标	分值	得分		
				自评	组评	师评
职业能力	50	《船舶电气航行试验大纲》编制规范完整	5			
		完成发动机及主电网检查试验，正确完整记录试验数据	10			
		完成柴油发电机组运行试验，正确完整记录试验数据	10			
		完成自动电站试验，正确完整记录试验数据	10			
		完成主配电板和应急配电板转换试验，正确完整记录试验数据	10			
		完成其他辅助设备及系统运行试验，正确完整记录试验数据	5			
职业素养	30	操作规范、精益求精	10			
		协作互助、解决问题	10			
		持续改进优化能力	10			
劳动素养	10	坚持出勤、遵守纪律	5			
		报告完整、工位整洁	5			
思政素养	10	实事求是、严谨认真	5			
		安全、规范	5			

表 9.2.8 总结反思

目标达成： 知识☆☆☆☆☆ 技能☆☆☆☆☆ 素养☆☆☆☆☆	
学习收获：	教师寄语：
问题反思：	

课后任务

1. 问答与讨论

(1)简述船舶航行试验的目的、条件。

(2)简述自动电站的航行试验一般有哪些内容。

(2)根据《船舶电气航行试验大纲》的试验项目,讨论在试验中出现的常见故障有哪些,应准备哪些仪器为故障排查做准备。

2. 巩固与提高

(1)查找相关资料,尝试填写一张入级中国船级社船舶的试航申请书。

(2)梳理试航前应提供的图纸清单和完工项目。

项目 9 附录文件:

电气系泊试验及航行试验大纲

项目 10

智能船舶自动化电站的应用

学习情境设置

(1)选择学习者角色

□船舶设计院电气专业技术人员

□船舶建造厂电气专业技术人员

□船舶电气自动化设备制造技术人员

□船舶船体、轮机等其他非电专业技术人员

□船舶电子电气员

□其他______________________

(2)分析学习者角色的岗位能力要求

船舶设计院电气专业技术人员：需能够基于船舶整体设计要求，规划智能船舶自动电站控制系统架构，合理配置各系统功能与控制策略。同时，能够协同船体、轮机等专业，确保电站设计与船舶整体适配，满足船舶全生命周期的用电需求。

船舶建造厂电气专业技术人员：要熟练掌握发电机组自动控制系统调试流程，严格依据设计要求与行业标准，完成 PPU+PLC 型自动电站的安装与调试工作。还需能及时解决安装调试过程中的技术问题，保障电站的建造质量与交付进度。

船舶电气自动化设备制造技术人员：应具备设计和优化船舶电气自动化设备的能力，确保所制造设备适配智能船舶自动电站控制系统。此外，需为电站系统集成提供技术支持，协助解决设备在实际应用中出现的兼容性问题。

船舶船体、轮机等其他非电专业技术人员：需了解智能船舶自动电站基本工作原理与操作规范，在船舶设计与建造过程中，能与电气专业人员有效沟通，协同完成船舶整体建造任务。面对突发电力故障，能做出初步应急响应，避免对船体、轮机等设备造成次生损害。

船舶电子电气员：要熟练掌握 PPU+PLC 型自动电站的操作方法，在指导下完成发电机组自动控制系统的调试任务。同时，学习智能船舶自动电站控制系统规划的基本思路，积累船舶电气系统操作与维护的实践经验。

____

____

(3)制定学习计划

了解船舶智能电站自动控制系统的组成、功能。

学习 PMS 功率管理系统控制策略。

梳理规划案例船自动化电站的功能需求，绘制 PMS 系统的结构框架，梳理其功能及控制策略。

掌握柴油发电机组启动、停止的控制过程。

完成柴油发电机组的手动启停、遥控启停操作。

能够排查柴油发电机组自动控制系统常见故障。学习发电机组单机容量及台数的选择方法。

了解 PPU 的作用及其端口功能,能够正确连接 PPU 与 PLC 并完成设置。

根据实际需求和选型,能正确进行 PLC 与 PPU 的连接,确定参数列表并正确完成设置,从而实现柴油发电机的并车、功率分配等操作。

项目介绍

船舶自动化技术革新的浪潮中,智能船舶自动化电站正成为提升船舶性能与运营效率的关键一环。本项目“智能船舶自动化电站的应用”,旨在系统培养参与者对智能船舶自动化电站的规划与实操能力。

本项目将结合具体案例,引导学员基于船舶设计要求,搭建适配的电站控制系统架构,制定合理控制策略。学习发电机组启停及自动控制策略,帮助学员掌握发电机组自动控制系统的调试规范,排查解决调试中的技术难题。学习了解 PPU+PLC 型自动电站,熟练运用 PPU+PLC 型自动电站,开展日常运维操作。

学习要求

- 梳理规划案例船自动化电站的功能需求,绘制 PMS 系统的结构框架,梳理其功能及控制策略。
- 完成柴油发电机组的手动启停、遥控启停操作;排查柴油发电机组自动控制系统常见故障。
- 根据实际需求和选型,能正确进行 PLC 与 PPU 的连接,确定参数列表并正确完成设置,从而实现柴油发电机的并车、功率分配等操作。
- 课前利用微课视频学习知识点及测试,课中在老师引导下分组完成工作任务,针对难点问题进行讨论,课后完成任务总结。培养自主学习能力,提高自身可持续发展能力。

知识图谱

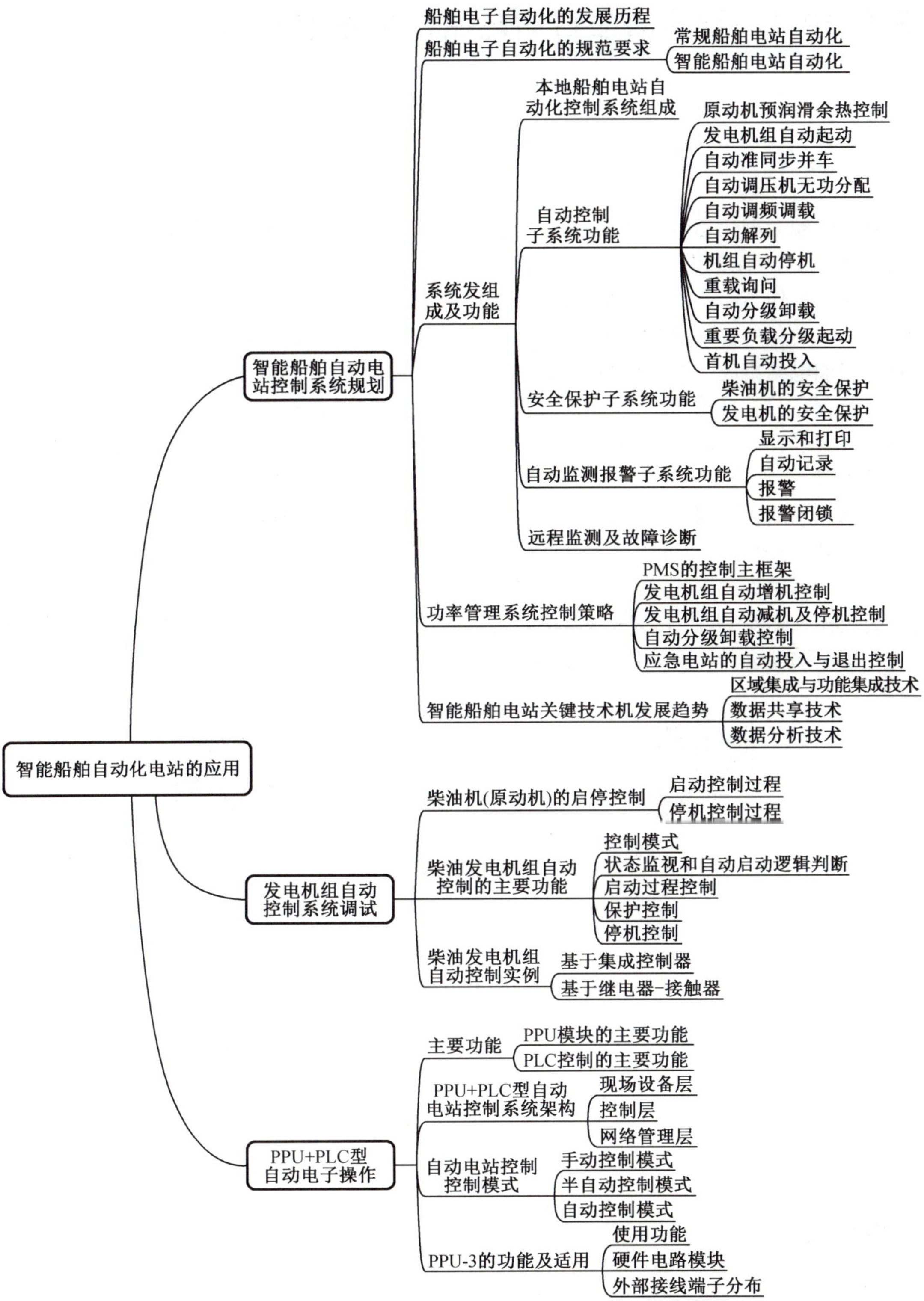
智能船舶自动化电站的应用
智能船舶自动电站控制系统规划
船舶电子自动化的发展历程
船舶电子自动化的规范要求
常规船舶电站自动化
智能船舶电站自动化
系统发组成及功能
本地船舶电站自动化控制系统组成
自动控制子系统功能
原动机预润滑余热控制
发电机组自动起动
自动准同步并车
自动调压机无功分配
自动调频调载
自动解列
机组自动停机
重载询问
自动分级卸载
重要负载分级起动
首机自动投入
安全保护子系统功能
柴油机的安全保护
发电机的安全保护
自动监测报警子系统功能
显示和打印
自动记录
报警
报警闭锁
远程监测及故障诊断
功率管理系统控制策略
PMS的控制主框架
发电机组自动增机控制
发电机组自动减机及停机控制
自动分级卸载控制
应急电站的自动投入与退出控制
智能船舶电站关键技术机发展趋势
区域集成与功能集成技术
数据共享技术
数据分析技术
发电机组自动控制系统调试
柴油机(原动机)的启停控制
启动控制过程
停机控制过程
柴油发电机组自动控制的主要功能
控制模式
状态监视和自动启动逻辑判断
启动过程控制
保护控制
停机控制
柴油发电机组自动控制实例
基于集成控制器
基于继电器-接触器
PPU+PLC型自动电子操作
主要功能
PPU模块的主要功能
PLC控制的主要功能
PPU+PLC型自动电站控制系统架构
现场设备层
控制层
网络管理层
自动电站控制控制模式
手动控制模式
半自动控制模式
自动控制模式
PPU-3的功能及适用
使用功能
硬件电路模块
外部接线端子分布

任务 10.1 智能船舶自动电站控制系统规划

任务引入

伴随船舶大型化趋势的加剧与自动化水平的持续提升，大量船用设备依赖电能实现驱动与控制，船舶电站的设置因此愈发必要。

船舶电站作为船舶电力系统的核心枢纽，其自动化系统是船舶自动化体系的关键部分。船舶电站自动化的首要目标，在于保障船舶供电的持续性、可靠性，以及稳定的供电质量。自动化船舶电站集成了发电机组自动启动、自动接入无电母线、自动并车运行、自动调频调载、重载负荷问询、自动停机、自动卸载非关键负载，以及功率储备自动分析等功能，这些功能或全部实现，或部分配置。电站运行的可靠性、经济性，以及自动化层级，对船舶的安全航行至关重要。

在前几章内容中，我们介绍了船舶电力系统的基本架构与原理，内容涵盖发电机自动并车、自动调压与无功功率分配、自动调频调载，以及继电保护等自动化电站的核心技术。随着船舶自动化的深度发展，自动化电站也从局部、分散的就地控制模式，逐步向综合化、集中化的管控模式转变，进而衍生出分布式微机电站和智能电站。如今，自动化电站的配置已然成为衡量船舶先进性与现代化程度的重要指标。

自动电站的功能及组成

功率管理系统(**PMS**)的控制流程

任务描述

(1)了解船舶智能电站自动控制系统组成、功能；

(2)学习 PMS 功率管理系统控制策略；

(3)梳理规划案例船自动化电站的功能需求，绘制 PMS 系统的结构框架，梳理其功能及控制策略。

学习目标

知识目标：

(1)掌握船舶电站自动化的发展历程、规范要求；

(2)理解船舶智能电站自动控制系统组成、功能，PMS 功率管理系统控制策略；

(3)了解智能船舶电站关键技术及发展趋势。

技能目标：

(1)能够梳理规划案例船自动化电站的功能需求；
(2)能够绘制 PMS 系统的结构框架，梳理其功能及控制策略。

育人目标：

(1)培育严谨的技术思维，在船舶电站控制系统规划中严格遵循行业规范，确保系统的安全性和稳定性；
(2)增强对船舶电站技术革新的关注度，主动学习新技术，提升持续优化系统的意识。

知识准备

1. 船舶电站自动化的发展历程

(1)初级自动化(20 世纪中期)

船舶电站初级自动化的主要标志是采用了简易监控系统和自动调节器。

由一些基本的传感器和报警设备组成的简易监控系统，对船舶电站设备运行时的温度、速度、压力、液位等基本参数进行监测。当出现异常时，自动调节器根据预设的参数自动调节其工作参数，以确保设备在最佳状态下运行，从而提高船舶的效率、安全性和环保性。

典型案例：20 世纪 60 年代，采用继电器控制技术及后来的晶体管分立元件控制技术的英国 MMF 自动并车装置、日本 XET 自动并车装置和 XPT 自动负载分配装置等。20 世纪 70 年代，将单元自动化装置系统地组合成成套的电站自动化设备，系统可在集控室进行集中控制，如 SIEMENS 公司的 EEA-22 船舶电站自动控制系统，“里言斯顿号”的 SEPA 电站自动控制系统，日本“星光号”的电站自动控制系统等。

(2)中级自动化(20 世纪 80 年代至 20 世纪末)

船舶电站中级自动化的主要标志是采用了 PLC 和集成监控报警系统。

20 世纪 80 年代，采用微处理器 CPU 控制技术；20 世纪 90 年代，采用可编程 PLC 控制技术。PLC 控制系统的可靠性已为世人所公认，其产品通用性强，仅需少量备件且易于在世界各地购置，因而得到广大客户的青睐。

随着微机网络技术的日趋成熟，SIEMENS、AEG、TERASAKI、Kongsberg、ABB 等国际著名的大公司相继研制开发多微机分布式网络型船舶电站自动控制系统。形成了集自动控制、报警监测于一体的船舶电站自动化监控系统，涉及现代控制技术、通信、信息处理、数字化信息技术、计算机网络等多学科和技术。

(3)高级自动化(21 世纪初期)

随着船舶自动化程度的不断提高，电站自动化由局部控制发展到了综合控制，由单一控制发展到了集中控制。船舶电站高级自动化的主要标志是采用了综合自动化系统(IPS)和数据采集分析系统。

综合自动化系统是一种集成船舶多个自动化子系统的先进管理平台，它将船舶的各种自动化系统整合到一个统一的平台上，实现了对船舶全方位的集中监控和智能管理。数据采集分析系统能够实时监控船舶各项参数，并进行初步的数据分析和故障诊断，为船舶的安全运行提供了可靠的支持。

综合自动化系统的关键技术是数字化技术和现场总线技术。在新造船舶中,越来越多地采用现场总线作为各个子系统的现场控制网络,上层网络采用局域网,形成全分布式的网络型监控系统。

当前,数字化技术和总线技术应用已经相当成熟。现场总线是一种互联现场设备(或模块)与控制系统之间的双向数字通信网络。通常采用双层网,第一层为数据采集与传送网,第二层为控制网。为保证系统的可靠性,控制网络可采用冗余结构。考虑到危险分散原则,系统又分成若干子网,如:推进系统、管路系统、电力监控系统等独立子网。通过系统的网络化,功能上集各子系统之众,从可靠性出发又是一个分布式系统;在数据采集和控制平台上,各子系统密切结合,但在系统结构上又是一个主动性极强的系统,在平台某系统局部受损时不影响独立工作;采用网络冗余和设备冗余设计及不间断后备电源,生存能力很强;具有图像控制功能,人机界面和对话效果良好。网络系统的优势在于采用数字化和高层次的自动化技术代替大量烦琐的人工操作,提高工作效率是显而易见的。它有助于减少频繁操作和减轻人员疲劳,把船员从环境恶劣的工作场合中解放出来。

(4)智能自动化(21 世纪初至今)

进入 21 世纪,随着物联网(IoT)、大数据、人工智能(AI)等新兴技术的发展,船舶自动化进入了智能化阶段。船舶电站智能自动化的主要标志是采用远程监控与管理及智能决策支持系统。

利用卫星通信和互联网技术实现对船舶电站的远程监控和管理,极大地提高了船舶管理的效率和安全性。通过大数据分析和人工智能(AI)技术,及时发现设备运行异常或潜在故障。通过建立预测模型和故障诊断算法,系统可以分析历史数据和实时数据,预测设备未来的运行趋势和故障风险,并及时发出警报,提醒船员注意并采取相应的措施,以避免设备损坏或事故发生。

此外,大数据分析和 AI 技术还可以为船舶管理人员提供决策支持和管理建议。通过分析船舶运行数据和市场情报,系统可以为船舶管理人员提供船舶运营的优化建议和管理策略,帮助他们做出更加科学、准确的决策,提高船舶的经济效益和竞争力。

计算机、通信、显示和控制技术的迅速发展且互相交叉渗透,以及人工智能和模糊技术的应用,为船舶电站自动化、智能化带来重大变革。目前,船舶电站的自动化系统正朝着自动故障预测、自诊断的方向发展,上位机将会实现专家系统等智能连接,船舶电站自动控制系统正在经历着从集中型微机监控系统、分散型微机监控系统、集散型(分布式)多级多微机监控系统到网络型(智能式)微机监控系统的发展。而这些技术的发展会使船舶工业在智能综合自动化、微机监测、智能控制、卫星通信导航、全球定位系统、船岸信息协同、全船自动化等领域进一步发展。

2. 船舶电站自动化的规范要求

船舶电站自动化从属于船舶轮机自动化,轮机自动化也常称为机舱自动化。

(1)常规船舶电站自动化

中国船级社《钢质海船入级规范》(2024)将船舶机舱自动化划分为 3 个级别。

BRC 标志级:推进装置由驾驶室控制站遥控,机器处所有人值班。

MCC 标志级:机舱集控站(室)有人值班,对机电设备进行监控。

AUT-0 标志级:推进装置由驾驶室控制站遥控,机器处所包括机舱集控站(室)周期无人值班。

其中自动电站通常指的是满足 AUT-0 标准的船舶电站控制系统。AUT-0 标志级是机舱自动化的最高级别,也叫无人机舱。规范中要求 AUT-0 级对应的自动电站能保证在无人值班周期内连续正常运行。即要保证:

★若由一台发电机组运行供电,则在该机组发生故障时,备用发电机组应能在 45 s 内自动启动合闸,向船舶电网供电。

★若由两台以上的发电机组并联供电,则在其中一台机组出现故障时,应有措施保证对重要负载的连续供电。

★因短路故障停电后,备用机组的自动合闸只允许进行一次,合闸失败后应报警。

★当运行发电机组超负荷时,应能自动卸除非重要负载,保证对重要负载的不间断供电,或自动启动备用的发电机组并网供电。

★自动化电站应显示电压、频率及应急蓄电池组向临时应急照明供电的指示。

★自动化电站应实现电压过高或过低报警、频率过高或过低报警、自动卸载动作时报警、自动合闸失败报警、主开关脱扣报警、对地绝缘电阻低报警、应急蓄电池组向临时应急照明供电时报警等。

(2)智能船舶电站自动化

CCS《智能船舶规范》(2025)中规定,对于具备智能机舱功能的智能船舶,可授予智能机舱功能符号 Mx。其中,“M”代表船舶具有满足“规范”规定的智能机舱基本功能;“x”为补充功能标志,具体采用以下小写字母表示:

m——表示主推进发动机及其部件实施视情维护;

a——表示辅助发电用发动机及其部件实施视情维护;

p——表示推进轴系实施视情维护。

CCS《船舶智能机舱检验指南》(2025)中主要聚焦了船舶机舱设备与系统状态监测与健康评估系统、辅助决策系统、视情维护系统,这三大系统是现阶段智能机舱及智能电站发展的关键之所在。其关键技术包括状态监测与诊断技术、数字孪生技术、人工智能与机器学习、远程监控与控制、能效管理与优化、视觉识别技术等。

★状态监测与诊断技术:智能机舱系统通过集成多种传感器和数据采集设备,实时监测船舶机舱内主要设备的运行状态和健康状况。通过对这些设备的相关参数进行分析评估,可以及时发现潜在的故障并进行预警和诊断。

★数字孪生技术:数字孪生机舱利用虚拟模型来模拟和分析机舱的实际运行情况,从而实现对机舱运行状态的实时仿真和评估。这种技术能够帮助预测设备的未来发展趋势,优化维护计划,并提高整体运行效率。

★人工智能与机器学习:智能机舱系统结合人工智能算法,如神经网络和孤立森林算法,用于故障诊断和预测。这些算法能够从大量历史数据中学习,提高故障检测的准确性和效率。

★远程监控与控制:智能机舱系统支持远程监控和控制功能,使得驾驶室可以远程操控主推进装置和其他关键设备。这不仅提高了操作的灵活性,还能够在无人值班期间确保设备的连续正常运行。

★能效管理与优化:智能机舱系统还集成了能效管理系统,通过实时监测和分析船舶航行状态、能耗状况等关键信息,为船舶提供能效优化方案。这有助于减少能源消耗,降低运营成本,并符合环保要求。

★视觉识别技术:为了提高设备检测的精度和效率,智能机舱系统采用了改进的视觉识别技术,用于识别和分析机舱内的设备状态。这些技术能够有效解决设备遮挡和检测精度不足的问题。

3. 船舶智能电站自动控制系统的组成及功能

近年来,随着计算机技术、智能控制技术、通信技术以及网络技术等的发展,船舶智能电站自动控制系统的结构也发生了很大变化,逐步形成以本地船舶电站自动控制部分和远程监测及故障诊断部分为核心的网络集成控制系统。系统总体框架如图 10.1.1 所示。

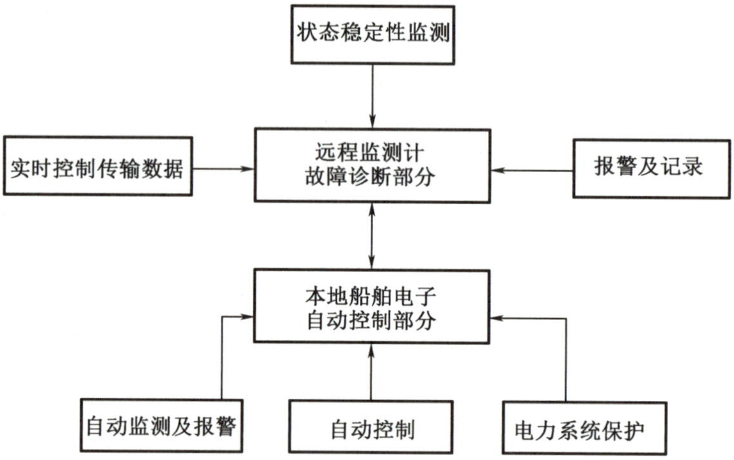

图 10.1.1　智能电站自动化系统框架图

本地船舶电站自动控制部分主要完成船舶电站的自动监测及报警、自动控制和电力系统的保护。远程监测及故障诊断部分主要完成远程端对船舶电站的状态稳定性检测、远程实时控制及传输数据、远程获取报警及数据的记录。为了实时监测、读入各项动态信息,需要将传感器装配在电站的关键部位,最后通过物联网云平台与岸基监控平台的网络连接,搭建船-岸物联网通信架构,完成远程监控功能。

(1)本地船舶电站自动化控制系统组成

通常,自动电站的控制系统指的是集监、控、管于一体的网络型船舶电站综合自动化系统,即船舶电站管理系统(power management system,PMS),也称为船舶电站自动化控制系统。

PMS 将船舶发电、配电和船舶设备用电统一调度和集中控制,主要由发电系统管理模块、配电系统管理模块、用电设备管理模块、系统监测报警管理模块、电力优化分配和管理模块等模块组成。

作为电站自动控制的重要内容之一的励磁控制系统,现在一般均未包含在船舶自动电站管理系统中。这是因为励磁控制系统是由发电机制造厂家配套生产的,属于发电机的一部分,通常安装在发电机上。发电机制造厂家在船舶制造调试中,已能保证发电机电压调整及并联运行时无功功率分配均能满足船级社规范要求,在船舶营运中通常无须再做进一步的调整。

在常规电站中,调压、调速、并车、调频调载等功能多采用模拟控制器来实现,发电机自动启停、重载询问等功能多采用继电器、半导体逻辑电路或程序控制器来实现；在采用微处理器 CPU 控制的船舶电站自动控制系统中，则借助硬件电路，采用事先编写调试好的程序来实现电站自动化控制功能。

按功能类型来看，船舶电站自动控制系统一般由三大主要子系统组成，即自动控制子系统、安全保护子系统和自动监测报警子系统，系统框图如图 10.1.2 所示。

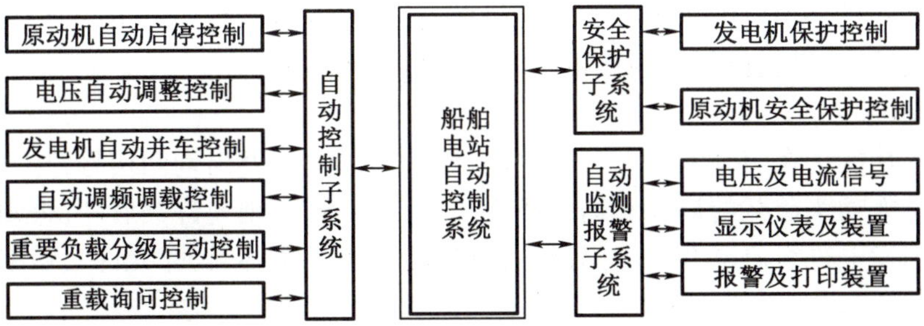

图 10.1.2　船舶电站自动控制系统结构框图

(2) 自动控制子系统功能

自动控制子系统是自动电站的核心子系统，它主要完成以下控制功能：

★原动机预润滑预热控制

发电机组在长期不用或环境温度较低的条件下，机组自动启动前首先要进行原动机的预润滑，主要是控制机组预润滑油泵投入运行一段时间，待机组启动成功后再停止，此后机组的润滑工作由机带润滑泵承担；其次是对机组冷却水的预热，自动启动冷却水加热装置给冷却水预热。一般冷却水预热方式有电预热和蒸汽预热两种。

★发电机组自动启动

发电机组自动启动功能是指在出现电网失电、运行机组平均功率大于 85%P_N(可调)、运行机组出现故障或停机、重载问询电站功率裕量不够、汇流排参数异常等情况下，控制处于备用状态下的发电机组自动启动。

机组应具有三次自动启动功能，若三次启动失败要给出报警指示。

★自动准同步并车

自动准同步并车是指备用机组启动成功后，控制机组自动投入电网并联运行的功能。

★自动调压及无功分配

自动调压及无功分配是指通过对发电机励磁电流的自动控制调节，从而使发电机输出电压稳定，并能调整运行发电机组的无功分配，使各台发电机合理分担的功能。目前自动调压一般由发电机自带的 AVR 完成，未包含在自动电站控制系统中。通常在发电机出厂时已能保证电压调整和并联运行时的无功分配能满足规范要求，船舶运营时无须再进一步调整。

★自动调频调载

自动调频调载是指对已投入电网运行的发电机组进行频率和有功功率分配的控制，使电网频率保持稳定，与额定频率偏差不大于±0.25 Hz，并使各机组承担的负载有功功率按机组容量成比例分配。

★自动解列

自动解列是指已投入电网运行的发电机组出现下列情况时，按顺序使运行机组逐个解列的功能。

——电网轻载，在网运行机组平均功率小于 35% P_N。

——机组出现冷却水温度高、滑油压力低等机械故障报警。

——在半自动模式下接收到解列指令。

解列机组的负载转移到约 5% P_N 时，发出分闸信号。

★机组自动停机

机组自动停机是指发电机组的原动机停机，若投入电网运行的机组解列分闸，则该机组自动停机。此外，一般当机组出现严重故障时，也将自动停机。

★重载问询

重载问询功能指在启动大功率负载之前，要首先向电站发出询问信号，并自动检测电站容量是否满足大功率负载的启动和运行条件。若满足条件，则允许其启动，否则自动化电站需要控制备用发电机组启动并入电网供电，直到功率满足条件后，才允许大功率负载启动。

★自动分级卸载

自动分级卸载是指电站超负荷时自动切除一些非重要负载，可以实现多次卸载，以适应不同程度的过载条件，保证对重要负载的连续供电。

★重要负载分级启动

当船舶主电源因故障失电又恢复供电时，为避免因负载同时启动产生过大的冲击电流，甚至使发电机主开关再次跳闸，自动电站将船舶负载按照在紧急状况下的重要程度和启动电流分组，按顺序逐级启动。一般情况下，每两级启动的时间间隔为 3～6 s。以下是某船舶五级启动的分级情况：

——第一级（0 s，可调）：舵机、通信、照明、无线电、航行设备、自动化设备、航行灯、信号灯等。

——第二级（5 s，可调）：主滑油泵、主机缸套冷却淡水泵。

——第三级（10 s，可调）：主机十字头滑油泵、低温淡水冷却泵。

——第四级（15 s，可调）：主冷却海水泵。

——第五级（20 s，可调）：机舱风机。

★首机自动投入

首机自动投入指的就是在电网失电或功率不足时，多台发电机组同时自动启动，控制最先启动成功的备用机组投入电网运行。

（2）安全保护子系统功能

安全保护子系统直接关系到船舶运行的安全，一般分为柴油机的安全保护和发电机的安全保护两类。利用保护装置控制系统对船舶电站的各部分实现保护功能。

★柴油机的安全保护：主要包括滑油压力过低应急停机；机组冷却水温度过高应急停机；机组超速应急停机等。

★发电机的安全保护：主要包括过载保护、外部短路保护、欠压保护、逆功率保护，在特殊情况下还应该考虑过压、过频、欠频、差动保护和定子绕组内部短路保护。

（3）自动监测报警子系统功能

船舶自动电站管理系统 PMS 具有信号采集单元，可以实时地采集船舶电站各设备运行的参数，这些信号参数不仅用于对船舶电站的控制，还用于对船舶电站设备运行状态的监测。各种信号参数通过传感器转换为电信号，数字信号直接传给主控制模块，模拟信号通过

A/D 转换为数字信号后传输给主控制模块。

自动监测报警子系统应具有对电站的运行情况进行实时显示和打印、自动记录、报警、报警闭锁等功能。

★显示和打印:对各种监测参数和状态图进行实时动态显示和打印。包括柴油机的转速、润滑油压力、冷却水出口温度、各缸排烟温度、柴油机运行时数累计等;发电机的电压、频率、功率、电流、功率因数;断路器的储能状态、合闸状态、断开状态;汇流排电压、频率、绝缘状态以及系统是否有接地等;负载的电压、电流、功率等模拟量信号。

★自动记录:对所有监测数据和报警、消除报警信息的自动记录。

★报警:当检测到系统运行参数不正常或船舶电站系统出现故障时,PMS 将立即发出声光报警,提示船舶操作者采取应对措施,并设有消声、消闪及试灯按钮。

★报警闭锁:机组启动和停机过程中,会引起某些控制参数偏离整定值,报警闭锁功能就是在这些特殊环节自动闭锁相应的报警线路,防止误报警。

(4)远程监测及故障诊断

传统的船舶电气设备故障检测一般是通过观测以及使用各类型电气检测仪表或传感器的方式,对设备是否处于故障状态进行主观判断。而且在船舶投入正常营运状态时,需要操作人员按照制定的时间表,按时巡检对电气设备进行数据监测与记录。现代智能电站利用成熟的物联网技术及智能算法进行船舶电站故障诊断,以互联网为通信方式,物联网云端平台作为数据中转平台的数据远程诊断模式。远程监测及故障诊断系统结构如图 10.1.3 所示。

其中,图 10.1.3(a)中并车控制器 PLC 用于电能管理,并通过以太网与其他所有 PLC 互相通信进行数据交换,控制完成两台机组的自动并联运行、负荷分配和自动解列等操作。同时,三台 PLC 控制器与触摸屏互相通信,在触摸屏上进行显控操作。

如图 10.1.3(b)所示,在本地端数据传输网络中主要的通信对象主要有传感器、PLC 控制器和本地网关。本地网关与云平台的数据传输采用无线通信方式,通过 5G 或无线 WiFi 网络连接。本地服务端和远程客户端通过 TCP/IP 协议与云平台进行数据传输,构成远程通信网络。

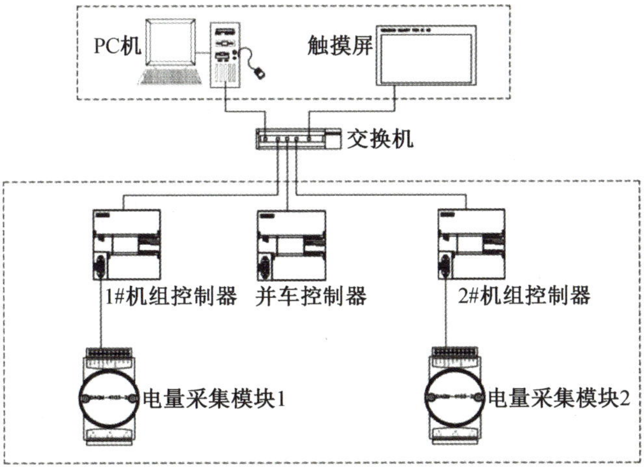

(a)本地端硬件拓扑结构

图 10.1.3　远程监测及故障诊断系统结构图

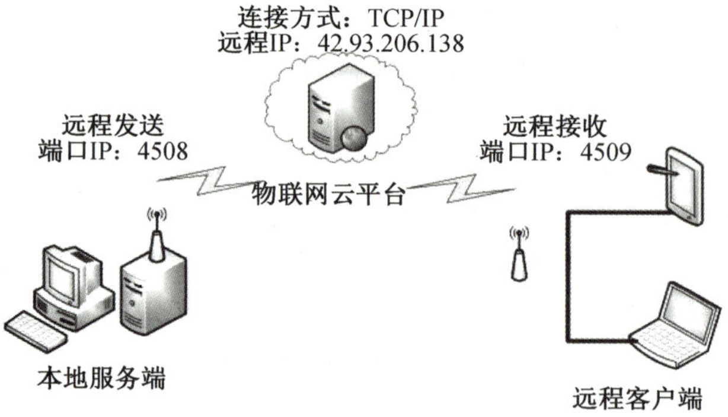

(b) 远程端通信网结构

图 10.1.3(续)

4. 功率管理系统控制策略

(1) 功率管理系统 PMS 的控制主框架

PMS 的控制主框架主要由发电机组的增机功能、发电机组的减机及停机功能、应急电站的投入与退出功能、自动分级卸载功能等四部分组成。PMS 控制主框架如图 10.1.4 所示。

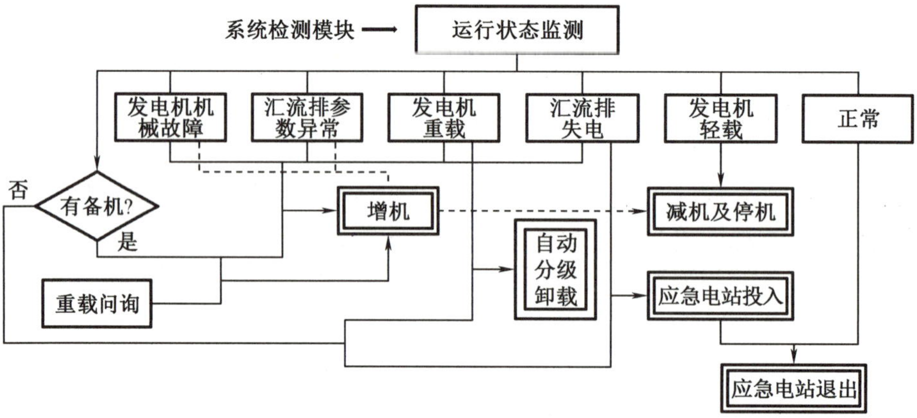

图 10.1.4　功率管理系统(PMS)控制主框架

★发电机组自动增机

系统的检测模块对电站的运行状态进行监测，当检测到发电机组出现机械故障、汇流排参数异常、发电机组重载、汇流排失电等情况，同时又有备用机组时，系统将会按预定的发电机组投入顺序执行自动增机任务。

当系统重载问询后判断在网发电机容量不足，且有备用发电机组时，也将执行自动增机任务。

★发电机组自动减机及停机

当检测到发电机组轻载时，则执行自动减机及停机任务。此外，当出现发电机组机械故障或单机运行汇流排异常的情况时，在增机任务成功后，也要执行自动减机及停机，将故障机组退出电网(如图 10.1.4 虚线流程部分)。

★自动分级卸载

当发电机重载,且没有备用发电机组时,则要执行负载的自动分级卸载任务。

★应急电站投入与退出

当主汇流排失电,且没有备用发电机组时,执行应急电站投入任务。在主汇流排恢复正常供电后,则执行应急电站退出任务。

(2)发电机组自动增机控制

在主发电机组自动增机功能模块中,在船舶电站设置于"自动"模式、汇流排联络开关闭合,并且有备用机组的情况下,PMS 系统根据检测到的故障类型和接收到的指令,分别执行因机械故障增机、因汇流排失电增机、因汇流排参数异常增机、因发电机重载增机或者因重载问询指令增机等子程序。发电机自动增机控制主流程如图 10.1.5 所示。

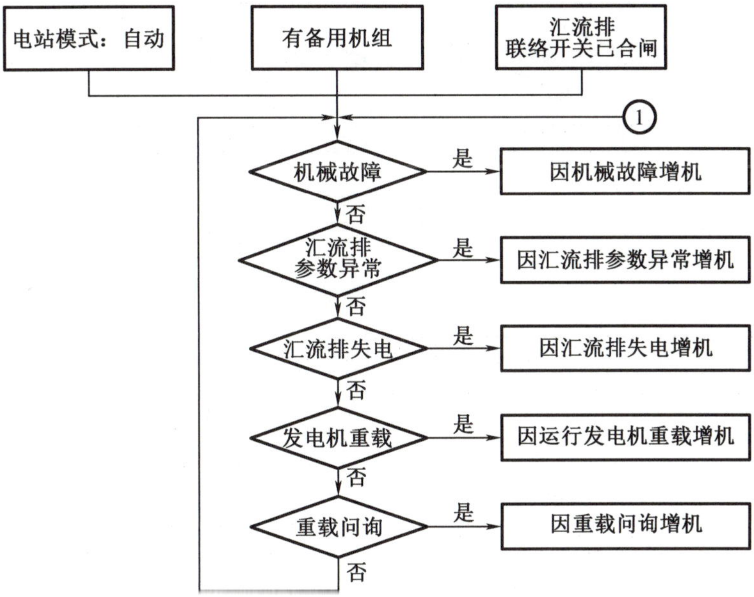

图 10.1.5　发电机自动增机控制主流程

★因机械故障增机控制

如图 10.1.6 所示,当主汇流排有电,运行发电机出现滑油压力低、冷却水温度高、超速等机械故障报警时,系统会发出第一备用发电机启动指令。若第一备用发电机组在三次内成功启动,则系统将检测发电机电压。当电压正常建立后,自动并车模块投入工作,在满足合闸条件后发出主开关合闸指令。并车成功后,自动执行故障发电机的解列程序,满足解列条件后将故障机组分闸、停机。

若第一备机三次启动不成功,则系统会发出"启动失败"报警,若启动成功但电压不能正常建立,或不能成功合闸,系统均会发出"开关不能合闸"报警。系统在发出报警的同时,会向第二备机发出启动指令,执行增机指令。若第二备机也出现"启动失败"或"开关不能合闸"报警,则流程结束,增机失败。

★汇流排参数异常增机控制

如图 10.1.7 所示,当船舶电站为单机运行,电网有电,汇流排出现电压偏离额定值超过 5%或频率偏离超过 2.5%等,且经延时 5 s 后仍然异常时,系统发出备用发电机启动指令。

在备机三次内启动成功、电压正常建立后，首先使造成参数异常的运行发电机组直接分闸，然后发出备机主开关合闸指令，主开关迅速合闸恢复对电网的供电，并自动进行恒频控制。

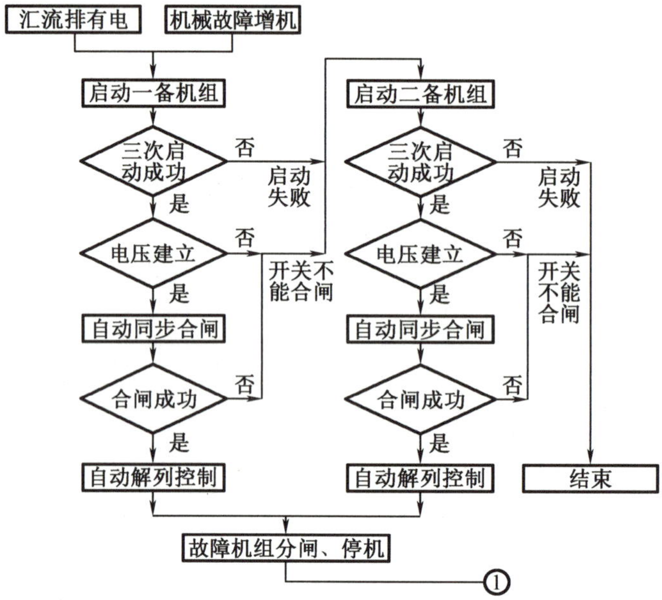

图 10.1.6　因机械故障增机控制子程序

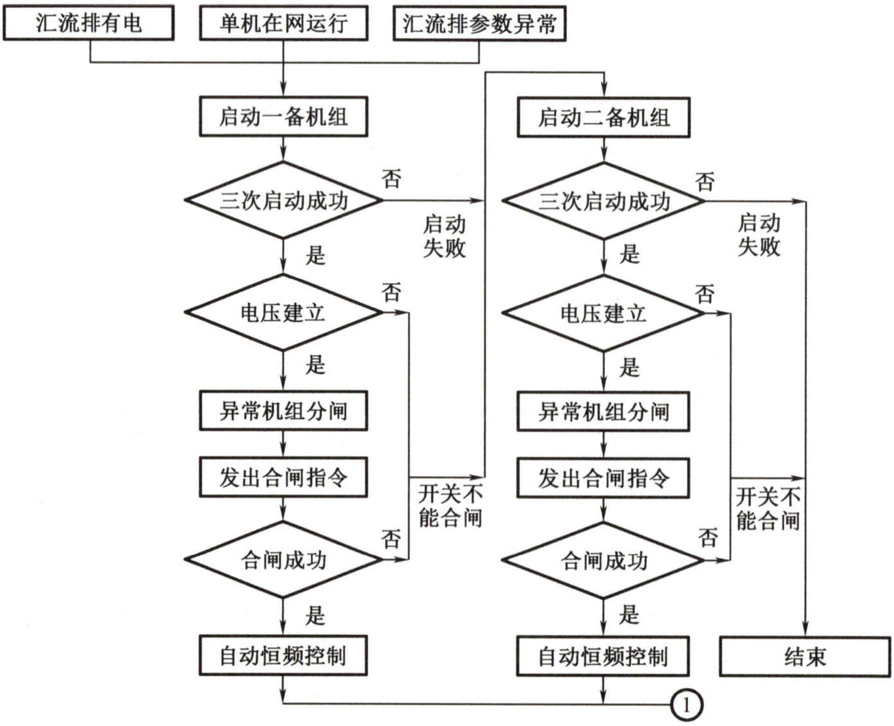

图 10.1.7　因汇流排参数异常增机控制子程序

类似的，当第一备机启动不成功、电压建立不正常或合闸失败时，系统发出报警信号，同时向第二备机发出启动指令。

★主汇流排失电增机控制

如图 10.1.8 所示，当主汇流排失电时，电网无在网运行机组，这时系统会立即发出第一备用发电机组启动指令，如果第一备机在三次内能够启动成功，则系统控制器对发电机电压进行判断，电压正常建立后发出合闸指令，主开关迅速合闸，恢复对电网的供电，自动进行恒频控制。

如果第一备机三次启动不成功，则系统会发出“启动失败”报警；或者虽然启动成功，但是电压不能正常建立或者不能正常合闸，则系统会发出“开关不能合闸”报警。系统在发出报警的同时，向第二备机发出启动指令。如果第二备机在三次内能够启动成功，则系统控制器对发电机电压进行判断，电压正常建立后，主开关迅速合闸，恢复对电网的供电，自动进行恒频控制。

如果第二备机也出现“启动失败”或“开关不能合闸”报警，则程序结束。

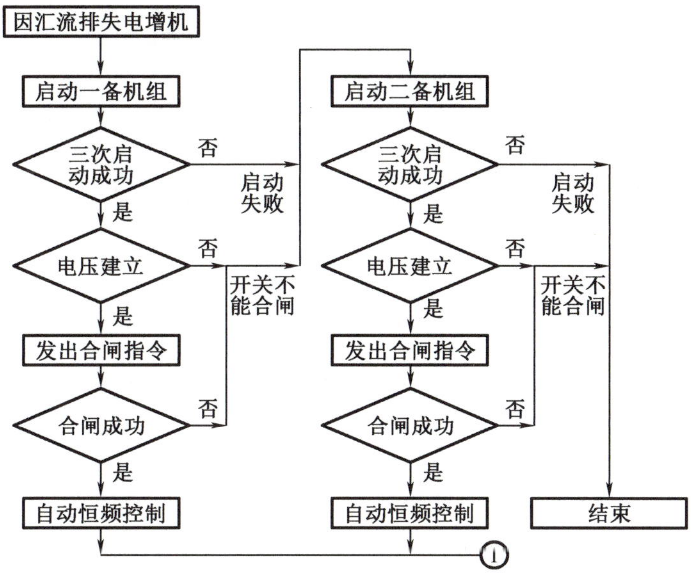

图 10.1.8　因主汇流排失电增机控制子程序

★运行发电机重载增机控制

如图 10.1.9 所示，当汇流排有电，运行机组的负荷率超过 86%（可调），且经过一段时间延时后仍超标，此时运行机组处于重载状态，系统将按照备用机组的优先级，向第一备机发出启动指令。备机在三次内启动成功、正常建立电压后，系统将再次检测判断运行机组是否仍重载，若重载，则自动并车模块投入工作，满足合闸条件后发出主开关合闸指令。并车成功后自动调频调载模块投入工作，进行负载转移。

同样的，当第一备机启动不成功、电压建立不正常或合闸失败时，均会发出报警信号，同时向第二备机发出启动指令，控制第二备机执行增机流程。

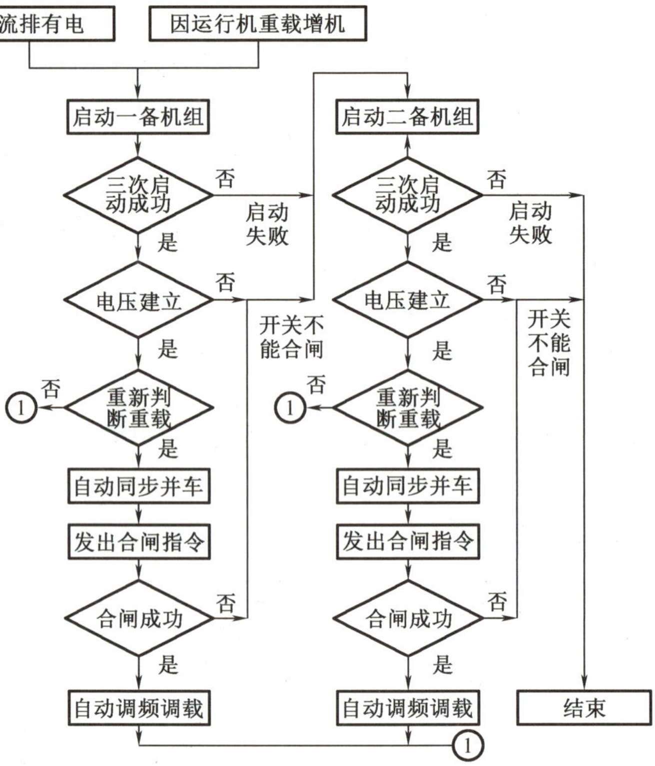

图 10.1.9　因运行发电机重载增机控制子程序

★重载问询增机控制

如图 10.1.10 所示，当汇流排有电，PMS 系统接收到大功率负载启动的重载问询时，系统首先需要检测并判断在网发电机的剩余容量是否能满足大功率负载的启动运行要求。若满足，系统则发出允许重载启动指令，大功率负载启动运行。若不满足，系统则继续判断备用发电机数量是否满足启动需求。

若不满足，则发出请求失败报警，结束流程。若满足，系统则发出第一备用机组启动指令，控制第一备机启动、并车和主开关合闸，合闸成功后运行自动调频调载模块，进行负载转移。此时，再判断在网发电机剩余功率是否满足启动需求，执行后续流程。

当第一备机启动不成功、电压建立不正常或合闸失败时，均会发出报警信号，同时向第二备机发出启动指令，控制第二备机执行增机流程。

(3)发电机组自动减机及停机控制

通常，在电网轻载、运行机组出现机械故障或单机运行时汇流排参数异常的情况下，PMS 系统要发出“减机及停机”指令，按照程序自动解列或直接分闸，然后控制机组停机。

一般情况下，控制柴油机停机时，只需要切断燃油供给，机器就会自动停下来。但需要注意，有些柴油机不能承受突然停机，需要在中速下运行一段时间(180 s)，待温度逐渐降低后，才允许断油停机。

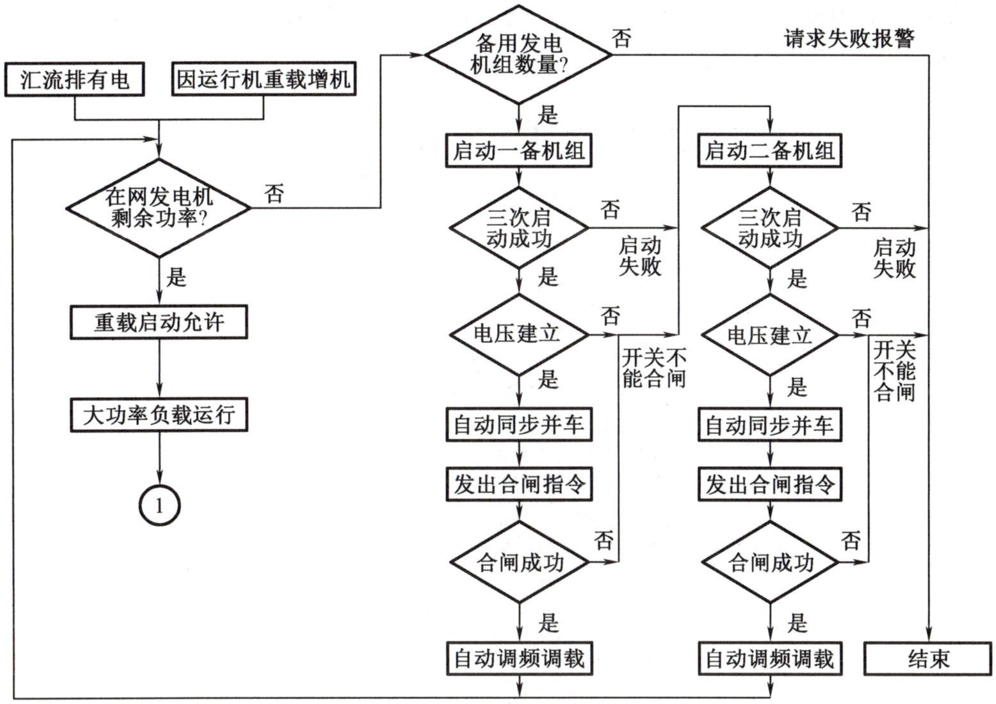

图 10.1.10　因重载问询增机控制子程序

★电网轻载自动减机及停机控制

如图 10.1.11 所示,当船舶电站中有两台及以上机组并联运行时,电站模式为“自动”,在网运行负载总功率低于单台发电机额定功率的 70%或在网运行发电机平均负荷率低于35%时,且经一段时间(10 min)延时后仍超标,系统判定电网处于轻载状态。此时,系统自动发出解列指令,开始解列和进行负载转移程序,当待解列机组功率转移至只剩余 5%时,再次判断运行机组是否轻载,若仍轻载,则向待解列发电机组主开关发出分闸指令。若分闸不成功,则发出分闸失败报警;若分闸成功,则解列机组脱离电网,系统向解列机组发出停机指令,让机组空转冷却 10 min 后停机。

特别注意:在解列过程中,当电网负荷增加,解除轻载状态时,应停止解列操作,恢复自动调频调载控制,将负载平均转移到每台机组。为了使电站各台机组累计运行时数趋于一致,一般解列先投入运行的机组。

★机械故障自动减机及停机控制

如图 10.1.6 所示,在因机械故障自动增机的控制中,在因某运行机组出现机械故障,系统完成了启动备机和并车成功后,对故障机组发出解列指令,通过自动调频调载装置将故障机组负载转移至其他机组后,再将故障机组的主开关分闸,并发出停机指令,故障机组经冷却后停机。

为了尽可能地不中断供电,对于“运行不正常”现象的识别信号,可以分为两级:第一级作为预报,第二级作为保护装置的动作极限。预报级信号可以要求启动备用机组,以赢得时间,等待备用发电机组启动和并车后再解列不正常的发电机组。当然,这种期望建立在不正常的发电机组还可以坚持运行一段时间的基础上。显然,这一段时间取决于两方面:一方面是备用发电机组的启动、加速、并车和负载转移所需的总时间,当然越短越好;另一方面是不正常现象发展的速度，当它发展到保护装置的动作极限时，如果并车尚未成功，则保护装置动作使不正常的发电机主开关分闸。

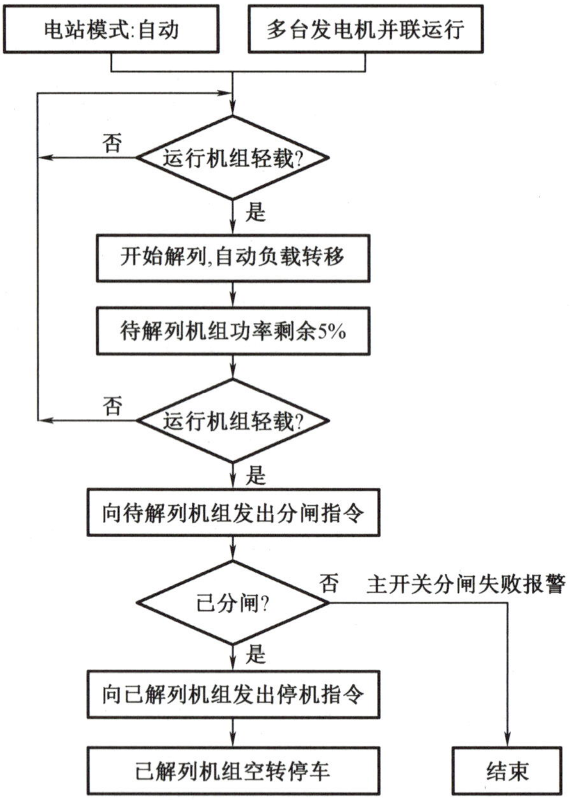

图 10.1.11　轻载解列自动减机及停机控制流程

★单机运行时，汇流排参数异常自动减机及停机控制

如图 10.1.7 所示，当单机运行、汇流排参数异常时，PMS 系统进行启动备用机组。当备机正常建立电压，直接将运行机组主开关分闸后，系统同时发出合上备用机组主开关指令，以及运行机组停机指令，将机组冷却后停机。

(4) 自动分级卸载控制

★应用场景：在网发电机组任意一台重载或过载；并联运行的发电机组中有一台异常脱扣。

★控制目的：消除在网发电机过载现象；保证船舶电站供电连续性和可靠性。

★控制流程

在上述应用场景下，为了达到控制目的，控制负载按照优先等级逐级脱扣。

如图 10.1.12 所示，以二级卸载为例，当电站模式为自动，任一台在网发电机电流超过设定值，且延时后仍过载时或并联运行的发电机组中有一台异常脱扣时，PMS 系统将执行自动分级卸载流程。

首先，系统将发出 1 级负载脱扣指令，控制 1 级负载的断路器分断，在脱扣成功后发出 1 级负载脱扣报警，并判断此时发电机是否过载。若不过载，则直接结束流程；若过载则发出 2 级负载卸载指令，在脱扣成功后发出 2 级负载脱扣报警并结束流程。

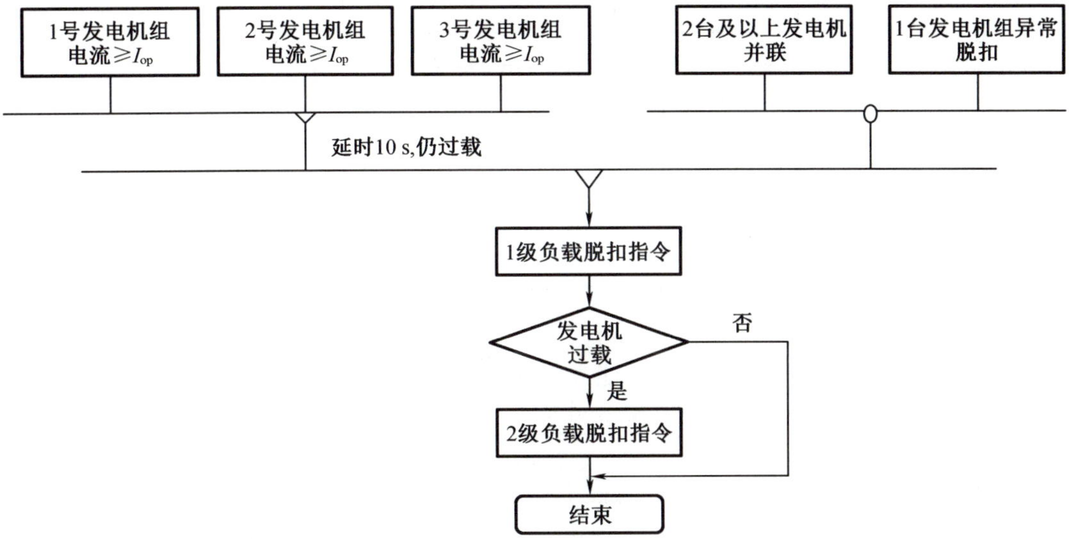

图 10.1.12　自动分级(二级)卸载控制流程

(5)应急电站的自动投入与退出控制

应急电站由应急发电机和应急配电板组成。正常情况下,应急电网由主配电板供电;主配电板因故失电时,应急发电机通过应急配电板向应急电网供电。主配电板恢复正常后,转换回由主配电板供电。

★应急电站自动投入控制

如图 10.1.13 所示,正常情况下,应急电网由主配电板通过主应板联络开关供电,当主配电板失电、应急电站模式为“应急”时,PMS 系统发出联络开关分闸指令,将联络开关自动断开。经过延时,确认联络开关断开后,PMS 系统向应急发电机组发出启动指令。待应急发电机组电压正常建立后,经延时确认发出应急发电机主开关合闸指令。应急发电机主开关合闸后,由应急发电机组向应急配电板供电,流程结束。同时,当应急发电机电压为正常建立、主开关未合闸成功时,均会发出报警信号,结束流程。

中国船级社《钢质海船入级规范》规定:应急发电机组在主电源失电时,能自动启动,并在 45 s 内把发电机投入应急电网供电运行。

★应急电站自动退出控制

如图 10.1.14 所示,在应急发电机对应急电网供电,应急电站处于自动模式下,当主电网电压恢复时,PMS 系统将向应急发电机组主开关发出分闸指令。待应急发电机主开关分闸成功后,系统将向主应板联络开关发出合闸指令;同时,延时向应急发电机组发出停车指令,应急发电机空转停车。待主应板联络开关合闸成功后,主电网恢复对应急汇流排供电,应急电站退出。

当应急发电机主开关未合闸成功,主应板联络开关未成功合闸时,均会发出报警信号,结束流程。

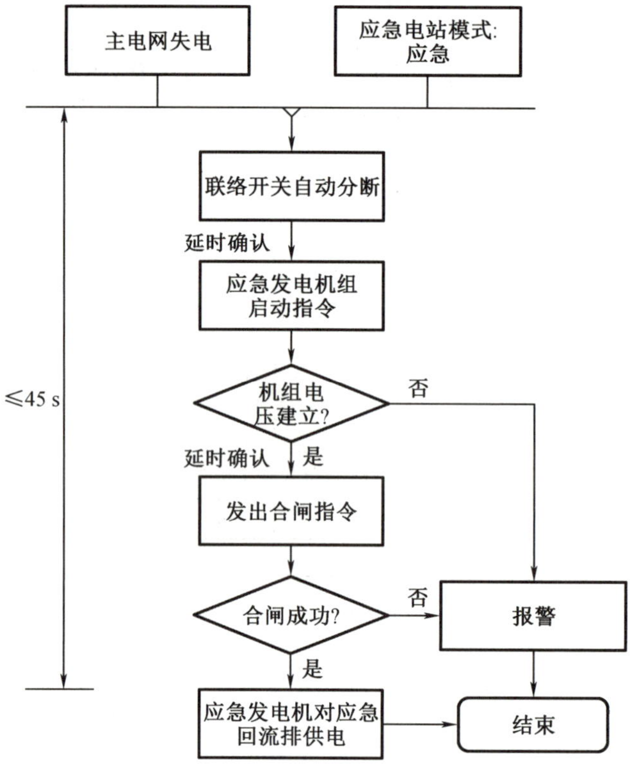

图 10.1.13　应急电站自动投入控制流程

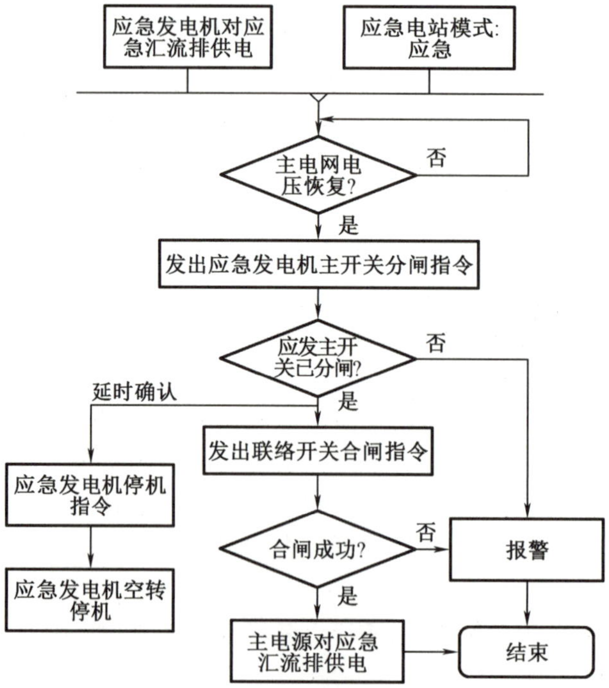

图 10.1.14　应急电站自动退出控制流程

5. 智能船舶电站关键技术及发展趋势

(1)区域集成与功能集成技术

船舶电力系统的集成化依托于系统构架优化及系统设备基础器件的集成。采用区域集成技术(即集成电力系统某个物理区域内的设备)实现电力系统构架优化,减少系统层级,利于实现系统快速、智能的扁平化管理。例如,通过船舶电力系统监控设备与配电板设备集成、船舶电力系统供电机组多种控制箱集成等,实现具备自我监控能力的智能化配电板设备及具备更少节点的集成式供电机组。利用功能集成技术能够实现基础器件的集成,可打破传统的器件界限,使设备具备多种功能,在资源上实现集成优化,使功能更优。例如,通过船舶电力系统的保护装置、监控设备与断路器之间的功能集成,实现具有系统保护及系统监控功能的断路器器件等。此外,对于船舶电力系统智能化必然涉及的数据采集基础器件,采用具备多种信息采集功能的新型传感器,集成性快速采集数据。船舶电力系统的智能化不仅应采用具备电压、电流等电气参数采集功能的一体化传感器,同时电力系统机组或机舱保障设备的流量、压力、温度、环境温度等热工参数的采集同样需改变传统形态,从而实现数据的快速采集、集成处理。

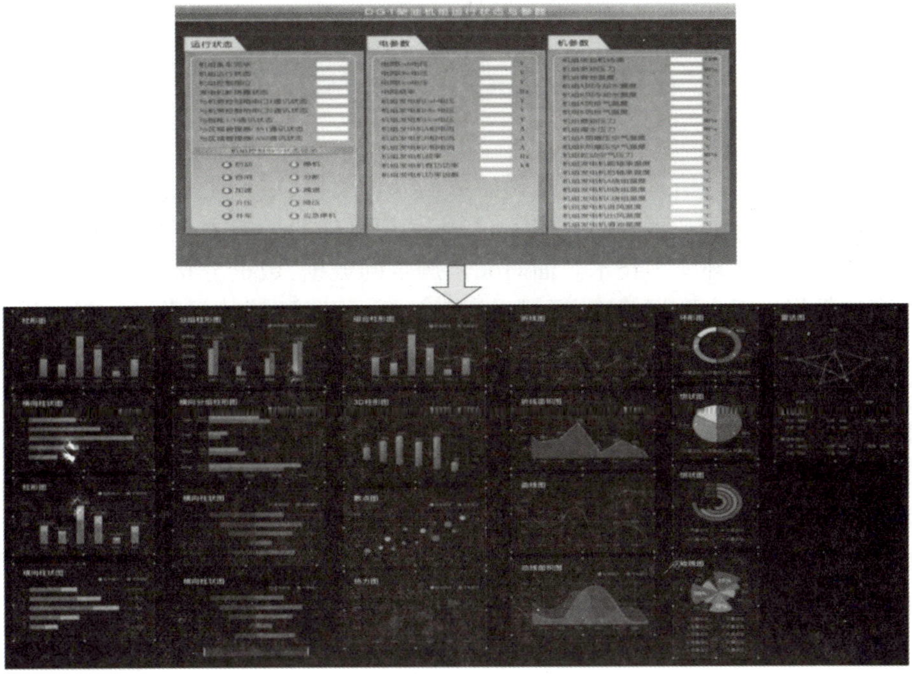

图 10.1.15 集成智能配电板监视界面

(2)数据共享技术

实现全寿命周期管理的基础与关键在于数据的共享互通。在船舶电力系统的研发阶段即通过数字化管理实现设计资料、制造资料、试验数据向后续生命进程的流通,同时在系统使用、维保等生命进程中通过数据底层采集共享、系统附属设备数据共享、系统与其他系统数据共享等技术,实现信息的全流程贯通,从而为预测性维护、系统协同优化控制、快速维保资源支持等功能提供基础。数据底层采集共享即通过集成化技术实现底层采集器件的多路复用,为系统运行的各层次节点提供信息支持。设备数据共享技术则通过规范交互接口与通信协议等，采用先进的信息交互方式如千兆以太网、实时以太网、工业现场总线等，实现电力系统与附属设备间、设备与设备间的信息交互，使电力系统可根据某一设备的状态优化其他设备或系统整体的运行状态。电力系统与其他系统数据共享则重在突破系统壁垒，提供船舶电力系统与其他系统涉及领域存在交叉的信息，为不同系统的协同优化提供数据基础。或者使用其他系统节点作为信息中继，使具有不同权限的人在船舶的任何地方，可对用电情况进行监控以及对电力能源合理调配。

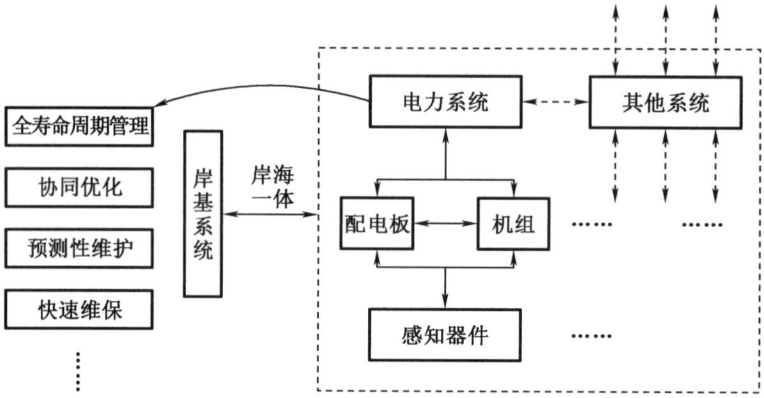

图 10.1.16　数据共享架构

(3)数据分析技术

对船舶电力系统进行信息管理与挖掘的数据分析技术，可产生大量智能化领域的附加值。传统的数据分析一般基于实时数据实时分析，现有的船舶电力系统智能化发展更多基于数据中心或全舰计算环境等技术。面对大量产生的数据，数据分析尤为重要。船舶电力系统对共享的数据进行大数据管理，通过采用云计算、物联网等技术分析，使用综合评价等方法，为客户提供集成全面与更具备人机友好性的系统信息，同时实现系统的故障诊断、定位、预测及能量管理等功能。数据分析的维度应从事件维度与时间维度两方面考虑。通过历史数据等时间维度分析，采用模型或人工智能算法可提供系统状态预测等功能；通过结合船员操作记录、维保数据、使用环境信息与系统运行状态，采用数据关联分析，实现系统运行状态整体优化与预测性维护等功能。此外，智能电力系统重要的自愈、可靠特性同样需依托数据分析。例如，采用基于信息模型的智能动态拓扑识别等技术，可在战斗损伤和故障条件下依靠智能保护及重构体系迅速识别网络拓扑并评估运行状态，快速隔离故障和实现自我恢复，达到电网快速重构、供电可靠性增强、电能品质提升等目的。

任务实施

根据案例船设计任务书及项目 2~项目 8 完成的船舶电站配置情况,规划本案例船自动化电站 PMS 系统的结构框架、功能及控制策略。

步骤一:梳理案例船自动化电站的要求

(1)选定船舶机舱自动化级别:____。

(2)是否申请智能机舱标注符号:(　)否/(　)是,符号名称:____________________。

(3)案例船适用“规范”“法规”对选定船舶机舱自动化级别的控制要求。

表 10.1.1　案例船自动化电站控制要求

序号	“规范”或“法规”名称	机舱自动化级别	控制功能要求

步骤二:规划案例船智能电站自动控制系统结构

(1)规划案例船智能电站自动控制功能

根据步骤一中梳理的船舶自动化电站的控制功能要求,结合案例船实际使用需求,规划自动化电站管理系统的控制功能。

自动控制功能: 安全保护功能: 自动检测报警功能: 智能控制功能:

(2)规划船舶智能电站控制控制系统框架

步骤三:规划船舶智能电站自动控制策略

(1)船舶智能电站自动控制的主要任务为:

主发电机组的增机控制、______________、应急电站的________________、___________________、________________等。

(2)智能控制主要任务为:____。

(3)主发电机组增机控制策略

★主发电机组增机的场景:____。

★规划各增机场景控制策略

因机械故障增机:

因汇流排参数异常增机:

因电网重载增机：	因重载问询增机：

(3)主发电机组减机及停机控制策略

★主发电机组减机及停机的场景：____。

★规划各个减机及停机场景控制策略

(4)自动分级卸载控制策略

★自动分级卸载分级级数：________________________________。

★自动分级卸载控制的执行条件：____。

★各级卸载负载规划

★分级卸载流程

(5)应急电站控制策略

★应急电站与主电站之间的运行关系:______________________________

______________________________。

★"规范"和"法规"对应急电站的要求:

★规划应急电站自动控制策略

应急电站投入:	应急电站退出:

任务评价

任务完成情况评价标准及评分见表 10.1.2,任务总结反思见表 10.1.3。

表 10.1.2　任务评价表

评价类型	赋分	评价指标	分值	得分		
				自评	组评	师评
职业能力	50	梳理自动化电站控制总体要求	5			
		智能电站自动控制功能规划完备	5			
		船舶智能电站控制系统框架和主要任务正确	10			
		主发电机组增机控制策略正确	10			
		主发电机组减机及停机控制策略正确	10			
		自动分级卸载控制策略正确	5			
		应急电站控制策略正确	5			

表 10.1.2(续)

评价类型	赋分	评价指标	分值	得分		
				自评	组评	师评
职业素养	30	操作规范、精益求精	10			
		协作互助、解决问题	10			
		思辨和持续改进优化能力	10			
劳动素养	10	坚持出勤、遵守纪律	5			
		报告完整、工位整洁	5			
思政素养	10	严谨、规范	5			
		持续学习	5			

表 10.1.3　总结反思

目标达成：　知识☆☆☆☆☆　技能☆☆☆☆☆　素养☆☆☆☆☆	
学习收获：	教师寄语：
问题反思：	

课后任务

1. 问答与讨论

(1)复述主柴油发电机组自动减机及停机的条件。

(2)复述重载问询功能的基本工作原理。

(3)查阅中国船级社《船舶智能机舱检验指南》(2025)及《智能船舶规范》(2025)等有关智能机舱的规范，讨论智能船舶电站应具备哪些功能，并与自动化电站的功能进行对比。

(4)查找资料，讨论主柴油发电机组的安全保护的几个重要参数是什么。

2. 巩固与提高

(1)讨论当运行中的某机组出现冷却水温度偏高、滑油压力低等机械故障时，为了保证尽可能不中断供电，同时又保证故障机组能得到有效处理，应如何规划 PMS 系统的控制策略。

(2)船舶自动化电站控制系统一般采用 PLC 作为控制器，任选一个本任务中规划的 PMS 控制子流程，尝试编写 PLC 控制程序。(PLC 的 I/O 口仅涵盖该子流程的信息即可)

(3)自动电站中对于备用机的启动必须安排一个顺序，通常采用在空中及系统重设置固定的顺序，可按机组编号依次循环。某船舶电站设置有三台发电机，试为此船舶设计增机控制的流程图。

任务 10.2 发电机组自动控制系统调试

任务引入

在船舶自动化电站架构下，柴油发电机组自动启停控制，以及在集中控制室实现机组遥控启停操作，是达成发电机组自动并车、投入运行的重要前提。因此，柴油发电机组自动控制作为船舶电站自动化的核心部分，其技术实现与运行管理对船舶电力系统的稳定至关重要。

在前置项目中涉及许多关于柴油发电机控制的相关的内容，比如：柴油发电机能够依照启动和停机指令，自动执行相应操作。那么，柴油发电机组如何精准执行这些指令，确保系统稳定运行？围绕这一问题，我们将展开本任务的学习。

柴油发电机组自动控制体系包含自动调速以实现调频调载、自动调压，以及自动启停控制等功能模块。其中，调速与调压原理已在前序课程中进行深入探讨。在本任务中，我们将以柴油发电机组启动过程为切入点，系统且深入地剖析其自动控制机制。

任务描述

(1)掌握柴油发电机组启动、停止的控制过程；

(2)完成柴油发电机组的手动启停、遥控启停操作；

(3)能够排查柴油发电机组自动控制系统常见故障。

柴油发电机自动控制

船舶发电机组启动操作

学习目标

知识目标：

(1)掌握柴油发电机组启动、停止的控制过程；

(2)结合案例，理解基于集成控制器的柴油发电机组自动控制系统和基于继电器-接触器的柴油发电机组自动控制系统组成及功能，理解操作步骤作用。

技能目标：

(1)能够完成柴油发电机组手动启动、停止操作；

(2)能够完成柴油发电机组遥控启停操作；

(3)能快速排查柴油发电机组自动控制系统故障。

育人目标：

(1)秉持严谨负责的职业态度，在柴油发电机组自动控制系统操作与故障排查过程中，遵循行业规范，确保作业的安全性与规范性；

(2)培养对柴油发电机组技术革新的敏锐洞察力，主动关注行业新技术、新规范，提升持续学习与创新实践的能力。

知识准备

1. 柴油机(原动机)的起停控制

要让一台发电机组能自动并车投入运行，首要工作就是进行机组的启动，而船舶发电机的原动机大多采用柴油机，在发电机组的启动和停止控制中，柴油机是被控对象。因此，学习柴油发电机组的自动启动、停止控制就必须先了解柴油机的启停过程。

(1)启动控制过程

★启动方式

船舶柴油机的启动方式有电启动和气启动两种形式。

气启动形式是将压缩空气经启动控制阀送达柴油机，再由柴油机的空气分配器按各汽缸发火顺序，依次将压缩空气引入各汽缸，推动活塞，使机器运转。一旦气缸运动产生高温，自行发火运转后，立即切断气源，柴油机即自行运转。

电启动则是由蓄电池供电直接供电给直流电机，从而带动柴油机转动直到启动完毕。

★预润滑

柴油机自带滑油循环系统，包括靠自身动力驱动的润滑油泵、管路、过滤器和冷却器等。在运行时，滑油系统能自行建立一定的滑油压力，保证自身的滑油循环，使各部位得到良好的润滑；停机后，滑油系统也停止工作。因此，长时间停机后，应有启动前的预润滑程序，以确保在启动时，各运动部位有必要的润滑，避免干摩擦。自动预润滑又分为周期性、非周期性和一次性注入等方式。

——周期性预润滑方式:在柴油机滑油泵之外,另设一台电动油泵,作为滑油循环系统的另一动力源。该预润滑油泵能实现自动控制,当柴油机停机后,每隔一定时间(例如 4 h)接通预润滑泵电源工作一段时间(如 10 min),周期性地实现预润滑,以待随时启动柴油机。当柴油机投入运行后,预润滑油泵断开,由柴油机自身滑油泵润滑。

——非周期性预润滑方式:指停机后,滑油泵自动启动运行,直至机组启动成功。

——一次性注入式预润滑方式:在柴油机润滑系统中,接入一个储满滑油的柱塞式滑油泵,当柴油机接到启动指令时,压缩空气先作用到柱塞式滑油泵,推动活塞将所贮滑油通过滑油管系,注入机器的各润滑部位,然后才开始启动柴油机。

★预热

当柴油机启动成功后,将运行在“发火转速”,即略高于最低稳定转速的速度上,然后予以升速。为了减小热应力,一般让机器在中速运行一段时间进行预热。预热时间依机型和辅机冷却系统的不同而不同。

在自动化电站中,通常将各柴油机的冷却水管路连成一体,运行机组的冷却水循环于备用机组中,使备用机组处于预热状态中,这样备用机启动时就无须延时升速,省去了预热时间。

综上所述,柴油机组启动的过程即为收到指令,判断预润滑成功后,利用电启动或气启动方式在三次内成功启动机组,判断达到发火转速后加速至中速进行预热一段时间,再升速至额定转速。注意,有些不需要预热的柴油机启动可直接略过预热步骤。启动过程中机组的加速是靠调速器或控制手柄控制燃油的喷油量实现的。

柴油机启动控制流程如图 10.2.1 所示,其中虚线框内部分对不需要预热的柴油机可省略。

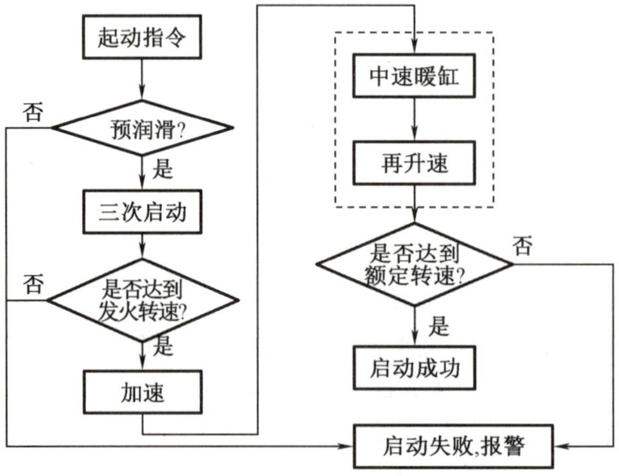

图 10.2.1 柴油机自动启动控制流程图

(2)停机控制过程

切断燃油供给,柴油机将自行停止运行。如图 10.2.2 所示,柴油机停机过程为收到指令后,使机组降速、在中速运行一段时间,然后断油,当检测到转速低于发火转速时即为停机成功。

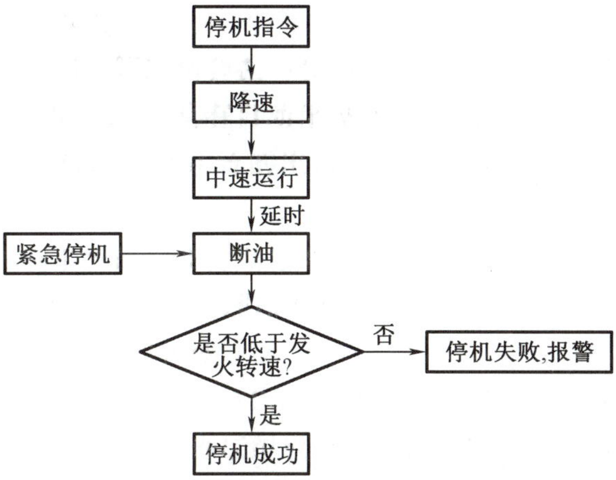

图 10.2.2 柴油机自动停机控制流程图

注意:若为紧急停机情况,则直接控制柴油机断油。此外,某些机组要求在中速运行一段时间,待温度逐渐降低后,才允许断油停机。

2. 柴油发电机组自动控制的主要功能

柴发机组的自动控制主要包括启动控制、停止控制、重复启动控制、故障检测和处理等。

(1)控制模式

一般具有“自动”“遥控”“机旁”三种控制方式。

——“自动”控制方式:是指柴油发电机组按既定的程序,自动启动、停止机组。

——“遥控”控制方式:是指在驾驶台或集控室用按钮对柴油机实行启、停控制。

——“机旁”控制方式:是指在柴油机旁进行手动启停机组。

三种控制方式的优先级为:“机旁”优先于“遥控”,“遥控”优先于“自动”。优先级的设置,意味着当转换开关置“自动”时,仍能进行“遥控”或“机旁”操作;在“遥控”时,也可进行“机旁”的操作,但没有“自动”控制的功能;在“机旁”时,“自动”及“遥控”功能均被封锁。

(2)状态监视和自动启动逻辑判断

对自动启动的各准备工作设置逻辑判断和监视。例如:

——需确认机组已检修完毕、转换开关已置于“自动”位置、有预润滑、预热、有足够启动动力、本机是处于静止状态等,才能自动启动。

——接到启动指令时能自动启动柴油机。当转速和滑油压力达到规定值时,能发出启动成功信号。

——一个启动指令,可以允许三次启动,若三次失败,应给出启动失败信号,并向上级总体逻辑控制单元汇报“启动失败”,并采取其他措施。

(3)启动过程控制

★油量控制。适当控制启动时的给油量;柴油机自行发火后,应切断启动动力源。

★“中速运行”和“加速”控制。当柴油机需要有“暖缸运行”的程序时,应将油门控制于“暖缸转速”下进行暖缸,并给予一定的“暖缸时间”控制,待时限到达后,再予以加速,直到接近额定转速。对于不需要暖缸的机器,可直接加大油门,使转速迅速上升到额定转速附近。

★润滑控制。当转速上升到额定值的 90%时，即可认为整个启动加速程序完成了，应自动切断本机的预润滑系统，并经延时（几十秒）后，接入对本机的滑油压力监视。这是因为柴油机自带的滑油泵，在润滑系统中建立必要的油压需要一定的时间，刚启动时，滑油压力尚未达到应有数值，这是正常现象。若不经延时接入监视，它将立即发出“油压低”的错误信号，造成不必要的报警，甚至自动停机。至于柴油机所需的其他参数监视，则无须延时。

（4）保护控制

★超速保护。即当柴油机转速超过额定值 15%时，延时 2~3 s 停机，同时发出报警信号，禁止柴油机再次启动。

★故障保护。当因为柴油机本身的故障（如启动失败、滑油压力低、冷却水温高、排烟温度高等）而导致停机时，应发出“阻塞”信号，使该机的自动启动控制处于阻塞状态，并发出声光报警。待工作人员排除故障，手动“解除阻塞”后，才能恢复自动功能。

（5）停机控制

运行机组接到“停机”指令后，即按应有的程序自动停机。停机完成后，发出“停机成功”信号，并应自动接通预润滑系统，做好下次启动的一切准备。

3. 柴油发电机组自动控制实例

柴油发电机组自动控制功能一般可采取集成控制器或继电器-接触器控制电路来实现。

（1）基于集成控制器的柴油发电机组自动控制实例

如图 10.2.3 所示，采用丹麦赛科（SELCO）公司生产的 M2000 型集成控制器对柴油发电机组进行自动控制。控制器的外部接线端子共有 32 个，1~17 为输入口，18~32 为输出口，图中显示的只使用部分端子用于实现柴油机自动启停控制的基本功能。

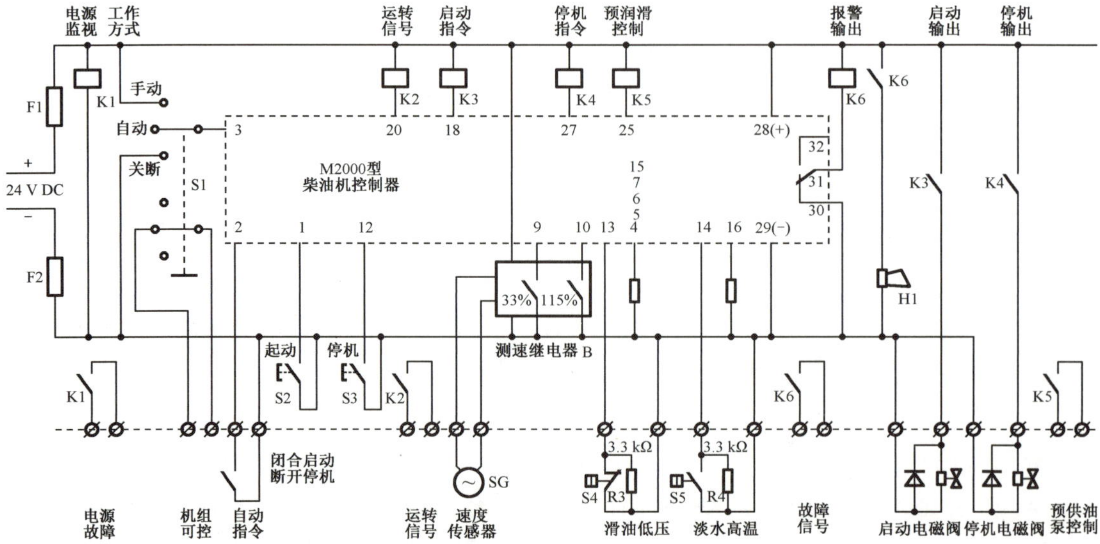

图 10.2.3　柴油发电机组自动控制原理图（集成控制器控制方式）

★工作方式选择

控制箱面板上设转换开关 S1，它有三个位置，即手动（MAN）、自动（AUTO）和关断（OFF）。工作方式选择是通过端子 3 的处理来实现的，接电源正为“手动”，开路为“自动”，接电源负为“关断”。S1 另一组开关在“自动”位时接通，对外发出“机组可控”信号。置于“手动”位时，启动和停止指令分别通过端口 1 和 12 处理，允许启动指令由按钮 S2 输入，停机指令由按钮 S3 输入；置于“自动”位时，允许自动指令输入；置于“关断”位时，控制器不工作。

★自动启动/停机

自动启动/停机指令为触点信号，由控制器端子 2 输入，触点闭合使端子 2 接电源负，控制器执行启动功能；开关断开，执行停机功能。

自动启动时，端子 2 接电源负，在满足启动条件的情况下，端子 18 输出启动指令，使启动输出中间继电器 K3 线圈得电动作，其常开触点闭合接通启动电磁阀，机组启动运转。速度传感器 SG 检测的转速信号接入测速继电器 B，转速超过发火转速（33%）时，发火转速输入触点闭合，输入端子 9 接电源负，表示机器已运转，端子 18 输出被关断，停止启动，柴油机在调速器的作用下进油运转，并升至额定转速。输出端子 20 使运行信号中间继电器 K2 线圈得电动作，输出常开触点闭合，向自动控制系统发出运行信号，表示机组运行可以使用。

自动停机时，端子 2 开路，控制器执行停机程序。停机指令由端子 27 输出，使停机输出中间继电器 K4 线圈得电动作，其常开触点闭合接通停机电磁阀（线圈），停机。停机程序具有“冷却停机”功能，即输入停机指令（端子 2 开路），空载运转一段时间，待机冷却后再输出接通停机电磁阀停机。这里有两个时间需要整定：停机电磁阀通电时间和空载运转时间。通电时间和空载时间由设于控制器内部的程序开关整定。

★重复启动

重复启动的次数、启动时间和间歇时间由控制器内的程序开关整定。重复启动次数由 S1、S2 整定，启动时间由 S3、S4 整定，间歇时间由 S5、S6 整定。

★预润滑控制

控制器内部有一个预润滑控制定时电路，从端子 25 输出，通过中间继电器 K5 输出控制预供油泵控制箱。输出固定为间歇 30 min、动作 2 min。

★故障报警

输入端口 10、13、14 分别表示超速、滑油低压、冷却水高温等故障信号，通过 K6 输出，显示在控制器面板上。

（2）基于继电器-接触器的柴油发电机组自动启停控制实例

如图 10.2.4 所示，采用继电器-接触器控制电路实现柴油发电机组的自动控制，控制电路一般安装在发电机控制箱或主配电板发电机控制屏内。

★启动

转换开关 SA1 为操作模式选择开关，当 SA1 置于“自动”时，通过启动信号 K6 启动，当 SA1 置于“手动”时，通过按钮 SB2 手动启动。

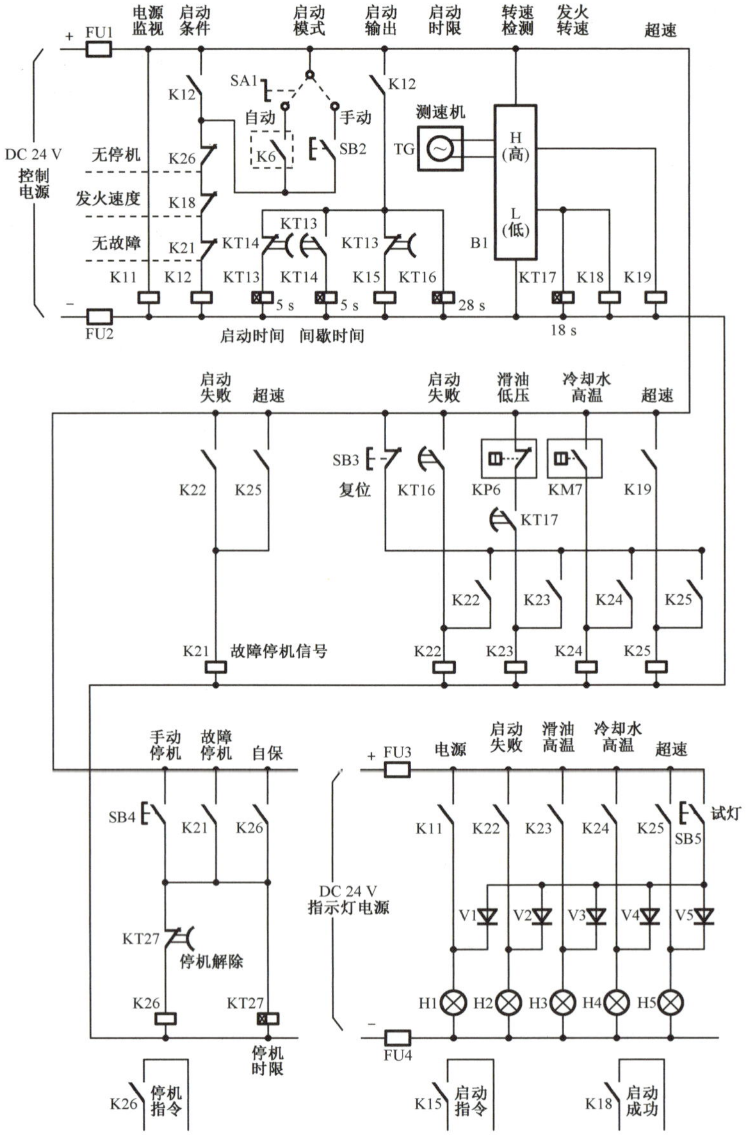

图 10.2.4　柴油发电机组自动控制原理图(继电器-接触器控制方式)

在自动或手动启动,且满足无停机信号(K26)、转速小于发火转速(K18)、无故障信号(K21)条件时,启动中间继电器 K12 线圈得电动作。中间继电器 K12 的常开触点闭合使继电器 K15 线圈得电动作,K15 常开触点闭合输出启动指令至操作电路。

★重复启动

冷机第一次启动有时会失败,需要尝试再次启动,再次启动一般控制在 2 次。启动时间由启动时间继电器 KT13 设定(设 5 s);间歇时间由时间继电器 KT14 设定(设 5 s)。KT13 线圈得电动作,其常闭触点延时 5 s 后断开中间继电器 K15 的线圈电路,停止启动;同时 KT13 的另一常开触点延时闭合接通 KT14 线圈,KT14 延时 5 s 动作,其触点断开 KT13 线圈;KT13 释放,其常闭触点又接通中间继电器 K15 线圈,实现再次启动;KT13 的常开触点又断开 KT14 线圈,其常闭触点使 KT13 线圈又通电延时,延时 5 s 后再次停止启动。

按照 5 s 设定启动和间歇时间，3 次启动用 15 s，2 次间歇用 10 s，则启动时限时间继电器 KT16 线圈得电的延时应大于 25 s、小于 30 s，这里取 28 s。KT16 动作表示启动失败。

★转速检测

柴油机启动运转至发火转速(额定转速的 20%～30%)以上，可以喷油运转，启动解除。在调速器的作用下，转速很快升至额定转速。柴油机运行转速因故超过允许值(120%n)时，应立即停机。

转速检测器 B1 的输入为测速机 TG 发出的转速信号，输出两个信号：

——低值信号(L)为发火转速：输出接通时间继电器 KT17 和中间继电器 K18 线圈。KT17 作为滑油低压故障信号的启动阻塞，延时 18 s 动作，接通滑油低压信号电路；K18 动作输出，一方面断开 K12 线圈停止启动，另一方面作为柴油机运转(启动成功)信号。

——高值信号(H)为超速：输出接通继电器 K19 线圈，K19 的动作输出作为超速停机和报警信号。

★故障停机和报警

柴油机启动失败，继电器 KT16 动作，其常开触点闭合使继电器 K22 线圈得电动作发出启动失败信号，同时使故障停机继电器 K21 线圈得电动作，其常闭触点断开 K12 线圈，停止启动；超速后，继电器 K19 动作，其常开触点闭合使继电器 K25 线圈得电动作。

故障中间继电器 K22 和 K25 动作，其输出触点使停机中间继电器 K21 动作，发出故障停机信号。

冷却水高温时，温度开关 TM7 动作，触点闭合，使继电器 K24 线圈得电动作；滑油低压时，压力开关 KP6 动作返回，触点闭合，使继电器 K23 线圈得电动作。冷却水高温及滑油低压故障的处理一般分为两级：1 级故障只报警不停机；2 级故障不允许机器运行，立即停机、报警。现多采用 1 级，只报警不停机。故障中间继电器动作发出声光报警，指示灯 H2、H3、H4 和 H5 显示故障名称。故障中间继电器都有自保功能，记忆故障的发生，故障解除后通过复位按钮 SB3 复位。电源监视中间继电器 K11 在控制电源正常时动作，接通指示灯 H1 显示电源正常。按钮 SB5 是试灯按钮，用来检查灯和电路是否正常。

★停机

手动停机信号由按钮 SB4 输入，故障停机信号由继电器 K21 输入，在停机信号的作用下中间继电器 K26 线圈得电动作，常开触点闭合输出停机指令。K26 动作自保，停机操作直到机停为止。K26 动作自保，停机时限中间继电器 KT27 开始工作，设定时间到，KT27 常闭触点断开 K26 线圈的电源，解除停机指令。停机时限由实际停机测定后设定。

任务实施

步骤一:柴油发电机组机旁手动启动操作

案例船在发电机舱并排布置 3 台 CAT 品牌柴油发电机组,先对其进行机旁手动启动操作(图 10.2.5)。

图 10.2.5　卡特彼勒品牌柴油发电机组

(1)第一步:启动 UPS 电源箱。UPS 箱主要功能是为发电机组提供启动和控制电源,包含充电机、蓄电池及其控制线路。UPS 箱如图 10.2.6 所示。

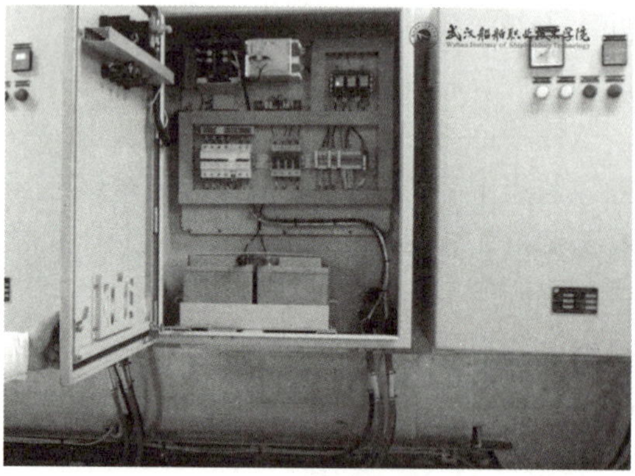

图 10.2.6　发电机组 UPS 箱

(2)第二步:开启发电机开关箱(图 10.2.7)开关。依次将开关箱的开关合上,为柴油发电机组的各传感器和监控设备供电。

(3)第三步:打开燃油阀门。在燃油控制箱上进行燃油阀门开启操作,如图 10.2.8 所示,操作前电源指示灯和燃油阀门关闭指示灯亮,按下油阀开启按钮后,油阀开启指示灯亮,完成操作。

图 10.2.7　发电机组开关箱

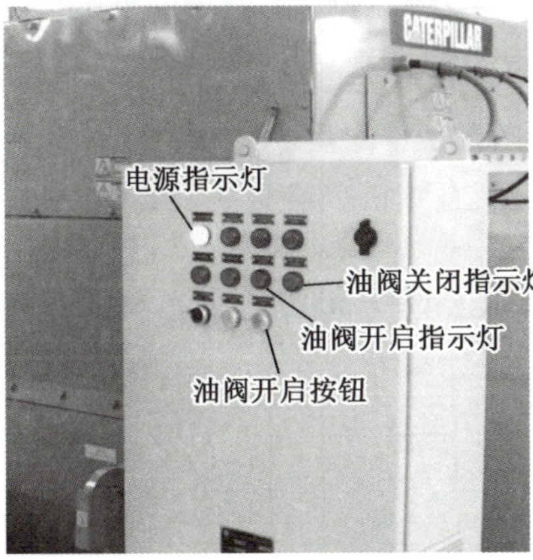

图 10.2.8　柴油发电机组燃油控制箱

(4)第四步:检查发电机组的油、水、气系统(图 10.2.9)。观察冷却水压力表和压缩空气的压力是否满足启动要求。

(a)冷却水压力表　　(b)启动空气压力表

图 10.2.9　柴油发电机组油、水、气检查

(5)第五步:控制系统开机。如图 10.2.10 所示,在机旁设置有一个发电机组控制面板,可显示发电机的启动运行状态、故障综合报警、急停按钮和转换开关。现将转换开关旋转至开机挡位,将控制系统开机。系统开机后,会自动进行各项参数的自检,当发现不满足启动条件时,会通过蜂鸣器发生声报警信号。同时,启动前的各项参数也可通过控制面上的

显示屏查看。

图 10.2.10 发电机组控制面板

(6)第六步:启动发电机组。在发电机控制面板上旋转转换开关值发电机启动挡位,此时系统会自动进行预润滑,当满足条件时启动发电机组。此时,可通过面板上的显示屏,观察发电机组的电压、转速等情况,直到正常建立额定电压,完成启动。

表 10.2.1 发电机组手动启动操作记录单

操作步骤	完成情况	异常情况记录	异常情况分析	责任人
步骤一: 启动 UPS 电源箱	□正常 □异常			
步骤二: 开启发电机开关箱开关	□正常 □异常			
步骤三: 打开燃油阀门	□正常 □异常			
步骤四: 检查发电机组的油、水、气系统	□正常 □异常			
步骤五: 控制系统开机	□正常 □异常			
步骤六: 启动发电机组	□正常 □异常			

步骤二:柴油发电机组机旁手动停止操作

柴油发电机组手动停止操作与启动操作的顺利大体上相反。

(1)第一步:操作控制面板旋钮。将发电机组机旁控制面板上的转换开关旋转至“STOP”挡位。系统自行关闭燃油阀门,切断燃油供给,发电机组逐渐减速停机。

(2)第二步:关闭燃油箱电源。

(3)第三步:将开关箱开关置于断开状态。

(4)第四步:关闭 UPS 箱电源。

其中,(2)~(4)步为可选操作,一般在需要长时间关闭发电机组时操作。

表 10.2.2　发电机组手动启动操作记录单

操作步骤	完成情况	异常情况记录	异常情况分析	责任人
步骤一: 操作控制面板旋钮	□正常 □异常			
步骤二: 关闭燃油箱电源	□正常 □异常			
步骤三: 将开关箱开关置于断开状态	□正常 □异常			
步骤四: 关闭 UPS 箱电源	□正常 □异常			

步骤三:柴油发电机组遥控手动启停操作

柴油发电机组遥控手动启停操作一般是在主配电板或驾控台上完成的,发电机组遥控控制面板如图 10.2.11 所示。

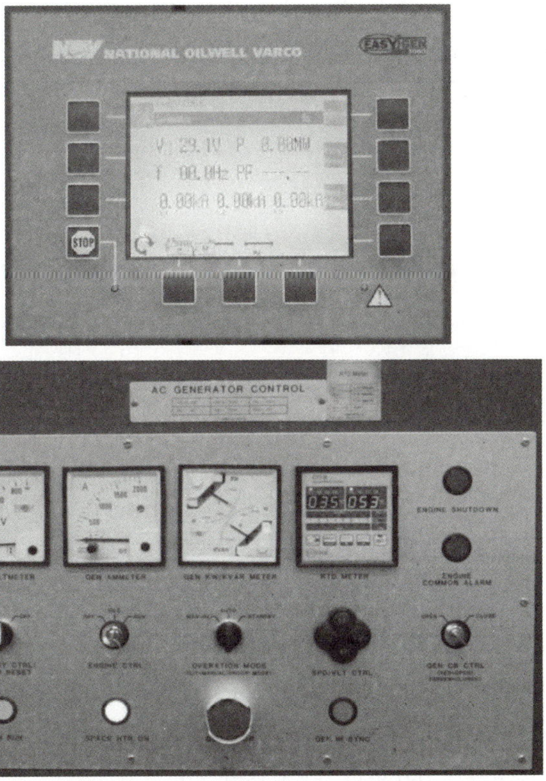

图 10.2.11　发电机组遥控控制面板

(1)启动操作

第一步:打开 UPS 电源箱,同步骤一。

第二步:打开开关箱开关,同步骤一。

第三步:油、水、气的检查操作,同步骤一。

第四步:操作控制面板上发电机启动控制旋钮。将“ENGIN CTRL”旋钮由“OFF”挡位旋至“HOLD”挡位。这时观察显示屏上电压、频率等参数的变化,直到电压显示稳定,达到怠速。

第五步:将“ENGIN CTRL”旋钮由“HOLD”挡位旋至“RUN”挡位。控制发电机组由怠速升至额定转速。

(2)停机操作

第一步:将“ENGIN CTRL”旋钮由“RUN”挡位旋至“HOLD”挡位。观察显示屏上电压、频率等参数的变化,直到电压显示稳定,达到怠速。

第二步:将“ENGIN CTRL”旋钮由“HOLD”挡位旋至“OFF”挡位。

第三步:关闭燃油箱电源,同步骤二。

第四步:将开关箱开关置于断开状态,同步骤二。

第五步:关闭 UPS 箱电源,同步骤二。

其中,(2)~(4)步为可选操作,一般在需要长时间关闭发电机组时操作。

表 10.2.3　发电机组遥控起停操作记录单

操作项目:	日期:	操作人:
操作步骤:		
完成情况:□正常　　□异常		
异常情况记录及分析:		

步骤三:柴油发电机组自动控制系统故障排查

案例船采用丹麦赛科(SELCO)公司生产的 M2000 型集成控制器对柴油发电机组进行自动控制。在使用过程中常出现的故障按以下方法进行模拟排查。

(1)根据控制器面板显示的条号,排查故障

控制器的面板上有 10 个显示条,除第 1 条即 1 号显示“运行”外,其他都用来显示故障:2 号显示“启动失败”,3 号至 10 号是外部故障输入信号。已经定义的故障、待定义的故障

和对应的输入端子号如表 10.2.4 所示。

表 10.2.4　发电机控制器故障显示列表

显示条号	故障名称	输入端子号
3	超速	10
4	滑油低压	13
5	冷却水高温	14
6	待定	15
7	待定	4
8	待定	5
9	待定	6
10	待定	7

★越限报警故障排查

柴油机运行参数越限时应发出报警,呼唤值班人员处理,称为 1 级故障;如果参数越限已不允许运行,则应立即停机,称为 2 级故障。由上面已定义的故障来看,一般必须设置超速、滑油低压和冷却水高温。用于限值监视的都是开关量(压力开关和温度开关)。控制器的特点是既可以接收(常开)接通信号,也可以接收(常闭)断开信号。

★越控和电路监视

如图 10.2.12 所示,超速信号从端子 10 输入,不受任何约束执行立即停机程序。4 号至 10 号故障的处理由端子 16 的状态确定。这个端子有两个功能:越控和电路监视。越控的意思是只报警不停机,电路监视的意思是故障信号电路断线时报警。端子 16 的状态和对应的功能表示如表 10.2.5 所示。

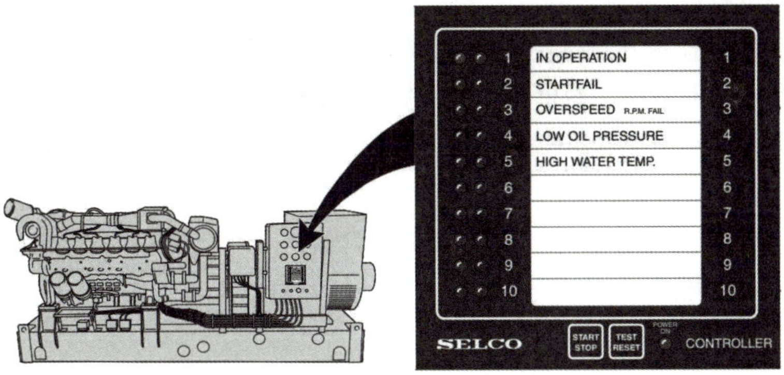

图 10.2.12　丹麦赛科(SELCO)M2000 型发电机控制器

表 10.2.5　发电机控制器端子 16 的状态与功能对照表

端子 16 状态	功能
接电源正	越控
接电源负	电路监视
经 3.3 kΩ 电阻接电源负	越控/电路监视
开路	停机

电路监视一般称为断线报警。信号接点采用常开时，平时电路中没有电流，线路断开也无法觉察，监视线路是否完好是在常开接点的两端并联一个电阻，让线路中有一很小的检测电流流过，该电流可以被检测出来，又不会引起保护动作。

该电路采用常开信号接点，为了监视电路断线，接点两端并联 3.3 kΩ 电阻。需要注意的是，电阻必须并联在接点的两端，否则起不到监视作用。检测电阻的作用是构成检测电流回路。外部电路断开时，无信号输入的端子 4、5、6、7、15 都需用电阻接电源负，构成检测电流回路，避免报警。端子 16 经电阻接负，表示故障只报警、不停机，执行电路监视功能。

了解故障信号在什么时候起作用是很有必要的。有的运行参数如滑油压力在机器不运行时表现出故障值(机带泵不运转就没有压力)，机器不运行和启动时应予阻塞。这个控制器对除超速外的所有故障信号进行机器不运行和启动阻塞，在启动成功即超过发火转速后延时 8 s 解除阻塞，投入监视。

★超速故障排查

滑油压力和机器的运转是联系在一起的。滑油有压力说明机器已运转，如果滑油有压力而无机器运转信号，则说明测速电路有故障。在这种情况下控制器发出“转速故障”信号，显示在 3 号超速显示条上，这个显示条显示两个故障，上面的大字表示超速，下面的小字表示转速故障。在同一故障显示条上，光快闪表示故障，慢闪表示线路断线，复位后长亮。超速显示条闪光表示超速，长亮表示转速故障。

(2)根据输出触点，排查故障

故障除在面板上显示外，有一组转换触点输出，端子号为 30、31 和 32。正常时动作，常开闭合、常闭断开；故障时相反。这里用常闭控制中间继电器 K6 向控制系统发出故障信号，并控制声报警器。控制器由蓄电池供电，电源由 K1 监视，断电时向系统发出电源故障信号。

任务评价

任务完成情况评价标准及评分见表 10.2.6，任务总结反思见表 10.2.7。

表 10.2.6 任务评价表

评价类型	赋分	评价指标	分值	得分		
				自评	组评	师评
职业能力	50	柴油发电机组机旁手动启动操作	10			
		柴油发电机组机旁手动停止操作	10			
		柴油发电机组遥控手动启动操作	10			
		柴油发电机组遥控手动停止操作	10			
		柴油发电机组自动控制故障排查	10			
职业素养	30	操作规范、精益求精	10			
		协作互助、解决问题	10			
		思辨和持续改进优化能力	10			
劳动素养	10	坚持出勤、遵守纪律	5			
		报告完整、工位整洁	5			
思政素养	10	安全、规范	5			
		持续学习	5			

表 10.2.7 总结反思

目标达成： 知识☆☆☆☆☆ 技能☆☆☆☆☆ 素养☆☆☆☆☆	
学习收获：	教师寄语：
问题反思：	

课后任务

1. 问答与讨论

(1)简述柴油发电机组安全保护的几个重要参数。

(2)简述主柴油发电机组自动减机及停机的条件。

(3)讨论在柴油发电机组滑油压力和冷却水温度的检测中,如何理解 1 级故障和 2 级故障。

2. 巩固与提高

(1)讨论对比应急发电机组自动控制与主发电机组自动控制的要求有哪些区别。

提示:安全保护方面,中国船级社《钢质海船入级规范》规定:应急发电机的原动除超速保护外,不应设置其他停机保护功能。在发电机组自启动方面,应急发电机又有哪些不一样的要求?

(2)根据应急发电机自动控制要求,将图 10.2.3 和图 10.2.4 修改为应急发电机自动控制线路。

任务 10.3　PPU+PLC 型自动电站操作

任务引入

船舶自动化系统的发展大致经历了继电器控制、晶体管分立元件控制、单片机控制、PLC 控制以及 PLC+PPU 控制这 5 个阶段。目前,船舶电站自动控制以 PLC+PPU 控制方式为主,鉴于学习者对 PLC 已具备一定程度的了解,本任务重点对 PPU 展开介绍。

PPU 作为发电机组并车保护和控制单元,可处理部分模拟量,与 PLC 互补,因此 PPU+PLC 型控制方式已成为船舶电站自动控制系统的主流配置,为了帮助读者更好地掌握自动电站的设计理念及使用操作方法,本任务将以典型的实船案例来具体学习 PPU+PLC 型自动电站的控制系统架构、控制模式、通信设置及控制工作原理。

PPU 的功能及使用　　PPU+PLC 控制型自动电站案例

任务描述

(1)了解 PPU 的作用及其端口功能,能够正确连接 PPU 与 PLC 并完成设置;

(2)根据实际需求和选型,能正确进行 PLC 与 PPU 的连接,确定参数列表并正确完成设置,从而实现柴油发电机的并车、功率分配等操作。

学习目标

知识目标:

(1)认识 PPU 模块,掌握 PPU-3 模块的主要功能、硬件电路模块组成与外部接线端子分布;

(2)了解 PPU 使用方法,明晰 PPU + PLC 控制型自动电站的系统结构框图、控制模式及通信设置方法。

技能目标:

(1)知道 PPU-3 各端子功能,能够正确连接安装 PPU-3,能够完成 PPU-3 相关设置;

(2)能正确进行 PLC 与 PPU 的连接,确定参数列表并正确完成设置,从而实现柴油发电机的并车、功率分配等操作。

育人目标:

(1)培育严谨细致的工作作风,确保船舶电站控制系统参数设置准确无误;

(2)在完成案例船 PPU 设置及调试任务中,感悟"精益、专注"的工匠精神,提升综合职业素养。

知识准备

1. PPU 模块+PLC 控制的主要功能

可编程序控制器 PLC 在工作原理和装置结构上都与单片机类似,与单片机相比,其具有可靠性强、组合灵活、扩展方便、程序设计开发简单、现场调试容易等优点。利用 PLC 构成自动电站的优势在于其强大的逻辑控制能力,既能实现逻辑控制(例如机组的起停控制),也能实现过程控制(例如同步并车控制)。但是其缺点在于程序执行的扫描周期较长,控制的实时性较差;而且 PLC 对模拟量的输入、输出处理复杂,占 CPU 内存较大。

基于微处理器技术的并车和保护控制单元(generator paralleling and protection unit, PPU),其优势在于实现控制功能的同时拥有更强的数据采集及处理能力、强大的网络通信功能以及能够执行比较复杂的控制算法等。它采集信号的精度高、运算速度快,在控制发电机同步并车及负荷控制方面尤为突出。PPU 模块的优点可以弥补 PLC 控制的不足。

(1)PPU 模块的主要功能

PPU 模块作为发电机组控制器,每台机组配置 1 套 PPU 模块,其主要功能如下:

★参数的设定、采集与数据处理

参数的设定可以在显示面板或专用软件上进行。主要设定机组的额定电压、电流、频率、功率因数及相应的死区范围等。

PPU 模块采集发电机三相电压、发电机三相电流、电网三相电压;通过数据处理及计算得到频率、有功功率、无功功率、功率因数等电参数,并上传给 PLC 模块。

★主开关合闸控制

主开关合闸控制分为单机合闸和准同步并车合闸。

单机合闸:在电网失电状态下,一备机组启动成功,待电压和频率达到额定值后即自动合闸供电。

准同步并车合闸:在电网有电状态下,一备机组启动成功,PPU 自动检测准同步并车条件,满足后自动合闸。

★自动调频调载控制

机组并车合闸后,PPU 模块可实时根据并联机组的瞬时有功功率精确地发出调速信号,进行负载分配及恒频控制。

要注意的是:机组的解列控制是由 PPU 与 PLC 共同完成的。在网运行的某机组出现故障或电网负载均低于单机额定功率的 35%且持续 5 min 以上时(此参数可以调整),由 PLC 进行解列决策,向 PPU 模块发出解列指令,PPU 收到解列指令后,启动负载转移程序,将欲解列机组承担的有功功率减至额定功率的 5%,适时控制解列机组分闸。

★保护功能

根据采集和计算得到的实际电参数,与设定值进行比较,PPU 模块可以实现逆功率、过载、短路、欠压等发电机的保护。

(2)PLC 控制的主要功能

PLC 作为电站整体的管理模块,其主要功能包括发电机组的备机顺序及其设定、备机状态检测、自动增机、自动减机、自动分级卸载、重载问询、机舱重要泵的分级启动、原动机和电网的保护、监测报警等,并作为与监控层计算机的桥梁,完成数据通信。PLC 与 PPU 之间通过总线(PPU-3 模块)或网线(PPU300 模块)实现数据通信。

基于以上分析,PPU 模块+PLC 控制是融合了两者的优点,两者相互配合,共同完成电站管理的现场控制,在船舶自动化电站中得到了广泛的应用。目前,在船舶中以 Multi-Line2 系列的 PPU-3 模块+PLC 控制的方式比较多见,随着技术更新和产品的升级,Multi-Line300 系列的 PPU300 模块+PLC 控制的方式也逐渐在船舶电站控制中得到应用。如图 10.3.1 所示为典型 PPU 模块实物图。

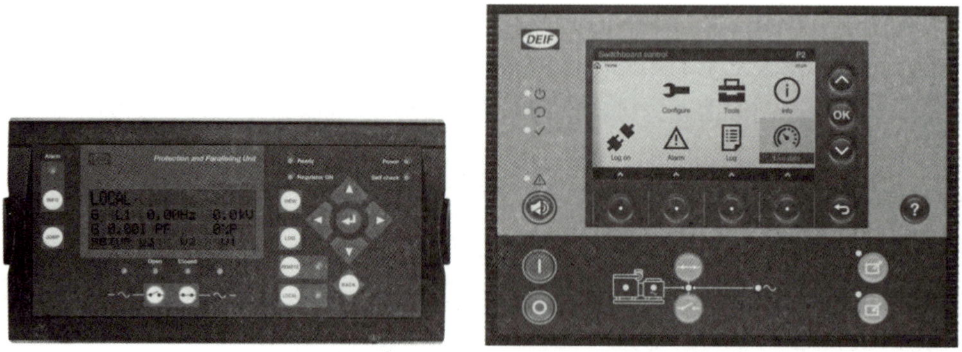

(a) PPU-3 控制器面板　　(b) PPU300 控制器面板

图 10.3.1　典型 PPU 模块实物图

2. PPU+PLC 型自动电站控制系统架构

目前,船舶电站自动控制系统主流配置采用的是丹麦 DEIF 公司 PPU-3 模块+PLC 控制方式的集散型控制系统。

集散型电站自动控制系统融合了单片机控制技术、PLC 控制技术、触摸屏控制技术、现场总线控制技术以及工业以太网控制技术，是以微处理器 CPU 为核心，将分散控制装置、通信设备和集中操作与信息综合管理结合在一起的新型工业控制系统。它的技术指标、经济指标和可靠性指标更高，功能更强，具有自动化程度高、可靠性高、维护简便等特点。建立在网络通信基础上的集散型自动控制系统的出现，使船舶电站自动化开始进入一个全新的时代。

集散型电站自动控制系统的主要特点是把过去一台小型计算机独自承担的监控任务合理有序地分散到多个子系统，多个微处理器 CPU 分别实现对各个子系统的监测和控制，因此，分散控制和集中管理是其主要特征。

图 10.3.2 是比较典型的 PPU 模块+PLC 控制的电站自动控制系统结构框图。该系统由现场设备控制层、监控层和网络管理层组成三层网络监控系统，具有船舶电站自动化应具备的各项功能，通过总线及工业以太网把它们有机组织在一起，各种功能相互独立又相互联系，共同完成船舶电站的自动化运行。

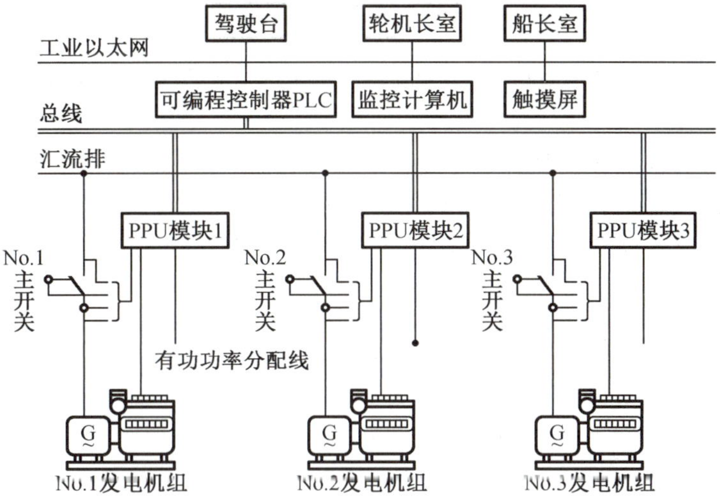

图 10.3.2　典型的 PPU 模块+PLC 控制的电站自动控制系统结构框图

整个控制系统主要由主配电板及仪表单元、PLC 控制单元和 PPU 控制单元组成，通过硬件接线和通信线路将三者有机结合在一起，实现船舶电站的数据采集、状态判断、功能控制等功能，以实现手动、自动与半自动的控制模式。触摸屏作为具有监控功能的人机交互设备，实时显示系统各设备的状态及数据信息。监控计算机的监控界面可以实现远程监视与遥控功能。各设备的状态及数据信息通过网络发布至网络内计算机。

自动控制模式下，PLC 通过接收各个设备的数据及状态信息，判断电站及设备运行状态，并下达相应的控制指令给 PPU 控制单元、执行及检测单元等。PPU 既作为发电机并车保护和控制单元，处理部分模拟量，弥补了 PLC 模拟量处理的不足，同时又接收和下达部分离散控制信息。PLC 主要处理开关量，PLC 与 PPU 通过电气接线和 RS485 通信相结合，互相交换数据及状态信息，实现对船舶电站的自动化管理。触摸屏通过工业以太网接入系统，实时监控电站运行状态。主配电板作为人工手动及半自动操作电站的主要介质，部分关键数据由 PLC 采集并传输给监控计算机的监控界面。

(1)现场设备层

★组成:现场设备层包括发电机组、泵组等控制对象,主开关、电磁阀等执行机构以及电压、电流、转速、温度传感器等传感器,是控制系统的最底层。

★功能:负责采集发电机及电网中的大量数据信息并将其传输至控制层,同时将控制层控制信号传递给机构,执行发电机组的启停控制、调频调载、并联运行控制、机组运行台数管理、大功率负载投入管理、机组故障处理等任务。

通过总线通信形成网络,对船舶自动化电站的数据及状态信息进行采集、传输、存储和处理,使数据资源在网内实现共享,便于实现系统的集散控制。

(2)控制层

★组成:控制层由 PPU 模块、PLC 等控制器组成,每台发电机配备 1 个独立的 PPU,PPU 与 PLC 之间通过总线通信,控制层是整个控制系统的核心部分。系统中各 PPU 模块相互独立,发生故障时只对局部有影响,不会引发大的电站运行故障,以保障系统的可靠运行。

★功能:将现场设备层传送来的信息进行分析、运算,并发送至管理层,同时将结果反馈至现场管理层执行控制动作。监控层在整个电站控制系统中起着承上启下的桥梁作用。

(3)网络管理层

★组成:网络管理层包括驾驶室、轮机长室、船长室、集控室等控制部位的监控计算机、触摸屏设备。

★功能:控制层与网络管理层通过工业以太网通信进行数据传递。通过组态软件设置不同的监控画面,在画面中通过实时动画、状态显示开关及数字和模拟表头显示,实时显示船舶电站的运行状态,根据授权许可利用鼠标或功能按键可以完成对电站设备的操作,实现船舶电站的自动化管理。同时,根据数据库中的大量数据信息,可以对船舶电站运行做出趋势分析,也可以通过海事卫星传递给岸基管理部门。

3. 自动电站控制控制模式

船舶电站的控制有手动、半自动和自动三种模式。采用 PPU 模块+PLC 控制,其实现方法如下:

(1)手动控制模式

手动控制是在 PLC 控制器和 PPU 控制器均不能正常使用时,通过手动方式使用船舶电站,保证船舶正常航行。其功能主要包括:启动发电机组,发电机同步并车,并联运行发电机之间负载分配,分级卸载,解列和停机,重载问询。

(2)半自动控制模式

半自动控制是指在 PLC 控制器不能正常使用时,通过 PPU 模式使用船舶电站,实现自动同步并车、调频调载、解列等控制。

(3)自动控制模式

自动控制是指 PLC 和 PPU 均能正常工作,PLC 通过接收各设备运行状态数据信息,经过运算分析,下达相应的控制指令给 PPU 控制单元、执行及检测单元等。

4. PPU-3 的功能及使用

PPU 是基于微处理器技术的并车和保护单元,通常作为发电机组的控制器,采用模块化的设计思想,使用标准配置电路板通过串行通信的方式来实现发电机并联运行及保护功能,是发电机并车及保护核心控制器。

(1)使用功能

PPU-3 控制器主要用于多台发电机组的自动准同步并车控制,并在发电机组同步运行后进行负载分配、转移,以及对船舶电站运行过程进行实时检测和保护。

★自动同步并车功能

自动同步并车功能是 PPU-3 控制器的主要功能之一。PPU-3 控制器可以自动对发电机组进行频率、电压调节,并可以通过软件程序进行编程,设定主开关固有动作的时间,使待并发电机与电网同步时刻准确合闸,实现自动控制船舶发电机准同步并车操作。

★功率和频率控制功能

PPU-3 控制器可以按照四种模式控制发电机的功率和频率,模式的选择可以通过二进制数字输入,也可以通过串行通信选择,从而实现在各种不同的应用环境下对发电机进行适当的控制。具体可分为:

模式一:恒频率模式,即控制发电机的频率保持恒定(适用于单机运行)。

模式二:恒功率模式,即控制发电机的负载保持恒定(适用于发电机与无穷大电网并联运行)。

模式三:频率下倾模式,即控制发电机负载变化时频率的变化值,以保证负载变化时频率的基本恒定。

模式四:负载分配模式(适用于发电机之间并联或解列运行时进行负载分配和转移),这也是一般船舶电站的控制模式。

★保护及显示功能

PPU-3 控制器具有标准的发电机保护功能,如过流保护、欠电压、逆功率保护等。这些标准保护功能均可设置成反时限特性,并可通过对相应的继电器输出进行配置,实现报警或断开主开关等功能。

可通过控制面板上按钮直接编辑修改或将 PPU 通过 RS232 串口与 PC 或触摸屏相连,利用操作软件进行编写、修改保护参数设置,并通过相应的 PLC、继电器输出实现报警和分段主开关等,实现保护功能。

显示功能指 PPU-3 控制器可以通过串行通信将检测到的系统运行参数送至 LCD 液晶显示单元,在操作的过程中实时获取和监测系统运行参数。

(2)硬件电路模块

PPU-3 控制器分为主控单元和显示单元两部分,两部分通过通信线连接(图 10.3.3)。

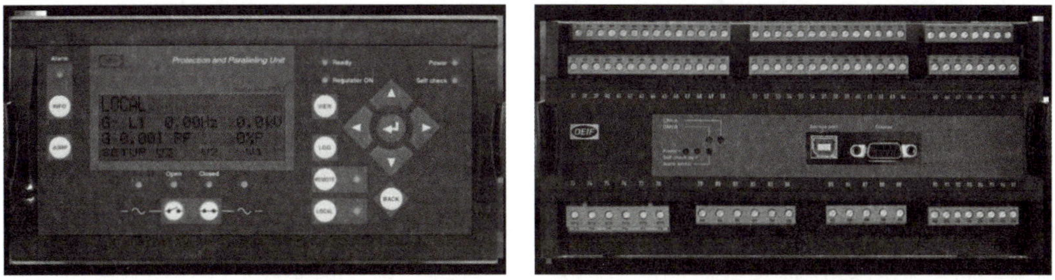

(a)显示单元　　(b)主控单元

图 10.3.3　PPU-3 控制器实物图

PPU-3 控制器采用模块化的设计思想，其内部硬件电路包括 10 块印刷电路板（S1～S10）和 1 块底部连接电路板。每块电路板均具有不同的功能，彼此又可通过底部电路板相连接，进行内部信号传输。选择不同的印刷电路板进行组合，能够实现各种所需完成的功能。

其中标准配置的电路板有 6 块，分别为：S1——电源及继电器配置板；S2——负载分配、工作点设定及继电器控制板；S3——发电机电流检测及串口通信板；S4——电压检测及核心控制板；S6——通信模块板；S7——发电机电压、转速控制输出板。

此外，PPU-3 控制器还具有许多扩展功能，如输出 PWM 信号至转速控制器、扩展 I/O 端口等。若需要实现这些扩展功能，则需在内部配置相应的印刷电路板（即 S5、S8、S9、S10 板）。

（3）外部接线端子分布

PPU-3 外部接线端子主要由 8 个插槽组成（图 10.3.4），各插槽的具体连接分布为：

插槽 1（包括接线端子 1～28）：与电源及继电器配置板 S1 相连。

插槽 2（包括接线端子 29～36）：与通信模块板 S6 相连。

插槽 3（包括接线端子 37～64）：与负载分配、工作点设定及继电器控制板 S2 相连。

插槽 4（包括接线端子 65～72）：与发电机电压、转速控制输出板 S7 相连。

插槽 5（包括接线端子 73～89）：与电压检测及核心控制板 S4 相连。

插槽 6（包括接线端子 90～97）：模拟量输出端子。

插槽 7（包括接线端子 98～124）：用于检测柴油机运行参数的端子。

插槽 8（包括接线端子 126～133）：输出增加、减小电压的控制信号端子。

如图 10.3.4 所示，在使用时按照各端口的说明进行接线即可。

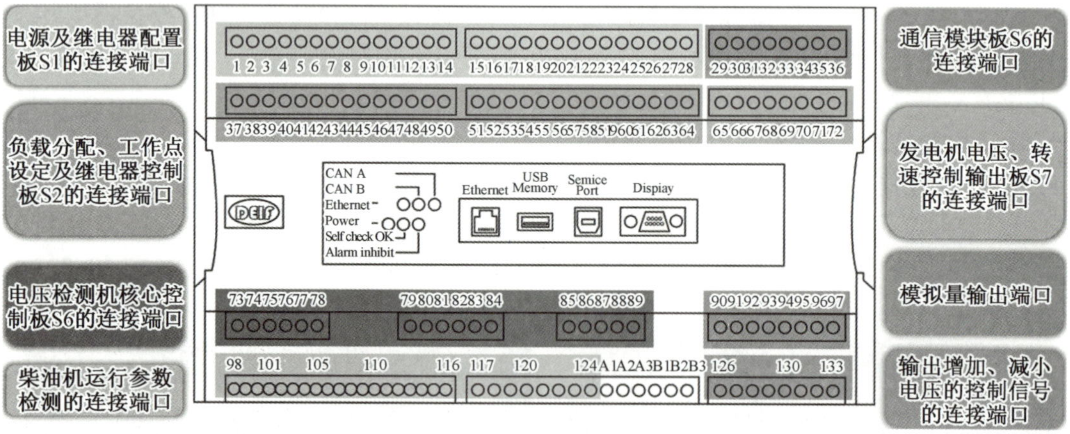

图 10.3.4　PPU-3 主控单元外部接线端子分布图

PPU-3 具有检测发电机及电网的电压、电流信号的功能，检测到的电压、电流信号用于实现控制、显示、保护等功能。图 10.3.4 中，接线端子 73～78 的输入信号分别是发电机三相电流经过三个电流互感器转换的电流信号；接线端子 79～84 的输入信号是发电机三相电压信号，其电压可以在 100～690 V 范围内变化；接线端子 85～89 的输入信号是电网三相电压信号，电压范围同样为 100～690 V。

任务实施

案例船舶电站由三台柴油发电机和一台轴带发电机组成，在每台发电机的控制屏上均安装有 PPU-3 控制器作为船舶电站核心控制器，相应地实现每台发电机的检测、控制和保护功能，并可通过串行通信接口与其他控制器进行通信，从而实现船舶电站的自动化管理。

PPU-3 控制器在船舶电站中与 PLC 配合进行自动控制。PPU-3 控制器利用微处理器将检测到的电参数进行运算，获得控制信号后，通过数字和模拟 I/O 端口输出至 PLC 和继电器等，用于进一步控制船舶电站。

根据任务 1 规划的智能船舶自动电站的控制框架，搭建 PPU+PLC 型控制系统，并进行参数调整和调试。

步骤一：设备安装及接线

(1)PPU-3 设备通信接口安装

按 10.3.5 所示，用通信电缆将 PPU-3 的主控单元、显示单元背面的通信串口及 PLC 通信串口连接起来。

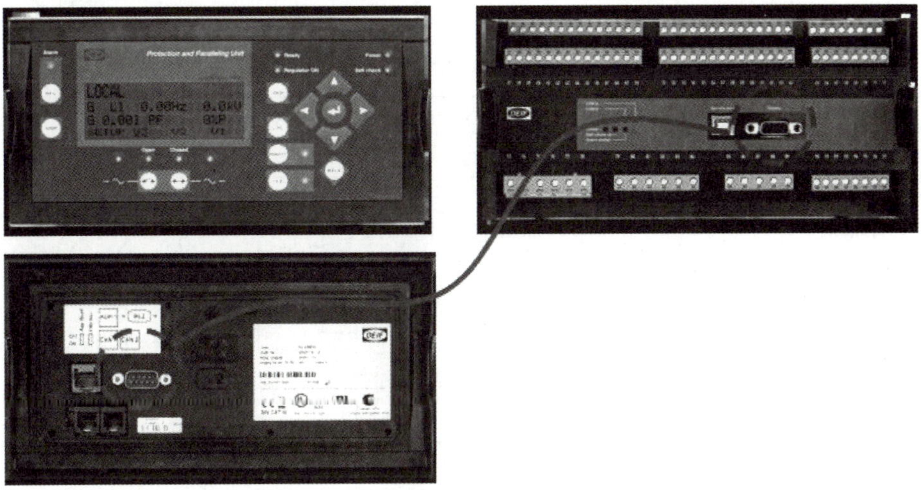

图 10.3.5　PPU-3 内部设备连接图

(2)PPU-3 外部接口安装及连接

图 10.3.6 为船舶电站中两台柴油发电机、一台轴带发电机及其各自的 PPU-3 控制器的连线示意图。其中 1 号和 2 号发电机为柴油发电机，3 号发电机为轴带发电机。轴带发电机没有转速控制器 GOV，其转速直接由主机转速决定，为定值。

图 10.3.6 中，三相电网电压、三相发电机电压、三相发电机电流分别接入 PPU-3 控制器，PPU-3 控制器对两台柴油发电机进行并车及功率分配的自动控制。PPU-3 模块各端子说明如下：

端子 14、15：常开触点，通过 PPU 的解列程序输出主开关分闸信号。

端子 17、18：常开触点，通过 PPU 的并车程序输出主开关合闸信号。

端子 25：自动并车启动信号，KA1（或 KA3）触点闭合时，端子 25 为高电平，开始自动并车程序。

端子 28、56:直流电源“DC-”端。

端子 37、38、39:端子 37 是有功功率分配线,端子 39 是无功功率分配线,端子 38 是端子 37 和 39 的公共端。

端子 40:设置有功功率设定值。

端子 41:功率设置公共端。

端子 43:自动解列启动信号,KA2(或 KA4)触点闭合时,端子 43 为高电平,开始自动解列程序。

端子 48~53:PPU 模式选择端子。

端子 66~67:输出转速调节模拟量信号。

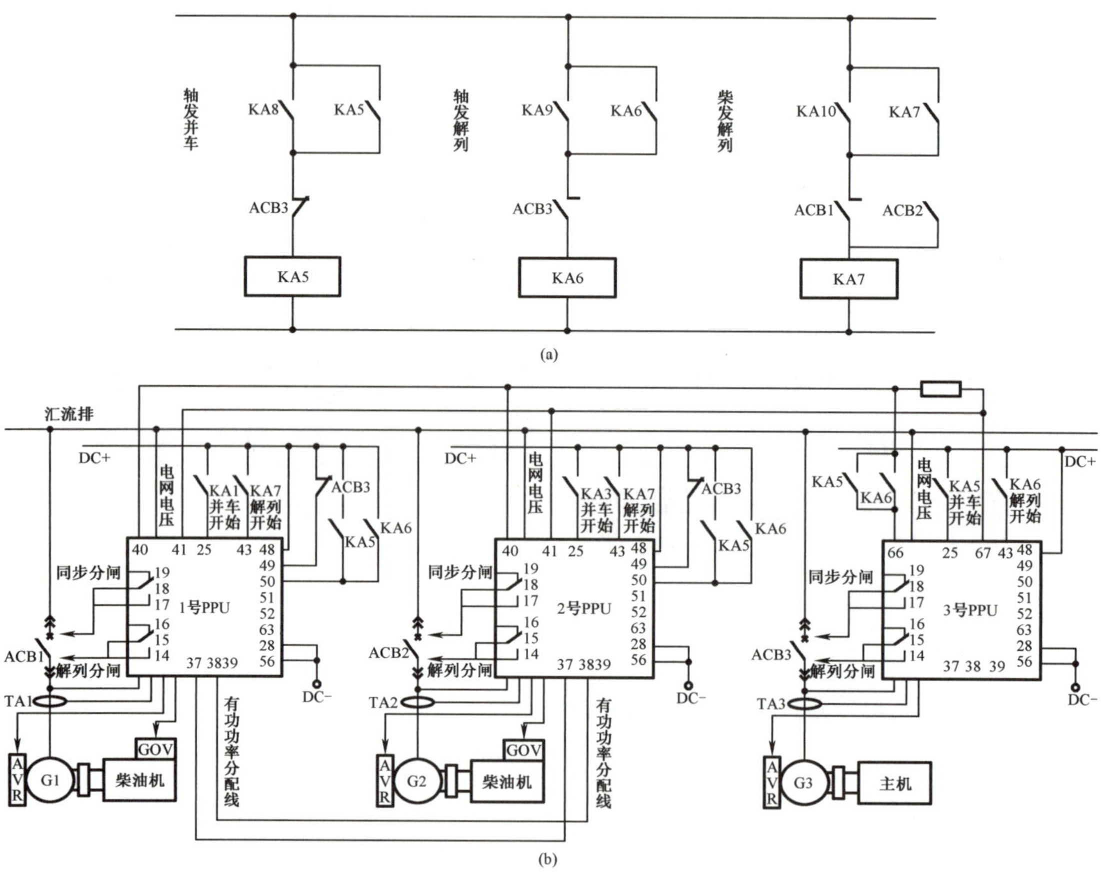

图 10.3.6 两台柴油发电机、一台轴带发电机及其各自的 PPU-3 控制器的连线示意图

步骤二:通信设置操作

(1)监控计算机、触摸屏与 PLC 的通信设置

监控计算机、触摸屏与 PLC 的通信方式采用工业以太网 ModbusTCP/IP 方式,其具有协议开放,与不同厂商设备兼容,能实现远程访问、远程诊断,网络速度快、实时性强、系统安全性高、成本低等特点。

监控计算机、触摸屏与 PLC 之间通过以太网 Modbus TCP/IP 连接时,需要配置其网络地址(IP 地址)。在触摸屏编程软件中添加驱动程序并进行配置,使通信设置与设备相匹配，并将编制好的用户应用程序下载到触摸屏，即可实现触摸屏与 PLC 和 PC 上位机之间的以太网通信，无须编写复杂的通信程序。

在使用时，只需要将 PLC、计算机和触摸屏配置网络地址即可，无须编写负载的程序。配置网络地址时，需要将 PLC、计算机和触摸屏 IP 地址的网络 ID 设置相同。例如，如果 PLC 的 IP 地址为 192. 168. 1. 1，则触摸屏和计算机的有效地址可为 192. 168. 1. x（x = 2 ~ 255）。

（2）PLC 与 PPU 通信设置

PLC 和 PPU 主要以硬件接线方式实现控制功能，部分电站参数通过 485 串口通信完成。通信接线如图 10. 3. 7 所示。

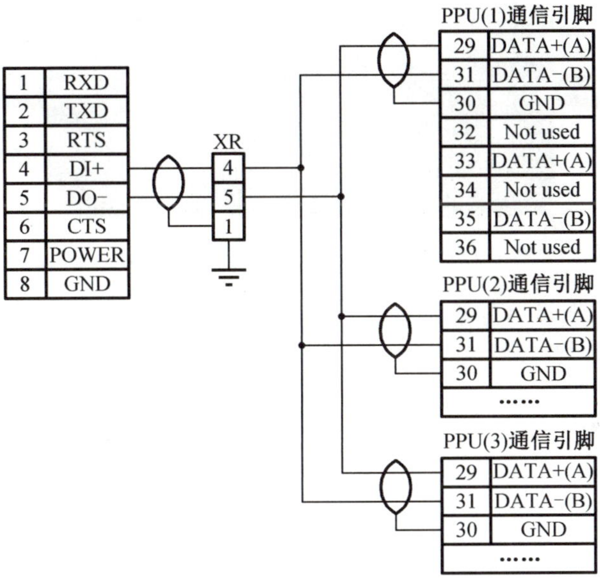

图 10. 3. 7　PLC 与 PPU 串口通信接线图

用编程软件对 PLC 和 PPU 进行通信设置。设置为 RS485 通信，传输速率为 9 600 bit/s，数据长度为 8 位，停止位 1 位，偶校验，1 ~ 3 号发电机组所对应的 PPU 的地址分别设为 1、2、3，PPU 将常用数据存放在其内部指定寄存器中，建立通信后 PLC 执行 READ_VAR 和 WRITE_VAR 通信指令，实现与 PPU 的数据交换。

步骤三：PPU 参数调试

（1）在显控单元上进行参数调试

PPU 各项保护的参数设置可以通过显示单元（LCD）的按钮在线修改。PPU 控制器的显示及操作界面上共有 10 个按键，如图 10. 3. 8 所示，具体作用分别如下：

——INFO：显示报警信息。

——JUMP：快速进入某一功能界面。

——VIEW：显示系统各个参数值。

——LOG：在显示界面的下面三行显示事件和报警条目。

——“上”“下”“左”“右”功能选择键：操作中可以将光标上下左右移动，进行功能选择的切换、改变相应的参数设置值等。

——SEL：确认。

——BACK：返回，返回至上一级操作。

通过对 PPU 控制器主工作界面上的菜单 V1、V2、V3 进行操作，可以观察船舶电力系统的运行参数，其中包括发电机、电网的三个相电压、三个线电压、三相电流、功率因数等重要参数，进而对船舶电力系统的运行状态有更加全面的了解。

系统保护参数的在线修改是通过菜单进入，第一次进入菜单时需输入操作密码，输入密码后即可对系统各项保护参数进行显示、在线修改。

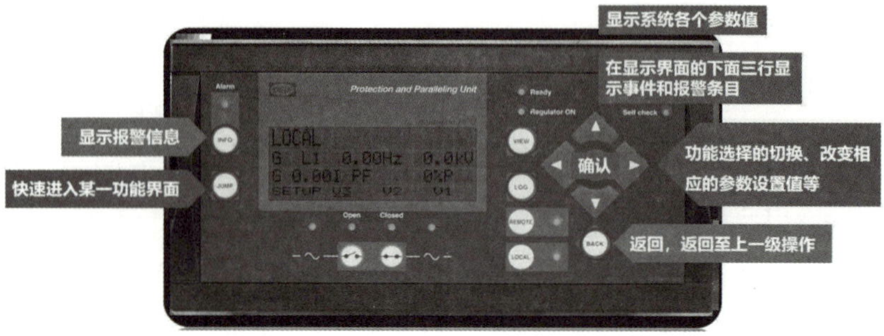

图 10.3.8　PPU-3 显示单元操作及显示面板

(2)在外部 PC 机上进行参数调试

如图 10.3.9 所示，PPU-3 可以通过 RS232 与 PC 机相连，利用操作软件设置参数进行编写、修改。

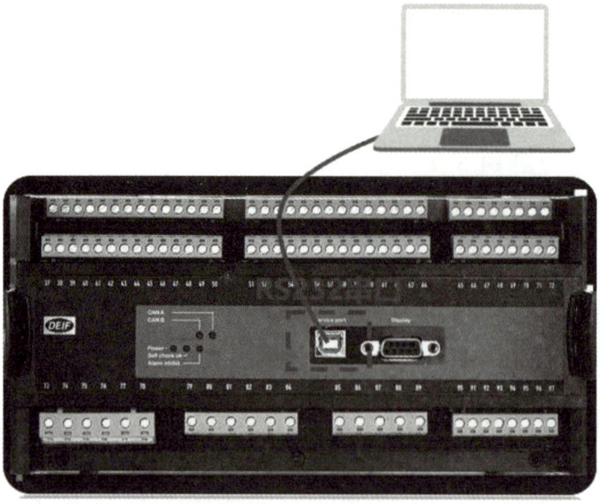

图 10.3.9　PPU-3 与外部 PC 机连接示意图

步骤四：两台柴油发电机并联运行及功率分配

图 10.3.10 为图 10.3.6 中关于案例船电站中任意两台并联运行的柴油发电机的 PPU-3 控制器外部连线示意图。PPU 利用微处理器将检测到的电参数进行运算，获得控制信号后，通过数字和模拟 I/O 端口输出至 PLC 和继电器，从而实现电站的自动控制。

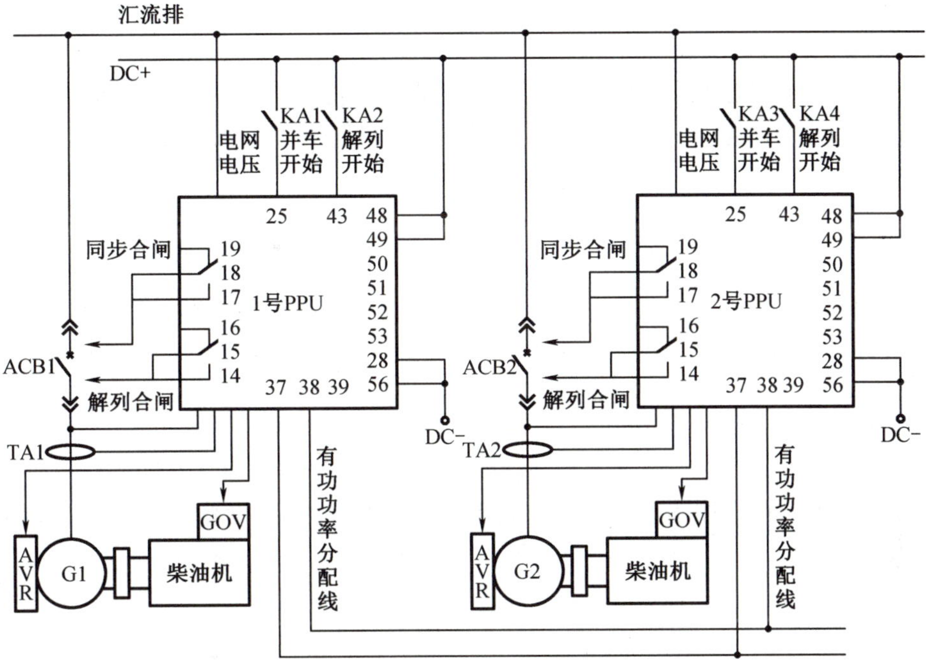

图 10.3.10 两台柴油发电机的 PPU-3 控制器外部连线示意图

(1)自动并车过程

假设 2 号发电机为运行发电机,1 号发电机为待并发电机。

PPU 控制器先进行模式设定,若想进行频率调节、并车、合闸等控制操作,则 PPU 控制器的 48、49 号端子必须为高电平(DC+)。当 KA1 闭合,1 号 PPU 控制器的 25 号端子为高电平时,即对 1 号 PPU 控制器发出并车指令,此时 1 号 PPU 控制器输出控制信号至 1 号发电机的速度调节器 GOV,调节 1 号发电机的频率,将其控制在设置的频率范围内。同时实时检测并车条件,比较发电机与电网的频率、电压有效值、相位之差,当处于设置的允许范围内时,1 号 PPU 控制器的内部核心单片机将根据主开关固有动作时间和实际频差进行计算,发出合闸脉冲信号,通过 1 号 PPU 控制器的 17、18 号端子输出,控制 1 号主开关 ACB1 动作合闸,实现并车。

(2)功率自动分配

在 1 号发电机主开关合闸后,两台发电机并联运行,此时 1 号和 2 号发电机的 PPU 控制器同时通过内部继电器,将 PPU 控制器本身自动连接至有功功率负载分配线,通过 37、38 号端子进行有功功率自动分配。PPU 控制器还有无功功率自动分配功能,通过 39、38 号端子进行无功功率自动分配。

步骤五:轴带发电机与柴油发电机并联运行及功率自动分配

案例船采用变矩桨,主机转速恒定,因此决定了轴带发电机的频率基本恒定。只在切换发电机时,轴带发电机才与柴油发电机做短暂并联运行,用以进行负载转移。因此轴带发电机的 PPU 控制器便无须控制其功率和频率,只需对其进行并车、负载转移及保护控制。图 10.3.6 为两台柴油发电机和 1 台轴带发电机的 PPU-3 控制连线示意图,据此进行轴带发电机与柴油发电机并联运行及功率自动分配操作。

(1)并车操作

假设1号柴油发电机和2号柴油发电机已经工作在电网上,轴带发电机处于待并状态,此时要求PLC判断需要并车,程序开始控制轴带发电机并车(SYNC SG)动作。此时触点KA8闭合,使继电器KA5得电,辅助常开触点闭合自锁,继电器KA5线圈在轴带发电机主开关ACB3闭合之前一直处于得电状态。

当继电器KA5动作时,3号PPU控制器的端子25为高电平,此时1号和2号PPU控制器的端子50接至“DC+”,使其工作在外部设定工作点状态。同时,轴带发电机的频率受主机转速控制,3号PPU控制器端子66、67对1号和2号PPU控制器的端子40、41输出转速调节模拟量信号,改变1号发电机和2号发电机的频率设定值,由1号和2号PPU控制1号发电机和2号发电机的频率,使之满足并车条件,实现轴带发电机的并车操作。

(2)柴油发电机向轴带发电机转移负载(柴发解列)

当轴带发电机并网运行后,柴油发电机需要向轴带发电机转移负载。

此时要求PLC程序控制柴油发电机解列(DE-LOAD DG)动作,使触点KA10闭合,使继电器KA7得电,1号和2号PPU的端子43有高电平输入信号,控制1号和2号发电机转速下降,它们各自承担的负载减少,使得轴带发电机承担负载增大。直至1号发电机和2号发电机的主开关均断开,继电器KA7失电,负载转移结束。

(3)轴带发电机向柴油发电机转移负载(轴发解列)

当轴带发电机准备解列时,轴带发电机需要将负载转移至柴油发电机。

此时要求PLC程序控制轴带发电机解列(DE-LOAD SG)动作,使触点KA9闭合,使继电器KA6得电,1号和2号PPU的端子50为高电平,PPU控制器工作在外部设定工作点状态。同时3号PPU控制器的端子43有高电平输入信号,端子66、67输出转速调节模拟量信号至1号和2号PPU的端子40、41,控制1号和2号发电机频率设定值增大,使得1号和2号发电机转速上升,各自承担的负载增大,相应的轴带发电机承担负载减少。直至轴带发电机的主开关ACB3断开,继电器KA6失电,负载全部转移至柴油发电机。

任务评价

任务完成情况评价标准及评分见表10.3.1,任务总结反思见表10.3.2。

表10.3.1　任务评价表

评价类型	赋分	评价指标	分值	得分		
				自评	组评	师评
职业能力	50	设备安装及接线	10			
		通信设置操作	10			
		PPU参数调试	10			
		两台柴油发电机并联运行及功率分配	10			
		轴带发电机与柴油发电机并联运行及功率自动分配	10			

表 10.3.1(续)

评价类型	赋分	评价指标	分值	得分		
				自评	组评	师评
职业素养	30	操作规范、精益求精	10			
		协作互助、解决问题	10			
		思辨和持续改进优化能力	10			
劳动素养	10	坚持出勤、遵守纪律	5			
		报告完整、工位整洁	5			
思政素养	10	严谨、细致	5			
		感悟“精益、专注”的工匠精神	5			

表 10.3.2　总结反思

目标达成：　知识☆☆☆☆☆　技能☆☆☆☆☆　素养☆☆☆☆☆	
学习收获：	教师寄语：
问题反思：	

课后任务

1. 问答与讨论

(1)简述船舶自动电站的控制模式一般有哪几种？采用 PPU 模块+PLC 控制的电站中，是如何实现的？

(2)讨论、总结在 PPU-3 控制器在使用操作过程中的注意事项。

2. 巩固与提高

某船舶电站设置三台同容量的发电机组，并采用 PPU-3 模块+PLC 型控制系统，试参照图 10.3.6 绘制本船 PPU 外部接线示意图，并进行并车和负载转移分配的操作及过程分析。

项目 11

新能源电力推进船舶电站的应用

学习情境设置

(1)选择学习者角色

□船舶设计院电气专业技术人员

□船舶建造厂电气专业技术人员

□船舶电气自动化设备制造技术人员

□船舶船体、轮机等其他非电专业技术人员

□船舶电子电气员

□其他______________________

(2)分析学习者角色的岗位能力要求

船舶设计院电气专业技术人员:需熟练掌握新能源电力推进船舶电站规划知识,能依据相关分类标准与关键技术,结合案例船使用要求,规划出合理的动力系统框架与参数;并能进行纯电池和混合动力系统的船舶电站系统框架设计。

船舶建造厂电气专业技术人员:要熟悉纯电池及混合动力电力推进船舶电站的系统组成与工作模式,按照设计方案,精准完成锂电池系统、共直流母线系统等设备的安装与调试操作,确保施工质量。

船舶电气自动化设备制造技术人员:需深入理解纯电池及混合动力推进控制系统、功率管理系统等关键组件的功能与技术要求,掌握系统组成与调试要点,保证设备性能满足电站调试与运行需求。

船舶船体、轮机等其他非电专业技术人员:应了解新能源电力推进船舶电站与船体、轮机系统的协同关系,对新能源船舶系统的结构有清楚认知,了解系统调试操作涉及的各部分组成,在设计建造中做好专业间配合,保障系统集成优化。

船舶电子电气员:需通过参与纯电池和混合动力电力推进船舶电站的调试操作任务,掌握系统手动、自动操作及维护保养方法,协助处理电站运行中的常见问题,积累实践经验。

____

____

(3)制定学习计划

掌握新能源船舶发展历程、分类及动力系统原理,学会规划动力系统框架与参数。

掌握纯电池电站的系统组成、工作模式及核心组件原理。

掌握混合动力电站各系统及组件的构成与运作机制。

掌握纯电池系统手动、自动、机旁及遥控操作,以及系统维护方法。

直流母线调试、工况调试、模式切换调试及 PMS 调试，掌握设备保养技能。

项目介绍

在全球节能减排、倡导绿色航运的浪潮下，新能源电力推进船舶已成为航运业转型的关键方向。环保政策持续趋严，动力电池成本下降，推动船舶电动化加速发展。我国已建在建超 400 艘纯电池动力船舶，国际海事组织也对航运业碳减排设下明确目标，新能源船舶发展刻不容缓。

本项目聚焦新能源电力推进船舶电站应用，通过 3 个任务展开学习。任务 1 从理论层面入手，阐述新能源电力推进船舶发展历程、分类与关键技术，帮助学员掌握纯电、混合及燃料电池动力系统原理，学会依案例船需求规划动力系统框架与参数；任务 2 和任务 3 则着重实践操作，分别针对纯电池与混合动力电力推进船舶电站，深入讲解系统组成、核心组件原理，并通过调试与维护保养训练，培养学员实操与故障处理能力。通过理论与实践结合，助力学员全面掌握新能源船舶电站从规划到运维的全流程技术，为投身航运业绿色转型筑牢专业根基。

学习要求

• 理论知识学习要求：

(1)深入理解新能源电力推进船舶的发展历程、分类标准及关键技术，能准确阐述纯电、混合动力、燃料电池动力系统的原理，熟练完成案例船动力系统框架与参数规划。

(2)全面掌握纯电池电力推进船舶电站的系统组成、工作模式，清晰了解锂电池系统、充逆变一体机及推进控制系统的功能与运行逻辑。

(3)透彻掌握混合动力电力推进船舶电站的系统架构与工作模式，熟悉锂电池系统、电力传动子系统、功率管理系统等组件的工作原理，建立系统认知体系。

• 实践操作学习要求：

(1)在纯电池电力推进船舶系统调试中，规范完成手动、自动、机旁及遥控操作，掌握系统维护保养流程，能独立处理常见操作问题。

(2)在混合动力电力推进船舶电站调试中，熟练执行共直流母线系统调试、运行工况效用性调试、模式切换调试及功率管理系统调试，精准完成共直流母线维护保养，确保调试结果符合标准。

• 通过案例分析与模拟项目，灵活运用理论与实践技能，独立完成新能源船舶电站规划、调试及优化方案设计，展现综合应用能力。结合不同岗位能力需求，针对性强化专业知识与技能，达到对应岗位的技术要求标准。

• 课前利用微课视频学习知识点及测试，课中在老师引导下分组完成工作任务，针对难点问题进行讨论，课后完成任务总结。培养自主学习能力，提高自身可持续发展能力。

知识图谱

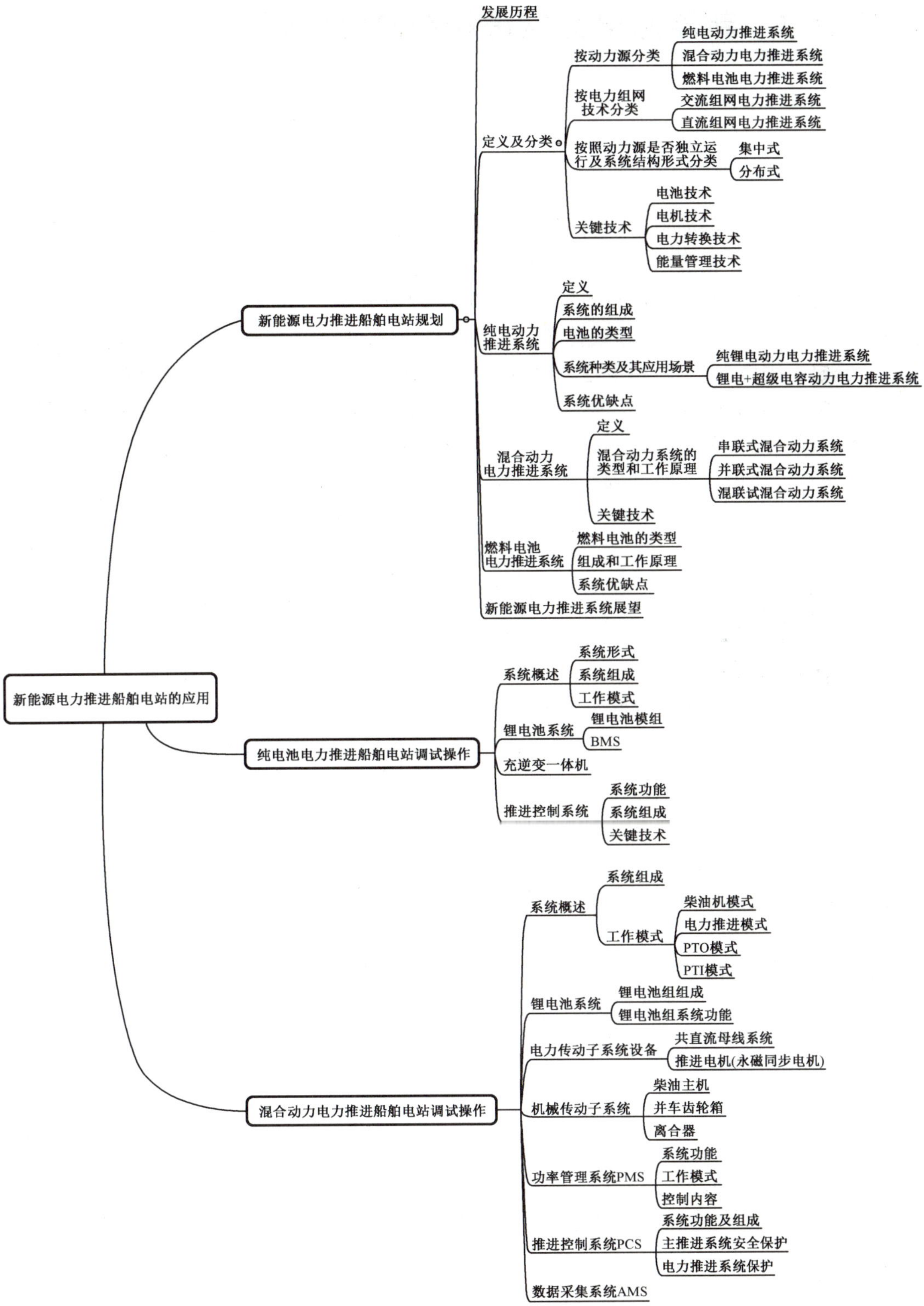
新能源电力推进船舶电站的应用
新能源电力推进船舶电站规划
发展历程
定义及分类
按动力源分类
纯电动力推进系统
混合动力电力推进系统
燃料电池电力推进系统
按电力组网技术分类
交流组网电力推进系统
直流组网电力推进系统
按照动力源是否独立运行及系统结构形式分类
集中式
分布式
关键技术
电池技术
电机技术
电力转换技术
能量管理技术
纯电动力推进系统
定义
系统的组成
电池的类型
系统种类及其应用场景
纯锂电动力电力推进系统
锂电+超级电容动力电力推进系统
系统优缺点
混合动力电力推进系统
定义
混合动力系统的类型和工作原理
串联式混合动力系统
并联式混合动力系统
混联试混合动力系统
关键技术
燃料电池电力推进系统
燃料电池的类型
组成和工作原理
系统优缺点
新能源电力推进系统展望
纯电池电力推进船舶电站调试操作
系统概述
系统形式
系统组成
工作模式
锂电池系统
锂电池模组
BMS
充逆变一体机
推进控制系统
系统功能
系统组成
关键技术
混合动力电力推进船舶电站调试操作
系统概述
系统组成
工作模式
柴油机模式
电力推进模式
PTO模式
PTI模式
锂电池系统
锂电池组组成
锂电池组系统功能
电力传动子系统设备
共直流母线系统
推进电机(永磁同步电机)
机械传动子系统
柴油主机
并车齿轮箱
离合器
功率管理系统PMS
系统功能
工作模式
控制内容
推进控制系统PCS
系统功能及组成
主推进系统安全保护
电力推进系统保护
数据采集系统AMS

任务 11.1　新能源电力推进船舶电站规划

任务引入

随着全球环保意识的不断提升,船舶航运带来的环境污染问题已成为国际社会关注的焦点。国际海事组织相继出台一系列控制船舶污染的强制性政策法规,明确提出在 21 世纪逐步消除国际航运温室气体排放的目标。我国积极响应,大力推进绿色船舶与绿色航运发展战略,加速航运业向绿色低碳转型。在此背景下,船舶动力技术革新与清洁燃料开发成为关键突破口,锂电池、氢燃料电池、光伏能等新能源电力推进技术,凭借其环保、高效的特性,正逐步成为船舶动力的重要选择。本任务将聚焦新能源电力推进船舶电站规划,系统学习其发展历程、分类、关键技术,并通过案例实践掌握新能源动力系统的规划方法,为推动船舶绿色发展筑牢知识与实践基础。

任务描述

新能源船舶电力推进的种类及应用场景

(1)根据系统单线图或示意图,分辨混合电力推进系统中各部分组成,明确其功能;

(2)结合案例船应用场景,梳理使用需求;

(3)规划案例船动力系统框架,构建系统的整体架构,并确定合适的动力系统参数以满足船舶运行需求。

学习目标

知识目标:

(1)掌握新能源电力推进船舶的发展历程,清晰了解其发展的重要节点和演变过程;

(2)熟知新能源电力推进船舶的定义,能够依据不同分类标准(按动力源分类、按电力组网技术分类、按照动力源是否独立运行及系统结构形式分类)对其进行准确分类;

(3)理解纯电动力推进系统的定义、系统组成、电池类型、种类及应用场景,明确其优缺点;

(4)掌握混合动力电力推进系统的定义、类型及工作原理,熟悉其关键技术;

(5)了解燃料电池动力系统的燃料电池类型、组成和工作原理,知晓其优缺点;

(6)熟悉新能源电力推进船舶电站的关键技术,理解这些技术在电站中的作用和意义。

技能目标:

(1)能够根据系统单线图准确识别新能源电力推进船舶电站各部分的组成,并阐述其功能；

(2)具备梳理案例船使用要求的能力,能够从复杂的信息中提取关键需求；

(3)可以根据案例船的使用要求,合理规划案例船新能源动力系统框架,构建系统的整体架构；

(4)掌握规划案例船新能源动力系统参数的方法,能够确定合适的参数以满足船舶运行需求。

育人目标：

(1)培养严谨的科学态度和工程思维,在分析和规划新能源动力系统时注重细节和准确性；

(2)增强对新能源技术在船舶领域应用的环保意识,认识到新能源电力推进船舶对可持续发展的重要意义。

知识准备

1. 新能源电力推进船舶的发展历程

(1)早期探索阶段(20 世纪初至 20 世纪末)

技术萌芽:20 世纪初,随着电池技术的初步发展,电动船舶的概念开始萌芽。早期的电动船舶主要应用于内河和近海的小型船舶,如电动渡轮和观光船。这些船舶通常采用铅酸电池作为动力源,但由于电池能量密度低、续航能力有限,因此应用范围受到较大限制。

技术尝试:20 世纪中叶,随着内燃机技术的普及,电动船舶的发展一度陷入停滞。然而,一些科研机构和企业仍在探索新能源在船舶上的应用,如氢燃料电池、太阳能电池等。但由于技术不成熟和成本高昂,这些尝试未能实现商业化应用。

(2)技术发展阶段(21 世纪初至 2010 年)

技术突破:21 世纪初,随着锂电池技术的快速发展,电动船舶迎来了新的发展机遇。锂电池具有能量密度高、循环寿命长等优点,显著提升了电动船舶的续航能力和性能。2005 年,全球首艘采用锂电池的电动渡轮在挪威投入运营,标志着电动船舶技术取得了实质性突破。

政策推动:2008 年,国际海事组织(IMO)通过了《MARPOL 公约》修正案,对船舶排放提出了更严格的要求。这促使各国政府和企业加大对新能源船舶的研发和应用力度。2010 年,欧盟启动了多个新能源船舶研发项目,推动了电动船舶技术的进一步发展。

(3)应用拓展阶段(2010 年至 2020 年)

市场增长:2010 年以后,随着技术的成熟和成本的降低,电动船舶的应用范围逐渐扩大。2017 年,全球首艘千吨级纯电动货船“中天电运 001”在中国长江流域投入运营,续航里程达到 50 km。2020 年,全球电动船舶市场规模达到 23.91 亿美元,显示出强劲的增长势头。

技术创新:这一时期,氢燃料电池、生物燃料等新能源技术在船舶上的应用也取得了重要进展。2019 年,全球首艘氢燃料电池渡轮在德国投入运营,展示了氢燃料电池在船舶领域的应用潜力。

(4)快速发展阶段(2020 年至今)

政策支持:2020 年以来,各国政府纷纷出台政策支持新能源船舶的发展。2024 年 3 月,中国国务院发布《推动大规模设备更新和消费品以旧换新行动方案》,明确提出加快高耗能高排放老旧船舶报废更新,大力支持新能源动力船舶发展。

技术进步:2025 年,上海交通大学的研究团队在《Nature Energy》上发表了关于电动船舶与绿色航运创新研究成果的论文,提出了一种面向海运电动化的全球海上充电平台规划方法,将新能源船舶的理论经济续航里程从 3 000 公里提高至 9000 公里。

市场扩大:2021 年,中国电动船舶市场规模达到 94. 8 亿元,同比增长 12. 9%,预计 2025 年市场规模将达到 168. 7 亿元。2024 年,全球电动船舶市场规模预计达到 104. 1 亿美元,显示出新能源船舶市场的快速增长。

(a)"东湖之光" 电动观光游船　　(b)"珠江夜游"428 客位新能源观光游览船

图 11. 1. 1　新能源纯电池动力游船案例

(5)未来展望

技术创新:未来,随着电池技术、氢燃料电池技术、风能技术等的进一步发展,新能源船舶的性能和经济性将进一步提升。固态电池、液流电池等新型储能技术的研发将为电动船舶提供更高的能量密度和更长的续航里程。智能船载系统将进一步提升新能源船舶的智能化水平,实现更加高效的能源管理和故障诊断。

基础设施建设:随着新能源船舶数量的增加,充电设施的建设将加快。岸电覆盖率和使用率的提升将为新能源船舶提供更好的支持。对于远洋船舶,绿色甲醇、LNG 等替代燃料的加注设施也将逐步完善。

(a)"Viking Grace 号"转筒风帆动力船　　(b)"星球太阳"号太阳能全动力船

图 11. 1. 2　可再生能源动力船舶案例

政策支持:各国政府将继续出台政策支持新能源船舶的发展,包括财政补贴、税收优惠、基础设施建设等。这些政策将为新能源船舶的推广应用提供有力保障。

市场增长：预计到2030年，中国电动船舶市场规模将超过500亿元，全球市场规模将达到1 500亿元人民币。新能源船舶在内河航运、沿海运输、远洋航运等领域的应用将更加广泛。

2. 新能源电力推进船舶的定义及分类

（1）新能源电力推进船舶的定义

定义：新能源电力推进船舶是指采用非传统化石燃料作为动力来源，并采用电动机作为船舶推进主机的船舶，旨在减少对环境的污染和提高能源利用效率。

能源形式：新能源船舶通常使用清洁能源或可再生能源，如电池、氢气、生物燃料、氨能、风能、太阳能等，以实现低碳或零碳排放。新能源船舶不仅有助于减少温室气体排放，还能降低运营成本，提高船舶的经济性和市场竞争力。

优势：采用电动机作为推进主机，从船舶电网吸收电能驱动螺旋桨的电力推进方式极大地减少了船舶运行时的振动和噪音，提高了船员舒适性；船舶机舱设备布置灵活，节省空间并提高布置效率；电动机能实现无级调速和快速响应，提高了船舶的机动性和操控性。此外，综合电力推进系统可以将船舶的推进、日常用电、特殊功能供电等集成在一起，通过优化发电机负载分配，减少燃油消耗，提高能源利用率。

（2）新能源电力推进系统的分类

如图11.1.3所示，根据不同的分类标准，新能源船舶电力推进系统可以分为以下几种类型：

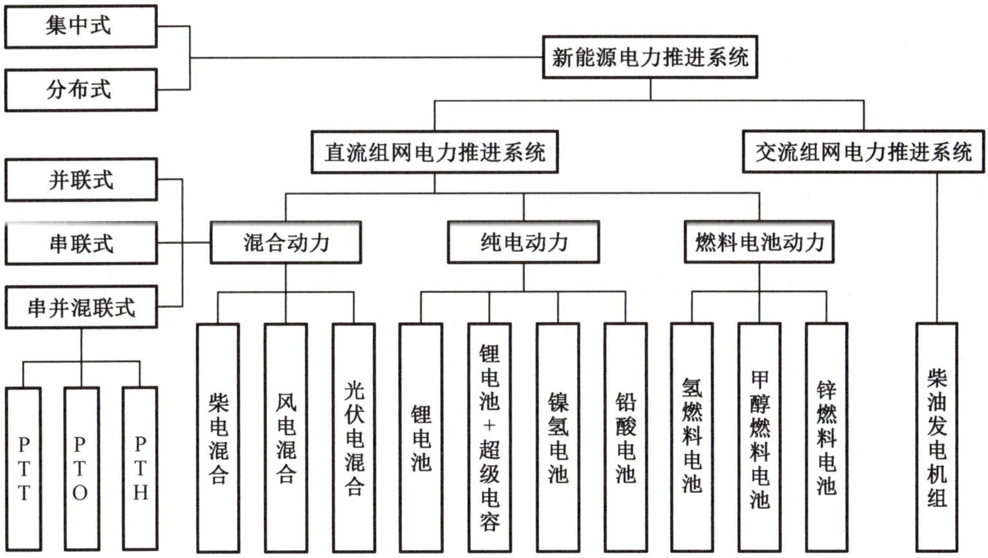

图11.1.3　新能源电力推进系统分类

★按动力源分类

——纯电动力推进系统：完全依赖电池组或超级电容等储能设备提供电能，适用于短途航行和高环保要求的水域。

——混合动力推进系统：结合了柴油发动机等其他动力源和电力储能设备的电力推进系统，如柴电混动、太阳能-电能混动以及风能-电能混动等；柴油发动机可以在需要时为电池组充电,适用于长途航行。

——燃料电池电力推进系统:以燃料电池(氢、甲醇、锌等)为主要动力源,具有高效、环保的特点。

由于光伏能和风能的使用能量密度有待提高,目前新能源船舶主要以锂离子电池、燃料电池以及柴电混合动力的应用为主。此外,传统电力推进船舶的动力源主要是柴油发电机组。

★按电力组网技术分类

——交流组网电力推进系统:采用交流电源进行电力传输和分配,具有系统集成度高、设备效率提升、噪声降低等优点,适用于中大型船舶。

——直流组网电力推进系统:采用直流电源进行电力传输和分配,具有系统兼容性高、储能设备和新能源接入方便等优点,适用于中小功率的高性能船舶。

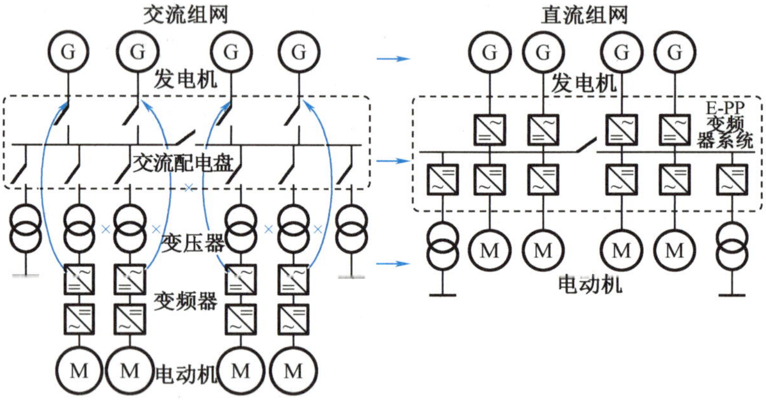

图 11.1.4　交流组网和直流组网电力推进系统对比图

★按照动力源是否独立运行及系统结构形式分类

根据中国船级社《船舶直流综合电力系统检验指南》(2023),直流组网电力推进分为集中式和分布式两种。

——集中式:发电装置、储能装置、负载直接或经变流器接入直流母排。直流母排由两个及以上的母排分段组成,各母排分段通过母联保护装置连接,正常工况下母联保护装置合闸,集中式直流配电。

——分布式:发电装置、储能装置、负载直接或经变流器接入多段直流母排。各段直流母排通过母连接触器或隔离开关连接,正常工况下母联接触器或隔离开关分闸,各段直流母排相互独立、分布式运行。

此外,混合动力形式按照动力源之间的连接关系,又分为并联式、串联式和串并混联式。

(3)关键技术

★电池技术

锂电池:关键技术主要体现在高能量密度、长循环寿命和快速充电技术。

燃料电池:关键技术主要体现在高效能量转换(可达 40%以上)、环保无污染和多种燃料(氢气、甲醇、天然气)适应性方面。

★电机技术

高效电动机:主要体现在高效率、高功率密度和宽调速范围等方面。

电动机控制:采用矢量控制、直接转矩控制和智能控制,提高电动机的动态性能、控制精度和适应性。

★电力转换技术

逆变器:开发高效逆变器,提高电能转换效率,减少能量损失;采用高频逆变器,减小逆变器的体积和质量,提高系统的集成度;多电平逆变器能够输出更接近正弦波的交流电,减少谐波含量,提高电能质量。

DC/DC 变换器:关键技术主要体现在高效 DC/DC 变换器、宽输入电压范围、提高 DC/DC 变换器的功率密度等各方面。

★能量管理技术

通过智能算法、大数据分析、远程监控等智能控制技术手段,实时监测电池组、电动机、电力转换设备等的状态,提供准确的数据支持;通过能量优化算法,合理分配电能,提高能源利用效率,延长电池组的使用寿命;能源管理系统具有故障诊断功能,能够及时发现和处理系统中的故障,提高系统的可靠性。

3. 纯电动力推进系统

(1)定义

根据中国船级社《船舶应用电池动力规范》,纯电动力推进系统定义为:以蓄电池作为全部动力源的船舶动力系统,通过电力推进系统驱动船舶航行的船舶类型。这种船舶具有零排放、低噪音、操作灵活等优点,是实现航运业绿色转型的重要技术路径。其中蓄电池包含锂离子蓄电池和能量型超级电容器。

配置纯电动力推进的船舶在正常运行过程中,仅采用电池作为推进动力,经 CCS 审图与检验,确认符合相关要求后,可授予电池动力附加标志符号:

电池(动力):Battery(Power)。

(2)系统的组成

电源:通常采用锂电池、超级电容或燃料电池等作为动力源,为电动机提供电能。

电力转换与存储系统:包括逆变器、整流器、电池管理系统(BMS)等,负责将电能进行转换、调节和存储。

电力分配系统:通过配电盘和电缆将电能分配至电动机、照明、通信等设备。

电动机与推进器:电动机将电能转化为机械能,驱动推进器(如螺旋桨)转动,推动船舶前进。

推进控制系统:包括控制器、驱动装置(如变频装置)和操作面板,用于控制电机速度、方向及安全操作。

(3)电池的类型

★锂离子电池

锂离子电池利用锂离子在正极和负极之间的移动来实现电能的储存和释放。锂离子电池的能量密度(单位体积或单位质量的电池所能储存的能量)较高,在相同体积和质量下可提供更长的续航能力,适合要求较高续航的中小型船只。锂离子电池中又包含了目前应用最广泛的磷酸铁锂电池(LFP Battery)和三元锂电池(NMC/NCA Battery),钛酸锂电池(LTO Battery)也开始应用。锂离子电池的能量密度通常在 100~260 Wh/kg。

——磷酸铁锂电池:正极材料为磷酸铁锂,结构比传统锂电池更稳定,在高温环境下的热稳定性较好,适合对安全要求高的纯电船应用;且不含重金属,对环境友好,适合绿色环保船舶;电池循环寿命可达2 000次以上。但是,其能量密度低于其他锂电池,在相同质量下续航里程会稍短;并且在低温条件下,磷酸铁锂电池的放电效率有所下降,不适合严寒地区的船舶。

——三元锂电池:正极材料使用镍、钴、锰(NCM)或镍、钴、铝(NCA)等三种元素组合,在现有电池类型中,三元锂电池的能量密度名列前茅,比较适合支持较长的续航里程。相比LFP电池热稳定性较差,容易出现热失控情况,增加了对安全管理系统的依赖。此外三元锂电池的钴、镍等材料价格昂贵,电池成本相对较高,需要对船舶的经济性进行平衡。

★铅酸电池:技术成熟,成本较低,安全性较高,但能量密度较低,约为30~50 Wh/kg,远低于锂电池,且环保性较差。

★超级电容器:一种电化学储能器件,介于普通电容器和蓄电池之间,其至少有一个电极利用双电层或电容实现储能,在恒流充电或放电过程中的时间与电压的关系曲线通常近似于线性。

(4)系统种类及其应用场景

如图11.1.5为典型的纯电池动力电力推进系统,通过动力源配置或工作方式不同可将纯电池动力电力推进系统分为纯锂电池动力推进和锂电池+超级电容动力推进等种类。

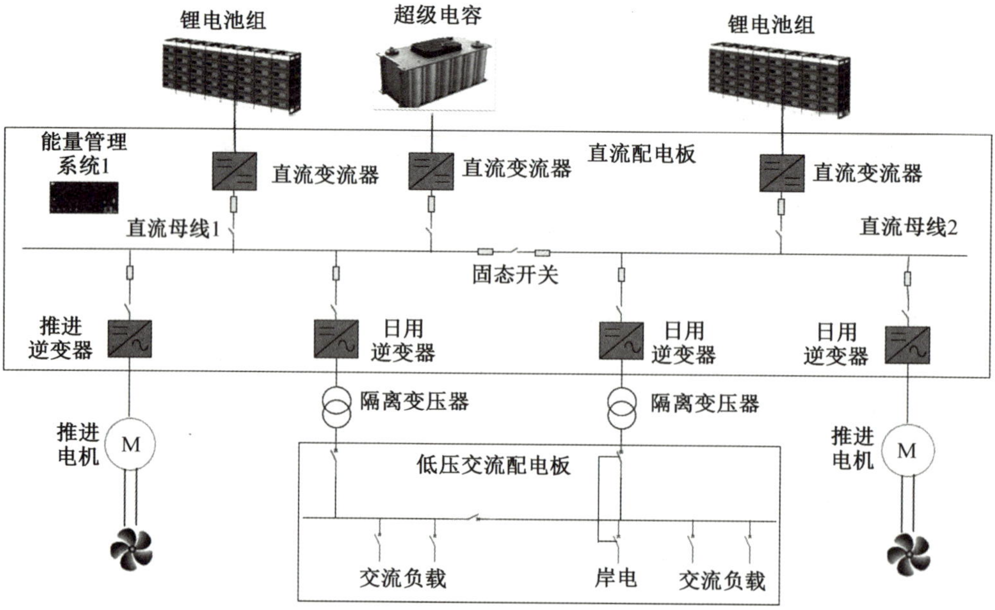

图11.1.5 纯电池动力电力推进系统

★纯锂电动力电力推进系统

工作原理:图11.1.5中去掉超级电容装置,锂电池作为船舶唯一动力源,通过电力电子模块将电池的直流电能转换为交流电,为交流推进电机供电,驱动螺旋桨。同时通过另一路馈电线路经过逆变、滤波后为全船日用负载提供电能。

应用场景:纯锂电动力系统能实现完全的“零排放”,多用于封闭水域有固定航线的船舶或者港口船舶,如东湖游船、港作拖轮等。

★锂电+超级电容动力电力推进系统

工作原理:如图11.1.5所示,系统由锂电池和超级电容作为船舶共同的动力源。在船舶航行的大部分时间里由锂电池为全船提供电能，工作原理与纯锂电池动力系统一致。当船舶处于短时加速、冲滩、逆流、急流等航行工况时，由超级电容与锂电池并联运行，将超级电容和锂电池发出的电能分别经 DC/DC 模块转换成同等级的直流电压，再经逆变、滤波等环节转换为交流电能为推进电机及全船日用负载供电。

应用场景：超级电容具有放电时间短、放电电流大的特点，一般只用作短时间补充电能使用。因此锂电+超级电容动力系统推进多用于沿江航行的船舶，如短程游轮，超级电容主要在逆流航行时介入，短时提高推进功率。

此外，按结构形式不同，系统有分布式和集中式两种，图 11.1.5 为典型的集中式纯电池动力电力推进系统，由多组锂电池和超级电容并联运行，经共直流母线将电能分配至推进电机及全船日用负载，集中式方式便于全船能量的管理。

分布式纯电池动力电力推进系统如图 11.1.6 所示，由两组锂电池分别为两台推进电机供电，两套系统相互独立。分布式便于设备布置，使用操作比较灵活。

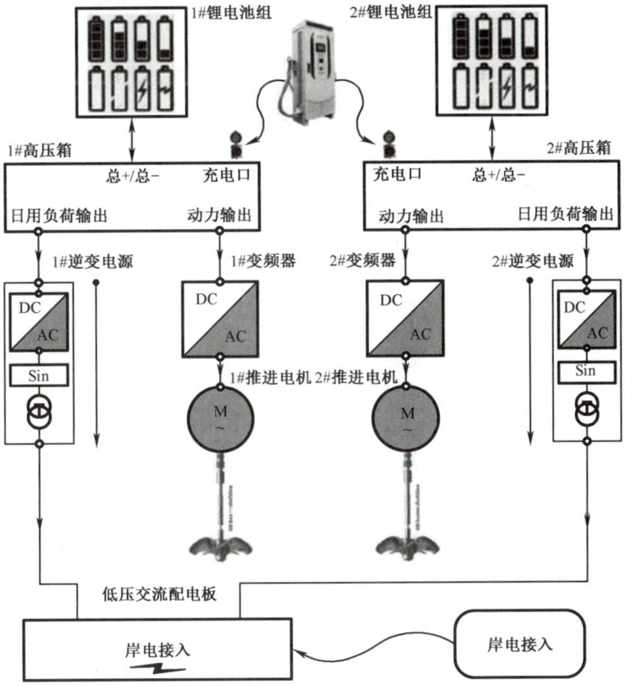

图 11.1.6　分布式纯电池动力电力推进系统

(5)系统优缺点

优点：零排放——电池动力系统在运行过程中不产生任何污染物，对环境友好；低噪音——电池动力系统的运行噪音低，改善了船员的工作环境和乘客的舒适度；操作灵活——电池动力系统响应速度快，能够快速调整船舶的速度和航向，提高了船舶的操控性能；维护成本低——电池动力系统的机械结构简单，维护成本相对较低。

缺点：能量密度有限——尽管锂离子电池的能量密度较高，但与传统燃油相比，仍存在较大差距，限制了船舶的续航里程；充电时间长——电池的充电时间较长，需要配备高效的充电设施和较长的充电时间；初始成本高——电池动力系统的初始投资成本较高，尤其是高性能电池组和 BMS 的成本。

4. 混合动力电力推进系统

(1)定义

混合动力推进系统船舶是指采用多种能源组合来驱动船舶航行的船舶类型。这种系统结合了传统燃油发动机和电力推进系统的优势，旨在提高燃油经济性、减少排放，并提升船舶的整体性能。

根据中国船级社《混合动力船舶检验指南》，装有混合动力系统的船舶，经 CCS 审查批准，可授予附加标志：Hybrid。

(2)混合动力系统的类型和工作原理

按系统结构形式，混动系统分为串联式、并联式和混联式三种。

★串联式混合动力系统

工作原理：如图 11.1.7 所示，串联式混合动力系统中，船舶推进器的直接驱动力只来源于电动机，柴油发电机和电池组串联使用，或者单独使用，也被称为“增程式系统”。在这种系统中，柴油发动机驱动发电机发电，电力驱动推进电机，从而带动船舶的螺旋桨。当船舶需要功率峰值时，电池可以在短时间内提供额外的电力支持。另一方面，电池还可以存储多余的电量，使得船舶可以在一段时间内仅使用电池储存的电力航行。

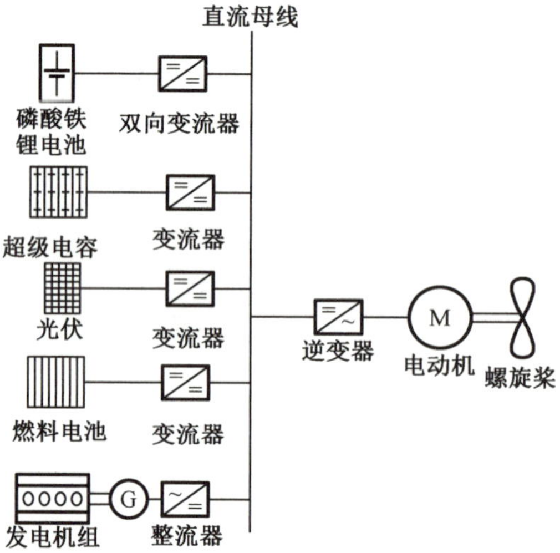

图 11.1.7 串联式混合动力系统

应用场景：串联式混合动力系统适合在零排放区域纯电/电池模式航行、非零排放区域采取柴电推进模式和混合模式。这种系统无主机带来的振动和噪音，舒适和安静，容易操作、维护和运行。

串联式混合动力系统主要应用于渡轮或者游轮、游艇(图 11.1.8)。运行中可灵活地在纯电模式推进、纯油模式推进、柴电混合模式推进等之间进行切换。纯电推进模式主要用于渡轮或者游轮在排放控制区或者离靠码头时，或者用于游艇处于静音工况模式时；纯油工况主要用于离岸高速航行时；柴电混合主要用于加速时使用。

图 11.1.8　串联式混合电力推进船舶——“创力”轮

★并联式混合动力系统

工作原理：如图 11.1.9 所示，并联式混合动力系统中，柴油发动机和电动机并联工作，共同驱动船舶螺旋桨。储能系统可单独向可逆电机（电动机状态）供电，从而提高系统灵活性和可靠性。此外，辅助电站和岸电系统也可提供电能。可逆电机充分利用柴油发动机的富余功率，具有良好的节能减排效果。在低速或怠速工况下，由电池组等储能系统直接驱动电机。在高负荷工况下，柴油发动机和电池组共同向电动机提供电能，以满足船舶的功率需求。

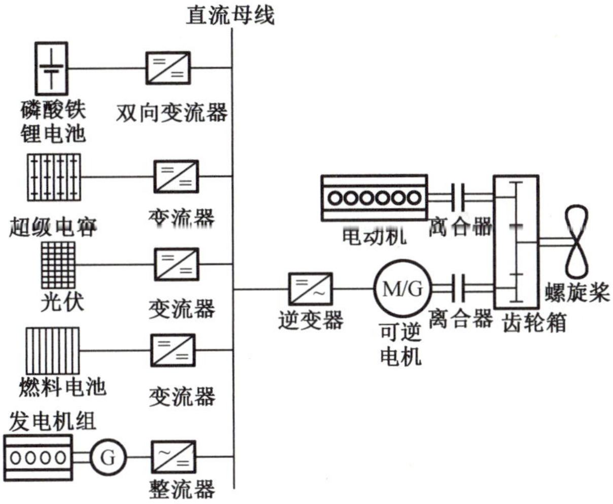

图 11.1.9　并联式混合动力系统

应用场景：并联式混合动力系统非常适合多航速要求、多工况、顺水/逆水航行、顶流航行等复杂工况。可根据工况要求选择柴油主机直推模式、PTO 模式、PTI 模式和 PTH 模式等工作模式。

——柴油机主推模式。现有船舶中最常规、最常见的推进模式，大到远洋航行的散货船、集装箱船、油轮，小到巡逻艇、工作船，较多采用这种推进模式。此模式不属于节能减排的范畴。

——PTO(power take out)模式。主要用于在固定航行且主推进柴油机功率有富余的工况,或船舶作业低速航行工况时,由柴油主机经过并车齿轮箱驱动螺旋桨,同时驱动可逆电机发电向全船提供日用电,如远洋航行的散货船、集装箱船、科考船、远洋渔船等。

——PTI(power take in)模式,又称"BOOST 模式"。主要用于需要加速推进的工况,此时可逆电机作为推进电机从电网吸收电能与柴油主机一起通过并车齿轮箱并联运行,共同驱动螺旋桨,如海关缉私船、海警船等公务执法船执行任务时的高速航行工况。

——PTH(power take me home)模式。主要用于在柴油主机故障的情况下,由发电机组发电或储能系统向可逆电机(电动机状态)供电,由可逆电机驱动螺旋桨以较低的航速回港,提高了船舶动力系统的生命力。

★混联式混合动力系统

工作原理:如图 11.1.10 所示,混联式混合动力系统融合了串联和并联的特点,具有发动机推进和电动机推进模式,具有专门的发电机组为电网供电。在这种系统中,柴油发动机和电动机可以根据需要灵活切换,以实现最佳的燃油经济性和排放性能。

应用场景:混联式混合动力系统适用于对船舶操纵性要求高、加减速频繁的船舶。这种系统可以在新船建造时安装,也可以由传统船舶的动力系统改装而成。

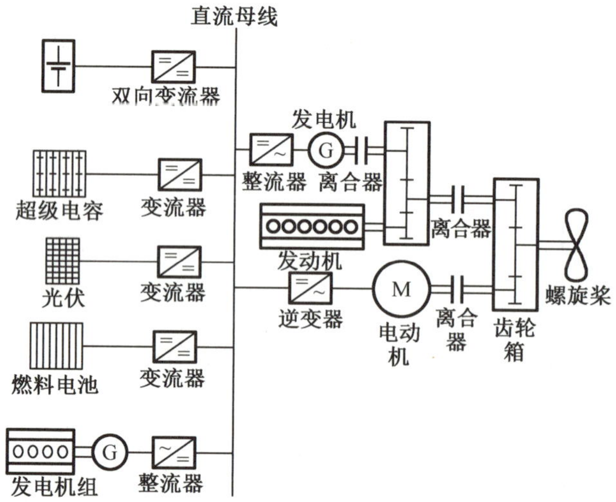

图 11.1.10　混联式混合动力系统

(3)混合动力系统的关键技术

★能量回收:通过在船舶减速或制动时,将电动机作为发电机使用,将机械能转化为电能,存储到电池组中。这一过程不仅提高了能源利用效率,还减少了制动时的能量损失。

★混合动力控制策略:通过智能控制系统,根据船舶的航行状态和负载需求,合理分配柴油发动机和电池组的功率输出。例如,在低负荷工况下,系统优先使用电池组供电,以减少柴油发动机的运行时间,从而降低燃油消耗和排放。在高负荷工况下,柴油发动机和电池组共同工作,以满足船舶的功率需求。

(4)系统优缺点

★优点:燃油经济性——混合动力系统通过合理分配柴油发动机和电池组的功率输出,使得柴油发动机更多地运行在其高效工况区间,从而提高了燃油经济性。排放性能——混合动力系统在低速或怠速工况下使用电池组供电，减少了柴油发动机的运行时间，从而降低了污染物排放。操作灵活性——混合动力系统可以根据船舶的航行状态和负载需求，灵活调整功率输出，提高了船舶的操控性能。

★缺点：系统复杂性——混合动力系统需要同时管理柴油发动机、电池组和电动机，系统结构相对复杂，增加了设计和维护的难度。初始成本高——混合动力系统的初始投资成本较高，尤其是高性能电池组和智能控制系统的成本。

5. 燃料电池动力系统

燃料电池系统船舶是指以燃料电池作为主要动力源，通过电化学反应将燃料的化学能直接转化为电能，进而驱动船舶航行的船舶类型（图 11.1.11）。

图 11.1.11　国内首艘商用氢燃料电池动力游览船——“西海新源 1 号”

（1）燃料电池的类型

★质子交换膜燃料电池（PEMFC）：使用纯氢作为燃料，释放电能和热能，唯一产物为水，具有发电效率高、噪声低、近似零排放等优点，适用于船舶动力。工作温度一般在 65～85 ℃，功率容量一般≤120 kW。

★固体氧化物燃料电池（SOFC）：可采用氢气、甲醇、碳氢化合物等作为燃料，工作温度较高，适用于远洋船舶。工作温度则在 500～1 000 ℃，功率容量≤107 kW。

（2）燃料电池系统的组成和工作原理

★组成

燃料电池系统主要由燃料电池堆、供氢系统、供风系统、热管理系统、能量管理系统等部分组成。

燃料电池堆——由多个燃料电池单体串联或并联组成，是系统的核心部件，负责将化学能转化为电能。供氢系统——包括氢气储存、输送和供应装置，确保燃料电池堆有稳定的氢气供应。供风系统——为燃料电池堆提供氧气，通常由空气压缩机和风道组成。热管理系统——负责燃料电池堆的散热和温度控制，确保其在适宜的温度范围内工作。能量管理系统——监控和管理整个系统的能量流动，包括电能的分配和储存。

★工作原理

以质子交换膜燃料电池（PEMFC）为例，氢气通过供氢系统进入燃料电池堆，在阳极催化剂的作用下解离为质子和电子。质子通过质子交换膜到达阴极，电子则通过外电路流过负载到达阴极。在阴极,氧气与质子和电子结合生成水,同时释放出电能和热能。供风系统为阴极提供氧气,热管理系统则负责将产生的热量带走,维持燃料电池堆的正常工作温度。能量管理系统监控整个系统的能量流动,确保电能的合理分配和使用。

(3)系统优缺点

★优点:发电效率高——燃料电池直接将化学能转化为电能,不受卡诺循环限制,电效率一般可达50%以上,热电联产时系统效率可达85%以上。噪声低——燃料电池结构简单,没有移动部件,噪声主要来自辅助设备,对船上人员影响较小。近似零排放——以氢气为燃料时,CO_2 排放量较内燃机减少40%以上,且几乎不排放氮和硫的氧化物。燃料多样性——只要含有氢原子的物质都可以作为燃料,如天然气、氢气、酒精、甲醇等,符合能源多样化需求。维护成本低——燃料电池操作简单,无须润滑油,运行和维护成本低于柴油发动机。

★缺点:系统复杂性高——燃料电池系统涉及多个子系统,如供氢系统、供风系统、热管理系统等,系统集成和管理较为复杂。成本高——燃料电池堆及其相关设备成本较高,尤其是高性能的质子交换膜、催化剂等关键材料。安全性要求高——氢气的储存和使用需要高度的安全措施,以防止泄漏和爆炸等事故。技术成熟度有待提高——虽然燃料电池技术在不断进步,但在船舶领域的应用仍处于发展阶段,需要进一步提高可靠性和耐久性。

6. 新能源电力推进系统展望

综上所述,新能源船舶动力系统以清洁能源替代传统化石燃料,通过能量高效转换与智能控制技术驱动船舶运行,是航运业迈向零碳化的核心技术路径。其核心原理可分为三大模块。

能源供给:以锂电池、氢燃料电池、氨燃料发动机、风能/太阳能等为核心供能单元。例如锂电池通过化学能-电能转化驱动电机;氢燃料电池通过氢氧电化学反应发电,仅排放水;混合动力系统则整合多种能源,实现多场景协同供能。

动力驱动:电能经电力推进系统(如永磁电机、吊舱推进器)转化为机械能,相比传统柴油机,具备效率高(>90%)、调速灵活、低振动等优势。部分系统通过燃料电池与超级电容组合,实现瞬时功率补偿,保障动力稳定性。

智能控制:基于数字孪生与AI算法,实时优化能源分配。例如,在低负载时切换至储能模块供电,高负载时启动燃料电池补能;同时集成能量回收技术,将制动或波浪能转化为电能存储,综合能效提升20%~40%。

未来,随着固态电池、绿氢制备等技术的突破,船舶动力将加速向"零排放、高自主"演进,重塑全球航运业生态。

任务实施

为了贯彻实施“绿色航运”发展理念，助力“双碳目标”的达成，根据案例船设计任务书，对本案例船的动力系统进行绿色化改造。请大家根据新能源电力推进船舶电站的相关知识，为案例船进行新能源动力系统规划。

步骤一：认识新能源电力推进系统

（1）列举船舶新能源装置的种类，并说明其应用场景

锂电池：磷酸铁锂电池、__________________、__________________等。 应用场景： 氢燃料电池： 应用场景： 氨能： 应用场景： 光伏能： 应用场景： 风能： 应用场景：

（2）认识串联式混合动力电力推进系统

★列写图 11.1.12 中各部分名称。

（1）______________________________；（2）______________________________；

（3）______________________________；（4）______________________________；

（5）______________________________；（6）______________________________。

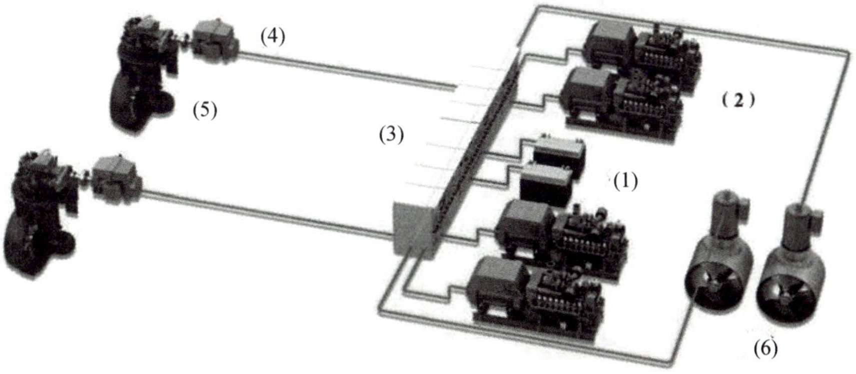

图 11.1.12 柴油发电机+锂电池串联式混合动力系统

★列举系统的工作模式。

★绘制各工作模式的能量流图。参考表 11.1.1 所示工况,在图 11.1.13 中绘制。

表 11.1.1　串联式混合动力系统工作模式

动力系统	工况	动力来源	电力来源	特点
串联式混合动力系统	停泊工况		岸电系统	直蔬岸电通过直流配电柜给动力电池充电;同时为日用负载供电
	航行工况	电动机	动力电油	柴油发电机组停止供能;零排放
	作业工况	电动机	柴油发电机组 动力电池	柴油发电机组根据负载情况变转速运行,有效解决因负荷突变引起的冒黑烟问题,系统效率提升,碳排放减少;根据实际需求投入电池系统,起到削峰填谷,节能减排作用
纯电池动力系统	停泊工况		岸电系统	直流岸电通过直流配电柜给动力电池充电;同时为日用负载供电
	航行工况	电动机	动力电池 储能系统	零排放

(3)认识并联式混合动力系统

★列写图 11.1.14 中各部分名称。

(1)________________________;

(2)________________________;

(3)________________________;

(4)________________________;

(5)________________________;

(6)________________________;

(7)________________________。

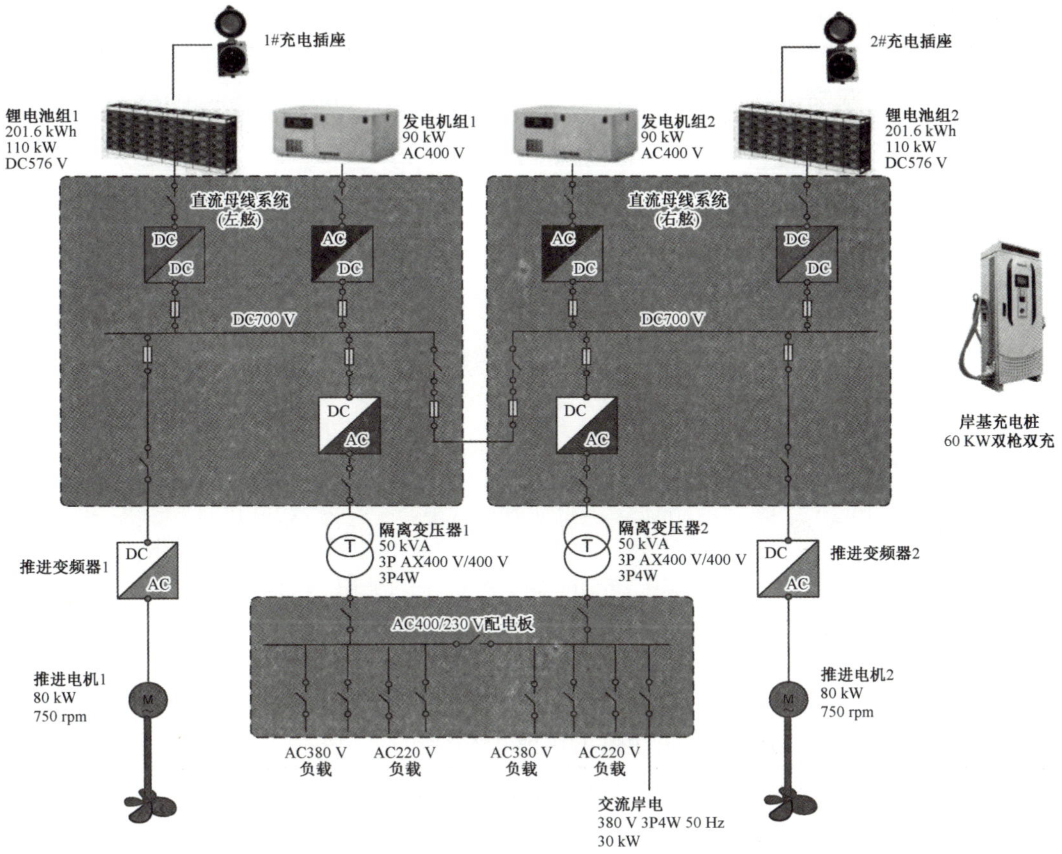

图 11.1.13　串联式混合动力电力推进系统单线图

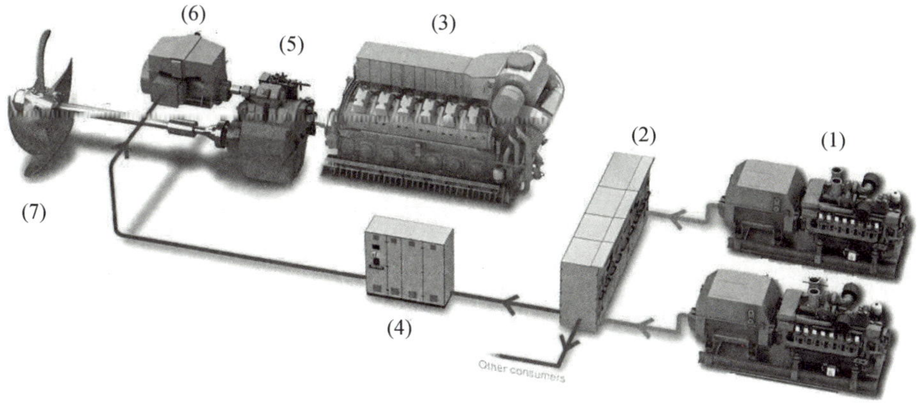

图 11.1.14　柴油机+可逆电机并联式混合动力系统

★列举系统的工作模式。

图 11.1.14 中标注的能量流是什么工作模式？______

★绘制各工作模式的能量流图。（在图 11.1.15 中绘制）

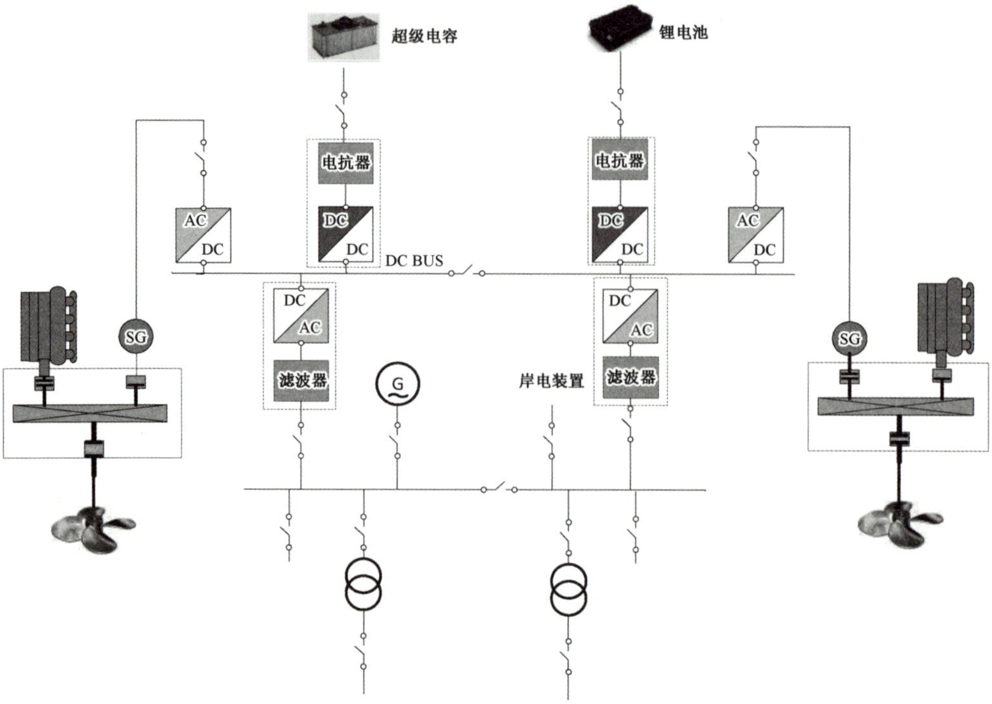

图 11.1.15　并联式混合动力系统单线图

步骤二：梳理案例船使用要求

(1)案例船使用功能：航区(　　)、续航力(　　)______________________________。

(2)案例船使用工况：低速航行时间长？(　　)排放控制区？(　　)______________________________。

(3)申请附加标志符号名称：______________________________。

(4)案例船适用“规范”“法规”对选定新能源电力推进系统要求。

表 11.1.2　案例船新能源电力推进系统要求

序号	“规范”或“法规”名称	附加标志符号	系统要求

步骤三：规划案例船新能源动力系统框架

根据步骤二对案例船使用功能和相关新能源动力“规范”“法规”的梳理，规划本案例船进行新能源动力系统框架。

(1)规划新能源动力系统功能

环保方面： 节能方面： 智能化方面：

(2)规划新能源动力系统组成

____

____

______________________________。

(3)参照图 11.1.3，规划案例船新能源动力系统种类：

★直流组网(　　)/交流组网(　　)，原因：______________________________

______________________________。

★纯电动力(　　)/混合动力(　　)/燃料电池动力(　　)，原因：______________________________

______________________________。

(4)规划案例船动力源种类,包含:____

____。

(5)规划案例船结构形式

★集中式(　　)/分布式(　　),原因:________________________________

____。

★若选择混合动力系统,则结构形式:

串联式(　　)/并联式(　　)/混联式(　　)

原因:____

____。

(6)参照图 11.1.5~图 11.1.15,绘制案例船新能源动力系统框架图

步骤四:规划案例船新能源动力系统参数

(1)电压等级

★直流组网——共直流母线电压等级:____________;推进电机额定电压____________;动力源设备(电池等)额定电压________________________。

★交流组网——交流电网电压等级:____________;推进电机额定电压____________;动力源设备(发电机等)额定电压____________________。

(2)动力源容量选择

对“步骤三”中选择的各动力源种类,分别进行容量选择。

★锂电池容量:____。

提示:对于纯锂电池动力的船舶,根据船舶续航力和推进功率进行计算,并保留 20%的裕量。

★结合负载电压、电制等参数,确定锂电池组的串并联结构、分组以及输出电压范围。

★____

____

____。

(3)推进电机参数选择

根据新能源动力系统推进设备的配置情况,结合船舶推进功率需求,选择船舶推进电机、推进主机等推进装置的参数。

(4)电力变换模块参数选择

根据新能源电力推进系统的动力源、推进电机等配置情况,选择各电力变换模块参数。

步骤五:绘制案例船新能源电力推进系统单线图

根据《新能源电力推进系统单线图》样图,结合上述规划方案,绘制本案例船新能源电力推进系统单线图。

任务评价

任务完成情况评价标准及评分见表 11.1.3,任务总结反思见表 11.1.4。

表 11.1.3 任务评价表

评价类型	赋分	评价指标	分值	得分		
				自评	组评	师评
职业能力	50	列举船舶新能源装置的种类,并说明其应用场景	5			
		认识串联式混合动力电力推进系统	5			
		认识并联式混合动力系统	5			
		梳理案例船使用要求	5			
		规划案例船新能源动力系统框架	10			
		规划案例船新能源动力系统参数	10			
		绘制案例船新能源电力推进系统单线图	10			
职业素养	30	协作互助、解决问题	15			
		规范意识	15			
劳动素养	10	坚持出勤、遵守纪律	5			
		报告完整、工位整洁	5			
思政素养	10	工程思维,可持续发展理念	5			
		绿色环保意识	5			

表 11.1.4 总结反思

目标达成: 知识☆☆☆☆☆ 技能☆☆☆☆☆ 素养☆☆☆☆☆	
学习收获:	教师寄语:
问题反思:	

课后任务

1. 问答与讨论

(1)讨论说明发展新能源电力推进系统的意义。

(2)查阅资料,对比说明直流组网电力推进系统和交流组网电力推进系统的区别及优缺点。

(3)复述并联式混合动力系统的工作模式及典型应用场景。

2. 巩固与提高

(1)现拟新建一艘航行于长江流域重庆至武汉航线的游轮,请为船舶规划合适的新能源动力系统,并论述理由。

(2)现连云港港口集团拟新建一艘用于连云港港口内使用的港作拖轮,请为船舶规划合适的新能源动力系统,并论述理由。

(3)现拟新建一艘远洋科学考察船,船舶在进行科考作业时需要以 2 kn 的航速低速航行,请为船舶规划合适的新能源动力系统,并论述理由。

任务 11.2　纯电池电力推进船舶电站调试操作

任务引入

纯电池电力推进船舶电站的应用

在全球航运业加速绿色转型的浪潮下,纯电池电力推进技术凭借零排放、低噪音的显著优势,成为船舶动力革新的重要方向。纯电池电力推进船舶电站的稳定运行,不仅依赖于科学的系统设计,更需要精准高效的调试操作。锂电池系统如何实现能量的安全管控?充逆变一体机与推进控制系统又怎样协同运作?从系统的手动调试到自动优化,从机旁操作到远程控制,每个环节都关乎船舶航行的安全性与可靠性。本任务将深入剖析纯电池电力推进船舶电站的核心组件与工作原理,并通过实践操作掌握系统调试与维护的关键技能,为推动船舶动力的绿色化发展夯实技术基础。

任务描述

(1)认知纯电池动力电力推进系统:学习纯电池动力电力推进系统的形式、组成及工作模式,掌握其在船舶运行中的基础架构与运行逻辑,为后续调试操作奠定理论基础;

(2)掌握核心组件原理与功能:深入了解锂电池系统(模组、BMS)、充逆变一体机、推进控制系统(功能、组成、关键技术)的工作原理与特性,明确各组件在船舶电站中的功能及相互协作关系;

(3)开展调试与维护实践:通过任务实施,完成纯电池电力推进船舶系统手动操作、自动操作、推进机旁操作、推进遥控操作,并掌握系统维护保养方法,确保船舶电站安全、稳定运行。

学习目标

知识目标:

(1)掌握纯电池动力电力推进系统的形式、组成及工作模式,明晰了解其运行原理与内在逻辑;

(2)理解锂电池系统中模组构造及电池管理系统(BMS)的功能与工作机制,熟悉锂电池系统特性;

(3)熟悉充逆变一体机的工作原理与技术特点,了解其在船舶电站中的作用;

(4)了解推进控制系统的功能、组成与关键技术,把握其对船舶推进的控制原理。

技能目标:

(1)能够熟练进行纯电池电力推进船舶系统的手动操作、自动操作,准确执行不同操作模式下的控制指令;

(2)掌握推进机旁操作与遥控操作的流程与方法,实现安全、精准的推进控制;

(3)具备对纯电池电力推进船舶系统进行日常维护保养的能力,能及时发现潜在问题并采取有效措施。

育人目标:

(1)培养严谨细致、安全规范的操作习惯,在船舶电站调试操作中树立高度的责任意识;

(2)增强团队协作精神,在系统调试与维护过程中提升沟通与配合能力。

知识准备

本任务选取一型典型的纯电池动力电力推进船舶(图 11.2.1),对纯电池动力电力推进系统进行调试操作。本板块主要介绍案例船纯电池动力电力推进系统各部分的基本参数及功能。

1. 纯电池动力电力推进系统概述

(1)系统形式

纯电池动力电力推进系统根据电池组网的结构形式不同,分为集中式和分布式。

集中式组网(图 11.1.5)采用共直流母线系统,锂电池组通过 DC/DC 变流器统一接入公共直流母线,为全船推进及日用负载提供电能。集中式组网一般用于大容量的电池系统,直流母线系统价格较高,且设备尺寸较大,小型游船难以安装布置。分布式组网形式(图 11.1.6)的电池系统设计为 2 套及以上相互独立的结构,每一套电池系统独立驱动相应的推进系统。分布式组网一般应用于电池容量小于 1 000 kWh 的内河小型游船。

因此,案例船采用了分布式电池组网型式的纯电池动力电力推进系统。

图 11.2.1　东湖游船

(2)系统组成

分布式纯电池电力推进系统包含的设备有锂电池系统、充电逆变一体机、推进控制系统、推进变频器及推进电机等,具体配置情况如表 11.2.1 所示。

表 11.2.1　锂电动力推进系统配置表

设备名称	主要技术参数
锂电池系统	总容量:483.84 kWh 分组:2 组 单组容量:241.92 kWh 额定电压:DC 691.2 V
充电逆变一体机	额定功率:45 kW 数量:2 台 输入/输出电压:AC 380 V/DC 550~750 V
推进控制系统	控制位置:驾控台+机旁
推进变频器	额定容量:45 kVA 输入电压范围:DC 550~750 V 输出电压范围:AC 380 V+10%　50 Hz
推进电机	类型:变频调速三相永磁同步电机 功率:18.5 kW 电压:AC 380 V 转速:750 r/min

(3)系统工作模式

系统的拓扑结构单线图如图 11.2.2 所示,具有供电和充电工作模式。

供电模式:一般用于船舶航行或临时停泊工况。1#锂电池组通过 1#高压箱为 1 号推进电机供电驱动螺旋桨,同时通过充逆变一体机,将直流电转换为交流电向船舶交流配电板供电，为船舶日用交流负载提供电能。1#和2#锂电池组供电系统相互独立，2#锂电池组供电系统供电模式与1#锂电池组相同。

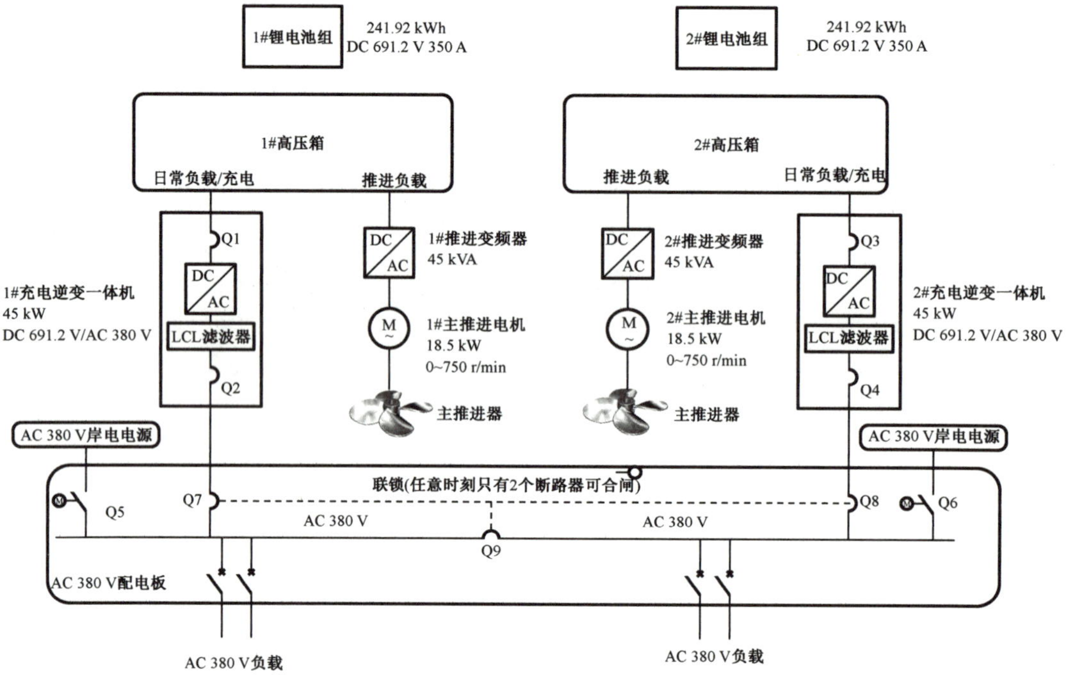

图 11.2.2　纯电池动力电力推进系统拓扑结构单线图

充电模式：一般用于停泊接岸电工况。岸电接入交流配电板，为船舶日用负载供电的同时，通过充逆变一体机将交流电转换为直流电，为锂电池充电。

2. 锂电池系统

锂电池系统一般锂电池模组及BMS组成。

（1）锂电池模组

锂电池的电芯或单体选择至关重要，其直接影响锂电池系统的串并联结构及电压。一般根据电池系统的总容量和电压平台要求选择合适的电芯。本案例船采用磷酸铁锂电池作为动力能源，选择单体标称电压为DC 3.2 V，标称容量为105 Ah。

锂电池组系统额定电压DC 691.2 V，供电电压583.2~745.2 V，电池组共36箱，电池总容量为483.84 kWh，平均分为2组。电池组由若干个蓄电池包与高压箱及若干线束组成。蓄电池由若干个蓄电池模块组成，蓄电池模块又由若干个蓄电池单体组成。充电时，直流母线系统开启并连接到高压箱，高压箱开启后与直流母线系统进行通信并发送充电指令，直流母线系统接收到指令后根据高压箱反馈的电流对该电池组进行充电。电池组通过高压箱进行放电。

（2）BMS

★功能：在锂电动力系统中，BMS是电控系统的重要组成部分，BMS通过CAN总线与推进控制系统、直流母线系统进行通信，对电池系统进行安全、可靠、高效的管理。推进控制系统通过CAN总线读取电池组数据（电压、温度、电流等），通过直流母线系统控制电机，并将数据显示在触摸屏上，同时通过BMS与直流母线系统的通信实现智能充电控制。

表 11.2.2　BMS 系统主要功能表

监测参数	显示	报警	保护	相应保护动作	监测参数	显示	报警	保护	相应保护动作
单体电压	√	√			过充过放保护		√	√	断开充放电装置
电池串联结构电流	√	√			过高温保护	√	√	√	通风/停机
单体温度	√	√	√	通风/停机	保护故障		√	√	停机
环境温度	√	√			温度检测故障		√	√	停机
电气绝缘电阻	√	√			蓄电池箱、柜通风故障		√		
剩余电池电量(SOC)	√	√			充电故障		√	√	停止充电
电池能量流动监测	√				单体电池高压		√		进行均衡控制
过流保护		√	√	停机	电池单元间的电压不平衡		√	√	停机

★结构:如图 11.2.3 所示,BMS 采用了两级式可拓展主从结构,由一个主控板 BCU 和多个从控板 BMU 共同组成。BCU 和 BMU 之间通过 CAN 总线通信;采用模块化设计,底层采集模块具有多个规格,包括 6 路、12 路、24 路及 36 路电池数据采集通道(每个单体电池具备独立的电压、温度采集和均衡通道)。

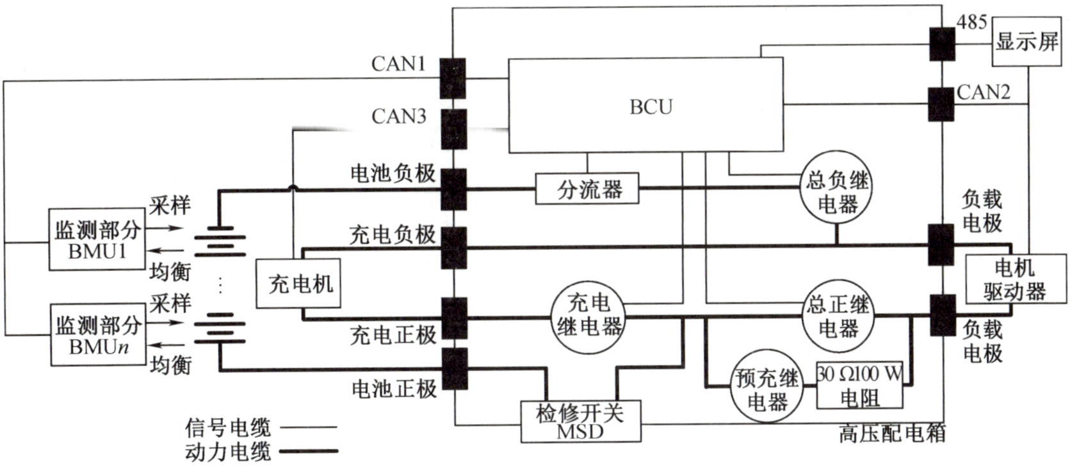

图 11.2.3　BMS 系统的结构

BCU 模块实现总电压测量、总电流测量、绝缘电阻检测以及其他功能(电池 SOC 估计和安全管理),BCU 通过 CAN1 通信总线与级联的多个 BMU 模块进行信息交互,通过 CAN2 通信总线与电机驱动器和显示屏进行信息交换,通过 CAN3 通信总线对充电机进行充电过程控制,485 通信总线为 BCU 与显示器的备用通信接口;BCU 模块通过控制总正继电器、总负继电器、充电继电器,实现对电池组的充放电控制和安全保护管理。一组锂电池组配置 1 个

BCU 模块。

BMU 实现单体电压测量功能、温度的测量功能和电池均衡功能，BMU 模块实现各个通道的电池电压、温度的测量功能和均衡控制功能。一个标准电池箱配置 1 个 BMU 采集模块。

高压配电箱是电池组动力配置中心，包含：BCU 模块、总正继电器、总负继电器、充电继电器、分流器、预充电阻、检修开关 MSD、动力电缆接口、信号电缆接口。

如图 11.2.4 所示，显示屏接收 BCU 上传的电池组信息，对电池组电压、温度、SOC 进行显示、记录和分析；显示及设置电网中的继电器状态、充电机状态、负载状态；显示及设置均衡运行参数。

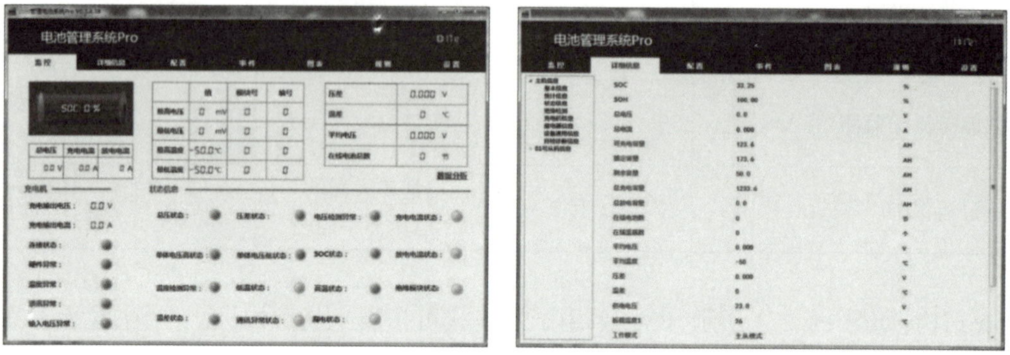

图 11.2.4　BMS 监控显示界面

3. 充逆变一体机

充逆变一体机集充电和逆变供电于一体，具有锂电池充电机和船舶逆变电源的双重功能。船舶正常航行时，充电逆变一体机将电池的直流电逆变为 AC 380V 交流电输出，为全船日用负载供电，每台充电逆变一体机交流侧配置 1 台 LCL 滤波器，以提高电能质量，使其满足规范要求。2 台充电逆变一体机 AC 380V 交流侧不可并联供电。船舶靠岸时，充电逆变一体机接入 380 V 交流岸电，为对应锂电池组充电，充电电流及充电策略由锂电池组 BMS 系统控制。作为双重功能的设备，充电逆变一体机有效节省了安装空间，适用于内河小型游船。

如图 11.2.5 所示，充电模式和逆变电源模式可在本地柜体上切换。

此外，充电逆变一体机的保护功能为：输入欠压、缺相、输出过压、IGBT 过热、IGBT 过流、过温保护、短路限流保护等。

4. 推进控制系统

(1) 系统功能

推进控制系统融合推进器控制系统和电机变频驱动控制系统，同时具有控制和监测保护功能，能控制推进变频器、推进电机等驱动设备，监测推进系统内所有设备的运行状态，并进行相应的保护动作。

图 11.2.5　充逆变一体机实物

一般根据推进器数量，设置与之相同数量的结构独立的推进器控制系统，多套系统之间具备联动操纵功能。如图 11.2.6 所示，每套控制系统控制模式分为驾驶室和机旁控制。驾驶室中控箱设置中央通信转换模块，与主推进电机（简称“主推”）机旁控制箱通过 PROFINET 现场总线网络进行通信，将主推机旁控制箱信号传送至主推驾驶室面板并采集面板上的指令信号发送至主推机旁控制箱。推进器控制系统采用西门子 S7-1200 为控制核心，采用触摸屏为终端设备。

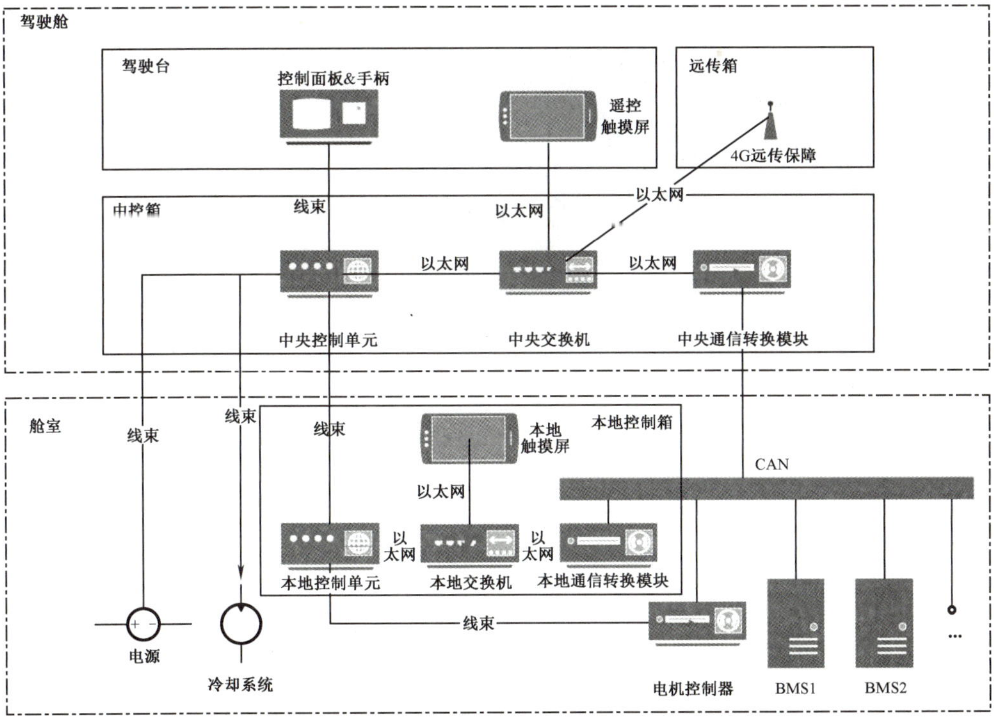

图 11.2.6　推进控制系统结构框架

此外，系统也将与供电系统协调工作，确保推进系统与全船供电系统的安全运行，并且将推进系统运行信号反馈至全船监测报警系统。

综上，推进控制系统的控制功能包括：控制位置切换以及指示；控制模式切换；功率限制；系统监测、运行状态显示与保护；越控、紧急停止；转舵控制；推进控制；连锁功能。

(2)系统组成

驾驶室中控箱：安装在驾控台内部。驾驶室接口板设置 PLC 通信单元，可以与主推机旁控制箱进行通信，将主推机旁控制箱信号传送至主推驾驶室面板并采集面板上的指令信号发送至主推机旁控制箱。

驾控台控制面板：如图 11.2.7 所示，驾控台控制面板主要完成主推进电机的启动、停止操作，转速的随动/非随动控制，并有相应的显示和报警。控制板安装于驾控台台面上，电缆通过接线排从控制面板下端引入。

驾驶室人机界面：如图 11.2.7 所示，驾驶室人机交互界面能显示和记录主推进系统状态和报警，并能根据需求设置主推进系统的过程参数。

机旁控制箱：如图 11.2.8 所示，机旁控制箱内设置与主推进电机、遥控接口板、变频系统的接口，通过 CAN 通信方式连接其他控制站，对主推进电机进行控制操作和运行参数监测。同时，能通过手动模式执行主推进电机的启动、停止、调速等操作。

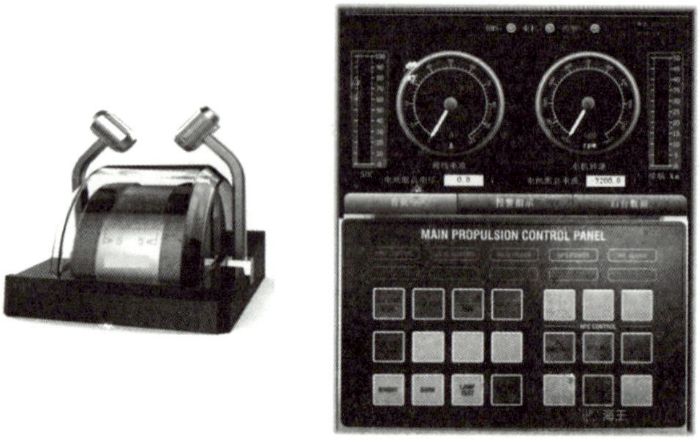

图 11.2.7　驾驶室控制面板

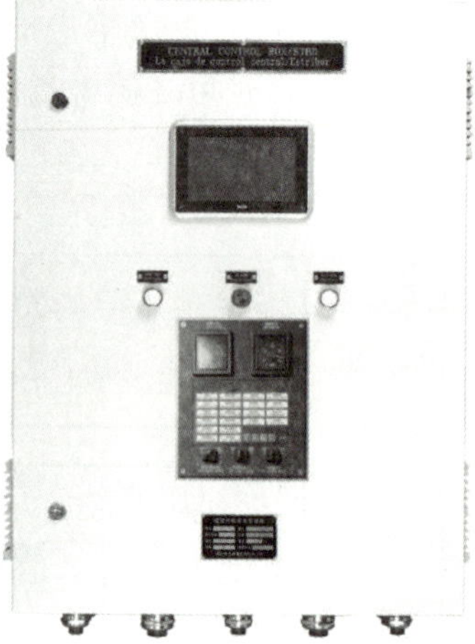

图 11.2.8　机旁控制箱

(3)关键技术

当电网功率裕量不足，为了保证电力系统的供电连续性，需要对推进功率进行限制，从而防止因为过载导致全船失电的情况发生。因此推进控制系统设计了两种工作模式，即速度控制模式及功率控制模式。

速度控制模式：当推进控制系统根据配电系统反馈信号判断电网功率裕量足够时，推进控制系统采用速度控制模式，即遥控手柄推杆给定速度信号，此时推进系统在设定速度运行，主电机转矩随外界负载变化。

功率控制模式：当推进控制系统根据配电系统反馈信号判断当前电网功率裕量不足时，推进控制系统自动转换为功率控制模式，推进控制系统将手柄设定信号转换为功率信号给主推进变频器。在此模式下，为了保障全船电网的正常运行，推进控制系统将限制推进电机的加速度，即限制主推进变频器的加速时间。

任务实施

步骤一：系统手动操作

手动模式适用于PMS失效，完全依靠机旁就地操作，完成系统的运行。

(1)手动模式启动前的准备条件：电池组备妥；控制系统UPS供电正常；若有必要，启动前做好配电设备加热，环境温度和湿度满足运行要求；绝缘监测正常。

(2)系统启动流程

——锂电池组本地启动，电池系统内部开关上电，此时电池组输出直流电。

——在主推机旁控制箱面板上按下启动按钮。

——在充逆变一体机控制面板上选择“放电”模式，并将与低压交流配电板之间的联络开关闭合。

(3)系统停机流程

手动模式下，停机流程与上述“启动流程”相反。

——在主推机旁控制箱面板上按下停机按钮。

——在充逆变一体机控制面板上点击日用逆变“停止”，待运行灯熄灭后，日用逆变停止工作。

——在充逆变一体机控制面板上点击交流低压母排断路器“断开”，待断开指示灯亮后，母排间电气连接中断。

——在电池组本地控制区点击电池停止，电池组下电。

步骤二：系统自动操作

在全自动模式下，综合电力系统除推进电机控制外，均交由PMS自动管理，其主要功能包括：

(1)锂电池组自动投切

当PMS工作在自动模式下，程序根据系统负载情况和电池组优先级自动控制电池组的启动、停止、投入、退出，自动切换供电电池组、推进变频器和日用逆变器。

(2)过负载自动分级卸载

将船上各类负载分级，当故障发生或启动大负载，需对功率进行限制时，先将优先级低的或当时不重要的负载卸载，以保证推进系统的运行。

(3)故障自动恢复

当电池组、母排、推进变频器、日用逆变器、变压器等设备出现故障时，系统自动切换至冗余设备，恢复推进负载和日用负载供电，同时切换至手动模式，并提醒船员尽快处理故障。

步骤三：推进机旁操作

开始推进机旁操作前的准备条件：直流电源供电正常；变配电装置和电机辅助电源供电正常；若有必要，启动前做好变配电装置、电机加热，环境温度和湿度满足运行要求；绝缘监测正常；电机控制模式选择为机旁模式。

(1)电机启动流程

——闭合电机前端接触器；

——点击机旁控制柜“启动”按钮，推进变频器自动进行直流端预充电、闭合前端断路器，闭合后端输出接触器操作，待运行灯亮后，变频器启动完成，观察电机转速表显示为怠速速度；

——在机旁控制柜上“方向”选择开关选择“向前”或“向后”，下发转向指令；

——按下“加速”按钮，电机转速增加，观察电机转速表，达到需求转速后，松开“加速”按钮，电机停止加速；

——按下“减速”按钮，电机转速降低，观察电机转速表，达到需求转速后，松开“减速”按钮，电机停止减速；

——电机运行后需要换向时，先按下“减速”按钮，待电机速度达到怠速后，再选择“方向”开关，切换方向。

(2)电机停机流程

——按下“减速”按钮，将电机速度降低至怠速状态；

——点击“停机”按钮，变频器自动执行下电过程，然后断开前后端接触器；

——断开电机前端接触器。

步骤四：推进遥控操作

(1)启动前的准备条件：直流电源供电正常；变配电装置和电机辅助电源供电正常；若有必要，启动前做好变配电装置、电机加热，环境温度和湿度满足运行要求；绝缘监测正常；电机控制模式选择为遥控模式；

(2)操作流程：当推进电机处于遥控模式时，点击推进遥控面板上的“启动”按钮，系统自动完成推进变频器直流端预充电、相关开关闭合操作，完成启动过程后，遥控面板上对应电机“运行”灯亮，此时可以通过手柄直接控制推进电机的转速和转向；电机推进遥控面板上的“停止”按钮，系自动完成推进变频器停机，对应电机“运行”灯灭。

步骤五：系统的维护保养

(1)锂离子电池维护保养

锂离子电池经过多个循环反复使用后，如果使用不当或者不注意维护保养，会出现容量减少的现象。锂离子电池的使用寿命是关键技术指标，主要从充电电压、放电电压、环境温度、充放电倍率、定期充放电、防止进水、防止连接件松动等几个方面对锂离子电池进行维护保养，具体维护保养项目和内容如表 11.2.3 所示。

表 11.2.3　锂离子电池日常维护列表

维护项目	具体内容
充电电压	当电池在充电时，所设置的电压要低于规定值，锰酸锂电池的充电电压一般设置为 4.15 V，磷酸铁锂电池的充电电压一般设置为 3.6 V
放电电压	当电池所设置的截止电压越低，电池的寿命衰减得越快，因为电池在过放的过程中容易发生极板的老化，进而发生不可逆反应，导致电池容量减小，锰酸锂电池的放电电压一般设置为 3.2 V，磷酸铁锂电池的放电电压一般设置为 2.5 V
环境温度	锂电池所工作的温度环境范围为-20 ℃～55 ℃，温度过高或过低都对锂电池的性能产生不利的影响，当温度在 20 ℃左右的时候，锂动力电池可以发挥出最大的效能。电池系统的最佳存放环境要求：通风、干燥、不受阳光直射、不受雨淋、远离热源

表 11.2.3(续)

维护项目	具体内容
存储要求	电池系统最佳存储 SOC 区间 50%~60%，拔掉 MSD(高压箱上橙色检修开关)
充放电倍率	电池的容量衰减随着电池放电倍率的增大而加快。在锂电池使用过程中，必须对充放电电流进行严格控制，尤其是当充放电电流过大时，将会对电池性能产生严重的影响。
定期充放电	锂电池组在放置不用时，应定期进行充放电操作，以保持电池的化学物质活性，每 30 天，需检查一下电池系统的电量，单体电压小于 3.2 V 时，应及时补电，必须使用符合要求的充电机，一般维护周期为 2 个月
防止进水	必须保持电池舱干燥和良好的通风，杜绝在温差大的时候产生冷凝水；对甲板进行清洁时，杜绝水从甲板地漏进入电池舱
防止连接件松动	定期检查锂电池接线端头的紧固状态，对松动的紧固件进行加固，要求 15 日为一个检查周期

(2)电机的维护保养

对推进电机应按每 30 天位周期进行下列维修保养项目：

——检查电机表面不应有锈蚀、碰伤、划痕，涂覆层不应有脱落，紧固件应连接牢固，引接线或接线端子应完好无损，标志正确、铭牌数据内容清晰无误。

——检查定子绕组与机壳间的绝缘电阻，其值应不低于 50 MΩ，否则电动机必须进行干燥处理，直到绝缘电阻达到规定值为止。

——检查联轴器的螺丝和销子是否紧固，机组转动是否灵活，有无卡位窜动和不正常的声音等。

——发现电机发烫、冒烟、有异味、异响或其他异常时，应立即停止运行，在不拆开电机情况下进行初步判断处理，若属电机问题，则返电机生产厂家进行修理，严禁自行拆开电机。

任务评价

任务完成情况评价标准及评分见表 11.2.4，任务总结反思见表 11.2.5。

表 11.2.4　任务评价表

评价类型	赋分	评价指标	分值	得分		
				自评	组评	师评
职业能力	50	系统手动操作	10			
		系统自动操作	10			
		推进机旁操作	10			
		推进遥控操作	10			
		系统的维护保养	10			

表 11.2.4(续)

评价类型	赋分	评价指标	分值	得分		
				自评	组评	师评
职业素养	30	操作规范、精益求精	10			
		协作互助、解决问题	10			
		灵活应变、举一反三	10			
劳动素养	10	坚持出勤、遵守纪律	5			
		报告完整、工位整洁	5			
思政素养	10	严谨、细致	5			
		安全、规范	5			

表 11.2.5 总结反思

目标达成：知识☆☆☆☆☆ 技能☆☆☆☆☆ 素养☆☆☆☆☆	
学习收获：	教师寄语：
问题反思：	

课后任务

1. 问答与讨论

(1)讨论锂电池维护保养的注意事项。

(2)查阅资料，对比讨论采用集中式和分布式纯电池动力电力推进系统在结构形式和操作维护等方面的区别。

(3)讨论当系统启动前检查锂电池 SOC 为 60%时，应如何操作，以保证系统的安全启动和运行。

2. 巩固与提高

选择一型集中式纯电池动力电力推进系统，按本任务步骤进行系统的调试操作。

任务 11.3　混合动力电力推进船舶电站调试操作

任务引入

在船舶动力绿色化转型的进程中,混合动力电力推进系统凭借其灵活高效、节能环保的特性,成为航运业实现低碳目标的重要技术路径。该系统集成锂电池储能、柴油机组发电与电力传动等多模块协同运作,其稳定运行的关键,在于精准的电站调试与维护。如何确保共直流母线系统稳定供电？功率管理系统怎样实现多动力源的智能调配？不同运行模式间的切换又该如何保障流畅无虞？本任务将深入剖析混合动力电力推进船舶电站的核心架构与工作原理,通过系统调试操作与维护实践,掌握解决复杂动力系统运行问题的关键技能,为推动船舶动力技术革新提供专业支撑。

混合动力推进船舶电站应用　　混合动力推进模式(动画一)　　混合动力推进模式(动画二)

任务描述

(1)掌握混合动力电力推进系统的组成架构、工作模式,熟悉锂电池系统、电力传动子系统、机械传动子系统以及功率管理系统(PMS)、推进控制系统(PCS)、数据采集系统(AMS)的工作原理与功能逻辑。

(2)开展共直流母线系统调试,完成直流配电板开关功能调试、逆变电源空载启停与带载调试、突加突卸调试等操作;进行运行工况效用性调试和模式切换效用性调试,实现柴油机模式与电力推进模式等的稳定切换;完成功率管理系统(PMS)调试,确保动力系统能量高效分配。

(3)掌握共直流母线系统的日常维护保养方法,能够对系统潜在故障隐患进行排查与处理,保障混合动力电力推进船舶电站安全、稳定运行。

学习目标

知识目标:

(1)掌握混合动力电力推进系统的组成架构与工作模式,理解其多动力协同运行机制。

(2)熟悉锂电池系统的组成结构,明晰锂电池组在船舶动力系统中的能量存储与供应原理。

(3)了解电力传动子系统(共直流母线系统、永磁同步电机)、机械传动子系统的工作原理与技术特性。

(4)掌握功率管理系统(PMS)、推进控制系统(PCS)、数据采集系统(AMS)的功能与运行逻辑。

技能目标:

(1)能够独立完成共直流母线系统调试,包括直流配电板开关功能调试、逆变电源启停及带载调试等多种操作。

(2)熟练开展运行工况效用性调试与模式切换效用性调试,确保不同动力模式间的稳定切换。

(3)掌握功率管理系统(PMS)的调试方法,实现对船舶动力系统的高效能量分配与管理。

(4)具备对共直流母线系统进行日常维护保养的能力,及时排查并解决潜在故障隐患。

育人目标:

(1)树立严谨负责的工程态度,在调试操作中严格遵循安全规范与流程。

(2)培养创新思维与问题解决能力,在复杂系统调试中主动探索优化方案。

知识准备

1. 混合动力电力推进系统概述

本任务选取的混合动力电力推进系统如图 11.3.1 所示。

(1)系统组成

如图 11.3.1 和图 11.3.2 所示,混合动力电力推进系统分别由四大子系统——电源子系统、电力传动子系统、控制子系统和机械传动子系统组成。

电源子系统包含锂电池组、柴油发电机组和岸电等电源;电力传动子系统包含共直流母线系统、推进电机、轴带电机(可逆)等;机械传动子系统则为柴油主机及并车齿轮箱、轴系、螺旋桨等;自动控制子系统包含电池管理系统(BMS)、功率管理系统(PMS)、推进控制系统(PCS)及数据采集系统(AMS)。

(2)工作模式

混合动力电力推进系统具备多种运行模式,可适应船舶各种运行工况。

★柴油机模式:船舶仅由主机推进航行,全船由柴油发电机组或锂电池组供电,轴带电机完全断开与并车齿轮箱连接。

传统柴油机直接推进模式下,系统能量转换环节最少,系统可靠性最高,并且从低速加速至高速过程中仅由柴油机直接加速,不存在复杂的驱动模式组合,避免了加速过程中的迟钝。在柴油机模式下,柴油发电机组一用一备,锂电池组作为在网热备冗余电源,一方面可用于吸收柴油发电机组的富裕功率,另一方面在在网柴油发电机组出现故障需要切换运行机组时,可以在机组切换过程中为交流负载提供电源,增强了船舶的供电连续性,提升船舶航行安全性。

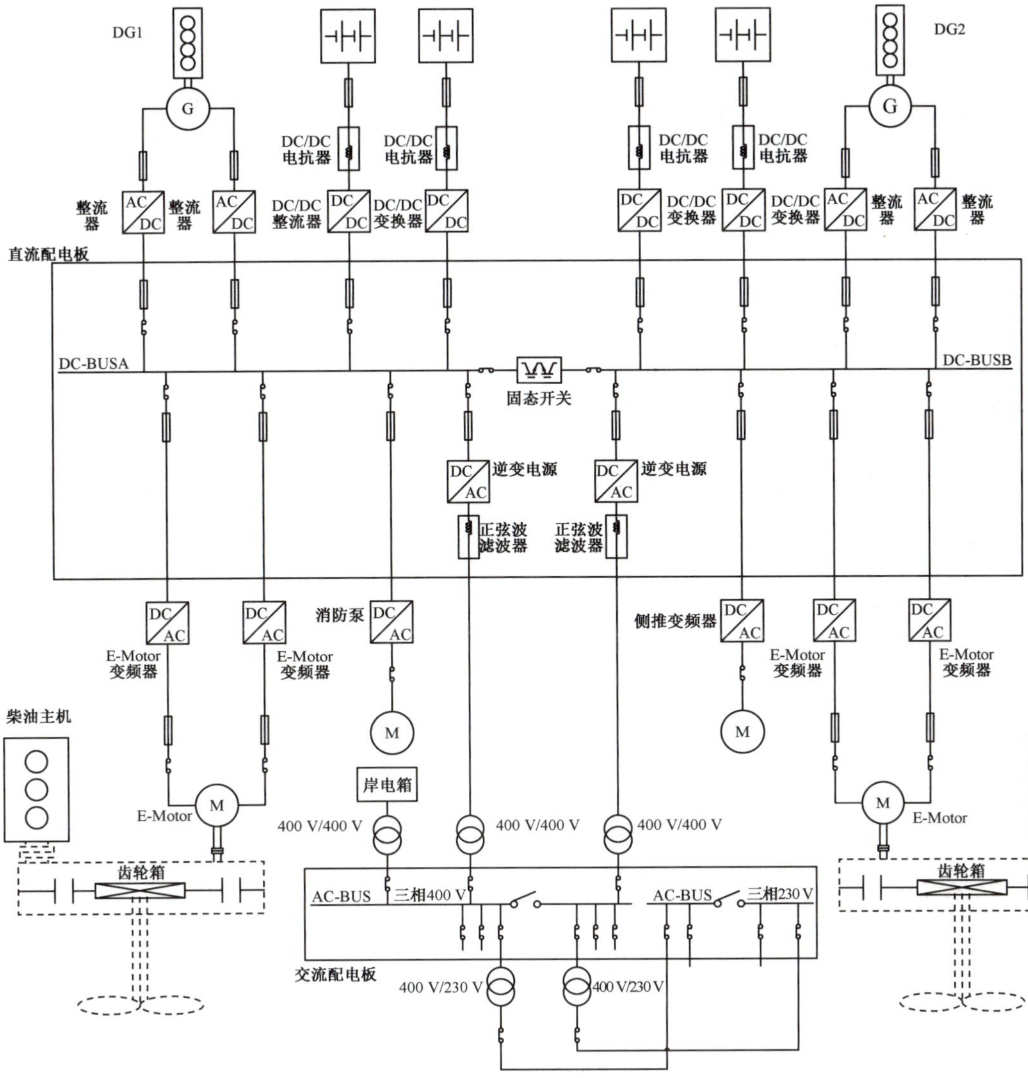

图 11.3.1　典型的混合动力电力推进系统结构图

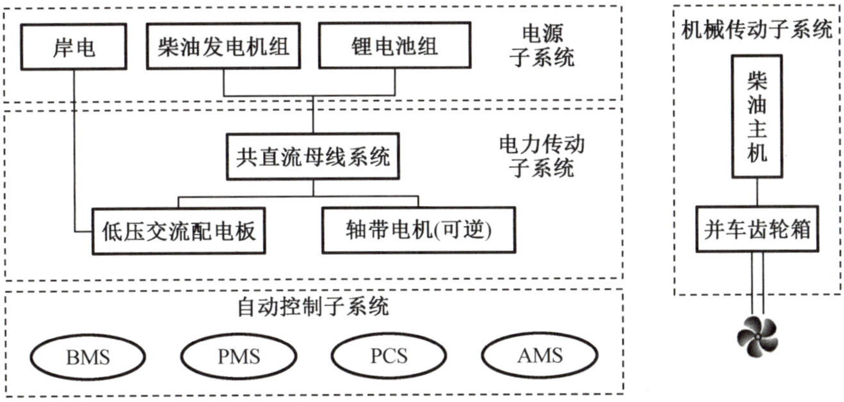

图 11.3.2　混合动力电力推进系统组成

★电力推进模式:船舶仅由轴带电机作为推进电机驱动螺旋桨,全船可由柴油发电机组或(和)锂电池组供电,由 PMS 协调供电。主机完全与传动系统断开。该工况下有三种运行状态:锂电池组供电、柴油发电机组供电、混合供电。

——锂电池组供电:由电池供电提供推进动力,以及供应船舶交流负载用电,此时船舶处于零排放运行模式。一般应用在电池电量充足的情况下。

——柴油发电机组供电:在锂电池电量不足的情况下,系统自动切换至柴油发电机组供给全船用电。PMS 通过船舶全船功率进行机组启停控制。此时,也可控制锂电池吸收单台柴油发电机组富裕功率进行在线充电,充电功率根据当前在网机组负荷率进行限制,确保机组不过载。

——混合供电:船舶全部由柴油发电机组供电,提供推进和船舶交流负荷用电。锂电池在直流电网上处于备用状态,在高速航行时间锂电池组投入运行,与柴油发电机组共同为推进电机供电。

★PTO 模式:船舶仅由主机推进航行,同时齿轮箱 PTO 端合排,驱动轴带电机发电为全船提供电力。PTO 模式下,混合推进系统利用螺旋桨功率曲线与主机额定功率曲线的间隙功率,驱动轴带电机发电,同时可确保主机不会超负荷。

★PTI 模式:船舶由柴油主机和轴带电机(此时为电动机状态)通过并车齿轮箱共同驱动螺旋桨推进船舶航行,全船由柴油发电机组和 ESS 供电(包括向轴带电机供电)。

2. 锂电池系统

整套动力锂电池系统(以下简称电池系统)由 4 个 DC 460.8 V、110 Ah 的电池组组成。

(1)锂电池组组成

如图 11.3.3 所示,1 个电池组由 3 个蓄电池包与高压箱及若干线束组成。蓄电池由若干个蓄电池模块组成,蓄电池模块又由若干个蓄电池单体组成。

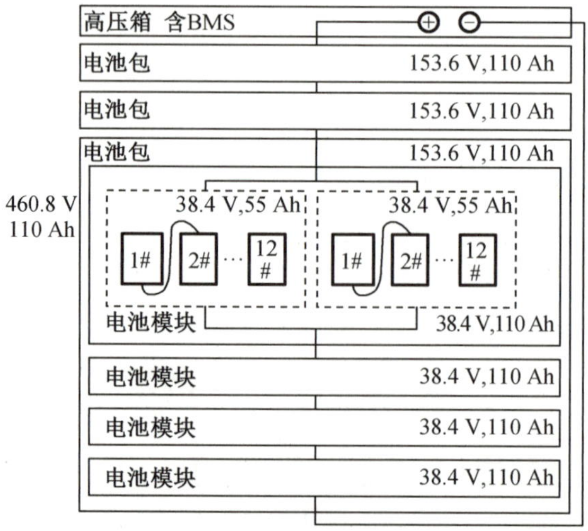

图 11.3.3 锂电池组结构示意图

蓄电池单体(又称为电芯)标称电压为 DC 3.2 V,标称容量为 55 Ah。蓄电池模块将 24 个单体通过铝排进行电气连接,铝排上面安装塑胶绝缘板进行绝缘和防护,电池模块的正负极从长度方向两端引出,构成标称电压为 DC 38.4 V,标称容量为 110 Ah 的蓄电池模块。

蓄电池包由蓄电池模块、从控模块、防护监测模块、箱体及连接线缆组成。每个蓄电池包包含 4 个蓄电池模块，蓄电池模块的标称电压为 DC 153.6 V，标称容量为 110 Ah。蓄电池包安装有电池管理系统从控模块，用以采集其内部多串蓄电池单体电压、内部温度及进行蓄电池单体电量均衡，通过安装在蓄电池包外部的通信接口与电池组管理系统主控模块进行通信。

高压箱安装有维修开关，可在其需要进行断电时安全断开电气连接，维修开关内部安装有保险丝，可在蓄电池包外短路时进行短路保护；蓄电池包安装有电池正负极安装插座，用以电池组的串并联连接，以上各接口均安装在蓄电池包的前端面，方便安装和维修。同时电池管理系统 BMS 也安装于高压箱内，用于监控蓄电池的运行和使用状态，确保蓄电池组和系统的安全使用。

(2) 锂电池组系统功能

电池系统包含 1 套独立的电池组，电池组连接到高压配电箱，通过直流配电系统通信与管理电池系统充放电。

充电功能：充电时，直流母线系统开启并连接到高压箱，高压箱开启后与直流母线系统进行通信并发送充电指令，直流母线系统接收到指令后根据高压箱反馈的电流对该电池组进行充电。

放电功能：电池组通过高压箱进行放电。

3. 电力传动子系统设备

(1) 共直流母线系统

本案例船直流配电系统采用双母线形式，两段直流母线之间设置母联固态开关。变流器采用共直流母线形式，通过两组直流配电板将各变流器连接成网，同时直流配电板提供系统绝缘检测、短路保护、支路直流侧电流及母线电压测量仪。

共直流母线控制柜由控制屏、发电机 G1 屏、锂电池 B1/B2 屏、主推 M2 屏、日用负载 T2 屏、轴带发电机 SG1 屏、主推 M1 屏、日用负载 T1 屏、发电机 G2、锂电池 B3/B4 屏等。

图 11.3.4　共直流母线控制柜外形图

控制屏面板上安装系统控制触摸屏、报警装置及电源指示灯，内部安装系统控制器，是整个系统的控制中心。其他各屏均配备电力变换装置将各电源装置变换为统一的直流电，以及将直流母线电能转换为交流电驱动推进电机，同时包含对电源和推进电机的监视、测量和控制功能。

(2)推进电机(永磁同步电机)

系统配备2台额定功率为200 kW的船用变频调速三相永磁同步电动机,如图11.3.5所示。电机工作制为S1、变频器驱动方式,额定电压AC 380 V、额定电流350 A、额定频率150 Hz、额定转速1 500 r/min、调速范围0~1 500 r/min、温升等级F、绝缘等级H、防护等级IP55、额定效率92%、额定功率因数0.87、过载能力为每10 min允许110%过载1 min、最大环境温度50 ℃。

冷却方式为淡水(添加防冻剂)直接水冷;冷却水进、出口带法兰(包括配对法兰,材质为钢质,可焊接);管径DN25安装形式为卧式安装、滚动轴承,旋转方向CW/CCW。

图11.3.5 200 kW推进电机(永磁同步电机)外形图

4. 机械传动子系统

机械传动子系统包括柴油主机、并车齿轮箱及轴系、离合器、铸铁平台等。

(1)柴油主机

系统采用一套模拟主机变频器和1台160 kW永磁同步电机来模拟常规柴油机输出动力,通过齿轮箱、轴系等传动装置驱动螺旋桨。

(2)并车齿轮箱

并车齿轮箱形式为两进一出(自带电动滑油泵),输入端为柴油主机及轴带电机,输出端为推进电机。

变速比为1:1,额定输入转速为1 500 r/min,额定输出转速为1 500 r/min,冷却方式为水冷,工作模式有PTI、PTO、PTH三种。

图11.3.6 齿轮型外形图

(3)离合器

系统在轴系与各电机连接处均设置了离合器,可通过各离合器的不同开闭状态组合,变换不同的推进模式。离合器采用湿式液压多片,额定传递扭矩为 3 200 N·m,工作压力为 1.1~1.3 MPa,采用电液式 DC 24 V 控制形式,接排时间≤5 s。

5. 功率管理系统 PMS

(1)系统功能

PMS 采用基于工业 PC 和 PLC 的控制器组成,通过以太网进行组网,根据功率的需求对电池组、发电机组、逆变电源及轴带电机进行启动、停止、并网、负载分配控制;对电源设备进行故障报警和处理,为推进系统和其他用电设备提供可靠、稳定及优化配置的电力能源。PMS 系统负责整套系统的能源综合协调,其具体功能如下:

★系统自检:功率管理系统上电后会对硬件、软件进行自检,自检通过后即可进行操作。

★状态管理:状态管理功能是对电源设备进行状态监测、管理,并对电源设备运行时间等参数进行记录,对电源设备运行中所出现的状态,可进行实时监测、查询。

★电源控制:根据用电需求、使用策略、机组状态信息和工况等,对发电机组、锂电池组、轴带电机以及逆变电源完成启动、并网、解列、停机及功率分配等各项操作。

(2)工作模式

功率管理系统设置有“自动模式”和“手动模式”两种模式,模式选择开关设置在直流配电板板前。

★手动模式:通常用于调试以及 PMS 的自动模式无法正常工作的工况。机组、电池、E-Motor、逆变电源等电源设备的启动、并网、解列、负载转移分配、停机在直流配电板板前操作,并根据混合动力系统当前所处的模式对电源设备提出增减电源设备建议。

★自动模式:功率管理系统根据混合动力系统当前的运行模式以及负载的功率需求,对电源设备进行自动管理,自动管理包括电源设备的自动启动、自动并网、自动解列、自动停机、故障自动增减电源设备、功率增减电源设备、黑船启动、重载问询等。

(3)控制内容

★优先级管理

对待并电源设备、待停电源设备的并网及解列顺序进行分级排序,在增电源设备命令或减电源设备命令发出时,根据当前电站需求,依照优先级顺序逐次将待并电源设备并网或卸载待停电源设备,直至完成增电源设备或减电源设备程序。

★负荷分配

功率管理系统控制器可对在网电源设备发出调节指令,使电源设备按照所处运行模式的控制策略进行负荷分配。

★功率增减电源设备

基于当前消耗功率超过阈值设定上限或低于设定量下限一段时间内,对电源设备发送启停、并网、解列信号,从而保证船舶电站及负载设备安全稳定运行,同时降低能耗,实现经济运行。

★故障增减电源设备

故障增减电源设备是当某台电源设备发生故障时,控制故障电源设备停机及投入备用电源。

★黑船启动

在黑船(全船失电)情况下,控制电源设备通过竞争性启动并投网使用,在短时间内恢复船舶电能供应。在黑船启动功能触发后,向所有电源设备发送启动信号,电源设备进行竞争性启动,首台电源设备并网成功后,其余电源设备的投网逻辑调用故障增减电源设备和功率增减电源设备模块逻辑进行控制。

★功率限制

当船舶航行在电力推进模式下时,电站的最大负载是推进负载,为确保全船供电能力始终大于实际负载,可对推进功率进行实时限制。功率限制的情形主要为基于电源设备负荷率的动态功率限制、基于母联开关电流大小和方向的动态功率限制、基于电源设备故障的快速功率限制。

★重载问询

重载问询功能是在需要启动重载设备时发出重载问询信号,若当前功率不足,则根据优先级启动备用电源设备;若功率富余,则发出重载设备的启动允许信号,启动重载设备。

★分级卸载

当电源设备过载时,根据各类负载的重要性分级,分级进行卸载,保护电站可靠供电及稳定运行。

6. 推进控制系统 PCS

(1)系统功能及组成

系统对每套推进驱动设备(包括推进变频器、推进电机)进行控制,监测推进系统内所有设备(包括推进变频器、推进电机、齿轮箱、轴及附属装置)的运行状态,并进行相应的保护动作。同时,PCS 系统与 PMS 协调工作,确保推进系统与功率管理系统的安全运行,并且将推进系统运行信号反馈至数采系统(AMS)。两套主推进控制系统为互相独立的控制系统,每套系统设计有备用控制模式,在随动系统故障情况下,可以快速选择使用备用非随动控制通过控制台面板上的加速、减速按钮对推进电机进行控制。

混合动力系统在驾驶室设置有操作面板,如图 11.3.7 所示。驾驶室操作面板设置有电站的主要运行状态指示、轴带电机以及柴油主机的运行状态指示、离合器的状态指示、尾轴转速指示、模式选择按钮、系统启动按钮、系统应急控制及紧急控制按钮、操作手柄等。

系统的功能包括试灯调光、控制位置切换、多模式推进电机控制、推进电机启/停/急停、主推进系统安全保护和电力推进系统保护。

(2)主推进系统安全保护

★主电机急停。主电机紧急停止护罩型带灯自锁按钮,按下后主电机无条件停车,同时指示灯常亮,由于是自锁按钮,在急停情况下无法再次启动主电机,需对按钮进行复位。在机旁控制箱和控制室面板均设有主电机急停按钮。

★主电机安全停车。主电机安全停车触发条件为电机参数(绕组温度、轴承温度、漏液、冷却系统等)和推进轴系(轴承温度、密封状态等)参数超过阈值,系统在执行安全停车前,会预报警。若在规定时间内(6 s)按下“故障停车越控”按钮,则停车越控生效。当安全停车状态被激活,主电机自动停车。

★主电机故障降速。主电机故障降速触发条件为主推进电机绕组温度偏高、主推进电机轴承温度偏高、电站的负荷率偏高等。系统在执行主电机故障降速前,会预报警。若在规定时间内(6 s)按下“故障降负荷越控”按钮,则降负荷越控生效。当降负荷状态激活时,主电机负荷将自动被限制在 40%以内。

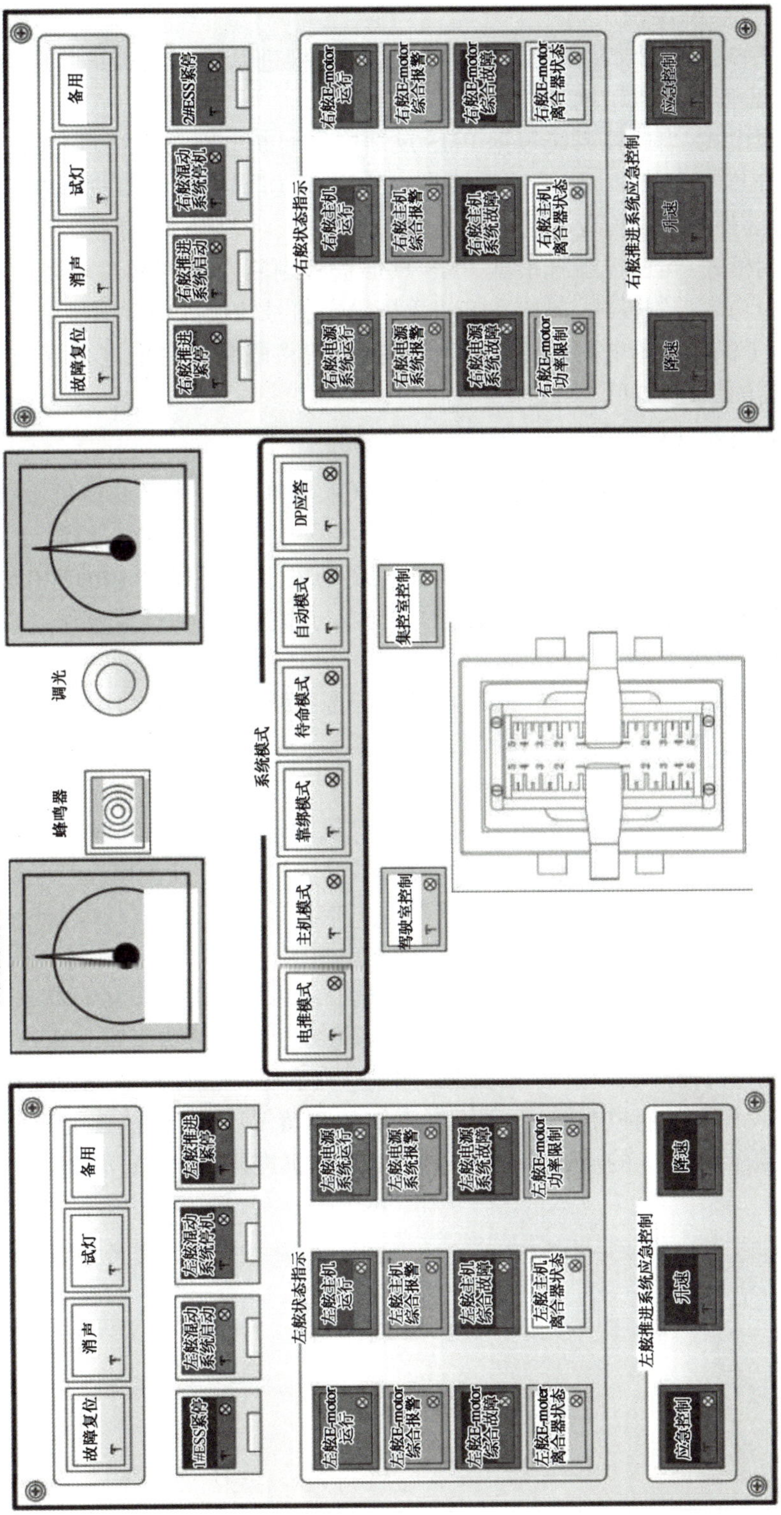

图 11.3.7　驾驶室操作面板

★主电机急停实现。在接收到主电机急停的命令信号后,主推进电机将以最快速度将转速降为零,主推进电机将在瞬时发电运行,从而以电气制动的模式降低推进电机转速。

(3)电力推进系统保护

当船舶电站容量负荷率超出设定值时,系统将对推进系统的负荷进行限制。根据此规则,电力推进变频器采用以下两种控制模式。

★速度控制模式:当遥控系统根据 PMS 反馈信号判断电网功率裕量足够时,推进遥控系统采用正常速度控制模式,即遥控手柄推杆给定速度信号,此时推进系统在设定速度运行,主电机转矩随外界负载变化。

★功率控制模式:当遥控系统根据 PMS 反馈信号判断当前电网功率裕量不足时,遥控系统自动转换为功率控制模式,遥控系统将手柄设定信号转换为功率信号给主推进变频器。在此模式下,为了保障全船电网的正常运行,遥控系统将限制两台推进系统的加速度,即限制主推进变频器的加速时间。

7. 数据采集系统 AMS

数据采集监控系统由主采集控制器、现场数据采集单元、以太网交换机、通信网关、工业计算机、打印机、UPS 和大屏幕显示单元等组成,主采集控制器安装在控制台内,现场数据采集箱分布在各采集单元内。主采集控制器与现场采集单元通过 PROFIBUS/NET/CAN/RS485 等通信总线连接,实现数据的采集,主控制器与通信网关和计算机通过以太网交换机连接,实现对设备的状态监测与显示。

数据采集与设备监控系统对柴油发电机组、配电系统、驱动系统、电池管理系统、推进控制系统等设备的状态信号进行采集、处理、传输、报警、显示、必要的安全保护控制和遥控控制功能。

系统主要采集、监控发电机组中柴油机和发电机的运转状态,如柴油机的转速、各缸的温度、滑油压力、温度,冷却水压力、温度,发电机组的绕组温度、轴承温度、空气温度;配电系统各供电设备的电压、电流、功率等数据,以及各负载开关的状态、负载设备的电流、功率等数据;各变频器的运行数据及电池的电压、电流和电量等参数。

系统对每套推进驱动设备进行控制,监测推进系统内所有设备的运行状态,并进行相应的保护动作。同时,PCS 系统与 PMS 协调工作,确保推进系统与功率管理系统的安全运行,并且将推进系统运行信号反馈至数采系统(AMS)。两套主推进控制系统为互相独立的控制系统,每套系统设计有备用控制模式,在随动系统故障情况下,可以快速选择使用备用非随动控制,通过控制台面板上的加速、减速按钮对推进电机进行控制。

任务实施

步骤一：共直流母线系统调试操作

(1)直流配电板开关功能调试

试验方法：在直流配电板上完成所有电源支路和负载支路检修开关和母联隔离开关的操作。

合格判据：开关动作正常，显示正确。

(2)逆变电源空载启停调试

试验方法：在触控屏上对逆变电源进行启动、停机等控制，记录隔离变压器副边空载电压和频率。

合格判据：逆变电源能够正常完成启动和停机，过程中无保护动作或故障发生。隔离变压器副边空载电压在400 V(−10%~6%)，频率在50 Hz(−5%~5%)。

(3)逆变电源带载调试

试验方法：启动逆变电源，调节负载从空载递增到逆变电源额定功率。记录逆变电源输出电压、电流、频率、功率、组件温度等运行参数。

表11.3.1 逆变电源带载试验调试方法

工况	左日用负载负荷/%	右日用负载负荷/%	试验时间/min
1	25	25	10
2	50	50	10
3	75	75	10
4	100	100	60

合格判据：检查逆变电源输出频率为额定频率，频率波动率<5%；从空载到满载稳定频率变化率不大于额定频率的5%；稳态电压变化值在额定电压的±2.5%以内。

(4)逆变电源突加、突卸调试

试验方法：按35%—70%—100%突加负载，记录逆变电源输出电压的变化和稳定时间；做100%—0%突卸试验，记录逆变电源输出电压的变化和稳定时间；

合格判据：突加突卸负载时，其瞬时频率变化率不大于额定频率的10%；稳定时间不超过5 s。突加突卸负载时，其瞬态电压变化值应不超过额定电压的−15%~+15%；而电压恢复到与最后稳定值相差3%以内所需的时间应不超过1.5 s。

(5)柴油发电机组与锂电池组手动并联调试

通过PMS触控屏的操作界面进行机组和电池的手动并联。

试验方法：在PMS触控屏上依次手动投入所有发电机组和电池。完成并联，稳定后记录直流母排电压。

合格判据：在网发电机组和电池并联稳定运行，系统参数处于正常范围内。直流母排电压为750V±5%。

(6)岸电充电试验

试验方法:在岸电供电模式下,在 PMS 触控屏充电监测界面设置充电功率,按下充电启动按钮,PMS 先启动电池,合闸隔离变压器副边开关,逆变电源以整流模式启动,DC/DC 以电流模式启动,程序自动按照设置的充电功率给电池充电,电池 SOC 达到 100%或在 PMS 触控屏点击充电停止按钮自动停止充电。停止充电时 DC/DC 降功率停止随后停止电池和逆变电源,分断隔离变压器副边开关,充电停止。

合格判据:整个充电过程开关正常动作,显示正常。

步骤二:运行工况效用性调试操作

分别对混合动力电力推进系统的各运行工况进行效用性调试。包括柴油机模式;电力推进模式——锂电池供电、柴发供电、混合供电;PTO 模式;PTI 模式。

操作方法:在所有设备停机状态下,通过混合动力控制系统的触控屏和控制面板启动该模式下所需设备,并按表 11.3.2 所示推进负荷进行工况试验。

表 11.3.2 运行工况效用性调试方法

工况	试验时间/min			
	25%负荷	50%负荷	75%负荷	100%负荷
柴油机模式	10	10	10	30
锂电池电推	10	10	10	30
柴发电推	10	10	10	30
混合电推	10	10	10	30
PTO	10	10	10	60
PTI	10	10	10	60

合格判据:各设备以及辅助系统运行状态正常,无报警故障发生。

步骤三:模式切换效用性调试操作

(1)柴油机模式切换电力推进模式

第一步:主推柴油机将降速至怠速,齿轮箱主离合器脱;

第二步:启动推进电机(速度模式),停止主推柴油机,系统进入电力推进模式;

第三步:根据需要,对柴油发电机组和锂电池组启停操作,选择供电模式;

第四步:切换后若操作手柄,推进电机跟随手柄进行调速。

如果转换过程中,检测到 E-motor 回路设备存在故障无法启动,系统将会报警,转换过程停止,系统依然处于柴油机模式。

合格判据:切换过程中设备运行正常,无报警故障产生。

(2)电力推进模式切换柴油机模式

第一步:系统启动主推柴油机,启动成功后主推柴油机运行在怠速脱排状态;

第二步:推进电机自动降速到略低于(调试时确定)柴油机的同步转速;

第三步:主机合排,E-motor 降功率至停机,系统切换到柴油机模式;

如果转换过程中,检测到主推柴油机未备车或存在故障无法启动,系统将会报警,转换过程停止,系统依然处于电力推进模式。

合格判据:切换过程中设备运行正常,无报警故障产生。

(3)柴油机模式与 PTI 模式互切	(4)柴油机模式与 PTO 模式互切
(5)电力推进模式与 PTI 模式互切	(6)电力推进模式与 PTO 模式互切

步骤四:功率管理系统 PMS 调试操作

在自动模式下,验证 PMS 的以下功能效用性。

(1)当实际使用功率大于当前在网发电设备总功率的 85%(可设置),或在网锂电池的 SOC<30%时,延时 10 s(可设置),则 PMS 自动启动发电机组,并自动完成并网、负载转移和分配,并且根据负荷率情况允许通过发电机组对锂电池或者超级电容充电。

(2)发电机组单独供电模式下,如果实际使用功率大于发电机组容量的 85%(可设置),延时 10 s(可设置),根据优先级启动锂电池。

(3)在柴电混合电力推进模式下,PMS 优先使用发电机组供电,如果实际使用功率大于发电机组容量的 70%(可设置),则锂电池进行放电,实现“削峰填谷”功能。当实际使用功率小于当前在网发电总功率的 15%(可设置),延时 10 s(可设置),PMS 自动关停发电机组。如果锂电池或者超级电容的 SOC<20%,自动关停。

(4)模拟失电自启动(黑船启动):当模拟全船失电时, PMS 根据发电机组和锂电池的优先级自动启动备用设备投网运行。

(5)分级卸载:PMS 实时监测电站功率的动态变化,当电站实际功率低于在网机组容量的 95%(可调)时,向相应非重要设备发出一级卸载指令。根据设计需求,当电站实际功率低于在网机组容量的 100%(可调)时,向相应非重要设备发出二级卸载指令。确保船舶动力系统的动力维持。

(6)重载问询:在 PMS 收到重载请求信号后,如在网机组功率不足则自动启动备用发电设备,投网运行后给出重载启动允许指令。若在启动允许指令给出后的规定时间内未启动,则撤销启动允许指令。

步骤五：共直流母线维护保养

具体维护内容如表 11.3.3 所示。注意：维护必须在设备停机后进行，务必切断主电路的电源，并在断电五分钟后操作，维护前须测量主回路的电压，低于 50 V 方可进行操作。

表 11.3.3　直流母线系统日常维护项目及周期

维护内容	处理措施	周期
柜内是否有杂物、柜内电气元件（尤其是电抗器、变压器、功率模块及主断路器）是否有积灰	清扫灰尘	每 3 个月清扫一次
检查冷却风机是否有积灰	清扫灰尘	每 3 个月清扫一次
检查柜内电缆是否有损坏	进行更换	每 3 个月检查一次
检查主电路绝缘性能是否良好	用兆欧表检测，绝缘电阻>2 MΩ	每 12 个月测量一次
检查柜内零部件接地是否良好	用接地电阻测试仪检测，接地电阻<20 mΩ	每 12 个月测量一次
检查柜内主要器件的固定螺栓是否松动	用规定力矩重新紧固一次	每 12 个月紧固一次
连接电动机、变压器的接线螺栓是否松动	用规定的力矩重新紧固螺钉	每 12 个月紧固一次
各柜体内控制面板上的电缆是否有松动	重新插紧电缆	每 12 个月检查一次

步骤六：齿轮箱故障排查

齿轮箱一般故障主要包括振动、油泵压力低、离合器滑排等故障，具体原因及排查方法如表 11.3.4 所示。

表 11.3.4　齿轮箱一般故障原因及解决方法

序号	故障	主要原因	排除方法
Ⅰ	齿轮箱振动	1. 安装精度过低 2. 输入高弹联轴器损坏 3. 输入、输出联轴节螺栓或箱体支架螺栓松动 4. 共振	1. 根据说明书要求校正 2. 更换联轴器 3. 拧紧各螺栓 4. 避开共振转速
Ⅱ	油泵不上油或油压过低或油压不稳	1. 油泵或过渡套损坏 2. 油面太低或吸油密封不良 3. 进油部位封油环损坏 4. 油压表损坏	1. 更换油泵或过渡套 2. 添加机油或更换密封圈拧紧接头 3. 更换封油环 4. 更换油压表
Ⅲ	接排后工作压力不能上升到规定值	1. 液压控制部件（Q06）中延时节流小孔堵塞 2. 液压控制部件活塞卡滞不动	1. 疏通节流孔 2. 清洗、修复操纵阀
Ⅳ	离合器滑排	1. 油压过低接排后工作油压力不上升 2. 摩擦片过度磨损，平直度超过范围 3. 油路阻塞或封油环损坏	1. 按Ⅱ、Ⅲ条处理 2. 更换摩擦片 3. 检查油路，更换封油环

表 11.3.4(续)

序号	故障	主要原因	排除方法
Ⅴ	带排扭矩过大	1. 摩擦片严重翘曲 2. 使用不当	1. 更换摩擦片 2. 按技术规格选用机油
Ⅵ	油温过高	1. 冷却器堵塞或冷却水流量不够 2. 摩擦片滑排发热 3. 轴承、封油圈、封油环等转动部分损坏发热 4. 润滑油压太高 5. 机油老化	1. 清洗冷却器,加大冷却水流量 2. 按Ⅳ条处理 3. 拆检、更换相应零件 4. 适当降低 5. 更换机油
Ⅵ	油水渗漏	1. 密封件损坏 2. 密封面损伤或夹有杂物 3. 结合面螺栓松动	1. 更换密封件 2. 修复密封件 3. 拧紧螺钉

任务评价

任务完成情况评价标准及评分见表 11.3.5,任务总结反思见表 11.3.6。

表 11.3.5　任务评价表

评价类型	赋分	评价指标	分值	得分		
				自评	组评	师评
职业能力	50	直流配电板开关功能调试、逆变电源空载启停调试	5			
		逆变电源带载调试	5			
		逆变电源突加、突卸调试	5			
		柴油发电机组与锂电池组手动并联调试	5			
		岸电充电试验	5			
		运行工况效用性调试操作	5			
		柴油机模式与电力推进模式互切操作	5			
		其他模式之间互切操作	5			
		功率管理系统 PMS 调试操作	5			
		共直流母线维护保养	5			
职业素养	30	操作规范、精益求精	10			
		协作互助、解决问题	10			
		问题解决能力和持续改进优化能力	10			
劳动素养	10	坚持出勤、遵守纪律	5			
		报告完整、工位整洁	5			
思政素养	10	严谨、规范	5			
		创新意识	5			

表 11.3.6　总结反思

<table>
<tr><td colspan="2">目标达成：　知识☆☆☆☆☆　技能☆☆☆☆☆　素养☆☆☆☆☆</td></tr>
<tr><td>学习收获：</td><td rowspan="2">教师寄语：</td></tr>
<tr><td>问题反思：</td></tr>
</table>

课后任务

1. 问答与讨论

(1)简述混合动力电力推进系统的 PMS 应具有哪些基本功能。

(2)讨论梳理柴油机模式与 PTI 模式互切、柴油机模式切换 PTO 模式互切、电力推进模式与 PTI 模式互切、电力推进模式与 PTO 模式互切的操作步骤,并实践验证。

2. 巩固与提高

讨论若船舶在海上航行工况下主柴油机出现故障,需要依靠推进电机驱动螺旋桨尽快返港时,应采取什么措施保障推进电机的输出功率足够大。

参 考 文 献

[1] 文书礼,兰海. 新能源船舶电力系统[M]. 北京:科学出版社,2019.

[2] 陈俐. 船舶混合动力系统建模与仿真[M]. 上海:上海交通大学出版社,2022.

[3] 马昭胜. 船舶电站及其自动化装置[M]. 北京:机械工业出版社,2023.

[4] 黄文焘,邰能灵,余墨多,等. 船舶综合电力系统[M]. 北京:科学出版社,2020.

[5] 汤天浩,韩朝真. 船舶电力推进系统[M]. 北京:机械工业出版社,2015.

[6] 吴浩峻. 船舶电站自动控制及系统[M]. 大连:大连海事大学出版社,2020.

[7] 马伟明,张晓峰,焦侬,等. 中国电气工程大典(船舶电气工程)[M]. 北京:中国电力出版社,2009.

[8] 黄建章. 船舶设计实用手册(电气分册)[M]. 北京:国防工业出版社,2013.

[9] 中国船级社. 钢质海船入级规范 2025[S]. 北京:人民交通出版社,2025.

[10] 中国船级社. 内河船舶法定检验技术规则 2019 [S]. 北京:人民交通出版社,2019.

[11] 中国船级社. 国内航行海船建造规范 2025[S]. 北京:人民交通出版社,2025.

[12] 中国船级社. 国内航行海船建造规范 2025[S]. 北京:人民交通出版社,2025.

[13] 中国船级社. 智能船舶规范 2025[S]. 北京:人民交通出版社,2025.

[14] 中国船级社. 内河绿色船舶规范 2023[S]. 北京:人民交通出版社,2023.

[15] 中国船级社. 船舶智能机舱检验指南 2025[S]. 北京:人民交通出版社,2025.